祝尚书 著

宋代科举与文学

中 華 書 局

图书在版编目(CIP)数据

宋代科举与文学/祝尚书著. —北京:中华书局,2023.8
ISBN 978-7-101-16265-3

Ⅰ.宋…　Ⅱ.祝…　Ⅲ.科举制度-研究-中国-宋代
Ⅳ.D691.3

中国国家版本馆 CIP 数据核字(2023)第 117221 号

书　　名	宋代科举与文学
著　　者	祝尚书
责任编辑	樊玉兰
责任印制	管　斌
出版发行	中华书局
	(北京市丰台区太平桥西里 38 号　100073)
	http://www.zhbc.com.cn
	E-mail:zhbc@zhbc.com.cn
印　　刷	三河市中晟雅豪印务有限公司
版　　次	2023 年 8 月第 1 版
	2023 年 8 月第 1 次印刷
规　　格	开本/920×1250 毫米　1/32
	印张 29½　插页 2　字数 612 千字
国际书号	ISBN 978-7-101-16265-3
定　　价	148.00 元

目　录

绪　论

公元 960 年新春伊始,中原大地发生了一起惊天动地的历史事变:后周皇帝命殿前都点检赵匡胤提师北征契丹,行至陈桥驿发动兵变,一时黄袍加身。乾旋坤转,后周才六岁多的小皇帝不仅无力回天,孤儿寡母连说半个"不"字的底气和胆量也没有,只得乖乖地接受"禅代"的事实。于是,一介武夫赵匡胤建立起了个烜烜赫赫的大王朝——宋,五代十国瓜剖豆分的混乱局面从此宣告结束,中国历史翻开了崭新的一章。

宋太祖赵匡胤虽出身行伍,却深明文治的重要,登基后不久便"杯酒释兵权",实行重文抑武的政策,而"五星聚奎",更成为唐末五代以来文运逆转的一个历史性文化标志①。历代嗣君因之而不改,文采风流,朝野交辉。宋朝与辽、西夏等划疆而治,虽大多数时候内外交困,甚至转徙流落,偏安一隅,其社稷却延续了

---

① 《续资治通鉴长编》卷八:太祖乾德五年(967)三月,"五星如连珠在隆娄之次"。又《宋史》卷二《太祖纪二》亦载是年三月"五星聚奎"。奎主文章,故宋人以此为文运大开、人才辈出之兆而时常提起。

三百二十年之久;虽国势积贫积弱,压根儿就没有出现过像杜甫《忆昔》诗所说"稻米流脂粟米白,公私仓廪俱丰实"的有唐"开元全盛日"的局面,却创造了空前灿烂辉煌的文化。宋末人吴渊在《鹤山先生文集序》中说:"艺祖(太祖)救百王之弊,以'道理最大'一语开国,以用读书人一念厚苍生,文治彬郁,垂三百年,海内兴起未艾也。"末句虽然是不实的套话,但"文治彬郁,垂三百年"倒是事实。别的不说,就以肇自隋代的科举而论,历唐至宋方制度大备:增加了殿试,实行锁院"较艺",糊名、誊录,维护着"一切以程文为去留"的"至公"原则;科目设置逐渐由多科向一科(进士科)过渡;考试内容则由"浮靡"的诗赋向"有用"的策论、经义倾斜,甚至一度用经义取代诗赋;在全国范围内普遍建立学校,太学上舍上等可以直接授官,中下等可免省试、解试;等等。有宋一代开科一百十八榜,每榜取人约为唐代的五倍,元代的近三十倍,明、清两代的三至四倍,进士总数达十万至十一万之众①。这些拥有"出身"的精英们,占据了国家上至宰辅、下至各级政府要害部门的重要位置,对政治、思想、经济、军事、文化、教育诸多方面产生了巨大影响。还应当看到,在广大城乡,读书虽以应举为目标,但由于种种原因(比如学业不佳、财力不济等),未必凡读书皆应举,读书人数实际上远大于应举人数,估计有一两千万之众。他们虽没有"科名",但仍是里邑的有用之才,对城乡建设和社会进步所起的作用,未必小于登科者。

---

① 参见龚延明《〈宋登科记考〉札记》,收入氏著《中国古代职官科举研究》,中华书局,2006年。

科举由隋、唐历两宋，下至元、明、清，至清末方寿终正寝，前后达一千三百年之久。其间有关科举制度、科举考试的记载，朝廷的相关政令，臣下向皇帝上过的奏札，文人的议论、诗文，为配合科举而编写的各类书籍，真可汗牛充栋，甚至还有各地修建的贡院、文昌庙之类，为研究提供了极为丰富的文献和实物资料，是传统文化宝库中一笔巨大的遗产。清理和研究科举及科举文化（包括科举与文学），总结历史的经验教训，发掘其中可资借鉴的思想资源，是学术工作者责无旁贷的任务。在这个研究中，宋代科举承上启下，有着十分重要的历史地位，无可争议地是研究的重点之一；欲研究有宋一代之历史、哲学、文学等等，科举问题是个绕不过的"坎"；而科举自身又以其丰富的内涵，不仅足以引起人们步入其间的浓厚兴趣，而且能让你收获丰硕。

　　在我国传统文化中，古代文学研究历来是显学。科举本来就是"以文章取士"，这个"文章"包括了诗赋及骈、散各体文，只是考试所用文体逐渐程式化，便自成一类，被人称作"时文"。科举自身就是取士制度与文学的结合体，而将"科举"与"文学"联系起来进行交叉研究，唐、宋时代的学者已肇其端；以现代理论和方法进行科学研究，则始于上世纪。经过不少学者的努力，在唐代科举与文学研究方面已取得了令人瞩目的成就，其中可以傅璇琮先生于1986年出版的《唐代科举与文学》为代表。这也启发我们，把这个研究推进到宋以后各代，既是学术发展的需要，也完全可以做到。事实上，经过中外众多学者的不断开拓，这方面的研究已经取得了可观的成绩。

　　宋代科举与文学研究，主要有如下几个重要环节。

一是科举制度研究。早在 1929 年，上海民智书局即出版过邓定人的《中国考试制度研究》。1960 年，台湾学者李正富出版了《宋代科举制度之研究》，当是专门研究宋代科举制度的第一部专著。1969 年，日本学者荒木敏一出版《宋代科举制度研究》。1971 年，台湾学者王德毅出版《宋代贤良方正及词科考》。1985 年，美国学者贾志扬（John Chaffee）出版英文版《宋代科举》（1995 年台湾东大图书公司出版中文版）。近二十多年来，大陆出版了不少通代性的科举史、教育史专著，其中都涉及宋代，而发表的相关论文亦不少，主要也是对宋代科举制度的考察。前修时贤的成果不菲，功不可没，他们都为宋代科举研究作出了自己的贡献；但也勿庸讳言，就总体看，宋代科举制度研究尚缺乏全方位的、深入其里的力作，论著数量、质量似逊于唐代，而宋代科举制度及所涉问题又极其复杂，需研究的课题很多，无论在宏观、微观方面，现有成果都还不惬人意。制度研究是科举研究的基础，如果不考察清楚一代科举制度演变的来龙去脉，其他就谈不上了。

二是科举文体研究。宋代科举考试继承唐制，所用各体文，包括诗赋、策论、经义等，都是利用传统文学的体裁，但又根据考试的需要，对这些文体进行了改造，主要是设置程式，并逐步将程式固定化。比如赋，我们都知道自唐代开始，科举考试就用"律赋"，但宋代的律赋又与唐体有别，它不仅限韵，而且要限用韵次序；不仅要讲究起承转合，而且要八韵贯通体贴，十分严格，一字不慎，便入黜格，故秦观将它比作填词，实际上比填词还要难。又如经义，它由经论发展而来，王安石用它取代诗赋，但后来也高度程式化，且讲究对偶，宋人认为它有如赋，一直发展为明、清的八股文。程式化了的场屋时文,与传统文学拉开了距离,甚至发生着质的蜕变。若不对科举程式文体进行深入探讨,将此"文"与彼"文"混为一谈,就无法认识科举时文的真面目。这方面的研究,目前还相当薄弱。

三是科举与各种思想文化之关联互动研究。宋代对社会思想产生过重要影响的各个学术派别,像以苏轼为首的蜀学,王安石"新学",程朱理学等,都对场屋学风、文风影响极大,有的(比如理学)甚至改变了科举的方向。科举号称是任何人都可以"投牒自举"、全民参与的盛事,与各个阶级、阶层民众的关系十分密切,对社会心态、民风时俗影响很大,并形成关联互动,塑造、改变着人们的精神面貌。这些领域的研究,目前几乎还是空白。

四是科举与文学之关系研究。欲研究科举与文学,必须以上述三个方面的研究为基础。事实上,就广义的文学而论,科举时文研究也就是文学研究;但因为时文对传统文体作了重大改造,在本质上已成了科举考试的工具,而与现代的"文学"概念出入较大,于是又冒出个新问题:科举时文算不算"文学"? 对此,目前学界分歧较大。其次,科举与文学,包不包括与科举相关联的文学创作? 早在唐代,围绕科举就已产生了不少文学作品,而宋代参与创作的人数更多,题材范围更广,作品数量更大,如鹿鸣宴诗(包括词,下同),举子赴试的行役诗,考官的贡院唱和诗,举子之登第凯歌、下第悲歌,同年唱和诗,以及以科举制度、举子活动为背景或题材的文言、白话小说及戏剧,等等。在笔者看来,场屋诗赋、策论、经义等是科举考试自身的必然产物,本书理当重点研究,故将"科举文体研究"作为研究的一大方向,已如上述;而在科举环境或背景中孕育孳生的文学作品,则应当与场屋之作有内外之别,故本书主要在揭示它与科举之间的契合点,或者说指出附着于科举机体上的文学生长点,并分别举例及作简要的论述,但不将它作为直接的研究对象。这样做既是欲分清主次和内外,当然也与控制篇幅有关,否则难以收束。再次,宏观而论,科举对文学发展是"促进"还是"促退"?或者在哪些层面是促进、哪些层面是"促退"?学者们亦分歧较大,甚至持论截然相反。这个问题也许难以一下子达成共识,但可以向通往共识的方向努力。因此,在论"科举与文学"时,所谓"文学"似不必局限于一成不变的概念,也不必拘泥于一个层面,这样也许更通达、更能反映历史的真实。

本书要研究的,正是"宋代科举与文学"这么个庞大而复杂的课题。我们拟以上述四大环节为基本框架,用十九章展开并涵盖相关的内容。可想而知,这个课题既有诱惑力,又极具挑战性。

宋代科举及宋代科举与文学研究,盖主要有如下难点。

首先是文献浩如烟海。较之唐代,宋代的科举史料极为丰富。《宋会要辑稿·选举》《文献通考·选举考》《宋史·选举志》等集中记载和论述了宋代的科举制度,这是基础文献;但散见于野史、笔记、类书、小说、学术专著、书目特别是文集中的科举史料,远比上述诸书繁富复杂,活鲜而生动。任何欲涉足其间者,都必须沉潜在这个文献的汪洋大海之中,穷搜博采,探源讨流,然后披沙拣金,去伪存真,将研究建立在充分占有资料的基础之上,才可能得出有价值的科学的结论,否则要么是"炒剩饭",要么是游谈无根。

其次是议论多如牛毛。宋人好议论,任何主张一旦提出,无论动机如何,几乎都会众说纷纭,莫衷一是,或此唱彼和,或一言九"顶",而且有的言不由衷,真假难辨,在科举问题上尤其如此。比如,即便自身大受其益,衷心拥护,但口头上照例要说科举的"坏话",仿佛是一种时髦。如宋理宗宝祐元年(1253)状元姚勉(1216—1262),曾在殿试之《廷对策》中抨击科举不遗余力①,大有立即废罢而后快之势,但在稍前所作《发解谢判府蔡寺丞启》中却说:"不为应举觅官之谋,无以行致君泽民之志。故英人伟士,亦屑于科举之学;而名公钜卿,率由乎进士之途。伊川格言,亦曰修举业以及第;紫阳前辈,且尝自儒级以发身。虽进以文,无悖于道。"②他的哪些话可以相信?似乎宁可信其《启》中语,而廷对时的激烈言词,不过是故作惊人之论以吸引考官罢了。当然,对科举真正持批评态度的也不乏其人。宋代有的学者怀念上古的所谓"乡举里选",认为科举是隋代衰世之政,主张废除;但更多的人则认识到"乡举里选"的时代早已一往不复,于是转而批评科举之弊,希望对现有的"篱笆"进行修补。如此等等,难以具述。如何评价这些是是非非?这就是我们的任务。应当认识到,这是个很不轻松的任务。观点可以有许多,但事实只有一个。议论多是好事,可为我们提供多重视角,但又必须折衷其间,有自己的判断,否则人云亦云,淹没在"口水战"中,就没有了"主心骨"。对科举这个极其复杂的体系,决不能预设一个前提或结论,进行简单的

①《廷对策》,载《雪坡集》卷七。
②《雪坡集》卷二三。

肯定或否定,而应根据实事求是的原则,作出让人信服的分析,得出符合史实、经得住检验的结论。

再次是制度变化多端。宋人不仅爱议论,又喜改革,好立法和变法。特别是两宋频繁的党争,莫不立刻反映到科举制度中来,两者相互纠缠,往往朝令夕改。如科目设置、考试内容、去留标准、录取规模等等,相关的条制格法、奏章诏令之夥,以致更改之速,变动之大,令人眼花缭乱。在历史上,就科举的制度变迁而论,无论有唐还是后来的元、明、清,都远不能与宋代相提并论。这既决定了宋代科举研究内容之丰富,也大大增加了材料梳理、是非评判的难度。

最后,研究者要具有历史的眼光,尽可能"复原"历史,充分尊重历史,同时又要站在时代的高度去认识历史。对宋代科举制度的变迁,以及科举与文学的关系,既不能以今揆昔,要求古人该如何做;但也不能认为凡存在皆合理,为古人的失误或局限辩护。我们不能停留在前人甚至今人已有的结论上,而要站在他们的"肩"头,在新的起点上努力攀登,得出具有创新意义的结论。比如如何评价封弥誊录、锁院"较艺",如何看待王安石以经义取代诗赋的科制改革,如何认识科举文体的程式化,如何定位科举与文学的关系,甚至如何解释"科名前定论",等等,棘手的问题有一大堆。若提不出自己的新见,或者所谓"新见"站不住脚,都将直接影响研究的价值和成果的质量。除上述外,还必须懂得宋代的政治史(特别是党争史)、思想史、教育史。人们都说宋代科举制度承上启下,那么研究宋代,就必须了解、熟悉唐代和元、明、清三代的科举,否则就宋论宋,不仅限制眼界,也理不清头绪;等等。

总之,本课题"战场"大,"战线"长,涉及面广,对于一个研究者来说,要攻破这么多"堡垒",恐怕是"知易行难",至少也是力不从心。尤其是识浅学陋如笔者,目标虽然明确,却未下笔已战战兢兢,何敢妄所觊觎,只能孜孜以求罢了。

清末科举被废,是它自身病入膏肓的必然结果。废罢后的百年间,曾经是一边倒的否定,倒是外国学者写出了一些有份量的研究著作,并将中国的科举制度与西方19世纪以来的文官制度相比较,得出肯定的结论。这个局面,近二十多年来发生了根本改变,国内学术界对科举的研究热情出奇地高涨,扭转了长期以来将科举妖魔化的倾向,并发出了为其"平反"的呼声。但对科举制度,进而对科举与文学的全盘肯定,学术界也有一些不同的声音。这是完全正常的。"百家争鸣"仍然是最理想的学术环境,也是每个学者应有的学术胸怀和精神境界。在本书中,笔者可能不十分赞同学界的某些说法,但仍然对同行的意见表示尊重,并认为自己的看法也仅仅是一时之见,最多是"一家之言",未必一定发现了什么"真理"。

厦门大学刘海峰教授在上世纪90年代初首先提出"科举学"的概念。据他考证,"科举学"或"科举之学"其实古已有之①,为"科举学"发掘出更深厚的历史底蕴。笔者很赞赏这个学术概念的提出,以为无论从哪个方面说,科举都是可以立"学"的。当然,要在学界达成共识,还需要加强研究,以丰厚的学术积累为支撑。好在目前"科举学"研究方兴未艾,涌现了大批颇有质量的论著,

---

① 刘海峰:《科举学导论》第一章《科举学引论》,华中师范大学出版社,2005年。

这是十分令人欣喜的。

"科举学"是个十分庞大的文化体系,可研究的范围极为广阔,可选择的题目也极其丰富,"科举与文学"只是这个体系中的一块小小的"领地"而已。笔者不敏,试在"宋代科举与文学"这块更小的"公有地"上耕耘劳作,不敢言收获,只是想踵傅璇琮先生《唐代科举与文学》之后,为本课题即"宋代科举与文学"研究添砖加瓦而已,但愿不是狗尾续貂,若能旁骛而有助于"科举学"大厦的建构,那就有些过望了。

第一章 宋代科举的科目设置

科举的"科目",有如竞技体育的"项目",项目一定,运动员才有竞赛的内容和竞争的对象。宋代的科目,大体承袭唐制,分常科、制科两大类,但具体科目又有所因革,不尽相同。北宋末,增置所谓"词科",它与常科、制科都有区别,是宋代自创的一个科目。

第一节 科目概述

所谓"常科",简言之即常设之科,朝廷预定考试的内容和方法,定期举行考试。唐代的常科主要有秀才、明经、进士、明法、明书、明算等六科,而其中的"明经之制,有《五经》,有《三经》,有《二经》,有学究一经,有《三礼》,有《三传》,有史科"①。唐中叶以后,

---

① 《新唐书》卷三四《选举志上》。其中学究一经、《三礼》、《三传》、史科不纯是贡举,同时也是吏部科目选的科目,参见吴宗国《唐代科举制度研究》第三章第一节《科目》。

常科以进士科最受社会的重视，成为举子们主要攻习的对象。

宋代的常科科目，《宋史·选举志一》叙曰："初，礼部贡举，设进士、《九经》、《五经》、《开元礼》、《三史》、《三礼》、《三传》、学究、明经、明法等科。""九经"以下至"明法"九科，宋代一般不叫"明经"，文献多统称为"诸科"，而另设有"明经科"，盖相区别故也——但也有称诸科为"明经"的。就考试方法论，诸科与唐代明经科大体相似，但另设的明经科则不尽相同（增加了大义及时务策），这我们将在后面论及。

除常科外，唐、宋皆有制科。所谓"制科"，又叫"制举"。《通典》卷一五曰："其制诏举人，不有常科，皆标其目而搜扬之。"又《新唐书·选举志上》曰："其天子自诏者曰制举，所以待非常之才焉。"即是说，它不是常设的考试科目，而是根据需要设定科名（"标其目"），由皇帝临时下诏，随时都可举行考试。故《宋史·选举志二》曰："制举无常科，所以待天下之才杰，天子每亲策之。"唐代制科所标之目，或据实际需要，或因皇帝喜好，名目极其繁杂，清徐松《登科记考·凡例》引宋末学者王应麟《玉海》、《困学纪闻》，有五十九科、七十六科的记载，而据徐氏所考，以为"无虑百数"。宋代的制科时置时废，远没有唐代的兴盛，更没有唐代那么多名目，以仁宗天圣七年（1029）所置十科最全，十科的科名为：贤良方正能直言极谏、博通典坟明于教化、才识兼茂明于体用、详明吏理可使从政、识洞韬略运筹决胜、军谋宏远材任边寄、高蹈丘园、沈沦草泽、茂才异等、书判拔萃①。这些科名，基本上是唐五

---

① 《续资治通鉴长编》卷一〇七。"书判拔萃"同时又是吏部科目选的科名。

代所原有,只是有所合并或名称文字略有变化,如唐代的"贤良方正"、"直言极谏"为两科,五代已合为一科,宋代因之;唐代有"军谋越众"科,宋代设"军谋宏远材任边寄"科,等等。

除上述外,北宋末设置所谓"词科",最初叫"宏词科",后改为"词学兼茂科",最后改为"博学宏词科"。这是专为培养四六文写作人才而设的。其科名源于唐代制科,考试方法与制科有相似之处,但又定期举行,如同常科。它到底属常科还是制科,学术界有不同意见。我们认为与其强分于某一科,不如独立单列为宜。

以上是宋代科举科目设置的大概。较之唐代,无论是常科还是制科,科目都更加规范化,减少了随意性,并逐渐向"杜塞他蹊,专尚进士"的方向发展①。

宋承唐五代之风,以进士科为举子追逐的最大热门,而它作为主要的考试科目,也一直屹然不改,只是在考试内容即主要以诗赋取士还是以经义取士上争议甚大,以至哲宗元祐时采取折衷措施,分"经义进士"和"经义兼诗赋进士",南渡后又分为"诗赋进士"和"经义进士"。关于进士科的诗赋与经义之争,问题复杂,我们将结合该科考试进行专章研究;而诸科、制科、词科的设置,也无不几经曲折,多所变化,这里有必要作进一步考述。

第二节　诸科的置罢

宋代科举中的常科,除进士外,还设有经、传、礼、史、法等科

①郭见义《创建三元庙碑》,《粤西文载》卷三七。

目多种,统称"诸科"。宋代的诸科,包括唐代旧有的诸科和明经的科目。《宋史·选举志一》曰:

> 宋之科目,有常科,有诸科,有武举。常选之外,又有制科。……初,礼部贡举,设进士、《九经》、《五经》、《开元礼》、《三史》、《三礼》、《三传》、学究、明经、明法等科,皆秋取解,冬集礼部,春考试。合格及第者,列名放榜于尚书省。

所述不够准确:"诸科"属于常科,它与常科是包涵而非并列关系。在宋代的科举体系中,诸科的地位较进士科低①,但历科所取人数不少(普遍多于进士科),其中也不乏翘楚之材。诸科曾在熙宁中被王安石废罢,而余波却延及徽宗时代。

一、诸科的设置

宋太祖乾德元年(963),曾下诏曰:"旧制,《九经》一举不第而止,非所以启迪仕进之路也;自今依诸科许再试。"②则有宋开科伊始,就设有诸科。乾德二年九月十日,权知贡举卢多逊奏,"请准

---

① 柳开在《请家兄明法改科书》(《河东先生集》卷七)中,以贤良科为"上",进士科为"次",《礼》《传》诸科为"下"。"贤良"属制科,与常科不同类,可不论;进士、诸科相较,无论在授官拟职还是在社会舆论的认可度上,后者都明显低于前者。吕祖谦《历代制度详说》卷一曰:"到得本朝,(进士与明经)待遇不同:进士之科往往皆为将相,皆极通显,至明经之科,不过为学官之类。"
② 《宋会要辑稿·选举》三之二。

周显德二年(955)敕,诸州发解进士……诸科"云云①,知宋初诸科与进士科一样,皆沿后周之制。又乾德四年(966)二月二十二日知贡举王祐上言,称"进士、诸科合格者一十五人"②,则诸科至迟于是年已明确记载有人中选。开宝五年(972)二月,"礼部试到进士安守亮等十一人,及诸科十七人,上召对讲武殿,始下制放榜,新制也"③。所取诸科人数超过了进士科。次年,李昉知贡举,人诉其用情取舍,太祖于是"令籍终场下第人姓名,得三百六十人,择其一百九十五人,并(宋)准以下,乃御讲武殿,各赐纸札,别试诗赋,命殿中侍御史李莹等为考官,得进士二十六人,《五经》四人,《开元礼》七人,《三礼》三十八人,《三传》二十六人,《三史》三人,学究十八人,明法五人,皆赐及第"④。在此举中,除《九经》外,诸科已收录齐备。

"明经"是有唐旧科,在唐代是《五经》《三经》《二经》《三礼》《三传》等科的总称。宋代则不是总称,而是单独的一科,始置于嘉祐二年(1057)。该年十二月五日,仁宗诏曰:"明经之所举,前世而已效,比缘其故,用广于求。"⑤《续资治通鉴长编》卷一八六节引此诏,谓"别置明经科"。《文献通考·选举四》、《宋史·选举志一》皆称"增设明经科"。此科考试增加了大义和时务策(详见本书第三章第一节),故它的设置受到了尊经崇儒的学者们的热情赞扬,如徐积《复古颂序》曰:"杨隋建进士科,李唐又加诗赋之

---

① 见《宋会要辑稿·选举》一四之一三。
②《宋会要辑稿·选举》三之二。
③《宋会要辑稿·选举》一之一、《文献通考》卷三〇《选举三》。
④《文献通考》卷三〇《选举三》。
⑤《宋会要辑稿·选举》三之三三。

类,破坏学者,于是天下尽为进士,而明经之路浸徙不复矣。……皇帝三十六年(按即嘉祐二年),乃诏天下,复以明经贡士。明经,古之道也;进士,非古也。明经之道浸以长,则进士之路浸以消,此朝廷之意乎!"①

二、诸科的废罢

神宗熙宁四年(1071),因决定进士科罢诗赋而改试经义,与诸科及明经大部分显然重叠,加之诸科固有的弊病,故并罢之,而令诸科改习进士科业。该年二月一日,中书门下言:

> 所有明经科,欲行废罢,并取诸科额内元解明经人数添解进士。仍更俟一次科场,不许新应诸科人投下文字,②渐令改习进士。仍于京东、陕西、河东、河北、京西五路先置学官,使之教导。其南省新添进士奏名,仍具令别作一项,止取上件京东等五路应进士人并府、监、诸路曾应诸科改应进士人充数。所贵合格者多,可以诱进诸科向习进士科业。

诏:"可。……诸科稍令改习进士科业。"③又《宋史·选举志一》述此事,有"取诸科解名十之三增进士额"句,则知原先诸科额内

---

① 《节孝先生文集》卷一三。
② 按《续资治通鉴长编》卷二二〇,此句作"不许诸科新人应举",意更简明。
③ 《宋会要辑稿·选举》三之四三。详参《文献通考》卷三一《选举四》。今按:"中书门下言"之文字,即王安石《乞改科(举)条制劄子》(仅有个别异文),见《临川先生文集》卷四二。

的明经人数,约占整个诸科数额的十分之三。

据中书门下之言,作为科目的"明经"是立即废止(原有举子允许再考一次),而将其名额添入进士科。这是因为,嘉祐二年(1057)所置明经科在考试方法上与经义进士科很相近,可以说两者已基本接轨①。故其科虽废,然而名额添入进士科,实际上等于全部转入经义进士科。其余诸科,则是再准许参加一次考试,"渐令改习进士"。即有个过渡期:一方面不再允许新举子报考诸科,同时保留诸科旧有解额的十分之一,"以待不能改业者"②,而且在礼部新添进士奏名中,还特别为"曾应诸科改应进士人"留有名额。王炳照、徐勇主编《中国科举制度研究》第五章论及罢明经、诸科时,说:"这一决定(引者按:指废罢明经及诸科)对那些专攻明经、诸科的读书人是一个严重的打击,几乎中止了他们的仕途之路……王安石的改革显得过于仓促,没有一个过渡期。"③事

①有学者认为经义进士即唐明经,如元人王恽《贡举议》,即以宋之经义由唐明经来:"唐有明经、进士等科……前宋易明经为经义。"(《秋涧集》卷三五)顾炎武也说:"当时(指唐代)以诗赋取者谓之进士,以经义取者谓之明经。今罢诗赋而用经义,则今之进士,乃唐之明经也。"(《日知录》卷一六《明经》)其实唐明经科所考为墨义、贴经,只能说是经义进士的远源,因两者考试方法很不相同;倒是嘉祐二年所置明经科,试三经墨义、大义及帖经,又试时务策三道(详本书第三章第一节),增加了大义(即经义)、时务策,与经义进士较为接近。

②《文献通考》卷三一《选举四》。

③河北人民出版社,2002年,第161页。顺便言及:该书谓"除进士科外,其它所有的科目统称明经诸科",恐非是。"明经科"置于嘉祐二年,已见上考,没有"明经诸科"的说法。这里引用时,在"明经"后径加顿号,以与"诸科"隔开。

实上并非如此。到哲宗元祐三年(1088)闰十二月二十三日,仍诏"诸科额十分为率,留一分解本科旧人"①。元祐八年四月二十二日礼部上言,引大名府新科明法(此科详下)侯弼等状曰:"先朝废罢明经及诸科,举人许改应新科明法,自不许新人取应,欲销尽明经及诸科旧人。当日务从朝廷之意,而改应新科者十有七八。"②其实诸科既废却又置"新明法科",目的之一也是"待诸科之不能业进士者"③。由此可知,当日朝廷的政策,是将旧应诸科的举人逐渐"销尽"。慕容彦逢曾在《论黄甲拟官奏状》中说:"昔人(指习明经、学究之人)之为新科者,十消八九矣。"④南宋高宗绍兴十六年(1146)礼部上言,谓"熙宁以来诏罢诸科,许令曾应明经及诸科举人,依法官例试断案、《刑统》义。至崇宁元年(1102),上件解、省额尽归为进士解、省额讫"⑤。则到崇宁初,在解额、省额上"销尽"的目标已经基本达到,大体平稳地实现了过渡⑥。

元祐年间,进士科复用诗赋取士,但并未恢复诸科,而仅"置经律、通礼两科,许于诸科额(指旧有诸科保留的十分之一解额)内解发,至绍圣元年(1094)废罢",实仅一举而止⑦。废罢之后,"经律

---

① 《宋会要辑稿·选举》一四之二。
② 《宋会要辑稿·选举》一四之三。
③ 《宋史》卷一五五《选举志一》。
④ 《摛文堂集》卷九。
⑤ 《宋会要辑稿·选举》一四之四。
⑥ 但直到政和、宣和间,诸科的遗留问题尚未完全解决,仍有诸科举子附试或参加特奏名试。参见《宋会要辑稿·选举》四之一〇至一二。
⑦ 《宋会要辑稿·选举》四之四。

科曾得解人,许改应新科明法,愿试进士者听,仍并通理举数"①。

三、新科明法的设置

《宋会要辑稿·选举》一四之一载：

> 神宗熙宁四年(1071)二月,罢明经、诸科。其后有诏,许曾于熙宁五年以前应明经及诸科举人,依法官例试法,为"新科明法科"。②

诸科中原有明法科,诸科废,旧明法科也一并废除。这对此前习明法、诸科的人来说,当然是个沉重打击。设置"新科明法",就是为了解决这个遗留问题,如《宋史·选举志一》所说:"所以待诸科之不能业进士者。"当然,断狱治民的实际需要,法律人才不可或缺,故重置明法科也是实际需要。重置之科与旧科不同,故称"新科明法"。新科明法之"新",盖在于考试不再重记诵,而在考察实际的司法能力。这从建炎二年(1128)正月八日大理少卿吴璘上言可以看出,他说:"神宗熙、丰间,将旧科明法念诵无用之科,改为新科明法。"③《宋史·选举志一》载吴充与神宗对答,也有"旧明法科徒诵其文,罕通其意"之语。新科明法的解额、省额,据元祐三年(1088)闰十二月诏(此诏见下引),是旧有诸科额的十

---

① 《宋会要辑稿·选举》一四之三。
② 参见《文献通考》卷三一《选举考四》。
③ 《宋会要辑稿·选举》一四之四。

分之一。旧有诸科省额约三百人，则新科明法每科只取三十名左右。此科待遇甚优，"至黄甲拟官，俾先进士注诸州司法"①。这就是说，若同是注授诸州司法，此科出身的较进士及第的有优先权。新科明法虽不同于旧科明法，但它毕竟是由旧科"改"来的，而且在被废诸科中，它是唯一延续下来的科目。

由于新科明法是个阶段性的科目，较为特殊，关于它的考试，我们也一并在这里叙述。

神宗时，新科明法的考试为断案、刑名和《刑统》义（见下引刘挚、李心传语）。元祐元年闰二月二日，侍御史刘挚上《论取士并乞复贤良科》，论及新科明法，请求添兼经大义、裁减人数及取消注授优先权：

> 臣伏见近制，明法律举人试以律令、《刑统》大义及断案，谓之"新科"。吏部将司法员阙先次差注，在进士及第人上。臣窃以先王之治天下，以礼义为本，而刑法所以助之者也。惟君子用法，必先之以经术，法之以治，理之所在也，故恶有所惩，而常不失忠恕之道。旧制明法最为下科，然其所试，必有兼经，虽不知其义，止于诵数，而先王之意犹在也。今新科罢其兼经，专于刑书，则意若止欲得浅陋刻害之人，固滞深险之士而已。又所求之数，比旧猥多，调拟之法，失其次序。臣以谓宜有更张。欲乞新科明法并加《论语》、《孝经》大义，登科之额裁减其半，及注官之日并依科目资次。所贵从事于法

---

① 慕容彦逢《论黄甲拟官奏状》，《摛文堂集》卷九。

者稍不远义,而士之流品不失其分。①

哲宗诏礼部与两省学士等集议。是年三月,司马光上《起请科场劄子》,认为不必置明法一科:"为士者果能知道义,自与法律冥合。若其不知,但日诵徒流绞斩之书,习锻炼文致之事,为士已成刻薄,从政岂有循良? 非所以长育人材、敦厚风俗也。朝廷若不欲废弃已习之人,其明法曾得解者,依旧应举;未曾得解者,不得更应,则收拾尽矣。"②朝廷最终采纳了刘挚的意见,于三年(1088)闰十二月二十三日诏曰:

> 五路(按五路已见前引)不习进士新人,今后令应新科明法,许习《刑统》,仍于《易》、《诗》、《书》、《春秋》、《周礼》、《礼记》内各专一经,兼《论语》、《孝经》。发解及省试,分为三场,第一场试《刑统》义五道,第二场试本经义五道,第三场试《论语》、《孝经》义各二道,以三场通定高下,及以诸科额十分为率,留一分解本科旧人,一分解新科明法。新人不及十人处,亦准此。如无人赴试,及无合格人,即存留,更不许添解进士第。若向去销尽诸科举人,即当留二分解新科明法新人。③

除需专经和兼经外,新科明法的名额不仅没有裁减,反而有所增

---

① 《忠肃集》卷四,参见《宋会要辑稿·选举》一四之二。
② 《温国文正司马公文集》卷五二。
③ 《宋会要辑稿·选举》一四之二。

加。即原留销尽诸科旧人的十分之一名额，凡已销尽的地方，许将其添入新科明法，于是新科明法变成了十分之二。又《文献通考》卷三二《选举五》曰：

> 新科明法，始就诸道秋试，每各五人解一，省试十取其一。御药院又拟恩例，第一等赐本科及第，第二等本科出身。后三岁，议者谓得解人取应，更不兼经，白身得官反易于有官试法。乃诏自今断案、刑名，通、粗以十分为率，断及五分，《刑统》义文理全通为合格，及虽全通，而断案不及分数者勿取，仍自后举兼经。

据慕容彦逢《论黄甲拟官奏状》，此科拟官先进士注授诸州司法的规定，"绍圣四年（1097）朝议以此法行之既久，昔人之为新科者十消八九矣，恩例之优，宜亦少损，乃以司法及其余判司阙衮从上差注。元符三年（1100）十二月中，因省部勘当，遂罢绍圣指挥，更不施行"①。又据李心传《建炎以来朝野杂记》甲集卷一三"新科明法"条，此科曾于徽宗崇宁初被废（详下引），南渡之初重置。上引高宗建炎二年（1128）正月吴璘上言，又曰：

> 今来此学（按指法学）浸废，法官阙人，乞复立明法之科，诸进士曾得解贡人就试，多取人数，增立恩赏，诱进后人，以备采录。

----

① 《摭文堂集》卷九。

高宗"从之"①。又李心传《建炎以来系年要录》卷一二"建炎二年春正月癸巳"条记此事,曰:"初,本朝取士之制,自进士外有诸科,而明法在其中。熙宁中,既罢诸科,而独存明法,然以旧科但取记诵之学,故更号'新科'。崇宁初,并其额归进士。至是,(吴)璘以法官阙人为请,遂从之。"②

到绍兴十六年(1146),新科明法终于走到了尽头。该年二月三十日,礼部言:

> 熙宁以来诏罢诸科,许令曾应明经及诸科举人,依法官例试断案、《刑统》义。至崇宁元年(1102),上件解、省额尽归为进士解、省额讫。兼见今自有官人许试刑法,其新科明法欲自后举废罢。

高宗"从之"③。这就是说,熙宁时置新科明法的目的,除司法需要外,同时也是解决废诸科(包括明经科)后原有举子的出路问题,本身就带有过渡性质。到崇宁初,因留给诸科(包括明经科)的解额、省额已全部归进士科,新科明法已完成了过渡任务,加之已准许有官人试刑法,其选拔法律人才的职能也被取代。总之,

---

① 《宋会要辑稿·选举》一四之四。
② 此下原有"然未及行"句,有注曰:"绍兴十一年七月庚子,可参考。"今检该条,未记科举事。所谓"未及行",当指科目虽复而并未立即开考,至绍兴十一年方"始就诸路秋试",见下引李心传《建炎以来朝野杂记》甲集卷一三"新科明法"条。
③ 《宋会要辑稿·选举》一四之四。

新科明法作为一个过渡性的科目,至此已完成了历史使命,失去继续存在的理由,故当废罢。李心传《建炎以来朝野杂记》甲集卷一三"新科明法"条述其置、罢全过程道:

> 新科明法者,熙宁间改旧明法科为之,崇宁初废,取其解、省额归礼部。建炎二年(1128)正月,大理少卿吴璵言:"法官阙人,请复此科,许进士尝得解贡人就试。"从之。绍兴十一年(1141),始就诸路秋试,每五人解一名,省试七人取一名,皆不兼经义。明年御试,诏察院分为二等,第一等本科及第,第二等本科出身。十四年七月,言者以为滥,请解、省试各递增二人(解试七人取一,省试九人取一)。所试断案、刑名,粗、通以十分为率,断案及五分,《刑统》义文理俱通者为合格,无则阙之。仍自后举兼经。十六年二月遂罢之,迄今不复设矣。

第三节　制科的置罢

《宋史》卷一五五《选举志序》曰:"宋初承唐制,贡举虽广,而莫重于进士、制科,其次则三学选补。"可见在宋代科举中,制科的地位颇高,故又被称为"大科"①。但宋代制科地位虽高,却从未

---

① 如《邵氏闻见录》卷九:"富韩公(弼)初游场屋,穆伯长(修)谓之曰:'进士不足以尽子之才,当以大科名世。'……(范文正公)曰:'有旨以大科取士,已同诸公荐君矣。'"所称"大科",皆指制科。

兴旺过:朝廷时置时罢,几经周折;士子敬而远之,应试者寡。兹将其置罢演变历程,以及其中书判拔萃科的有关问题,考述如次。

一、宋代历朝制科的置罢

(一)太祖朝:始置制科

在考述太祖朝的制科制度时,首先就遇到一个棘手的问题:宋代制科究竟始置于何时? 这在史籍中没有确载。上世纪 30 年代,历史学家聂崇岐先生发表《宋代制举考略》(以下简称《考略》)①,迄今仍为研究宋代制科制度最重要的论文。该文对宋代制科始置年代作了回答,以为在宋太祖乾德二年(964),证据是该年正月十五日的太祖诏。诏文略曰:

> 炎刘得人,自贤良之选;有唐称治,由制策之科。朕耸慕前王,精求理本,焦劳罔怠,寤寐思贤,期得拔俗之才,访以经国之务。其旧置制举三科,一曰贤良方正能直言极谏,二曰经学优深可为师法,三曰详闲吏理达于教化,并州府解送吏部,试论三道,共三千字已上,当日内成,取文理优长、人物爽秀者中选。自设科以来,无人应制。……今后不限内外职官,前资见任,黄衣布衣,并许直诣阁门,进奏请应,朕当亲试,以进时贤。所在明扬,无隐朕意。②

---

①初刊于《史学年报》第二卷第五期(民国二十七年,1938),后收入氏著《宋史丛考》,中华书局,1980 年。
②《宋会要辑稿·选举》一〇之六。参见《续资治通鉴长编》卷五。

《考略》引此诏后,断曰:

> 是为宋设制举之始。先是,周世宗显德四年(957)十月,曾应张昭之请,斟酌唐制,置贤良方正能直言极谏,经学优深可为师法,闲详吏理达于教化三科(原注:薛居正《旧五代史》卷一一七)。惟抵周之亡,迄无一人应诏。乾德之设制举,盖重申前朝之令,故诏词有"旧置制举三科……自设科以来,无人应制"之语,而所置科目,亦胥同于显德也。

聂氏的结论,笔者不敢苟同。包括制举在内的宋代科举制度虽沿袭周制,但却令由己出。"乾德之设制举,盖重申前朝之令"——一代"新天子"竟"重申前朝"政令,可谓匪夷所思。如果细读上引诏文,已足见聂氏理解有误。诏文先有"朕耸慕前王"云云,后方接"其旧置制举三科"云云,从行文脉络看,显然"其旧置"之"其"是自指,也就是代指的是"朕",而非"前朝"。检《宋会要辑稿·选举》一一之二八,孝宗乾道二年(1166)六月七日臣僚言制科久无人应举,建议"开广荐扬之路",于是"诏礼部集馆学官同议以闻"。礼部侍郎周执羔等参议道:

> 切见国初制科,止令诸州及监司解送。乾德二年,又以无人应制,下诏许直诣阁门请应。今若举乾德自请之诏,则将启狂妄侥倖之心,或恐浸成烦渎;不若仿国初之制,少加斟酌,许用侍从荐举,或守臣、监司解送。

这是将"国初之制"与乾德二年诏书对言,"止令诸州及监司解送"是"国初制科"的政策,确知上引诏令中所谓"旧置制举三科",乃指"国初",而非"前朝"。从"国初制科,止令诸州及监司解送"句,还可知"国初"置制科时,曾发布过相关的"令",其梗概史有撮述。《宋会要辑稿·选举》一〇之六《制科》,一开始就写道:

> 国初制举,有贤良方正能直言极谏、经学优深可为师法、详闲吏理达于教化凡三科,应内外职官、前资见任、黄衣草泽人,并许诸州及本司解送上吏部,对御试策一道,以三千字以上成,取文理俱优者为入等。

这里规定应制举人由"诸州及本司解送上吏部",与周执羔等所引史事同,当出于"国初"之"令"。又《宋史·选举志二》曰:

> 太祖始置贤良方正能直言极谏、经学优深可为师法、详闲吏理达于教化凡三科……乾德初,以郡县亡应令者,虑有司举贤之道或未至也,乃诏许士子诣阙自荐。

这就明确地记载三科是"太祖始置",而不是"重申前朝之令"了。

今按:宋初("国初")置制科之"令",以及乾德之前太祖首置制科事,虽史籍阙载,却在集部书中保存至今。田锡《咸平集》收咸平三年(1000)所作《上真宗论制科当依汉制取人》,曰:

臣窃惟唐设制科,有道侔伊吕科,有识洞韬略堪任将帅科,有贤良方正直言极谏科。自太祖朝兵部尚书张昭奏请兴制举,于时据所奏前代制举内选置三科:一、贤良方正直言极谏科;一、经学优深可为师法科;一、详闲吏理达于教化科。敕文略曰:"应天下诸色人中,不限前资〔见〕任职官、黄衣草泽等,并可应诏,送吏部,试策论三道,共三千言,以当日内〔成〕。取文理俱优、人物爽秀者,方得解送。其登朝官,亦许上表自举。"①

若与上引《宋会要辑稿·选举》一〇之六《制科》之"国初制举"云云一段比较,显然《辑稿》文字与田锡这里所引太祖敕文基本相同(区别是《辑稿》送吏部后"对御试策一道",而田锡谓"试策论三道"。前者指御试,田锡说的是吏部试。情况较复杂,将在本书第三章详述)。值得注意的是"自太祖朝兵部尚书张昭奏请兴制举"句。《旧五代史》卷一一七《周书·世宗纪》记载兵部尚书张昭曾向周世宗条奏请兴制举,世宗于显德四年(957)十月戊午下诏,诚如上引聂崇岐所云;而田锡所述,同是兵部尚书的张昭,请兴制举却是在"太祖朝"。田锡上奏章,是非常严肃的事,而且是当时人,不可能将基本史实弄错。这只有一种可能,即同一个张昭,在周世宗朝和宋太祖朝,都曾上过请兴制举的条奏。考《续资治通鉴长编》卷一,太祖建隆元年(960)甲子,"有司请立宗庙,诏百官集

---

① 《咸平集》卷一,《宋人集》丙编本。又见《诸臣奏议》卷八二、《历代名臣奏议》卷一六四。方括号中"见""成"二字,据本文及上引《辑稿》补。

议尚书省。己巳，兵部尚书濮人张昭上奏曰……"，知宋建国伊始，这位周世宗的旧臣，太祖曾经的同僚，仍居原官为兵部尚书。又《长编》卷二载建隆二年三月辛亥，以太原郡王王景为凤翔节度使、充西面沿边都部署，有"建隆初封郡王，朝廷以吏部尚书张昭为使"之语。则张昭由兵部改吏部，也在建隆初。田锡既谓太祖朝请兴制举的是"兵部尚书张昭"，那么，时间只能是在"建隆初"即元年，也就是宋人所说的"国初"，稍后张昭便是吏部尚书了。我们知道，太祖刚登上皇帝宝座，即开科取士，任命中书舍人扈蒙为权知贡举，并于建隆元年二月奏上合格进士十九人①。张昭熟悉制科制度，在后周除曾建议兴制举外，还撰有《制科条式》一书②；太祖登基后，他为向新主子表忠心，旧事重提，太祖"于是据所奏前代制举内选置三科"，完全在情理之中。因此可以得出结论：宋代始置制科的时间，在太祖建隆初，敕令乃因张昭之请而下，不是"重申前朝之令"。不过以制科始置于乾德二年，南宋人已有此误（如下引《续资治通鉴长编》卷一○七载仁宗天圣七年闰二月壬子诏复制科时李焘原注），并非全由聂氏杜撰，他只是未加辨明而已。

现在我们可以讨论太祖朝的制科设置了。

据上所考，太祖朝制科可分"国初"和乾德二年（964）之后两个阶段。"国初"始置时，科目有三：贤良方正能直言极谏、经学优深可为师法、详闲吏理达于教化。应选人范围，包括内外职官、前

①《宋会要辑稿·选举》一之一。
②见《宋史》卷二六三《张昭传》。

资现任、黄衣草泽人。应选的方式是举荐（登朝官许自荐），由州府解送吏部，考试策论三道，取文理俱优者解送，再御试（关于太祖时有吏部试、御试两级，也将在第三章讨论）。乾德二年所设科目、应选人范围与"国初"相同，不同的是应选和考试方式：原须举荐的，改为"直诣阁门"请应；取消吏部试论三道，只有"亲试"。这一措施果然有效：立即就有博州军事判官颍贽应贤良方正科，四月丁未朔，策试称旨，授著作佐郎①。乾德四年五月庚寅，"上亲试制科举人姜涉等于紫云楼。……涉等所试文理疏略，不应策问，并赐酒食遣之"②。

然而，自乾德四年以后，直到整个太宗时代，文献皆无再试制科的记载。聂氏《考略》第一节《宋代制科之沿革及科目》曰："太宗之世，制举无闻。"又第六节《科分及待遇》："汉策贤良，唐试制举，向无定期；宋初亦然，故乾德二年四月初试之后，四年五月又试，中间仅隔二年。此后停三十四年，至咸平四年乃又开科，且于四月、八月，一年两试。"何时诏停，原因何在，迄未见文献明确记载。考田况《儒林公议》曰："乾德二年诏举贤良方正能直言极谏科，时中选者唯颍贽一人，自是罢不复举，至咸平中始复举之。所对策，限以三千言。"从字面上看，田况所说"自是罢"之"是"，代指乾德二年，容易造成误解，因为乾德四年尚在"亲试"；他的意思盖谓乾德四年虽有亲试，但自颍贽之后再未取人，故"不复举"实际上是从乾德二年颍贽后开始的。当时罢举，应有诏敕之类，相

①《续资治通鉴长编》卷五。
②《续资治通鉴长编》卷七。

关史料,尚待发掘。

(二)真宗朝:由复置到悉罢

孙何于咸平元年(998)进《上真宗请复设制科》,略曰:

> 国家有天下四十年矣。廓土辟宇,芟逆夷乱,高视百代,巍为太平。痌瘝隽贤,励精贡举,乐才嗜善,夐无与邻。然犹未复贤良方正等科,清途华贯,唯以进士、明经递资而升。……岂不念取士之制,因循近例,不可为子孙法者乎?意者群有司、百执事未之思耶?将兹事体大,非贱臣之所知耶?不然,何当置而未置,当复而未复,如此之久耶?①

据此,亦可知太宗朝无制科,否则不可言"复设"。是时真宗继位不久,所谓"当置而未置,当复而未复",盖指太宗。其实"有天下四十年",并非制科一直未置,太祖即设有三科,孙何当很清楚;然其竟不言及,显然是为太宗讳,即不愿将太宗与太祖置于对比的位置。

真宗一代,制科经历了由置一科,发展到六科,既而又全部废罢这样三个阶段。

1.咸平时,置制举一科。咸平三年(1000)四月十五日,"赐应制举人林陶同进士出身。陶既试学士院,不及格,帝方欲招来俊茂,故特奖之"②。咸平四年二月二十五日,下诏荐举贤良方正之

---

① 《诸臣奏议》卷八二。
② 《宋会要辑稿·选举》一○之七。

士,略曰:"其令学士、两省、御史台五品以上、尚书省诸司四品以上,于内外京朝官①、幕职、州县官及草泽中,举贤良方正之士一人,当策以时务,朕亲览焉。"同年三月十九日诏:"所举贤良方正,已帖馆职及任转运使者,不在举限。"②《续资治通鉴长编》卷一〇七载仁宗天圣七年(1029)闰二月壬子诏复置制科时(详下引),李焘原注称"按贤良方正科,自乾德二年始复置,……咸平四年又置"。值得注意的是,咸平三年既已有人应制举,又有考试,则必然此前有恢复制举之诏,否则谈不上"应"。而咸平四年诏书,仅令诸官荐举"贤良方正之士",并未言复置事,可推想此前制科已经恢复。考曹彦约《经幄管见》卷四载其于理宗宝庆二年(1226)九月一日侍讲筵时,读《三朝宝训》中的《论科试篇》道:"咸平二年,殿中丞皇甫选请复制科,真宗曰:'今之诗赋,俊秀事业,若取时才政事,当在策论。俟商榷行之。'"很可能此后不久即"商榷行之",并非待咸平四年才"又置"。其时当有复置贤良方正之诏,唯文献阙略,亦尚待考索。

2. 景德二年(1005),置制举六科。是年七月十八日,真宗诏曰:

> 今复置贤良方正能直言极谏、博通典坟达于教化、才识兼茂明于体用、武足安边、洞明韬略运筹决胜、军谋宏远材任

---

① 北宋前期,自将作监主簿以上至秘书郎、著作郎、太常丞、宗正丞、秘书丞共七阶,为京官;太子中允、中舍阶与太常、秘书、宗正丞、秘书郎以上至太师阶,为朝官。神宗元丰改官制后,有所变化。详参龚延明《宋代官制辞典》第665页,中华书局,1997年。

② 《宋会要辑稿·选举》一〇之七。

边寄等科,宜令尚书吏部遍下诸路,许文武群臣、草泽隐逸之士,应此科目。程品之制,方册具存。考其臧否,必先于公府;刈其翘楚,乃扬于王庭。盖所慎重选抡,遵行典故。委中书门下先加程试,如器识可观,具名闻奏,朕将临轩亲试。①

则应选人范围扩大到“文武群臣、草泽隐逸之士”,即官、民皆可。应选方式由官荐改为自荐。考试方式为“先于公府”,即由中书门下先加程试②,经过选拔淘汰,再“扬于王庭”,“临轩亲试”。大中祥符元年(1008)四月十四日诏称“乃者六科之建,……自荐公车,召试宰府”③,说得更为明白。

关于景德复六科之诏的背景,《续资治通鉴长编》卷六〇述曰:“时上(真宗)谓寇准等曰:‘方今文武多士,岂无才识优异未升进者耶? 至于将帅之任,尤难得人。前代试以制策,观其能否,用求材实,亦为国之远图也。’因出唐朝制科之目,采其六用之。”原注曰:“景德复置六科,盖用盛度议,其详具天圣七年(1029)复置六科时。田锡亦先建请,当考。”今按:《长编》卷一〇七载仁宗天圣七年闰二月壬子下诏(诏详后引)复置制科时,述曰:“初,

---

① 《宋会要辑稿·选举》一〇之一〇。
② 宋真宗之所以改学士院试为中书试,盖他对学士院试责之过苛有所不满。《宋会要辑稿·选举》一〇之一一载景德二年八月二十二日诏,命应制举人赵宗古等“依例赴中书试”。原注曰:“初,学士院考宗古等所业文,皆不中式,特命就试焉。”但《儒林公议》说:“景德后又先于中书试六论,应系条式者方预临策,益为艰峻矣。”则中书试也未必轻松。
③ 《宋会要辑稿·选举》一〇之一五。

（盛）度建言于真宗，请设四科以取士，曰：'经术之士，若典刑备举，则政教流行，请设博通典坟达于教化科。尧试臣以事，不直以言语笔札求人，审官期于适用，请设才识兼茂明于体用科。今戎警未除，调边劳戍，必资良帅，以集事功，请设军谋宏远堪任将帅科。狱事之繁，民命所系，若推按失实，则枉情伤生，请设明晓法律能按章覆问科。'景德二年，遂置六科，盖缘度之议也。度方责洪州，密诏度撰策目驰驿以进。"田锡建请在咸平三年，已详前考；锡卒于咸平六年（1003），与景德二年复置六科事无关。

3. 大中祥符元年（1008），悉罢制科。《续资治通鉴长编》卷六八于是年夏四月甲寅中书试制科人之后，记曰："时上封者言，两汉举贤良，多因兵荒灾变，所以询访阙政。今国家受瑞建封，不当复设此科。于是悉罢吏部科目。"《皇朝编年纲目备要》卷七记此事谓"罢制科"；《文献通考》卷三三《选举六》引上封者言后，亦谓"于是悉罢（制科）"。制科非"吏部科目"，李焘小误。"受瑞建封"，指所谓"天书"降及封禅泰山事，真宗正飘飘然沉迷在"太平盛典"的喜悦骄矜中，故不愿再听什么"时政阙失"了。

（三）仁宗朝：置制举十科

司马光《涑水记闻》卷三引鲁平曰：

> 宋初以来，至真宗方设制科，陈越、王曙为之首。其后夏竦等数人皆以制科登第，既而中废。今上即位，天圣六年（1028）始复置。其后，每开科场则置之，有官者举贤良方正，无官者举茂材异等，余四科多不应。皆自投牒，献所著文论，差官考校。中者召诣阁下，试论六首；又中选，则于殿廷试策

一道,五千字以上①。其中选者不过一二人,然数年之后即为美官。庆历六年(1046),贾昌朝为政,议欲废之,吴育参知政事,与昌朝争论于上前,由是贾、吴有隙。乃诏自今后举制科者,不听自投牒,皆两制举乃得考校。

以上乃仁宗一朝制科之大概。"天圣六年始复置",当是"天圣七年"之误。所说"中者召诣阁下,试论六首","阁下"指秘阁。按天圣七年闰二月二十三日,仁宗在延和殿,谓宰臣曰:"近夏竦奏,自古得贤则治,失贤则乱。汉唐之间,多选贤良文学之士,以条时政得失。朕亦欲天下英豪皆登于朝。宜广科目,以收贤才。"②乃下诏曰:

> 令复置贤良方正能直言极谏、博通典坟明于教化、才识兼茂明于体用、详明吏理可使从政、识洞韬略运筹决胜、军谋宏远材任边寄六科。应内外京朝官不带台省馆阁职事、不曾犯赃及私罪轻者,并许少卿监已上上表奏举,或自进状乞应上件科目。仍先进所业策论五十首,诣阁门或附递投进,委两制看详,具名闻奏,当降朝旨召赴阙,差官试论六首,以三千字以上为合格,即御试。又置高蹈丘园、沉沦草泽、茂才异

---

① 按:宋代制科御试对策,文献皆称须三千字以上,此言五千字,疑"五"字讹误。

② 《宋会要辑稿·选举》一〇之一五。又《续资治通鉴长编》卷一〇七:"(真宗时)及议封禅,吏部科目皆废。夏竦既执政,建请复制举,广置科目,以收遗才。上从之。"原注曰:"既而用夏竦议置六科,其议亦自(盛)度始。"

等三科,应草泽及贡举人非工商杂类者,并许本路转运、逐处长吏奏举,或自于本贯投状乞应上件科目,州县体量实有行止、别无玷犯者,即令纳所业策论五十首,本州看详,委实词理优长,即上转运使覈(原误"覆")实,审访乡里名誉,选有文学再行看详,其开封府委自知府审访行止,选有文学佐官看详,委实文行可称者,即以文卷送尚书礼部,委判官看详,选择词理优长者具名奏闻,当降朝旨赴阙,差官试论六首,以三千字以上为合格,即御试。又置书判拔萃科、武举。其逐处看详官不得以词理平常者一例取旨,如违,必行朝典。仍限至十月终已前,具姓名申奏。

据诏意,除武举外,仁宗所置共十科,分三大类。这里我们先讨论前两大类共九科,而将"书判拔萃"放在后文考述。第一类为前六科,应选人范围为"内外京朝官不带台省馆阁职事、不曾犯赃及私罪轻者"。景祐元年二月四日又诏:"应京朝官、幕职、州县官不曾犯赃罪及私罪情轻者,并许应,内京朝官须是太常博士已下,不带省府推判官,馆阁执事并发运、转运、提点刑狱差任者,其幕职、州县官须经三考已上,其见任及合该移入沿边不般家地分,及川、广、福建等处者,候回日许应。"①此类应选方式为"少卿监以上上表奏举,或自进状乞应",即奏举和自荐均可。考试方式,先进所业策论五十首,诣阁门或附递投进,委两制看详,如词理优长,具名闻奏,降朝旨召赴阙,差官试论六首,以三千字以上为合

_____
① 《宋会要辑稿·选举》一〇之二一。

格,即御试。后因宰相贾昌朝欲废制科,与参知政事吴育争论于仁宗前,下两制详定,于庆历六年(1046)六月十八日诏礼部贡院:"自今制科……须近臣论荐,毋得自举。"①嘉祐二年(1057)六月十九日诏:"自今太常博士而下充台省阁职,及提点刑狱以上差使选人,不限有无考第,听待制以上奏举,不得自陈。"②这意味着放宽了荐举条件(以前需三考以上)。

第二类为后三科,应选人为"草泽及贡举人非工商杂类者"。景祐元年二月四日诏:"应进士、诸科取解不获者,不得应。"③这就是说,贡举人须首先获得州郡的发解资格,否则不得应诏。又嘉祐二年(1057)六月十九日诏:"草泽人并许本路转运使采察文行,保明奏举。"④此类应制方式,初亦为奏举和自荐皆可,庆历间禁自举,也须"近臣论荐"。考核方式,较第一类复杂。第一类在试论六首之前,只有委两制看详策论五十首这一关,而此类则有三关:一是先纳所业策论五十首,本州看详。二是本州看详委实词理优长,即上转运使核实,审访乡里名誉,选有文学者再行看详(开封府委知府审访行止,选有文学佐官看详)。三是再看详后以为委实文行可称者,即以文卷送尚书礼部,委判官看详,选择词理优长者具名奏闻。然后才降朝旨赴阙,差官试论六首,合格再御试,与第一类相同。

此次复置,还有一点值得注意,即司马光所说"每开科场则置

①《宋会要辑稿·选举》一〇之二五。
②《宋会要辑稿·选举》一一之五。
③《宋会要辑稿·选举》一〇之二一。
④《宋会要辑稿·选举》一一之五。

之”，实行制举与常科同步。仁宗天圣八年(1030)三月十六日诏：“应制科人，今后遇有科场，许依(天圣)七年敕命投下文字。”①又明道二年(1033)六月五日中书门下言：“制科举人自今须缘贡举，许准诏投文就试。”诏“可”②。庆历六年(1046)六月十八日规定“制科并用随贡举，为定制”③。从“有科场”才许投文，到“随贡举”为定制，改变了唐以来制举时间不定的惯例。

仁宗朝所设制科科目虽多，但似乎并没有造就出制科的繁荣。《儒林公议》曰：“近制试论于秘阁，数时之间，敦迫取就。旧试制举人，纳卷不许逾申刻，盖虑及酉，则皇城掩关故耳。有司不详故事，乃不许及申刻，试人视景(影)高下，窘蹙成文，故每三四岁一举，所得不过一二人而已。”

(四)神宗朝：罢制科

叶绍翁《四朝闻见录》甲集《制科词赋三经宏博》曰：“先是，荆国王安石尝赋诗试闱中云：‘当时赐帛倡优等，今日抡才将相中。’盖已嫉词赋之弊。后因苏子由(辙)策专攻上身④，安石比之谷永；又因孔经父(文仲)用策力抵新法⑤，安石遂有罢制科之意。”此事曾引起轩然大波，朝臣争论十分激烈，《宋史》卷三四四《孔文仲传》记之为详：

---

① 《宋会要辑稿·选举》一〇之一八。
② 《宋会要辑稿·选举》一〇之二一。
③ 《宋会要辑稿·选举》一〇之二五。
④ 按苏辙制举策试，在嘉祐六年(1061)八月。
⑤ 按："经父"原作"常父"。应制举以策诋新法的是孔文仲(经父)，而非武仲(常父)，作"常父"误，因改。孔文仲制举策试，在熙宁四年(1071)五月。

熙宁初,翰林学士范镇以制举荐,对策九千余言,力论王安石所建理财、训兵之法为非是,宋敏求第为异等。安石怒,启神宗,御批罢归故官。齐恢、孙固封还御批,韩维、陈荐、孙永皆力言文仲不当黜,五上章,不听。范镇又言:"文仲草茅疏远,不识忌讳。且以直言求之,而又罪之,恐为圣朝之累。"亦不听。苏颂叹曰:"方朝廷求贤如饥渴,有如此人而不见录,岂其论太高而难合邪? 言太激而取怨邪?"吴充为相,欲置之馆阁,又有忌之者,仅得国子直讲。学者方用王氏经义进取,文仲不习其书,换为三班主簿,出通判保德军。

又同书卷三七一《钱顗传》:"熙宁三年试应(制举),既中秘阁选,延对入等矣,会王安石恶孔文仲策,迁怒罢其科,遂不得第。"这真是"城门失火,殃及池鱼"。制科的命运,可以卜知。正式下令罢制科在熙宁七年(1074)。《宋会要辑稿·选举》一一之一四载:是年五月十四日,中书门下言:"贤良方正等科,自今欲乞并行停罢。"神宗"从之"。《续资治通鉴长编》卷二五三记此事为详:

(熙宁七年五月)辛亥,中书门下言:"策试制举,并以经术、时务。今进士已罢辞赋,所试事业,即与制举无异。至于时政阙失,即士庶各许上封言事。其贤良方正等科目,欲乞并行停罢。"从之。先是,中书条例所乞罢制举,冯京曰:"汉唐以来,豪杰多由此出,行之已久,不须停废。"上曰:"天下事可罢而未及,如此者甚众,此恐未遑改革。"吕惠卿曰:"制科止于记诵,非义理之学,一应此科,或为终身为学之累。朝廷事有可更者更之,则积小治可至大治,不须更有所待。"至是乃罢。

进士科罢诗赋后,省试所试乃经义,御试是对策,在变法派看来,制科已失去了存在的理由;加之孔文仲等用制策力诋新法,使他们找到了绝好的攻击机会,故毅然罢之。

(五)哲宗朝:由复置到再罢

元祐元年(1086)闰二月二日,刘挚在《论取士并乞复贤良科疏》中,请求"复置贤良方正,及茂材异等科目。每遇贡举,诏近臣仍依旧制举试"①。次年四月二十六日,哲宗诏曰:

> 制科之设旧矣。……宜复制策之科,以徕拔俗之才。……今复置贤良方正能直言极谏,自今年为始。今尚书侍郎、两省谏议大夫以上、御史中丞、学士、待制各举一人,不拘已仕未仕,以学行俱优、堪备策问者充。仍略具辞业缴进,余依旧制。②

复置虽仅一科,应选范围却扩大为"不拘已仕未仕",相当宽泛,实际上涵盖了仁宗时的两大类。应选方式为荐举,考核、考试三种,大体依旧制。郑樵《通志·艺文略三》著录《元祐新修制科条》一

---

① 《忠肃集》卷四。又见《续资治通鉴长编》卷三八六、《诸臣奏议》卷八二。
② 《宋会要辑稿·选举》一一之一五。

卷"，应即是时所订。

绍圣元年（1094），哲宗亲政，一反元祐之政，再罢制科。《宋会要辑稿·选举》——之二〇载：

> 绍圣元年九月十二日，三省言试制科张咸、吴俦、陈旸三人，第三等推恩。上（哲宗，下同）曰："前日观所试策，亦与进士策何异？先朝尝罢此科，何时复置？"章惇等对曰："先朝初御试进士策，即罢制科。元祐二年（1087）复置，诚无所补。……"上曰："今已复进士殿试策，此科既无异进士策，况进士策其文理有过于此者。"郑雍对曰："顾其人何如尔。然自来多言时政阙失。"上曰："今进士策亦可言时政阙失。"因诏罢制科。

（六）高宗朝：复置一科

建炎初，崇仁县布衣欧阳澈伏阙上书，呼吁复制科。他说："不羁之才，高世之俊，非其大科，不足以搜罗天下英贤。臣又欲乞依祖宗旧法设贤良方正科，许有官君子及布衣之士同试，其黜陟自有成法，陛下但举而行之，臣将见豪杰之士于于然而来矣。"①绍兴元年（1131）正月一日，高宗发布《德音》道：

> 祖宗设贤良方正能直言极谏科，不惟朝廷阙失得以上闻，盖亦养成士气。近屡诏内外士庶等直言朝政阙失，虽有

---

① 《上皇帝第三书》，《欧阳修撰集》卷三。

不当,并不加罪。尚虑所闻不广,仰有司讲求贤良方正直言极谏科旧制,条具取旨。①

于是礼部讲求到典故(详见《宋会要辑稿·选举》一一之二一,"典故"部分已详前,不再引,有关考试方面的内容见本书第三章),高宗于绍兴二年(1132)正月二日诏曰:

> 今后科场,复置贤良方正能直言极谏科。自尚书两省谏议大夫以上、御史中丞、学士、待制各举一人,不拘已仕未仕,以学问俱优、堪备策问者充,仍具本人词业缴进以闻("闻"原误"问",径改)。②

复置的科目、应选人范围和考试方式等,都与元祐二年相同。孝宗淳熙元年(1174)四月十日诏:"今岁科场,其令尚书侍郎、两省谏议大夫以上、御史中丞、学士、待制各举贤良方正能直言极谏一人,守臣、监司亦许解送。"③扩大了荐举官员的范围。直到南宋末,制科制度大体没有变化④,唯极少有人应举而已。

---

① 《宋会要辑稿·选举》一一之二〇。
② 《宋会要辑稿·选举》一一之二三。
③ 《宋会要辑稿·选举》一一之三二。聂崇岐《宋代制举考略》曰:"贤良方正能直言极谏一科,遂于绍兴元年正月,又得复置。"按据所引高宗绍兴元年正月一日《德音》,只是令礼部讲求典故,至此才正式下诏复置,聂氏误。
④ 叶适谓韩侂胄当权时曾废,见《滕季度墓志铭》(《水心文集》卷二四)。

二、关于"书判拔萃"科

前述仁宗时复制举,引《宋会要辑稿》所载九科之后,有"又置书判拔萃科、武举"句。聂崇岐《宋代制科考略》第二节为《书判拔萃博学宏词皆非制科》;之所以提出这个问题,他说是因为"《宋史·选举志》于制举一节,杂叙书判拔萃及博学宏词,颇似二科亦属制举",故作此以辨明。聂先生论点很明确:两科皆非制科。但在制举中"杂叙"两科,特别是书判拔萃科的,绝不止是《宋史·选举志》,《宋会要辑稿》《续资治通鉴长编》《文献通考》等都是如此(详下引)。这不能不促使我们思考:是这些史籍的失误呢,还是书判拔萃在宋代曾一度被当作制科? 对此,聂氏似未深考。

这里辨"书判拔萃科","博学宏词"留待下节再述。"书判拔萃"作为科目之一,始置于唐武则天大足元年(701),最初是制科之一种,开元间成为吏部科目选[1]。在宋代,仍作为科目选,设置很早。《宋会要辑稿·选举》一〇之一载:

> 建隆三年(962)八月二十三日诏:"书判拔萃,历代设科,顷属离乱,遂从停罢。将期得士,特举旧章,宜令尚书吏部条奏以闻。"[2]九月十六日,有司上言:准选举志及《通典》,选人有格未至而能试判三条者,谓之拔萃,应者各取本州府本司文解如常选举人制。十月三十日:……考判之制有五等,上

---

[1] 参吴宗国《唐代科举制度研究》第五章《科目选》,辽宁大学出版社,1997年。
[2] 尚书吏部,原作"尚书吏",据《宋史》卷一《太祖纪一》补。

二等超绝流辈,可非次拔擢,前代罕有其人。第三上等取理
优文赡者,超资拟授;次等或理优文省,紧慢授拟。第四等取
文理切当者依资拟授;次等不甚切当者量紧慢拟授。第五上
等放选授官,次等放选赴冬集,不及格者皆落。

太祖"从之"。"有司"称宋代设此科是"准选举志及《通典》",知
其悉沿有唐旧制。按杜佑《通典》卷一五曰:"选人有格限未至而
能试文三篇,谓之宏词;试判三条,谓之拔萃,亦曰超绝,词美者得
不拘限而授职。"又《燕翼诒谋录》卷一亦曰:"国初承五季之乱,
吏铨书判拔萃科久废。建隆三年八月,因左拾遗高锡上言请问法
书十条以代试判,诏今后应求仕及选人,并试判三道,仍复书判拔
萃科。"真宗大中祥符初罢制科,"惟吏部设宏词、拔萃、平判等科
如旧制"①。

仁宗天圣七年(1029)设置制举十科,前已述两大类凡九科,
还有一科名"书判拔萃"。《宋史》卷一五六《选举志二》述仁宗置
制科六种,"又置书判拔萃科,以待选人"②。又置三种,"以待布
衣之被举者"。聂氏所谓于制科一节"杂叙书判拔萃",即指此。
我们再看看其他宋代文献。《续资治通鉴长编》卷一〇七载仁宗
天圣七年闰二月壬子诏复置制科时,述曰:

---

①《宋史》卷一五六《选举志二》。
②迪功郎、修职郎、从政郎、从事郎、文林郎、儒林郎、承直郎凡七阶,称"选
　人"。"选人"各时期内涵不同,较为复杂,详参龚延明《宋代官制辞典》。

于是稍增损旧名,曰贤良方正能直言极谏科……(凡六科,前已述,此略),以待京朝官之被举及应选者。又置书判拔萃科,以待选人之应书者。又置高蹈丘园科……(凡三科,前已述,此略),以待布衣之被举及应书者。又置武举,以待方略智勇之士。

四个"以待",是欲设置不同的科目,以搜扬不同类型的人才。《文献通考》卷三三《选举六》所述,与《长编》同。孝宗乾道初,苗昌言奏曰:

(仁宗时)又诏以景德六科定为制举之目,俾少卿、监已上奏举内外京朝官。增置书判拔萃科、高蹈丘园科、沉沦草泽科、茂材异等科,总为十科,并许布衣应诏。①

书判拔萃科的"应书"方法,仁宗天圣七年闰二月二十三日诏书中有详细规定:"非流内(原作"外",据上下文意,当是"内"之误)者,如实负材业,不曾犯赃及私罪情轻者,并许投状乞应上件科目(指书判拔萃),仍先录所业判词三十首并上流内铨,委判铨官看详,如词理优长者具名闻奏,当降朝旨召赴阙,差官试判十道,以二千字以上为合格,即御试。"②因知"以待选人"应举(若依上引苗昌言奏,同时还许布衣应诏)的书判拔萃科,与吏部科目选

---

① 《文献通考》卷三三《选举考六》引。
② 《宋会要辑稿·选举》一〇之二。

只"试判三条"者迥然不同。前者若经流内铨、御试合格,则获得制科入等的"出身";后者若经吏部试判合格(无"御试"),只不过是超资或提前授官拟职罢了。两科虽名目相同,且都与"选人"有关,性质却有根本的区别。

这样看来,在制科中"杂叙"书判拔萃的,绝不止《宋史·选举志》,众多的宋代文献皆如此。这足以引起我们的注意,并得出如下结论:仁宗时所置制科科目中,的确有"书判拔萃",或者说,仁宗时确曾将"书判拔萃"作为制科之一种。这是历史事实,宋人就是这么看的,并非《宋史》"杂叙"失误。这还可由仁宗时李淑上书及吏部铨选的书判科未停得到反证。李淑曾上《时政十议》,其七为《议制科》,反对将"书判拔萃"作为制科科目,曰:

> 吏部故事:选人格限未至,能试判三节,谓之拔萃。止用疑案古义,观其能否,词美者第优等补官。此则有司铨品常调选人判超循资之式,而陛下亲御轩陛,审覆课程,非其称已。愿罢此科。其词学异众,自可举才识兼茂详明吏理之科。

于是,仁宗"用知制诰李淑之议",于景祐元年(1034)二月乙未"罢书判拔萃科,更不御试"①。李淑所持的理由是,"书判拔萃"

_____

① 《续资治通鉴长编》卷一一四。又见《隆平集》卷七《李若谷传》附《李淑传》,小题作《议科迁》。《宋会要辑稿·选举》一○之三:"(仁宗)景祐元年二月四日诏:书判拔萃,今后更不置。"罢书判拔萃科既在景祐元年二月,则李淑上《时政十议》,当在明道末至景祐元年正月之间。

本来是试"格限未至"（即守选期限未到，宋代一般为三年）而又想"判超循资"的选人的，是"有司"（吏部）的铨品之事，而现在却由皇帝亲自出面考较，太不相称了，故"愿罢此科"。他正是指出了天圣间把吏部科目选之一种定为制科的失误，因而被仁宗接受。假如前所置"书判拔萃"原非制科，当然也就没有李淑之"议"和仁宗之"罢"了。

考《燕翼诒谋录》卷一曰："至景祐元年正月，遂废书判为铨试。议者以为奏补人多令假手，故更新制。"作为制科的"书判拔萃"被废罢，而作为吏部科目选的"书判科"，这时似乎也被废，原因是应试者"多令假手"，与废制科"书判拔萃"的理由完全不同。但神宗熙宁元年（1068）十一月十八日《南郊赦书》曰："见在铨选人注拟官内，职官令录并初入职官令录人，……仰铨司勘会具名闻奏，当议选差官与判铨同共试验身言、书判，考定等第。"则虽书判已不是吏部科目选的科目，但铨司在选人注官时，仍要试书判。直至熙宁四年十一月，中书门下省方才上言："其录事参军、司理、司法，仍自今更不试判。"①

总之，作为制科的书判拔萃，实际上只存在了五周年：天圣七年（1029）闰二月至景祐元年（1034）二月。由此看来，宋初吏部所置拔萃科（又称书判科）非制科，而天圣间诏置的书判拔萃科，确实是制科，包括《宋史》在内的史料文献不误。

---

①《宋会要辑稿·选举》一〇之三至四。

第四节　词科的设置

哲宗绍圣二年（1095），朝廷正式设立宏词科，后又改为词学兼茂科、博学宏词科，通称"词科"。词科的设置，有其特定的历史背景，实际上是对科举罢诗赋之流弊的补救。

一、词科设置的历史背景

哲宗之所以设置"宏词科"，徽宗时改为"词学兼茂科"，其背景得从科举罢诗赋、罢制科和禁"元祐学术"说起。王安石认为诗赋无益于治道，又不能"一道德"，故在熙宁变法时坚持罢之，而改试经义。稍后又罢制科。但罢诗赋、习王氏新经义的结果，并未实现最初革科举之弊或"一道德"的目的，士子们不过是把经义当作一块新的敲门砖罢了。毛滂《上苏内翰书》写道："熙宁间作新斯文，而丞相（王安石）以经术文章为一代之儒宗，天下始知有王氏学，灏灏乎其犹海也。其执经下座、抠衣受业者，如百川归之海，于是百家之言，陈弊腐烂，学士大夫见必呕而唾之。呜呼，一旦取覆酱瓿矣。当时历金门，上玉堂，纡青拖紫，朱丹其毂者，一出王氏之学而已。"[1]而其消极后果还不止于此，更严重的是文士的写作水平普遍下降，文化历史知识严重缺乏。朱弁《曲洧旧闻》卷三载：

---

①《东堂集》卷六。

科举自罢诗赋以后,士趋时好,专以三经义为捷径,非徒不观史,而于所习经外,他经及诸子,无复有读之者。故于古今人物及时世治乱兴衰之迹,亦漫不省。元祐初,韩察院以论科举改更事,尝言臣于元丰初差对读举人试卷,其程文中或有云"古有董仲舒,不知何代人",当时传者莫不以为笑。此与定陵(按:指宋真宗)时省试举子于帘前上请云"尧舜是一事,是两事"绝相类,亦可怪也。

据说神宗晚年深患经术之弊,有复诗赋取士的打算①。又传王安石暮年曾悔罢诗赋而用经义,有"本欲变学究为秀才,不谓变秀才为学究"之叹②。这些说法是否真实已无从查考,但以经义取士的流弊却是实实在在的。

绍圣以后,特别是徽宗崇宁蔡京专权后,由迫害元祐党人发展到肃清"元祐学术",于是由科举罢诗赋发展到传习诗赋也被立法禁止。崇宁元年(1102)十二月,朝廷下诏道:"元祐学术、政事不得教授学生。"次年四月又下诏:"三苏、黄(庭坚)、张(耒)、晁(补之)、秦(观)及马涓文集,范祖禹《唐鉴》,范镇《东斋记事》,刘攽《诗话》,僧文莹《湘山野录》等印板,悉行焚毁。"③《宋会要辑稿·选举》四之七:政和元年(1111)十一月十五日,禁诗赋,榜朝堂,对"缙绅之徒、庠序之间尚以诗赋私相传习或辄投进"者,"御

---

①《曲洧旧闻》卷二。
②陈师道《后山谈丛》卷一。
③《通鉴长编纪事本末》卷一二一《禁元祐党人上》。

史台弹劾"。《容斋四笔》卷一四曰:"自崇宁以来,时相(指蔡京)不许士大夫读史作诗,何清源(执中)至于修入令式,本意但欲崇尚经学,痛沮诗赋耳,于是庠序之间以诗为讳。政和后稍复为之。"又叶梦得《避暑录话》卷下:

> 政和间,大臣有不能为诗者,因建言诗为元祐学术,不可行。李彦章为御史,承风旨,遂上章论陶渊明、李、杜而下皆贬之,因诋黄鲁直、张文潜、晁无咎、秦少游等,请为科禁。故事,进士闻喜燕例赐诗以为宠,自何丞相文缜(桌,政和五年进士第一)榜后,遂不复赐,易诏书以示训戒。何丞相伯通(执中)适修敕令,因为科云:"诸士庶传习诗赋,杖一百。"是岁冬初雪,太上皇意喜,吴门下居厚首作诗三篇以献,谓之口号。上和赐之。自是圣作时出,讫不能禁,诗遂盛行于宣和之末。伯通无恙时,或问初设刑名将何所施?伯通无以对,曰:"非谓此诗,恐作律赋、省题诗,害经术尔。"而当时实未有习之者。

蔡京党严禁诗赋和史学,与科举改革已毫不相干,同时也并非他们不学无术到此地步,而完全是出于赤裸裸的政治目的;何执中也不是真的"无以对",只是不能道破罢了。马端临论及此事时,痛快淋漓地戳穿其阴谋,他写道:

> 尊经书,抑史学,废诗赋,此崇、观以后立科造士之大指。其论似正矣。然经之所以获尊者,以有荆舒(王安石)之三经

也；史与诗之所以遭斥者，以有涑水（司马光）之《通鉴》，苏、黄之酬唱也。群憸借正论以成其奸，其意岂真以为六籍优于迁、固、李、杜也哉！①

这种学术思想上的箝制和文化毁灭，自秦始皇焚书坑儒以降，在中国历史上还极为罕见，正如清王士禛所说："此古今风雅一大厄也！"②

　　罢诗赋、制科和禁"元祐学术"，造成了士子不能为文，且知识贫乏，空疏无学。鉴于朝廷及官府文书大量使用四六应用文，如吴朁然所说："施之著述则古文可尚，求诸适用非骈俪不可也。大而丝纶之所藻绘，小而缄縢之所络绎，莫不以四六为用，食之醢酱，岂可一日无哉！"③而此又非经义进士所能胜任，于是出现了严重的"人才荒"；作为补救措施，哲宗于是另立"宏词科"，以培养词章之士；徽宗改为"词学兼茂科"，以弥补文化知识之不足。这就是二帝设科、改科的历史背景。洪迈《容斋三笔》卷一〇曰："熙宁罢诗赋，元祐复之，至绍圣又罢，于是学者不复习为应用之文。绍圣二年（1095），始立宏词科。"《四朝闻见录》甲集《制科词赋三经宏博》也说："制科、词赋既罢，而士之所习者皆《三经》。所谓《三经》者，又非圣人之意，惟用安石之说以增广之，各有套括，于是士皆不知故典，亦不能应制诰骈俪选。蔡京患之，又不欲

①《文献通考》卷三一《选举四》。
②《香祖笔记》卷一〇。
③《圣宋名贤四六丛珠序》，《圣宋名贤四六丛珠》卷首。

更熙宁之制,于是始设词学科,试以制、表,取其能骈俪;试以铭、序,取其记故典。"

"收文学博异之士",造就朝廷"应用文"也就是四六骈文的写作人才,是哲宗设置"宏词科"及徽宗改"词学兼茂科"的出发点,也是培养目标。到此科已经衰落的南宋嘉定七年(1214)三月十五日,刑部尚书曾从龙、礼部侍郎范之柔、左谏议大夫郑昭先、刑部侍郎刘爚等四人在联署的奏章中写道:"窃见宏博一科,所以为异日词臣之储,其选盖其遴也。"①可见此科的培养目标,始终是一致的。它在规模、重要性和影响力方面虽无法与进士科比,但在专门人才的选拔培养方面,曾起过特殊的作用,并受到相当的重视,又非制科可与齐肩。

二、词科科名的变迁

"博学宏词科"科名始于唐代。徐松《登科记考》卷七载玄宗开元十九年(731)"博学宏词科",原按曰:"唐之博学宏词科,岁举之。"又引《唐语林》云:"开元十九年置宏词,始于郑昕。"这是吏部的科目选。宋代早在真宗朝,就有人提出重设此科。《宋会要辑稿·选举》一二之一曰:"真宗景德三年(1006),龙图阁待制陈彭年奏请条制贡部宏词科,采择经术,许流内选应宏词、拔萃科,明经人投(原误"设")状自荐,策试经义,以劝学者。"这当是欲将吏部的两个科目选,变为贡部(礼部贡院之别称)的制科科目,但当时并未实现,故大中祥符初罢制科,"惟吏部设宏词、拔

---

①《宋会要辑稿·选举》一二之二五。

萃、平等科如旧制"①。

哲宗绍圣间所设的宏词科,徽宗大观间设的词学兼茂科,以及南宋绍兴初改设的博学宏词科,与作为吏部科目选的唐代"博学宏词科"、宋初"宏词科",在设科目的、考试内容以及待遇等方面都完全不同。宋初作为吏部科目选的宏词科,是"采择经术"、"策试经义",而绍圣宏词科正好相反:撇开经义,只取文学。

由北宋后期到南宋,词科的名称凡三变焉,而每一变即伴随着应试格法、考试内容、选材标准和待遇的更改。这里只述科名变迁,有关考试等问题归类到本书第三章叙述。

1. 绍圣初设词科时,名曰"宏词科"。《宋会要辑稿·选举》一二之二:"哲宗绍圣元年(1094)五月四日,中书省言:有唐随事设科,其名不一,故有词藻宏丽、文章秀异之属,皆以众之所难劝率学者。今来既复旧法,纯用经术取士,其应用文词如诏诰、表章、箴铭、赋颂、赦敕、檄书、露布、诫谕之类,凡诸文体施之于时不可阙者,在先朝亦尝留意,未及设科。诏:别立宏词一科。"次年,此科第一次开科取士。

2. 徽宗大观间,改"宏词科"为"词学兼茂科"。《宋会要辑稿·选举》一二之六:大观四年(1110)五月十六日诏:"绍圣之初,尝患士之学者不复留意文词,故设宏词科,岁一试也。然立格法未至详尽,不足以致实学有文之士,可改立词学兼茂科,每岁附贡

①《宋史》卷一五六《选举志二》。所谓吏部"科目选",是为不够"格限"(守选时限未到)的选人而设,属于铨选而非科举。

士院引试,听有出身人不以京朝官①、选人,经礼部投状就试,岁中有取,不得过三人,如无合格则阙之。"《续资治通鉴长编拾遗》卷二九引《通鉴续编》:"帝(徽宗)以宏词科不足以致文学之士,改立词学兼茂科,岁附贡试院。"又王应麟《词学指南序》:"宣和五年(1123)七月,职方员外郎陈磷奏'岁试不无幸中',乃有省闱附试之诏,由是三岁一试"。

3. 南宋高宗绍兴初,又改为"博学宏词科"。《宋会要辑稿·选举》一二之一一:绍兴三年(1133)七月六日,都司言:"工部侍郎李擢奏,乞令绍圣宏词与大观词学兼茂两科别立一科事,看详:绍圣法以'宏'为名,大观后以'词学兼茂'为名,今欲以'博学宏词科'为名。……(高宗)从之。"事又见李心传《建炎以来系年要录》卷六七。王应麟《词学指南序》称更名之后,"三岁一试如旧制"。

以上两次更换科名,实际上是词科内涵的逐步扩大。"宏词科"的着眼点仅仅是"词"(词章),目的也仅仅是选拔"应用文词"的写作人才;而"词学兼茂"则由"词"扩大到"学",注重"有文"而不偏废"实学"(主要指典故记诵),避免了唯取文词的华而不实和急功近利,以纠补士子历史文化知识严重缺乏的弊端。至于"博学宏词",则将"学"的位置提前,且要求"学"要"博"。宋代学

---

① 元丰改官制后,去京官之名,多用"承务郎以上",俗亦谓之京官,包括承务郎、承奉郎、承事郎、宣义郎、宣教郎,凡五阶。文臣寄禄官通直郎(正八品)以上至开府仪同三司(从一品)为朝官。详参龚延明《宋代官制辞典》第665页。

者以为只有详达"制度典故"才算"博学",才称得上是"通儒"。①因此,所谓"博学",实际上就是穷尽式的记诵典章名物制度。于是,词科最终仍然走上了宋代科举重记问的老路,而且较进士科有过之而无不及。王应麟曾辨析过三个名称的区别:"盖是科之设,绍圣颛取华藻,大观俶向淹该,爰暨中兴,程式始备。科目虽袭唐旧,而所试文则异。"②

三、词科的盛衰

从北宋绍圣设科到南宋嘉定以前的百余年间,可谓词科正常运作期,从某种意义上说,也是词科兴盛期,其标志是网罗了不少四六文专家,而取此科者大都得到重用。如北宋末年中选的赵鼎臣、慕容彦达、刘弇、葛胜仲、晁咏之、李正民等等,皆曾身居高位,而南宋尤盛。洪迈《容斋三笔》卷一〇《词学科目》述绍兴至绍熙此科取士及任用情况道(原仅称字或谥、封号者,今用括号补其名):

> 自乙卯(绍兴五年,1135。按绍兴三年改立博学宏词科,五年正式开科取士)至于绍熙癸丑(四年,1193),二十榜,或三人,或二人,或一人,并之三十三人,而绍熙庚戌(元年)阙不取③。其以任子进者,汤岐公(思退)至宰相,王日严(晔)

---

① 见《宋史》卷四三八《王应麟传》。
② 《词学指南序》,《玉海》卷二〇一《词学指南》卷首。
③ 按:是年陈晦应试及格,因犯濮王允让偏讳未推恩。庆元四年(1198),诏依下等赐同进士出身。见《南宋馆阁续录》卷八、卷九及《中兴学士院题名录》。

至翰林承旨,李献之(巘)学士,陈子象(岩肖)兵部侍郎,汤朝美(邦彦)右史,陈岘方进用,而予兄弟居其间,文惠公(洪适)至宰相,文安公(洪遵)至执政,予冒处翰苑。此外皆系已登科人,然擢用者唯周益公(必大)至宰相,周茂振(麟之)执政,沈德和(介)、莫子齐(济)、倪正父(思)、莫仲谦(叔光)、赵大本(彦中)、傅景仁(伯寿)至侍从,叶伯益(谦亨)、季元衡(南寿)至左右史,余多碌碌,而见存未显者,陈宗召也。

《宋史·选举志二》也说:博学宏词科,"南渡以来所得之士,多至卿相、翰苑者"。虽然以仕历显晦为品评标准很不全面,但也可见此科受当权者重视程度之高。即以四六文成就论,南渡以后此科也人才辈出,除上述三洪、周必大外,像周麟之、唐仲友、吕祖谦、真德秀等等,皆出类拔萃之选。

但是,到嘉定以后,博学宏词科忽然衰落。其原因,《宋会要辑稿》所存史料语焉不详,《宋史·选举志》不置一词,似有必要作一番考察。

《直斋书录解题》卷一五著录《宏辞总类》时,写道:

> 戊辰(嘉定元年,1208)以后,时相不喜此科,主司务以艰僻之题困试者,纵有记忆不遗、文采可观,辄复推求小疵,以故久无中选者。

嘉定以后的"时相"是史弥远。他为何不喜此科?这里有微妙的政治背景。叶绍翁《四朝闻见录》甲集《宏而不博博而不宏》

条曰：

> 真文忠公（德秀）、留公元刚字茂潜，俱以宏博应选。①
> 时李公大异校其卷，于文忠卷首批云"宏而不博"，于留卷首
> 批云"博而不宏"，申都台取旨。时陈自强居庙堂，因文忠妻
> 父善相，识文忠为远器，力赞韩氏（侂胄）二人俱置异等。

这是说，李大异并不满意真、留二卷，是韩、陈死党将其置为
"异等"的。开禧北伐失败后，史弥远诛韩专政，因为真德秀的关
系，遂对"博宏"科"不喜"。罗大经《鹤林玉露》甲编卷四便把问
题挑明了：

> 嘉定间，当国者惮真西山刚正，遂谓词科人每挟文章科
> 目以轻朝廷，自后，词科不取人。虽以徐子仪之文，亦以巫咸
> 一字之误而黜之②，由是无复习者。

按《四朝闻见录》甲集《词学》曰："是岁（开禧元年），毛君自知为
进士第一人，对策中及'朝廷设宏博以取士，今谓之"宏而不博"，
"博而不宏"，非所以示天下，然犹置异等，何耶？'至文忠立朝时，
御史发其廷对日力从臾恢复事，且其父（毛宪）阅卷，遂驳置五甲，

①按《宋会要辑稿·选举》一二之二四，两人登此科在开禧元年（1205）。
②按徐凤字子仪，其见黜事详《宋会要辑稿·选举》一二之二五、《四朝闻见
　录》甲集《词学》。

勒授监当,后庙堂授以江东干幕。终文忠之立朝,言者论之不已,后终不得起。"毛自知是追随韩、陈的,他对策质问"何耶",显然是针对李大异等人,而为韩、陈助威。据《宋史·宁宗纪三》,早在嘉定元年(1208)三月,即"以毛自知首论用兵,夺进士第一恩例"①,而"言者"犹抓住不放,很明显,攻击毛自知,其实是"项庄舞剑",潜台词是真、留二人为韩、陈私取,矛头则直指真德秀。据《文献通考》卷三三《博学宏词科》,真、留二人乃"宁宗喜其文,命俱置异等",虽当时韩侂胄、陈自强专权,但取真、留,也算是"通天"了。关键是真德秀为人"刚正",与史弥远对内专横独裁、对外妥协投降的路线不合,使之如芒刺在背,非除之不可。于是真氏在韩侂胄专政时登词科,便成了政敌绝好的炮弹。"城门失火,殃及池鱼",词科也从此一蹶不振。总之,党争与权相专政的黑暗政治,词科成了牺牲品。

词科衰落的第二个原因,是其制度自身存在不少弊端。首先是绍兴法允许"卿大夫之任子亦就试",显然有利于大官僚子弟,使词科的公平性从此失衡。洪迈三兄弟都是以任子资格中选的,所以他在《容斋三笔》卷一〇中,对"任子进者"津津乐道(详上引),较之"余多碌碌"的以"已登科人"资格进者,显然心存轩轾。对任子插足词科,当时就有不同的声音。叶适《宏词》尝批评"前后居卿相显人,祖父子孙相望于要地者,率词科之人也。其人未

---

① 又按:佚名《续编两朝纲目备要》卷八:开禧元年"五月已已,亲试举人"原注:"(毛)自知对策,首论宜乘机以定中原,因擢为伦魁。嘉定改元,自知降充殿试第五甲,以首论用兵也。"

尝知义也,其学未尝知方也,其才未尝中器也"①,这给感觉良好的"任子进者"们,不啻当头棒喝。"三洪"兄弟固才杰之士,其父洪皓使金被拘,深得皇帝眷顾。但他们考试时也不无作弊之嫌。叶绍翁《四朝闻见录》甲集《词学》载:"洪氏遵试《克敌弓铭》,未知所出。有老兵持砚水密谓洪曰:'即神臂弓也。'凡制度、轻重、长短,无不语洪。有司以为神。"其实不是洪遵"神",而是"老兵"有鬼。词科作为朝廷抡材的选举制度之一,既让权力介入,则必失公平竞争,难以餍服人心。其次,南宋后期政治腐败,科场弊事百端,玩习为常,词科也不例外。嘉泰四年(1204)十一月十三日,右正言林行可上奏指出:"间有公然挟书,略无愧耻,曰'博学'、曰'宏词',果何取于是名哉!"②科举一旦失去严肃性,也就失去权威性和号召力。

词科衰落的第三个原因,是叶适等人对它的批评。叶适尝作《宏词》一文,写道:"自词科之兴,其最贵者四六之文,然其文最为陋而无用。士大夫以对偶亲切用事精的相夸,至有以一联之工而遂擅终身之官爵者。此风炽而不可遏,七八十年矣。前后居卿相显人,祖父子孙相望于要地者,率词科之人也。……是何所取,而以卿相显人待之,相承而不能革哉?"他同时指出,王安石当初罢诗赋的出发点,是"患天下习为词赋之浮华而不适于实用";然而词科的设置,"是始以经义开迪之,而终以文词淫蔽之也",因此他

①《宏词》,《水心别集》卷一三。
②《宋会要辑稿·选举》五之二八。

主张"直罢之而已"①。叶适以子之矛，攻子之盾，其犀利的笔锋，可谓击中了词科的要害。《四朝闻见录》甲集《宏词》曰："先生（叶适）《外藁》②，盖草于淳熙自姑苏人都之时，是书流传则盛于嘉定间。虽先生本无意嫉视词科，亦异于望风承旨者，然时值其时，若有所为。"这是说，叶适对词科的批评，是早在淳熙间的事，而到嘉定时正好被"时相"史弥远及其党羽所利用，成了他们攻击政敌的炮弹。此事造成了真德秀与叶适之间的矛盾，上引《四朝闻见录》又曰："文忠真公亦素不喜先生（叶适）之文。……文忠得先生《习学记言》观之，谓：'此非记言，乃放言也。'岂有激欤！"同时认为："嘉定间未尝诏罢词学，有司望风承旨太过，每遇群试，必摘其微疵，仅从申省。"除叶适外，不少学者也曾指出词科之弊，如朱熹说："词科则又习于诡谀夸大之词，而竞于骈俪刻雕之巧，尤非所以为教。"③

词科衰落的第四个原因，是庆元党禁弛禁之后，从嘉定起理学逐渐成为统治集团的统治思想，而理学家向来是反对词科的。《鹤林玉露》甲编卷三《德行科》曰："杨诚斋（万里）初欲习宏词科，南轩（张栻）曰：'此何足习，盍相与趋圣门德行科乎？'诚斋大悟，不复习，作《千虑策》，论词科可罢曰：'孟献子有友五人，孟子已忘其三。周室去班爵之籍，孟子已不能道其详，孟子亦安能中今之词科哉！'晚年作诗示儿云：'素王开国道无臣，一榜春风放十

---

① 《宏词》，《水心别集》卷一三。
② 按：收在《水心别集》。
③ 《学校贡举私议》，《朱文公文集》卷六九。

人。莫羡榜头年十八,旧春过了有新春。'"①《宋史》卷四二〇《王
埜传》曰:"王埜字子文,宝章阁待制介之子也。以父荫补官,登嘉
定十二年(1219)进士第。仕潭时,帅真德秀一见异之,延致幕下,
遂执弟子礼。德秀欲授以词学,埜曰:'所以求学者,义理之奥也。
词科惟强记者能之。'德秀益器重之。"又同书卷四三七《刘清之
传》:"刘清之字子澄,临江人。……登绍兴二十七年(1157)进士
第。……初,清之既举进士,欲应博学宏词科。及见朱熹,尽取所
习焚之,慨然志于义理之学。吕伯恭、张栻皆神交心契,汪应辰、
李焘亦敬慕之。"理学学风与词科文风背道而驰,宋末文士大多唯
义理是习,感兴趣的是先儒语录,所作则有如讲义。《鹤林玉露》
丙编卷六《文章性理》曰:"近时讲性理者,亦几于舍六经而观语
录。甚者将程、朱语录而编之若策括、策套。"这类人连作诗都认
为是"玩物丧志",如何愿习四六? 在理学学风的影响下,士子纷
纷由词学转到义理之学。加之宋末政治黑暗,正直的士子不屑于
抽青妃白、歌功颂德的官方四六。于是,词科在宋季衰落,便成为
历史的必然了。

　　词科的式微,标志着南宋曾一度辉煌过的四六文也随着衰
落。叶绍翁《四朝闻见录》乙集《王竹西驳论黄潜善汪伯彦》一则
记曰:"嘉定中未尝诏罢科目,凡以宏博应选者,有司承意,不敢以
名闻。尝用余嵘为中书舍人,余素不习此,余表侄应子和镛尝试

---

①按:所述杨万里《千虑策》,指其中《人才(上)》篇,见《诚斋集》卷八七,然
　诚斋所论为制科而非词科。又,所引"孟献子有友五人"数句,乃摘录或撮
　述大意,而非原文。

曾学，有司亦仅与申省：文得典诰体。时为安吉宰，安吉去行都三日可达，余之草制，皆取之安吉。省吏趋请词头，余之左右必晓之曰：'安吉人未回。'……陈正甫，讳贵谊，以词学中等。尝考潘子高词卷，六篇俱精博，惟《集贤院记》偶不用李林甫注《六典》书目事，陈以此为疑而黜之，然心服其文。当其寓直玉堂，凡常行词，皆属潘拟稿。"余嵘完全不能作四六，只好让其表侄应镛代笔；陈贵谊虽尝中词科，也常请潘子高拟稿，而应、潘两位词学高手，却被挡在词科大门之外。又罗大经《鹤林玉露》甲编卷四《词科》曰：嘉定以后，词科不取人，"由是无复习者。内外制，唯稍能四六者即入选，……往往褒称过实，或似启事谀词，雕刻求工，又如宾筵乐语，失王言之体矣。胡卫、卢祖皋在翰苑，草明堂赦文云：'江淮尽扫于胡尘。'太学诸生嘲之曰：'胡尘已被江淮扫，却道江淮尽扫于。'又曰：'传语胡、卢两学士，不如依样画胡卢。'端平初，患代言乏人，乃略更其制，出题明注出何书，乃许上请，中选者堂除教官。然名实既轻，习者亦少"。张端义也说："掖垣非有出身不除。……自嘉泰、嘉定以来，百官见宰相，尽不纳所业，至端平，衔袖书启亦废，求举者纳脚色，求阙者纳阙札而已。文人才士，无有自见，碌碌无闻者杂进。三十年间，词科又罢，两制皆不是当行，京谚云'戾家'是也。不过人主上臣下一启耳，初无王言训诰之体。如拜平章二相三制，岂不有惭于东坡？如改元、灾异罪己诸诏，岂不有惭于陆贽？"①南渡以后伴随词科而盛极一时的四六文，已无可挽回地成为昨日黄花。

---

①《贵耳集》卷上。

四、词学科

晚宋词科衰落,直接影响了朝廷的公文写作,于是在"博学宏词科"之外,降等另立"词学科"。《宋史·选举志二》:理宗嘉熙三年(1239),"臣僚奏:'词科实代王言,久不取人,日就废弛。盖试之太严,故习之者少。今欲除博学宏词科从旧三岁一试外,更降等立科,止试文辞,不贵记问。命题止分两场引试,须有出身人就礼部投状,献所业,如试教官例。每一岁附铨闱引试,惟取合格,不必拘额,中选者与堂除教授,已系教官资序及京官不愿就教授者,京官减磨勘,选人循一资。他时北门、西掖、南宫舍人之任,则择文墨超卓者用之。其科目,则去"宏博"二字,止称词学科。'从之。淳祐初,罢。景定二年(1261),复嘉熙之制。"王应麟《词学指南序》谓词学科"以今题四篇,分两场,行之三年而废,景定二年复词学科,至四年而止"[1]。他在所著《词学指南》中,记载了理宗嘉熙二年(戊戌,1238)、三年(己亥)、四年(庚子),以及景定二年(辛酉,1261)、四年(癸亥)辞学科考试的"制"题、"表"题,景定二年"诏"题,嘉熙二年、景定四年"铭"题,嘉熙二年、三年、四年及景定四年"记"题,嘉熙四年、景定二年"赞"题,嘉熙三年"序"题,但无上榜人"题名"名单,录取情况不详。《淳熙三山志》卷三二《科名》"嘉熙二年 词学科":"卢壮父、林存。"可补王氏之缺(按:嘉熙时《三山志》作者梁克家久已过世,此乃后人补书)。"词学科"既是"降等",故对它的要求和待遇,都比"博学宏词科"

---

[1]《玉海》卷二〇一《词学指南》卷首。

低,它是由博学宏词科派生出来的一个科名。

由宋入元的王义山,在其《稼村自撰墓志铭》中说:"初,宋乙卯(宝祐三年,1255),台谏奏科举后增试小词科,环海内亡应令者。余起而为之倡,所拟九百余篇,左帑容斋先生刘公元刚、丞相文山先生文公天祥为之序。"①"小词科"是在"科举后增试",与"附铨阄引试"的词学科似有不同。然王义山又在稼村书院庚午(咸淳六年,1270)义试《策问》中说:"(博学宏词科)以三古三今为题,谓之'大词科';以四今为题,谓之'小词科'。"②"小词科"既以"四今为题",则与上引王应麟所说"以今题四篇,分两场"的词学科的考试方法同。或"附铨阄引试"难以吸引士类,故宝祐三年又改为"科举后增试"欤?然《词学指南》未记所谓"小词科"的试题。既"环海内亡应令者",盖实际上并未开科取士。宋季乃多事之秋,小朝廷风雨飘摇,为苟延残喘已自顾不暇,所谓"词学科"或"小词科",只是空有其名而已,其实并没有延揽到什么人才。

五、关于博学宏词科的性质问题

聂崇岐《考略》第二节《书判拔萃博学宏词皆非制科》,上节已辨"书判拔萃科",这里再论"博学宏词科",主要是此科的性质问题。

《考略》以为非制科的"博学宏词",情况要复杂些。宏词科

---

① 《稼村类稿》卷二九。
② 《稼村类稿》卷一五。所说文天祥序今存,题《跋王元高词科拟稿》(载《文山全集》卷一○)。

是唐人创立的,最初也是制科的一种,后来变为科目选。宋初,设有作为科目选的宏词科,如《宋会要辑稿·选举》一〇之一载:"真宗景德四年(1007)闰五月二十七日,龙图阁待制陈彭年言,请许流内选人应宏词、拔萃科。诏可。"到大中祥符初罢制科,吏部的宏词、拔萃等如旧,已见前引。而后来的"博学宏词科",与守选人所应的"宏词"完全不同。《文献通考》卷三三《选举六》曰:

> 绍圣元年(1094)罢制科。自朝廷罢诗赋、废明经,词章记诵之学俱绝,至是而制科又罢,无以兼收文学博异之士,乃置宏词,以继贤良之科。

马氏此论与史实略有出入,实际上置宏词科稍早于罢制科。据《宋会要辑稿·选举》一二之二,哲宗绍圣元年五月四日,中书省上言称"应用文词……凡诸文体施之于时不可阙者,在先朝亦尝留意,未及设科。诏:别立宏词一科"。而制科罢于是年九月十二日①,晚于宏词之设四个多月。但绍圣初的政治气氛,是一切恢复熙宁旧制,故下令罢制科虽稍晚,实际上是早在酝酿中了。对此,叶绍翁《四朝闻见录》甲集《制科词赋三经宏博》说得很清楚:

> 制科、词赋既罢,而士之所习者皆《三经》。……于是士皆不知故典,亦不能应制诰骈俪选。蔡京患之,又不欲更熙宁之制,于是始设词学科,试以制、表,取其能骈俪;试以铭、

---

① 《宋会要辑稿·选举》一一之二〇。

序,取其记故典。

这表明宏词科与制科既有联系又有区别。制科、进士科之词赋已罢而有宏词科,则宏词科当然不可能是制科,否则就是恢复制科;但宏词科是在"词章、记诵之学俱绝"的情况下创设的,目的是弥补罢诗赋、罢制科后所造成的人才知识空白,故又不可能没有联系,所以说宏词是"继贤良之选",《宋史·选举志》所以于制举一节"杂书"博学宏词科(《文献通考》亦如此),乃是就其来源而论,也应该不算失误。

那么到底"博学宏词"属于何科?顾炎武《日知录》卷一六《制科》孙氏(志祖)解曰:"沈作喆《寓简》云:予中进士科后,从石林(叶梦得)于卞山。予时欲求试博学宏词,石林曰:'宏词不足为也,宜留心制科功夫。'据此,则宋世所谓博学宏词,非制科也。近人称博学宏词为制科者,盖制举无常科,以待天下之才杰,以天子亲策之,故谓之制科。宋高宗创举此名,三岁一试,与制举无常科者异。然亦必召试定等,而后授官,则亦可谓之制科也。"他认为博学宏词与制科既有异也有同:选材目标异,而考试方法同。事实上,考试方法也不全同,如制科皇帝必亲策,而词科则否,且无殿试。因此,宋代的博学宏词科(包括它的前身宏词科、词学兼茂科),似难以用"常科"、"制科"范围之,可以看作制科的变种,是宋代特有的一个科目。

综观宋代科目的设置,有一个显著的特点,即较之唐代,科目逐渐减少,最终向只有一科(进士科)的方向发展。宋理宗于淳祐元年(1241)付知举官杜范以下御札说:"朕惟我朝取唐诸科并归进士,名卿硕辅,皆繇此途,其选重矣。"①就是说的这种情况。而在唐代曾一度兴盛的制科、明经诸科,逐渐归于消亡。首先是制科科目较唐代大为减少,且时置时罢,南宋虽保留了"贤良方正"一种,但极少有人应制,实际上是名存实亡。接着是熙宁时诸科被取消。最后词科与制科相似,南宋后期应之者寡,到开庆元年(1259)王应麟之弟应凤应试入等之后,也就"无疾而终"。于是,剩下进士一科独大(但进士科内部,又有诗赋、经义之分)。这种趋势,体现了科举的科目设置由繁到简,由杂乱到单一、规范,有其必然性。进士科的一枝独秀,直接影响到元、明、清三代的科目设置。这三代都以进士科为主②,所考为经义(制义)、论、诏、诰、表等诸体文,清代还考格律诗赋,殿试都对策,中式者赐进士及第、进士出身、同进士出身,实际上是宋代经义进士、诗赋进士的合一。

---

① 《咸淳临安志》卷一二。

② 虽有时也设有其他科目,但毫无特色。如《清史稿》卷一〇八《选举志三》:"康、乾两朝,特开制科,博学宏词,号称得人。所试者亦仅诗赋、策论而已。"这与宋代进士科没有本质的区别。

第二章 宋代进士科的考试

　　自从人才的拔擢由荐举制过渡到科举制后,"考试"就成为遴选人才的主要方式,并延续至今,外溢全球。自隋唐以降,科举考试是举子进入统治阶层的"龙门",也是无门荫可倚的一般举子欲入仕就必须面对的唯一选择,如后代俗话所说:没有场外的举人。本章和下章,我们将叙述宋代科举中各主要科目的考试。本章先讨论进士科,着重厘清对是科考试科目设置的争论,以及由此引起的进士科内涵的变迁;至于发解试、省试、殿试,以及场屋诗赋、策论及经义的考试规则及作法,后面将各有专章研究,皆以进士科为主。

　　南宋学者周必大曾说:"本朝取人虽曰数路,而大要以进士为先。"①的确,在宋代科举的诸多科目之中,最受统治者、社会和举子看重的是进士科。从中唐以后,进士科即独重科场,宋代延续了这一传统,凡被朝廷重用的文官多为进士,故吕祖谦《历代制度详说》卷一说:"到得本朝,(进士与明经)待遇不同:进士之科往往皆为将

---

① 乾道八年(1172)十一月二十五日上言,见《宋会要辑稿·选举》四之四一。周必大时任权尚书礼部侍郎。

相,皆极通显,至明经之科,不过为学官之类。"因此进士科又被称为
"将相科",如郭见义于乾道元年(1165)三月所作《创建三元庙碑》
曰:"(本朝)斟酌前代取士之法,杜塞他蹊,专尚进士。昔人指此为
将相科者,非虚言也。"①又楼钥《回杨监场启》:"策名枫陛,荣登
将相之科。"②《山堂考索》后集卷三二《宋朝取士之法》亦曰:"宋
朝进士科,往往为将相,极通显;至明经之科,不过为学究之类。"

宋代进士科的考试,曾在统治集团内部引起极大的争论,争
论的焦点是到底用什么学科门类进行考试和录取,即用诗赋呢,
还是经义?是否罢诗赋而易以经义?正因为进士科担负着国家
培养高级人才的重任,地位崇高,这种争论也愈加激烈,甚至与党
争搅和在一起,互为水火。本章考述宋代进士科的考试,也以诗
赋、经义之争为中心,梳理二者在进士科考试中升降陟黜的过程,
以及矛盾的症结所在,并试论其是非得失。要之,宋初沿唐、五代
之旧,试之以诗赋。熙宁时改为经义而罢诗赋。历元祐诗赋、经
义兼收之制,再到绍圣罢诗赋而用经义的反复,于南宋初才敲定
为诗赋、经义两科分立,得到近乎"双赢"的结果。

第一节　由诗赋策论之争到诗赋经义之争

用什么学科门类取士,远不止是学科之争,而是确定人才的

---

① 《粤西文载》卷三七。
② 《攻媿集》卷六二。

培养方向,学术的发展指向,也是决定社会的价值导向。唐代最初是明经科受重视,后来才是进士科走红。就进士科而论,也是不断演进的,如它的考试科目就曾发生过多次变化。杜佑《通典》卷一五《选举三·历代制下》曰:"(进士科)其初止试策,贞观八年(634)诏加进士试读经史一部。至调露二年(680),考功员外郎刘思立始奏二科并加贴经。"又《唐会要》卷七六《进士》:"先时,进士但试策而已,(刘)思立以其浅庸,奏请贴经及试杂文。"所谓"杂文",初指箴、表、铭、赋之类,到玄宗天宝之季渐渐专用诗赋,最后形成了贴一大经、杂文用诗赋、再加对策这样一个基本的考试格局。中唐以后,诗赋的地位逐渐提升,其创作的社会誉望加上考试成绩,成了去取的主要标准,尽管有时重心偏向策问,但"以诗赋取士"的趋势已不可逆转,它几乎成了进士科的代名词。

宋初,继承了唐"以诗赋取士"的传统,进士科试"诗、赋、论各一首,策五道,帖《论语》十帖,对《春秋》或《礼记》墨义十条"①。而实行"逐场去留",即诗赋合格再看策论,实际是"但以诗赋进退,不考文论"(详下引冯拯言)。至少从太宗时起,人们也开始了对此传统的批评。当时在不否定诗赋的前提下,争议点主要有二:一是策论在整个考试中的地位问题,二是经学(墨义或经义)

①《宋史》卷一五五《选举志一》。按进士科有"赎帖"之制,即若不愿试贴经,"或作一篇文,或作一赋,便可赎帖经"(吕祖谦《历代制度详说》卷一)。此制起于唐代,《太平广记》卷一七九《阎济美》,谓大历九年(774)十二月四日,阎济美惧贴经被黜落,白主司曰:"某早留心章句,不工帖书,必恐不及格。"主司曰:"可不知礼闱故事?亦许诗赎。"于是赋《天津桥望洛城残雪》诗赎帖,"主司一览所纳,称赏再三,遂唱过"。

的地位问题。宋太宗淳化三年（992）状元孙何,曾论诗赋取士的优越性。他写道:

> 唐有天下,科试愈盛……名儒巨贤,比比而出。……持文衡者岂不知诗赋不如策问之近古也?盖策问之目不过礼乐刑政,兵戎赋舆,岁时灾祥,吏治得失,可以备拟,可以曼衍,故污漫而难校,泄沓而少功,词多陈熟,理无适莫。惟诗赋之词,非学优才高不能当也。破巨题期于百中,压强韵示有余地。驱驾典故,混然无迹;引用经籍,若己有之。咏轻近之物,则托兴雅重,命词峻整;述朴素之事,则立言遒丽,析理明白。其或气焰飞动,而语无孟浪;藻绘交错,而体不卑弱。颂国政则金石之奏间发,歌物瑞则云日之华相照。观其命句,可以见学植之深浅;即其构思,可以觇器业之大小。穷体物之妙,极缘情之旨。识《春秋》之富艳,洞诗人之丽则。能从事于斯者,始可言赋家流也。①

孙何是抬高诗赋而贬低策论的。他认为策论可以"备拟"（"打题"预作）,内容乃敷衍成篇,没有客观的考校标准。诗赋则不同,它有破题、押韵、用典、引书,以及托兴、命词、理致、体格、音韵、构思、体物、缘情等等学问根柢和艺术技巧,非"学优才高"不可。孙何此论的背景已不可详,但当时肯定已有诗赋、策论高下之争。后来论诗赋、经义短长者,多不出孙氏之说,只是换"策问"为"经

---

① 《寓简》卷五引。

义"罢了。

李觏(1009—1059)曾在《上叶学士书》中引少时听"乡先生"说:"当今取人,一出于辞赋,曰策曰论,姑以备数。"①这说明至少在真宗中叶之前,诗赋在进士科考试中起着决定性的作用,那时虽也规定考策论,但并不重要,形同虚设。真宗以降,诗赋、策论之争有激化之势。大中祥符元年(1008)正月癸未,"冯拯曰:比来自试,但以诗赋进退,不考文论。江浙士人专业诗赋,以取科第。望令于诗赋人内兼考策论。上然之。"②天禧元年(1017)九月癸亥,右正言鲁宗道言:"进士所试诗赋,不近治道。"真宗谓辅臣曰:"前已降诏,进士兼取策论……可申明之。"③仁宗时,进一步提高策论在进士录取中的份量,如叶清臣"天圣二年(1024)举进士,知举刘筠奇所对策,擢第二。宋进士以策擢高第,自清臣始"④。天圣五年(1027)正月六日,仁宗诏贡院:"将来考试进士,不得只于诗赋进退等第,今后参考策论,以定优劣。"⑤所谓"兼考",就是以策论定等第高下。欧阳修进一步主张"先试以策"进行淘汰⑥。李淑又提出进士考试"先策,次论,次赋,次贴经、墨义,而敕有司并试四场,通较工拙,毋以一场得失为去留"⑦。庆历四年(1044)

---

① 《直讲李先生文集》卷二七。
② 《续资治通鉴长编》卷六八。
③ 《续资治通鉴长编》卷九〇。
④ 《宋史》卷二九五《叶清臣传》。
⑤ 《宋会要辑稿·选举》三之一五。
⑥ 《论更改贡举事件劄子》,《欧阳文忠公集》卷一〇四、《宋会要辑稿·选举》三之二一。
⑦ 《续资治通鉴长编》卷一三五。

三月十三日，翰林学士宋祁等上言，称"近准敕详定贡举条制"，其"详定"后的主要内容，有"先策论过落、简诗赋考式、问诸科大义之法"等（后因"庆历新政"失败而未施行）①。他们都看到了专以诗赋取士的不足，在"庆历新政"的大背景下，欲提高策论的地位以矫弊。据田况《儒林公议》说，当时"诏既下，人争务学，风俗一变"。由于策论多涉"礼乐刑政，兵戎赋舆"等经世治国的内容，以经术实学为主，故诗赋、策论之争，实为后来诗赋、经义之争埋下了种子。

在宋初进士科考试中，原有贴经一门，其考试方法相当于现在的填空。宋太宗曾对此科进行改革，于太平兴国八年（983）十二月二十三日诏曰："其进士举人只务雕刻之工，罕通缃素之学，不晓经义，何以官人？自今宜令礼部贡院特免贴经，只试墨义二十道，较其能否，以定黜陟。"②所谓"墨义"，相当于今天的默写。但"墨义"成绩好，未必就能"晓经义"，故仍不为重经术和实用的学者、政治家们满意。到英宗时代，一些论者如吕公著、司马光等把矛头转而对准诗赋，已不再是要为策论争地位，而是向传统提出了挑战，欲用经义取代诗赋，从根本上改变"以诗赋取士"的格局。于是诗赋、策论之争，正式演进为诗赋、经义之争。

---

① 《宋会要辑稿·选举》三之二三。"大义"原作"文意"，据《续资治通鉴长编》卷一四七所载文本改。
② 《宋会要辑稿·选举》三之四。

第二节 "诗赋优越论"与"经义优越论"

上已言及,大约从英宗时起,论者就开始把矛头对准诗赋,而神宗时的王安石变法,即罢诗赋而专用经义,后经反复,最终实行两科分立。诗赋、经义的升降陟黜,主要由各时期统治集团的政策决定;而之所以变动频繁,则由于议论不定,主张各别,或以为诗赋取之为优,或宣称非经义不可。熙宁之前,争论双方尚能心平气和;熙宁、元祐、绍圣的几次科制大变动,则与严重的党争合而为一,新旧两党多意气用事,必欲反其道而行,以致动用所执掌的行政权力推行其说,态度偏执而少理性。那么他们的分歧何在,各自有何理由?我们在具体叙述制度变迁之前,有必要先探究争论双方的观点,分别标以"诗赋取士优越论"和"经义取士优越论"。

一、诗赋取士优越论

宋代文献中,有关诗赋、经义优劣的议论不少,但新意并不多,以下数家之言,可以为各时期"诗赋优越论"的代表。

熙宁二年(1069),欲变科举之法,进士科罢诗赋,神宗诏朝臣议之。五月,苏轼上《议学校贡举状》①,略曰:

---

① 按:苏集各本,此状首句皆作"熙宁四年正月囗日"。冀洁《苏轼〈议学校贡举状〉并非熙宁四年奏上》(《北京大学学报》1982年第五期),谓赵汝愚《宋朝诸臣奏议》卷七九、《宋史全文续资治通鉴》卷一一、《玉海》卷一一六引该文,"四年正月囗日"作"二年五月"。孔凡礼校点本《苏轼文集》校记以为"其说可信"。

自唐至今,以诗赋为名臣者,不可胜数,何负于天下,而必欲废之?近世士人纂类经史,缀缉时务,谓之策括,待问条目,搜抉略尽,临时剽窃,窜易首尾,以眩有司,有司莫能辨也。且其为文也,无规矩准绳,故学之易成,无声病对偶,故考之难精。以易学之士,付难考之吏,其弊有甚于诗赋者矣。①

元祐元年(1086)闰二月二日,刘挚上《论取士并乞复贤良科疏》,主张取消熙宁以来实行的经义取士:

（试经义）至于蹈袭他人,剽窃旧作,主司猝然亦莫之辨。盖其无所统纪,无所隐括,非若诗赋之有声律法度,其是非工拙,一披卷而尽得之也。诗赋命题,杂出于六经、诸子、历代史记,故重复者寡。经义之题,出于所治一经,一经之中,可为题者,举子皆能类集,裒括其类,豫为义说,左右逢之,才十余年,数榜之间,所在命题,往往相犯。然则文章之题,贡举之法于此,其敝极矣。②

元祐初,毕仲游曾上《理会科场奏状》③,认为诗赋、经义之争久不能决的原因,是由于“各匿其所短,暴其所长”:尚诗赋者“不

①《苏轼文集》卷二五。
②《忠肃集》卷四。又见《续资治通鉴长编》卷三八六、《诸臣奏议》卷八二。
③载《西台集》卷一。

言诗赋之名卑于经义",尊经义者"不思经义于取士其实如何"。他详细分析了考经义、试赋各自实实在在的利弊,认为"盖经术者,古学也,可以谋道,而不可以为科举之用;诗赋者,今学也,可以为科举之用,而不足以谋道"。他引扬雄"圣人之经幽深阁远,如天地之高厚"语,又引孔子"加我数年,五十以学《易》,可以无大过矣"语,再以汉、唐诸儒抱经白首,及后世名家如孙复、石介治经之难为证,说明用经术应举之弊道:

> 熙宁、元丰之进士,今年治经,明年则用以应举。谓传注之说不足以决得失,则益以新说;新说不足以决得失,则益以佛老之书。至于分章析字,旁引曲取,以求合于有司。圣人之经术,遂但为卜利禄之具,要之应举得第而已,岂有正心诚意、治经术谋圣人之道者哉!

毕仲游又进一步指出经义趋时的特点,颇有新意:

> 夫举子之取名第,止问得失而已。既问得失,则不得不趋时所尚,故王安石在位,则经义欲合王安石;司马光在位,则经义欲合司马光。……虽然,不可以责举子也,彼应举必有得失之虑;既虑得失,则不得不以经义取合于在位之人。王安石在位,而经义不合王安石,则有司不敢取;知有司不取而应举,则不若勿应而已矣。天下应举者无虑数十万人,而人人欲以经义苟合于在位,以卜利禄,则风俗伤败,操行陵夷,未必不由科举之致。故诗赋虽为无用,然作《圆丘象天

赋》则止赋圆丘象天而已矣，作《尧舜性仁赋》则止赋尧舜性仁而已矣，虽欲取合于在位之人，其路无由，而取合固已无益，所以不为。

于是他得出结论：诗赋、经义都不能知人之"贤不贤"和"能不能"，只好"姑问其为科举之后便与不便尔"。他认为，诗赋题目"或出于经，或出于史，或出于诸子百家，而习诗赋者必须涉猎《九经》，泛览子史，知其节目精华，始可从事，而策论之中，又自有经义"。因此，诗赋名虽卑，"施于科举，偶得其术而便尔"。相反，考经义则"为《书》者不为《诗》，为《诗》者不为《易》，为《易》者不为《礼》，为《礼》者不为《春秋》，是知一经而四经不知也。虽有策论，而论题自见所出，易于为文；策则人人皆挟策括，以待有司"。要之，经义名则尊，"而施之科举，偶非其术而不便尔"，于是他不赞成既复诗赋，"而又于诗赋之前增大义（即经义）一场"，主张另"设嘉祐明经之科，以待不能为诗赋之人"①。毕仲游显然是位坚定的诗赋优越论者，但他不是简单地反对经义，而是以貌似公正的立场，从两者运用于科举考试"便不便"出发，得出用诗赋考试优于经义的结论，较有说服力。

南宋初人叶梦得在《石林燕语》卷八中写道：

> 熙宁以前，以诗赋取士，学者无不先遍读五经。余见前辈虽无科名人，亦多能杂举五经，盖自幼学时习之，故终老不

---

① 按：明经科初置于嘉祐二年（1057）十二月，详参本书第一章第二节。

忘。自改经术,人之教子者往往便以一经授之,他经纵读亦不能精,其教之者亦未必能通五经,故虽经书正文亦多遗误。若今人问答之间,称其人所习为"贵经",自称为"敝经",尤可笑也。

这可与毕仲游"知一经而四经不知"相印证。

孝宗时,叶适作《进卷·士学下》道:

夫科举之患极矣。何者?昔日专用词赋,摘裂破碎,口耳之学而无得于心。此不足以知经耳,使其知之,则超然有异于众而可行,故昔日之患小。今天下之士,虽五尺童子无不自谓知经,传写诵习,坐论圣贤。其高者谈天人,语性命,以为尧、舜、周、孔之道,技尽于此,雕琢刻画,侮玩先王之法言,反甚于词赋。南方之薄者,工巧而先造;少北之朴士,屈意而愿学。众说溃乱,茫然而莫得其要。人文乖缪,大义不明,无甚于此。①

庆元四年(1198),礼部侍郎胡纮上言:

今之诗赋,虽未近古,然亦贯穿六艺,驰骋百家,有骈四俪六之巧。惟经义一科,全用套类,积日穷年,搜括殆尽;溢

---

① 《水心别集》卷三。

箧盈厢,无非本领。主司题目,鲜有出其揣拟之外。①

上引材料,苏轼、刘挚等置身于党争的漩涡之中,而叶梦得以下,已进入诗赋、经义两科并立的时代。他们共同的结论,是诗赋优于经义,具体而言,盖不出如下数端:一、从历史上看,以诗赋取士得人为盛。二、诗赋命题面广,知识面宽,而经义则相反,易于揣拟。三、诗赋有创造性,而经术难治,故经义文多出于剽窃。四、诗赋有客观考校标准(声病、对偶等),而经义则无所统纪,为文没有法度,是非工拙,漫不可知。五、经义趋时性强,试诗赋可以超脱于政治权力之外。以上论点,大多见于上节所引孙何论中,而又有所发展。

二、经义取士优越论

早在唐代,就有进士科取以经义的主张。宋代坚持“经义优越论”的代表是司马光。他早在王安石变法之前,就主张以经义取代诗赋,而在元祐初罢新法时,仍坚持其说,可谓一以贯之。英宗治平元年(1064)四月十四日,司马光上《贡院定夺科场不用诗赋状》曰:

> 准中书送下天章阁待制、判国子监吕公著劄子:“……窃闻昨来南省考校,始专用论、策升擢,议者颇以为当。……欲

---

①《宋会要辑稿·选举》五之二〇。又见《文献通考》卷三二《选举五》,文字稍异,如“无非本领”作“初无本领”。

乞今来科场,更不用诗赋。如未欲遽罢,即乞令第一场试论,
第二场试策,第三场试诗赋。每遇廷试,亦以论压诗赋,为先
后升降之法。……如允所奏,即乞预行告示,令本院定夺奏
闻者。"当院看详:近世取人,专用诗赋,其为弊法,有识共知。
今来吕公著欲乞科场更不用诗赋,委得允当。……御前除试
论外,更试时务策一道。如此,则举人皆习经术,不尚浮华。
若是依旧不罢诗赋之时,即先试后试,事归一体,别无损益。①

司马光又在次年十二月十七日所上《选人试经义劄子》中说:
"(举子)就使自能作诗,施于治民,亦无所用,不可以此,便为殿
最。"②要之,在司马光眼里,诗赋是"浮华"而不可用以"治民"的
闲言语。

熙宁二年(1069)五月,吕公著上《答诏论学校贡举之法》,以
为"昔人以鸿都篇赋比之尚方技巧之作,此有识者皆知其无用于
世也",主张"可罢诗赋而代以经,先试本经大义十道,然后试以论
策"③。同时,苏轼上《议学校贡举状》,反对罢诗赋(已见上引)。
神宗读后,曰:"'吾固疑此,今得轼议,释然矣。'他日以问王安石,
安石曰:'不然。今人材乏少,且其学术不一,一人一义,十人十
义,朝廷欲有所为,异论纷然,莫肯承听。此盖朝廷不能一道德故
也。故一道德,则修学校,欲修学校,则贡举法不可不变。'赵抃是

----

① 《温国文正司马公文集》卷二八。
② 《温国文正司马公文集》卷三五。
③ 《诸臣奏议》卷七八。

轼言,安石曰:'若谓此科尝多得人,自缘仕进别无他路,其间不容无贤;若谓科法已善,则未也。今以少壮时正当讲求天下正理,乃闭门学作诗赋,及其入官,世事皆所不习,此乃科法败坏人才,致不如古。'于是卒如安石议,罢明经及诸科,进士罢诗赋。"①王安石在当时所上《乞改科〔举〕条制劄子》中写道:

> 伏以古之取士,皆本于学校,故道德一于上,而习俗成于下。……今欲追复古制,以革其弊,则患于无渐。宜先除去声病对偶之文,使学者得以专意经义,以俟朝廷修建学校。……所对明经科欲行废罢,并诸科元额内解明经人数添解进士,乃更俟一次科场,不许新应诸科人投下文字,渐令改习进士。②

元祐三年(1088)三月,在旧党柄政的朝廷中,恢复诗赋取士的主张占压倒优势,而司马光力排众议,上《起请科场劄子》,论诗赋取士之弊道:

> 至于以诗、赋、论、策试进士,及其末流,专用律赋、格诗取舍过落,摘其落韵、失平侧、偏枯不对、蜂腰鹤膝,以进退天下士,不问其贤不肖……是致举人专尚辞华,不根道德,涉猎

---

① 《文献通考》卷三一《选举四》。
② 《临川先生文集》卷四二。

抄节,怀挟剿袭,以取科名。①

综上所述,主张以经义取士而反对诗赋者,其价值标准定位在"德行"和"用"上,最终看是否有益于"治民"。他们的结论是:经义利于"治",又可用来统一思想("一道德"),而诗赋则为浮华无用之文。这成为双方争论的焦点。就连后来实行诗赋、经义分科"兼收"的宋高宗,也认为"诗赋止是文词,策论则须通知古今,所贵于学者修身、齐家、治国,以治天下,专取文词,亦复何用?"②如果宏观地审视"诗赋优越论"、"经义优越论"者们的主张,盖前者重才气,后者重实学;前者重人文,后者重行政;前者重词章,后者重经术。在当时的政治气氛下,双方都很难做到全面、冷静,以理服人,故"两论"长期困扰着北宋科举,只是到了僵持不得已时,才采取折中调和之术,反倒走出了一条较为宽阔的路,那就是"兼收"和分立。

第三节　诗赋经义之争由对立到调和

北宋熙宁以后,科举之争掺合着党争,而随着皇权的更迭,不

---

① 《温国文正司马公文集》卷五二。又见《宋会要辑稿·选举》三之四九、《续资治通鉴长编》卷三七一、《诸臣奏议》卷八一。
② 绍兴七年(1137)八月十八日高宗对宰执语,见《宋会要辑稿·选举》四之二五。

同政治势力的消长,科举条制遂几经反复。南宋人李心传曾概括地叙述了进士科中诗赋、经义的升降陟黜与兼收分立的全过程:

> 祖宗以来,但用词赋取士,神宗重经术,遂废之。元祐兼用两科,绍圣初又废。建炎二年(1128),王唐公(绹)为礼部侍郎,建言复以词赋取士,自绍兴二年(1132),科场始复。曾侍御(统)请废经义而专用词赋,上意向之,吕元直(颐浩)不可而止。十三年,国学初建,高司业抑崇(引者按:高闶,字抑崇)言:"士以经术为本,请头场试经义,次场试诗赋,末场试子史论、时务策各一首。"许之。十五年,诏经义、诗赋分为两科,于是学者竞习词赋,经学浸微。二十六年冬,上谕沈守约(该)曰:"恐数年之后,经学遂废。"明年二月,诏举人兼习两科(内大小经义共三道)。三十一年,言者以为老成经术之士,强习辞章,不合声律,请复分科取士。仍诏经义合格人有余,许以诗赋不足之数通取,不得过三分,自今年太学公、补试行之,迄今不改。先是,举人既兼经义、诗赋、策、论,因号四科,然自更制以后,惟绍兴十四年、二十九年两行之而止,盖举人所习已分为二,不可复合矣。①

由上引可知,宋代进士科的考试和取士方式有四,即以诗赋取、以经义取、兼用诗赋经义、诗赋经义分立。太祖至英宗时期,诗赋、经义之争虽已肇端但不算激烈,可置而不论,我们只讨论熙宁以

_____

① 《建炎以来朝野杂记》甲集卷一三"四科"条。

后,分为"尖锐对立期"和"折中调和期"。

一、尖锐对立期

这又可分为两阶段,即神宗朝、哲宗绍圣初到徽宗末。此期间罢诗赋而用经义取士,表面上看似平静,实际上新旧两派政治势力尖锐对立,潜伏着汹涌的暗流,"诗赋优越论"者只是被暂时压制下去而已。

1.神宗熙宁二年(1069)至元丰末

神宗时王安石掀起变法运动,科举改制成为新法的重要组成部分。熙宁二年五月,神宗诏议更贡举法,主诗赋、主经义的朝臣于是分为两个阵营,拉开了激烈争论的序幕。熙宁三年是贡举年,朝廷开科取士。是年三月八日,"上(神宗)御集英殿试礼部奏名进士,内出制策曰……旧制,殿试进士以诗、赋、论,特奏名进士一论。至是,进士就席,有司犹给《礼部韵》,及试题出,乃策问也。上顾执政曰:'对策亦何以实尽人材,然愈于以诗赋取人尔。'得叶祖洽以下三百五十五人"①。《文献通考》卷三一《选举四》所载略同:"(熙宁)三年,亲试举人,初用策。旧制,进士一日而兼试诗赋论,谓之三题;特奏名人止试论一道。至是,进士就席,有司犹循故事,给《礼部韵》,及题出,乃策问也。"又《宋史·陆佃传》:"熙宁三年,应举入京。……礼部奏名为举首。方廷试赋,遽发策题,士皆愕然,佃从容条对,擢甲科。"此次殿试试策近乎"突然袭击",几令举子猝不及防,但也开创了科举史上的一个新制度:从此(直

_____

① 《宋会要辑稿·选举》七之一九。

到有宋灭亡,甚至元、明、清三代),殿试都只试策。

殿试既已改制罢诗赋,则将罢诗赋的"议"形成政令、全面实施的时机已经成熟。《宋会要辑稿·选举》三之四四:熙宁四年(1071)二月一日,中书门下言:"……士虽有美材,而无学校师友以成就之,此议者之所患也。今欲追复古制,以革其弊,则患于无渐。宜先除去声病对偶之文,使学者得以专经义,以俟朝廷兴建学校,然后讲求三代所以教育选举之法于天下,则庶几可复古矣。""诏可,仍须贡举新制进士罢诗赋、贴经、墨义,令各占治《诗》、《书》、《易》、《周礼》、《礼记》一经,兼《论语》、《孟子》之学,试以大义,殿试策一道,诸科令改应进士科业。"则此后不试诗赋的进士,叫"新制进士"。诏令到熙宁四年才下达,还有一个原因,是熙宁二年"议"此事时意见并不统一,到此时,王安石新法已全面实施,故他罢诗赋的主张,也势在必行。《续资治通鉴长编》卷三九四引吕大防《吕公著神道碑》曰:"自熙宁四年,始改科举,罢词赋等,用王安石经义以取士,又以释氏之说解圣人之经。"《长编》卷四四九引上官均元祐五年(1090)十月奏:"熙宁四年罢诗赋,以经术、时务、义理、文词通定去留高下。"《韵语阳秋》卷五曰:"熙宁四年,(王安石)既预政,遂罢诗赋,专以经义取士,盖平日之志也。"他们说熙宁四年罢诗赋,都是指正式下令全面罢诗赋的年代,而没有包括早在上年已罢诗赋的殿试。但礼部试真正实施罢诗赋,则在下次开科的熙宁六年。

2. 哲宗绍圣初至徽宗宣和末

绍圣初哲宗亲政,新党上台,废元祐旧党实行的诗赋、经义"兼收"之制(此制详下),罢诗赋而恢复以经义取士。《宋会要辑稿·选举》三之五五载："绍圣元年(1094)五月四日诏:进士罢试诗赋,专治经术,各专大经一,中经一,愿专二大经者听。"又《宋史·选举志一》:"帝(哲宗)既亲政,群臣多言元祐所更学校、科举制度非是,帝念宣仁保佑之功,不许改。绍圣初,议者益多,乃诏进士罢诗赋,专习经义,廷对仍试策。"

二、折中调和期

诗赋、经义之争的尖锐对立,不利于建立起稳定的社会秩序,于是赵宋统治集团内部不得不相互让步,走向妥协调和,其途径是诗赋、经义"兼收",以至于两科分立。这也可分为二段:

1.哲宗元祐间:经义、诗赋"兼收"

元祐初旧党执政,废王安石新法,其《字说》和《三经新义》被停止使用。元祐元年(1086)六月十二日诏:"自今科场程试毋得引用《字说》。"①二年正月十五日诏:"自今举人程试,并许用古今诸儒之说或己见,毋引申、韩、释氏之书。"②这实际上是针对《三经新义》的,因为批评者认为《新义》是王氏一家之私说,其主旨乃基于佛老的"道德性命论"。

更重要的,是王安石"以经义取士"的科举政策也立即遭到质疑。元祐元年闰二月二日尚书省言:"近岁以来,承学之士闻见浅陋,辞格卑弱,其患在于治经者专守一家,而略去诸儒传记之说;为文者唯务解释,而不知声律体要之学。深虑人材不继,而实用

---

① 《宋会要辑稿·选举》三之四九。
② 《宋会要辑稿·选举》三之五〇。

之文从此遂熄。……欲乞朝廷于取士之法,更加裁定。"①同日,刘挚上《论取士并乞复贤良科疏》,首次提出复诗赋及诗赋、经义"兼用"说:

> 臣愚欲乞试复诗赋,与经义兼用之。进士第一场试经义,第二场试诗赋,第三场试论,第四场试策。经义以观其学,诗赋以观其文,论以观其识,策以观其材。前二场为去留,后二场为名次。其解经应许通用先儒传注,或己之说,而禁不得引用《字解》及释典。庶可以救文章之敝而适乎用,革贡举之敝而得其人,亦使学者兼通他书,稍至博洽。……诗赋之与经义,要之其实,皆曰取人以言而已也。人之贤与不肖,正之与邪,终不在诗赋、经义之异。取于诗赋,不害其为贤;取于经义,不害其为邪。②

但左仆射司马光仍坚持其一贯主张,反对恢复诗赋,认为"神宗罢诗赋及诸科,专用经义论策,此乃复先王令典,百世不易之法,但王安石不当以一家私学,欲盖掩先儒"③。旧党内部出现了严重的意见分歧。结果是达成妥协,实行"兼收"之制,即进士科分为"经义进士"和"经义兼诗赋进士"两类。元祐三年,彭汝砺上《乞诗赋经义策论并重奏》,道:

---

① 《宋会要辑稿·选举》三之四八。
② 《忠肃集》卷四。又见《续资治通鉴长编》卷三八六、《诸臣奏议》卷八二。
③ 《起请科场劄子》,《温国文正司马公文集》卷五二。

臣以谓国家取士，将欲得人才也，经义策论可以得人才，诗赋亦可以得人才，何必纷纷为此异同也？臣今起请，且欲如元祐敕施行，如诗赋在优等，经义策论虽不善亦取之，所以示朝廷以文词为贵也；经论在优等，诗赋虽不善亦取之，所以示朝廷以儒术为贵也；策在优等，诗赋虽不及亦取之，所以示朝廷以知时务者为贵也。如此，则有文词者得骋其辞，有学者得尽其蕴，有知识者得竭其虑，上无损国体，下不失士心。①

这些言论，都意在折中调和。由于元祐三年(1088)是贡举年，已来不及制定新条制，朝廷遂采纳苏辙的建议，决定暂不更法，"所有将来科场且依旧法施行"②。

元祐四年四月十八日礼部上言，提出四场考试法(大体与上引刘挚说同)，经义兼诗赋进士的兼经法，经义进士习经法，并提出"以四场通定高下去留"③。元祐五年十月，右正言刘唐老上奏，认为"以四场通定高下去留"没有统一的标准，主司"或以经义，或以诗赋，或以策论，各随所习，互为升黜"，主张"今既经术、词赋别成两科，须理各有所主，治经者必以义对为先，作赋者当以章句为重。臣欲乞将治经者以大义定去留，诗赋而兼经义者以诗赋主取舍，策论止于定高下，不豫去留之例"，朝廷"从之"，成为

---

① 《历代名臣奏议》卷一六七。按奏谓"臣顷以不肖任中书舍人"，据曾肇《彭待制汝砺墓志铭》(《名臣碑传琬琰之集》中集卷三一)，元祐三年，彭汝砺由起居舍人擢中书舍人。
② 《宋会要辑稿·选举》三之四九。
③ 《宋会要辑稿·选举》三之五〇。

"新制"。当时殿中侍御史上官均反对刘唐老的诗赋兼经义者"以诗赋主取舍"之论,认为"恐自此学者为文诵书惟一意于诗赋,不复治经阅史"云云,力主以四场通取,要求"追改新制"①。但"通取"操作起来实在太难,朝廷没有采纳上官均的意见,决定按"新制"实行。《宋史·选举志一》所述,盖为最后定案(唯其中"并以四场通定高下"句与下述矛盾,当删),曰:

> (元祐)四年,乃立经义、诗赋两科,罢试律义。凡诗赋进士,于《易》、《诗》、《书》、《周礼》、《礼记》、《春秋左传》内听习一经。初试本经义二道,《语》、《孟》义各一道,次试赋及律诗各一首,次论一首,末试子、史、时务策二道。凡专经进士,须习两经,以《诗》、《礼记》、《周礼》、《左氏春秋》为大经,《书》、《易》、《公羊》、《穀梁》、《仪礼》为中经,《左氏春秋》得兼《公羊》、《穀梁》、《书》,《周礼》得兼《仪礼》或《易》,《礼记》、《诗》并兼《书》,愿习二大经者听,不得偏占两中经。初试本经义三道,《论语》义一道;次试本经义三道,《孟子》义一道;次策论,如诗赋科。并以四场通定高下,而取解额中分之,各占其半。专经者用经义定取舍,兼诗赋者以诗赋为去留,其名次高下,则于策论参之。

此规定于元祐六年(1091)开科时执行(实际上只执行了一科,到下科的绍圣元年又被废止)。

――――――――――

①刘唐老、上官均所上奏疏,俱见《续资治通鉴长编》卷四四九。

2. 南宋:诗赋、经义两科分立

宋钦宗继位后,废黜"王学",并于靖康元年(1126)四月己未诏"科举依祖宗法,以诗赋取士,禁用《庄》、《老》及王安石《字说》"①。经"靖康之难",政权南渡,人们普遍对北宋后期以来的新政进行反思,也包括了科举。建炎初,布衣欧阳澈伏阙上书,称"臣观今日文章之弊而不足以得人,孰若去经义而取诗赋"。他猛烈攻击当时文人"奋不顾身、肯死国难者几希,沾沾小人,奴颜婢膝、炙手权门以求速达者满眼皆是",并对比自己道:"臣以布衣之贱,不食国家寸禄,尚能怀忠感愤,欲效柏耆,乞天子一节,持入北廷,掉舌下之,愿杀身以安社稷;……至于以经义取高第而享爵禄者,反视国家之难如越人视秦人肥瘠,而不加喜戚于其中,甚者差以运漕且畏惮而不前,规规为全身计,况肯当锋镝以立忠谊耶?"他接着举了"祖宗朝"以来以诗赋取士所得众多的忠直贤能之士,然后说:"二者(诗赋与经义)优劣,较然明矣。"②这是很具鼓动性和说服力的。人文精神丧失,价值观被扭曲,也许是经义取士最糟糕的后遗症。高宗惩北宋党争及靖康之祸的历史教训,决定恢复元祐"兼收"之制,于建炎元年(1127)六月十三日发布敕文道:"自后举讲元祐诗赋、经术兼收之制,庶学者近正。"③不久,又对元祐之制进行了重要修改。建炎二年五月三日,中书省言:

---

① 李埴《皇宋十朝纲要》卷一九,《续修四库全书》本。
② 《上皇帝第三书》,《欧阳修撰集》卷三。"北廷"之"北",或当作"虏"之类,盖四库馆臣以"违碍"改。
③ 《宋会要辑稿·选举》四之一七。

已诏后举科场讲元祐诗赋、经义兼收之制。今参酌拟定：《元祐法》："习诗赋兼试经义。"今欲习诗赋人止试诗赋，不兼经。第一场诗赋各一首，第二场论一首，第三场策三道。《元祐法》："不习诗赋人令治两经。"今欲习经义人依见行止治一经。第一场本经义三道，《论语》、《孟子》义各一道，第二场论一首，第三场策三道。……殿试并同试策。……（高宗）从之。①

又《附释文互注礼部韵略》附《条式》载：

　　建炎二年五月四日敕中书省：勘会已降指挥，后举科场讲元祐诗赋、经义兼收之制，今来省试了毕，便合施行。今参酌拟定下项。五月五日三省同奉圣旨：依拟定。《元祐法》："习诗赋人今更兼试经义。"欲习诗赋人止习诗赋，不兼经义。第一场诗、赋各一首，第二场论一首，第三场策三道。《元祐法》："不习诗赋人令治两经。"欲不习诗赋人依见行止习一经，第一场本经义三道，第二场论一首，第三场策三道。②

简言之，即诗赋进士只试诗赋，不再兼经；经义进士由治两经改为只治一经。则南渡后的所谓"兼收"，已不再是元祐"经义进士"和"经义兼诗赋进士"了，实际上是诗赋、经义分立，或者说进士科

①《宋会要辑稿·选举》四之二一。
②《四部丛刊续编》影印藏书阁重刊本。

虽仍为一科,而事实上已一分为二。李心传《建炎以来系年要录》卷一五记此事后写道:"自绍圣后,举人不习词赋者近四十年,(王)绚在后省,尝为上言经义当用古注,不专取王氏说,上以为然,至是申明行下。"绍兴七年(1137)五月二十三日,殿中侍御史石公揆上言:"乞诸州发解,令转运司取词赋、经义两等,各差考试官。"高宗诏"令礼部行下诸路转运使照会"①。《宋史·选举志二》谓此时"始命各差词赋、经义考官"。则此后两科连考官也各不相同了。又《文献通考》卷三二《选举五》马端临按曰:"熙宁四年(1071)始罢词赋,专用经义取士,凡十五年。至元祐元年(1086)复词赋,与经义并行。至绍圣元年(1094),复罢词赋,专用经义。凡三十五年,至建炎二年(1128),又兼用经、赋②。盖熙宁、绍圣则专用经而废赋,元祐、建炎则虽复赋而未尝不兼经。然则自熙宁以来,士无不习经义之日矣。"但从南渡后,诗赋进士已不再习经义了(个别年份例外,详后)。

当时也有主张止用诗赋而废经义的。绍兴元年(1131)十二月二十二日,宰执进呈侍御史曾统论进士设科,"乞止用词赋,未须依元祐兼经"。当时君臣有如下对话:

上曰:"经术、词赋取士,各有说。神宗皇帝尊崇经术,方时承平,王安石之说得行,盖以经明道,谓非尧舜之道不敢陈

---

① 《宋会要辑稿·选举》二○之四。

② 王炳照、徐勇主编《中国科举制度研究》第五章第九节谓"自宋熙宁至于清初,科举场中不考试赋"(河北人民出版社,2002年,第204页),其说不确。

于王前。朕观古今治乱,多在史书,以经术登科者多不通史。"吕颐浩曰:"经术、词赋,均以言取人。今若且用词赋,亦得顾所得人材如何耳。"①

《宋史·选举志二》述此事更明白:

> 侍御史曾统请取士止用词赋,未需兼经。高宗亦以古今治乱多载于史,经义登科者类不通史,将从其议。左仆射吕颐浩曰:"经义、词赋均以言取人,宜如旧。"遂止。

南宋的两科分立制度,就这样拍板定案了。

进士之文学、政事不可兼长的思想,唐代已有之。如玄宗天宝九载(750)敕:"文学、政事,本自异科,求备一人,百中无一。"②李华亦曰:"夫子门人,德行、言语、政事、文学,四者无人兼之。虽德尊于艺,亦难乎备也。"③宋高宗除批准中书省的分科请求外,又屡申两科分立的主张,如绍兴七年八月十八日对宰执说:"文学、政事,自是两科。"④但在分立实施过程中,也并非一帆风顺,曾出现过两次反复。

一是绍兴中。绍兴十三年(1143)二月二十三日,国子司业高闶言:

---

① 《宋会要辑稿·选举》四之二四。
② 见《唐会要》卷七五《选部下·杂处置》。
③ 《杨骑曹集序》,《全唐文》卷三一五。
④ 《宋会要辑稿·选举》四之二五。

复兴太学,宜以经术为本。今条具三场事件。第一场《元丰法》(绍圣、元符、大观同)本经义三道,《论语》、《孟子》义各一道。今太学之法,正以经义为主,欲依旧。第二场,《元祐法》赋一首,今欲以诗赋。第三场,《绍圣法》论一首、策一道,今欲以子史论一首,并时务策一道,如公试法。自今日始,永为定式。

高宗"从之"①。所说虽是太学,然据前引《朝野杂记》,绍兴十四年贡举当行此法②,号"四科"。但到绍兴十五年(1144)正月十三日,高宗又诏曰:

诗赋、经义分为两科,各计终场人数为率,依条纽取。试经义人第一场本经义三道,《论语》、《孟子》各一道;第二场论一首;第三场策三道。试诗赋人第一场诗、赋各一首,第二场论一首,第三场策三道。③

这又恢复了两科分立。

二是绍兴末。由于诗赋、经义分科之后,举子竞习诗赋,习经义的很少,朝廷于是欲从政策上优待学习经义的举子。绍兴二十六年(1156)闰十月二十四日,高宗曰:"举人多习诗赋,习经义者

①《宋会要辑稿·选举》四之二七。
②绍兴十四年为发解试,省、殿试在次年,见《皇宋十朝纲要》卷二〇。
③《宋会要辑稿·选举》四之二八。

绝少。更数年之后，恐经学遂废，当议处此。"沈该等曰："前此固尝以经义兼习诗赋，若两科兼习，庶不偏废。乞来春省试毕施行。"上曰"甚善"①。同年十一月癸巳，吏部员外郎王晞亮言："国家取士，词赋之科与经义并行。比学者去难就易，竞习词赋，罕有治经，至于《周礼》一经，乃绝无有。望自今经义文理优长，合格人有余，合将诗赋人材不足之数通融优取，仍以十分为率，不得过三分。"高宗"从之"②。绍兴二十七年正月十日诏曰："经义、诗赋两科合格人如有余、不足，内诗赋不得侵取经义。若经义文理优长，合格人有余，许将诗赋人材不足之数听通融优取，仍以十分为率，不得过三分。""以臣僚言学者竞习词赋，治经甚少，又于六经之中舍其所难，则经学寝（当是"寖"之形讹）微，乞于二科所取分数，稍损诗赋而优经义，故有是命。"③以上是说，如果经义人才有余，诗赋人才不足，可以多取经义进士，但不得超过总数的十分之三；相反，如果经义人才不足，则不得多取诗赋进士。这是用宏观调控的方法，用行政手段，在录取环节上向经义进士倾斜。二月五日又诏，经义中二《礼》许侵用诸经分数④。这是进一步在经义进士内部，向习二《礼》的举子倾斜。据前引李心传《朝野杂记》，是年二月又"诏举人兼习两科（内大小经义共三道）"，恢复"四科"制（也就是合诗赋、经义为一科），但也只绍兴二十九年（1159）一

①《宋会要辑稿·选举》四之三一。
②《建炎以来系年要录》卷一七五。
③《宋会要辑稿·选举》四之三一。
④《宋会要辑稿·选举》四之三二。

举而止①。

绍兴三十一年,又恢复两科分立之制。该年二月二十二日诏曰:

> 经义、诗赋,仍旧分为两科。取士分数,仍绍兴二十七年正月十日指挥,诗赋不得侵取经义,若经义文理优长,合格人有余,许将诗赋人材不足之数听通融优取,仍以十分为率,不得过三分。自今年三月太学公、补试为始。

此诏的背景,是"以臣僚言,自经义、诗赋合为一科,老成经术之士强习辞章,不合声律;后生习诗赋者,不能究经旨渊源。场屋之内,病于偏枯,策问太寡,议论、器识无以尽,又有司去取不以此为重轻,士守传注,史学浸废,故有是诏"②。

两科分离、适当向经义倾斜的政策,在光宗初再次受到挑战,有人又欲改分科而行绍兴十三年的"兼收"之制,但未成功。绍熙元年(1190)七月十八日,宰执进呈礼部侍郎兼直学士院、兼权给事中李巘看详国子司业计衡奏,引其奏曰:"士子科举一于经义,则或不足于词藻;一于诗赋,则或不根于理致。乞照绍兴十三年国子司业高闶条具太学课试及科举三场之制。"李巘"看详"道:

> 臣等谓两科之分,其来已久,绍兴十三年、二十七年臣僚

<hr>

① 绍兴二十九年为发解试,省、殿试在次年,见《皇宋十朝纲要》卷二○。
② 《宋会要辑稿·选举》四之三四。

申请兼科取士,非不详尽,然皆行之一举,随即分科。盖缘人材各有所长,难以求备,勉强取办,终不能精。强其所劣,并丧所长,虽平时场屋有声之人,亦复未免指诮。臣等窃谓宜如旧便。

于是光宗曰:"士人各有所长,亦不必拘兼经。"①从此对经义、诗赋分科,便少有异议了,只是偶有如"有司沮抑词赋太甚"之类的抱怨②,呼吁朝廷在两科间保持平衡。总之,自绍兴三十一年恢复两科分离之后,分科之制再无变动,直到宋亡。

有必要一提的,是朱熹尝欲罢诗赋,而分年考试诸经、子、史及时务策。其作于庆元元年(乙卯,1195)的《私议》曰:

……(今)治经者类皆舍其所难,而就其所易,仅窥其一,而不及其余。若诸子之学,同出于圣人;诸史则该古今兴亡治乱得失之变,皆不可阙者,而学者岂能一旦尽通?若合所当读之书而分之以年,使之各以三年而共通其三四之一。凡《易》、《书》、《诗》为一科,而子年、午年试之;《周礼》、《仪礼》及二戴《记》为一科,而卯年试之;《春秋》及三传为一科,而酉年试之。试义各二道,诸经皆兼《大学》、《论语》、《中庸》、《孟子》义一道。论则分诸子为四科,而分年以附焉。诸

①《宋会要辑稿·选举》一之二二。
②嘉泰元年(1201)十二月二十四日臣僚言,见《宋会要辑稿·选举》五之二四。

史则《左传》、《国语》、《史记》、两《汉》为一科,《三国》、《晋书》、《南北史》为一科,新旧《唐书》、《五代史》为一科;时务则律历、地理为一科,以次分年如经、子之法;试策各二道。又使治经者必守家法,答义者必通贯经文,条举众说,而断以己意。有司命题,必依章句。如是,则士无不通之经,无不通之史,皆可用于世矣。

"熹议未上闻,而天下诵之。"①将经、史分年考,事先公布,让举子有较充裕的时间去学习那些不能"一旦尽通"的古书,使他们"三年之间专心去看得一书"②。这如同今天发布的"考试大纲",有其合理性;但又提出"罢诗赋"这个老问题,只能重新挑起争端,影响社会稳定。在两科分立已久、多数举子厌弃经义的时代,朱熹基于道学家"卑艺文"的"设计",即便不算异想天开,也是迂阔而不合时宜,直到理学占统治地位的南宋末,也未能施行③。

---

① 《文献通考》卷三二《选举五》、《宋史》卷一五六《选举志二》。按:所引朱熹文字乃节录,详见《朱文公文集》卷六九《学校贡举私议》。

② 《朱子语类》卷一〇九。

③ 但朱熹《私议》对后代科举仍有影响,元代经义科的治学方法即按《私议》施行。程端礼《读书分年日程》卷二曰:"方今科制,明经以一家之说为主,兼用古注疏,乃是用朱子《贡举私议》之说。"但汉人、南人仍要试赋,只是改律赋为古赋。明代用八股文取士,不试诗、赋。清代除八股文外,又恢复考律诗(清人称"试帖诗"、"试律",见梁章钜《试律丛话》卷一)、律赋,并不"罢诗赋"。

第四节　诗赋经义之争平议

宋代的进士科考试，除了以诗赋、以经义及"兼收"、"分立"数途之外，当时还有一种认识，即诗赋、经义皆"无用"，都是以"言"取人，之所以用之，不过是设一"法"以取人，或者说拿它作士子的"阶梯"，孰是孰非，不问可也。苏轼《议学校贡举状》是主张取以诗赋的，但他同时说：

> 今议者所欲变改，不过数端：或曰乡举德行而略文章；或曰专取策论而罢诗赋；或欲举唐室故事，兼采誉望，而罢封弥；或欲罢经生朴学，不用贴、墨，而考大义。此数者皆知其一，不知其二也。……自文章而言之，则策论为有用，诗赋为无益；自政事言之，则诗赋、策论均为无用矣。虽知其无用，然自祖宗以来莫之废者，以为设法取士，不过如此也。①

叶适在《习学记言序目》卷四七也写道：

> 汉以经义造士，唐以词赋取人。方其假物喻理，声谐字协，巧者趋之；经义之朴，阁笔而不能措。王安石深恶之，以为市井小人皆可以得之也。然及其废赋而用经，流弊至今，

①《苏轼文集》卷二五。

断题析字,破碎大道,反甚于赋。故今日之经义,即昔日之赋;而今日之赋,皆迟钝拙涩,不能为经义者然后为之。盖不以德而以言,无向而能获也。

他是说凡取人以言,无论诗赋、经义,其弊相同,都将无所获。洪迈《容斋随笔》卷一六说得更"透彻":

> 一世人材,自可给一世之用。苟有以致之,无问其取士之门如何也。今之议者,多以科举经义、诗赋为言,以为诗赋浮华无根柢,不能致实学,故其说常右经而左赋。是不然。……汉以经术及察举,魏、晋以州县中正,东晋、宋、齐以门第,唐及本朝以进士,而参之以任子,皆足以尽一时之才。则所谓科目,特借以为梯阶耳。经义、诗赋,不问可也。

听惯了诗赋、经义之争的人们,对上述言论很可能会感到有些"另类"。但平心而论,考试只是一种智力测验的手段,无论考诗赋、经义,都可能得才,不必过多地在"有用"、"无用"上纠缠;但同时,考试只要是诱以利禄,无论诗赋、经义,都难免异化,成为用罢即弃的"敲门砖",这是不争的事实。据说王安石暮年悔罢诗赋而用经义,有"本欲变学究为秀才,不谓变秀才为学究"之叹①。看来,把用何种科目进行考试的重要性强调到不适当的位置,是无益甚至荒谬的。然而"阶梯"论或"不问可也"的说法也存在缺

---

① 陈师道《后山谈丛》卷一。

陷:它实际上否定了科目设置在人才培养方向、社会价值导向方面的"指挥棒"作用。要知道,虽都是以"言"取人,"言"未必能真实地反映人的本来面目,但也得承认"言"对塑造"人"特别是价值观的形成是有作用的,否则,双方就没有必要争论了。

用诗赋取士的弊病人人能言,而经义优越论者本以为经义"有用",可以治国平天下,殊不知"断题析字,破碎大道,反甚于赋"(上引叶适语)。绍兴二十六年(1156)闰十月二十四日,权兵部侍郎兼国子祭酒杨椿言:"今时经学者白首一经,如蠹书之鱼;词赋者骈四俪六,如儿女之戏。"①清初学者王夫之尝论及宋代科举的经义试士,认为"以仁义中正之格言,为弋利掠名之捷径……则明经而经以晦,尊经而经以亵"②。若指望靠剽窃或背诵"圣贤经典"弋利掠名的空疏不学的"蠹鱼"们治国,最多只能是墨守先圣遗言的"教条主义者",不误国已是幸事。经义对后代的影响更坏。顾炎武说:"今之经义,始于宋熙宁中王安石所立之法","最便于空疏不学之人。"又曰:"经义之文,流俗谓之八股。"③经义优越论者欲以经义革除诗赋弊病,培养经世致用之才,出发点无可厚非,也为当今许多学者所肯定;只是他们过分功利化,在精神文化范畴不恰当地强调"用",将复杂的问题简单化,不懂得有时看似无用实为大用,必然堕入实用主义的泥坑,持论明显狭隘、偏激。因此,宋代的诗赋、经义之争,无论是主张诗赋优越还是经义

---

① 《宋会要辑稿·选举》四之三一。
② 《宋论》卷四《仁宗》,中华书局,1964年,第97页。
③ 《日知录》卷一六。

优越,在今天看来都各有偏差:双方都没有注意到社会对人才的多样性需求(比如人文科学和社会科学),没有认识到知识结构的多样化特征,文化的多层面性,更没有看到人的兴趣、爱好、能力的丰富与差异(比如"才学"与"实用")。当然,他们更不可能有所谓"素质"、"能力"之类的概念。如果就知识的相对全面和创造力的培养、尊重举子的爱好和选择权而论,元祐时的"兼收",特别是南宋的两科分立,不失为较好的模式,在当时它大致照顾了上述各个方面。

以考试的方法选拔人才,无论用何种方式或何种科目,皆非十全十美,更遑论"理想"。但"考试"又不能废,隋、唐以后的科举制之所以优于此前的所谓"乡举里选"或"九品中正制",正在于它用"考试"将举子推上了同一个竞争平台,能用规范的方式比较公平地选拔人才。这有如今天的"高考",所考科目及考试方法未必都合理,但它优于"推荐制",是全社会都能接受的,目前还没有别的更好的"法"可以取代。应当说,作为考试科目的诗赋、经义、策论,在科举史上都发挥了一定的积极作用。早在元祐五年(1090),朱长文在所作《苏州学记》中就写道:"凡命教之法,以经术观其学,以词赋观其文,以论策观其智。所取兼于汉、唐,而德行道艺之士参出乎其中矣。"[1]但这个并不复杂的道理,要被统治集团中各派所接受,却经历了许多曲折和长期斗争。南宋人终于认识到这点,如说:"经义考讲学之源流,诗赋观词章之润色,论以见评议古今,策以试瞭(原误"潦",径改)通时务。真材实能,虽

————————————

[1]《乐圃余稿》卷六。

非纸上语所能尽得,使其参求互考,详观精择,则胸中抱负大略可见矣。"①后人对此看得更清楚。如被宋人大加挞伐的诗赋,王夫之认为"咏歌忼叹于人情物态之中,挥斥流俗以游神于清虚和畅之宇,其贤者进于道,而以容四海、宥万民而有余裕;不肖者亦敛戢其乔野鸷攫之情,而不操人世之短长,以生事而贼民";即便是"沉溺于风云月露之间,茫然于治理,而岂掉片舌、舞寸管以倒是非、乱纲纪,贻宗社生民之害于无已哉!"②则诗赋在培养人的审美趣味、陶冶高尚的精神情操方面,具有特殊的、其他学科无法取代的功能。

当然,无论诗赋还是经义、策论,都同样有流弊,而且有宋一代竟无一人能超越传统的思维模式,打破诗赋、经义考试的格局而另寻出路(比如增加当时已有较高水平的自然学科)③,这又不能不说是历史的局限或遗憾。

---

①《宋会要辑稿·选举》六之一八载嘉定六年(1213)十二月二十九日臣僚言。
②《宋论》卷四《仁宗》,第 99 页。
③唐代六门常科中有"明算科",所考数学问题颇为高深(详《新唐书》卷四四《选举志》),可惜宋代未能继承和发扬。

第三章　宋代诸科、制科与词科的考试

本章叙述诸科、制科及词科的考试,并评述三科考试在制度方面的得失。这三科的考试虽没有发生像进士科那样激烈的争论,但其缺陷也格外明显,并最终导致诸科的废罢及制科、词科的衰落。

第一节　诸科的考试

"诸科"既称"诸",就意味着科目众多,然而考试却既繁杂又简单:繁杂的是所考之经、史、律令等各不相同,名目甚夥;简单的则是其考试方法,一般都是"帖书"和"墨义",后来增加对大义。

一、诸科的考试方法

诸科的考试方法,《宋史·选举志一》述之甚详:

> 凡《九经》,帖书一百二十帖,对墨义六十条。凡《五

经》，帖书八十帖，对墨义五十条。凡《三礼》，对墨义九十条。凡《三传》，一百一十条。凡《开元礼》，凡《三史》，各对三百条。凡学究，《毛诗》对墨义五十条，《论语》十条，《尔雅》、《孝经》共十条，《周易》、《尚书》各二十五条。凡明法，对律令四十条，兼经并同《毛诗》之制。各间经引试，通六为合格，仍抽卷问律，本科则否。

以上述及《九经》、《五经》、《三礼》、《三传》、《开元礼》、三史、学究、明法，共八科。需要说明的是，这里的"明法"指旧科明法，"新科明法"不对墨义，其考试方法已详第一章。

又，上列诸科考试，无仁宗时设置的明经科。按《宋史·选举志一》曰："自唐以来，所谓明经，不过帖书、墨义，观其记诵而已，故贱其科，而'不通'者其罚特重。"仁宗置明经科，于嘉祐二年（1057）十二月五日诏曰：

明经科并试三经，谓大经、中经、小经，各一也。以《礼记》、《春秋左氏传》为大经，《毛诗》、《周礼》、《仪礼》为中经，《周易》、《尚书》、《榖梁传》、《公羊传》为小经。其习《礼记》为大经者，许以《周礼》、《仪礼》为中、小经；习《春秋左氏传》者，许以《榖梁传》、《公羊传》为小经。每经试墨义、大义各十道，仍帖《论语》、《孝经》十道，分八场，以六道为合格；又试时务策三道，以文词典雅者为通。其出身与进士同。①

----

① 《宋会要辑稿·选举》三之三三。

则明经科不仅要试经,包括墨义、大义(即经义)、帖经,还要试"时务策",且"出身"高于诸科,"与进士同"。虽仍试墨、帖,在考试方法上与熙宁后的"新制进士"尚有距离,但在此前的各科考试中,它却最接近"新制进士"。

太祖乾德二年(964)权知贡举卢多逊上言:"(发解试)诸科举人第一场十否者殿五举,第二场、第三场十否殿三举。其三场内有九否者殿一举。其所殿举数,于试卷上朱书,封送中书门下,请行指挥。"太祖"从之"①。所谓"否"(文献或书作"不"),即不通,包括回答错误或未能回答等。殿举,即被罚停止应考,明、清叫罚科。太宗雍熙二年(985)十二月三十日诏,又重申了这一规定②。真宗大中祥符元年(1008)三月十九日,知贡举晁迥等"又具诸科终场初通《毛诗》学究二十二人,四通《三史》五人。一通准格合落","帝以《三史》习者少,《毛诗》卷帙稍多,并特令奏名"③。这意味着对"冷门"及难度较大的科目有所放宽。

由上可见,诸科考试,大多为"帖书"和"对墨义",而且殿举甚重。所谓"帖书",源于"帖经"(因宋代诸科所考不全为经,故称"帖书"),是唐代早有的考试方法。杜佑《通典》卷一五《选举三》:"帖经者,以所习经掩其两端,中间惟开一行,裁纸为帖,凡帖三字,随时增损,可否不一。"又曰:天宝十三载(754),"礼部侍郎

①《宋会要辑稿·选举》一四之一三。
②见《宋会要辑稿·选举》三之五。
③《宋会要辑稿·选举》三之九。

杨浚始开为三行(原注:不得帖断绝疑似之言也)"。这与今天考试中经常还有的"填空题"相仿佛,故帖经又叫"填帖"①。因"掩其两端",故不知是何篇;"惟开一行"或"三行",又不知在何段(不知上下文),假如不对原书烂熟于胸,便摸不着头脑,加之举子临场紧张,故仍颇有难度。

所谓"对墨义",南宋时因诸科久废,人们对这种考试方法已不很清楚,故马端临在《文献通考》卷三〇《选举三》中举例作了详细说明:

> 愚尝见东阳丽泽吕氏家塾,有刊本吕许公夷简应本州乡举试卷,因知墨义之式盖十余条,有云:"作者七人矣,请以七人之名对。"则对云:"七人,某某也,谨对。"有云:"见有礼于其君者,如孝子之养父母也。请以下文对。"则对曰:"下文曰:'见无礼于其君者,如鹰鹯之逐鸟雀也。'谨对。"有云"请以注疏对"者,则对云:"注疏曰,云云。谨对。"有不能记忆者,则只云:"对未审。"盖既禁其挟书,则思索不获者,不容臆说故也。其上则具考官批凿,如所对善,则批一"通"字,所对误及"未审"者,则批一"不"字,大概如儿童挑诵之状,故自唐以来贱其科,所以"不通"者,殿举之罚特重,而一举不第者不可再应,盖以其区区记问犹不能通悉,则无所取材故也。艺祖

①见《欧阳先生文粹》本《详定贡举条状》,《欧阳文忠公集》本仍作"帖经"。
下文引宋祁等详定贡举条制,亦称"填帖"。

许令再应,待士之意亦厚矣。

则简单说来,"对墨义"就是挑选几句(或正文,或注疏)让人背诵(即"挑诵",又叫"抽背"),实际上是默写的一种方式。可见无论帖经还是墨义,考的都是记忆力,也就是"背功",宋人称其为"记诵"或"记问"之学。

诸科的考试,太宗之后略有变化,但不大。如太平兴国八年(983),"进士、诸科始试律义十道,进士免帖经。明年,惟诸科试律,进士复帖经"①。这是在考"背功"的同时,增加了对刑律条文的"理解题"。真宗景德二年(1005)秋七月丙子,龙图阁待制戚纶与礼部贡院上言,论及是岁贡举中的诸多问题,其中言及诸科的考试,有曰:"《开宝通礼义纂》,请改为《义疏》。今后《通礼》每场问本经四道,《义疏》六道,六通为合格,本经通二、《义疏》通三亦同。"诏两制、知贡举官同详定以闻。翰林学士晁迥等上议:"前举《尚书》、《周易》、学究、明法经义不广,宜各问《义疏》六道,经注四道,六通为合格。《三礼》、《三传》所习浩大,精熟尤难,请问经注四道,《义疏》六道,以《疏》通三为合格。"真宗"从之"②。"义纂"盖纂辑各家之说,比"义疏"繁难,故更改的目的在于降低记诵量。大中祥符四年(1011)五月二十七日,翰林学士晁迥等上言:"准诏详定《礼部贡院条制》。……其《开宝通礼义纂》,望改为《疏》。自今所试墨义,每场问正经五道,《义疏》五道,通六为合

①《宋史》卷一五五《选举志一》。
②《续资治通鉴长编》卷六一。

格。"真宗"并从之"①。同年十二月三日诏:"惟《礼经》之奥义,暨传学之繁文,念其研习之勤,特蠲条对之数。自今《三礼》、《三传》宜各试一场,仍以五通为合格。"②

仁宗天圣初,允许诸科不究经旨的可对策一道。《续资治通鉴长编》卷一〇二载:天圣二年(1024)三月戊子朔,"诏礼部:诸科举人不能对策者,未得退落。先是,上封者言经学不究经旨,乞于本科问策一道。至是,对者多纰缪,帝以执经肄业,不善为文,特令取其所长,用广仕路"。这就是说,即使对策不佳,亦不得黜落,可谓宽矣。到庆历四年(1044)三月十三日,宋祁等准敕详定贡举条制,对诸科考试作了新的规定,略曰:

> 诸科举人,《九经》、《五经》并罢填帖六场,皆问墨义。其余《三礼》、《三传》已下诸科,并依旧法。《九经》旧是六场十八卷,帖经、墨义相半;今作六场十四卷,并对墨义:第一场《春秋》、《礼记》、《周易》、《尚书》各五道(为二卷),第二场《周易》、《仪礼》、《公羊》、《穀梁》各五道(为四卷),第三场《毛经》、《孝经》、《论语》(原误"论论")、《尔雅》各五道(为二卷),第四场《礼记》二十道(为二卷),第五场《春秋》二十道(为二卷),第六场《礼记》、《春秋》各十道(为二卷)。《五

---

① 《宋会要辑稿·选举》三之九。按:上引《长编》原注曰:"本志既于此载(晁)迥议,又于祥符四年五月重载之,其义同同。盖因《实录》致误。……今削去。"今据《宋会要辑稿》,祥符四年乃准诏详定《礼部贡院条制》,义也并非全同(如所问道数不同),恐未必误。
② 《宋会要辑稿·选举》三之一〇。

经》旧是六场十一卷,帖经、墨义相半,令作六场七卷,并对墨义。……立《开宝通礼》科。……诸科举人依旧制场各对墨义外,有能明旨趋愿对大义者,于取解到省家状内具言愿对大义。除逐场试墨义外,至终场并御试,各于本科经书内只试大义十道。……明法科愿对大义者,并立甲乙罪犯,引律令断罪。①

这些新规定中,较大的变动之处,一是减少帖经,二是鼓励对"大义",殿试则"只试大义",目的在降低记诵所占的比重,而强调对经籍"大义"(即经义)的理解。随着"庆历新政"的迅速失败,此条制并未施行。

二、诸科考试之弊

宋代的诸科,实只存在于北宋熙宁以前(唯改制后的新科明法延及南宋),终因其固有的弊端而被废罢。诸科之弊,集中于一点,那就是专重"记问"(背诵)。其实不止诸科,宋代各科考试都有此弊,只是相较之下,诸科考记诵的方式最简单、低级罢了。宋人重记诵,有其历史原因。首先是传统如此。司马光谓唐代"有司以帖经、墨义试明经,专取记诵,不询义理"②。宋人沿袭了这一风气。其次,如赵鼎臣所说:"宋承五季之乱,人厌兵革,既脱去,即饱食而嘻,自庆苟免,因不向于学。祖宗悯之,始以记诵诱

---

① 《宋会要辑稿·选举》三之二七。
② 《起请科场劄子》,《温国文正司马公文集》卷五二。

进田野朴茂之士。循习既久,益猥且众。"①他是说,重记诵是宋初诱导人们向学的一种方法。为了打好学问基础,初学者适当地背诵是必要的;但若强调过度,将学习的方法当作目的,那就把人变成了没有思想的"刻录机"或"复读机",迂腐疏阔,最多只会背"本本",不能解决任何学术和现实问题。对此,有宋卓识之士早已指出,统治者也采取过相应的补救措施。如真宗天禧元年(1017)九月癸亥,右正言鲁宗道上言曰:"诸科对义,但以念诵为工,罔究大义。"真宗谓辅臣曰:"前已降诏,……诸科有能明经义者,别与考校,可申明之。"②叶清臣也主张"诸科举人取明大义,责以策问"③。王珪在《议贡举庠序奏状》中,更提出废诸科,他说:"诸科徒专诵数之学,无补于时。请自今新人毋得应诸科,皆令习明经。不数举间,可以尽革其弊。"他又在《诸科问经义奏状》中详细阐说道:

> 右,臣窃以有唐取士之法,虽有数科,然当时士选之盛者,惟明经、进士而已。盖明经先问义而后策试,三试而皆通者为得第,其大略与进士等。国家比试诸科,既不明经义,又无策试之式,但能精于诵数者,即举以中选。是岂朝廷设科取士之意哉!前诏礼部,令诸科终场日于本经问大义十道,《九经》、《五经》只问大义。兹诚国家推广教道,将令士者悉

①《送张氏二甥赴举序》,《竹隐畸士集》卷一三。
②《续资治通鉴长编》卷九〇。
③《宋史》卷二九五《叶清臣传》。

以明六经大法之归,固不专于记诵之功也。臣已著之于条,然虑议者以谓难于猝更,犹欲安习前弊,伏望朝廷预戒有司,永以遵守。①

但是,诸科重记诵的观念历时既久,根深蒂固,即便"只问大义",有司却并不以此定"去留"(录取与否),定"去留"的仍是记诵。司马光于嘉祐六年(1061)八月二十一日上《论举选状》,曰:

> 国家置明经一科,少有应者,及诸科所试大义,有司不以定去留。盖由始者立格太高,致举人合格者少。臣欲乞今后明经所试墨义,止问正文,不问注疏。其所试大义,不以明经、诸科,但能具注疏本意,次引诸家杂说,更以己意裁定,援据该赡,义理高远,虽文辞质直,皆为优等,与折二通。若不能记注疏本意,但以己意穿凿,不合正道,虽文辞辨给,亦降为不通。②

司马光的目的,是要尽量缩小背诵的范围:试"墨义"(即默写)只问正文,不问注疏,试诸经大义"但能具注疏本意"——他实际上是要举子放弃背诵注疏。由此知当时试经传,不仅正文,连注、疏都要背诵,"记问"面竟如此之广,令人咋舌。

背诵面广,或许日久可练出"功"来,而出题官又专与举子为

---

① 两文俱见《华阳集》卷七。
② 《温国文正司马公文集》卷一九、《诸臣奏议》卷八〇。

"敌",费尽心机整人。司马光《论诸科试官状》曰:

> 右,臣伏见朝廷取勘诸处发解、考试诸科官,以所解之人
> 到省十不、九不者。臣窃惟国家本设诸科,以求通经之士,有
> 司专以上文下注为问,已为弊法。窃闻去岁贡院出义题官,
> 更于弊法之中,曲为奇巧,或离合句读,故相迷误;或取卷末
> 经注字数以为问目。虽有善记诵之人,亦不能对。其于设科
> 本意,不亦远乎? ……仍敕贡院,将来科场选择通经术、晓大
> 体之人,充诸科出义官,依条出义,毋得更如今来诡僻苛细。①

司马光所说,是出"义题"(即问大义之题)的情况。本欲用问大
义稍革记诵之弊,但所谓"义题"又如此诡僻,甚至问到经注的字
数,诸科考试已彻底走入了死胡同。而帖经,早在唐代,考官们就
用来刁难举子:"至有帖孤章绝句、疑似参互者以惑之,甚者或上
抵其注,下余一二字,使寻之难知,谓之'倒拔'。既甚难矣,而举
人则有驱悬孤绝、索幽隐为诗赋而诵习之,不过十数篇,则难者悉
详矣。其于平文大义,或多墙面焉。"②处于绝对弱势地位的举子
们,只能设法对付,将偏僻易混、极难背诵的文字编联成诗赋然后
背诵③,实在是把人逼到绝境后的"求生"之术。结果是记住了偏
僻易混的,却连普通"平文"的"大义"都弄不明白,足见帖经的荒

①《温国文正司马公文集》卷二一。
②《文献通考》卷二九《选举二》。
③ 宋人编写专供举子背诵的类事赋,尚有少量保存至今,参本书第十四章第
　 三节。

唐可笑。宋代的"帖书"，其刁钻恐较唐人有过之而无不及，故"怀挟"、"授义"、"传义"等针对记诵的科场作弊，也主要发生在诸科考场之中，而有司对诸科作弊的防范也特别严密。沈括《梦溪笔谈》卷一曰："礼部贡院试进士日，设香案于阶前，主司与举人对拜，此唐故事也。所坐设位供张甚盛，有司具茶汤饮浆。至试经生，则悉彻帐幕毡席之类，亦无茶汤，渴则饮砚水，人人皆黔其吻。非故欲困之，乃防毡幕及供应人私传所试经义，盖尝有败者，故事为之防。欧文忠有诗：'焚香礼进士，彻幕待经生。'以为礼数重轻如此，其实自有谓也。"试进士时对举子颇为礼遇，而试诸科（经生）则不然，原因是诸科所考科目多为记诵，不得不撤除考场帐幕，不许举子与他人接触，以防隐藏传递而作弊，沈括所谓"自有谓也"指此。防范作弊固无可非厚，但若换个角度看，举子作弊又无疑是不合理的考试制度"逼"出来的。

王安石罢诗赋而代以经义取士，曾引起当时及后来相当多人的批评甚至反对；但对罢诸科，人们的反映却十分平静，即使恢复以诗赋取士，也未见有人怀念它。盖诸科弊至如此，罢之理所当然。上引王珪以为诸科是"诵数之学，无补于时"；岂止无补于时，凡以背诵求才，只能是对人才的戕杀。

第二节　制科的考试

关于宋代制科的考试，我们首先讨论考试的级数，再考察二级试制中的阁试与御试。

一、制科的二级考试

1. 制科考试级数的演变

宋代制科的考试级数,由二级到一级,最后确定为二级。考试地点,则历吏部(实未考)、学士院、中书,最后确定为秘阁。

(1)"国初"(建隆初),为二级试制。我们在第一章第三节考述制科的置罢时,曾引田锡《咸平集》所载太祖建隆初敕令,规定应诏人"送吏部,试策论三道",合格"方得解送"①。乾德二年(964)诏述"旧置"三科时,说"州府解送吏部,试论三道",合格者"中选"②。而《宋会要辑稿·选举》一〇之六《制科》述"国初之制",却说"解送上吏部,对御试策一道",合格"为入等",与前两说不同。"国初"考试是一级还是二级? 由于载籍诏令皆节文,语焉不详。苏颂于元祐二年(1087)七月上《论制科取士乞加立策等增取人数》,略曰:

> 至周显德四年(957),始诏逐处州郡依贡举人式例别试解送尚书吏部,量试策论三道,共三千字内,取文理俱优者,方得解送上都。本朝之制,又加以六论,或试于中书,或试于秘阁,合格方得赴御试。③

---

①《咸平集》卷一,详见本书第一章第三节引。
②《宋会要辑稿·选举》一〇之六,详见本书第一章第三节引。
③《苏魏公文集》卷一九、《诸臣奏议》卷八二。

叶梦得《石林燕语》卷九也说：

> 盖自后周加试策论三道于礼部（按：据上引苏颂奏及《文献通考》卷三三所述，当是"吏部"之误），每道以三千字为率①。本朝加试六论，合格而后御试。

"加试六论"非太祖朝事，可不论。读此两段文字，按之上引太祖诏令等文献，联系"国初"承周制的史实，问题很清楚：送吏部试策论三道，只是解试，故田锡引建隆初敕令在吏部试论三道后，有"取文理俱优、人物爽秀者，方得解送"句。《宋会要辑稿·选举》一○之六《制科》曰："解送上吏部，对御试策一道，以三千字以上成，取文理俱优者为入等。"略去了吏部试，仿佛只有御试。不过两相比较，仍很明白：一是"试策论三道"，一是"对御试策一道"；一是"解送"，一是"入等"，区别是显著的。这就是说，"国初"按规定是两级考试制：吏部试、御试。至于宋初"州府解送"吏部，是否也如后周有考试（"别试"），文献阙略，已不可详。由于乾德二年前制科无人应诏，故上述二级考试，实际上并未举行过。

（2）太祖乾德二年诏，称"今后不限内外职官，前资见任，黄衣布衣，并许直诣阁门，进奏请应，朕当亲试"（详前引）。这就改二级试制为一级，只有御试了。《宋会要辑稿·选举》一○之六载乾

---

① 按："每道以三千字为率"，上引苏颂奏为三道"共三千字"；参以宋代制科阁试六论，每论五百字以上成，则似以"共三千字"为是，言"每道"当误。惟殿试对策一道，方要求三千字以上。

德四年（966）五月二十七日，"帝于紫云楼下，召翰林学士承旨陶谷、学士窦仪、知制诰王著、卢多逊、王祐、秘书监尹拙、刑部郎中姚恕、国子监丞冯英等同试贤良方正能直言极谏、经学优深可为师法科郝益涉等"。则所谓"亲试"或"临轩召试"，无非是由皇帝组织班子考试罢了。

（3）真宗咸平间，恢复一级试制为二级。《宋会要辑稿·选举》一〇之七载：真宗咸平三年（1000）四月十五日，"赐应制举人林陶同进士出身。陶既试学士院，不及格，帝方欲招来俊茂，故特奖之"。这标志着制科考试由一级变为二级，即由学士院先试，如果及格，然后再"亲试"（既称制科，必有"亲试"）。岳珂《愧郯录》卷一一《制举科目》曰："乾德紫云楼之试，距今三十有四年，元无一人嗣膺此选，不知中间何日遂增学士院一试也。"则学士院试的来历，南宋人已不详。乾德后制科既无嗣之者，此试疑即真宗所加。

（4）真宗景德二年（1005），改学士院试为中书试。是年真宗诏置制举六科，明确规定二级考试制，并改第一级学士院试为中书门下试："委中书门下先加程试，如器识可观，具名闻奏，朕将临轩亲试。"①《愧郯录》卷一一《制举科目》引此诏后，曰："则未御试之前，再加一试，疑自此始。"上述咸平间的学士院试，显然已是御试前的加试（只因不及格，故未御试，并非取消御试），谓加试自此始，殆非是。

（5）仁宗朝，在二级考试之前，明确规定须进行考核，包括"艺

---

① 《宋会要辑稿·选举》一〇之一〇。

业"(又叫进卷、词业)和"行止"两方面,即平时的理论水平、写作能力和个人表现。天圣七年(1029)闰二月诏设十科时,称无论是官员还是"草泽"人,都得先纳策论五十首,并要写入举状之中①。按:《宋会要辑稿·选举》一〇之一一载景德二年(1005)七月二十九日,"以应制举人所纳文卷付中书详较"。又同书一〇之一二载该年十一月十五日,进士李孜上书言:"昨应诏举贤良,著《政通》十卷,有司考校闻罢,不得预试。"则真宗景德间应诏者已有上策论十卷、有司考校之例,似不起于仁宗时。聂崇岐《宋代制举考略》曰:"宋初(按指乾德二年)置三科,废布衣州府之试,许一体与命官直诣阁门,进其词业,自请应举;看详合格,即与殿试。"则太祖时已须进词业,惟不详所据。

应举者进词业后,先由本州"看详"(即评审),再上转运司选有文学者"看详","委实文行可称",然后再送尚书礼部,"委判官看详",最后"选择词理优长者具名奏闻"②。绍兴初,礼部遵高宗《德音》讲求制举典故,称旧制将所进策论"送两省侍从参考,分为三等,文理优长为上等,文理次优为中等,文理平常为下等。考试缴进,次优以上召赴阁试"③。则"看详"或"参考"策论虽不是考试,但却有淘汰权,其效果与一级考试等。对"行止"的考核,也不完全是"例行公事"。绍兴初礼部讲求典故中,曾举到因士行不佳

①《宋会要辑稿·选举》一一之二一:绍兴初礼部讲求到制举典故,"(应制举人)各具词业缴进(原注:词业谓策论五十篇,分为十卷,随举状缴进,入举词)"。
②《宋会要辑稿·选举》一〇之一五载仁宗天圣七年闰二月诏。
③《宋会要辑稿·选举》一一之二一。

而被黜的事例:"(嘉祐)四年(1059),旌德县尉汪辅之已试六论过阁,及殿试亦考入第四等,而言者以无士行,罢之。"①

仁宗朝,正式改中书试为"阁试"。应制举人通过上述审核后,"召试"仍止二级,即天圣七年规定的"差官试论六首,合格乃参加御试"。《宋史·选举志二》述曰:"其法先上艺业于有司,有司较之,然后试秘阁,中格,然后天子亲策之。"这里的最大变化,是考试由中书门下改为秘阁。《宋史》卷一六二《职官志二·直秘阁》:"太宗端拱元年(988),诏就崇文院中堂建秘阁,择三馆真本书籍万余卷及内出古画、墨迹藏其中,以右司谏、直史馆宋泌为直秘阁。……(元丰)官制行,废崇文院为秘书监,建秘阁于中。"则秘阁为藏书处,由直秘阁主之。因制举在秘阁考试,故通称之为"阁试"。天圣七年置十科,次年六月十六日,"命翰林学士盛度、龙图阁待制韩亿就秘阁考试制科,度等上何咏、富弼论各六首"②。岳珂以为此次"盖始就阁试"③。值得注意的是,"阁试"似乎只是考试之地在秘阁,而考试官乃临时差遣,其中并无秘阁人员(如直秘阁并不参预)。再如景祐五年(1038)六月十六日,"命御史中丞晏殊、翰林学士宋郊、知制诰郑戬、直史馆高若讷赴秘阁考试制科"④,亦其例。又据《宋会要辑稿·选举》一一之四

---

①《宋会要辑稿·选举》一一之二一。按郑獬《荐汪辅之状》称汪氏"试策已中选,为台官沈起妄有弹奏,遂不蒙朝廷恩"云云(《郧溪集》卷一二),则对其人的评价,当时已有分歧。

②《宋会要辑稿·选举》一〇之一八。

③《愧郯录》卷一一《制举科目》。

④《宋会要辑稿·选举》一〇之二二。

载熙宁七年(1074)议论罢制科时,有"继而秘阁考试所言"云云,知在秘阁考试期间,设有专门的制科考试机构——"秘阁考试所"①。

应当特别指出,制科考试虽只有二级,但在正式参考前需层层"看详"平时所作"词业"(策论),比现在的博士论文评审严格得多。因此,对应制科人的测评,实际上是由评审("看详")和考试两个阶段、两种方式组成。"词业"虽是预作,但要写出一系列高水平的、能解决实际问题的策论来,并能通过各级"看详"者挑剔的眼光,又绝非易事,其难度也许并不在"阁试"之下。

2. 阁试

仁宗天圣七年(1029)闰二月诏,正式规定阁试"试论六首,以三千字已上为合格"②。此即所谓"阁试六题"。前已言及,高宗绍兴元年(1131)正月初一《德音》,有"仰有司讲求贤良方正直言极谏科旧制,条具取旨"之语,于是礼部讲求到典故,共三个方面,第二方面为阁试,曰:

> 阁试一场,论六首,每篇限五百字以上成,差楷书祗应。题目于九经、十七史、七书、《国语》、《荀子》、《扬子》、《管子》、《文中子》("中"原误"仲")正文及注疏内出,内一篇暗数,一篇明数。如绍圣元年(1094)阁试《舜得万国之欢心论》

①又据岳珂《愧郯录》,孝宗乾道中,始又命应制举人就试于中书。然其后少有人应举,更无人中选,可不论。
②《宋会要辑稿·选举》一〇之一五。

（原注：出《史记·乐书》"舜弹五弦之琴，歌《南风》之诗，而天下治"云云。夫《南风》之诗者，生长之音也，舜乐好之，乐与天地同意，得万国之欢心，故天下治也，此谓暗数。所引不尽为粗），《谨事成六德论》（原注：出《毛诗·皇皇者华》笺注，此谓明数）①。四通以上为合格，仍分五等，入四等以上召赴殿试（原注：论引上下文不全，上下文有度数及事类，谓之暗类，所引不尽，谓之粗）。差翰林学士、两省官考试于秘阁，御史台官监试，及差封弥、誊录官。考讫，以合格试卷缴奏御前拆号。看详旧制，兼注疏内出题，今来复科之初，切恐疏义繁多，士大夫鲜能通习，欲乞除权罢疏义出题外，余并依旧制。②

凡四通以上合格者，宋人称之为"过阁"③，标志着应制举人过了考试中最艰难、也是最重要的一关。

阁试六题中，让后人有些难以捉摸、易致误解的，乃是所谓"明数"、"暗数"（又称"明题"、"暗题"）。聂崇岐《宋代制举考略》曰："盖直引书之一二句，或稍变换句之一二字为题者为明数；颠倒书之句读，窜伏首尾而为题者为暗数。""颠倒句读，窜伏首

---

① "谨事"之"谨"字原无，据《宋会要辑稿·选举》一一之一九、《愧郯录》卷一一补。
②《宋会要辑稿·选举》一一之二一。
③《宋会要辑稿·选举》一一之三四：淳熙四年（1177）七月监察御史潘纬言："况此一场（按指阁试六论），谓之过阁。"

尾"语出李焘《制科题目序》,①谓故意将题目弄得"类世之覆物谜言",但并不一定就是"暗题",故聂氏之说无根无据,似是而非。《建炎以来朝野杂记》甲集卷一三"制科六题"条原注曰:"上下文有度数及事数,谓之暗题。"什么叫"度数"、"事数"?考王安石《虔州学记》:"先生所谓道德者,性命之理而已。其度数在乎俎豆、钟鼓、管弦之间。"②又吴潜《鹤山先生文集后序》:"永嘉诸老如陈止斋、叶水心之徒,则又创为制度器数之学,名曰实用,以博洽相夸。"则所谓"度数"之"度",当指典章制度,而"事数"之"事",则应指事典、事迹,也就是沈作喆《寓简》卷八述苏轼答王庠如何读书应制举时所说的"事迹、故实、典章、文物之类"。这就是说,所谓"明数"、"暗数",其题目一定要关乎典章制度、文物故实。那么什么是"数","数"何以有"明"、"暗"呢?上引沈作喆尝记叶梦得论制科题目,叶氏谓"明、暗,皆言数也。暗如《因民常而施教》是也,《周官》:'因此五物者,民之常也,施十有二教焉。'题目字中不见数,而藏'五'与'十二'于其间焉,此最难测度。若明数,则如《既醉备五福》、《祭有十伦》是也。"由此看来,所谓"明数"、"暗数",不仅题目要关涉典章制度、文物故实,而且该制度、典故中还必须有相应的数量。数量不见于题目,而"藏"在出处文字之中,这叫"暗数";相反,数目字就在题目字面上,这叫"明数"。《因民常而施教》题,所关事见《周礼·地官·大司徒》,"五物"指山林、川泽、丘陵、坟衍、原隰五种类型的土地所产之动、植

①见叶绍翁《四朝闻见录》丙集《贤良·第三则》。
②《临川先生文集》卷八二。

物,"十二教"有祀礼教敬、阳礼教让、阴礼教亲等等,共十二种。"五"、"十二"不见于题目,故是"暗数"。而《既醉备五福》①、《祭有十伦》两题,已告知"五"、"十"之数,故是"明数"。无论"明"、"暗",举子都必须如"数"在论中"引尽"(如"十二教",要全部引出十二种礼教的名称),"所引不尽,谓之粗",不可能得到较高的等级。

弄清了"明数"、"暗数"的定义,再回头看前引高宗绍兴初礼部讲求到阁试典故,所举《舜得万国之欢心论》,注明典出《史记·乐书》,已引及"五弦之琴"(张守节《正义》谓"唯宫商角徵羽之五弦"),原文犹有"五谷时孰",这些数目字都"藏"在出处文中,故谓"暗数"。而《谨事成六德论》,出《诗经·皇皇者华》,毛传:"兼此五者,虽有中和,当自谓无所及,成于六德也。"郑玄笺:"中和,谓忠信也。五者:咨也,诹也,谋也,度也,询也。虽得此于忠信之贤人,犹当云己将无所及于事,则成六德,言慎成事。""六德"就在题上,故是"明数"。再用"明""暗"的定义解读上引李焘《朝野杂记》原注所谓"上下文有度数及事数,谓之暗题",知所谓"上下文",乃指题目出处之文字也。

事实上,制科论题的所谓"节目",尚不止"明"、"暗",上引《寓简》记叶梦得之言曰:"(制科)题目如海中沙,其要有十字而已:曰明,曰暗,曰疑,曰顽,曰合,曰合(音蛤),曰揭,曰折,曰包,曰胎,不出此十字也。""十字"就是十种类型,除上引叶氏所释

---

① 此题乃嘉祐六年(1061)阁试第六题,苏轼、苏辙所作今具存,分别见《苏轼文集》卷二、《栾城应诏集》卷一一。

"明"、"暗"二类外,他还解释了"疑"、"顽"二类。他释"疑"题曰:"《尧舜汤禹所举如何》是也。疑若唐、虞、夏、商也,乃是(《汉书》)《魏相传》高皇帝所述书《天子所服》第八,受诏长乐宫中谒者赵尧举春,李舜举夏,儿汤举秋,贡禹举冬(原注:高帝时自有一贡禹),四人各执一时也。又如《汤周福祚》,疑若二代也,乃是《杜周传赞》云'张汤、杜周并起文墨小吏,迹其福祚元功,儒林之后莫及也'。此为最巧。"关于《尧舜汤禹所举如何》,曹彦约在理宗宝庆二年(1226)侍讲筵时,给皇帝读《三朝宝训》中的《论科试篇》,然后口奏论及制科考试之弊,即以此题为例,他说:

> 近来少有应(制科)者,遂不复降诏,外间不知,妄谓朝廷无意于此,不知乃主司之过也。制科取士,固欲其博洽,然经史明文有所不知,乃可责其肤浅;若主司撰造题目,多方以误之,则爱贤之意,果安在哉!闻往岁试过阁六论,有以《尧舜汤禹如何》为题者,取《西汉·魏相传》内所载赵尧、李舜、儿汤、贡禹之序,以乱尧、舜、禹、汤之名,欲其不通报罢。是以古圣人之名为戏,其为失体,莫甚于此。①

今按《汉书》卷七四《魏相传》,称汉高祖所述书《天子所服》第八中,载高祖曾令群臣议"天子所服"(天子该穿什么衣服),萧何、周昌等议,认为"春夏秋冬天子所服,当法天地之数,中得人和",并建议由"中谒者赵尧举春,李舜举夏,儿汤举秋,贡禹举冬,四人

---

① 《经幄管见》卷四。

各职一时",意思是让四人各负责一个季节。而四人之名为尧、舜、汤、禹,与四位古帝王的谥相同①,只是顺序略异(古帝王"禹"在"汤"前)。这个题目,是要通过汉初四位中谒者所举不同,而论天子之服"当法天地",却故意以顺序小异形成误导,让应试者以为是论四圣人尧、舜、汤、禹,结果大错特错,"欲其不通报罢"。至于《汤周福祚论》,明胡应麟《少室山房笔丛》卷一〇述此事,谓"当时士子以唐虞三代为对,遂无一合者"。可见所谓"疑题",实际上就是出题官故意用疑似的、似是而非的题目对应试者进行误导,让他走上歧途。

叶梦得又释"顽"题道:"《形势不如德》是也。意思语言,子、史书中相近似者殆十余处,独此一句在史赞,令人捉摸不着,虽东坡犹惑之,故论备举诸处以该之也。"今按:《形势不如德论》,乃嘉祐六年(1061)阁试的第四题。"形势不如德",出《史记·吴起传》:"(魏武侯)浮西河而下,中流,顾而谓吴起曰:'美哉乎山河之固,此魏国之宝也!'起对曰:'在德不在险。……若君不修德,舟中之人尽为敌国也。'武侯曰:'善。'"该传末曰:"吴起说武侯以形势不如德,然行之于楚,以刻暴少恩亡其躯。悲夫!"苏轼、苏辙所作今亦传世,苏轼论首段曰:"《传》有之:'天时不如地利,地利不如人和。'此言形势之不如德也。而吴起亦云:'在德不在险。'太史公以为形势虽强,要以仁义为本。儒者之言兵,未尝不以藉其口矣。"他虽引了吴起语,但未引后面更直接的"史赞",且

①考《史记·五帝本纪》、《夏本纪》、《殷本纪》裴骃《集解》引《谥法》,尧、舜、禹、汤皆谥号。

"天时不如地利"与此关系不大,故叶梦得说"东坡犹惑之",可见题目之刁顽。至于沈氏未作解释的合、合(音蛤)、揭、折、包、胎六类题目,今天我们已很难知其详了。

　　阁试试题除"明数"、"暗数"以及所谓"疑"题、"顽"题等等外,经题是否从注疏、正义中出,也颇有争议。叶绍翁《四朝闻见录》丙集《贤良》曰:"绍翁窃考《挥麈(录)》所载,参以本朝六题之制,必先经题注疏而后子史。"又曰:"绍翁窃考本朝有司命题,不过六经本注与正义中出,或不出正义,未闻出子史注疏者。"这是出题的原则。元祐七年(1092)五月十一日诏:"秘阁试制科论,于九经、兼经、正史、《孟子》、《扬子》、《荀子》、《国语》并注内出题,其正义内毋出。"①绍兴初礼部上制科典故,请"权罢疏义出题",诏"疏义出题,及撰题官临时取旨"。"疏义"指六经注疏、正义②。高宗不愿否定从正义中出题的旧规,只是留有余地。孝宗乾道二年(1166)六月七日,臣僚以无人应制科上言,"欲望……权于经史诸子正文出题,其僻书、注疏,不得以为问目"。诏礼部集馆职、学官同议,礼部侍郎周执羔等参议,主张"权罢注疏出题",孝宗"从之"③。淳熙四年(1177)监察御史潘纬上言,称既罢注疏出题,"如依旧制以四通以上为合格,则与应进士举一场试经义五篇者何异?臣愚欲六题皆通,方为合格。"孝宗酌其中,于该年七月二

---

① 《宋会要辑稿·选举》一一之一九。
② 《宋会要辑稿·选举》一一之二二。聂崇岐《宋代制举考略》谓"绍兴二年亦下诏权罢疏义",即指此诏,然理解有误。
③ 《宋会要辑稿·选举》一一之二八。

十六日诏:"制举六论,已权罢注疏出题,可以五题通为合格。"①
到次年八月三日,"臣僚言:'国家设制举,必先试以六论,虽注疏
悉皆命题,以观其博洽。今去注疏命题,谓宜复其旧。'有诏令礼
部监学官看详。既而条具,欲从所请,并检照祖宗朝自天圣八年
(1030)试富弼等,至元祐六年(1091)试王普等,阁试六题,并出经
题一篇或两篇,方杂以子史注疏。今六论欲依故事,出经题作第
一篇,然后九经、《语》、《孟》内注疏或子史正文题目。从之"②。
淳熙十二年(1185)二月二十六日,起居舍人、兼国史院编修、兼权
直学士院李巘上言,请"令依旧降指挥,免用注疏出题",孝宗"从
之"③。聂崇岐《考略》评之曰:"二十年中,制度数易,亦可见士大
夫意见之分歧,持衡者之毫无定策矣。"此言得之。

　　3. 御试

　　唐代制举对策,一般为三道④,似无字数规定。前述"国初"
制举,"对御试策一道,三千字以上成"。田锡《上真宗论制科当依
汉制取人》,主张"依汉制取人",即"不限对策字数",但未被采
纳。对策须三千字以上,遂成宋代制举御试的"永例"(有的很长,
如孔文仲熙宁中对策,长达九千余字)。

　　绍兴初礼部应诏讲求制举典故,其中一个方面为殿试(即御
试),曰:

①《宋会要辑稿·选举》一一之三四。
②《宋会要辑稿·选举》一一之三五。
③《宋会要辑稿·选举》一一之三七。
④《唐会要》卷七五《帖经条例》:"永淳二年(683)三月敕:令应诏举人并试
　　策三道,即为永例。"

殿试，皇帝临轩制策一道，限三千字以上成。试卷用表纸五十张，草纸五十张。旧制，宰相撰题（绍圣元年特命翰林学士林希撰题），依进士殿试，有初考、覆考、详定官。赴试人引见，赐坐。殿廊两厢设重帘幛幕，青褥紫案，差楷书祗应（旧制差内侍赐茶果，仍谢恩）。对策先引出处，然后言事。①

御试题目除宰相撰外，也可由两制官分别撰拟，皇帝择其一而用之②。

制举通过考核"艺业"（进卷），然后"过阁"，最后进入殿试。殿试时间初无一定，如真宗咸平四年（1001）二月、八月曾两次举行，景德二年（1005）则在九月，景德四年又在闰五月，等等。仁宗时规定制科"随贡举"，于是变唐以来制科对策的不定期为定期了。如自庆历二年（1042）至嘉祐六年（1061），共殿试六次，都在八月。李廌《师友谈记》曰："东坡云：国朝试科目，亦在八月中旬。顷与黄门公（苏辙）既将试，黄门公忽感疾卧病，自料不能及矣。相国韩魏公（琦）知之，辄上奏曰：'今岁（按指嘉祐六年）召制科之士，惟苏轼、苏辙最有声望。今闻苏辙偶病未可试，如此人兄弟中一人不得就试，甚非众望，欲展期以俟。'上许之。……既闻全安，方引试，凡比常例展二十日。自后试科目，并在九月，盖始于此。"宋人施宿编《东坡先生年谱》，系苏轼参加制科御试在嘉祐六

---

①《宋会要辑稿·选举》一一之二二。
②见《宋会要辑稿·选举》一〇之一二、一〇之一三。

年九月,并暗引《师友谈记》之文①。然考《续资治通鉴长编》卷一九四、《宋史》卷一一《仁宗纪三》,该年御试贤良方正能直言极谏并在八月,而不是九月。今人孔凡礼《苏轼年谱》亦据以系在八月。不过自英宗治平元年(1064)至哲宗绍圣元年(1094),凡御试五次,确实都在九月,唯南宋孝宗乾道七年(1171)在十一月②。二苏参试的嘉祐六年既在八月,则英宗后由八月改为九月,当非因苏辙之故,疑《师友谈记》附会失实。

制举御试程序,全仿进士科,分初考、覆考、详定。也分五等,第一、二两等照例空阙,所取唯第三、四两等(三等极少),第五等若是白身,一般授同进士出身。司马光曰:"宋兴以来,御试制科人无登第三等者,唯吴育第三等下,自余皆四等上,并为及第,降此则落之。"③吴育之后,唯苏轼考入第三等。叶梦得曰:"故事,制科分五等,上二等皆虚,惟以下三等取人,然中选者亦皆第四等,独吴正肃公(育)尝入第三等,后未有继者。至嘉祐中,苏子瞻(轼)、子由(辙)乃始皆入第三等。已而子由以言太直,为考官胡武平(宿)所驳,欲黜落,复降为第四等。设科以来,止吴正肃与子瞻入第三等而已。"④

①载《宋人年谱丛刊》第五册第 2768 页,四川大学出版社,2003 年。
②以上所述历次御试时间,可参聂崇岐《宋代制举考略》所列二十二次御试表。
③《涑水记闻》卷三。
④《石林燕语》卷二。按苏辙降等事,详《诸臣奏议》卷八二载司马光《上仁宗论制策当取直言》及文末编者原注,又见《温国文正司马公文集》卷二〇。

二、宋代制科考试的特色与失误

宋太祖始置制科,乃承后周之法,考试为二级。乾德后改为一级(只御试),实继唐制。从真宗开始,又改为二级。仁宗复制科,"每开科场则置之"①,且规定"自今制科并用随贡举,为定制"②。这就变制科的不定期为定期,与常科无以异了。加之第一级考试定在秘阁,"阁试六论"之题有明、暗、疑、顽诸色,御试对策不能少于三千字,等等,从制度上建构起了不同于汉唐的鲜明的"宋代特色"。

唐代制科颇为兴旺,"设科之名已无虑百数",自高宗显庆至文宗大和二年(828),及第者二百七十人③。仅高宗显庆四年(659)二月,亲策举人即达"九百余人"④。这令赵宋君臣十分神往。然而宋太祖初置三科,就遇"无人应制"的尴尬。虽开宝九年(976)"诸道举孝弟力田及有才武者凡七百四十人",但召试却"一无可采"⑤,闹成笑话。后来或置或废,就是置科最多的仁宗时代(十科,罢书判拔萃后为九科),"应诏书者不过数十人,中选者才一二"⑥,很不景气。据聂崇岐《宋代制科考略》统计,有宋

①见司马光《涑水记闻》卷三。
②《宋会要辑稿·选举》一〇之二五载庆历六年(1046)六月十八日诏。
③徐松《登科记考·凡例》。
④《旧唐书》卷四《高宗纪上》。
⑤《宋史》卷一五六《选举志二》。
⑥《宋会要辑稿·选举》一一之五。又同书一〇之二六载庆历间监察御史唐询上言:"(制科)初应诏才数人,后乃至十余人,今殆至三十余人。"

（包括北、南两宋）一代，御试仅二十二次，入等者不过四十一人，甚至不及词科。特别是整个南宋，仅乾道间录取一名（李垕），尔后遂绝。对此，连最高统治者也深感困惑。如绍兴二年（1132）复制科，绍兴四年诏："间尝下诏，俾复旧章。迄兹三岁之期，靡觌一人之举。岂眇躬凉薄，无能徕天下之贤？将俗学湮沦，未克振斯文之敝？"绍兴三年，李纲作《有诏举贤良方正作诗勉钱申伯使继世科》诗道：

> 中兴天子开贤科，笼络英俊归网罗。此科久废习者少，应诏正恐人未多。君家三世五制举，名与嵩华争嵯峨。玉堂金马皆故物，高文大册垂不磨。今君落笔妙天下，该洽辩博如悬河。胡不进卷对廷策，清芬远绍扬其波？勒兵小试见家法，坐却勍敌挥雕戈。君如有意作大将，我愿荐信同萧何。功名晚达未为老，志气方壮靡有他。勉哉努力为门户，慎勿自弃成蹉跎。

钱申伯盖钱易的后代，钱易及其二子彦远、明逸及明逸从子钱藻，北宋间皆尝擢制科。接着，李纲连作《申伯见和拙句，且示七言律诗两章，有未肯承当制科之意，次韵报之》《申伯和篇举叔易自代，叔诗复推申伯，要之二子皆当由此科取重名于世。恨吾资妄高，不得偕二子鸣跃其间，复次前韵以兼勉之》《申伯、叔易再和诗，将有从吾言之意，而仲辅作诗梗之，以故未果。复次前韵，既助其决，且戒勿与仲辅谋也》《诗三往复，而二子之意犹未决。吾知之

矣,复次前韵以辟之》共五首①,钱氏皆辞不应荐。其原因,李纲
《诗三往复……》诗谓"叔子爱仙事炉灶,拟骖鸾鹤翔云河。钱子
贪佛为藏转,欲以一月分千波"。总之,从钱氏拒荐的个案,知遭
丧乱之后,读书人惊魂未定,对功名心灰意冷,更乐意隐于仙佛。
其后每隔三年例皆有诏,高宗对此科无人问津十分无奈,冠冕堂
皇地照例要进行"自省"。如绍兴二十六年(1156)诏曰:"诏书屡
下而未有应者,岂国家招延之礼有所未尽欤?……抑奉吾诏者不
虔,不能悉心询访,而贤良方正之士或壅于上闻欤?"②这些套话,
似乎并没有打动士人的心,加之秦桧专权时代政治黑暗,有识之
士避之唯恐不及,故"凡十一诏,而迄无应书"③。

　　对宋代制科如此冷落的原因,日本学者荒木敏一在他的《宋
代科举制度研究》第八章中,有专节讨论,以为衰微是因阁试、御
试的二段制,重记诵,他荐,黜落,恩数待遇等五个原因④。其实
宋人也在思考,他们的认识已相当深刻和全面。今梳理、归纳较
有代表性的观点,有的与考试或设科有关,有的涉及时代大环境,
一并论列如次。

　　1."穷以所未知,强以所不能",苛刻的考试方式让应之者却
步,是宋代制科制度最严重的失误。景德四年(1007)闰五月四
日,真宗说:"比设此科(指制科),欲求才识,若但考文义,则积学

---

①所引李纲诗,俱见《梁溪集》卷三〇。
②绍兴诸诏,载《宋会要辑稿·选举》一一之二四至二六。
③岳珂《愧郯录》卷一一《制举科目》。
④荒木敏一《宋代科举制度研究》第八章第一节《制科衰微の因》,日本同朋
　社,1969年。

者方能中选,苟有济时之用,安得而知?……今策问宜用经义,参之时务。"①他认为,制科的求人之道,应不是以"积学"中选,而应有"济时之用"。这个方向,应该说是合乎汉、唐荐举及制科取人原则的,如唐代试策,许举子畅所欲言。但从仁宗起,阁试的实际运作,却完全背离了这个方向。庆历间,监察御史唐询上言:"(制科考试)所出论目,悉用经史名数,其于治乱之体,固无所补。对诏策,大率不过条对义例,稽合注解,又复牵于文字之数,纵使魁罍之士,胸中虽有奇言,不得骋,况又人之所习,主于强记博闻,多辞泛说而已,至其救辅国体,开陈治策,则何赖哉!"②可谓深中出题之弊。皇祐元年(1049)八月二十日,上封者言:"旧制,秘阁先试六论,合格者然后御试策一道。先论者,盖欲采其博学;后策者,又欲观其才用。近来御前所试策题,其中多问典籍名数,及细碎经义。……欲乞将来御试策题中,止令问事关治乱,体系安危,……当今之可行者十余条。"诏撰策题官"先问治乱安危大体,其余所问经史名数,自依旧制"③。在仁宗看来,问"经史名数"的"旧制"仍不可改,不过从此制科的殿试对策,也转向以时务为主。王安国曾在《举士》一文中,把制科考试的弊端说得很透彻:

> 所谓贤良茂才之学,其敝尤甚者。自六经、史氏、百子之说而兼之以传注,乖离精粗,无所不记,然后能应有司之问。

①《宋会要辑稿·选举》一〇之一三。
②《宋会要辑稿·选举》一〇之二六。
③《宋会要辑稿·选举》一一之一。

虽使聪明敏捷之姿,而所阅如此之博,则理必不能深探熟考,以得圣贤之意。虽无声病之拘牵,而摘抉名数,难其中选,未尝试其一言之效,而卒所以得者,不过善其记问文辞而已。①

到后来,出题又有所谓"明"、"暗"、"疑"、"顽"等等之分(已详前),愈来愈入魔道。哲宗元祐元年(1086)闰二月,王存进《上哲宗乞别详定制科考格》曰:"臣窃见近世制科所试论策题目,务出于偏隐难知,是以应此科者竞为记诵名数之学,非所以称方正之举。……欲乞下有司重行详定制科考格,所取务先识略,不专责以记诵名数之学。"②次年,苏颂也批评道:"其(阁试)所试论题,务求深奥,每举转加艰难,致合格者少。"③但皆未能扭转方向。

到南宋,制科之弊愈加甚焉,批评的力度也随之加大。杨万里尝论制科考试之难,曰:

> 先命有司而试之以莫知所从出之题,既又亲策于庭而杂之以奥僻怪奇之故事,不过于何晏、赵岐、孔安国、郑康成之传注与夫孔颖达之疏义而已。此岂有关于圣贤之妙学,英雄豪杰济世之策谋也哉?以训诂之苛碎而求磊落之士,以虫鱼之散珠而钓文武将相之才,不几于施鳅鳝之笱以罗横江之

---

① 《皇朝文鉴》卷一〇四。
② 《诸臣奏议》卷八二。
③ 《论制科取士乞加立策等增取人数》,《苏魏公文集》卷一九。

鲸，挂黄口之饵以望凤之来食也耶？其不至固也。虽使古之
圣贤如孟轲复生，亦不能也。①

李巘于淳熙十二年（1185）二月二十六日上言道：

> 汉自文帝以来，始有贤良之举，不过求其谠言，以裨阙
> 政，未闻责以记诵之学也。后世崇其科目，遴其选取，乃始穷
> 以所未知，强以所不能。要之举才之意，惟端正修洁是务，而
> 区区记诵之末，则非所先也。②

朱熹也曾批评道："至于制科，名为贤良方正，而其实但得记诵文
词之士。其所投进词业，亦皆无用之空言，而程式论策，则又仅同
覆射儿戏，初无益于治道，但为仕宦之捷径而已。"③李焘则直击
罕有人应举的原因，他在《制科题目序》中写道：

> 阁试六题，论不出于经史正文，非制科本意也。盖将傲
> 天下士以其所不知，先博习强记之余功，后直言极谏之要务，
> 抑亦重惜其事而艰难其选，使贤良方正望而去者欤？……盖
> 古之所谓贤良方正者，能直言极谏而已，今则惟博习强记也，
> 直言极谏则置而不问，殆恶闻而讳听之。逐其末而弃其本，

---

①《人才（上）》，《诚斋集》卷八七。
②《宋会要辑稿·选举》一一之三六。
③《学校贡举私议》，《朱文公文集》卷六九。

乃至此甚乎？此士所以莫应也。

于是，他"取五十余家之文书，掇其可以发论数十百题，具如别录……戏与朋友共占射之"①。清代学者赵翼考及此事时，认为当时"制科亦有拟题矣"，"论亦有括矣"②。马端临在《文献通考》卷三三录此序后按曰："制科所难者六论。然所谓四通、五通者中选，所谓准式不考者闻罢，则皆以能言论题出处为奇，而初不论其文之工拙，盖与明经墨义无以异矣。"李焘虽批评阁试题目"非制科本意"，但却热心于掇发论题，岂止不能免俗，实乃推波助澜。司马光早在仁宗嘉祐六年（1061）所上《论举选状》中，就说"国家虽设贤良方正等科，其实专取文辞而已"③。到后来，竟连"文辞"也不讲了，所重者只是"能言论题出处"，这不能不说是宋代制科的悲哀。

南宋批评制科考试的学者中，以叶适之论最有广度和深度。他在《制科》一文中写道：

> 科举所以不得才者，谓其以有常之法而律不常之人，则制举之庶乎得之者，必其无法焉。而制举之法反密于科举。今夫求天下豪杰特起之士，所以恢圣业而共治功。彼区区之题目记诵、明数暗数制度者，胡为而责之？而又于一篇之策，

①见《四朝闻见录》丙集《贤良·第三则》引。
②《陔余丛考》卷二九《制科题目》《帖括策括》。
③《温国文正司马公文集》卷一九，又见《诸臣奏议》卷八〇。

天文、地理、人事之纪，问之略遍，以为其说足以酬吾之问，则亦可谓之奇才矣。当制举之盛时，置学立师，以法相授，浮言虚论，披抉不穷，号为制举习气。故科举既不足以得之，而制举又或失之。然则朝廷之求为一事也，必先立为一法。若夫制科之法，是本无意于得才，而徒立法以困天下之泛然能记诵者耳。此固所谓豪杰特起者轻视而不屑就也。①

他又在《滕季度墓志铭》中说，制科以"难答之问"，考"易穷之学"，而"所谓不通者，非不能通也，特不当通耳"②。"非不能通也，特不当通耳"——这似乎有些耸人听闻：既是以试求才，又何必让举子"不当通"呢？但事实就是如此，前引《寓简》所举"疑"题《尧舜汤禹如何》，就是"欲其不通报罢"。又如孝宗淳熙间，"近习贵珰又恐制策之或攻己也，共摇沮之"。依"故事"，阁试本来是"六题一明一暗"，时中书舍人钱师魏即"承嬖近之旨奏言：'制举甚重，须稍难其题。'御笔因差师魏考试，故所命皆暗题云"③。这不又是故意让人落选么！对策多讳，又遭暗算，士人趋而避之，就在情理之中了。

考官拟题之刁钻，用心之险恶，不仅违背学理，实在已无聊到骇人听闻。"主司"既无意于"得才"，考试便成了一场戏侮举子的闹剧，因此前引曹彦约《经幄管见》在论制科考试之弊后，对理

---

① 《水心别集》卷一三。
② 《水心文集》卷二四。
③ 《建炎以来朝野杂记》甲集卷一三"制科六题"条。

宗说:"必须出当道正大题目,取其四通,俟其对策疏谬报罢可也。"

综上众多宋人的见解,盖应制科者稀少的原因,主要在出题以记诵为主,所考乃"背功",而不是识见,完全丧失了求"非常之才"的立科本意。考题刁钻古怪,与人为敌,故意"艰难其选",题目被弄得"类世之覆物谜言"①,人的记忆力毕竟有限,而要求背诵的却几至无限,不能不令望者止步。这正如孝宗乾道初苗昌言所奏:"盖责之至备,而应之者难。"②总之,上引李㠂所谓"穷以所未知,强以所不能",可谓一语击中了宋代制科考试的要害。用"莫知所从出之题"、"奥僻怪奇之故事"去取人,若说宋人有"记问情结",尚属轻描淡写,简直有些变态了。然因以记问取科第登高位的人控制了话语权,故虽路人皆知其病入膏肓,却始终讳疾忌医,因仍莫改。

2. 过多地卷入党争,是制科不盛的又一重要原因。统治者恶闻"直言极谏",前代已然,宋更甚焉。如第一章所述真宗罢制举,就因有人以为两汉举贤良是为"询访阙政",而当时正"受瑞建封",故不当建此科。仁宗时贾昌朝与吴育争论,贾也持此观点。在他们看来,若应举者言"阙政",就对自己乃至政权构成威胁,故不能容。不仅如此,宋代制科又与党争搅和在一起,更为一般应举者所惮惧。本书第一章第三节尝述神宗熙宁初孔文仲对策因极论时政而触讳被黜,成为党争的牺牲品,便是典型案例,神宗干

---

① 李焘《制科题目序》。
② 《文献通考》卷三三引。

脆罢制科。元祐初复置,绍圣初又罢,绍兴初再置,无不与新旧党之力量消长密切相关。荒木敏一《宋代科举制度研究》第八章,设为《制科与党争之关系》,是很有见地的。

3.科目过少,取人太窄,又靠拢常科,也是制科冷落的原因。唐代曾用各种科名广罗人才,考试亦无定期,每试"中第者常不下一二十人"①,为社会上形形色色的奇才异士搭起了充分展示自己的平台,如《新唐书·选举志》所说:"下至军谋将略,翘关拔山,绝艺奇伎,莫不兼取。其为名目,随其人主临时所欲。"宋代却不是这样。仁宗时规定制科与贡举同步,加之御试全仿进士科,第五等授同进士出身等等,明显地让制科靠向常科,甚至纳入常科的轨道。立制科的本意,是皇帝临时下诏、在常科之外进行人才选拔,特点是"非常"。现既让"非常"趋近于"常",就必然与常科重叠,而又艰难其选,无人应举便很正常了。元祐二年(1087)七月,苏颂上奏章曰《论制科取士乞加立策等增取人数》,以为"本朝故事,制科程试太严,取人太窄,自真宗以来,每举中第者多不过三人,少或一人,至有全不收者",于是建议"更加第五等,分为上下。入此等者,只依进士第二甲、第三甲注官,亦不为徼倖"②。但未被采纳。上引乾道初苗昌言奏,在说"责之至备,而应之者难"后,接着说:"求之不广,而来者有隔尔。"他所说的"不广",就是指科目太少。当时礼部集馆职学官议,以为"科目不必广"。淳熙十一年(1184)六月五日诏尚书、侍郎等"不拘科举年分,各举贤

———————

① 苏颂《论制科取士乞加立策等增取人数》,《苏魏公文集》卷一九。
② 《苏魏公文集》卷一九。

良方正能直言极谏一人"①。但制科久已失去吸引力,到这时方欲打破"随贡举"的"定制",已无济于事了。

4.制科遭冷遇,还有当时士大夫难以启齿的一个重要原因:待遇太低。有宋一代,入制科第三等,赐官注职比照进士第一,第四等比照进士第二等第三人,第五等比照进士第四等第五人②。这似乎并不算低,但只要联想整个宋代才两人考入第三等,就知道虽有比照状元的荣耀,但对绝大多数应制举者来说,不过是水中月、镜中花。还不仅此,仁宗之后,连制科的升迁也比照进士科,而进士科的"恩例"已是一杀再杀③,这就将司马光《涑水记闻》所谓制科"数年之后即为美官"④,有如汉代贤良"不次升擢"的梦想被击得粉碎。加之宋代常科规模过大,任子荫补更使入仕门径洞开,冗官现象十分严重,进士科第四甲常要守选,如将入等难度极大的制科"恩例"纳入常科轨道,无人应举就顺理成章了。

历史已经证明,制科制度的"宋代特色",总体上说来是不成功的。不过它与诸科一样,也为后代提供了丰富的经验教训,比如以记诵为主、"穷以所未知,强以所不能"的考试模式,即可以休矣。

---

①《宋会要辑稿·选举》一一之三六。
②详见《宋会要辑稿·选举》一一之二二。
③参见本书第十三章第三节。
④详见本书第一章第三节引。

第三节　词科的考试

第一章在叙述词科设置时,已论及词科科名的变迁,而每次易名,就意味着此科内涵的扩大,取才标准的不同,考试内容当然也随之而异。这里我们将考述词科考试的程试格法,包括考试资格,考题设计,试卷式与文体式,并旁及录取规模、待遇等,最后简论此科的得失。

一、词科的考试流程

1. 考试资格

绍圣二年(1095)规定:"每科场后许进士登科人经礼部投状乞试,依试进士法差官考校"①,"若见守官,须受代乃得试"②。这是要求应试者必须先登进士第,才有资格报考宏词科,且现有官守的不得预试,必须等有人接替后才能报考。大观法对此有所调整:"听有出身人(指曾登进士第或上舍释褐者),不以京朝官③、选人④,经礼部投状就试。"⑤这就是说,现守官的不一定"须

---

①《宋会要辑稿·选举》一二之二。
②《文献通考》卷三三《选举六》。
③元丰改制后,去京官之名,多用"承务郎以上",俗亦谓之京官。包括承务郎、承奉郎、承事郎、宣义郎、宣教郎,凡五阶。
④迪功郎、修职郎、从政郎、从事郎、文林郎、儒林郎、承直郎凡七阶,称"选人"。"选人"各时期内涵不同,较为复杂,详参龚延明《宋代官制辞典》。
⑤《宋会要辑稿·选举》一二之六。

受代",即在职者也可参试。绍兴法对此作了更大幅度的调整："应命官不以有无出身,除归明、流外、进纳人及犯赃罪人外,并许应诏。命官非现任外官,许径赴礼部自陈;若见在任,经所属投所业,应格召试,然后离(原误"杂")任。"①王应麟说得更简明:"先是唯有科第者许试,至是不以有无出身,皆许应诏。"②大观法规定"宰臣、执政官亲属不许与试"③;绍兴法则"许卿大夫之任子亦就试……任子中选者,赐进士第"④。报考条件的渐次放宽,意味着词科"生源"的不断扩大,从而吸引更多的人在这条新辟不久的功名之途上奔竞。但放宽条件也就难免于"滥",陆游曰:"近岁泛许人应博学宏辞……或假手作所业献礼部,亦许试,而程文缪不可读,亦无以惩之,殆非也。"⑤

2. 纳卷

绍圣、大观法无纳卷条文,唯绍兴法规定"愿试人先投所业三卷,朝廷降付学士院,考其能者召试"⑥。《建炎以来系年要录》卷六七谓"愿试者以所业每题二篇纳礼部"。这只是表述不同而已(前者编卷,后者计篇),实际是一样的,故王应麟《词学指南序》曰:"先以所业三卷(原注:每题二篇)纳礼部,上之朝廷,下中书后省考其能者召试。"应试先纳卷,乃制科常例,故嘉泰时右正言林

---

①《宋会要辑稿·选举》一二之一一。
②《词学指南序》原注。
③《宋会要辑稿·选举》一二之六。
④《容斋三笔》卷一〇。
⑤《老学庵笔记》卷五。
⑥《宋会要辑稿·选举》一二之一一。

行可说:"词科之设,先考所业,有同制举。"①

　3.考试科目

　　绍圣二年(1095)正月九日,礼部拟立《程试考试格》,共两项,一项为《试格十条》,对各体文的写作模式作了具体说明。除诏、诰、赦、敕等四类代皇帝立言的体裁不试外②,章表"依现行体式(指流行的四六文),赋如唐人《斩白蛇》、《幽兰》、《渥洼马赋》之类,颂如韩愈《元和圣德》,诗如柳宗元《平淮夷雅》之类",等等,以及字数限制。另一项为《考格》五条。《考格》规定了评判标准及待遇。是月二十八日,"再立到《考试格》,其近降《试格》更不施行",修立共九条,主要内容是"章表、露布、檄书,以上用四六,颂、箴、诫谕、序、记,以上依古今体,亦许用四六。考试官临时取四题(即上述文体不必全考,只随机抽考四种),分作两场引试,并限二百字以上,箴铭限一百字以上"③。比如绍圣二年的试题为:《欹器铭》《诫谕三省枢密院修举先朝政事》《迩英阁无逸孝经图后序》《代嗣高丽国进贡表》④。

　　大观法是在"旧试格内除去檄书,增入制诰。临时取四题,分作两场,内二篇以历代史故事借拟为题,余以本朝故事"⑤。比如政和元年(1111)的试题为:《雄武军节度使开府仪同三司授侍中制》(本朝故事)、《夏禹九鼎铭》(历代故事)、《代宰臣以下谢赐御

---

①《宋会要辑稿·选举》五之二八。
②《文献通考》卷三三《选举六》:"诏、诰、赦、敕,不以为题。"
③《宋会要辑稿·选举》一二之三。
④《宋会要辑稿·选举》一二之四。
⑤《宋会要辑稿·选举》一二之六。

制冬祀庆成诗表》(本朝故事)、《唐集贤殿书院记》(历代故事)①。

绍兴法不仅对考试资格(已如上述)、而且对考试内容作了重大修改。据《宋会要辑稿·选举》一二之一一、《容斋三笔》卷一〇,绍兴法规定,考试"以制、诰、诏书、表、露布、檄、箴、铭、记、赞、颂、序十二件为题,古今杂出六题,分为三场,每场一古一今"。由两场增为三场,四题增为六题,必须古(历代故事)、今(本朝故事)杂出。如绍兴八年(1138)的试题为②:《观文殿学士提举醴泉观兼侍读授护国军节度使开府仪同三司江淮荆襄路宣抚大使制》(今)、《汉辅渠铭》(古)、《慰谕川陕诏》(今)、《汉城长安记》(古)、《代宰臣以下贺收复京西路表》(今)、《唐会要序》(古)③。

陈振孙《直斋书录解题》卷一五著录《宏辞总类》时,较简明地概括了考试内容的三次更改,道:"初,绍圣设科,但曰宏辞,不试制、诰,止于表、檄、露布、诫谕、箴、铭、颂、记、序九种,亦不用古题。及大观,改曰词学兼茂,去诫谕及檄,而益以制、诰,亦为九种四题,而二题以历代故事。及绍兴,始名博学宏辞,复益以诰、赞、檄,为十二(原误"十一")种,三日试六题,各一今一古,遂为定制。"要之,词科考试的发展趋势,是越来越注重实用(如去赋而增制诰),文章内容兼及古今(强调"学"的重要性),说明选材目标也越来越明确。

---

①《宋会要辑稿·选举》一二之七。
②绍兴五年试题,现存《宋会要辑稿》漏抄一题,故以八年为例。
③《宋会要辑稿·选举》一二之一二。

4. 试卷式与文体式

(1) 试卷式

王应麟《词学指南》卷四载有宋代词科考试的"试卷式"①:

本贯云云,应博学宏词具官姓某,年若干

一、习制、诰、诏书、表、露布、檄、箴、铭、记、赞、颂、序

一、出身

一、无过犯

一、三代

一、合家口

一、今试(如曾试亦开具年分)

  奉

试博学宏词二首

  第一首

   题

   (限字以上)

  第二首

  (同前)

  制、诰、诏、表、露布、檄、箴、铭、记、赞、颂、序(限二百字以上)、记、序(限三百字以上)。凡言"祖宗"及"上"字,并别行;言"圣恩"之类,并空字。箴、铭、赞、颂,逐句空字。

---

① 《玉海》卷二〇一至二〇四为《词学指南》,为便于引述,改以四卷为序。下同。

（2）文体式举隅

博学宏词科的十二种文体中，制、表、露布、檄用四六（其中表、檄等，汉、晋以前用散文）；诏、诰则四六、散体皆可；序、记只能用散文，箴、铭、赞、颂为韵语。王应麟认为，十二种中"所急者制、表、记、序、箴、铭、赞、颂八者而已。若诏、诰，则罕曾出题，檄、露布，又军兴方用，皆尚可缓"。"所急"的八种中，王氏引平斋洪公（咨夔）曰："制、表，如科举之本经，所关尤重。"又举例道："隆兴元年（1163）陈自修试颂及露布，冠绝一场，偶表、制中有疵，因不取。"①这就是说，在词科考试中，制、表乃重中之重。因此，这里我们只讨论宋人以为最重要的这二种。《词学指南》对词科考试中各体文的体式及作文法论之甚详，并有大量例文；由于词科考试在宋代整个科举考试中不带普遍性，牵涉面不大，故只略引其论说，以窥一斑。制、表之外其余文体的体式作法，读者可详见该书，兹从略。

"制"是皇帝的命令，秦以前称"命"，秦代改为"制"。它是所谓"王言"的一种，宋代用于官员除授和罢免。臣下作制是代皇帝立言，这对于封建时代的文人来说，是一件极为荣耀的事。制皆用四六，原因是便于宣读。

"制"成为考试文体之一，始于唐代翰林学士的入院试。宋代词科所试制，《词学指南》卷二载其格式为：

门下：……云云（"云云"为内容之省，为醒目，今在前加

---

① 《词学指南》卷一。

删节号。下同）。具官某，……云云。於戏！……云云。可授某官，主者施行。

制的体式，王应麟引东莱先生（吕祖谦）曰：“制破题四句，或兼说新旧官，或只说新官。如自资政殿学士提举宫观、建节，上两句说提举宫观，下两句说建节，此兼说新旧官也。若四句，只大概说藩屏方面之意，此只说新官也。其四句下散语，须叙自旧官迁新官之意，如‘眷时旧德，肃侍燕朝’之类。”破题又叫“制头”，王氏进一步指出：“制头四句，能包尽题意为佳（如题目自有“检校少保”，又有“仪同三司”，又换节，又带军职，又作帅，四句中能包括尽此数件是也）。若铺排不尽，则当择题中体面重者说，其余轻者于散语中说亦无害（轻者如军职、三司是也）。制起须用四六联，不可用七字。”又曰：“制辞须用典重之语，仍须多用《诗》、《书》中语言，及择汉以前文字中典雅者用，若晋、宋间语及诗中语不典者，不可用。”制又可分文臣除授制、除帅制、宰相制、中书舍人召试制等数类。

“表”是臣下向皇帝上书陈事所用的文体。徐师曾《文体明辨序说》曰：“古者献言于君，皆称上书。汉定礼仪，乃有四品，其三曰表，然但用以陈请而已。后世因之，其用浸广，于是有论谏，有陈劝（劝进），有陈乞（待罪同），有进（进书）献（献物），有推荐，有庆贺，有慰安，有辞（辞官）解（解官），有陈谢（谢官、谢上、谢赐），有讼理，有弹劾。所施既殊，故其词亦异。至论其体，则汉、晋多用散文，唐、宋多用四六。而唐、宋之体又自不同：唐人声律时有出入，而不失乎雄浑之风；宋人声律极其精切，而有得乎明畅之

旨,盖各有所长也。"《词学指南》卷三载其格式为:

> 臣某言(或云"臣某等言"):恭睹(守臣表云"恭闻")某
> 月日……云云者(祥瑞表云"伏睹太史局奏……云云者",守
> 臣表云"伏睹都进奏院报……云云者")。……云云。臣某惧
> 抃欢抃,顿首顿首。窃以……云云。恭惟皇帝陛下……云
> 云。臣……云云。臣无任瞻天望圣、激切屏营之制,谨奉表
> 称贺以闻。臣某欢抃欢抃,顿首顿首。谨言。
> 年月日,具官臣姓某上表。

表的类别甚多,已如上引徐氏所述。因内容有差异,作法亦
略有不同,但总的要点是一样的,王应麟说:"一表中眼目,全在破
题二十字,须要见尽题目,又忌体贴太露。……贴题目处须字字
精确。且如进书表,实录要见实录,不可移于日历;国史要见国
史,不可移于玉牒,乃为工也。"又说:"大抵表文以简洁精致为先。
用事不要深僻,造语不可尖新,铺叙不要繁冗:此表之大纲也。"

从制、表的体式和作法可以看出,词科文章都是千篇一律,程
式十分严格。因为它们本来就是"御用"、上进皇帝及官府使用的
文体,个人发挥的空间极为狭小,而"场屋拟制与扬庭之文又不
同,须全依定格"①。制、表的文字还必须典雅温润,具有"朝廷气
象",同时要高度准确和凝炼,因此对作者写作水平的要求很高,
一般人难以操觚。

---

① 《词学指南》卷二《制》。

二、词科的录取与待遇

1. 录取规模

绍圣法"所取不过十人"①；大观法"有取不得过三人，如无合格则阙之"②；绍兴法"所取不得过五人，若人材有余，临时取旨"③。据《词学指南》卷四之"词学题名"，"宏词"凡十一科，共取三十一人；"词学兼茂"凡十五科，共取三十六人；"博学宏词"凡二十五科，共取四十人。由于词科不是常科，选拔的是特殊实用人才，故每科录取人数少，这就决定了它的高层次和高淘汰率。到嘉熙时的"词学科"，由于词科的衰落和四六文人才的紧缺，则"惟取合格，不必拘额"，但是否取人，史无明载（参见本书第一章第四节）。

2. 待遇

科举制度，说到底是朝廷用科名将士子驱入利禄之途，因此待遇的高低，决定了社会对该科的重视程度。绍圣法规定：凡中程者"分为两等，上等循两资（"循资"谓由散官下阶转上阶），中等循一资，承务郎以上比类推恩，词格超异者临时取旨"④。大观法则为："上等循两资，中等循一资，京朝官比类推恩，仍并随资任内外差遣。已系堂除人（即由都堂奏差的）优与升擢。内文理超

---

① 《宋会要辑稿·选举》一二之二。
② 《宋会要辑稿·选举》一二之六。
③ 《宋会要辑稿·选举》一二之一一。
④ 《宋会要辑稿·选举》一二之二。

异者取旨。"①这与绍圣法相当。绍兴法以三等取人，试入上等，有出身人转一官（即循一资），选人与改官，无出身人赐进士及第，并免召试除馆职。中等，有出身人减三年磨勘，与堂除差遣，无出身人赐进士出身，择其尤召试馆职。下等，有出身人减二年磨勘，与堂除差遣一次，无出身人赐同进士出身，遇馆职有阙，亦许审察召试②。较之绍圣、大观，绍兴法的待遇略有降低，如上等有出身人由循两资改为循一资（转一官），中等有出身人由循一资改为减三年磨勘之类。但绍兴法允许没有"出身"的命官应考，且考入三等后，分别赐进士及第、进士出身、同进士出身，这就为长于四六、想得到进士科名的人（主要是任子）增加了一条途径，仍然是令人向往的。

三、词科考试的得失

设置词科的初衷，是为了通过考试培养和选拔四六应用之文的写作人才，故在宋代科举考试中，只有词科所习所考不是得之即弃的"敲门砖"，而是"学即所用"，是实际应用的文体（尽管场屋所作仍须按定格）。朝廷既以科举方式造就词臣，且礼遇优渥，四六文的地位自然大为飚升，这对文风的影响无疑是巨大的：它直接导致了四六文在南宋的复兴。这点大约为统治者始料所不及。谢伋《四六谈麈序》曰："朝廷以此（四六文）取士，名为博学宏辞，而内外两制用之，四六之艺咸曰大矣。"南宋四六文复兴，主

---

① 《宋会要辑稿·选举》一二之六。
② 《宋会要辑稿·选举》一二之一一。

要表现在下面三个方面。

第一，四六文名家辈出。这些名家不一定全都由词科出身，但因能作出色的四六文就意味着高官厚禄，这对文人的吸引力无疑是巨大的；而随着他们学习四六文热情的高投入，必然孕育出一批顶尖的行家里手。如王安中（1076—1134），本来是学苏文的，后来成了四六能手，著有《初寮集》。南宋初成就最突出的是孙觌、汪藻，他们可称为四六大师。孙觌（1081—1169）字仲益，晋陵（今江苏常州）人，大观进士，政和四年（1114）中词科。有《鸿庆居士集》，周必大为作序曰：“当大观、政和间，士惟王氏《三经义》、《字说》是习，而公博学笃志如韩退之，谓礼部所试可无学而能者。第进士，冠词科，笔势翩翩，高出流辈。……其章疏、制诰、表奏，往往如陆敬舆，明辩骏发，每一篇出，世争传诵。”汪藻（1079—1154）字彦章，德兴（今属江西）人，崇宁二年（1103）进士，有《浮溪集》六十卷传世。他虽未考词科，但其四六文成就很高，当时与孙觌并称。《野客丛书》附录《野老记闻》曰：“李汉老（邴）云：‘汪彦章、孙仲益四六各得一体，汪善铺叙，孙善点缀。’”孙觌《浮溪集序》道：“盖仕朝廷三十年，专以文学议论居儒官从臣之列。……伎与道俱，习与空会，文从字顺，体质浑然，不见刻画。如金钟大镛，扣之辄应，愈扣而愈无穷，何其盛也！公在馆阁时，方以文章为公卿大臣所推重，每一篇出，余独指其妙处，公亦喜为余出也。后十五年，公以儒先宿学当大典册，秉太史笔，为天子视草，始大发于文，深醇雅健，追配古作，学士大夫传诵，自海隅万里之远，莫不家有其书。所谓常、杨、燕、许诸人，皆莫及也。”《直斋书录解题》卷一八著录其《浮溪集》时，称绍圣后置词科，习四六者益众，"若浮溪尤其集大成者也"。除孙、汪外，同时及后继者，可谓高手如林。《耆旧续闻》卷六谓与汪藻"同时有孙仲益、韩子苍（驹）、程致道（俱）、张焘、朱新仲（翌）、徐师川（俯）、刘无言（焘），后有三洪兄弟（适、遵、迈）"，皆长于四六。又《四六谈麈》曰："李成季昭玘尝为起居舍人，最工四六，汉老（李邴）之叔也。有《乐静先生集》行于世。"而李邴也是南宋初的四六名家。《四库提要·鸿庆居士集提要》谓与孙觌四六文"声价相埒"的，除汪藻外，还有洪迈、周必大。又《忠惠集提要》曰："盖当北宋之季，如汪藻、孙觌皆以四六著名，惟（翟）汝文能与之颉颃。"阮元《四六丛话序》亦曰："南渡以还，浮溪首倡，野处（洪迈）、西山（真德秀）亦称名集，渭南（陆游）、北海（綦崇礼）并号高文。"等等。以上除孙觌外，三洪兄弟、周必大、真德秀等皆尝中词科。若要历数南宋古文名家，则有指不多屈之窘，适与此形成鲜明对照。

第二，四六文名篇迭出。一种文体的兴盛，必须有高水平的代表作为其标志。南宋许多传诵人口的名篇佳构，被时人记载在笔记、文话中，有的还流传至今；现存的南宋人总集、别集中，也收有不少优秀作品。较之欧、苏时代，此时四六文有着鲜明的特征。一是讲究格律。《直斋书录解题》卷一八著录汪藻《浮溪集》时说："四六偶俪之文，起于齐、梁，历隋、唐之世，表章、诏诰多用之。……绍圣后置词科，习者益众，格律精严，一字不苟措。"二是喜用长句。《四六谈麈》曰："宣和间，（四六）多用长句为对，习尚之久，至今未能全变，前辈无此体也。"可以说，就语言对偶艺术而论，南宋四六可谓将它发展到了极致。与此相反，南宋古文不仅缺少名家，同时也乏名作。

第三,四六文集层出不穷。今存南宋作家文集中,制诰表启等四六文特多。如四六大家汪藻有《浮溪集》三十二卷、《浮溪文粹》十五卷;孙觌有《鸿庆居士集》四十二卷、《孙尚书大全文集》五十七卷、《南兰陵孙尚书大全文集》七十卷,以及其门人李祖尧编注的《李学士新注孙尚书内简尺牍》十六卷。上述两人各集,有的以四六为主,有的则全是四六文。又如周必大《周文忠公集》中有《词科旧稿》三卷、《玉堂类稿》二十卷,真德秀《西山先生文集》中有《翰林制草》五卷,李刘有《梅亭先生四六标准》四十卷,等等,不胜枚举。与此同时,四六总集又大量涌现,进一步为骈俪之风推波助澜。如吴焕然编《圣宋千家名贤表启翰墨大全》一百四十卷,魏齐贤、叶棻编《五百家播芳大全文粹》一百五十卷(其中也以四六表启为多),而建昌军学所刻《宏辞总类》则多达四集九十五卷,等等。制诰固北宋人已很看重,但南宋人同时又重表启,这是四六文发展的一个新动向。与繁荣的创作相适应,总结四六文写作经验的专著亦应运而生。宣和间,王铚撰成《四六话》二卷,《四库提要》谓"其书皆评论宋人表启之文"。绍兴末,谢伋著《四六谈麈》一卷。《直斋书录解题》卷二二著录杨渊《四六余话》一卷①。王应麟在宋季撰《辞学指南》四卷②,专为士子应博学宏词科而作。这些书多指示法则,品评名篇,或记述逸事,寓经验、理论于雅闻趣谈之中,以鼓动风气,启迪后学。

　　尽管四六复兴只是在应用文范围之内,并未动摇或试图取代

①今传本题《云庄四六余话》。
②传本附刻《玉海》末。

古文在文坛的地位，但不难看出，它的强势发展，仍在不小的幅度上改变了南宋文学的面貌：它决定了许多作家的价值取向，也拓宽了文学自身的生存空间，使骈文不至在古文运动胜利后彻底衰落。宏观地看，这对文学的多元化发展是有利的。

当然，无论四六文复兴之于南宋文学，还是词科制度本身，都有很大的流弊。

四六文的复兴，使士子耽于排比为文，藻绘为能，重蹈早先古文运动的领袖们所极力振拔的偶俪雕镂之覆辙，可谓成就与弊端并存。叶适曾对词科进行过尖锐的批评，认为"其文最为陋而无用。士大夫以对偶亲切、用事精的相夸，至有以一联之工而遂擅终身之官爵者"，云云①。南宋人所作笔记或四六话，津津乐道的就是那些"对偶亲切、用事精的"的名篇隽句，虽然有艺术上力求精工之得，但刻意追求，只能是将自然语言扭曲，在许多情况下，它所体现的已不是文学审美，而是文字游戏。

问题尚不止此。《鹤林玉露》丙编卷二曰："杨东山（长孺）尝谓余曰：'……渡江以来，汪、孙、洪、周，四六皆工，然皆不能作诗，其碑铭等文，亦只是词科程文手段，终乏古意。近时真景元（德秀）亦然，但长于作奏疏。'"元初人刘壎在所著《隐居通议》卷一八中，曾分析词科之所以使人难以自拔的原因，他写道："盖词科之文自有一种体致，既用功之深，则他日虽欲变化气质，而自不觉其暗合。犹如工举业者力学古文，未尝不欲脱去举文畦径也，若且淘汰未尽，自然一言半语不免暗犯。故作古文而有举子语在其

---

① 《宏词》，《水心别集》卷一三。

中者,谓之金盘盛狗矢。"方回《读张功父南湖集并序》亦曰:"南渡以来,精于四六而显者,诗辄凝滞不足观,骈语横于胸中,无活法故也。然则绍圣词科误天下士多矣。"由于受词科四六的冲击,南宋古文、诗歌的总体成就不如北宋,就不足为怪了。

另一方面,因词科所习乃官方文书的写作,故形式上追求典雅瑰丽,内容又不离颂美,难免逞巧献谀之弊。朱熹曾批评道:"词科则又习于谄谀夸大之词,而竞于骈俪刻雕之巧,尤非所以为教。"①俞文豹《清夜录》曰:"王夕郎信掌制诰,孝宗览之,曰:'近日诰词,全似启事,溢美太甚。卿甚得体。'文豹谓其弊始于用四六也。词臣又欲因此结知,务腴悦而极工巧,拘平仄而捉对偶,无复体制。"吴子良直将此称为"词科习气",其《荆溪林下偶谈》卷三曰:"东坡言:'妄论利害,搀说得失,为制科习气。'余谓近世词科亦有一般习气,意主于谄,辞主于夸,虎头鼠尾,外肥中枵,此词科习气也,能消磨尽者难耳。东莱(吕祖谦)早年文章,在词科中最号杰然者,然藻缋排比之态,要亦消磨未尽。中年方就平实。"方回《读宏词总类跋》也说:"自绍圣创学(指设宏词科),以至靖康之乱,凡有司之命题,与试者之作文,无非力诋元祐,以媚时相,四六率是愈工,而祖宗时正气扫地。"②这不仅关系文风,同时影响士气,南宋文士多谄媚小人,乏北宋面折庭争之风,不能说与"意主于谄"的"词科习气"无关。

---

① 《学校贡举私议》,《朱文公文集》卷六九。
② 《桐江集》卷三,宛委别藏本。

第四章　宋代科举考试的糊名与誊录

　　宋代科举考试的操作方法，较之唐代有不少变化，而变化最大的，莫过于进士、诸科增加殿试，考试普遍实行糊名、誊录。殿试到不黜落之后，逐渐流于形式，更多的只是皇权的象征，本书将在后面专章论述；而糊名、誊录制却影响十分重大和深远，完全可以说，它从根本上改变了隋、唐以来科举考试的面貌。

　　将举子试卷糊名、誊录然后评阅，在隋、唐科举的常科考试中尚未用其法，但糊名已在某些时候用于吏部试或制科考试。所谓"吏部试"，又叫铨试，即吏部考试待选的官员，然后量才授职。顾炎武《日知录》卷一七《糊名》曰："考之唐初，吏部试选人皆糊名，令学士考之。武后以为非委任之方，罢之。"①原注："此则糊名已用之选人，而未尝用之贡举。"武后反对用于吏部试，但却在制科考试中使用。《新唐书》卷一二五《张说传》："永昌中，武后策贤良方正，诏吏部尚书糊名校覆，说所对第一。"五代后周时，赵上交

————————

① 见《新唐书》卷四五《选举志下》。

始将糊名用于礼部试,但因此得罪权贵,仅一举而止①。无论吏部试还是制科考试,实行糊名制的目的,都是为了防范作弊,以求公正。

入宋,太宗将糊名制移植到常科(进士及诸科)殿试,后来发展成为所有重要考试的法定制度。所谓糊名,又叫封弥、弥封,即糊住考卷上举子姓名等个人信息,而易以别的号码(宋人用一个字或几个字拼凑成字形,称"字号")。这与今天试卷密封的原理和方法相同,我们并不陌生。但只糊名易号,仍无法确保安全,因为欲作弊者可用其他方法获知考者信息,比如辨认笔迹、约定暗号等,于是宋人又"发明"了另一"高招"——"誊录"。誊录又称"易书",即组织书手将举子们的考卷重抄一遍,考官评阅的是经人誊录过的卷子。这就堵塞了从卷面上得知举子姓名从而作弊的漏洞。因此,糊名与誊录,是完善隋、唐以来科举考试制度的重大举措,它们与相关的制度配套,建构起了实现考试相对公正的保障机制,从而使考试"机器"高度精密化,可谓是宋人在考试制度方面的两项创新。

糊名、誊录制度历明、清而遵用不衰,其中的糊名还为现代考试制度所继承,显示出强大的生命力,也说明了它的科学性。

---

① 《宋史》卷二六二《赵上交传》:"广顺初,拜礼部侍郎。会将试贡士,上交申明条制,颇为精密,始复糊名考校。……明年再知举,谤议纷然……贬商州司马。"

第一节　糊名誊录制的由来与确立

一、糊名制的由来与确立

糊名用于进士科考试,上已述后周时曾偶用之,但真正形成制度,则在宋初,最早是由殿试开其端。《文献通考》卷三〇《选举三》载:"(太宗)淳化三年(992),是岁,诸道举人凡万七千余人,苏易简知举,殿试始令糊名考校。"但出人意料的是,殿试糊名的最初动机却并非防范作弊,而是为了革除举子们作诗文"习浮华,尚敏速"的坏习气。《续资治通鉴长编》卷三三载:

> (淳化三年)三月戊戌,上御崇政殿覆试合格进士。先是,胡旦、苏易简、王世则、梁灏(《宋史》本传作"颢")、陈尧叟皆以所试先进擢上第,由是士争习浮华,尚敏速,或一刻数诗,或一日十赋。将作监丞莆田陈靖上疏请糊名考校,以革其弊。上嘉纳之。于是召两省三馆文学之士,始令糊名考校,第其优劣以分等级。

糊名之后,认不出是谁的卷子了,因此不再可能以"先进"(先交卷)而得上第,于是"敏速"便失去意义。不过既然糊了名,所革的就不仅仅是"敏速",客观上它同时也断绝了考官们做手脚的路,收到了始料所不及的效果。

宋代省试采用封弥(即糊名)制始于何时？宋人或以为在景德四年(1007)。《宋会要辑稿·选举》三之八载:景德四年闰五月二十九日①,"帝(真宗)问宰臣等'天下贡举人几何'？王旦曰:'万三千有余人。'帝曰:'约常例奏名几何？'曰:'大约十取其一而已。'帝曰:'当落者不啻万人矣。必慎择其有司。'旦曰:'至于封印卷首,若朝廷差官,于理亦顺,然须择素有操执者。凡进士、诸科试卷,悉纳封印院糊名,送知举官考校,仍颁其式。知举官考定等级后,复令封之,俟覆考毕,参校其得失。'"是时,"龙图阁待制陈彭年上言,请令有司详定考校进士诗赋杂文程式,付礼部贡院遵行"。于是诏曰:"考较程式,宜令彭年与待制戚纶、直史馆崔遵度、姜屿议定,余令彭年各具条制以闻。"②景德四年十月乙巳,"翰林学士晁迥等上《考试进士新格》,诏颁行之。初,陈彭年举进士,轻俊喜谤主司。宋白知贡举,恶其为人,黜落之。彭年憾焉。于是更定条制,多因白旧事而设关防,所取士不复拣择文行,止较一日之艺,虽杜绝请托,然置甲等者或非人望,自彭年始也"③。《考试进士新格》全文现已不可见。《长编》谓更定条制是陈彭年报复宋白,史料盖出于释文莹《玉壶清话》卷五,其曰:"陈彭年字永年……除正言,待制于龙图阁,与晁少保迥、戚密学纶条贡举事,尽革旧式,防闲主司,严设糊名、誊录。取《字林》、《韵集》、

①按《宋会要辑稿》系此事于景德三年。考景德三年不闰五月。《续资治通鉴长编》卷六五、《文献通考》卷三〇《选举三》系于景德四年,当是,据改。
②《续资治通鉴长编》卷六五。
③《续资治通鉴长编》卷六七。又见《宋会要辑稿·职官》一三之五、《宋史·选举志一》,《宋史》称之为《考校进士程式》。

《韵略》、《字统》及《三仓》、《尔雅》定其字式,为《礼部韵》及庙讳之避。凡科埸仪范,遂为著格。"是说恐为臆测。糊名早在十多年前便已用于御试,此前殿试也已用过誊录(详下),故糊名、誊录到此时已成必然之势,《新格》不过是将它们法律化而已,从条制的制订背景和过程也可以看出,它体现的是统治集团的集体意志,而非个人行为。文莹作为和尚,盖得自道听途说。

陈彭年等所订《条制》进呈后,真宗十分重视,当即下诏道:"甲乙设科,文章取士,眷惟较艺,素有常规。特用申明,聿加刊定,既遵程式,免误学徒。庶敦奖善之怀,以广至公之道。宜令崇文院雕印,送礼部贡院遵行。"①是年十二月,令礼部试糊名考校。《续资治通鉴长编》卷六七载:

> 先是,上尝问辅臣以天下贡举人数……(略,大意与上引《宋会要》同)。上曰:"若此,则当黜者不啻万人矣。典领之臣,必须审择。晁迥兢畏,当以委之周起,王曾、陈彭年皆可参预。"……于是命翰林学士晁迥、知制诰朱巽、王曾,龙图阁待制陈彭年同知贡举。既受诏,上谕以取士之意,务在至公,擢寒畯有艺者。……又命知制诰周起,京东转运使、祠部员外郎滕元晏封印举人卷首,用奉使印。殿中丞李道监封印院门。进士、诸科试卷悉封印卷首,送知举官考校,仍颁其式。知举官既考定等级,复令封之,送复考所考毕,然后参校得

---

①《宋会要辑稿·职官》一三之九。

失。凡礼部封印卷首及点检程试别命官,皆始于此。①

原注曰:"按《周起传》云:'起创糊名之法。'又《陈靖传》亦云:'糊名考校始于靖。'盖靖先请用之殿试,起复用之礼部,故起为封弥官也。"王安石《安惠周公(起)神道碑》曰:"……其后置登闻鼓院,纠察在京刑狱,及考进士以糊名、誊录之法,真宗皆自选主者,而辄以属公。"②陆游《老学庵笔记》卷五亦曰:"本朝进士,初亦如唐制,兼采时望。真庙时,周安惠公起始建糊名法,一切以程文为去留。"皆指此事。据以上所考,景德四年省试人数众多,压力很大,引起真宗的高度重视,因令糊名考校(似乎未用誊录),同时制订《考试进士新格》,用法律形式将此制度固定下来。由此看来,不少宋人都认为糊名和点检程试别命官,开始于景德四年。

然考《宋会要辑稿》,省试封弥当始于咸平间,比景德四年早。该书《选举》一九之三载:咸平二年(999)正月十日,"以礼部尚书温仲舒等知贡举,刑部员外郎董龟正、太常博士王陟同试举人及封印卷首,仍当日入院"。"封印卷首"与"封弥卷首",在《宋会要辑稿》中常互用(可详参该书《选举》一九之九至一〇等),盖两者意义完全相同。又咸平四年十二月二十三日,"命监察御史严颖、张士逊监贡院门,知制诰周起、祠部员外郎滕元晏封印卷首,殿中丞李道监封印院"。则在景德四年之前的两举,已"封印卷首"并别命官了。宋人以为周起"创糊名之法",盖他曾在咸平四年、景

①又见《通考》卷三〇《选举三》。
②《临川先生文集》卷八九。

德四年两度被命封印卷首，具体操作省试糊名并完善糊名法之故①。要之，将糊名用条法形式确立下来，使之成为制度，是在景德四年，但它并不是省试糊名之始。

州郡取解试实施糊名制，比殿试、省试更晚。《续资治通鉴长编》卷一一二载：明道二年(1033)七月乙亥，仁宗"诏诸州，自今考试举人，并封弥卷首，乃委转运司所部选词学并公勤者为考试、监门、封弥官"。《能改斋漫录》称"至仁宗始有糊名考校之律"(见下引)，当指此种取解试。

由于各级考试实施糊名制的时间不同，曾引起后人的某些误会。陆游《老学庵笔记》卷五谓周起在真宗时"始建糊名法"，已见上引。清人武亿《授堂文抄》卷二《书〈老学庵笔记〉后》曰："(第)五卷内云(文如上，略)。予综其实，亦非笃论也。《东坡集·题伯父谢启后》：'天圣中，伯父中都公始举进士于眉，年二十有三。时进士法宽，未有糊名也。'东坡题其家集如此，盖皆得之目见，而又在陆氏前，宜其言之不苟，然陆氏反谓糊名自真庙，何也？"②其实并不矛盾：真宗时的糊名法用于礼部试，而苏轼所谓"未有糊名"的考试，乃仁宗天圣中眉州举人的取解试，此种考试用糊名法，原比礼部试要晚。武亿不了解两者之间的"时间差"，反而质疑陆游，其实是他自己的疏漏。

---

① 按林駉《古今源流至论·续集》卷一〇引《真宗宝训》："真宗因戚纶之言，而严秉烛之禁；因周起之言，而谨糊名之法。"则周起当有"谨糊名之法"的议论，未见待考。
② 《老学庵笔记》附录二，中华书局，1979年校点本。按：文中"年二十三"，原作"年二十二"，据《东坡文集》卷六六改。

二、誊录制的由来与确立

关于誊录制,上引《玉壶清话》称礼部试的糊名和誊录皆由陈彭年等人所定。又上引王安石《安惠周公神道碑》谓"及考进士以糊名、誊录之法……而辄以属公"。则誊录制似亦当成立于景德四年。但南宋人以为誊录制是由李夷宾建议施行的,时间在仁宗令诸州糊名考校之后。吴曾《能改斋漫录》卷一《糊名考校》曰:

> 取士,至仁宗始有糊名考校之律,虽号至公,然尚未绝其弊。其后袁州人李夷宾上言,请别加誊录,因著为令,而后认识字画之弊始绝。

所谓"至仁宗始有糊名考校之律",当指州郡取解试,事在明道二年(1033,见上引《长编》),而御试、省试,则比这早。《宋会要辑稿·选举》七之九载:真宗景德二年(1005)五月十三日,御试,"帝召王钦若等十一人于内阁糊名考校,分为六等,别录本"。"别录本"就是誊录,这是今天能见到的有关誊录的最早记载,比明道早了约三十年。

彭百川《太平治迹统类》卷二七《祖宗科举取人》曰:"(景德二年)夏四月,枢密直学士刘师道责授忠武军行军司马,知制诰陈尧咨单州团练副使。先是,师道弟正道举进士,礼部奏名,将廷试。近制糊名考校,尧咨为考官,教正道于卷中密为私号。正道既上第,或告其事,诏落名,永不预奏。"则是年省试尚未誊录,故可预留暗号。由此知省试誊录晚于御试。陈均《皇朝编年纲目备要》卷八:大中祥符八年(1015)三月,"是岁,礼部初置誊录院"。《玉海》卷一一六:"(大中)祥符八年三月甲午,令赵安仁典举,是岁始置誊录院,令封弥官封卷,付吏录本,内侍二人监焉。令京官校对,用奉使印讫,复送封印院,始送知举考校。"《宋史·选举志一》亦记祥符八年"始置誊录院",当可信。这是宋代文献中有关省试实行誊录的最早记载。又,《宋会要辑稿·选举》六之五一:天圣七年(1029)十月,"诏铸'封弥院印'三面,'誊录所印'三面,'发解印'三面,送礼部收管,遇科场给付逐处行用"。至此封弥、誊录两院、所,成为掌有官印的机构。限于史料,誊录制的"发明权"究属何人,尚待进一步研究。

上已言及,明道二年七月仁宗诏诸州自今考试举人(解试)"并封弥卷首",没有说誊录。《宋名臣言行录》后集卷一载:仁宗景祐四年(1037),"发解开封府举人,时惟礼部贡院置封弥、誊录二司,开封府止有封弥司。公(韩琦)请并设誊录司,以示至公。从之"。又《宋会要辑稿·选举》一五之一〇:景祐四年六月二十四日诏:"令开封府、国子监发解举人并锁厅人,并依南省例封弥、誊录。"则是年开封府、国子监解试始有誊录。《玉海》卷一一六谓"诸州易书,自景祐四年始"。一般而论,各州郡解试设誊录,当较开封府、国子监稍晚,似不应也始于是年。

第二节　糊名誊录的程序

封弥、誊录制度确立后,礼部设置封弥院和誊录所,皆委专官负责。封弥的操作流程,据《宋会要辑稿·选举》六之四八所载嘉定十六年(1223)正月十一日"臣僚言",可略知其概:"引试纳卷,乞选职事官将本辖人吏监封弥所贴司交纳卷讫,点数,书姓名入号,封押具申帘前,不许私录。已封卷子发赴誊录、对读讫,发回封弥,入柜、封锁、印押,严加关防。……止许白日书写,来早续誊,庶免夜深作弊。封弥交纳卷子,监写吊卷,职事繁碎,官止两员,不足以辨,乞添两员充封弥官。"所说乃礼部试的情况,其他考试,盖大体类似。又《梦粱录》卷二《诸州府得解士人赴省闱》曰:"(举子)所纳卷子,径发下弥封所封卷头,不要试官知士人姓名,恐其私取故也。却于每卷上打号头,三场共一号,方发往誊录所誊录卷子,依字号书写,对读无差,方纳入考试官各房考校。"

封弥时,要将卷子上的姓名易为"号",即上述所谓"入号"、"打号头"。设计"号",宋人叫"撰号"。《宋会要辑稿·选举》三之五载雍熙二年(985)正月二十四日诏,就有"诸科举人并令参杂引试,人贴科目、字号"语。同上《选举》七之一一记真宗大中祥符二年(1009)殿试封弥,"于《玉篇》中取字为号"。又《宋会要辑稿·选举》五之二二载庆元五年(1199)六月八日臣僚言:"'至若撰号,例以三不全字凑成一号,盖防漏泄也。殊不知点画之间,便有同异。夫字号皆用《千字文》,且如"方"之与"文",阙其一画,不知其为"方"耶,为"文"耶?以至"目"之与"且","才"之与"寸"亦然。若不全成,何以分别?前后差误,率皆由此。乞应封弥撰号并用全字,以绝差误之失。'礼部勘当,除母头、十、千等仍用不成字外,余依所乞。从之。"则取《玉篇》单字、取《千字文》三个不全字相凑（庆元时改为除个别外并用全字），都是撰号的方法。"至理宗朝，奸弊愈滋。……其撰号法，上一字许同，下二字各异，以杜讹易之弊。"①这样撰成的"号"，叫"字号"。取号字于不同的两书（《玉篇》和《千字文》），是否即为北、南宋之分，尚待考。宋代科场官吏作弊的手法之一，是泄漏"字号"，即泄漏与"字号"相对应的举子姓名，若然便失去弥封的意义，从而为作弊提供了方便。

在宋代科举考试中，由于举子人数众多，誊录是一个相当庞大的工程。《宋会要辑稿·选举》六之三七载嘉定十三年（1220）四月二十七日刑部员外郎徐瑄等奏，在谈到誊录时，说"誊录手动是三百余人"。南宋仅半壁河山，誊录手已如此之众，北宋全盛时更可想而知。而南宋时有些藩镇的发解试，规模甚至比省试还大，如《淳熙三山志》卷七《试院》载，淳熙元年（1174），福州应解试者达二万人，时增誊录为三百人。

举子亲笔书写的卷子叫"真卷"，誊录后的文本叫"草卷"②。试官评阅的是草卷，"如卷子考中，发过别房覆考；如称众意，方呈主文，却于誊录所吊取真卷，点对批取，定夺魁选，侍候申省奏号，揭榜取旨"③。就是说，只有到定夺魁选时，知举官（主文）才有权调阅真卷。

---

①《宋史》卷一五六《选举志二》。
②见《宋会要辑稿·选举》四之四〇。
③《梦粱录》卷二《诸州府得解士人赴省闱》。

第三节　宋人对糊名誊录制的争议

　　唐代的进士及诸科,盖以考试规模较小,录取名额不多,因而特别看重举子已有的社会誉望和影响,对卷面成绩不太重视,所以不用糊名,更没有誊录之法。宋代参试的举子大量增加,北宋省试动辄万人,虽录取名额比唐代增加了许多,但仍是"千军万马过独木桥"的局面,且士子除科举之外别无仕进之途,故矛盾更加突出。因此,维护考试公正以保持社会稳定,便成了统治者首先要考虑的问题。这从前引景德四年(1007)宋真宗与王旦等的谈话中,可以清楚地感受到。不过糊名、誊录制实施之初,也遇到不少阻力。《宋史》卷二九五《杨察传》道:"……召为右正言、知制诰,权判礼部贡院。时上封者请罢有司糊名考士,及变文格,使为放轶,以袭唐体。察以谓:'防禁一溃,则奔竞复起。且文无今昔,惟以体要为宗,若肆其澶漫,亦非唐氏科选之法。'前议遂寝。""上封者"无疑对糊名制持否定态度,虽其所上文本未流传下来,具体主张不详,悬测之盖不出守旧派常说的"乡选里举"、履行艺业之类,或留恋唐代的通榜制("通榜"事详后)。

　　凡事有利便有弊。糊名、誊录制预防了考官作弊,一切以卷面成绩为进退,追求的目标是在考试面前人人平等;但考官限于所学,水平又参差不齐,在完全截断了社会评价("誉望")的情况下,是否能慧眼识珠,却又成了问题。郑刚中《类试院放榜众论以得士为庆作古诗一章呈详定钱宪元素及同院诸公绍兴甲子(十四年,1144)十月二十八日也》诗曰:"独其在糊名,贵贱惟所主。得之类至宝,弃去祇如土。有司开化炉,熔铸要精处。"①就是看到了这一点,因此希望同僚们阅卷时"要精处"。另一个关系更为重大而棘手的问题,是在举子的"履行"和"艺业"之间,如何找到平衡点。庆历三年(1043)九月,范仲淹上《答手诏条陈十事》,其三曰"精贡举",即谈到弥封制的不足。他说:"外郡发解进士、诸科人,本乡举里选之式,必先考其履行,然后取以艺业。今乃不求履行,惟以词藻、墨义取之,加用封弥,不见姓字,实非乡里举选之本意也。"于是他主张:

> 请重定外郡发解条约,须是履行无恶、艺业及等者方得解荐,更不封弥试卷。其南省考试之人,已经本乡询考履行,却须封弥试卷,精考艺业。②

范仲淹并非否定糊名制,他之所以主张外郡发解不封弥,正是力求找到"履行"与"艺业"的平衡点。

次年三月十三日,翰林学士宋祁等奏上奉敕详定的贡举条制,成为"庆历新政"中"精贡举"的行动纲领,其中规定除国子监、开封府发解"并依旧封弥、誊录"外,诸州发解"更不封弥、誊录"③。宋祁、张方平、欧阳修等九人又上《议科举奏状》,针对"今

---

①《北山集》卷一二。所谓"类试",指南宋期间的四川类省试。
②《范文正公政府奏议》卷上。上奏时间据《续资治通鉴长编》卷一四三、楼钥《范文正公年谱》。
③《宋会要辑稿·选举》三之二五。

教不本于学校,士不察于乡里,则不能核名实"的问题,提出"莫若使士皆土著,而教之于学校,然后州县察其履行,则学者修饬矣"的解决方案①。包拯曾上《请依旧封弥誊录考校举人奏》,认为"投牒求试者比比皆是,长吏等又安能一一练悉行实哉?"并反对发解试取消封弥、誊录。他写道:

> 臣伏睹新定贡举条制节文,诸州发解,令知州、通判、职官、令录等保明行实,更不封弥、誊录者。……每州用试官一员,是天下试官逾三百余员,必恐未能尽得其人,而悉心于公取也。或缘其雅素,或牵于爱憎,或迫于势要,或通于贿赂,势不得已因而升黜者有矣,又何暇论材艺、较履行哉!洎取舍一谬,则是非纷作,不惟抑绝寒素,窃虑天下因此构起讼端多矣。况封弥、誊录,行之且久,虽非取士之制,稍协至公之道。若今来诸州发解举人,且令依旧封弥誊录考校,于理甚便。若以敕命方行,难于遽改,即乞特降约束,其逐处试官、监试官如稍涉徇私及请托不公,并于常法外重行处置。②

随着"庆历新政"的失败,庆历八年(1048),礼部贡院正式上言反对宋祁等的"条制",说:"窃见外州解送举人,自未有封弥、誊录以

①《欧阳文忠公集》卷一○四。
②《包拯集》卷二。今按:是奏《包拯集》注"知谏院时作"。考包拯于皇祐二年(1050)初至皇祐四年三月知谏院,然皇祐间无新定贡举条制令诸州发解更不封弥、誊录事,疑是其门人张田编集时误系。上奏或在庆历四年三月稍后,包拯时任监察御史。是否待考。

前,多采声誉,苟试官别无请托,亦只取本州曾经荐送旧人,其新人百不取一。自封弥以后,考官不见姓名,即须实考文艺,稍合至公。"这是说,若不封弥、誊录,即便试官未接受请托,也很难不以"声誉"先入为主,发解所熟知的"旧人",而"新人"则很少有机会取解,极不公平。换言之,只有封弥、誊录,"实考文艺",才能"稍合至公"。是年四月八日,"诏科场旧条皆先朝所定,宜一切无易"①。

其后,苏颂于熙宁初议罢诗赋时,曾上《议贡举法》,谓科举"措置未尽"者有四,其一为"考试关防太密","所谓考试关防太密,弥封、誊录是也。夫弥封、誊录,本欲示至公于天下,然而徒置疑于士大夫,而未必尽至公之道,又因而失士者亦有之。何则?国家取士,行实为先。今既弥封、誊录,考官但校文词,何由知其行实? 故虽有瑰异之士,所试小戾程式,或致退落;平时常负玷累,苟一日之长可取,便预收采。士之贤否,而进退之间系乎幸与不幸,往往是矣"。由于"南省聚天下之士,不下数千人,主司无由一一知其贤否",他于是主张废封弥、誊录,且"宜先施之州郡",并提出具体作法。这样,"比至南省,则是已经乡里察访,设令依旧弥封、誊录,只考文艺,亦不容无状之人得预奏名也"②。沈遘《代人奏请更定科场约束状》也说:"州郡发解,亦古所谓乡举里选也,故律有贡举非其人之法甚重。今则不然,凡有籍于版者皆聚之使试;既试,则削其名,易其书,漫不知其谁何。徒以雕篆之弊法,考

①《宋会要辑稿·选举》三之三一。
②《苏魏公文集》卷一五。

无用之空文,敦朴俊茂不幸而小不如其法度,则一皆黜之;庸污浅陋幸而仅不失其法度,则一皆取之。……宜因罢去天下州郡发解封弥、誊录及试官不得与长吏相见之令,别为约束,使长吏与试官精加询察,依格考定,必得学行兼备、名实相副、为众所推者,即许解送。"①他们持论与范仲淹等人相似,但皆未被采纳。问题的关键是,州郡的取解试,因"山高皇帝远",也最易作弊。如果州郡废除弥封、誊录,由官吏"考定",察"履行"则流于形式,而暗箱操作、贿赂公行,乃势所必然,整个科举考试的公正性也就大打折扣,有如上引礼部贡院驳宋祁等《条制》所言,所以类似意见始终未被朝廷接受。对州郡的封弥、誊录提出异议者,往往举古代所谓的"乡举里选"为立论依据。但先儒所述的美好传说,姑以其为史实,也无法在早已变化了的社会环境中实现。马端临在《文献通考》卷三二《选举五》中说得好:"大抵须是有乡举里选底风俗,然后方行得乡举里选之制。所以(唐)杨绾复乡举里选,未几停罢,缘是未有这风俗。"庆历新政诸臣及后来主张废除州郡封弥、誊录的,出发点也许都不错,尤其是范仲淹等兴学校的举措意义极大;但若一下子废除州郡的封弥、誊录,在早已没有了乡举里选"风俗"的情况下由地方官"考履行",必然弊端丛生,丧失已有的科举改革成果。

熙宁二年(1069)四月,神宗令大臣议罢诗赋,以经义取士。五月,司马光上《议学校贡举状》曰:"进士专尚辞赋,不本经术,而明经止于诵书,不识义理。至于德行,则不复谁何矣。自是以来,

---

① 《西溪集》卷七。

儒雅之风日益颓坏，为士者狂躁险薄，无所不为。积日既久，不胜其弊，于是又设封弥、誊录之法。盖朝廷苦其难制，而有司急于自营也。夫欲搜罗海内之贤俊，而掩其姓名以考之，虽有颜、闵之德，苟不能为赋、诗、论、策，则不免于遭摈弃，为穷人；虽有跖、跻之行，苟善为赋、诗、策、论，则不害于取高第，为美官。臣故曰取士之弊，自古始以来，未有若近世之甚者，非虚言也。"那么出路何在？他主张行保举之法，或修学校之法，"比之糊名、誊录，考其一日所试赋、诗、策、论，偶有所长而取之者，相去远矣"①。其时苏轼亦上《议学校贡举状》，驳斥欲变科举法的种种议论，称"今议者所欲变改，不过数端"，其一端为"欲举唐室故事，兼采誉望，而罢封弥"。苏轼写道："唐之通榜，故是弊法。虽有以名取人、厌服众论之美，亦有贿赂公行、权要请托之害。至使恩去王室，权归私门，降及中叶，结为朋党之论。通榜取人，又岂足尚哉？"②两人持论截然相反。看来要解决"履行"、"艺业"之间的矛盾，出路只能是把好取解关，强化发解前的履行考核，"修学校之法"更不失为

---

① 《温国文正司马公文集》卷三九、《诸臣奏议》卷七八。
② 《苏轼文集》卷二五。所谓"通榜"，《唐摭言》卷八《通榜》曰："贞元十八年（802），权德舆主文，陆傪外通榜帖，韩文公荐十人于傪。……不出五年内，皆捷矣。"洪迈《容斋四笔》卷五《韩文公荐士》："唐世科举之柄，颛付之有司，仍不糊名。又有交朋之厚者为之助，谓之通榜。"就是说，主考让其辅佐或委托他人私下推荐人选，而所荐之人即被录取，叫"通榜"。方豪《宋史》第五章第四节《宋代之科举》（台湾中国文化学院出版部，1979年）曰："所谓'通榜'者，即考后放榜，不加品第，而由社会及政府先辈公开选拔，或由主考官托人代为定榜，甚至有应考人自定为榜首者。"其说不确切。

颇具前瞻性的选择;而欲将唐代后期的"通榜"移植到宋代,"拔人之亲者,他日人亦拔其亲;摈人之故者,他日人亦摈其故"①,必然破坏中央集权,那是最高统治者所不允许的。

糊名制不仅广泛用于科举考试,至迟至康定中,已被采用到学校的平时考校。《湘山野录》卷中曰:"石守道介康定中主盟上庠,酷愤时文之弊,力振古道。时庠序号为全盛之际,仁宗孟夏銮舆有玉津铰麦之幸,道由上庠。守道前数日于首善堂出题曰《诸生请皇帝幸国学赋》,糊名定优劣。"后来,太学内舍、上舍的私试、公试皆用糊名、誊录制。熙宁九年(1076),彭汝砺在《论上舍当罢糊名之法奏》中,对此提出质疑。他说:

> 今天下之士,或聚或散,而行能之实,非可以遽察,臣以谓当自庠序始。法度之行,自近及远,故又当自太学始。考试官以行能为差,虽未如古,盖亦殆庶几焉。今上舍尤所以风动四方,比他时益当谨选,而必用糊名之法,似非朝廷所以养育德义之本意也。且朝廷罢诗赋,废制科,欲取之以实也。今如是,则但察其词而已,何以异于以言也? ……今所以用封弥、誊录欲如内舍者,……乃无以异于后世之科举,则所失多矣。……臣欲乞只令锁宿考校,庶几专一。②

元丰二年(1079)颁《学令》,正式规定太学月一私试,岁一公

---

① 刘弇《礼部取士议》,《龙云集》卷二六。
② 《国朝诸臣奏议》卷七九。

试,间岁一舍试,"封弥、誊录如贡举法"①。宋代太学自庆历新政失败后,已逐步调整其明体达用的教育方针,转变为与科举制度相适应的应试教育②。熙宁间虽对科举制度进行改革,但学校教育以科举考试为中心,已成难以逆转的大趋势,此时彭汝砺犹以"行能"、"养育德义"为说,欲将它与"后世之科举"区别开来,用心固然好,但却显得不合时宜,更何况是在封弥、誊录制已被社会普遍接受之后。

第四节　糊名誊录制的利弊得失

科举考试自宋初陆续实行糊名、誊录制后,历代相因不改,说明它有不可替代的作用和无与伦比的优越性。庆历二年(1042)二月五日,富弼论省试、殿试之短长,认为"省试有三长",第一"长"就包括了"糊名、誊录,上下相警,不能容毫厘之私",所以他认为"至公之道过于隋、唐"③。欧阳修于治平元年(1064)上《论逐路取人劄子》,亦曰:"窃以国家取士之制,比于前世,最号至公。……尽聚诸路贡士,混合为一,而惟才是择,又糊名、誊录而考之,使主司莫知为何方之人,谁氏之子,不得有所憎爱薄厚于其

①《宋史》卷一五七《选举志三》。
②王安石《上仁宗皇帝万言书》:"唯太学有教导之官,……近岁乃始教之以课试之文章,……使其耗精疲神,穷日之力以从事于此。"(《临川先生文集》卷三九)
③《宋会要辑稿·选举》三之二二。

间。故议者谓国家科场之制，虽未复古法，而便于今世，其无情如造化，至公如权衡，祖宗以来不可易之制也。"①南宋宁宗庆元元年(1195)五月四日，权礼部侍郎许及之言："乡举里选之法不复行于后世，糊名考校虽未足以尽得天下之英才，其间教师宿儒穷年皓首、见摈有司而不怨者，服场屋之公也。"②在宋人眼里，糊名、誊录制度承载和维护了"至公"的理念和原则，是他们的两大创举，并为此而深感自豪。的确，在封建专制的社会制度下，糊名、誊录制最大限度地保证了科举考试的公正性，是考试制度的重大进步。这表现在：

第一，糊名、誊录制的施行，制约了权力对考试的干预。《通考》卷二九《选举二》在述唐钱徽、高锴作弊案后，马端临案曰："唐科目考校，无糊名之法，故主司得以取誉望，然以钱徽、高锴之事观之，权倖之嘱托，亦可畏也。"李肇《唐国史补》卷下记唐代举子事，有"造请权要谓之关节，激扬声价谓之往还"的说法。由于录取"采誉望"，故为权力过多地介入考试开了方便之门，正如上引苏轼所谓"虽有以名取人、厌服众论之美，亦有贿赂公行、权要请托之害"。而被南宋人项安世斥之为"风俗之弊，至唐极矣"的举子"行卷"③，大都为缺乏政治势力的贫寒举子所为，性质属"自荐"，应算是较老实、较"雅"的了。由此可见，"采誉望"绝非科学、理想的考试模式，它必然驱动人们奔竞于势利之途，毒化社会

---

①《欧阳文忠公集》卷一一三。
②《宋会要辑稿·选举》五之一三。
③见《文献通考》卷二九《选举二》引。

风气。前引《宋史·杨察传》中，杨察认为若罢糊名考士，将导致"防禁一溃，则奔竞复起"，并非危言耸听。

《续资治通鉴长编》卷六七于景德四年（1007）十二月癸丑条记曰："先是，上降诏榜下礼部贡院，序所以杜绝私请、搜扬寒秀之意，举人见者咸喜。丙辰，上与王旦等言及之，旦等曰：'昨颁《考校新格》，周行中颇有议论，且言中书不能守科场大体，但疑春官有私。及诏榜出，天下士乃知陛下务尽至公，恐多遗才，故更此条贯也。'"又据《宋会要辑稿·选举》三之九载，大中祥符元年（1008）正月二十一日，"帝因谓宰臣王旦等曰：'今岁举人颇以糊名考校为惧，然有艺者皆喜于尽公。'"可见糊名制在当时即得到了"有艺"举子的认可。宋末人孙梦观在为皇帝进"故事"时说："唐人犹能兼采誉望，至本朝而乃有糊名考校之制，然不如是，则李绛、段文昌之私属，可以复行于今矣。"①连对宋代科举持强烈批评态度的元初人刘壎，也不得不承认："宋沿唐制，亦贵进士科。然唐犹兼采时望，不专辞章，宋则糊名考校，一决于文字而已。故议有者有'一番科第，诸色人皆备'之说。虽则云然，要之实出于公，其得之者盖天与之，而人亦贵之也。"②似乎可以这样说：糊名、誊录制并非十全十美，但较之"通榜"私取之弊，无疑是明智的选择。

第二，糊名、誊录制是对考试机器自身的有效控制。如果说殿试糊名的初衷仅是革"敏速"的话，那礼部的糊名考校，一开始目的就很明确：它是指向考试评判者即考官的，以追求"尽公"为

①《真宗皇帝戒举人它途进取》，《雪窗集》卷二。
②《隐居通议》卷三一。

目标。故《燕翼诒谋录》卷五说:"真宗时试进士初用糊名法,以革容私之弊。"而誊录制尤其是治理考官作弊的良法。因实行誊录后,考官欲寻其所看重的试卷,只能就行文风格等方面猜测了。如:"欧阳公作省试知举,得东坡之文,惊喜,欲取为第一人,又疑是其门人曾子固之文,恐招物议,抑为第二。"①又如《宋史》卷四三四《吕祖谦传》载:"尝读陆九渊文,喜之,而未识其人。考试礼部,得一卷,曰:'此必江西小陆之文也。'揭示,果九渊,人服其精鉴。"宋人的这类记载尚多,对考校的公正已无所妨碍,只是平添一些文坛佳话罢了。

经过糊名考校,一旦等第名次排定,试官或其他贵倖皆无权更改②。这就有效防范了评判过程中的人为因素,避免了有司率情,上下其手,甚至使一些试图舞弊的考官伸手即被捉。如下两例,很能说明问题。《梦溪笔谈》卷九载:"郑毅夫(獬)自负时名,国子监以第五人选,意甚不平,谢主司启词,有'李广事业,自谓无双;杜牧文章,止得第五'之句。又云:'骐骥已老,甘驽马以先之;巨鳌不灵,因顽石之在上。'主司深衔之。他日廷策,主司复为考官,必欲黜落,以报其不逊。有试业似獬者,枉遭斥逐,既而发考卷,则獬乃第一人及第。"假如没有糊名、誊录,则郑獬的遭遇可想而知。又《宋史》卷四三二《高弁传》:"高弁字公仪,濮州雷泽人。……以户部判官试开封府进士,私发糊名,夺二官。"像这类

---

①杨万里《诚斋集》卷一一四《诗话》。
②编排官排定名次后,前十名的位次升降,以及状元人选,只有皇帝或皇帝与宰执共同商议后,有权更改。详参本书第八章第二节。

在糊名后仍继续作弊而受到惩处的官僚,史不罕见。

第三,糊名、誊录制有利于发现和培养年轻人才。唐代的"采誉望",或可遴选知名诗人,但对取"士"以选拔官僚后备队伍,则显然不利:进士登第年龄普遍偏大,时有"五十少进士"之说。宋代的科举考试,选拔和培养了许多年轻的学者或有作为的官员。这也可举两例。司马光《刘道原十国纪年序》道:"皇祐初,光为贡院属官。时有诏,士能讲解经义者听别奏名,应诏者数十人。赵周翰为侍讲,知贡举,问以《春秋》、《礼记》大义。其中一人所对最精详,先具注疏,次引先儒异说,末以己意论而断之,凡二十问,所对皆然。主司惊异,擢为第一。及发糊名,乃进士刘恕,年十八矣。光以是慕重之,始与相识。"[1]又《宋史》卷三四六《常安民传》载:"常安民字希古,邛州人。年十四入太学,有俊名。……春试,考第一,主司启封,见其年少,欲下之。判监常秩不可,曰:'糊名较艺,岂容辄易?'"十来岁的学子,大概不可能有多少"誉望",若非糊名考校,岂不失之交臂?

当然,任何制度的合理与否,其利弊得失,都是相对的,糊名、誊录自不例外。上文所述举子"履行"和"艺业"的矛盾,已说明了这点。糊名、誊录像是双刃剑,在制止了考官作弊的同时,也产生了一些消极、负面的影响。除"履行"问题外,首先是糊名考校也有遗才的可能。如"苏门六君子"之一的李廌(字方叔),文章很好,若依"誉望"则当为名进士,但却多次赴考而不得一第。元祐三年(1088)苏轼权知贡举,又落选,苏轼于是作《余与李廌方叔

---

[1]《温国文正司马公文集》卷六五。

相知久矣领贡举事而李不得第愧甚作诗送之》，有云："与君相从非一日，笔势翩翩疑可识。平生谩说古战场，过眼终迷日五色。我惭不出君大笑，行止皆天子何责。"①这是因为宋代的科举制度日趋精密化，考试日趋程式化，若不循规蹈矩，稍有不慎，便被黜落，对那些骏逸不羁之才尤为不利。举子陈鄂下第，王安石作诗道："有司昔者患不公，糊名誊书今故密。论才相若子独弃，外物有命真难必。"②刘克庄说："（唐代举士）论定于平素，而一日之工拙不与焉。至本朝，文法益密，主司不敢求，先达不敢荐，士不敢自荐。糊名焉，置棘焉。欧公欲绌刘辉，而得刘辉；苏公欲取李廌，而失李廌。二公皆文擅当世，眼高四海，而抑扬去取之际如此。"③其次，宋代（特别是南宋）科场，主管糊名、誊录的官吏，甚至誊录手，经常内外勾结，牟财枉法，使封弥、誊录成为作弊的多发环节，为考场投下浓重的阴影。如南宋初布衣欧阳澈在《上皇帝第三书》中所说："（贪官）所差弥封、誊录之人，又多受豪强之赂，预录才能之士姓名与之，虑其轧己，于无人处阴为之记，或复寻而爇者有之，或投于井者有之，或节其文词使读之无叙者有之，弥封誊录官又徒备员而不觉察，故空号礼闱之严。"④不过，从制度层面论，这些"弊"和"失"，仍然是制度不完善或执行不力所致，相对来说较易纠正，较之糊名、誊录制度的巨大优越性来，无疑是次要的。

①《苏轼诗集》卷三〇。
②《送陈谔》，《王荆文公诗注》卷一三。
③《姚元泰墓志铭》，《后村先生大全集》卷一四九。
④《欧阳修撰集》卷三。

第五章　宋代科举的发解试

在叙述了宋代科举各科目的考试和糊名、誊录制度之后，我们将进一步研究当时全国性的、基本统一的三级考试——发解试、省试和殿试。本章先述发解试。

宋太祖赵匡胤刚登上皇帝宝座的建隆元年（960）二月，就差中书舍人扈蒙权知贡举，开科取士。饱经五代战乱之苦的读书人，从此开始了新王朝三百多年的文场"征战"：科举考试。这征战的起点，对士子（攻举业的读书人，包括欲取得科名的官员）来说，便是"取解"，而对相关政府部门（国子监、开封府、州郡、转运司）和教育机构（太学等）而言，则叫"发解"。

所谓"发解"，即各地将报考进士、诸科（北宋前期）经考试合格的士子（此时统称"举子"），按解额发送到尚书省。为发解而举行的考试，叫发解试（简称"解试"）；由于解试是在贡举之年的秋天（一般在八月份）举行①，故又称"秋闱"，发解因而也叫"秋

---

① 南宋四川实行类省试，奏名举子需到行在所杭州参加殿试，以道路辽远，故解试、类省试都比其他地方早半年，解试一般在二月份。详见本书第七章。

赋"、"秋贡"。宋代的发解,仍沿袭唐制,由三学(太学、武学、宗学)赴解试的叫"生员",由私学应解的叫"乡贡"①。唐代的乡贡,由县、州两级考试淘汰选拔。宋代发解共有三个途径,除在州府举行发解试外,还有国子监试及各路转运司的"别头试"、"锁厅试",分别称作乡试、监试、漕试(或牒试)。唐代贡举,各州有名额限制,同时要求士子在本贯投牒(唐后期则多异地取贡)。宋代也是如此。但由于宋代应举人数远远多于唐,加之吏治败坏,故"解额"、"本贯"与"寄应"(又称"附贯",即寄居以应试)等的矛盾就显得特别突出,成为社会不安定的因素之一,问题甚多,变动也最频繁。

解试是举子"文战"的首个战役,故也特别重要;但它在科举考试系列中级别最低,自然不像省试、殿试那么引人注目,极少有人进行专题研究。本章首先考述三级考试中以三年为一周期的制度的形成,再考宋代的发解制度,并述解试贡院,然后着重讨论发解中的"解额"、"寄应"问题,最后略论宋代发解制度的利弊得失。

第一节　宋代考试周期的变迁

有宋开国,上承唐五代旧制,年年皆开科取士,自太祖建隆元

---

① 《新唐书·选举志》:"唐制:……由学馆者曰生徒,由州县者曰乡贡,皆升于有司而进退之。"又曰:"举选不由馆学者,谓之乡贡,皆怀牒自列于州县。"

年(960)到开宝八年(975)都如此。开宝九年三月诏权停贡举。是年十月太祖崩,太宗即位,十二月改元"太平兴国"。兴国二年(977)十月诏:"贡举宜权罢一年。"①兴国三年九月,举行殿试。"故事,礼部惟春放榜,至是秋试,非常例也。是冬,诸州举人并集,会将亲征北汉,罢之。自是,每间一年或二年乃贡举。"②事实上,直到兴国五年才开科。从此形成惯例:虽不改变太祖每年开科的制度,但每开科一次,不时要下诏"权停","权停"一般是三、四年,最长五年,又才复开。《宋史·选举志一》曰:"自(太宗)淳化末,停贡凡五年,真宗即位,复试。"仁宗自即位到嘉祐元年(1056)凡三十四年间,共开科九次③。嘉祐二年,仁宗认为开科次数太少,是造成科场作弊的原因:举子觉得机会难得,故被迫采取不正当的竞争手段。于是他决定改制。是年十二月五日,仁宗下诏道:"四年设科,时颇淹久,虑兴遗滞之叹,殊匪招来之勤。将革弊端,宜更著令。自今间岁一开科场。"④"间岁"(即隔年,亦即两年一开)之制,颇受读书人的欢迎,韦骧有《和闻新制间岁贡士》诗曰:

> 五载兴贤日月疏,间关多是老闲居。朝廷远虑淹才散,
> 郡国新颁间岁书。士子将期贺空谷,诗人当复兴嘉鱼。无能

---

①《宋会要辑稿·选举》一之一。
②《文献通考》卷三〇《选举三》。
③仁宗三十四年间的开科情况,详见《宋会要辑稿·选举》一之一至一一。
④《宋会要辑稿·选举》三之三三。其详可参《续资治通鉴长编》卷一八六。

自愧逢辰早,已脱犁锄就栈车。①

但"新制"实行了四举(嘉祐四年、六年、八年,英宗治平二年)之后,也暴露出一些问题,上下感到"非便",于是英宗于治平三年(1066)十月六日下诏:

> 国家承祖宗之休,功成治定,而贡举之法烦而未安。……先帝深诏执事,询求其故,诚以士久不贡,则学废于闲肆;时旷难逢,则人嗟于留滞。故易四载之旧,始为间岁之举。粤自更制,浸闻非便:乃以为里选之牒仍故,而郡国之取减半;计偕之籍屡上,而道途之劳良苦。朕甚闵焉。……今后宜每三年一开科场。②

两年一考的"新制"从此停罢,而改为三年,并成为制度。

"靖康之难"及高宗南渡之初,由于战乱等原因,贡举无法如期举行,原有的周期遭破坏。绍兴十年(1140),始确定新周期的年份。李心传《建炎以来朝野杂记》甲集卷一三"三岁取士"条曰:"三岁取士,祖宗旧制也。建炎元年(1127)当省试,以围城故,展用二年。绍兴元年当殿试,以行明堂礼,亦展用二年。十年,当秋试,廖中丞(刚)建言:'自治平以来,三岁举士,率用大礼,科场省、殿试为三年,故任子与登第人注阙无妨,而漕司经费亦给。自

---

① 《钱塘韦先生文集》卷三。
② 《宋会要辑稿·选举》三之三八。参见《续资治通鉴长编》卷二〇八。

军兴再展,今秋试与大礼相妨,请展一年,以应古制.'上纳其言,乃诏诸州以十年发解①,而十二年省、殿试焉。自后科场,以十二年为准。"以绍兴十二年(1142)省、殿试为准,实际上是恢复北宋的原有周期。绍兴十年高宗有诏,略曰:

> 永惟三岁兴贤之制,肇自治平。……顷缘多事,涉历试期,致取士之年,属当宗祀,宜从革正,用复故常。可绍兴十年诸州依条发解,将省、殿试展一年(按:指展至绍兴十二年)。向后科场,自十二年省试为准。②

从此直到南宋末,下及元、明、清三代,皆以三年开科为定制③。以一年或两年为一个考试周期,上下皆不胜其烦劳,而四、五年又时距太久,相对而言,三年是最合适的。

第二节　发解制度述略

科举开科,从发解开始。宋代的发解制度,可分通用于国子

---

① 按:十年,原作"十一年",据《宋会要辑稿·选举》四之二六、《文献通考》卷三二《选举五》、《宋史》卷一五六《选举志二》改。
② 《咸淳临安志》卷一二。
③ 元人刘岳申曰:"宋科,以子、午、卯、酉为解,辰、戌、丑、未为省。"(《答许可用书》,《申斋集》卷四)这是宋代以三年开科为定制后,解试、省试(包括殿试)年份的简单查法(但南宋四川解试、类省试提前半年,应除外)。

监、太学、开封府和所有州郡的;也有由皇帝临时下诏执行的(如宣布"免解"等);还有南宋时专为大量移民应举而制定的特殊法规。在宋代,这些条制十分繁复,能考知的只是一小部分,而且完整文本都已失传,现只能从文献中窥见一鳞半爪,甚至只言片语,尚可赖以了解其大概。

一、发解试日期

宋代发解试举行的时间,两宋微有变化,各地也略有不同。《寓简》卷一曰:"国朝三岁发解进士,率以秋季引试,初无定日。举子奸计,多占邻近户籍,至有三四处冒试者,冀于多试之中,必有一得,以致争讼纷然,有司多端禁止,率不能革。绍兴中,或有建请,令天下诸州科场并用八月一日锁院,十五日引试,后期者勿问。不劳施为,无所烦扰,而百年之弊一朝尽去。"又李心传《建炎以来朝野杂记》甲集卷一三载:"祖宗旧制,诸路州军科场,并以八月五日锁院,惟福建去京师地远,先期用七月。川、广尤远,又用六月。绍兴十三年(1143)八月,诏以闽、广去京师不远,并令八月五日锁院①。然诸州军例选日引试,由是举人多冒贯而再试于他州,或妄引亲贤而再试于别路,至有一身而两预荐送者。二十四年正月,诏太学及诸路并以中秋日引试,惟四川则悉用三月十五日焉。"他在所著《建炎以来系年要录》卷一六六"绍兴二十四年春正月癸酉"亦记曰:"初诏郡国同以中秋日试举人。旧诸州皆自

---

① 所谓"锁院",即试官入贡院锁宿,有如礼部试,故赵鼎有《秋试锁宿府学》诗,见《忠正德文集》卷五。但锁宿日并不等于引试日。

选日举士,故士子或有就数州取解者,至是始禁之。"又《宋史》卷一五六《选举志二》:"旧诸州皆以八月选日试举人,有趁数州取解者。(绍兴)二十四年,始定试期并用中秋日,四川则用春季,而仲秋类省。"今按:《宋史》所谓"八月选日试举人",不够确切,而以《寓简》所说"率以秋季引试,初无定日"为是。《文献通考》卷三〇《选举三》也说:"皆秋取解,冬集礼部,春考试。"北宋时期,各地不仅可自择日,也可自择月,只要不"出秋"(过九月)皆可。如《宋会要辑稿·选举》一五之六载:仁宗天圣四年(1026)八月十九日诏:"将来秋赋,限至九月终试毕。"盖当时有超过九月的,故有此诏。李心传说"祖宗旧制","并以八月五日锁院",此制起于何时尚待考,至少仁宗前并非如此。绍兴二十四年,各地(除四川外)的考试时间统一为中秋日,举子就再也无法利用"时间差",分别在几个地方应试取解了,所以朱熹说这个办法"聪明":"旧时科举无定日,少间人来这州试了,又过那州试;州里试了,又去漕司试,无理会处。不知谁恁聪明会思量,定作八月十五日,积年之弊,一朝而革。"①《梦粱录》卷四《解闱》曰:三学生员解试、国子监牒试,诸州府及各漕司解试,并"于(八月)十五日放试",所记乃绍兴二十四年以后事。

二、发解条制考

宋开国之初,取解行后周之法。太祖乾德二年(964)九月十

———————————

① 《朱子语类》卷一〇九。

日①,权知贡举卢多逊奏:

> 请准周显德二年(955)敕,诸州发解进士,差本判官考试,如(未)〔本〕判官不晓文章,即于诸从事内选差。所试并得合格,方可解送。诸科差录事参军考试,如录事参军不通经义,即于州县官内抡选,本判官监试。如有遥口相授传与人者,即时遣出,不在试限。纸先令长印书,至时给付(按《宋史·选举志一》作"试纸,长官印署,面给之")。凡贴经、对义,并须监官对面同定通否,逐场去留,合格者即得解送。②

以上言及考官及监官委任,考场纪律,试卷印发③,阅卷录取(解送)等项事宜。至于考官、监官的委任权,他没有说。按仁宗明道二年(1033)七月十二日诏:"自今诸州府军监考试发解举人……仍令转运司于本州及辖下州军等处选差京朝、幕职、州县官。"④又《燕翼诒谋录》卷二:"进士考试差官,属之转运使,惟许本路差官。大中祥符八年(1015)二月乙卯,诏本路阙人,即报邻路差。"

发解试结束后,由州府上解状至礼部。解状内容格式及对"十否"、"九否"士子殿举等,皆有具体规定。上已引卢多逊奏,

---

① 《续资治通鉴长编》卷五同。《宋史·选举志一》系此事于乾德元年,当误。
② 《宋会要辑稿·选举》一四之一三。
③ 所谓"试纸",指考卷用纸,宋代皆士子自备,送官用印后成为试卷。可参《宋会要辑稿·选举》四之四〇载孝宗乾道二年(1166)二月二十八日礼部上言。
④ 《宋会要辑稿·选举》一五之九。

他接着说：

> 解状内开说当州府元若干人，请解若干人，不及格落下
> 讫，若干人合格，见解。其合申送所试文字，并须逐件朱书通
> 否，下试官、监官仍亲书名。若合解不解、不合解而解者，监
> 试官为首罪，并停见任，举送长官闻奏取裁。诸科举人第一
> 场十否者殿五举，第二场、第三场十否者殿三举。其三场内
> 有九否者殿一举。其所殿举数，于试卷上朱书，封送中书门
> 下，请行指挥，及罪发解官等，令重举旧章，庶绝侥滥。①

太祖"从之"。由此奠定了有宋一代发解制度的基础。

卢多逊奏规定诸州考试官、监试官是在本州（或县）的现任官
中选差。南宋时，现任官、待阙官皆可充任考试官。由于吏治的
败坏，乾道中又改为隔州选差。李心传《建炎以来朝野杂记》甲集
卷一三曰："诸州解试官，故事，皆自转运司选差，率以本州通判监
试，本路见任或待阙官充考试官。乾道六年（1170）四月丙午，始
命诸州试官皆隔一州差，以绝请托之弊。"至于开封府的解试官，
卢多逊没有特别提出，自然是依其他州府之制。此点后来有所变
化，《续资治通鉴长编》卷二九载：太宗端拱元年（988）闰五月丙
申，"先是，开封府发解如诸州之制，皆府官专其事。是秋，以府事
繁剧，始别敕朝臣主之，定名讫，送府发解如式，遂为永制"。如至
道三年（997）九月二十一日，朝廷"命直集贤院李建中、直史馆盛

---

① 《宋会要辑稿·选举》一四之一三。

玄、太常丞陈尧佐考试开封府举人"①。

　　除开封府外，国子监发解亦另派官主持。上引至道三年（997）九月二十一日差官考试开封府举人的同时，又命"直史馆路振、殿中丞杜寿隆考试国子监举人"。景德二年（1005）七月丙子，龙图阁待制戚纶与礼部贡院上言，有国子监"发解日，奏请差官考试"之语②。太学建立后，国子监主要发解太学生（国子生试于别试所，详下"别头试"）。南宋光宗绍熙三年（1192）八月三日，礼部侍郎倪思言："太学解试考官选自朝廷。"③李心传《建炎以来朝野杂记》甲集卷一三曰："行在国子监解试，以察官一员监试，郎中二员充考试官，职事、厘务官六员充点校试卷官（试太学生及武举）。"可见自宋初至南宋，国子监发解都是由朝廷派官主持。吴自牧《梦粱录》卷四《解闱》称"三学（指太学、宗学、武学）生员就礼部贡院赴解试"，盖指借用礼部贡院为考试地点。

　　与省试官一样，发解官也要锁宿。省试考官锁宿始于太宗淳化三年（992）④，发解官锁宿似始于真宗时。大中祥符四年（1011）十一月十二日真宗诏曰："自今知贡举及发解试官，更不得乞上殿及进呈题目，并令闭辞，差官伴入院锁宿。"⑤能"上殿"的发解官，当属开封府学或国子监，州郡锁宿较此或要晚一些。

　　太宗以后，曾对贡举条制屡有修改、补充和完善，甚至进行过

────────────

①《宋会要辑稿·选举》一九之二。
②《续资治通鉴长编》卷六〇。
③《宋会要辑稿·选举》二二之一〇。
④详参本书第六章第三节。
⑤《宋会要辑稿·选举》三之一〇。

重大变革。历次新颁条制主要有：

1. 太宗至道三年（997）五月九日诏："……诸道州府进士、诸科举人发解及贡院考试条贯，宜令翰林学士、中书舍人参议，先具发解条贯以闻。"于是翰林学士承旨宋白等议曰：

> 乞不限两京、国学及诸道州府，应新旧进士、诸科举人，每秋赋各依前后敕命，委本处逐色差官考试，须是文章、经义最精者。每进士一百人只解二十人，九经以下诸科共及一百人，只解二十人赴阙。如将来考试或有缪滥，其逐处发解官并依先敕殿罚。内州府不及一百人处，亦令约此数目解送，但十分中只解送二分。

太宗"依所奏，仍令今年秋赋举人并于本贯州府取解，不得寄应。逐处各选清廉通本业官与本判官、录事参军同考试。如本判官、录事有文艺通经，即不更差试官。仰知州、通判躬亲监试，但取合格有艺之人，不必依所定分数"①。这里规定了具体解额（太宗放宽为"不必依所定分数"），考官来源（州府官，一般不更差试官），并强调了于本贯取解的原则。

2. 真宗景德四年（1007），"命有司详定《考校进士程式》，送礼部贡院，颁之诸州。士不还乡里而窃户他州以应选者，严其法。每秋赋，自县令佐察行义保任之，上于州；州长贰复审察得实，然后上本道使者类试。已保任而有缺行，则州县皆坐罪；若省试而

---

① 《宋会要辑稿·选举》一四之一六。

文理纰缪,坐元考官;诸州解试额多而中者少,则不必足额"①。
其中"上本道使者类试",当是指官员亲戚的发解别头试,详后。
此次详定始于五月,完成于十月,翰林学士晁迥等上之,名曰《考
试进士新格》,诏颁行之②。《新格》当包括解试和省试。《新格》
的最大特点,是将考试中的糊名、誊录法律化,这是科举考试制度
的重大变革,本书已在前章详述,此从略。

　　3. 真宗大中祥符元年(1008)七月二十八日,"内出《新定州郡
考试举人格式》,付宰臣等参定,令与《礼部格式》同,方可施
行"。③ 祥符四年(1011)八月二日,"翰林学士晁迥等上《准诏详
定诸州发解进士条制》",真宗下诏道:"其令礼部颁下诸州。"④次
年六月十五日,翰林学士承旨李宗谔准诏定监试、发解官荐送纰
缪十否、九否举人刑名⑤。这当是对《条制》个别条款的补充和具
体化,目的在把好发解质量关。晁迥等所上《诸州发解进士条
制》,当即真宗"内出"《格式》的修订("详定")本,惜其条款史籍
失载,今不得详。按祥符七年五月二日礼部贡院言:"诸道举人取
解,准格并于十月二十日已前以解文、试卷到省。近年多违日限,
欲预先移牒天下州郡。"真宗"从之"⑥。所谓"准格"之"格",盖

————————

①《宋史》卷一五五《选举志一》。
②按晁迥等受命详定《程式》,在景德四年五月,见《续资治通鉴长编》卷六
　　五;同书卷六七载景德四年十月,"晁迥等上《考试进士新格》,诏颁行之"。
③《宋会要辑稿·选举》一四之二〇。
④《宋会要辑稿·选举》一四之二二。
⑤《宋会要辑稿·选举》一四之二三。
⑥《宋会要辑稿·选举》一四之二四。

即《详定州郡考试举人格式》。又仁宗天圣七年（1029）十一月十九日，上封者引"贡举条制"道："进士、诸科如显无户籍，及虽有户籍久离本贯者，许召官委保就试，仍于卷首具标本贯、寄应二处；若虽无田业，见存坟域，久居旧贯，显有行止，亦许召保取应。"①所引或当出自祥符《条制》。

4. 仁宗景祐三年（1036）六月一日，"翰林学士承旨章得象等上《详定到科场发解条制》，诏付有司"②。

5. 景祐四年六月丙申，"诏国子监以翰林学士丁度所修《礼部韵略》颁行。初，崇政殿说书贾昌朝言，旧《韵略》多无训释，又疑混声与重叠出字，不显义理，致举人诗赋或误用之。遂诏度等以唐诸家韵本刊定，其韵窄者凡十三处，许令附近通用。疑混声及重叠出字，皆于本字下解注之"③。八月十日，"翰林学士丁度等上《准诏修定开封府国子监发解条制》，乞付贡院。（仁宗）从之"④。英宗治平四年（1067）四月十三日，礼部贡院言："检会《贡举条制》，诸举人虽是外处人事（疑当作"氏"），曾预府解者，本土虽有产业，亦许只依旧取解；如愿归乡者，经本院陈状，与通理举数，其外处虽有解数，不系本府户籍，即不得理入在京举数。"⑤疑

---

① 《宋会要辑稿·选举》一五之七。
② 《宋会要辑稿·选举》一五之九。
③ 《续资治通鉴长编》卷一二〇。按：丁度所修《礼部韵略》，今日本真福寺藏有北宋刻本残本，"其韵窄者凡十三处，许令附近通用"等语，出丁度等劄子奏。
④ 《宋会要辑稿·选举》一五之一〇。
⑤ 《宋会要辑稿·选举》一五之一七。

即引丁度等所上《条制》。

6.《庆历贡举条制》。由于范仲淹等"意欲复古劝学,数言兴学校、本行实,诏近臣议"。庆历四年(1044)三月十三日,翰林学士宋祁等上言,称"近准敕详定贡举条制"。其"详定"内容丰富,有关立学、"不考式"、时文体式等,我们将在本书各体科举时文研究及第十八章中叙述,兹录其"合保荐送之法":

> 进士、诸科举人,每三人为一保,所保之事有七:
>
> 一、隐忧匿服;
>
> 二、曾犯刑责;
>
> 三、不孝不悌,迹状彰明;
>
> 四、故犯条宪,两经赎罚,或未经赎罚,为害乡里;
>
> 五、籍非本土,假户冒名;
>
> 六、祖、父犯十恶四等以上罪;
>
> 七、身是工商杂类,及曾为僧、道者。
>
> ——并不得取应。违者本人依条行遣,同保人殿两举。……国子监、开封府取解举人,须五人为一保。……①

《条制》与解试相关的另一重要规定,是"诸州发解已令知州、通判、职官令录等保明行实,更不封弥、誊录"。到庆历八年(1048)四月,礼部贡院上言全面否定"新制",并驳诸州罢封弥、誊录,仁宗于是诏"科场旧条,皆先朝所定,宜一切无易",已在前章

---

①《宋会要辑稿·选举》三之二五。

引录。此条制是庆历新政的组成部分,也随着新政的失败而废止,但其影响深远。

7. 庆历四年八月十一日,礼部贡院言:"准诏详定试官与长吏解试举人分等定罪。今请解送举人有保明行实不如式者,知州以下坐罪,仍以州县长吏为首。解试日,有试院诸般情弊,止坐监试官。考校不精,妄有充荐,至省试日拖白、纰缪十否,止坐考试官。若所差试官非其人,考校不公,坐所差官司。若试官因缘受贿,有发觉者,其所差官司于不按察罪名之上,更加严谴,其考试官坐罪,即不分首从。奏可。"①

8.《宋会要辑稿·选举》三之三五载:嘉祐三年(1058)三月十一日,礼部贡院言:"奉诏再详定科场条制。应天下进士、诸科解额各减半。明经别试而系诸科解名,无诸科处许解一人②。开封府进士二百一十人,诸科一百六十人;国子监进士一百人,诸科一十五人;明经各一十人,并为定额。……别头试,每路百人解十五人,五人以上解一人,不及五人,送邻路试。……凡户籍及七年者,若无田舍,而有祖、父坟者,并听。(仁宗)从之。"因头年已下诏实行间岁开科之制,故须对解额进行调整(参见本章第六节)。

9.《元符条制》。哲宗元符三年(1100)三月一日,尚书省言泾州新科明法范得仁改名事,有曰:"检准元符二年十月四日颁行《条制》,曾得解举人不许改名,亦不许通理后来举数。"

10.《崇宁贡举通用令》。徽宗政和二年(1112)四月二十四日

①《宋会要辑稿·选举》一五之一二。
②"许"原误"详",据《续资治通鉴长编》卷一八七改。

礼部言,曾引用《崇宁贡举通用令》①。郑樵《通志·艺文略三》著录"《崇宁通用贡举法》十二卷",疑即《通用令》。又据南宋高宗建炎二年(1128)九月礼部言,"《崇宁贡举法》系以《元丰条令》及后来申明等修立"②。绍兴四年(1134)六月十四日国子监丞王普奏,称《元丰法》与《崇宁法》不同者,已诏并依《元丰法》③。所谓"崇宁法",盖即《崇宁贡举通用令》,亦即《崇宁通用贡举法》。《元丰条令》《崇宁通用贡举法》中,当有发解条规。

11. 南宋初因战乱未戢,曾有两举(建炎二年、绍兴二年)采用不向礼部发解、而由各路"类试"(称"类省试")的临时措施;绍兴三年罢类省试④。至绍兴十年,诸州依条发解,省、殿试则延至十二年,"向后科场,自十二年省试为准"⑤。

12.《建炎以来系年要录》卷一七五:绍兴二十六年十二月癸丑,"尚书右仆射万俟卨上《重修敕令格式》五十卷、《看详法意》四百七十八卷"。又据《玉海》卷一一六《绍兴贡举法》,绍兴二十六年十二月十五日,编定《绍兴重修贡举敕令格式》五十卷,其中除省试、殿试敕令外,犹有《府监发解敕令》、《申明》五卷,以及《通用敕令格式》并目录十二卷、《内外通用贡举敕令格式》、《申明》并目录十七卷等。《宋史·艺文志三》则著录《绍兴重修贡举敕令格式申明》二十四卷,卷数不同,已无法详考。府(临安府)、

---

①《宋会要辑稿·选举》二之一三。
②《宋会要辑稿·选举》四之一九。
③《宋会要辑稿·选举》二之一三、一六之四。
④类省试罢后,四川仍予保留,详参本书第七章第一、第二节。
⑤《咸淳临安志》卷一二。

监(国子监)发解既有专门敕令,当亦有州郡发解敕令,或在两"通用敕令"之中。今存绍定三年(庚寅,1230)藏书阁重刊《附释文互注礼部韵略》附《韵略条式》①,即引有《绍兴重修贡举令》中有关试卷犯不考的规定,以及《绍兴重修御试贡举式》等。

三、免解制度

宋代科举除正常的发解外,还有免解。所谓"免解",即士子免除取解试,而直接进入省试。"免解"在中唐已有之,叫"拔解"。《唐国史补》卷下:"外府不试而贡者,谓之拔解。"顾炎武《日知录》卷一六《举人》原注:"按宋时亦有不须再试而送南宫者,谓之免解进士。"早在太宗太平兴国二年(977)十月二十一日的诏书中,就曾出现过"免解"规定:"其礼部贡举宜权停一年,今年诸州已得解举人,将来特免解。"但这是因为停举,已取解者未能参加省试,故将来免解,实际上是将得解的有效期延长,不是真正意义上的免解。"免解"制度盖始于真宗咸平初。《宋会要辑稿·选举》一四之一八载:"(咸平)二年(999)五月五日,诏天下贡举人应三举以上者,今岁特免取解外,自余依例举送。"王栐《燕翼诒谋录》卷一曰:"进士旧无免解之条,咸平二年六月丙戌,诏贡举应三举人,并免取解。"所记月份与《宋会要》不同,事则一也。上引《日知录》原注述宋代免解进士时,举《渑水燕谈录》。按王辟之《燕谈录》卷一曰:"明道二年(1033)二月十一日,仁宗行籍田礼。……时许开封、国学举人陪位,因得免解。"然此次免解,上

①《四部丛刊续编》影印本。

距咸平初免解已三十多年,非其始也。

综考宋代的免解,盖主要有如下几种情况:

一是"推恩"。朝廷遇大典礼之类,如朝陵、奉安,谅闇之后,祭祀(登封泰山、祀汾阴、南郊祭等),以及新登基、改元等等,一般都要发布赦书,赦书中例有免解一项,乃皇帝的"恩典",这在《宋会要辑稿·选举》等史籍中记载甚多。每次免解条件不尽相同,如有时一举即可免,更多的是要三举,甚至五举,则带有"振滞"性质,故中第者似乎要降甲。《渑水燕谈录》卷二载:"皇祐五年(1053),王汾擢进士甲科。唱名日,左右奏:'汾,免解进士,例当降甲。'仁宗览家状,曰:'汾,先朝学士禹偁曾孙。'遂不降甲。"但免解降甲事别无记载,是否成为制度,尚待考。

皇帝继位、临幸学宫,也有免解恩例。继位时,所谓"潜藩"之地的举子可免解,但条件不尽相同。《建炎以来朝野杂记》甲集卷一三:"潜藩恩试者,盖自未渡江前有之,然必曾试举人两到省以上乃得试。绍兴二年(1132),蜀州举人以高宗登极覃恩,径赴类省试。"高宗于大观元年(1107)五月生,八月封蜀国公①,于是蜀州(今四川崇州)成了他的"潜藩"之地,待"登极覃恩"时,蜀州举子无论以前曾否参加过省试,都全部免解。这无疑是因经历国难而后"中兴",故恩例也厚过往常。又《梦粱录》卷一五《学校》:"主上登极,则临幸学宫,奠谒先圣,及赐诸生束帛,学官斋长谕俱沾恩霈。高宗朝幸学之时,曾幸养正、持志二斋,两斋长谕已免解人,特与免省;未免解人,与免解恩例;其两斋生,并免将来文解

━━━━━━━━━

①见《宋史》卷二四《高宗纪一》。

一次。"

二是照顾。又有两种情况：一种是对多次应举者免解，如仁宗天圣四年（1026）五月己卯诏："礼部贡举，进士实应三举，诸科实应五举，并免取解。"[1]另一种是遭战争破坏或病患之类。如真宗咸平三年（1000）五月一日诏："河北诸州军并淄、青、齐三州，曾经蕃贼蹂践处，贡举人特免解赴举。"原注："四年七月复下此诏。"[2]《文献通考》卷三〇《选举三》记此事于咸平四年，乃第二次下诏，并注曰："此泛免之始。"所谓"泛免"，盖前述咸平二年之免解是有条件的，即士子需经"三解"方可免；而此次免解则无限制，即三州的所有士子皆免。又如仁宗皇祐四年（1052）七月二日诏："广南东西路曾经蛮贼焚劫去处举人，令转运司勘会，如委实曾经南省下第，并得解后丁忧、疾病，不曾到省，并与免本州文解。"[3]

三是奖赏。如绍兴二十九年（1159）八月壬申，"中书舍人洪遵等言：'太学、武学、临安府学诸生，以皇太后圣寿八十，上表称贺，文理可采。'诏：'两学大职事十六人并永免文解，两学小职事四十五人、府学正录三人，并免解一次。'"[4]又如陈振孙《直斋书录解题》卷二〇著录《白石道人集》三卷时，称姜夔曾"进乐书免解，不第而卒"。

四是熙宁后太学上舍下等免解。熙宁八年（1075）十月十六日诏："国子监上舍生顾襄、安惇、丁执古、于赟、叶唐稷如不得解，

①《续资治通鉴长编》卷一〇四。
②《宋会要辑稿·选举》一四之一八。
③《宋会要辑稿·选举》一五之一四。
④《建炎以来系年要录》卷一八三。

与免解。"①马端临解释道："太学安惇等已升上舍,皆特免解。……时三舍未有推恩定法,故特降命也。"②熙宁十年(1077)二月十三日诏："国子监上舍生,至今应补中后,在学实及二年、无犯学规,第二等已上,遇(按:疑有脱字,如"贡举"之类)委主判同学官保明,与免解。从上不得过三十人。"③是年五月乙亥又诏："上舍生在学一年,并免解。"④元丰二年(1079)颁学令,正式规定上舍分三等,经考试若成绩"俱平",或"一优一否",为下等,"下等免解"。⑤ 元祐中废上舍推恩法,绍圣初恢复之。绍圣元年(1094)闰四月七日诏："免解者,每举不得过二十人,仍充省试发解额内人数,并依补中年月高下为次。"⑥南宋绍兴十三年(1143)恢复太学,仍规定上舍"下等免解"⑦,即直接参加礼部试。

　　除上述四种情况外,元祐间曾新创"经明行修科",亦免解,由荐举直赴省试。《宋史·选举志一》:"(司马)光又请:'立经明行修科,岁委升朝文臣各举所知,以勉励天下,使敦士行,以示不专取文学之意。……'遂立科,许各举一人。凡试进士者,及中第,唱名日用以升甲。后分路别立额六十一人,州县保任,上之监司,监司考察以闻,无其人则否。预荐者不试于州县,惟试礼部。不

---

①《宋会要辑稿·选举》一五之二一。
②《文献通考》卷四二《学校考三·太学》。
③《宋会要辑稿·职官》二八之八。
④《续资治通鉴长编》卷二八二。
⑤《文献通考》卷四二《学校考三·太学》。
⑥《宋会要辑稿·职官》二八之一二。
⑦《文献通考》卷四二《学校考三·太学》。

中,许用特奏名赴廷试,后以为常。"①

四、南宋的"流寓"发解

靖康之难,迫使大量北方民众南渡或到四川定居,宋人叫"流寓"。当时流寓之民的数量,现已不得而详,但应相当庞大。庄绰《鸡肋编》卷上曰:"建炎之后,江、浙、湖、湘、闽、广,西北流寓之民遍满。"吕祖谦有诗道:"近来南国冢,半是北人坟。"②南宋末蒙元兵入侵,又出现了新的流民潮。除战乱造成的流民外,南方各地离乡千里以外的士子,当时也叫"流寓"。为解决这些人的发解问题,不得不对制度作一些调整。主要有:

1. 流寓附试。建炎四年(1130)四月二十二日,高宗下诏道:"京畿、京东、京西、河北、陕西、淮南路士人,许于流寓所在州军,各召本贯或本路及邻路文官两员结除名罪保识,每员所保不得过二人,仍批书印纸,听附本州军进士试,别为号,以终场二十人解一名,余分或不及二十人处亦解一名,不及五人附邻州试(原注:从都官员外郎侯延庆请也)。"③又绍兴六年(1136)六月二十八日诏:"流寓举人,每十五人解一名,余分或不及十五人亦许解一名,不及五人处,预牒本路转运司,类聚附试。仍召文臣二员委保,不

---

① 参见《宋会要辑稿·选举》三之五二、《文献通考》卷三一《选举四》。上引《宋史·选举志一》接着说:"继而诏须特命举乃举,毋概以科场年上其名。"则由常科变为制举矣。
② 《王通直挽章》,《吕东莱文集》卷一一。
③ 《宋会要辑稿·选举》一六之二。

得过三人。"①流寓附试罢于绍兴二十六年(1156)②。但宋末战乱,难民剧增,又恢复了流寓试。如临安府,绍兴二十六年时西北流寓解额三人,"端平元年(1234)增为十九人,宝祐三年(1255)增二人,景定五年(1264)增一人,共二十二人"③。

2. 流寓混试。乾道七年(1171)七月十四日,成都府言:"进士杜庭珍等披诉,本府系西南大藩,举人率常增添,又西北流寓多在本府混试,侵占解额。……请量添解额取放。"④混试与附试的区别是,附试是"别为号",另有解额,而混试则与本地士子一同考试,并占用解额。

3. 同文馆试。绍兴十四年(1144)八月二十八日礼部言:"国子司业宋之才陈请欲立同文馆,收试士人见在行朝(按:指杭州)去本贯及一千里以上无处取应之士,令实通乡贯五人为一保,召文官二员结罪委保乡贯、士行等诣实,仍赍保官付身赴监官呈验讫,许纳试卷应举,令附本监发解试,别立号考校,每三十人取一名,通取不得过三十人。看详:欲依所乞。……(高宗)从之。"⑤

---

①《宋会要辑稿·选举》一六之五。
②《宋会要辑稿·选举》四之四一:乾道七年(1171)八月七日,"宗正少卿兼权中书舍人林机乞复流寓试。虞允文等曰:'此乃西北士大夫随事驾南渡者。在法,烟爨满七年,许用户贯。自建炎置流寓试,至绍兴二十六年而罢,今又十五年矣。'上曰:'已四十余年,难以更议。'"
③《咸淳临安志》卷五六。
④《宋会要辑稿·选举》一六之一八。
⑤《宋会要辑稿·选举》一六之七。按《文献通考》卷三二《选举考五》谓"(绍兴)十三年,初立同文馆试",《宋史·选举志二》同,俱较《宋会要》早一年。《建炎以来系年要录》未记此事。孰是待考。

则立同文馆试的目的,主要解决南方各地离乡千里以外的士子的取解问题。《宋史·选举志二》载:淳熙四年(1177),"罢同文馆试"。罢同文馆试后,流寓试似乎与锁厅试、别头试合并,由转运司承担,故吴自牧《梦粱录》卷四《解闱》曰:"运司放一路寓居之士,及有官文武举人,并宗女夫等。"

五、银牌报捷

宋梅应发、刘锡《开庆四明续志》卷一曰:"唐人有所谓泥金帖子者,乃士人中第归报其家者也。蜀郡有仿而用之秋赋者,号曰金花帖子。视领荐人数预为制造,遇举送官下院拆号,即携以自随。仍带捷子甲头(按:指解试头名)入院,遇拆人名,则旋书填户贯、三代姓名于金花榜子之上,授之甲头。甲头即就贡院金口授之捷子之徒,方许鸣铃走报。"于是《续志》作者建议:"本府今为二浙衣冠人物最盛之地,当效而行之,一可以还前古之风流,二可以为乡党之美观,三可以杜捷子之纷扰。……其金花榜子,以木为之,高一尺五寸,阔六寸,以绿为质,遍地以金花围饰。"宋初省试有金花帖子(将在本书第六章述及),蜀中盖摹仿之;但南宋时蜀中的所谓"秋赋"乃类省试(发解试在二月,较其他州郡提前半年),而明州的是发解试,显然要低一档次,故其最终是否效行,已不可考。不过南宋解试一般要发银牌,《梦粱录》卷四《解闱》:"举州贡院放榜之际,帅臣亲往院中开拆(按指拆号),一银牌亲书得解人姓名,付捷音往报。"盖即省试"金花帖子"之降等。

六、鹿鸣宴

各地发解举子出发赴省之前，转运司或州郡长官照例要为他们饯行，称"鹿鸣宴"；因其源于古代的乡饮酒礼，故政和三年(1113)徽宗御笔改为"乡饮酒"①，又叫"劝驾"(见下引《景定建康志》)。早在唐代，这种礼仪就已引入科举了。杜佑《通典》卷一五《选举三》载："自京师郡县皆有学焉。每岁仲冬，郡县馆监课试，其成者，长吏会属僚设宾主，陈俎豆，备管弦，牲用少牢，行乡饮酒礼，歌《鹿鸣》之诗，征耆艾，叙少长而观焉。既饯，而与计偕。"宋代乡饮酒礼之礼仪及演变，详见《宋史》卷一一四《礼志一七·乡饮酒礼》。

举行"鹿鸣宴"时要奏乐，上引政和三年御笔规定"有古乐处，令用古乐"。《宋史》卷一三九《乐志一四》录有《政和鹿鸣宴五首》乐词②，初酌奏《正安》，再酌奏《乐育人才》，三酌奏《贤贤好德》，四酌奏《烝我髦士》，五酌奏《利用宾王》。兹录五酌《利用宾王》：

> 遐不作人，天下喜乐。何以况之，鸢飞鱼跃。既劝之驾，
> 献酬交错。利用宾王，縻以好爵。

"靖康之难"后，乡饮酒礼随学校的重建而恢复。绍兴十三年

----

① 见宋郑居中撰《政和五礼新仪》卷首《尚书省牒议礼局》。
② 据《玉海》卷一〇六，政和乐颁行于政和二年九月二十五日。

（1143）四月六日，"礼部言：比部郎林保奏修定《乡饮酒矩范仪制》，请遍下郡国。今取明州已行仪制，与林保所具规式参酌修具，镂板颁行。奏可。……十七年正月二十七日，国子监请令郡县于科举之年行于庠序"①。林保所订《乡饮酒矩范仪制》甚繁，《宋会要辑稿·礼》四六之一详载其文。李心传《朝野杂记》甲集卷一三曰：绍兴十三年，待制林保为礼部郎中，"请命太常划具其礼，下郡邑行之。……其仪有肃宾、祭酒、宾酬、主献、主人酬介、介酬众宾、修爵、无算、沃洗、扬觯、拜送、拜既凡十二节，又有约束。凡事，'主人'以守令。其酒食器用，乡大夫、士之有力者共为之"。仪制中有请司正致词一项，司正乃言："今兹举行乡饮酒，非专为饮食而已，凡我长幼，各相劝勉，忠于国，孝于亲，内睦于闺门，外比于乡党，胥训告，胥教诲，毋或愆堕，以忝所生。"这对乡饮酒礼的政治涵义作了重新阐释，不只是传统宗法社会的与耆艾"叙长少"，也不只是饯行和鼓劲，而强调的是"忠孝"即封建社会严肃的政教内容。《仪制》规定行礼时的"主人"为"州以郡守，县以县令"，这就将北宋鹿鸣宴主要由州郡发解举子时举行，下延到县一级。

绍兴仪制是据"明州已行仪制"参酌林保所具《规范仪制》修订的，而明州及林保的依据，据说是唐《贞观礼》②，其实，明州"已行仪制"并非什么"唐礼"，朱熹说"其仪乃是高抑崇（闶）撰"，所

---

① 《玉海》卷七三《淳化乡饮酒仪》。
② 《宋史》卷一一四《礼志一七·乡饮酒礼》："唐贞观所颁礼，惟明州独存。"林保是明州鄞县人。参《宝庆四明志》卷二《乡饮酒礼》。

据为《礼记·乡饮酒义》，但高氏不曾看《仪礼》，而当时已将它"编入国史、实录"，朱熹断言这将"贻笑千古"①。又据上引《宋史·礼志》，当时正式"遍下郡国"的仪制，也是国子祭酒高闶草具的。绍兴仪制的主要缺陷，朱熹认为是"节文甚繁"，他说：

> 如乡饮酒礼，向来所行，真成强人，行之何益？所以难久。不若只就今时宴饮之礼中删改行之，情意却须浃恰。②

又说：

> 如乡饮酒礼，节文甚繁，今强行之，毕竟无益，不若取今之礼酌而行之。③

"甚繁"必然"难久"，"强行之"便失去群众基础。"乡饮酒"这个古礼，是以血缘关系为纽带的宗法社会的文化，汉、晋以后已失去存在的社会基础，故很少举行。唐代将它引入科举，无非是取其"兴贤"和饮酒这两点，作为地方政府向上举送人才时举办宴会的名目，当然适当的移植一些礼仪也并非不可，这是"古为今用"。但若从仪制到功能一定要一丝不差地复古，那就必然脱离实际，注定不可能兴盛。从文献看，南宋时许多州郡时行时辍，或者极

①《朱子语类》卷八七。
②《朱子语类》卷三九。
③《朱子语类》卷八七。

少举行,基本上已成废礼。

鹿鸣宴要为得解举子赆行。《景定建康志》卷三二《贡士》详细记载了赆送钱财的数目,乃难得之史料,录之于次:

> 本府劝驾,于贡院揭名一月后,就设厅开鹿鸣宴。凡本府新旧文武举及漕司新举人皆预焉,津送有差。
>
> 本府正请士人,每员送十七界会子三十贯文①,折绿襕、过省见钱一十贯文七十八陌;酒四瓶;兔毫笔一十枝;试卷札纸四十幅;点心折十七界会子一十贯,酒一瓶,特送十七界会子一千贯文。
>
> 江东漕司正请官员、士人,除漕司津送外,本府每员送十七界会子三十贯文,折绿襕、过省见钱一十贯文七十八陌;酒四瓶;兔毫笔一十枝;试卷札纸四十幅;点心折十七界会子一十贯,酒一瓶。
>
> 淮郡附试正请士人,每员送十七界会子三十贯文,折绿襕、过省见钱一十贯文七十八陌;酒四瓶;兔毫笔一十枝;试卷札纸四十幅;点心折十七界会子一十贯,酒一瓶,特送十七界会子二百五十贯文。
>
> 本府免解士人,每员送十七界会子二十贯文(原注:府学前廊增十贯),酒一瓶,特送十七界会子五百贯文。

①《宋史》卷一八一《食货志下三·会子》:"真宗时,张咏镇蜀,患蜀人铁钱重,不便贸易,设质剂之法,一交一缗,以三年为一界而换之。"即头三年发行的交子为一界,接着三年的为二界,以此类推。

> 淮郡免解士人,每员送十七界会子二十贯文,酒二瓶,点心
> 折十七界会子一十贯,酒一瓶,特送十七界会子二百五十贯文。

同上卷三三犹载《府学赆送规约》,赆送金在鹿鸣宴的第二天发放。由此看来,鹿鸣宴不仅仅是为了"劝驾"饯行,还有助学的功能。再如明州,即"每请举人一员,特送三百贯,以助犒捷之费";而"举送之时,于常例外,制司酒息钱内各特送五百券,以助观光之行"①。元冯福京等编《昌国州志》卷二,转录了旧志所载宋代昌国县(即定海县)开鹿鸣宴时的馈送数额,尤为可贵。从上述南宋建康府等地的情况,我们可推想其他地区当也有助学活动,只是地区间存在贫富差异,数额可能相去较远。

鹿鸣宴为地方文教盛事,转运司或州郡长官例要赋诗宠行,现存宋人文集中尚保存不少。如吕陶《广安鹿鸣燕送诸进士》:

> 文章得隽自雄飞,平地青云有路歧。劝驾寂寥惭汉诏,
> 升歌仿佛见周诗。九秋烟雨登临日,三月风雷变化时。回首
> 不须题竞渡,锦标争胜已先知。②

吕陶又在《鹿鸣宴诗序》中说:"成都诸进士既中有司之式度,则藩侯为之设燕,赋诗宠行,相与唱和,摹刻而传。循仍久之,号曰故

---

① 《四明续志》卷一《科举》。
② 《净德集》卷三六。

事。"①则成都还要将鹿鸣宴诗汇刻成集,并已成为"故事"。此风未必是成都首开,想来其他地区亦有,只是现存文献失载而已。不过从总体看,现存鹿鸣宴诗题材狭窄,内容空泛,应酬性强,佳作甚少;然而它为科举营造了浓郁的文学氛围,流风余韵,下及明、清,足以传为美谈。

第三节　徽宗时的学校升贡

宋徽宗崇宁三年(1104),蔡京更科举法,取士"悉由学校升贡"。虽后来科举考试实际上并未曾废罢,但部分士子由学校直接升贡政策的确实行了十多年。欲说明此制度的由来,须从神宗时开始推行的三舍法说起。

熙宁四年(1071),神宗在太学推行三舍法,外舍不限人数,内舍二百人,上舍一百人。上舍生中"如学行卓然尤异,(尚书)省委主判及直讲保明闻奏,中书考察,取旨除官;其有职事者,授官讫,仍旧勾管,候直讲、教授有阙,次第选充"②。第二年八月戊戌,"赐太学生叶适进士及第,为试校书郎、睦州推官、郓州州学教授。适,处州人,管勾国子监张琥等言适累试优等也"③。

---

① 《净德集》卷一三。
② 熙宁四年十月十七日中书门下言,《宋会要辑稿·选举》二八之七。
③ 《续资治通鉴长编》卷二三七。原注引林希《野史》谓叶适乃"处(州)巨豪,前此斥于廷试,素以交结陆佃为之引誉",于是张琥等迫于王安石的压力,"遂推第一"。

元丰二年（1079）颁学令，正式规定太学"上舍分三等，俱优为上"，"上等命以官"①。此制元祐间被废。绍圣元年（1094）闰四月七日诏："太学合格上舍生，并依元丰二年法，内上舍上等该推恩注官者，每年不得过二人。"②虽从元丰二年到元丰末，上舍上等直接命官的只林自一人③，但它开辟了一条由科举以外选才的道路，并为后来的学校升贡作出了示范。

学校升贡是蔡京专权后所谓"绍述"的重要内容之一。崇宁三年（1104）诏曰："将来科场取士，悉由学校升贡，其州郡发解，及试礼部法并罢，庶几复古。""自此岁试上舍，悉差知举如礼部试。"此法排除了私学乡贡，又没有相应的过渡期和配套措施，所造成的冲击显而易见，于是次年又诏："将来大比，更参用科举一次。"④大观二年（1108）四月二十九日，中书省言："……所有权留三分科举一次，其应举人除太学已有专法外，其诸路不以曾系学籍不系学籍，自合取应，依贡举元条施行。其国子随行亲及今年不曾附试贡士，合锁厅人，亦合令取解。"徽宗"从之"⑤。于是大观三年的科举取解试、省试、殿试照样进行。到大观四年五月，

---

①《文献通考》卷四二《学校考三·太学》。
②《宋会要辑稿·职官》二八之一二。
③《咸淳临安志》卷一一《太学》。
④《文献通考》卷三一《选举考四》。《通考》载两诏皆未记月日。《续通鉴长编纪事本末》卷一二六载徽宗诏有"除将来科举一次外，并由学校升贡"，系于崇宁三年十一月丙申；或系于十一月四日甲戌幸太学、辟雍时。详参《续资治通鉴长编拾遗》卷二四。若此，则将来"更参用科举一次"当是崇宁三年之诏，而非次年（四年）。待考。
⑤《宋会要辑稿·职官》四之五。

"星变,侍御史毛注言:'养士既有额,而科举又罢,则不隶学籍者,遂致失职。天之视听以民,士,其民之秀者,今失职如此,疑天亦谴怒。愿以解额之归升贡者一二分,不绝科举,亦应天之一也。'遂诏更行科举一次。"①考《宋史》卷二〇《徽宗纪二》:大观四年五月丁未,"彗出奎、娄"。所谓"星变"指此。诏称"更行"一次,指政和二年(1112)仍举行科举考试。政和二年正月九日,徽宗御笔:"契勘今次赴省试人数颇多,……可特添省额一百人。"②

　　需要讨论的是,政和五年、八年(即重和元年)两科,科举是否停止?对此史无明载(白时中编《政和新修御试贡士敕令格式》一百五十九卷、《政和新修贡士敕令格式》五十一卷,《宋史·艺文志三》著录,已久佚)。今人有的著作谓自大观元年至宣和二年的十多年中曾停举四次③,事实是政和二年仍在举行科举考试,已如上述。今考《宋会要辑稿·选举》七之三四至三六、《太平治迹统类》卷二七《祖宗科举取人》、《皇朝编年纲目备要》卷二八、《宋史》卷二一《徽宗纪三》、《宋史全文》等,政和五年三月、政和八年(重和元年)三月,徽宗仍在殿试礼部所上合格举人。再考宋人墓志铭、行状及《宋史》传记等,有许多在这两科登进士第的记载(当时由上舍及第的称"贡士"),可知两科其实并未停考。宋人章如愚《群书考索》后集卷二六曰:"徽宗崇宁四年始行三舍之法,建辟

---

① 《宋史》卷一五五《选举志一》。
② 《宋会要辑稿·选举》四之七。
③ 见袁征《宋代教育——中国古代教育的历史性转折》第二章《学生的考试和升级》第二节《全国性学校升级系统的建立和崩溃》,广东高等教育出版社,1991年,第136页。

雍之学,又虑山林之士不能月书季考,以游庠序,于是科场与学校并行,舍法则岁贡,科场则随大比之岁。"这使我们明白:崇宁三年"悉由学校升贡,其州郡发解及试礼部法并罢"的诏令并未完全执行,十多年间实行的是"双轨制",即"科场与学校并行":每三年一个周期的发解、省、殿试照常举行,而与以前不同的,只是增加了每年赐上舍及第、出身,如崇宁四年(1105)九月乙卯赐上舍生俞栗等三十五人及第、出身,大观元年(1107)三月癸酉赐上舍生李邦彦等二十九人及第,等等。据彭百川《太平治迹统类》卷二七《祖宗科举取人》载,自崇宁四年九月至宣和二年(1120)三月,赐上舍及第、出身凡十次,共二百三十六人。

宣和三年二月二十日,徽宗诏曰:"太学以三舍考选,开封府及诸路以科举取士,并依元丰法。内舍、国子、上舍及未曾赴上舍试贡士并国子生,并与免解,赴将来省试,以合就上舍试次数理免解次数。"①《文献通考》卷三一《选举考四》曰:"宣和三年,诏罢三舍法,开封府及诸路并以科举取士。惟太学仍存三舍,以甄序课试,遇科举仍自发解。六年,礼部试进士万五千人,诏特增百人额,差知举官五人。"蔡京厉行的更科举法,至此草草收场。三舍法由学校升贡而最终被废罢的原因很复杂,其症结主要是破坏了原有的公平:"时州县悉行三舍法,当官者子弟得免试入学,而士之在学者积岁月累试乃得应格,其不能辍身试补者,仅可从狭额应科举,不得如在籍者三舍、解试兼与而两得,其贫且老者尤甚病之。时人议其法曰:'利贵不利贱,利少不利老,利富不利贫。'故

---

① 《宋会要辑稿·选举》四之一一。

诏书及此而加以审订,未遽废科举也。"①除三舍法自身的不完善外,科举的巨大惯性力也不可小觑。此外还有政治的(如蔡京、张商英、王黼间的权力斗争),特别是财政的(难以支持庞大的教育体系)因素②。看来,科举虽然弊病丛生,但尚没有其他更好的选拔方式可以取代。

南渡后,高宗绍兴十三年(1143)复建太学,仍实行三舍法,其功能只是"甄序课试",即按元丰法规定以"俱优为上","上等命以官"。南宋太学第一次命官是乾道三年(1167)。到孝宗退位的二十二年中,考为上舍上等的只六人,光宗朝只一人③。但上舍中等可免省试,下等可免解试,仍在一定幅度上改变了既有制度。

第四节　发解试贡院

各地发解试的考试,都集中在州府治地举行,但在宋代,州府却长期没有专用的考试场所,多是临时借学宫或佛寺为之。州郡贡院(又称试院),到北宋末方才建立。《皇宋十朝纲要》卷一七:"(徽宗)政和二年(1112)十一月己巳,始诏诸州军各置贡院。"又李焘《贡院记》:"政和二年,又从董正封建请,令诸州遍立贡

---

①《文献通考》卷三一《选举考四》。
②关于财政问题,可参《宋会要辑稿·崇儒》二所载政和间诸臣奏。
③《咸淳临安志》卷一一《太学》;陈亮《复陆伯寿》(《陈亮集》卷二七)。

院。"①魏了翁也说："政和二年，从董正封之请，诸郡得立贡院。"又曰："国初，贡院废置，亦无常居。自崇宁至政和，中都外郡咸有贡院，贡院之备又昉此。"但他还说："然舍法既罢，则贡院亦随废矣。蜀自中兴以来，生聚教训既百有余年，儒风丕振，应贡之士岁滋月溢，而诸郡校士非学宫则佛寺也，其特为之宫者，近止三五岁耳。"②由此看来，北宋政和间虽中都外郡曾普遍建立贡院，但那是为了配合舍法的施行（盖贡院与学校合在一处，见下引李焘《贡院记》），随着舍法罢，贡院亦废，又恢复到借用学宫佛寺的老办法了。如周必大《吉州新贡院记》就说："庐陵为江西大州，文武盛于诸路。承平时，应诏率数千人，试无定所，学宫佛寺，取具一时。"③而真正把修建贡院作为本地的文教盛事，使之成为永久性的公益建筑，则是南渡后的事。

州郡是否设贡院，是有条件的，即举子人数要达到一定的限额。孝宗隆兴元年（1163）五月八日，知万州李刚中上言：本州每举往夔州附试，昨仲秋释奠预其事（指参加解试）者五百余人，乞下本路转运司，许本州自置试院，解发举人。礼部勘当："若就试士人委及百人以上，令本州依条设置试院；如不及数，且循逐举例并试。"从之④。这就是说，朝廷订有凡州郡举子在"百人以上"可自置贡院的"条"法。又《宋会要辑稿·选举》一六之二六：光宗

①《成都文类》卷四六。
②《普州贡院记》，《鹤山先生大全集》卷四四。
③《周文忠公集》卷二八。
④《宋会要辑稿·选举》四之三七。

绍熙元年(1190)十一月二十四日,"诏龙州置科场收试举人。"原注:"从本州申请,以就试者三百人以上故也。"据此,则就试者三百人以上可置贡院。置建贡院的条件究竟是百人以上还是三百人以上,尚待考定,疑当为三百以上,因万州举子已达五百余人,若是百人以上,早就该申请了。嘉泰三年(1203)四月二十八日诏兴州自置贡院,即因利州路转运司上言兴州系籍士人共三百六十三人①,亦在三百以上,可为旁证。

南宋各州郡所建贡院中,今知以吉州较早,建于绍兴十四年(1144)②。明州建于乾道五年(1169)③。润州建于淳熙四年(1177)④。临安府建于淳熙十二年,地址在钱塘门外王家桥⑤。较晚的如黄州,建于嘉定二年(1209)⑥。等等。

这里着重介绍建康府贡院。《景定建康志》卷三二载:

> 建康府贡院,在青溪之南,秦淮之北,即蔡侍郎宽夫宅旧址也。乾道四年,留守史公正志建。绍熙三年,留守余公端礼修而广之。嘉定十六年,端礼之子嵘撤而新之,陈公天麟、杨公万里尝为记。

---

① 《宋会要辑稿·选举》五之二七。
② 周必大《吉州新贡院记》,《周文忠公集》卷二八。
③ 《宝庆四明志》卷二。
④ 《至顺镇江志》卷一一。
⑤ 《咸淳临安志》卷五六。参见《梦粱录》卷一五《贡院》。
⑥ 楼钥《黄州贡院记》,《攻媿集》卷五四。

第五章 宋代科举的发解试 | 215

杨万里《建康府新建贡院记》描述贡院结构设施道：

> 乃撤厥旧，乃涂斯新，意匠是断，画堵是度。栋宇崇崇，柱桷奕奕，率视旧贯，益四之一。考官有舍，揖士有堂。爰廊两庑，爰拱二披，可案可几，可研可席。堂之北堁，中阛以南，前后仞墙，内外有闲。自阛之表，缄封之司，书写之官，是正之员，左次右局，不毂不并。交会为关，启闭维时，职谁何者，于此攸宅。凡二百一十有二楹。自堂徂庭，自庭徂门，自门徂外，皆甓其地，士之集者，霁则不埃，霖则不淖。①

度宗咸淳三年（1267）马光祖重建建康府贡院，"厅事之后，为堂三间，扁曰'衡鉴'，翼以考官位次"，"为屋共二百九十四间"，冯梦得为之记②。较嘉定间余嵘之重建，此次增屋七十八间。规模之宏大，设施之完善，盖当远逾旧观③。

事实上，当时各地贡院互相攀比，大都宏伟华丽，小者有屋数十间，大者数百间甚至千余间。如绍兴十四年（1144）重修的吉州贡院，周必大《记》谓其"徙旧图新，为屋五百十有八间。修廊布

---

① 《诚斋集》卷七五。
② 《景定建康志》卷三二。度宗重建事，为补修《景定建康志》时所记。
③ 《景定建康志》载有贡院图式，可能是今天所能见到的最早的州郡贡院立面图。今传《景定建康志》只有抄本及清嘉庆六年（1801）刻本。贾志扬《宋代科举》第七章（1995年台湾东大图书股份有限公司本）曾据嘉庆本图样复制。观其正厅后有"衡鉴堂"，左右列考官位次，当是咸淳重建之式。

席,居五之四。议道校艺之堂,分职涖事之所,视昔大抵加倍。崇墉之外,周以通涂,高门四辟,宛如城阒"①。嘉定五年(1212)潮州所建贡院,则为屋多达一千三百楹②。而州郡守臣也把能在任期内建造贡院视为荣事、雅事,并为一大政绩。如虞俦《和绍兴钱参政贡院落成》诗曰:

> 能为君王猎隽秀,区区循吏笑西京。忽看广厦千间阔,
> 蚤觉先春万木荣。有客囊中来露颖(注:预荐者十九人),何人垄
> 上去佣耕。知公造化无遗物,咫尺龙门雷电生。③

王十朋于乾道四年(1168)知泉州时建贡院,从上梁到落成,先后作诗多首以纪其事,最后为《(乾道五年)八月十五日贡院落成宾僚咸集斥世俗之乐不用饮文字也把杯邀月诵香满一轮中句即席赋诗以勉多士》,诗曰:

> 扬辉秋月悬青天,今夕何夕光更圆。琼为楼台玉为宇,
> 广寒境界多清泉。月斧云斤天上手,万间突兀摩星斗。白头
> 郡守呼众宾,共饮落成文字酒。龙虎群仙上界还,手移桂种
> 栽泉山。千枝万枝香不断,人人有分行当攀。姮娥殷勤寄消
> 息,科第要从勤苦得。丹桂在君书卷中,不须遥向蟾宫觅。④

①《吉州新贡院记》,《周文忠公集》卷二八。
②曾协《潮州贡院记》,《云庄集》卷四。
③《尊白堂集》卷二。
④《梅溪先生后集》卷一八。

王十朋以状元之尊，不仅认为蟾宫折桂"人人有分"，而且告诫"科第要从勤苦得"，与流俗之"科名前定"说迥异，可见其人素养甚高。

除州郡外，南宋转运司亦建有贡院。转运司建院时间，似乎较州郡更晚。宁宗嘉泰四年（1204）三月二十八日，两浙转运司言："向来科举年分，本司未建试院之时，旋于余杭门外辟截香积化度寺权充试院。后来本司虑恐骚扰寺院，科差人匠，借索什物，遂踏逐江涨桥之北空闲地段，建成试院，备办但干什物动使等，逐举引试，委是利便，绝无毫发科扰。"①《梦粱录》卷四《解闱》称两浙"运司贡院在（临安）湖州市"。同书卷一五《贡院》又谓"两浙漕司贡院，在北关门外沈家桥"。盖实指一地，所记方位不同而已。嘉定九年（1216），真德秀在建康修建江东转运司贡院，李道传作《初建贡院记》，称"为屋余百五十楹"②。州府贡院与转运司贡院考试的对象不同：州府贡院"止放本州诸县应举士人"，而运司贡院则主要用于锁厅试和别头试（详下节）③。

对南宋各州府争相建贡院之风，李焘曾提出批评。他在《贡院记》中写道："近时诸州缘董正封建请，又争立贡院，往往挟士以扰民，议者病焉。当（董）正封时，犹或有以藉口，盖舍法方盛，课督日繁，游于学者不敢一日去而之他，则其选于乡者，或可别即他所。舍法既罢，士不于学，焉取之而必为贡院，以待三年四五十日

①《宋会要辑稿·选举》二二之一八。
②《景定建康志》卷三二。
③见《梦粱录》卷四《解闱》。

之用？多见其不知务也。"但较大的州，解试时举子往往有数千人之众，别建贡院乃事所必然，故此风明、清沿而不改，贡院也成了各地引以自豪的文化标志性建筑。当然，过于奢华，难免成为州郡长官的"政绩工程"，实不可取。

第五节　发解中的锁厅试与别头试

宋代发解试，除发解监府州郡士子外，亦可解发没有"出身"的命官。专为取解命官举行的考试，叫"锁厅试"，谓锁其厅而往应试也①。各级官僚及发解官的子弟、亲属、门客等，为了避嫌，不能与一般士子同场考试，而由国子监、各路转运司集中考校，称"别头试"或"牒试"，试于转运司的又称"漕试"。《朝野类要》卷二释"漕试"道："转运司承集本路见任官牒送到随侍子弟及五服内亲，如州府解试法……系选差本路官主文考校。"又《梦粱录》卷四《解闱》："本州贡院，止放本州诸县应举士人。运司放一路寓居士人，及有官文武举人，并宗女夫等。……宰执、侍从、在朝文武官子侄等并于国子监牒试。"所说"有官文武举人"的考试，即锁厅试；而随侍子弟、朝官子侄等的考试，即别头试。下面就锁厅试、别头试两类，分别考述。

---

①徐度《却扫编》卷中："祖宗时，有官人在官应进士举谓之'锁厅'者，谓锁其厅事而出。而后世因以有官人登第谓之'锁中'，甚无义理。"

一、锁厅试

宋初,命官(主要指以荫入仕者,即所谓"任子")应锁厅试要先经特别考试,通过并获批准后才能参加取解试。雍熙二年(985)六月七日中书门下言:锁厅应举者"委本处先考程试,如文艺合格以闻,待报解送礼部考试"①。又陆游《老学庵笔记》卷五:"祖宗故事:命官锁厅举进士者,先所属选官考试所业,通者方听取解。"又《燕翼诒谋录》卷三:"旧制,命官锁厅应举,先于所属选官考试所业,方听取解至礼部。"《文献通考》卷三○《选举三》也说:"凡见任官应进士举,谓之锁厅试,所属官司先以名闻,得旨而后解。"此规定到仁宗天圣四年(1026)闰五月被取消,称"自今更不先试所业"(诏书详下引)。由此看来,命官应举"先试所业",并非指取解试,而是应举的资格考试。盖任子凭父祖门荫入官,多文化偏低故也。

最初,锁厅人解试与一般士子同试。景祐五年(1038)八月,以锁厅人多,颇侵寒士解额,于是"专差官试锁厅人",在本州举人额外发解,十人中解三人。到宝元二年(1039)闰十二月,翰林学士丁度等详议,今后锁厅人在京于别试所,在外于转运司,与参加别头试的亲戚举人同试,"十人解三人,不及十人与二人,五人以下与一名,余并依亲戚发解例施行。(仁宗)从之"②。从此锁厅

①《宋会要辑稿·选举》一四之八。
②《宋会要辑稿·选举》一四之一一。参见同书《选举》七之二○,《续资治通鉴长编》卷一二五。

试、别头试举子来源虽不同,而考试则合而为一。

宋初,对锁厅举人要求相当苛刻。雍熙二年(985)六月七日中书门下言,锁厅应举者"如所业纰缪,发解官、与(当是"举"之讹)送长官必置重罪,本人免所居官"①。真宗天禧三年(1019)、仁宗天圣二年(1024)敕令,锁院若不及格,"御史台各罚铜一十斤,仍今后不得锁厅应举"②。上引《燕翼诒谋录》曰:"程文纰缪勒停,不合格者赎铜,永不得应举。中格,庭对,唱第日仍降甲。盖期待任子者甚厚,非比寒士也。"到天圣四年,宋绶等详定贡举条约,方才放宽。宋绶等奏曰:"若不及格便加责罚,不得取应,恐非劝诱之道。今后欲乞免责罚,并许取应。奏可。"③按《续资治通鉴长编》卷一○四载天圣四年闰五月辛未诏:④

> 命官锁厅应举,自今更不先试所业,下第者免责罚,仍听再举。其历任有赃私罪及停废、责降、冲替未经叙用人,即不许应举。

李焘接着述此诏背景道:"旧制,锁厅应举者先于所属选官考试所业,方听取解至礼部。程文纰缪者勒停,其不及格者犹赎铜,永不

---

① 《宋会要辑稿·选举》一四之八。按李心传《旧闻证误》卷一谓"不中者停任乃宋惠安(琪)、李文正(昉)两相之请";又谓"盖自雍熙至天圣四十余年,未尝有停任者"。
② 见《宋会要辑稿·选举》一四之九宋绶等奏。
③ 《宋会要辑稿·选举》一四之九。
④ 《燕翼诒谋录》卷三作"天圣四年六月辛未","六月"当误。

得应举。至是,上欲开诱进士之路,下近臣参议,而降是诏。"天圣七年(1029)七月六日诏:"今后锁厅举人许文臣两次,武臣一次。"①上引《老学庵笔记》卷五接着说:"(锁厅人)至省试程文纰缪者,勒停;不合格者,亦赎铜放,永不得应举。天圣间,方除前制。然未久,又诏文臣许锁厅两次,武臣只许一次,其严如此。"到仁宗景祐五年(1038)九月诏,方有所放宽:"锁厅举人自今举文臣应三举,武臣两举。"②庆历四年(1044)三月十三日宋祁等奏上详定贡举条制,规定"锁厅举人自今更不限举数,许令取应,如及第、出身后,即不别推恩"③。然因庆历新政的失败,此条制未能执行。嘉祐三年(1058)二月二十四日,礼部贡院言:"近制,不许臣僚门客受恩泽出官,而又锁厅取应限以一次,倘不中第,遂废终身,甚非劝学之意。请至今更不限举数。……(仁宗)从之。"④从此应锁厅试者不再限举数了。

初,锁厅试获发解,省试奏名,殿试合格,即便一路"绿灯",也只升官而不给科名。如太平兴国五年(980)颜明远、刘昌言、张观、乐史四人,原来分别是府参军、州推官或县主簿,"并应进士举,殿试合格,帝(太宗)惜科第不与",皆除诸军掌书记⑤。到淳

①《宋会要辑稿·选举》一四之一〇。
②《宋会要辑稿·选举》一四之一一。
③《宋会要辑稿·选举》三之二七。
④《宋会要辑稿·选举》一四之一一。又见《续资治通鉴长编》卷一八七。
⑤《宋会要辑稿·选举》一四之八。按同书《选举》九之一:"太宗雍熙二年(985)正月诏:'著作佐郎乐史先赐进士及第,宜附太平兴国五年第一甲进士之下。'"王辟之《渑水燕谈录》卷六述乐史赐第、附榜事后,谓"赐第、附榜始于此"。

化三年（992），滁州军事判官鲍渊①、邓州录事参军杨令问、滁州清流县尉胡咸秩并试锁厅举，经省试、殿试合格，"各赐及第"，并授官。"是后合格者皆赐及第、出身，命官并差遣有差。"②

司马光记锁厅试之演变大略曰：

> 先朝时，锁厅举进士者，时有一人，以为奇异。试不中者，皆有责罚，为私罪。其后，诏文官听应两举，武官一举，不中者不复责。景祐四年（1037），锁厅人最盛，开封府投牒者至数百人，国子监及诸州者不在焉。是时，陈尧佐为宰相，韩亿为枢密副使，既而解榜出，尧佐子博古为解元，亿子孙四人皆无落者。众议喧然，作《河满子》以嘲之，流闻达于禁中。殿中侍御史萧定基时掌誊录，因奏事，上问《河满子》之词，定基因诵之。……于是，诏今后锁厅应举人与白衣别试，各十人中解三人，在外者众试于转运司，恐其妨白衣解额故也。庆历中，又诏文武锁厅试者不复限以举数。故事，锁厅及第

---

① 《石林燕语》卷四作"鲍当"，似误。鲍当乃景德二年（1005）进士，擅诗，著有《清风集》，时号"鲍孤雁"、"鲍清风"，见《温公续诗话》、《泊宅编》卷上。

② 《宋会要辑稿·选举》一四之八。按《石林燕语》卷四谓"祖宗时"锁厅试"虽中选，止令迁官，而不赐科第"，宇文绍奕《考异》曰："太平兴国五年，见任官赴殿试者六人，惟单谏、周缮赐及第，余皆诸州节度掌书〔记〕。此云迁官而不赐科第，非皆如此也。"李心传《旧闻证误》卷一引汪端明《辨石林燕语》同。依此，则太平兴国五年已有赐第者，不与科第之说不确，合格者皆赐第亦非始于淳化三年。然单谏、周缮赐及第事别无可考，孰是，尚待研究。

注官者皆升一甲，今不复升之。①

宗子命官，许附锁厅试。《文献通考》卷三一《选举四》：熙宁十年（1077），"始立宗子试法，凡祖宗袒免亲已命者附锁厅试"。对这部分皇亲来说，就不是"应举"了，而是凡"已命"官者皆附试。

二、别头试

别头试，唐代早有之②，但未形成制度。宋代又称"别试"、"类试"，南宋多称"牒试"。仁宗时，崇政殿说书贾昌朝上言："举人有亲戚在本贯守官及随侍远地，并发解官之亲戚，令转运司差官类试，每十人解三人。"③李心传曰："国朝之制，发解进士及省试皆置别头场，以待举人之避亲者。自缌麻以上亲及大功以上婚姻之家，皆牒送。"④按《宋会要辑稿·选举》一九之二："（太宗）雍熙二年（985）二月二十五日，诏左谏议大夫滕中正、兵部郎中杨徽之、屯田郎中孔承恭同试知贡举官亲戚。"这是宋代省试中的别

---

① 《涑水记闻》卷三。按《燕翼诒谋录》卷三谓锁厅应举者"中格，庭对，唱第日仍降甲"，而此言"升甲"，似相抵牾。详司马光之言，乃"及第注官者升一甲"，是否降甲赐第而升甲注官，以示慰勉？待考。又，李心传《建炎以来朝野杂记》甲集卷一三称梁固于景德初已赐进士出身，而大中祥符二年（1009）廷试第一；皇祐初以后，锁厅人皆不为状元，并举沈文通（遘）等多人为例。
② 王定保《唐摭言》卷八《别头及第》："别头及第，始于（唐高宗）上元二年（675）钱令绪、郑人政、王悌、崔志恂等四人，亦谓之承优及第。"
③ 《玉海》卷一一六《景祐转运司类试》。
④ 《建炎以来朝野杂记》乙集卷一五。

试之始。解试之别试,当以开封府、国子监为早。《宋会要辑稿·选举》一九之三:真宗咸平元年(998)九月二十八日,诏遣官试开封府、国子监发解官亲戚举人。"原注:"故事:二司交互考试,帝虑涉情弊,故专命官焉。"①

州郡解试的别试,似乎要晚于开封府、国子监。《宋史·选举志一》谓州郡"别头试"始于仁宗"景祐初":"士有亲戚仕本州,或为发解官,及侍亲远宦,距本州二千里,令转运司类试,以十率之,取三人。于是诸路始有别头试。"《宋会要辑稿》记于景祐四年(1037),该年二月十一日,详定科场条制所引贾昌朝奏:

> 诸州举人亲戚守任在本贯、远地官僚子孙在任处、发解官亲戚三等举人,乞今后并申转运司类聚,别差官考试,每十人取三人;现守任在二千里内者,并归本贯取应。

详定所看详后补充道:"牒送举人须是五服内的亲,自余不在移送之限,违者科违制之罪。今来二千里内举人各勒归本贯,深虑奔赴后期,及令贡院于三月一日起请转运司差官试到举人,与限十一月二十五日到省。"②《文献通考》卷三一《选举考四》谓"由是诸路始有别头试"。最初是将参加别头试的士子送到邻州考试,但因要占邻州的解额,宝元二年(1039)议定,此后别头试"在京于

━━━━━━━━━━

① 陈均《皇朝编年纲目备要》卷六于咸平六年三月下注曰:"是年,始召知举官亲属别试。"当指解试之别试。
② 《宋会要辑稿·选举》一五之九。《文献通考》卷三〇《选举考四》谓丁度等议"愿宽其期一月"。

别试所,在外于转运司",与锁厅举人同试,另拨专门解额①。《通考》又记熙宁十年(1077)始立宗子试法,凡祖宗祖免亲已命者附锁厅试,已见前述;而"非祖免以外例许应举,国子监、礼部皆别试、别取,十人取五,试者虽多,解毋过五十人。廷试策问,与进士同"。前已述国子监发解试由朝廷差官,别试所亦然。《建炎以来朝野杂记》甲集卷一三曰:"别试所以郎官一员充考试官兼监试,职事、厘务官三员充点校试卷官(试国子生及朝士同姓有服亲)。"除在京的别试所考试外,各州将参加别头试的士子以牒文形式移送到转运司,由转运司统一举行考试,这种别头试叫"牒试";又因在转运司考试,转运司俗称漕司,故牒试亦称"漕试",其实一也。论者或将转运司试分之为三(别头试、牒试、漕试),或与州郡发解试混而为一(如顾炎武《日知录》卷一六《举人》原注引《赣州府志》:"乡举在宋为漕试,谓之发解。"),皆非是。

到南宋时,因牒试解额较宽,于是营私舞弊现象十分严重。《宋史·选举志二》曰:"旧法,随侍见任守倅等官,在本贯二千里外,曰'满里子弟'。试官内外有服亲及婚姻家,曰'避亲'。馆于见任门下,曰'门客'。是三等许牒试,否则不预。间有背本宗而窜他谱,飞赇而移试他道者,议者病之。(绍兴)六年(1136),诏牒试应避者,令本司长官、州守倅、县令委保,诡冒者连坐。"此乃从四川制置大使之请,详见《宋会要辑稿·选举》一六之五。同书又曰:"(乾道)四年(1168),裁定《牒试法》:文武臣添差官除亲子孙外并罢,其行在职事官除监察御史以上,余并不许牒试。""旧命官

---

① 《宋会要辑稿·选举》一四之一一。

锁厅及避亲举人同试。(绍圣)三年(1096),始令分场,以革假人试艺者。"至绍定四年(1231),又以漕举及避亲举人同试于别院。"既而以诸路转运司牒试,多营求伪冒之弊,遂罢之。其实有妨嫌者收试,每百人终场取一人。……未几,又命止许牒满里亲子孙及门客。"由于别试冒伪之弊滋甚,故试法屡变。李心传曾记成都路、潼川路牒试之冒滥,由此推知他路,盖不会好多少:

> 　　牒试者,旧制,以守、倅及考试官同异姓及有服亲、大功以上婚姻之家与守、倅门客皆引嫌,赴本路转运司别试。若帅臣、部使者亲属、门客则赴邻路,率七人而取一人。绍兴后,牒试者猥多。至二十三年(1153),成都一路就试者三千五百人,而发解则五百人。议者以为滥,于是成都路以八十三人、潼川路以八十人为定额。……绍熙五年(1194)夏,王巽泽(溉)自成都转运判官召还入见,极言两路冒亲诡贯之弊,乞各存十人外,均与本路诸州,从之,仍各以二十人为定额。丘宗卿(崈)时为制置使,复请每路止存十二人,若就试者少,则以二十人而取一人。奏可。旧制,命官锁厅赴漕试者,与避亲举人同试。王巽泽为益漕,始令分场,以革假手之弊。于是西蜀皆然,盖自绍熙三年春三月始。①

　　从整体上看,宋季之牒试殆到了不可救药的地步。宁宗庆元

---

① 《建炎以来朝野杂记》甲集卷一三。末句"春三月始","三月"二字据《四库》本补。

五年(1199)七月十七日,知兴化军叶端衡言:

> 今日贡举之制最为严密,独于漕司牒试,未有启伪之端。夫守倅有门客、有本治所异姓亲之牒试;一命而上,去乡二千里,有随侍同宗亲之牒试。二弊不可概举。以守倅牒一门客,人情法意,无可言者。至于异姓亲,如所谓女夫儿妇之兄弟,姊妹之亲家,强连牵合,皆平生素昧之人。苟有亲党多处,于注拟之际,自当回避。今以举人家状与其父祖告命观之,乡贯异同,又有亲兄弟各自异其乡贯者,玩侮朝廷,一至于是。去乡二千里,有随侍牒试者,本为子孙设,况皆监当兵将之类,职卑而俸薄,决无随侍之多。使果有族类濒期涉远犹之可也,今皆以同姓冒牒,不过应亲要嘱托,甚则货赂请求而已。乞除守倅合牒门客一人外,其异姓避亲牒试,乞行罢免。

宁宗“从之”①。曹彦约也说:“科举之弊莫过于牒试,而牒试之弊莫过于作伪。”他提出设“关防”并进行“限制”的方案,以期杜绝弊伪:“应监司帅守牒过员数,并限七月三十日以前具申礼部,礼部总其名数,并限九月三十日具申都省,备牒御史台、谏院,则其弊可革矣。”②他的意见似乎未被采纳,即便采纳,可断言决无“其弊可革”之望,因为“牒试”早已成了官僚阶级失去监控而屡被滥

---

① 《宋会要辑稿·选举》五之二二。
② 《论牒试劄子》,《昌谷集》卷一一。

用的特权,只有当它威胁到最高统治集团的根本利益时,才不得不动大手术,于"嘉熙元年(1237)再次罢诸牒试,应郎官以上监司、守倅之门客及姑姨同宗之子弟,与游士之不便于归乡就试者,并混同试于转运司,各从所寓县给据,径赴司纳卷,一如乡举之法。不问其所从来,而定其名'寓试'。以四十名为额,就试如满五十人,则临时取旨增放"①。至此,"牒试"变为"寓试",参试者除官员亲戚、门客外,增加了不便归乡的"游士"。这时金已灭亡,蒙古兵开始南侵,各地流民甚多,"寓试"乃适应新形势而设②。此后至宋亡,变动不大。

第六节　发解中的"解额"问题

宋代的各类取解试,包括锁厅试及别头试,并非所有合格者皆送礼部,而是有名额限制的,其名额叫"解额",有如今天的"配额"或"指标"。解额多少,直接关系到士子的利益,也关系到州府官员的政绩声誉,因此各地经常申请增额,变动最为频繁。

本章第二节引宋白等在太宗至道间所议的发解条贯,规定进士、诸科"一百人只解二十人",接着太宗诏"但取合格有艺之人,不必依所定分数"。真宗咸平元年(998)五月二十三日礼部贡院

①《宋史》卷一五六《选举志二》。
②宋末由于元兵入侵,大量州军沦陷,朝廷曾在绍兴、吉安、江陵等地别立贡院,专门收试徙寓士子,见《宋史·选举志二》。

言:"去岁朝廷特许十分内量解二分,自立规程,已成伦贯。今欲乞更不定分数,只严示诚惩。"真宗"从之"①。宋初统治者急于用人和培育人才,不仅解额宽,且还鼓励突破,只要有才艺,可"不必依所定分数",甚至"更不定分数",故《燕翼诒谋录》卷二曰:"诸州贡士,国初未有限制,来者日增。淳化三年(992)正月丙午,太宗命诸道贡举人悉入对崇政殿,凡万七千三百人。"但也不能滥解,因为"不合解而解者",监试官、举送长官都要坐罪(见第二节引卢多逊奏)。

到真宗景德间,由于士子虽众而质量太差,加之冗官现象渐趋严重,朝廷不得不限制解额,进行宏观调控。景德二年(1005)七月二十日,龙图阁待制戚纶与礼部贡院言,"今岁诸道取解、免解进士仅三千人,诸科万余人,其中文理纰缪,经义十否、九否者甚众","自今开封府、国子监、诸路州府并请据秋赋投状举人解十之四"。真宗以为"所定分数至少,约束过严","乃诏两制与知贡举官同详定以闻"。翰林学士晁迥等言,请以咸平三年以来五次解数内"以一年最多者定解十之五"。大中祥符二年(1009),礼部"准诏议定国子监、两京及诸道州府军监于五次解发举人内取一年最多者为数,今后解十之三,永为定式"。"帝意欲广抡材之路",于是在五月二十四日下诏道:"于五年最多数中特解及五分。"②这是解额设置中的重大转折。太宗时的"分数"是百分比,

---

①《宋会要辑稿·选举》一四之一七。
②戚纶、晁迥等议至真宗祥符二年下诏,俱见《宋会要辑稿·选举》一四之一九至二一。《宋会要》系晁迥等议于祥符四年五月二十七日,《续资治通鉴长编》卷六〇原注以为"盖因《实录》致误",应在景德二年。

即在应举的百人中解若干人;此次新规定,则只发解五次中"发解举人"最多一次的一半(五分),并成为定额。这不仅是对总解额的压缩,而且意味着以后监府州郡的解额不随士子多少而自动增减。

祥符二年(1009)之后,曾对局部地区、部门的解额进行过调整,如:

祥符七年七月十六日,"诏益州举人自今荐送定名外,别解三人,以其远方多学者故也"①。

天禧四年(1020)三月二十九日诏:"如闻番禺之域,巴庸之乡,隶学益增,举送为局,……自今川陕、广南诸州,依前定条制解合格举人外,更有艺业可取者,并许解发。(原注:后天圣七年〔1029〕六月又诏:"川陕四路于解发额外,各添人数:益州添四人,梓州添二人,余不足三人者并添为三人。")"②

仁宗天圣元年(1023)十月十二日,国子监请求"进士除元额外,量添数十人以为定额,诸科免解人外,依旧数解发",结果诏"进士将添二十人,余依旧"。③

天圣三年十一月十六日,应天府言:"本府自建都以来,学徒益多,望于合解发举人额外,量添人数。"诏"特添三人"。④

天圣四年闰五月二十六日,翰林学士宋绶等准诏详定贡举未便事件,主要也是解额问题,规定除特恩免解举人外,"其取

---

① 《宋会要辑稿·选举》一四之二四。
② 《宋会要辑稿·选举》一五之四。
③ 《宋会要辑稿·选举》一五之四。
④ 《宋会要辑稿·选举》一五之五。

解举人并许于元敕五分内解发四分"①。这是对解额的再次压缩。此后,解额时有增添。如庆历四年(1044)十一月二十日南郊赦书,其中有"外郡举人,仍仰有司勘会旧额,特与增添人数"之文②。

庆历五年,情况有较大变化。是年三月二十五日,"诏礼部贡院增天下解额。既而上言'请以景祐四年(1037)、庆历元年科场取解进士人数内择一年多者令解及二分为率,就试人虽多,所添人数各不过元额之半。其陕西路惟永兴军、凤翔府两处,就试人多,解额尚少,用庆历四年赦恩已增及分数,自余州军所增未宽,今欲于定额上每州军增一名。保定、镇戎、德顺三军,自来未有解额,今各许解一名。其河北、河东沿边州军,自来少人修学,解额已宽,难更增益。今总诸州军凡增三百五十九人,乞永为定额'。从之。"③这是用百分比增添定额(即以两年取解人数最多的一年为准,许增解"二分"即百分之二十),但同时又有限制,即"所添人数各不过元额之半"。

到嘉祐三年(1058),由于改此前约四年一开科场为间岁(隔年)一开,遂将解额对半压缩。是年三月十一日,礼部贡院言,请将"天下进士、诸科解额各减半"云云。减半后开封府、国子监及诸路别头试的解额等,已在本章第二节述嘉祐再详定科举条制时

---

①《宋会要辑稿·选举》一五之六。
②《宋会要辑稿·选举》一五之一一。
③《宋会要辑稿·选举》一五之一三。

详引,此略①。

英宗治平三年(1066)十月六日诏:改间岁一开科为三年一开科,"应天下所解进士、诸科,并以本处旧额四分三分内,开封府、国子监以皇祐四年(1052)所解进士、诸科数,各四分中以三分为额。"②"旧额四分三分内",文意欠通,疑有脱误。《续资治通鉴长编》卷二〇八载诏文为:"天下解额,于未行间岁之法以前,率四分取三分。"次年正月二十二日礼部贡院言:"看详欲将贡举条制内解额自后不得(引者按:"得"字疑误,例之下文,或当作"曾")增添者,即用为旧额,依今敕施行;若曾经增添者,将新添人数并在贡举条制原额内通计为数,然后于四分中解三分,永为定额。又勘会逐军州解额人数不等,其间有二人、三人、五人、六人、七人者,虽折分数,今欲乞应请旧额四分中解三分,不满一人者并解一人。假设旧额十人,今四分中解三分,合解七人外,更有余分,即

---

① 开封府、国子监的解额,熙宁后因科制改革及党争,合而分、分而合,屡经更改,情况复杂,略述如次:熙宁八年(1075)七月二十三日诏:"开封府、国子监举人,并就一处考试,仍以两处解额通计取人。"(《宋会要辑稿·选举》一五之二一)元丰二年(1079)十二月四日诏:"自今解发进士,太学以五百人、开封府以百人为额。旧制,开封府三百三十五人,国子监百六十人,熙宁八年合为一,以解额通取,至是复分。而为太学生数多,故损开封府解额以益之。"(《宋会要辑稿·选举》一五之二二,又见《续资治通鉴长编》卷三〇一)元丰三年十二月十二日诏:"开封府解额并拨属太学,其国子生解额,以太学分数取人。"(《宋会要辑稿·选举》一五之二三,又见《续资治通鉴长编》卷三一〇)绍圣三年(1096)八月十九日诏:"开封府解额,今后依元丰三年十二月十二日指挥,并拨属太学。"(《宋会要辑稿·选举》一五之二七)

② 《宋会要辑稿·选举》三之三八。

许解八人之类。每岁贡举于三月一日起请。今既指定三年一开，欲乞除合开科场之岁依旧三月一日起请外，其余二年更不申请。（神宗）并从之。"①这是对解额的再次调整，办法是以皇祐四年为基准，解四分之三。因改间岁为三年，故相应地改减半为四分之三，若按年份摊，实际上都是稳定在皇祐四年以前的水平。

自此以后，三年一开科为定制，解额虽时有增减，但无大的政策性变化。

从以上史料，已可看出解额变动的基本情况。其变动可分普遍调整和局部调整两类。普调，如天圣四年、庆历四年南郊赦、庆历五年诏、嘉祐三年详定条制、治平三年诏等。局部调整较显著的，一是给川陕、广南等虽偏远但文化发达、士子较多的地区增加解额（如天禧四年），一是向沿边州军倾斜，特别是将那些没有解额的地方填平补齐（如庆历五年）。

除上述外，有时因特殊事件而在特定地区临时增加解额，如大中祥符元年（1008）十月二十五日，真宗东封，下赦书道："车驾所经州府及开封府，有服勤词学、经明行修者，如发解例考试，开封府、兖州各五十人，郓州四十八人，澶、濮州各三十人，进士、诸科相半，来春荐送阙下。"据《宋史》卷四四二《穆修传》，古文家穆修即于此次预选，赐进士出身。祥符四年（1011）祀汾阴赦书略同②。这是大典礼的特别"恩泽"，非常制也。此外，韩元吉《鹿鸣宴》诗有"明年贡籍还增倍，定作东州盛事传"句，原注曰："国朝

---

① 《宋会要辑稿·选举》三之三八、三之四〇。此时神宗已即位。
② 《宋会要辑稿·选举》一四之二〇。

故事:所解全中南宫(礼部),则次举许倍增人数云。"①元吉为南渡初人,既称"国朝故事",盖北宋已如此。这显然是一项奖励措施,始于何时,文献别无可征。但所解能在省试中全部胜出,极其不易,盖高悬鹄的而已,总体上对解额并无影响。

"靖康之难"后,北方大量民众南渡,旧的科举秩序被打乱,解额得进行大的调整甚至重构。建炎四年(1130)四月二十日,礼部言:"诸路解额,除不经残破去处乞依靖康元年(1126)额发解外(原注:宣和五年,诸路解试并用均添人数为额,靖康元年七月七日诏用为例),内经残破州军,就试人数稀少,乞以终场人数权取前举例分数解发(原注:谓如某州元额二十人,靖康元年终场二千人,即以百人解一人)。有零分者听解一名。(高宗)从之。"②绍兴二十六年(1156)四月十七日,"执政进呈礼部状,参酌均定诸州解额,温州添解额五人……(余从略),上可其请,因宣谕曰:解额窄处自当量与增添,宽处却不可减,皆欲优之也"③。绍兴二十八年八月八日,四川之泸州、遂宁府、西和州等添解额④。尽管时有添额,但随着年轮推移,人口增殖,加之不合理的政策倾斜,长期定额必然造成宽窄之间的尖锐矛盾。孝宗以后,解额不均的问题非常突出,朱熹在与门弟子的谈话中时常论及。朱熹赞成设定额,但不能固定:"三举之后又将来均一番,如此,则多少不至相悬

---

①《南涧甲乙稿》卷四。
②《宋会要辑稿·选举》一六之二。
③《宋会要辑稿·选举》一六之一〇。
④《宋会要辑稿·选举》一六之一〇。

绝矣。"当门人言及"今日所在解额太不均"时，朱子曰："将诸州终场人数与合发解人数定便了，又不是天造地设有定数，何故不敢改动？也是好笑。"当谈到大量士人赴太学补试时，他认为"弊端"是太学滥恩。"盖入太学者既有舍法之利，又有科举之利，不入学者只有科举一涂，这里便是不均。利之所在，人谁不趋？看来只均太学解额于诸路，便无事。如今太学解额七人取两人。便七人取一人也由我，十人取一人也由我，二十人、三十人、四十人取一人也只由我，而今自立个不平放这里，如何责得人趋？"又曰："（太学）正试既优，又有舍选，恩数厚，较之诸州或五六百人解送一人，何其不公至于此！"朱熹极力主张均解额，认为"自今太学不许以恩例为免"；"太学既无非望之恩，又于乡举额窄处增之，则人人自安乡里，何苦都要入太学？"①虽"旁观者清"，但当时效率低下的官僚政体和来自利益集团的阻力，要对解额稍作改动都极为困难。

其后，理宗端平初罢牒试，"于各路州军解额窄者量与均添，庶士子各安乡里，无复诈竞"，于是临安、绍兴等及四川诸州府"共增解额一百七十名"②。这类调整难以具举，目的是尽量照顾方方面面的利益，力求均衡与大体合理，总的趋势是有增无减，越添越多。以南宋临安府（杭州）为例。北宋旧制，杭州"三岁解七人。崇宁三舍法，岁贡七人。宣和五年（1123）复科举，三岁解十四

①《朱子语类》卷一〇九。按：太学上舍下等即可免解，故朱熹有言。
②《宋史》卷一五六《选举志二》。

人。"①而到南宋，"杭城辇毂之地，恩例特优，元解额七十名，今增作八十九名"②。又据《咸淳临安志》卷五六，临安府的流寓解额也一直在增加：绍兴二十六年（1156）增西北流寓解额三人，到景定五年（1264），陆续共增至二十二人（已详第二节）。

第七节　发解中的"寄应"问题

唐前期，投牒取解皆须在本贯。如玄宗开元十九年（731）六月敕："诸州贡举，皆于本贯，籍分明者，然后依例。不得于所附贯便求申送。如有此色，所由州县即便催科，不得递相容许。"③唐后期，则多不受籍贯限制，韩愈曰："今之举者，不本于乡，不序于庠，一朝而群至乎有司，有司之不之知也宜矣。"④但这不是制度的更改，而是法制的被破坏。

开宝五年（972）十一月十四日，宋太祖诏曰：

> 应天下贡举人，自今并于本贯州府取解，不得更称寄应。如化外人，即述归依因依，预于开封府投状，长吏具事取裁。国子监举人须是元在监习业，方许较艺解送，不得妄称监生，

①《咸淳临安志》卷五六《贡院》。原有注曰："已上皆据旧志，但东坡所序送进士诗云，熙宁五年（1072）贡者九人，与此不同，当考。"
②《梦粱录》卷四《解闱》。
③《唐会要》卷七六《缘举杂录》。
④《韩昌黎集》卷一四《进士策问十三首》之六。

仍并令礼部贡院分明勘会,违者具名以闻。①

这是宋代"本贯"与"寄应"问题的条法基础。

淳化三年(992)三月二十一日,太宗又诏曰:

> 近年举人,颇隳前制,不于本贯取解,多是随处荐名,行止莫知,真虚罔辨,乃至工商之子,亦登仕进之途,令式文明,固合遵守。……应举人今后并须取本贯文解,不得伪书乡贯发解。州府子细辨认,如不是本贯及工商杂类,身有风疾,患眼目,曾遭刑责之人,并不在解送之限。如违,发解官当行朝典,本犯人、连保人并当驳放。如工商杂类人内有奇才异行、卓然不群者,亦许解送。或举人内有乡里是声教未通之地,许于开封府、河南府寄应。其归本贯取解人,许通理自前举数。②

这里重申了本贯取解和因病等不许解送的原则,同时也顾及到一些特殊情况。

大中祥符七年(1014)九月二十四日,真宗又诏:

> 应进士并诸科举人等,今后除取本乡文解赴举外,如是显无户籍,及虽有籍已离本贯、难更往彼者,即许召曾经省试

———————————
① 《宋会要辑稿·选举》一四之一四。
② 《宋会要辑稿·选举》一四之一五。

举人三人，或御试举人二人，或命官一员，保明行止，仍只许保明一人，但不是负犯殿责及勒出科场之人，即明其元本乡贯（"乡贯"二字原倒误，径乙）家状，许于开封府投纳引验，便与收接，依例考试发解，并于卷头分明开坐元本乡贯并寄应去处。①

到天禧四年（1020）三月二十八日，因"开封举人稍多，屡致词讼"，令晁迥等议定条制，探究士子不在本贯取解的原因及对策，晁迥等以为"多以身有服制，本贯难于取解，遂奔京毂寓籍充赋。……欲请自今举人有期周尊长服者依旧制不得取解，余服悉听。寄应举人实无户籍者，许召命官保任，于本府户籍人数外别定分数荐送"。诏从之，"仍令于大中祥符七年（1014）寄贯人数中定额"。开封府具到大中祥符七年寄应请解额进士四百四十四人，诸科三十二人，续诏"解进士十之三，诸科十之五"②。这种姑息政策，等于打开了"寄应"的闸门。

为了异地冒贯取解，举子们手法多端，买国子监牒（简称"监牒"）以冒充监生，乃其中一种。司马光《贡院乞逐路取人状》谓四方士子皆弃背乡里，老于京师，"其间亦有身负过恶，或隐忧匿服，不敢于乡里请解者，往往私置监牒，妄冒户贯，于京师取解"③，即指此事。嘉祐二年（1057）五月壬申，管勾国子监吴中复

①《宋会要辑稿·选举》一四之二五。
②《宋会要辑稿·选举》一五之三。
③《温国文正司马公文集》卷三〇。

上言论补试广文馆监生事,也谈到举子"比至科场,多就京师私买监牒,易名就试,及旋冒畿内户贯,以图进取"的问题①。有的士子"冒贯"不择手段,甚至到不顾廉耻的地步,朝廷已无可奈何。如仁宗天圣七年(1029)十一月十九日,上封者先引"贡举条制"有关寄贯召保的规定(已见本章第二节),然后说:"伏见近年每开科场,外州举人竞凑京府,寄贯召保,多违此条。昨庐州进士王济,因兄修己于祥符县买田十八亩,投状之际,遂以修己为父。又有王宇,亦贯(王)济户,遂以济之三代为己名讳。不顾宪章,换易亲讳,亏损孝行,无甚于兹。欲请自今开封府进士除旧有户版十年以上、见居本贯者,许投状;未及十年,或虽已十年、不居本贯者,无得接状。其在京无户之人,许先经县投状责乡耆保验,委是久居,别州亦无户籍者,结罪书状,……召保取解。其外州先有户籍之人,各勒就本贯请解。"诏两制集官议定,翰林学士章得象等言,只是请将有户籍"十年"改为"七年"②,似乎没有更好的治理办法。治平四年(1067,神宗已即位,未改元),礼部贡院在上奏中,引述了嘉祐以来的历次诏敕,强调士子归乡取解,对寄应限制也更严格,并请有三两州户贯、三两州文解的,至今年终合并归一处户籍,令本贯军州结罪保明申贡院,通叙举数③。

还应看到,异地取解之所以难以禁绝,与举子原贯地方

①《续资治通鉴长编》卷一八七。
②《宋会要辑稿·选举》一五之八。"冒贯"的典型案例,还可举淳熙十一年(1184)章仲衡"冒贯"牒试事(同上五之七)、庆元元年(1195)王万枢二子冒贯事(同上五之一四)等。
③《宋会要辑稿·选举》一五之一七。

官——至少是教官或明或暗的支持有关。如楼钥之高祖楼郁仁宗时为明州（今浙江宁波）教官，"秋赋之年，先生（楼郁）谓舒公亶、袁公毂、罗公适曰：二三子学业既成，不应有妨里人荐名。于是舒试于乡，袁试于开封，罗试于丹丘，三人皆在魁选，实为一时之盛"①。则学业最好的三人，就有二人到异地取解。这样既可保证到异地取解的能在竞争中稳胜，又为本贯其他人腾出了解额，以便将更多的举子发解赴省，从而突显出教官的业绩。这与今天一些重点高中的保送生未必最优（最优者令其参加高考）的道理相同。

南宋间，基本沿北宋成法。如绍兴十九年（1149）十一月甲辰，"诏诸郡行乡饮酒之礼以取士。先是，司农卿汤鹏举请对，论举人多冒贯求试。乞于未下科诏前，令州县长官籍定来岁当应举人名，州县学职事覆（当为"覈"之误）实申教授，预先引保，委无伪冒，然后许赴乡饮酒。若临时投状射保者，并不收试。事下礼部，至是颁行焉"。用"乡饮酒"的方式核实乡贯，似乎是个绝好的办法，但"士人以为不便"②。绍兴二十六年四月戊戌，"左承议郎、通判抚州张洙行国子监丞。洙召对，乞士人虽不预乡饮酒者，皆许赴试。事下礼部，其后礼部言：'今后科举，欲并依旧法。其乡饮酒礼愿行于里社者，听从其便，仍不许官司干预。'（高宗）从之"③。

---

① 楼钥《跋袁光禄毂与东坡同官事迹》，《攻媿集》卷七七。
② 《建炎以来系年要录》卷一六〇。
③ 《建炎以来系年要录》卷一七二。"里社"之"里"，原作"礼"，据《宋会要辑稿·礼》四六之五改。《建炎以来朝野杂记》甲集卷一三述此事，张洙作"陈泳"，当误。

于是,寡廉鲜耻之徒的冒贯之风愈炽。孝宗淳熙四年(1177)三月三日诏:"淮南、京西人户,有产业如烟爨实及七年以上,应举即许依贡举法收试。"①次年五月十一日,右谏议大夫萧燧言:"诸路士人并有寡廉鲜耻,贪他郡解额之宽,诈冒以侥倖于一得,土著士人争讼纷纭,场屋鼓噪,无所不至。乞下诸州严为之禁。自今士人赴乡举者,必须实系土著,方许赴试,仍从本县保明烟爨,申州以凭结保,若揭榜有非烟爨冒贯得解人,并行驳放。其借以户名与之妄认者,同底于罚。从之。"②总之,"本贯取解"是基本法规,"寄应"乃特殊情况,且有严格限制,这在有宋一代没有变化。

强调在本贯取解,从上面引文可知,目的在便于对士子操行品德、身体状况进行考核,如仁宗嘉祐六年(1061)六月十五日贡院上奏所说:"欲举人尽归土著取应,则官司可以询察履行,稍近乡举里选之法。"③这固然首先是为了维护统治阶级的政治利益,但客观上,人才选拔也应有必要的要求(如身体条件等),这样方能确保质量,维护社会安定和科举的相对公正。因为解额是分配到各地的,如果士子涌向某处取解,则必然侵害该地士子的利益,用今天的话说,是占了别人的指标;而更大的弊端,是异地取解难免不借助权力或金钱开道。试想,孤寒子弟到"异地"都困难,更何敢奢望去"取解"!而有力量的士子之所以千方百计要到异地特别是涌向京师,其中固有因服制限制在本贯难以取解等因素,

---

①《宋会要辑稿·选举》一六之二〇。
②《宋会要辑稿·选举》一六之二一。
③《宋会要辑稿·选举》一五之一八。

如上引晁迥等所议;但最根本的,则是各地解额分配以及省试(礼部试)、殿试录取的不平衡。解额有的地方(如监、府)、有的考试(如别头试、锁厅试)较宽,而各地教育状况特别是对科举信息的掌握差异很大,于是在京取解便占有极大的优势。苏颂曾在《议贡举法》中分析士子"竞赴京师"的原因,是"本处人多解额少":"盖以开封府举人不多,解额动以数百人,适所以招徕之而使其冒法。"因此他提出解决的办法,是以开封府实有士子数"比校外郡人数,酌中解名处量其分数,别立定额。"①南宋时朱熹也说:"今之士子不安于乡举而争趋太学试者,以其本州解额窄而试者多,太学则额阔而试者少;本州只有解试一路,太学则兼有舍选之捷径,又可以智巧而经营也。……今日欲救其弊,而不以大均解额为先务,虽有良法,岂能有所补哉!"②宁宗嘉泰四年(1204)十一月十三日,右正言林行可上奏言及"胄试"时道:"胄子之试,③取人稍宽,岂非念其父兄涖官中都而优之欤?"④又嘉定六年(1213)十二月十五日臣僚言,谓"盖凡取解之优,自太学及胄子之外,则有诸路漕试尔"⑤。《梦粱录》卷四《解闱》记南宋末两浙路转运司的解额情况,更可看出同是取解试,而不同类别解额不均的严重

---

① 《苏魏公文集》卷一五。
② 《学校贡举私议》,《朱文公文集》卷六九。
③ 胄子之试,即"胄试",或称"监试",即国子监附试。《文献通考》卷三〇《选举三》:真宗景德间,翰林学士晁迥等议:"其文武升朝官适(通"嫡")亲,许附国学。"原注:"此胄试之始。"
④ 《宋会要辑稿·选举》五之二八。
⑤ 《宋会要辑稿·选举》六之一七。

性："两浙运司寓试士人约一百名取一名,有官文武人及登仕郎皆十人取一人,国子牒试则五人取一人,太、宗、武学(按即所谓"三学":太学、宗学、武学)士人约四五人取一人。"但要改变这种宽窄严重不均的状况,必然要损害大官僚地主阶级的利益,而困难重重,几无可能。于是,有权力背景或多金之家,便千方百计对付法规以求"寄应",以致经常引起纷争,甚至酿成灾难。如绍兴二十六年(1156)八月甲申,"镇江府发解举人,而闽人有冒贯者,举人周晋等持梃欲击之。守臣直秘阁林大声率府寮往视,为飞石中其帻,吏士有被伤者。大声即捕举人十八人属吏。事闻,诏停举,令金部郎中、总领淮东财赋董苹审问,晋遁去,其徒顾作猷等皆坐编管、殿举有差。其后,右正言凌哲奏,举人喧竞,盖大声遣卒护送闽人冒贯,激使之然。于是大声亦罢"①。又如宁宗嘉定十五年(1222)二月十九日,右正言龚盖卿上言荆湖南路举场因冒贯所造成的场屋殴斗,也够触目惊心的了:"岁在丙午(淳熙十三年,1186),有冒潭州之贯者,场屋喧闹蹂践,几死者数人。……岁在丁卯(开禧三年,1207),有冒衡州之贯者,场屋喧闹如潭州。……至庚午(嘉定三年,1210),冒伪滋甚。……"②看来,"本贯"与"寄应"的矛盾,一直困扰着有宋科场,终其一代皆未能解决。

当然,也有品德高尚、拒绝冒贯寄应的,如吕本中《吕氏童蒙训》载:"李君行自虔州入京师,至泗上,其子弟请先行,君行问其故,曰:'科场近,先欲至京师,贯开封户籍取应。'君行不许,曰:

①《建炎以来系年要录》卷一七四。
②《宋会要辑稿·选举》一六之三四。

'汝虔州人而贯开封,欲求事君而先欺君,可乎? 宁迟数年,不可行也.'"不过像李君行这样出污泥而不染的,恐怕为数不多。

第八节　宋代发解制度的得失

发解试是整个科举考试的基础,是"人才"之源,故统治者相当重视。绍兴初,高宗还亲阅解试试卷。如绍兴八年(1138)黄公度榜第三人陈修,"福州人,解试《四海想中兴之美赋》,第五韵隔对云:'葱岭金堤,不日复广轮之土;泰山玉牒,何时清封禅之尘。'时诸郡试卷多经御览,高宗亲书此联于幅纸,粘之殿壁。……其年第五人方翥,兴化人,解试《中兴日月可冀赋》,一联云:'伫观僚属,复光司隶之仪;忍死须臾,咸泣山东之泪。'亦经御览,亲笔录记,唱名日,特命加一资。上恢复初志,随寓发见,感愤如此"①。其时高宗尚有志于恢复,故欲借此发现和培植可用之才。

纵观宋代科举发解条制,包括解额配置,本贯取解,以及组织官僚亲戚、门客别试等等,经过三百多年的不断完善,虽然在执行过程中产生了许多弊端,但就制度层面论,大体是周密的,其最大优点是在保证统治阶级根本利益的同时,也在一定程度上兼顾了包括边远地区、孤寒子弟等各方面的利益。这有利于保持社会稳定和文化教育事业的发展。但是,也是制度层面的不科学不完善,造成宋代科场弊端丛生。

---

① 《鹤林玉露》乙编卷六。

首先是上节所述困扰宋代科举的"寄应"问题,特别是大量士子涌向京城开封,成为科举中的大弊。这弊病早在唐代就出现了,当时京兆府(治长安)发解的进士中第比例很大,而"同(州)、华(州)解最推利市,与京兆无异,若首送,无不捷者"①。唐代士子及发解数量较两宋少得多,似乎还不是大问题,而宋代则成为人们议论的热点之一,尽管三令五申,反而愈演愈烈,成为终宋无法医治的顽疾。其主要原因,如上节所分析的,是解额、教育资源和信息享有的严重不平衡,客观利益驱使士子奔赴京师,或营求"牒试",权力、金钱也就乘机介入发解。宋初柳开在《上卢学士(多逊)书》中写道:

　　　　凡近年举进士者,唯开封解为盛,礼部升而中第者十居其五,所以天下之士群来而求荐焉,争先而冀上焉。开实不忍弃之,大望其角胜矣,乃尝拜而有谋于执事也。执事当是时,飏言而命开曰:"汝何必须开封解矣,去年李蔚解于郑而成名,有司不遗其材,斯果在于开封乎? 汝但敦其李蔚耳,无执于内外解也。"……迩者遂西入郑郊,果获首荐。②

柳开是大名(今属河北)人,想通过卢多逊的关系到开封取解,虽然听了卢的话,但仍是在距开封不远的郑州取解,并未在本贯。当时开封取解而中第者达到一半(虽未必每科皆如此),这种巨大

①《唐摭言》卷二《争解元》。
②《河东先生集》卷八。

的诱惑力是难以抗拒的,"所以天下之士群来而求荐焉"。洪迈《夷坚甲志》卷一九《沈持要登科》,记载了一个欲用金钱"召保"从而冒贯的事例,虽是小说,恐非空穴来风:

> 沈持要(枢),湖州安吉人。绍兴十四年(1144),妇兄范彦辉监登闻院,邀赴国子监秋试。既至,则有旨,唯同族亲乃得试,异姓无预也。范氏亲戚有欲借助于沈者,欲令冒临安户籍为流寓,当召保官,其费二万五千。沈不可,范氏挽留之,为共出钱以集事。

如果赵宋统治者正视上述不平衡的客观事实,下决心进行调节,那情况也许会好一些。当然,问题往往不是那么简单,就是现在,也还有向发达地区"高考移民"的现象。

其次,宋代发解制度的另一弊端是"免解",经常出现冒滥。如前述绍兴二十九年太学、武学、临安府学诸生为皇太后八十寿辰上贺表,只因"文理可采",高宗即下诏让大小职事六十多人"永免文解"或"免解一次"。因为这是皇帝"推恩",故臣下罕敢异议。但上舍下等亦免解,便颇为人所诟病,因免解进士一多,必然侵害正解举子的利益。绍兴三十二年(1162)六月二十九日(时孝宗已即位未改元),殿中侍御史张震言:

> 太学免解,已非旧典。今当免者千二百余人,其间固有已得解者,今此一免,数解之后,不失一官,已为优幸。而此外或以驻跸,或以藩邸,或以节镇,皆得曲为之辞,转相攀引,

则是当免解者几二万人。窃虑来春取人，数倍常举。①

免解进士几近二万，这是很惊人的。用免解以"振滞"，固能消解部分社会矛盾，但皇权、特权的滥用，又必然损害制度本身。

再次，相对稳定各地的解额（指标），再适时地作一些调整，也许是保持社会安定的需要；但统得过死，缺乏宏观调节，或调节机制不灵活，调整不到位，又如宋人所说，成为取士中的"一害"。叶适《科举》写道：

> 何谓"解额一定为一害"？百人解一，承平之时酌中之法也。其时闽、浙之士少以应书，而为解之额狭矣。今江、淮之间，或至以仅能识字成文者充数；而闽、浙之士，其茂异颖发者，乃困于额少而不以与选，奔走四方，或求门客，或冒亲戚，或趁傔纳。夫士之为学，其精至于性命之际，而其用在于进退出处之间，然后朝廷资其才力，以任天下之重。今也以利诱之于前，而以法限之于后，假冒干请，无所不为。然则以其有是士之可取也而取之，此其义理之当然者耳，则解额之狭于彼者，何不通之使与宽者均乎？②

同时，将解额分到各地，客观上提供了官吏作弊的资源。如嘉定十五年（1222）二月十九日左司谏张次贤在论科举弊端时，谈

①《宋会要辑稿·选举》一六之一一。
②《水心别集》卷一三。

到四川类省试,顺便言及解试,曰:

> 若夫诸州解试,官虽自漕司选差,然其弊有可骇者:试官不校文,以卖解为常例;士子不业文,以买解为捷径。岁及大比,置局立价,上下交通,公私为市。题目得于未试之前,姓名定于未考之始。因循习熟,恬不为怪。如曩岁荣州解试,寄居刘光与监试何周才合谋鬻解,光之子直入棘园就试官位置酒纳赂,洎揭榜,刘氏一门亲戚馆客殆居其半。由是士子不平,诉之有司,推鞫按奏之牍,今可覆也。①

蜀中如此,其他地方也不会好多少,而牒试(特别是南宋)的营求伪冒及作弊更为严重。如嘉定十二年(1219)十二月二十二日臣僚言:"浙漕类试,其弊尤多:或名贯年代一同而纳两卷,或次场夹赋卷而同纳,或二名贯虽异,祖、父名讳年甲则同。……八厢伺察,以防挟书代笔。比年玩习,锁试之前,富室势家结约入试,包藏所携,首为稽留。试题一出,密令检阅,蝇书满庭,莫之惮也。"②南宋浙漕贡院在杭州北关门外沈家桥③。连"天子脚下"都弊事百端,何遑他论?牒试弊至于此,故朝廷不得不一度罢之,已见前述。这些问题除有司监管不力外,无疑也有制度上的漏洞。

---

① 《宋会要辑稿·选举》一六之三六。
② 《宋会要辑稿·选举》六之三四。
③ 又叫湖州市,见《梦粱录》卷四《解闱》、卷一五《贡院》。

得失并存，利弊兼有，这就是宋代科举中的发解制度，而它就这样维持了三个多世纪。

获得发解的举子，又将在省试的路上征战，而由于解额的限制，大量读书人最终过不了取解关，就只有为"民"了。宋人留下了许多伤解试落榜的诗，学子的血泪，化成了诗苑"奇葩"。如刘弇《伤段谦叔失意二十八韵》、《伤蔡文仲秋闱失意四十韵》、《伤友人潘镇之失意七十韵》即是①。《伤蔡文仲秋闱失意四十韵》有曰：

> ……失意应常理，嗟君最可怜。双亲堂上老，三釜养中偏。须有千茎雪，家无二顷田。甑中尘屡起，囊乏罄长悬。草木荒三径，埃氛满一廛。鹑衣伤子夏，蜗舍病焦先。雪冷袁安卧，风清靖节眠。谩夸五色笔，不及一囊钱。……

这不竟使人联想起古诗"十五从军征，八十始得归"的那位老兵的凄凉景象。对于科场失意者的声音，我们较难直接听到，今幸存署名"逸民"的士子，尝作《江城子·中秋忆举场》词道：

> 秀才落得甚干忙。冗中秋，闷重阳。百年三万，消得几科场。吟配十年灯火梦，新米粥，紫苏汤。　如今且说世平康。收战场，息橐枪。路断邯郸，无复梦黄粱。浪说为农今

---

① 《龙云先生文集》卷七。

决矣,新酒熟,菊花香。①

对科举,这位"秀才"最终选择了放弃。他是强作笑颜、故为达观呢,还是真的"想通"了？不得而知。十年青灯,黄粱梦破,很难想像他的心情就那么平静。透过这有些玩世不恭的吟唱,我们不难体会到当事人内心深处的酸楚、憾恨和痛苦。

①《翰墨大全》壬集卷八,见《全宋词》第五册第 3587 页,中华书局,1988 年。

第六章　宋代科举的省试

　　宋代科举的第二级考试,由尚书省礼部主持,故叫礼部试、南省试(唐尚书省在大明宫之南,故称南省,又叫南宫、南庙①,后沿用),简称省试;此试在春天举行,故又叫春闱、春试。在唐代,这是最高级别的考试,初由吏部考功员外郎负责,玄宗开元二十四年(736),"天子以郎署权轻,移职礼部,始置贡院"②,宋代因之。在整个科举考试流程中,礼部试最为重要,特别是在宋仁宗嘉祐间殿试除杂犯外免黜落之后③,礼部试实际上便基本决定了举子的命运。正如绍兴三年(1133)十月二十七日臣僚所言:"科举之设,实用人材之根本,而省试最为重事。"④本章将论述从举子赴省到拆号放榜的全过程,并讨论奏名数额和"五路法"等问题。

---

①如《石林燕语》卷四:"林文节(希)连为开封府、南庙第一,廷试皆属以魁选。"
②李肇《唐国史补》卷下。
③"杂犯"指犯讳、落韵、答非所问等。"免黜落"事在下章叙述。
④《宋会要辑稿·选举》二〇之三。

第一节　举子赴省

各地得解举子在备办好各种进京事项及"手续"（如结保、投状、纳试纸等）后，便意气风发地迈上参加省试的征途，到京后照例要参加"群见"、"谒先师"等活动——总之，在正式入场考试之前，我们都管它叫"举子赴省"。

一、省试时间

省试的时间，北宋至南宋孝宗时，一般为正月中旬①。淳熙十六年（1189）九月二十一日，右谏议大夫何澹言："（省试）引试之时，春令尚浅，间遇风雪，则笔砚冰冻，终日呵笔，书字不成，纵有长才，莫克展布，年高之人，至有不能终场者。今欲展半月，定以二月一日引试。"光宗"从之"（原注：绍熙三年〔1192〕亦如之）②。这无疑是条极具人文关怀的建议，故从光宗绍熙初起，便将省试延到二月一日。

南宋四川类省试则提前半年举行，与行在所临安（杭州）的省试不同时，这将在下章叙述。

至于省试的日程和场次安排，现仅存光宗之后的完整记载。

---

① 个别特殊年份除外，如绍兴元年（1131）二月二十九日诏各地类省试"就今年八月上旬内择日引试"（《宋会要辑稿·选举》四之二三）。
② 《宋会要辑稿·选举》一之二〇。

《钱塘遗事》卷一〇《省试》曰:"二月初一、初二、初三日引试诗赋人,初五、初六、初七日引试经义人,初九、初十、十一日引试宗室锁厅应举人,混经、赋为一场。十三、十四日引试取应宗子。别试所则又迟经义场一日,初六、初七、初八日也。"

二、结保

太宗太平兴国七年(982)九月八日诏:"自今诸道解到贡举人,依吏部选人例,每十人为保,内有行止逾违、为佗人所告者,并当连坐,永不在赴举之限。"[1]庆历四年(1044)三月十三日,翰林学士宋祁等准诏详定贡举条制,规定"省试进士、诸科举人合保,并依发解条(按:发解合保共七条,详前章第二节引,其中规定各地三人一保,国子监、开封府五人一保)。如妄冒过省及第入官而事发者,本人除名,保人殿两举。已及第未得与官,已入官者停见任。已上入学取解到省,保人如不实者,事发日官员坐私罪,举人殿实举。"此条制虽因庆历新政失败而未执行,但结保一事与新政无关,盖前后相因,不会有多少变化。又,庆历四年六月二十八日,"详定贡举条贯所言:准诏删定新贡举制,取解进士、诸科,国子监、开封府为保人数,欲令诸处取解进士、诸科举人,每三人以上为一保,国子监、开封府五人以上为一保。内须有书到省举人。(仁宗)从之"[2]。为保人数与宋祁等详定条制同,盖强调"内须有书到省举人",即举人必须有保书到礼部。南宋光宗绍熙元

---

①《宋会要辑稿·选举》三之四。
②《宋会要辑稿·选举》一五之一二。

年(1190)五月二十四日,臣僚言:"结保必须相识,使其人果是庸谬,或假手以得解,或多赀以经营,或挟人以同行,为相识者岂不知之?然而同保之罚不行,故轻易与之结保,此当严者一也。保官必须批书印纸,使其人果伪冒,或不相谙委,或所谍太多,自合审细。然而保官之罚不行,故轻易与之为保,此当严者二也。"①盖法久而弊生,南宋时结保已多流于形式。

三、赴省

得解举子在参加了当地帅司守令举行的"鹿鸣宴"后,就得各依路途远近,陆续启程。对于"初战"告捷、取得州郡解文的举子,省试是最关键的一战,也是最艰难、投入和风险俱大的一次竞争。《梦粱录》卷二《诸州府得解士人赴省闱》曰:"诸州士人,自二月间前后到都,②各寻安泊待试。遂经部呈验解牒,陈乞纳卷用印,并收买试篮桌椅之类。试日已定,隔宿于贡院前赁房待试。就看坐图。……铺席买卖如市,俗语云'赶试官生活',应一时之须耳。"从租赁房屋到购买桌椅(考场桌椅须自备),经济、精力上的耗费之巨,可想而知。

北宋初,有为路途遥远的举子发"公券"的规定。开宝二年(969)十月六日,太祖诏曰:

---

① 《宋会要辑稿·选举》一之二二。
② 这是光宗以后的情况,北宋到都时间在头年冬天,详下。由于各科、各类举子的考试日程不同,故并非同时到达。

汉诏吏民明当世之务、习先圣之术者,县次给食,令与计偕,盖优贤之道也。朕开设礼闱,敷求俊乂,四方之士,岁贡而来。眷惟遐远之乡,虑迫道途之费,爰稽古典,用示朝恩:自今应西川、山南、荆湖等道所荐送举人,并给往来公券,仍令枢密院定例施行。①

又《燕翼诒谋录》卷一曰:"远方寒士预乡荐,欲试礼部,假丐不可得,则宁寄举不试,良为可念。谨按开宝二年十月丁亥,诏西川、山南、荆湖等道,所荐举人并给往来公券,令枢密院定例施行。盖自初起程以至还乡费皆公家……今不复闻举此法矣。"则所谓"公券",又叫"驿券",相当于路上免费食宿的凭证。其法盖宋建国之初为优恤、吸引新降和即将被攻灭的后蜀、南汉、楚等地的举子而设。据《宋会要辑稿·选举》一五之五载仁宗天圣三年(1025)八月二十日知益州薛田奏,该时益州(今成都)还在"依例支给",仁宗甚至有"远方贡士,给券发遣,亦非过外支用官物"之语。南宋绍兴初,川、陕远方进士到临安参加省试犹给驿券②,后来何时废止,及废止的原因,尚待稽考。

对于大多数路途即便不算太遥远的举子,赴省仍然是一笔巨大的开销,因此有人顺便做起贩运的生意来。梅尧臣《闻进士贩茶》诗道:

---

①《宋会要辑稿·选举》三之二。
②见《建炎以来系年要录》卷一○七、《宋会要辑稿·选举》八之四二。

山园茶盛四五月,江南窃贩如豺狼。顽凶少壮冒险岭,夜行作队如刀枪。浮浪书生亦贪利,史笥经箱为盗囊。津头吏卒虽捕获,官司直惜儒衣裳。却来城中谈孔孟,言语便欲非尧汤。三日夏雨刺昏垫,五日炎热议旱伤。百端得钱事酒肉,屋里饿妇无糇粮。一身沟壑乃自取,将相贤科何尔当。①

梅尧臣抨击的固是不良举子,似乎有些以偏概全,其实借便贩卖的不乏贫困之士,目的无非是为了补贴大笔路费及在京时的花销。元祐间苏轼知杭州,税务押到匿税人南剑州乡贡进士吴味道,他居然在二巨卷货物上写上苏轼衔名,送达地是"京师苏侍郎宅"("苏侍郎"指苏辙)。苏轼将吴叫到跟前,"讯问其卷中果何物也。味道恐蹙而前曰:'味道今秋忝冒乡荐,乡人集钱,为赴都之赆。以百千就置建阳小纱,得二百端。因计道路所经,场务尽行抽税,则至都下不存其半。心窃计之,当今负天下重名而爱奖士类,唯内翰与侍郎耳,纵有败露,必能情贷。味道遂伪假先生台衔,缄封而来。……'"他将二百端"建阳小纱"运到开封,显然是为了变卖增值。苏轼不仅不治他的罪,反而笑呼书史去其旧封,换题细衔,又亲手给苏辙写信,并祝他来年高选。吴氏次年果登高第②。当然,在读书人以清高自命的时代,像苏轼这样能理解士子难处的人毕竟很少,如南宋登四川类省试的举子须到临安参加殿试,其中也有人搞贩运,得到的是东南人一片"蜀士嗜利"的

①《梅尧臣集编年校注》卷二五。
②《春渚纪闻》卷一〇《赝换真书》。

批评声(详下章)。

得解举子赴京应考,无疑是一件荣耀的事,但他们也承受着巨大的压力:长辈、兄弟、妻子及所有亲友的期盼,对他们说来是太殷切、也太沉重了。今存刘鼎臣妻《鹧鸪天·剪彩花送夫省试》词道:

> 金屋无人夜剪缯,宝钗翻作齿痕轻。临行执手殷勤送,衬取萧郎两鬓青。　听嘱付,好看承。千金不抵此时情。明年宴罢琼林晚,酒面微红相映明。①

情深意切,但"明年宴罢琼林晚"的"嘱付",既是动力,也会压得刘鼎臣喘不过气来。

路程遥远的举子赴省,在交通不便的宋代,绝非一件轻松事,可谓要历尽千辛万苦。对于从小寒窗苦读、大多没出过远门的年轻人来说,这既是一次劳顿辛苦之旅,也是他们体验生活、展示文学才华的好机会。唐、宋以还,赴举行役诗流传下来的不少,兹略举二首,以见一斑。慕容彦逢(1067—1117)《赴省试到阙偶成》诗道:

> 去年隋堤一丈雪,雪路苦寒那可行。行人畏寒兼畏滑,满蹊坚冰如鉴明。行装人与马成二,身不自惜旁人惊。崎岖千里到京阙,痛定回思双泪倾。伊予少小亲翰墨,应敌岂解

---

① 《古杭杂记》,见《全宋词》第五册第3540页。

前无勋。今者西来皆(疑"偕"之误)计吏,妄与群俊争文鸣。无田归耕曷为养,得失未易秋毫轻。作歌聊用写情素,拥鼻微吟同洛生。①

赴省途中的艰辛和毫无退路的处境,表述得淋漓尽致。这些举子的出身、经历也许各不相同,但都怀着对前程的美好憧憬,做着相同的玫瑰色的梦。且读徐遹(徽宗时人)《赋六人同舟赴省举》诗:

陈李张黄苏与周,更添徐子分相投。竹林风月连三郡,北宿光芒聚一舟。作者定知同议论,争臣顿是合谋猷。胸中各有平津策,此去知谁作状头?②

旁观者或过来人则似乎别有说法,试读宋人专咏举子赴省的《青玉案》词:

钉鞋踏破祥符路。似白鹭、纷纷去。试盝幞头谁与度。八厢儿事,两员直殿,怀挟无藏处。 时辰报尽天将暮。把笔胡填备员句。试问闲愁知几许,两条脂烛,半盂馊饭,一阵黄昏雨。③

---

①《摛文堂集》卷一。
②《全宋诗》卷一一九〇引明朱希召《宋历科状元录》卷四。
③《全宋词》第五册第3666页引《夷坚三志》己集卷七。

是看破后的轻蔑,还是回味中的苦涩?

四、投状纳文卷、试纸

宋初,各地得解举子必须在正月前到达礼部,投上解文(又称
"解牒")、文卷(或义卷)、家状、保状、试纸等①。太平兴国五年
(980)正月六日,开封府发解官、直史馆王世则等言:"千里外举人
并今年赴试人数不少,欲展限至二月二十日。兼乞下开封府晓
示,须正月十五日已前到京投状,纳文卷、试纸。从之,仍令登闻
院,出限进状者不得收接。"②这是宋初的情况,而且是"展限"。
后来投状时间,一般都在省试之头年的取解试后不久。真宗大中
祥符七年(1014)五月二日礼部贡院言:"诸道举人取解,准格并于
十月二十三日已前以解文、试卷到省,近年多违日限,欲预先移牒
天下州郡。从之。"③《宋史·选举志一》曰:"家状并试卷之首,署
年及举数、场第、乡贯,不得增损移易,以仲冬收纳,月终而毕。"
"仲冬"为十一月。庆历二年(1042)正月七日诏:"川、广合该解

---

①《宋史·选举志一》:"进士文卷、诸科义卷、帖由,并随解牒上之礼部。"所
谓"文卷"、"义卷",当指"公卷"。苏颂《议贡举法》曰:"旧制,秋赋(指取
解试)先纳公卷一副,古律诗、赋、文、论共五卷。预荐者仍亲赴贡院投纳,
及于试卷头自写家状。其知举官去试期一月前差入贡院,先行考校。"
(《苏魏公文集》卷一五)苏颂所说为进士文卷,诸科举人盖须作经典大
义,称"义卷"。实行封弥、誊录制后,"公卷"即失去意义,庆历元年
(1041)八月十一日,权知开封府贾昌朝上言罢去,详《宋会要辑稿·选举》
一五之一一、《续资治通鉴长编》卷一三三。
②《宋会要辑稿·选举》一四之一五。
③《宋会要辑稿·选举》一四之二四。

发及诸处免解举人,虑地远到阙稽迟,令贡院,如未引试日前续次到者,并收试。"①这是对"地远"处举子网开一面。庆历八年(1048)四月十四日礼部贡院言:"勘会庆历五年科场,诸州军举人并不依条限投纳家保文卷,缘自来承例乞展日限。欲乞今来于十一月二十五日限外,与量展半月,更不重叠。展限内不来投纳,即先驳放,更不在收试之限。""诏:依所奏。"②从此以后,送解文、试卷等到省的时间,一般在十月下旬,最晚不过十一月。南宋光宗后,举子到都(杭州)是二月前后(见上引《梦粱录》)。

各州郡家状、试卷等的运送,除举子自纳外,也可由某个得解举子包揽。庆历八年四月十四日礼部贡院言:"诸州军举人如得解后有揽同解举人家状、试卷赴京,须依格限送纳,如是缘路遗弃元供文字,诸色人严断,元揽举人驳放。"③家、保状等到京后,礼部贡院置库编排封锁,由专人负责管理④。

五、"群见"与"谒先师"

省试之前,有举子集体"入对"皇帝之礼,叫"群见"。唐代举子在含元殿群见,其仪注略见《南部新书·丙》。宋代也有群见礼,当是沿袭唐人遗制。后来举子人数太多,难以组织,遂改为各

---

①《宋会要辑稿·选举》三之二二。
②《宋会要辑稿·选举》三之三二。
③《宋会要辑稿·选举》三之三二。
④见仁宗天圣元年(1023)十月十二日礼部贡院言,《宋会要辑稿·选举》三之一三。

地"解头"入见。沈括《梦溪笔谈》卷九载：

> 旧制：天下贡举人到阙，悉皆入对，数不下三千人，谓之群见。远方士皆未知朝廷仪范，班列纷错，有司不能绳勒。见之日，先设禁围于著位之前，举人皆拜于禁围之外，盖欲限其前列也。至有更相抱持，以望黼座者。有司患之，近岁遂止令解头入见，然尚不减数百人。嘉祐中，予忝在解头，别为一班，最在前列。目见班中，唯从前一两行，稍应拜起之节，自余亦终不成班缀而罢，每为阁门之累。常言殿庭中班列不可整齐者，唯有三色，谓举人、蕃人、骆驼。

"群见"或"解头入见"之后，还有拜谒孔子之礼。《渑水燕谈录》卷六："国初，诏诸州贡举人员群见讫，就国子监谒先师，迄今行之，循唐制也。"再后，就是礼部考试了。

第二节　省试条制述略

宋代的礼部试，太祖、太宗基本遵用唐制，到真宗才制订出具有宋代特色的省试条法。从真宗景德起，朝廷曾多次新定、修订或重订省试条制，但却没有一件完整的文本流传下来。兹据宋人文献及书目著录，考述其大略。

一、景德条制。景德四年（1007）闰五月，"龙图阁待制陈彭年上言，请令有司详定考校进士诗赋杂文程式，付礼部贡院遵行"。

于是诏曰:"考较程式,宜令(陈)彭年与待制戚纶、直史馆崔遵度、姜屿议定,余令彭年各具条制以闻。"①是年十月乙巳,"翰林学士晁迥等上《考试进士新格》,诏颁行之。"《宋史·选举志一》称之为《考校进士程式》。此条制本书已在第四、五两章中详述,此不赘。

二、大中祥符《礼部贡举条制》。大中祥符四年(1011)五月二十七日,翰林学士晁迥等言:

> 准诏详定《礼部贡院条制》。请进士就试日不得张烛,亦不得将入茶担、火燎,汤茶官备。试诗赋,止许将入《切韵》、《押韵》、《韵略》,余书悉禁。仍预于贡院纳书案,有司于试前一日排定坐次,榜名告示。至日,监门据姓名引入,依此就座,不得移易。或举人有所请问,主司即与解说。举人并不得寄应,仍不得分人田土虚立户名,违论如法。如有久在乡县,实无户籍,许召命官一人保明行止,非妄冒者,听具本贯、家状于开封府投纳收试。文武升朝官以上骨肉,愿于国学请解者,许陈本贯投状试补。旧是寄应举人,今欲归本贯者,不得叙理前举。其《开宝通礼义纂》,望改为《疏》。自今所试墨义,每场问正经五道,义疏五道,通六为合格。

真宗"并从之"②。

---

①《续资治通鉴长编》卷六五。
②《宋会要辑稿·选举》三之九。

三、天圣条贯。天圣元年（1023）十二月十二日，中书门下言："乞定科场条贯。"诏两制与孙奭同共详定以闻。既而上言：

> 殿举人旧实殿一举，后遂以一年理为一举。缘数年一开举场，其间更值恩赦，遂使惩沮之典，虚有其名，负犯之徒，不妨进取。欲今后殿三举以下，即依旧例；其殿五举者，须实殿两举后，方许更理一年为一举。又曾犯刑责之人，不得收试。大凡无官荫者，答以上皆决，不复更践科场；有官荫者，流以下皆赎取应，并无妨碍，轻重之间，恐未允当。欲今后有官荫举人，身犯徒以上罪，虽赎及虽逢恩宥，并不许应举。如敢罔冒，以违制罪之，同保人殿五举，有保官者与同罪。又下等举人好撰匿名文字谤讟主司，或私相期集，构合词讼。欲今后委是知举官等第不公，许令单名实封指论，更不得期集、连名进状，如辄撰无名文字私相传布，令开封府及巡检人擒捉，重行断决。如不获主名，其文字随处焚毁，勿送官司。

仁宗"从之"①。以上主要定了三条：殿举的计算方法；有官荫举人犯徒以上罪不许应举；举子不许串连诬告或匿名攻击主司。

四、《庆历贡举条制》。庆历四年（1044）三月十三日，翰林学士宋祁等上言，称"近准敕详定贡举条制"。其详定的"合保荐送之法"、诸州发解试罢封弥、誊录，已在本书第四、五两章引述，兹录其考试法：

---

① 《宋会要辑稿·选举》三之一三。

臣等参考众说，……今先策论，则文辞者留心于治乱矣；简其程式，则闳博者得驰骋矣；问以大义，则执经者不专于记诵矣。其诗赋之未能自肆者，杂用今体；经术之未能亟通者，尚依旧科，则中常之人皆可勉及矣。此所谓尽人之材者也。故为先策论过落、简诗赋考式、问诸科大义之法。此数者其大要也。①

但不久，"或言新制非便"。庆历五年（1045）三月二十三日诏："进士、诸科经义，并如旧制考之。"②所说"或言新制非便"，据《续资治通鉴长编》卷一五五，乃知制诰杨察所论。到庆历八年四月，礼部贡院上言，全面否定"新制"。其驳考试法道：

又新制，进士先试策三道，次试论，次试诗赋；先考策论定去留，然后与诗赋通定高下。然举人每至尚书省不下五、七千人，及临轩覆较，止及数百人。盖诗赋以声病杂犯易为去留，若专取策论，必难升黜。盖诗赋虽名小巧，且须指题命事，若记闻该富，则辞理自精；策论虽有问目，其间敷对，多挟

①《宋会要辑稿·选举》三之二三，参校《续资治通鉴长编》卷一四七。《长编》原注："此即仲淹等《十事》其三曰《精贡举》也。"范仲淹《答手诏条陈十事》，载《范文正公政府奏议》卷上。按：此奏文字，又见欧阳修《详定贡举条状》（载《欧阳文忠公集》卷一〇四，题下有注云："初，范仲淹等欲复古劝学，诏近臣议。于是翰林学士宋祁、御史中丞王拱辰、知制诰张方平、欧阳修、殿中侍御史梅挚、天章阁侍讲曾公亮、王洙、右正言孙甫、监察御史刘湜九人同上此奏，其文字则出公手。"
②《玉海》卷一一六。

他说。若对不及五通,尽黜之,即与元定解额不敷;若精粗毕收,则滥进殊广。所以自祖宗以来,未能猝更其制。兼闻举人举经史疑义可以出策论题目,凡数千条,谓之《经史质疑》,至于时务,亦抄撮其要,浮伪滋甚,难为考较。又旧制以词赋声病偶切之类立为考式,今特许仿唐人赋体,及赋不限联数,不限字数。且古今文章,务先体要,古未必悉是,今未必悉非。尝观唐人程式诗赋,与本朝所取名人辞艺,实亦工拙相半,俗儒是古非今,不为通论。自二年以来,国子监生诗赋即以汗漫无体为高,策论即以激讦肆意为工,中外相传,愈远愈滥,非惟渐误后学,又恐后来省试,其合格能几何人。伏惟祖宗以来,得人不少,考校文艺,固有规程,不须变更,以长浮薄。请并如旧制。

仁宗于是月丙子(八日)诏曰:"科场旧条,皆先朝所定,宜一切无易。"①"庆历条制"是"庆历新政"的产物,也随着"新政"的失败而废罢。

五、《礼部考试进士敕》。郑樵《通志·艺文略三》著录"《礼部考试进士敕》一卷(宋朝晁迥等撰)",《宋史·艺文志三》同。此乃删定晁迥等所订条制而成。《玉海》卷一一六述此事时,引《国史·志》曰:"《礼部考试进士敕》一卷,晁迥等撰。礼部试进

---

① 《续资治通鉴长编》卷一六四。又见《宋会要辑稿·选举》三之三一。按《长编》原注,前述庆历五年三月下诏如旧制,及此次贡院申请文,皆据庆历五年三月杨察之论。

士旧用唐制,景德中陈彭年始为条目,戚纶、崔遵度、姜屿刊校《贡举条制》十二卷。至和二年(1055)贡院删定。"

六、至和《删定贡举条制》。《续资治通鉴长编》卷一八一:至和二年十月乙巳,"礼部贡院上《删定贡举条制》十二卷"。《玉海》卷一一六:"至和二年十月己亥,礼部上《删定贡举条》十二卷。""乙巳"、"己亥",相差七天,不详孰是。据上揭《玉海》引《国史·志》,《删定贡举条制》十二卷乃删修陈彭年等所制订的《贡举条制》。《宋史·艺文志三》著录"《贡举条制》十二卷(至和二年)"。

七、嘉祐再详定科举条制。《宋会要辑稿·选举》三之三五:嘉祐三年(1058)三月十一日,礼部贡院言:"奉诏再详定科场条制……礼部奏名进士二百人,明经、诸科不得过进士之数。"仁宗"从之"①。因改间岁开科,故对原条制进行修订。

八、《通志·艺文略三》:"《熙宁贡举敕》三卷。"《宋史·艺文志三》著录"范镗《熙宁贡举敕》二卷",当即一书。

九、《宋史·艺文志三》:"《贡举医局龙图天章宝文阁等敕令仪式》及《看详》四百一十卷(元丰间)。"此盖多种敕令仪式一并著录,其中包括贡举。

一〇、《通志·艺文略三》:"《元祐贡举敕》三卷。"《续资治通鉴长编》卷四四九载元祐五年(1090)十月癸丑诏:"近制,府监发解、省试举人,经义每道不得过五百字,策不得过七百字。如过七

---

① 又见《续资治通鉴长编》卷一八七。现存文本,以言发解为多,参《宋代科举发解制度考论》。

百,虽合格,并降一等。诸发解举人依此。"所谓"近制",若非出《元祐敕》,则是熙、丰之制。

一一、《通志·艺文略三》:"《崇宁通用贡举法》十二卷。"又叫《崇宁贡举通用令》,详前章第二节。

一二、绍兴条制。绍兴二十六年(1156)十二月癸丑,尚书右仆射万俟卨上《重修贡举敕令格式》五十卷,《看详法意》四百八十七卷,前章已述。陈振孙《直斋书录解题》卷七:"《绍兴贡举法》五十卷,丞相万俟卨等,绍兴二十六年上。"据《玉海》卷一一六《绍兴贡举法》,知其中有《省试贡举敕令式》《目录》《申明》五卷。淳熙时,曾对绍兴省试条法进行修订。《宋会要辑稿·选举》五之四载:"(孝宗淳熙)五年(1178)正月十九日诏敕令所:将贡院帘外誊录、对读、封弥、监门等官避亲修入省试条法。既而敕令所依淳熙四年十一月二日敕,并照应《崇宁通用贡举敕》内余官避亲之文,参酌拟修下条:诸试院官(谓主司及应预考校之官)亲戚(谓本宗袒免以上或同居无服亲,或缌麻以上亲,及其夫、子或母、妻缌麻以上亲,及大功以上亲之夫、子或女婿、子妇期以上亲),及试院余官(谓监门、巡铺、封弥、誊录、对读之类)亲戚(谓本宗大功以上亲,或母、妻期以上亲,并亲女及亲姊妹之夫、子),并两相避;若见在门客(每员止一名)亦避。右入《绍兴重修省试令》。从之。"

上述之外,《通志·艺文略三》犹著录宋人所撰《贡举条制》五卷,《贡举事目》五卷,不详年代。要之,有宋三百余年间,曾制定过许许多多的科举条制或敕令,上述只是其中的一小部分;但从景德条制之后,科举的基本方针一直未变,只是在实施操作过程中时有修补而已。

第三节　省试机构、知举官及考试流程

　　省试（礼部试），在宋代是组织得十分严密的特大型考试，同时、同地参加考试的人数一般都是数千，北宋间不少年份逾万，可谓规模空前。省试是一个复杂的系统工程，这里撮述其最重要的环节，如贡院、知举官以及考试流程中的锁院、阅卷直至放榜等。

一、贡院

　　宋代各州郡发解试贡院，已见前第五章第四节；而礼部贡院，乃礼部下属的职能部门之一，既是组织省试的机关，又是考试场所，唐开元后已然。《旧五代史·和凝传》称"贡院旧例，放榜之日设棘于门，及闭院门，以防下第不逞者。凝令彻棘启门"云云，故贡院又叫"棘围"，因其"四围重墙，皆插棘，所以杜传递出入之弊"①。《宋会要辑稿·职官》一三之八曰："贡院掌受诸州解送《九经》、《五经》、进士、《通礼》、《三礼》、《三传》、《毛诗》、《尚书》、学究、（名）〔明〕法之名籍，及家、保状，文卷，考验户贯、举数、年几（《宋史》作"齿"，当是，见下引）而藏之。以朝官一员主判。若遣官知贡举，即主判官罢。举事毕，复别遣官。"又《宋史·职官志三》："礼部，掌……学校、贡举之政令。……礼部止设判部

────────────

① 赵翼《陔余丛考》卷二八《棘围》。

一人,掌科举……兼领贡院,掌诸州解发进士、诸科名籍及其家、保状,文卷,考验户籍、举数、年齿而藏之。若朝廷遣官知举,则主判官罢,事毕,以知举官卑者一员主判。"即礼部平时由判官负责科举并兼领贡院,到开科时,朝廷另派知贡举代替判官;科举事毕,则由知举官中职位较低的一人主判。

北宋初,贡院无固定地点,而"取具临时"①。太宗太平兴国六年(981)九月,田锡在《上太宗论军国要机朝廷大体》中说:"礼部无贡院,试处非省垣。每年试举人,权就武成王庙②,非太平职司之制度,非清朝文物之规仪。"③次年,尚书省由武成王庙迁至孟昶故第④,随后设贡院于尚书省东厢。梅尧臣曾为嘉祐二年(1057)省试参详官,作《上元从主文登尚书省东楼》诗,曰:"闾阖前临万岁山,烛龙衔火夜珠还。高楼迥出星辰里,曲盖遥瞻紫翠间。"⑤他所见到的,就是上元夜尚书省一带的景象。到治平二年(1065),仍"以汴河上旧省(指尚书省)为试院"⑥。《苕溪渔隐丛话》前集卷二九《六一居士上》引《蔡宽夫诗话》:"故事:春试进士,皆在南省中东厢。刑部有楼甚宏壮,旁视宣德,直抵州

①李焘《贡院记》,《成都文类》卷四六。
②按《唐会要》卷二六:唐肃宗上元元年(760),追封太公望为武成王,"有司依文宣王庙置(庙)"。又《玉海》卷一一三"建隆武成王庙":"(太祖)建隆三年(962)九月十六日壬申诏:于东京旧城南建武成王庙,与国学相对。"
③《咸平集》卷一。
④见《续资治通鉴长编》卷二二、卷二三。
⑤《梅尧臣集编年校注》卷二七。
⑥《默记》卷中。

桥。……今（尚书）省废为开封府，楼亦随毁。"按《萍洲可谈》卷一："三省俱在禁中。元丰中，移尚书省于大内西，切近西角楼，人呼为新省。崇宁间，又移于大内西南，其地遂号旧省，建左右班直。"《蔡宽夫诗话》的作者蔡居厚主要活动在徽宗时，他所说的"今省废为开封府"，当是指位于大内西的"旧省"①。

元丰五年（1082）新官制行，贡院被废。次年闰六月十四日，尚书礼部言："旧制，贡院专掌贡举，其印章曰'礼部贡院之印'，遇锁试则知举官总领。昨废贡院，毁旧印，以其事归礼部。准格，遇科场牒印并公事，伏缘本部分曹治事凡十有五，贡举乃其一事，若遇锁试牒印，即他曹，事实有阙，乞别铸'礼部贡院之印'。"神宗"从之"②。

因原贡院废，省试只得另行择地，遂以开宝寺为贡院，景德寺为别试所③。元丰八年（1085）省试，"开宝寺为礼部贡院，二月十八日火，凡本部贡笺与夫所考试卷，须臾灰烬，略无遗者。自正月九日锁院，方定二十八日奏号，至是火。诏以太学为贡院，再令引

①关于北宋尚书省的变迁，详参清周城《宋东京考》卷五《三省·尚书省》。
②《宋会要辑稿·选举》三之四七。
③庞之英《文昌杂录》卷五："开宝寺试国学进士，景德寺又为别试所。"按清周城《宋东京考》卷一四："开宝寺，旧名独居寺，在安远门里上方寺西。北齐天保十年（559）创建。唐开元中，明皇东封还，至寺，改曰封禅寺。太祖开宝三年（970），改曰开宝寺，重起缭廊朵殿，凡二百八十区。"后毁于金兵。"景德寺，在丽景门外迤东。周显德五年（958）……赐额天寿寺，俗呼东相国寺。真宗景德二年（1005），改名景德寺。……累经兵燹河患，久为平地矣。"

试"①。此后贡院一直设在太学,如黄庭坚《题太学试院》曰:"元
祐三年(1088)正月乙丑,锁太学试礼部进士四千七百三十二人。
三月申,奏号进士五百人,宗室二人。"②直到徽宗崇宁时,方重建
贡院。李焘《贡院记》曰:

> 国朝贡举,率循唐旧,间命他官知贡举,而贡院固属礼
> 部。元丰尝废贡院,印亦随毁,寻复给印,而贡院则犹取具临
> 时。元丰末年,开宝寺实寓贡院火,试官有焚死者,而试卷悉
> 为灰烬。此非有司苟简之过软?崇宁弥文,创建外学,以待
> 四方所贡士,则礼部贡院自是特起,不复寓他所矣。政和二
> 年(1112),又从董正封建请,令诸州遍立贡院。③

又魏了翁《普州贡院记》亦曰:

> 礼部之有贡院,自唐开元始。国朝科举虽袭唐旧,而贡
> 院之或废或置,或毁或复,至崇宁而后有定所。政和二年从
> 董正封之请,诸郡得立贡院。④

慕容彦逢有《贡院即事》诗,题下原注:"自崇宁癸未(二年,

---

① 庞之英《文昌杂录》卷六。参见《能改斋漫录》卷一二《状元焦》。
② 《宋黄文节公全集·别集》卷七。
③ 《成都文类》卷四六。
④ 《鹤山先生大全文集》卷四四。

1103)叨备从班,距今十有四年间,五间贡举。文官花在试厅前。"诗曰:"文官花畔揖群英,紫案香焚晓雾轻。十四年间五知举,粉牌时拂旧题名。"①他所歌咏的,当即崇宁时"特起"的礼部贡院,在新建的"外学"(辟雍)内。

南宋礼部贡院设在"行在所"杭州观桥西(按在今杭州余官巷),最初建置的年代,宋人袁说友谓"未有所考"②。《梦粱录》卷一五《贡院》曰:"礼部贡院,在观桥西。……大门里置封弥、誊录所及诸司官,中门内两廊各千余间廊屋,为士子试所。厅之两厢,列进士题名石刻,堂上列省试赐知贡举御札,及殿试详定官御札,并闻喜宴赐进士御诗石刻。"③徽宗崇宁时所建贡院,虽已无法睹其姿容,但依当时的奢华之风和徽宗的好大喜功推测,一定建造得十分宏丽。而南宋观桥西的贡院,我们可由嘉定六年(1213)五月一日臣僚上言,想象其形制。该上言主要论省试帘外的"弊倖"之事,其前两条曰:

一、贡院墙壁,本自低矮,年来颓圮。如西边一带抵靠别试所晨华馆,而断垣及肩,践踏成路,传泄之弊,多由此出。最后正通大理寺前,居民搭盖浮屋于墙上,亦作弊处,莫可堤妨。东畔墙虽稍高,却与封弥誊录所相邻,而缝穴最多,关妨须密。乞将贡院周围内外墙并就旧其增筑高阔,里边掘成沟

①《摘文堂集》卷二。
②《咸淳临安志》卷一二。
③按:《咸淳临安志》卷一二收录御札,起自庆元二年(1196),止于咸淳七年(1271);闻喜宴赐诗,始于淳熙二年(1175),止于咸淳七年。

池,阔五六尺,深浚亦如之,不惟得土筑墙,可省般运,而四傍潴水,亦可泄贡院卑湿。墙里加以池,则人不得而逾矣。仍约束居民,不得因墙起造浮屋,庶革传泄之弊。

一、往时试院于中门外挟屋装夹幕帘,为纳卷之所,士子便之。后因建议,于封弥所门外自中门迂转百许步,方到纳卷处。试人每至昏暮,不复认记转路,遂只直行,间有携卷出外,始觉错误,不容复入,诚为可念。况所创席屋苟简,风雨飘湿,甚难爱护。今欲仍就中门外两挟屋下作纳试卷所,诚为两便。……乞下两路漕司照应施行。①

这里透露了许多信息。我们环顾东、西,直视中门,能强烈感受到的,主要是贡院的破败、简陋,很难相信这就是当时的国家考试院。南宋小朝廷国力的衰敝,由此可睹一斑。

南宋省试的别试院,袁说友谓"在大理寺之西,旧在贡院右。……厥后由监、漕选皆试于此,湫隘不足以容,淳祐十二年(1252),有旨令临安府别创,乃斥军器所万全指挥营空地为之,其元址并入贡院"②。《梦粱录》卷一五《贡院》亦称"在大理寺之西,专以待贡士之避亲嫌者"。

吴自牧曰:"三月上旬,朝廷差知贡举、监试、主文③、考试等官,并差监大、中门官、诸司、弥封、誊录等官,就观桥贡院,放诸州

①《宋会要辑稿·选举》六之一三。
②《咸淳临安志》卷一二。
③按:知贡举与权同知贡举皆称"主文",此"主文"疑专指权同知贡举。

府郡得解士人,并三学舍生得解生员,诸路运司得解士人,有官人及武学得解者,尽赴院排日引试。及诸州郡、诸路寓试试得待补士人,并排日引试。国子监牒试中解者,并行引试。如有避亲者,就别院引试。"①这将贡院在开科年份既是官署又是考场的双重职能,叙述得十分清楚。

二、试官与监试官

《文献通考》卷三〇《选举考三》曰:"(唐)开元时,以礼部侍郎专知贡举。……五代时,或以兵部尚书,或以户部侍郎、刑部侍郎为之,不专主于礼侍矣。"有宋上承五代之制,从首举起,就不由礼部侍郎主其事,而另行任命权知贡举,并进一步提高知举官的级别。《宋史·选举志二》引建炎三年(1129)左司谏唐煇言:"旧制:省试用六曹尚书、翰林学士知贡举,侍郎、给事中同知贡举,卿监、郎官参详,馆职、学官点检,御史监试。"又绍兴三年(1133)十月二十七日臣僚言:"科举之设,实用人材之根本,而省试最为重事,必于六曹尚书、翰林学士中择知贡举,诸行侍郎、给事中择同知贡举,卿、监、郎官为参详官,馆职、学官为点检官,又以御史监察其中,故能至公至当,厌服士心。"②所论为北宋以来任命省试贡举官的成规。李心传《建炎以来系年要录》卷九〇:绍兴五年六月戊辰,"命翰林学士孙近知贡举,给事中廖刚、中书舍人刘大中同知贡举,中书门下省检正诸房公事吕祉、殿中侍御史张绚等六

---

① 《梦粱录》卷二《诸州府得解士人赴省闱》。
② 《宋会要辑稿·选举》二〇之三。

人为参详官，秘书省正字李弥正等二十二人为点检试卷官。太常少卿陈桷为别试所考官，司勋员外郎林季仲等四人为点检试卷官。自后率如此例"。这个任命名单，可视为何种职官方能委任何种考试官的标准版本。李心传又在《建炎以来朝野杂记》甲集卷一三记曰："南省以学士或尚书一员权知贡举，又侍从、台谏二员权同知贡举，卿、监、郎官八员、察官二员充参详官，馆学及职事、厘务官二十员充点校试卷官（兼试宏词及宗学）。"较之北宋，大致不异，唯缺"监试"。

所谓"权知贡举"，周密《癸辛杂识》别集下《权知举》曰："祖宗朝知贡举者，礼部长贰乃云知举，余官虽在礼部贰之上，皆称权知举，盖知举乃礼部职也。""权知贡举"是省试的总负责人，故又称"主司"。"权知贡举"始终只有一人，但学界却误有多人之说。如日本学者荒木敏一《宋代科举制度研究》第二章《省试》，专设"知贡举员数"一节，认为有二名以上，甚至四五名的，盖以举人数的增加而相应增员。他举《续资治通鉴长编》卷二四载太宗太平兴国八年（983）省试"命中书舍人（原引误"翰林学士"）宋白等十人权知贡举"、同书卷一一四载仁宗景祐元年（1034）春正月丁丑，"命翰林学士章得象等五人权知贡举"、《宋会要辑稿·选举》一九之一九载元祐六年（1091）十月二十二日诏"今后省试罢参详官，差知举官四员（从翰林学士范百禄请也）"等多条史料以证之。但若稍加稽考，从这些史料中得出权知贡举官可有多人的结论是错误的。检《宋会要辑稿·选举》一之二：太平兴国八年正月七日，"以中书舍人宋白权知贡举，知制诰贾黄中、吕蒙正、李至、直史馆王沔、韩丕、宋准、司封员外郎李穆、监察御史李范、秘书丞杨砺权同知贡举"。则《长编》所谓"宋白等十人权知贡举",实际上包括了"权知贡举"与"权同知贡举"。又《宋会要辑稿·选举》一之一〇:景祐元年正月十六日,"以翰林学士章得象权知贡举,知制诰郑向、胥偃、李淑、直史馆同修起居注宋郊权同知贡举"。则五人亦包括"权"、"权同"。又同书《选举》一之一二:元祐六年正月九日,"以翰林学士、知制诰范百禄权知贡举,天章阁待制、吏部侍郎顾临、国子司业孔武仲权同知贡举"。后来范百禄提出"罢参详官,差知举官四员",也是合"权"、"权同"而言。要之,凡文献中言知举官多人者,皆属此类。"权知贡举"为省试的"一把手",副职可有多人,而"一把手"只能是一人①。

"权同知贡举"为权知贡举的副职,初置于开宝八年(975)二月②,少则一人,一般为二至三人,多时有四五人,最多可达九人(如上述太平兴国九年)。"权知贡举"和"权同知贡举",合称"主文"③。

知贡举官(包括"权"和"权同")"以出题、较艺为职,专意抡

---

① 李新达《中国科举制度史》第五章《宋代的教育与科举制度》(台湾文津出版社,1995年)称:"知贡举的官员权力很大……因此,宋初朝廷就已对知贡举的权力加以控制,改称知贡举为权知贡举,使其成为朝廷的临时差遣,后又进而增设权同知贡举若干人,权知贡举也有若干人,以分其权。"此说大体不错,但谓"权知贡举也有若干人"则误。
② 见《宋会要辑稿·选举》一之二。
③《宋会要辑稿·选举》三之二二载庆历二年(1042)二月五日知制诰富弼上言,称"南省主文者四五人,皆两制宗匠"云云,显是合"权"与"权同"知举而言。

选天下之才"①。"点检"即初考官,两宋人数基本持平,为二十名左右。绍圣元年(1094)正月,范祖禹上《论点检试卷官劄子》,述点检官的职责道:"臣窃见礼部贡举,差点检试卷官二十人。自来久例,点检官先考校,书凿等第送知举官,然后知举官再考定去留高下。"②"参详"为覆考官,"初考以'点检'为名,盖点检程式,别白优劣,而上于覆考;覆考以'参详'为职,盖参订辞义,精详工拙,以上于知举。至于知举,则取舍方定"③。这是说,经"参详官"覆考以后才送知举官。上引范祖禹说点检官考校后即上知举官,与此不同,他大概是约而言之。要之,考试程序凡三级:点检→参详→知举。知举与参详、点检,统称考试官。三者的关系,有主次然又分工合作:"省闱差官有知举、参详、点检之别,盖欲参稽互考,必求其当。"④

嘉定十三年(1220)正月二十二日,殿中侍御史胡卫言:"照得知贡举一员,同知贡举二员,皆择禁从近臣,儒学时望,又以台谏参之。嘉泰间,谓司谏司考校不无迎合,乞专纠察,而于议题、去取、高下勿预焉,即增置同知贡举一员。但更制之后……仅与三知举同签文书而已。盖不司考校,不应谓同知举;既专纠察,不应不正监试之名。今科举之法,诸州解试、别院省试(按:指省试之别头试),皆有监试官,安得省试大院独无监试官? 今宣锁在即,

①范祖禹《乞试院差官治杂事劄子》,《范太史集》卷二六。又见《宋会要辑稿·选举》三之五四。
②《范太史集》卷二六。又见《宋会要辑稿·选举》一九之二〇。
③《宋会要辑稿·选举》六之二八载嘉定十年正月九日臣僚言。所谓"知举",即权知贡举(下同)。
④《宋会要辑稿·选举》六之一载嘉定元年正月九日臣僚言。

乞将台谏同知贡举一员改作监试。……凡贡闱事不属考校去取者,悉听于监试,然后名正言顺,责有所归。……"宁宗"从之"①。则南渡以来所缺"监试"一官,至此方正名补齐。陆游曰:"贡举之法,择进士入官者为考试官。官以'考试'名,当日夜专心致志以去取士,不可兼莅他事,则又为设一官,谓之监试。监试粗官,不复择,盖夫人而可为也,甚至法吏、流外,平日不与清流齿者,亦得为之,故又设法曰'监试毋辄与考校',则所以待监试可知矣。某向佐洪州,适科举岁,当以七月到官,遂泊舟星子湾几月,闻已锁院,乃敢进。非独畏监试事烦,实亦羞为之。"②他说的虽是州郡发解试的监试,省试的监试固不如此卑微,但不预考校,地位虽高,名望和实际权力仍低于其他考官。

知举等考试官,乃所谓"帘内官",此外还有"帘外官"(即分别在所设帘内、帘外主事)。帘外官掌誊录、对读、封弥、监门等,是为帘内考校服务的。帘内、帘外官无事不得往来③。除帘内、帘外官外,其他人员尚多,今人何忠礼先生说:"科场条制愈趋严密,所需人员就愈多,据笔者粗略估计,自真宗朝起,礼部贡院中的试官和其他各类人员,总数有数百名之多。"④徽宗崇宁后,试院官仿进士为小录。叶梦得《石林燕语》卷五曰:"试院官旧不为

---

①《宋会要辑稿·选举》六之三六。
②《答王樵秀才书》,《渭南文集》卷一三。
③《宋会要辑稿·选举》三之二〇载宝元二年(1039)知制诰郑戬言:"南省引试,都堂垂帘,两边钉幕,小试官不得辄上都堂,诸色人非指使呈覆、签押文字,不得到都堂。"仁宗"从之"。
④《宋代省试制度述略》,《中华文史论丛》第五一辑。

小录。崇宁初霍端友榜,安枢密惇知举,始创为之。余时为检点(当为"点检"之倒)试卷官,自后遂为故事。进士小录,具生月、日、时者,叙齿也。安喜考命,时考官有善谈命者数人,安日使论之,故亦具生月、日、时,则过矣。"时科场盛行道德性命、阴阳五行之说,于此亦可见一斑。

省试知举官由于权大责重,受到上至皇帝、下至举子乃至整个社会的重视。大中祥符二年(1009)春,真宗御制诗赐知贡举晁迥云:

> 礼闱选士古称难,都为升沉咫尺间。较艺清时公道在,抡才应得惠人寰。

五年二月,又制诗赐知贡举晁迥云:

> 盛时选士贡闱开,殿宇闻风献艺来。心似权衡求实效,勿教蓬筚有遗才。

天禧三年(1019)正月九日,钱惟演承明殿面奉知举,真宗御制诗并序云:"卜贤能之多士,允协盛猷;资侍从之洪儒,聿申藻鉴。期申职业,用示篇章。"诗云:

> 寅奉昌图绍庆基,选抡多士叶前规。乡间荐拔期无滥,草泽搜罗讵有遗。德举况逢全盛日,计谐咸造广场时。春官任职当求善,宗伯抡才务得宜。侍从名儒当委任,艺文公道

辩妍媸。伫伸衡鉴裁深念，允协《菁莪》乐有诗。①

诗虽不佳，其切切期望知举官公道、科举得才之心可鉴。

南宋宁宗庆元二年（1196）起，每举皇帝有赐知举官御札，"省试降御札自此始。是年未临轩，故加戒饬，后遂以为常"②。如嘉定元年（1208）付楼钥以下御札：

> 更化之始，属当多士来试春官，去取之间，趋向所系，卿等宜审加考阅，择其文体醇正、议论精确者置于前列。其或因问献言，实有可用，虽涉讦直，勿以为讳，庸副招延俊乂、共起治功之意。朕将亲策于廷而官使之。③

一般说来，朝廷遴选知举官都较审慎，所命皆一时之选。但也有不称职的。如淳熙十四年（1187）十一月二十五日右正言黄抡上言称，"近年往往推择不精，所取之士不厌人意"，其原因有二："其一起于朝廷以考校之官应副人情，其一起于朝廷以亲戚就试而海行开具，以听御笔点差。应副人情，则不问其能否，而惟视其厚薄；海（原误"每"，据前句改）行开具，则莫知其底里，而惟付之于幸不幸。"于是，他"乞预诏大臣精加选择"，孝宗"从之"④。

_____

①以上皆见《诗话总龟》后集卷一引《金坡遗事》。
②《咸淳临安志》卷一二《贡院》。
③《咸淳临安志》卷一二《贡院》。庆元二年至咸淳七年（1271）各举所赐御札，俱载该书。
④《宋会要辑稿·选举》二二之八。

三、锁院

朝廷任命的权知举、权同知举及其他考官名单一经公布,就需马上到贡院住宿,不得与外界接触,这叫"锁院",又称"锁宿"。《宋会要辑稿·选举》一之四:"自端拱元年(988)试士罢,进士击鼓诉不公后,次年苏易简知贡举,固请御试,是年(淳化三年,992)又知贡举,既受诏,径赴贡院,以避请求,后遂为例。"①这当是宋代知举官锁宿之始②。后来知举官任命后,有上殿之例。大中祥符四年(1011)十一月十二日又诏:"自今知贡举及发解试官更不得乞上殿及进呈题目,并令门辞,差官伴入院锁宿。"③王珪《较艺书事》诗曰:"日薄寒云下结鳞,忽驰诏骑绝飞尘。"④又曰:"诏书初捧下西厢,重棘连催暮钥忙。"即写得诏、入院锁宿情况。吴自牧曰:"朝廷待士之重,差官之际,并令快行宣押所差官员入内,到

---

①曾巩《本朝政要策·贡举》记苏易简等"受诏即赴贡院,不更至私第,以防请托"在淳化二年(《元丰类稿》卷四九)。按《宋会要辑稿·选举》三之六:"淳化三年正月六日,命翰林学士承旨苏易简等同知贡举,受诏即至贡院视事,不更至私第,以杜请托。"则"二年"当为"三年",盖传本形误。
②按《邵氏闻见后录》卷一七引唐李跃《岚斋集》:"唐人知贡举者有诗云:'梧桐叶落井亭阴,锁闭朱门试院深。尝是昔年辛苦地,不将今日负初心。'"据诗意,似唐代已有锁院之事。傅璇琮《唐代科举与文学》第九章《知贡举》,说他"倾向于唐代不存在锁院制度之说。而且,唐代即使有锁院,也与杜绝或防范考官与举子交通无关"(陕西人民出版社,1995年,第229页)。此事尚待深入考察。
③《宋会要辑稿·选举》三之一〇。
④此首及下首,俱见《华阳集》卷三。

殿听敕。其知贡举、监试、主文①,并带羞帽,穿执乘驭,同诸考试等官,迎引下贡院,然后锁院,择日放试。"②

开始锁院的时间,一般在省试之年的正月间,两宋基本相同,具体于何日,则无一定,北宋一般在正月初五,而嘉祐二年(1057)欧阳修知贡举又在初七。南宋稍晚。庆元元年(1195)十月九日礼部言:"依条,省试系用正月九日锁院。淳熙六年(1179)臣僚奏陈省试乞用二月一日引试,绍熙元年(1190)、四年正月并小尽,用二十四日锁院;来年正月系大尽,欲乞用二十五日锁院。从之(以后省试锁院准此)。"锁宿地点,一般在礼部贡院,如果没有贡院,则在其他省试场所③。锁院期限,据考生人数而定。仁宗嘉祐二年(1057)省试,欧阳修说"绝不通人者五十日"(详下引)④。南宋赴省试的举子少于北宋,故锁院时间也相应缩短,洪迈曰:"累举省试,锁院至开院,限以一月。如未讫事,则申展亦不过十日。"⑤

锁院期间,朝廷拨给专项经费,考官们的生活是较优裕的。《宋史·选举志一》曰:"旧制,既锁院,给左藏钱十万资费用。端

①按:知贡举与权同知贡举皆称"主文",此"主文"疑专指权同知贡举。
②《梦粱录》卷二《诸州府得解士人赴省闱》。
③如元丰八年至崇宁初在太学。黄庭坚《题太学试院》曰:"元祐三年(1088)正月乙丑,锁太学试礼部进士四千七百三十二人。"(《宋黄文节公全集·别集》卷七)
④庆历初罢"公卷"之前,因要考校"公卷",锁院时间要长一些。《宋会要辑稿·选举》三之七:景德二年(1005)十二月五日礼部贡院言:"知举官亦望先一月差入贡院,考校公卷,分为等第。(真宗)从之。"
⑤《容斋四笔》卷八《省试取人额》。

拱元年(988),诏改支尚书祠部,仍倍其数,罢御厨、仪鸾司供帐。"南宋间,至少是帘外官(誊录、对读、封弥等)的工作环境很差,待遇也薄。《宋会要辑稿·选举》六之一载嘉定元年(1208)正月九日臣僚言,称誊录、对读等"待遇又皆简薄,位次狭隘疏漏,上雨旁风,不能自庇,而幕帘、器用、油烛、薪炭之属,亦多不备"。由于锁宿时间较久,便存在与家人通音问、索所需的问题,"旧制,试院门禁严密,家人日遣报平安,传数人口,讹谬皆不可晓,常苦之。皇祐中,王罕为监门,始置平安历,使吏隔门问来者,详录其语于历,传入院中,试官复批所欲告家人之语及所取之物于历,罕遣吏隔门呼其人读示之,往来无一差失。自知举至封弥、誊录、巡铺共一历,人皆见之,不容有私,人甚便之。是后遵以为法"①。历时既久,亦有弊端,如南宋嘉定六年(1213)正月二十三日臣僚言:"试院有平安历,不过以报平安。今则不然:其出也,所书项目,监门莫得而见;其入也,所传件数,监门莫得而稽。囊复封识,不知所藏何物。名为药裹,安知无简札往来?号为家书,安知无消耗漏泄?其弊有未易言者。……乞下所属,自今平安历,早暮出入,监门官逐一点检,不许帕复缠裹,私自封缄,虽药帖、家书,亦先开拆,方得收传,监试覆视。则考试者无得容其私,就试者无以售其私。"宁宗"从之"②。

由于权知举、权同知诸官都是一时文学之选,故在锁宿期间,往往以唱和为事。《苕溪渔隐丛话》前集卷二九《六一居士上》引

①司马光《涑水记闻》卷一四。
②《宋会要辑稿·选举》六之一一。

《蔡宽夫诗话》曰:"锁院每以正月五日,至元夕,例未引试,考官往往窃登楼以望御路灯火之盛。宋宣献公(绶)在翰林时,上元以修史促成书,特免扈从,尝赋诗云:'属书不得陪春豫,结客何妨事夜游。还胜南宫假宗伯,重扉深锁暗登楼。'盖谓此。至嘉祐中,欧阳文忠公知举,梅圣俞作《莫登楼》诗,诸公相与唱和,自是遂为礼闱一盛事。予崇宁初为点检试卷官,尝亦登楼,壁间犹有前辈题字甚多,然无复数公之乐矣。"蔡居厚(宽夫)说,礼闱唱和,由欧阳修始盛。嘉祐二年(1057)正月初六,朝廷任命欧阳修知贡举,第二天人日,与另五人同时入院锁宿,共五十天,"欢然相得,群居终日,长篇险韵,众制交作,笔吏疲于写录,僮史奔走往来,间以滑稽嘲谑,形于风刺,更相酬酢,往往烘堂绝倒,自谓一时盛事,前此未之有也"①。事后,欧阳修将唱和诗编成《礼部唱和诗集》三卷,并作《礼部唱和诗序》曰:"嘉祐二年春,予幸得从五人者于尚书礼部,考天下所贡士,凡六千五百人。盖绝不通人者五十日,乃于其间时相与作为古律长短歌诗杂言,庶几所谓群居燕处言谈之文,亦所以宣其底滞而忘其倦怠也。……于是次而录之,得一百七十三篇,以传于六家。"②因唱和遭举子抨击,此风后来稍敛,但到元祐时又盛,州郡解试、殿试甚至吏部试选人,考官们也多唱酬,如现存张耒、邓忠臣等《同文馆唱和诗》十卷,即元祐初吏部试文武选人时,考官们的唱和诗集。直到南宋,试院唱和仍是常事。

---

① 欧阳修《归田录》卷二。
② 《欧阳文忠公集》卷四三。

四、考场

考试前,举子上交的试卷纸需在礼部加盖印章,有官监督,欧阳修《圣俞(梅尧臣)在南省监印进士试卷有兀然独坐之叹……》诗可证①。进士科举子进入考场之后,有与考官对拜之礼。沈括《梦溪笔谈》卷一曰:"礼部贡院试进士日,设香案于阶前,主司与举人对拜,此唐故事也。所坐设位供张甚盛,有司具茶汤饮浆。"梅尧臣嘉祐二年(1057)春为省试试官,尝作《较艺和王禹玉内翰》诗,有曰:"分庭答拜士倾心,却下朱帘绝语音。"②即写答拜之礼(第二句谓在厅前答拜后,放下帘幕,不得与帘外官及举子往来,详下引《梦梁录》)。考诸科时为防作弊,则无此礼遇,已见前第三章第一节。

《梦梁录》卷二《诸州府得解士人赴省闱》一节,对南宋时举子进杭州观桥礼部贡院考场后的情况,记载得较为详细:

> 士人各引试三场,正日本经,次日论,第三日策。预试人照合试日分集于贡院竹门之外,伺候开门放试。士人各入院内,依坐位分廊占坐讫,知贡举等官于厅前备香案,穿秉而拜,诸士从皆答拜,方下帘幕,出示题目于厅额。题中有疑难处,听士人就帘外上请,主文于帘中详答之讫,则各就位作文,随手上卷。至晡后开门,放士人出院,纳卷于中门外,书

①《欧阳文忠公集》卷一三。
②《梅尧臣集编年校注》卷二七。

知姓氏，试卷入柜而出。其士人在贡院中，自有巡廊军卒赍砚水、点心、泡饭、茶、酒、菜、肉之属货卖。亦有八厢太保巡廊事。

诗人李昂英(1201—1257)尝作《观入试者》诗，以科场过来人兼送"儿曹"应试的家长身份，生动地描绘了举子入场时的情景，并深有感慨。诗曰：

> 钟撼鸡鸣万家起，月下纷纷白袍子。提壶挈榼春游闹，擎箱摆箧谁家徙。通衢隘塞行人绝，露坐欠伸奴跛倚。远闻雷噪轰应答，近亦汹汹殊聒耳。轧然棘户破晓色，阵脚忽移去如蚁。壮夫先入护几案，儒雅雍容行且止。垂髫趁哄未知苦，戴白相持叹衰矣。自从明诏到郡国，士出深山集城市。但能操笔不曳白，秋榜人人都准拟。分明结社战所兵，投合主司谁得髓。昨科试人今或亡，三年场屋能消几。功名信分置勿言，身健频来已堪喜。槐黄早脱吾侥幸，因送儿曹得观视。傍人休笑李秀才，三十年前亦如此。①

考官们则往往用诗描述考场及举子做题时的情景。如欧阳修《礼部贡院阅进士就试》：

> 紫案焚香暖吹轻，广庭清晓席群英。无哗战士衔枚勇，

---

① 《文溪集》卷一三。

下笔春蚕食叶声。乡里献贤先德行,朝廷列爵待公卿。自惭衰病心神耗,赖有群公鉴裁精。①

形容举子答题,欧公在这里用了"春蚕食叶",而王珪则比之为"笔似飞泉":"卷如骤雨收声急,笔似飞泉落势长。"②黄庭坚《和冕仲观试进士》,则连"倾耳剽"的细节都收拾入诗了:

> 人围庙垣重,鼓作宫漏晓。晨门传放钥,坌入荒庭杪。初如求木猿,稍若安巢鸟。黄炉答拜辱,月淡秋天杳。发题疏疑经,按剑或惊矫。官曹严坐起,迍卒禁纷扰。儇趋蚁争邱,痴坐鹭窥沼。……墨泓觑寒云,笔尾撼丛篠。雕虫寄鼻咏,攘略倾耳剽。剖蚌得珠难,扬沙见金少。遗形欹冠屦,忘味弃昀鈔。虽挥鲁阳戈,余勇事未了。喧哄遂一空,星河明木杪。③

五、锁厅试与别头试

取解试中有命官锁厅试,若该人获发解,即再锁厅赴礼部试。黄庭坚有《奉送周元翁锁吉州司法厅赴礼部试》诗④,即咏其事。

与锁厅试相同,取解有别头试,省试亦置别试院,只有殿试无

---

① 《欧阳文忠公集》卷一二。
② 《呈永叔书事》,《华阳集》卷三。
③ 《山谷诗外集补》卷二。
④ 《山谷外集诗注》卷九。

别试。《宋会要辑稿·选举》一九之二曰:"(太宗)雍熙二年(985)二月二十五日,诏左谏议大夫滕中正、兵部郎中杨徽之、屯田郎中孔承恭同试知贡举官亲戚。"原注:"贾黄中等同知贡举,各以子弟甥娅籍名求别试。时苏易简妻兄进士崔范,故职方员外郎宪之子也。宪死,易简以外服请告。范服未阕,易简隐而不奏,荐名在高等。又有王千里者,故水部员外郎孚之子也,孚在蜀为翰林学士,易简父协即孚之门生,易简以故荐千里。太宗闻之甚怒,范及千里并加罪,仍令御史台劾易简还私第,乃罢知制诰。"(此事又见《宋史·苏易简传》)则省试知举官亲戚别试,太宗时就已有了,目的是防止贡举官徇私舞弊。《宋史·选举志二》:"旧制,秋贡春试,皆置别头场,以待举人之避亲者。自缌麻以上亲及大功以上婚姻之家,皆牒送。惟临轩亲试,谓之天子门生,虽父兄为考官,亦不避。嘉定元年(1208),始因议臣有请,命朝官有亲属赴廷对者,免差充考校。"所说"春试",即指省试。北宋时曾以景德寺为别试所。南宋省试的别试院在大理寺之西,见前引《梦粱录》卷二。李心传《朝野杂记》甲集卷一三"国子监解试(附南省试、别试、殿试)"条曰:"(省试)别试所以卿、监一员充考试官兼监试,职事、厘务官四员充点校试卷官(附试武举)。"

六、阅卷、定号与奏号

举子考试结束,"较艺"(阅卷衡文)开始。真宗景德之后,省试试卷要经过一系列复杂的程序,包括封弥、誊录、初考、覆考、定号,最后方将录取名单(字号,不是真名)及试卷交尚书省上奏,叫"奏号"。《宋会要辑稿·职官》六四之二四载,天禧三年(1019)

三月二十二日陈尧佐等人阅卷时改易等级谪官，原因是不熟悉考试程序，因述之曰：

> 先是，定考试条制：举人纳试卷，即先付编排官，去其卷首乡贯状，以字号第之。付封弥官誊写校勘，始付考官定等讫，复封弥，送覆考官，再定等，乃送详定官启封，阅其同异，参验著定，始付编排官，取乡贯状、字号合之，则第其姓名差次，并试卷以闻，遂临轩放榜焉。

又《宋史·选举志一》："（真宗时）又定令：凡试卷，封印院糊名送知举官考定高下，复令封之送复考所，考毕然后参校得失，不合格者，须至覆场方落。"《梦粱录》卷二《诸州府得解士人赴省闱》：

> （举子）所纳卷子，径发下弥封所封卷头，不要试官知士人姓名，恐其私取故也。却于每卷上打号头，三场共一号，方发往誊录所誊录卷子，依字号书写，对读无差，方纳入考试官各房考校。如卷子考中，发过别房覆考；如称众意，方呈主文，却于誊录所吊取真卷，点对批取，定夺魁选，侍候申省奏号，揭榜取旨。

综上记载，整个阅卷定等的大致程序为：举子交卷→编排官：弥封，第以字号→誊录院：誊写、对读→点检试卷官（初考）：定等，再弥封→覆考官（参详官）：再定等→详定官：启封，阅等第异同，参验定著→编排官：取乡贯状、字号合之，第姓名→知举：吊取真卷，定夺魁选→申省奏号→放榜。

仁宗嘉祐二年（1057）初，王珪曾与欧阳修等同锁宿于省试试院，作《仁字卷子》诗曰：

> 文昌清晓漏声疏，曾看飞泉落笔初。诗入池塘似灵运，赋传宫殿学相如。春官不下真朱点，阴注将成淡墨书。见说丹台名第一，蕊章须诏侍严徐。①

看来他对标"仁"字号的卷子极为满意，非省元莫属；而《信字卷子》，则是经重阅注定要落选（第五等以下）了：

> 春闱只恐有遗材，据案重将信字开。白石谩应歌宵角，黄金枉是起燕台。侵更竞看仓惶笔，注：卢光启著举子事，更深试未了，即被人围看，笔札仓惶多误。薄晚谁衔酕醄杯。注：不捷而醉，谓之打酕醄，出李肇《国史补》。文字须从勤苦得，莫沾双泪向尘埃。

王珪虽在《较艺书事再呈永叔并同院诸公》诗中有"眼窥夜卷千花碧"之语，倒颇以评卷为荣为乐，也很负责。而张扩《读试卷有感》诗曰：

> 巧语互一律，纷然如铦锋。挥笔余万言，积案成千重。

---

① 此首及下引《信字卷子》、《较艺书事再呈永叔并同院诸公》，俱见《华阳集》卷三。

谁令缪悠子,持衡居其中? 两目病且昏,不辨牛马踪。而使
视试文,岂能分雌雄? 往时心力强,眼明耳犹聪。本欲藉科
举,脱此文字攻。一朝反自缚,身随蠹书虫。负郭有田园,犹
存荒菊丛。频年秔稻熟,酒贱尊不空。胡不驾柴车,远揖陶
令风? 作诗请伯氏,林下相追从。①

他已老态龙钟,对阅卷可谓深恶痛绝。还有比这更糊涂的。陈藻
(1151—1225)曰:"近岁之为场屋也,赋《黄帝以云纪》,曰'纪
事',取焉;曰'纪官',黜之矣。赋《上圣垂仁义之统》,曰'统一',
取焉;曰'统绪',黜之矣。《圣人祖乾纲以流化》,则曰'运与权'。
悲乎哉! 随时去取,所主又多端也。"②举子若遇上这类"不辨牛
马踪"或是非颠倒的考官,那就活该倒霉了。

　　到定号、奏号时,考试任务就算完成,考官们如释重负,难免
又有诗。梅尧臣《定号依韵和禹玉》诗曰:"……天下持平手,毫偏
不置胸。文从有司校,卷是近臣封。胜阵无容敌,精后已善攻。
明朝当奏号,鸳鹭看归雍。"③又任希夷《礼闱奏号毕呈天官侍
郎》道:

　　　　奉诏程文阅四旬,纷来万卷日横陈。怜渠灯火勤三年,
　　恼我帘帷度一春。胜日莺花辜乐事,它年桃李识何人。遥知

---

①《东窗集》卷一。
②《送刘叔嘉赴太学试序》,《乐轩集》卷五。
③《梅尧臣集编年校注》卷二七。

吏部寻春遍，红紫芳菲得句新。①

省试开院（锁院阅卷结束）后，前十名的试卷例要上呈皇帝亲览，北宋时已成惯例。李流谦《上宰相书》曰："某之先人登政和五年（1115）第，其试南省也，傅崧卿为之冠，先人在十人之列，程文例进呈，独先人之文徽庙亲洒宸翰褒之，儒林以为宠。"②又《朝野杂记》乙集卷一五"孝宗议令辅臣考南省上名试卷而中止"条曰："故事，南省开院后，以上十人试卷修写成册进入，行之久矣。"③

七、拆号与放榜

经过阅卷、定号、奏号之后，意味着此次礼部试即将结束，其最后的程序是拆号、复试与放榜。欧阳修《和出省》诗原注道："国朝之制，礼部考定卷子，奏上字号，差台官一人拆封出榜。"④《梦梁录》卷二《诸州府得解士人赴省闱》："（举子试卷）如称众意，方呈主文，却令誊录所吊取真卷，点对批取，定夺魁选，伺候申省奏号揭榜取旨。差官下院拆号放榜。……举人中省闱者，俟候都堂点请复试，不过一论冒（按指仅作一道"论"题的冒子）而已。复试毕，然后到殿（试）也。"所谓"拆号"，从隆兴元年（1163）二月十

①《咸淳临安志》卷一五。
②《澹斋集》卷一〇。
③有时是进呈上二十人，如《宋会要辑稿·选举》五之五载淳熙八年（1181）二月十一日礼部贡院言："逐举省试开院后，合造上十人进册及副本。所有今举，合从例修写。"诏："候开院日，将上二十人员卷先次进入。"
④《欧阳文忠公集》卷一二。

日礼部贡院言,可知其程序也颇有讲究:"承前逐举,省试奏号不过三百,所差拆号官率以下晡到院,先即封弥所点号整足,然后入院,往往夜漏既上拆号,抵明方毕,放榜,以示'天明为限'。今年省试约七百余号,人数增倍,虑拆封逼促拥并,致有差互漏泄,今欲拆号前一日四更奏号。乞自朝廷灯时付拆号官赴院检拆,次日不限早晚放榜。"孝宗"从之"①。

礼部榜,传说唐代有起头用淡墨书写"礼部贡院"四字的习惯,见《唐摭言》卷一五《杂记》、张泊《贾氏谈录》。《蔡宽夫诗话》曰:"礼部淡墨书榜者,不知始何时。或曰:(唐)李程应举时,尝遇阴府吏于贡院前,问其登第人姓名,则有李和而无程,乃祈之,苍黄中用淡墨笔加'王'字于和下,果得第。后为相,因命凡榜书人名皆用淡墨,遂为故事。此固不可考,然相传至今。……范蜀公诗:'淡墨题名第一人,孤生何幸继前尘。'盖得之。今贡院放榜,但以黄纸淡墨,前书'礼部贡院'四字,余皆浓墨。"②又程大昌《雍录》卷八《职官·礼部南院》:"今世淡墨书进士榜首,列四字曰'礼部贡院'者,唐世遗则也。"傅璇琮先生认为唐代是否有淡墨书榜的事,"是很可怀疑的","唐代只是流传的轶闻,到了宋代竟然成了事实,这也可以说是科举史上的佳话"③。

北宋前期,礼部要给中选举子发"榜帖"。因榜帖是用黄花笺(或曰用素绫贴金花)书姓名,知贡举官花押押字,故又称作"金花

---

① 《宋会要辑稿·选举》四之三六。
② 《宋诗话辑佚》本。
③ 《唐代科举与文学》第十一章《进士放榜与宴集》,第296—299页。

帖子"。其制后废。洪迈《容斋续笔》卷一三《金花帖子》：

> 唐进士登科,有金花帖子,相传已久,而世不多见。予家
> 藏咸平元年(998)孙仅榜盛京所得《小录》,犹用唐制,以素绫
> 为轴,贴以金花,先列主司四人衔……别用高四寸绫,阔二
> 寸,书"盛京"二字,四主司花书于下,粘于卷首。其规范如
> 此,不知以何年而废也。

又楼钥《跋金花帖子绫本小录(王扶、盛京)》,称该帖子中王扶、
盛京"止列祖、父,不及三代"①。又刘昌诗《芦浦笔记》卷五记其
家所藏太宗端拱元年(988)王扶、龚识二帖拓本,"帖皆长五寸许,
其阔半之。……后临轩唱名,此制遂废"。按:楼钥《跋金花帖子
绫本小录(王扶、盛京)》,以为王扶为咸平元年孙仅榜进士,王扶
之孙"谓端拱二年太宗朝第三榜者,误也",与洪迈说合,作"端拱
元年"当误。刘氏认为金花帖子之所以废,是因后来有了皇帝亲
试并临轩唱名、"面赐及第"的缘故。按殿试唱名始于雍熙二年
(985)②,在端拱元年之前;若咸平元年孙仅榜仍有金花帖子,更
说明虽行殿试唱名之制,金花帖子并未立即废除,盖有一个渐废
的过程。嘉祐前即使省试上榜,还可能被殿试黜落(嘉祐后除杂
犯外方免黜落),故省试榜帖权威大为下降,"金花帖子"遂逐渐被
冷落以至废而不用。刘昌诗所言当是。

---

① 《攻媿集》卷七三。
② 见《宋会要辑稿·选举》一三之一。

八、免省试

宋代科举中免省试，一般有三种情况。一是已过省试而因服制或患病等原因未赴殿试，下一举可免解试和省试。王珪曾对此持异议，他在《举人免解奏状》中写道："本院（指贡院）勘会过省举人免解，近岁以来，始于权贵子弟，因而启例。切缘身被服制及病患，自不能随赴殿试，今若便免取解并省试，诚为过幸。……欲乞今后应举人以服以疾不及引试御前者，只与免将来文解。其锁厅人亦乞放此。"[①]他的意思是说，这种情况将来应只许免解，不能免省试。

二是所谓"特恩"。如《宋史》卷二四《高宗纪一》载：建炎元年（1127）五月庚申，高宗在应天府登位，大赦，"应天府特奏名举人并与同进士出身，免解人与免省试"。又陆游《老学庵笔记》卷二曰："吴元中（敏）丞相在辟雍，试经义五篇，盖用《字说》，援据精博。蔡京为进呈，特免省赴廷试，以为学《字说》之劝。"再如《梦粱录》卷一五《学校》："主上登极，则临幸学宫，奠谒先圣，及赐诸生束帛，学官斋长谕俱沾恩需。高宗朝幸学之时，曾幸养正、持志二斋，两斋长谕已免解人，特与免省。"

三是熙宁后上舍中等生免省试。熙宁八年（1075）十月十六日诏："国子监上舍生顾襄、安惇、丁执古、于赟、叶唐稷如不得解，与免解；已得解，免礼部试。"[②]马端临解释道："其自发解者，即免

---

①《华阳集》卷七。
②《宋会要辑稿·选举》一五之二一。

礼部试。……时三舍未有推恩定法,故特降命也。"①熙宁十年二月十三日诏,若国子监上舍生得到免解资格,"内于贡举自合免解者,与免省试一次。已该免解,后又在学及二周年以上、别无公私过者,并免省试。"②元丰二年(1079)颁学令,正式规定上舍分三等,若考试成绩"一优一平"为中等,"中等免礼部试"③。因殿试除杂犯外免黜落,故免礼部试,实际上已大致确定可登第了。此制元祐中被废,哲宗亲政后恢复,绍圣元年(1094)闰四月七日诏:"太学合格上舍生,并依元丰二年法","免省者,每举不得过五人。"④南宋绍兴十三年(1143)恢复太学,仍规定上舍生"中等免省",但"若下等自该免解,及已经免解而再该免者,即与免省"⑤。

第四节　省试的奏名数额

礼部奏名进士、诸科人数,宋初仍唐之旧,其额甚少。太祖朝各举,以乾德四年(966)最少,礼部所奏合格进士仅六人⑥。最多

---

① 《文献通考》卷四二《学校考三·太学》。
② 《宋会要辑稿·职官》二八之八。
③ 《文献通考》卷四二《学校考三·太学》。
④ 《宋会要辑稿·职官》二八之一二。
⑤ 《文献通考》卷四二《学校考三·太学》。其详可参周密《癸辛杂识》后集《成均旧规》。
⑥ 《宋会要辑稿·选举》一之一。

为开宝八年(975),共取进士三十人、诸科三十四人,"江南(指南唐)进士林松、雷说试不中格,以其间道来归,并赐三传出身"①。其他年份,或七八人、十余人不等。

到太宗时,由于已先后平定了后蜀、南汉、南唐,疆土迅速扩大,官吏队伍亟需补充,科举取人政策因而发生了激变。曾巩《本朝政要策·贡举》曰:"(进士科)至唐以来尤盛,岁取不过三十人。咸亨、上元中,增至七八十,寻亦复故。开成中,连岁取四十人,又复旧制。进士外以经中科者,亦不过百人。至太宗即位,太平兴国二年(977),以郡县阙官,旬浃之间,拔士几五百,以补阙员而振滞淹。"②又《续资治通鉴长编》卷一八于太宗太平兴国二年春正月记曰:

> 上初即位,以疆宇至远,吏员益众,思广振淹滞,以资其阙。顾谓侍臣曰:"朕欲博求俊乂于科场中,非敢望拔十得五,止得一二,亦可为致治之具矣。"先是,诸道所发贡士凡五千三百余人,……礼部上所试合格人名。戊辰,上御讲武殿,内出诗赋题覆试进士,赋韵平侧相间,依次用。命翰林学士李昉、扈蒙定其优劣为三等,得河南吕蒙正以下一百九人。庚午,覆试诸科,得二百七人,并赐及第。又诏礼部阅贡籍,得十五举以上进士及诸科一百八十四人,并赐出身。九经七

---

① 《续资治通鉴长编》卷一六。据《宋会要辑稿·选举》一之二,是年"奏名进士王式已下二百九十人",原注:"一本作'取进士王嗣宗等三十一人'。""一本"当是,三十、三十一,必有一误。
② 《元丰类稿》卷四九。

人不中格,上怜其老,特赐同三传出身。凡五百人。

是年礼部奏名的进士、诸科人数,李焘没有记录。不过既有太宗"博求"的指示在先,数额肯定远过于前,加之这时殿试还有黜落,奏名数必然多于赐第数,否则经殿试赐第的人数不可能大幅增加。李若谷于仁宗天圣五年(1027)上《议贡举》曰:"皇朝开宝以前,岁取进士不过三十人,经学不过五十人。自克复伪国,吏员益众,始有廷试广收人之制。"①又《燕翼诒谋录》卷一:"国初,进士尚仍唐制,每岁多不过二三十人。太平兴国二年(977),太宗皇帝以郡县阙官颇多,放进士几五百人,比旧二十倍。"这也表明了宋代官僚队伍的补充,几乎完全依赖于科举。

真宗时,省试奏名人数曾有所下降。咸平五年(1002),由于省试奏名过少,曾发生过被美国学者贾志扬称为"抗议"并具有"爆炸性"的事件②。《续资治通鉴长编》卷五一载:咸平五年三月己未,"上亲试礼部举人,得进士益都王曾以下三十八人,《九经》诸科百八十一人,并赐及第。……先是,贡举人集阙下者万四千五百六十二人,命吏部侍郎陈恕知贡举。恕所取士甚少,以王曾为首。及是糊名考校,曾复得甲科,时议称之。旧制,试经科复旧场,第始议进退。恕初试一场,即按通不去留之。以是,诸州举送官吏皆被黜责谴累者甚众。江南,恕乡里,所斥尤多。人用怨讟,

①《时政十议》,《隆平集》卷七。
②《宋代科举》第一章《导言——科举生活》,台北东大图书股份有限公司,1995年。

竞为谣诼讥刺,或刻木象其首,涂血掷于庭,又缚苇为人,题恕姓名,列置衢路,过辄鞭之"。按欧阳修《归田录》卷二,陈恕礼部试"所解七十二人,王沂公(曾)第一,御试又落其半,而及第者三十八人,沂公又为第一"。则不仅礼部奏名人数少,殿试黜落的比例也很大。

由于被录取进士的唯一出路是做官,故到仁宗时,便出现了严重的冗官现象,不得不对礼部奏名数额进行控制。上引李若谷《议贡举》接着说:"愿陛下约今岁吏部阙官之数,为来年人等之准。"至和二年(1055)九月辛丑,龙图阁学士、右谏议大夫李柬之言"吏员杂冗,上下繁名"凡四弊,其一为"选举之路未精",曰:

> 唐制,明经、进士及第每岁不得过五十人。今三四年间放三、四百人,校年累举、不择词艺、谓之恩泽者(按指特奏名)又四五百人。……诸科虽专记诵,责其义理一无所知,……岁亦放五百余人。此所谓选举之路未精也。①

入官之滥,看来非整治不可了。

皇祐五年(1053,一说四年),有诏礼部奏名限四百人。《续资治通鉴长编》卷一八一于至和二年(1055)十月载:

> 初,礼部奏名进士、诸科各以四百为限,又请杂问大义,侥倖之人悉以为不便,欲摇罢诏法。(原注:……皇祐五年闰

---

① 《续资治通鉴长编》卷一八一。

七月诏:惟礼部奏名限四百。不见此指挥,《选举志》称皇祐四年,恐误。)……已丑,知制诰王珪言:"……国初取士,大抵袭唐制,逮兴国中增辟贡举之路,其后浸以益广,无有定数。比年以来,官吏猥溢于常员,故近诏限数四百,(原注:近诏未见。)兹诚所以惩仕进之弊也。……惟陛下申敕有司,固守是法。

嘉祐二年(1057)十二月五日,仁宗下诏改四、五年一开科为间岁(即隔年)一开科,"天下进士、诸科,并解旧额之半,开封府、国子监以皇祐四年所解人数五分为额,锁厅及试官亲戚举人亦准此"①。本章第二节述嘉祐三年三月十一日礼部贡院上言,奉诏再详定科场条制,其中请求省额也同步减半:"礼部奏名进士二百人,明经、诸科不得过进士之数。……(仁宗)从之。"②治平三年十月又诏三年一开科(从此成为定制),于是规定:"应天下所解进士、诸科,并以本处旧额四分三分,内开封府、国子监以皇祐四年所解进士、诸科数各四分中以三分为额,明经、诸科不得过进士之数。"③较之间岁开科来,这增大了时间跨度,省额自然也应当相应增加,于是治平三年十月六日诏:"所有礼部奏名进士,以三百

①《宋会要辑稿·选举》三之三三。
②《宋会要辑稿·选举》三之三五。
③《宋会要辑稿·选举》三之三八。孙觉在熙宁元年六月《上神宗论取士之弊宜有更改》中说:"进士、明经、诸科,旧以三百人为额。治平中,更增五十员,三岁一取士,凡六百五十人。"(《诸臣奏议》卷八〇)

人为额,明经、诸科不得过进士之数。"①故治平四年省试奏名进士三百六人,神宗熙宁三年(1070)奏名进士三百人②,皆较严格地按诏旨执行。

熙宁四年罢诸科,原有诸科中明经科的省额直接转移到进士科。据《宋史·选举志一》,明经科为诸科省额的"十之三"③。若以"明经、诸科不得过进士之数"计,明经、诸科最多应为三百人,"十之三"则不到一百人。也就是说,这时的省额应为四百名左右。从熙宁六年正式实行科制改革起,每科录取大体上保持在这个数额之内,如熙宁六年奏名进士(以下数字皆指奏名进士)四百八人,九年四百二十六人,元丰二年(1079)三百四十八人,五年四百八十五人,八年四百八十五人。元丰后两科已开始超出,而哲宗元祐三年(1088)则达五百二十三人④,六年为五百一十九人。绍圣以后,每科都在五百以上。徽宗崇宁五年(1106)突破六百,为六百七十一人;政和二年(1112)突破七百,为七百一十三人;宣和六年(1124)甚至达到八百五人⑤。由此可见,从元祐以后,特别是徽宗时代,省额又逐渐恢复到太宗到仁宗取人(包括进士、诸科)最多年份的水平,甚至还有所超出。

---

① 《宋会要辑稿·选举》三之三八。
② 见《宋会要辑稿·选举》一之一一至一二。
③ 详参本书第一章第二节。
④ 上引黄庭坚《题太学试院》,谓元祐三年"奏号进士五百人",盖举成数。
　 按:哲宗元祐三年(1088)闰十二月二十三日诏:"诸科额十分为率,留一分解本科旧人。"(《宋会要辑稿·选举》一四之二)这是为了解决罢诸科后的遗留问题。然诸科旧有省额的十分之一,也仅三十名左右。
⑤ 上列奏名进士数,见《宋会要辑稿·选举》一之一二至一五。

南宋间,由于只存半壁河山,故省额有所减少。《宋会要辑稿·选举》一之一五至二九记载了高宗到宁宗百年间(阙理宗以后五十余年)各举奏名进士数量。高宗时代,一般都是二百数十人。孝宗初数额有较大增加,如隆兴元年(1163)达五百六十人①,乾道二年(1166)四百九十二人,乾道五年三百九十人,乾道八年三百八十九人。但从淳熙二年(1175)起,又降到二百余人。光宗绍熙元年(1190)达五百五十七人,绍熙四年亦有三百九十六人。宁宗庆元二年(1196)为三百八十八人,嘉泰二年(1202)三百二十五人,嘉定十六年(1223)三百六十一人,其余年份则只有二百多人。一般说来,新皇帝登位之初奏名较多(即所谓"龙飞榜"),盖施恩之术也。

第五节 省试录取不均与"五路法"

英宗治平元年(1064),知谏院司马光在看详(即评审)中书省批送的太子中舍、知封州柳材请求省试逐路取人的奏状时,同意柳材的意见,并上《贡院乞逐路取人状》②。他在状中据贡院簿籍所载,考列了嘉祐三年(1058)、五年、七年监府路分的得解、免解人数,及第人数,以及及第者在发解人数中所占比例,可直观地看

①《宋会要辑稿·选举》四之三五:隆兴元年正月十六日诏礼部贡院:"以前举取过人数,共添取一百人。"
②《温国文正司马公文集》卷三〇。

出国子监、开封府(所谓"内解")与各路("外解")的差别十分悬殊。省试录取的不平衡问题于是突现了出来。司马光提供的数据很有史料价值,今据以制表如下:

表一:嘉祐三年

监府路分	得解免解进士数	及第进士数	及第比例
国子监	118	22	约1/5
开封府	278	44	约1/6
河北路	152	5	约1/30
京东路	157	5	约1/31
梓州路	63	2	约1/31
广南东路	97	3	约1/32
荆湖南路	69	2	约1/34
广南西路	38	1	1/38
利州路	26	1	1/26
夔州路	28	1	1/28
河东路	44	0	

表二:嘉祐五年

监府路分	得解免解进士数	及第进士数	及第比例
国子监	108	28	约1/4
开封府	266	69	约1/4
京东路	150	5	1/30
荆湖南路	69	2	约1/34
广南东路	84	2	1/42
河东路	41	1	1/41

监府路分	得解免解进士数	及第进士数	及第比例
陕西路	123	1	1/123
荆湖北路	24	0	
广南西路	63	0	
夔州路	32	0	

表三:嘉祐七年

监府路分	得解免解进士数	及第进士数	及第比例
国子监	111	30	约1/4
开封府	307	66	约1/5
荆湖南路	68	2	约1/34
陕西路	124	2	1/62
河北路	154	1	约1/154
河东路	45	1	1/45
荆湖北路	23	1	1/23
广南东路	77	0	
广南西路	63	0	
利州路	28	0	

司马光在列举了上述事实后,写道:

> 以此比较在京及诸路举人得失多少之数,显然大段不均。盖以朝廷每次科场所差试官,率皆两制、三馆之人,其所好尚,即成风俗。在京举人追趣时好,易知体面,渊原渐染,文采自工。使僻远孤陋之人与之为敌,混同封弥,考较长短,

势不侔矣。……国家用人之法，非进士及第者不得美官，非善为赋、诗、论、策者不得及第，非游学京师者不善为赋、诗、论、策。以此之故，使四方学者皆弃背乡里，违去二亲，老于京师，不复更归。其间亦有身负过恶，或隐忧匿服，不敢于乡里取解者，往往私买监牒，妄冒户贯，于京师取解。……国家虽重为科禁，至于不用荫赎，然冒犯之人，岁岁滋甚。所以然者，盖由每次科举及第进士，大率是国子监、开封府解送之人，则人之常情，谁肯去此而就彼哉！夫设美官厚利进取之涂以诱人于前，而以苛法空文禁之于后，是犹决洪河之尾，而捧土以塞之，其势必不行矣。

司马光的分析是深刻而透彻的。看来，在旧有的省试条制框架内很难解决问题，出路是变法。于是，司马光力主逐路取士，即按路分录取，并提出了具体操作的办法。

但此意见遭到参知政事欧阳修的反对。他在《论逐路取人劄子》中①，申说了不可更改科举条法的五点理由，认为要求逐路取人是"偏见"。最有说服力的，当数第一点，他写道：

盖言事之人但见每次科场东南进士得多，而西北进士得少，故欲改法，使多取西北进士尔。殊不知天下至广，四方风俗异宜，而人性各有利钝。东南之俗好文，故进士多而经学少；西北之人尚质，故进士少而经学多。所以科场取士，东南

①《欧阳文忠公集》卷一一三。

多取进士,西北多取经学者,各因其材性所长,而各随其多少取之。今以进士、经学合而较之,则其数均;若必论进士,则多少不等。

《文献通考》卷三一《选举四》在引述司马光、欧阳修二人的奏状后,按曰:"司马公之意,主于均额,以息奔竞之风;欧阳公之意,主于核实,以免缪滥之弊。要之,朝廷既以文艺取人,则欧公之说为是。"其实司马光反映的问题涉及面较广,包含了众多的矛盾,如"本贯"与"寄应"的矛盾,"在京"与"诸路"的矛盾,"东南"与"西北"的矛盾等。欧阳修所分析的,主要为后一对矛盾,他认为实质是南北学风不同、好尚各异的问题,即北人长于经学,南人偏好诗赋。如果从文学、学术发展的规律论,不如各从其俗,充分发挥自己的优势;但正如司马光所说,"国家用人之法,非进士及第者不得美官",而欧阳修以东南、西北"人性各有利钝"为说,显然不欲改变进士录取分布不均的现状,也就无法满足西北举子取进士以"得美官"的追求欲,更何况还有"本贯"与"寄应"、"在京"与"诸路"不平衡的问题。欧阳修以参知政事的权位,其意见固然能起主导作用,因此"逐路取人"的提议被暂时搁置。

但是,问题既已提出,人们就得寻求办法,以解决客观存在的不公。宋敏求尝上奏道:"河北、陕西、河东举子,性朴茂,故登第者少。请令转运使择荐有行艺材武者官之,使人材参用,而士有可进之路。"①熙宁二年(1069),范纯仁在《奏设特举之科分路考

---

① 《宋史》卷二九一《宋绶传》附《宋敏求传》。

校取人》中也说：

> 窃以自祖宗以来，取人唯进士科为盛，凡举择公卿近侍，
> 多取进士出身之人，故天下之士，竞务此科而进。然进士举
> 业，文、赋唯闽、蜀、江、浙之人所长，至南省，则与西北之人一
> 处糊名通考，故西北之人得进者少。今若明行分别，则必东
> 南之人兴难进之嗟，而寄贯巧伪者益多。不若用前来所上贡
> 举之策，先于天下郡县各立学校养士之法，仍择明师以教之，
> 每科诏之下，委州郡长吏及学官于进士、明经中唯取……才
> 行优于众人者，许用解额中人数三分之一，特为荐送至南省，
> 谓之特举之科，南省只试策论、经义，仍各分路分考校，逐路
> 各与优立分数取人，至御前亦依分数与放及第，则诸路得人，
> 无不均一。朝廷遂于贡举优立五路之法。①

从所引末句可知，朝廷当时似乎采纳了范纯仁的建议，在贡举中
"优立五路之法"。然吕祖谦《历代制度详说》卷一曰："自哲庙以
后，立齐鲁河朔五路之法，凡是北人试者皆别考，然后取人南北始
均。"哲宗以后有五路"别考"之制，这是可以肯定的，《苏轼文集》
卷七《策问六首》，其一为《五路之士》，就是对元祐三年（1088）应
省试的"北人"的考题。但是否哲宗以后才有五路法？似值得怀
疑。《宋会要辑稿·选举》三之四三载熙宁四年（1071）二月一日
中书门下上言，请求罢诗赋、诸科后，"仍于京东、陕西、河东、河

①《范忠宣公奏议》卷上。

北、京西五路先置学官,使之教导。其南省新添进士奏名,仍具令别作一项,止取上件京东等五路应进士人,并府监诸路曾应诸科改应进士人充数"。则早在元祐以前,就已有了对"五路之士"的优惠政策。或熙宁时已采纳了范纯仁的建议,有了五路法,而"别考"之制则始于哲宗之初?然"别考"事大,若元祐初始行,必有一番争议,而据现存史料,当时并未议及此事,也无新令,盖神宗时已行"别考"欤①。上引范纯仁与柳材、司马光提议不同的是,范在主张设"特举之科"(省试免试诗赋)及按逐路别立分数(录取指标)的同时,又提出"天下郡县各立学校养士之法,仍择明师以教之"。这有利于发展各地的教育,逐步缩小南北差距,即所谓标、本兼治,或者说是顾及"调停"与"造就"两个方面,以期从根本上解决南北学风、文风不同的问题。如果单按逐路取士,像明、清时科场分南卷、北卷、中卷,顾炎武以为"此调停之术,而非造就之方"②。

元丰元年(1078)十月,苏轼在《徐州上皇帝书》中写道:

　　昔者以诗赋取士,今陛下以经术用人,名虽不同,然皆以

①李新达《中国科举制度史》第五章《宋代的教育与科举制度》论及欧阳修、司马光此次争论时说:"朝中大臣和皇帝既不能调合又不能决断,只好维持现状。直到明朝和清朝,按地区分配录取名额才形成定制。"(文津出版社,1995 年,第 145 页)其说不够确切,其实熙宁时在录取名额的分配上,已有向北人倾斜的政策,只是尚非对配额的重新"洗牌",而仅是对旧制的修补。
②《日知录》卷一七《北卷》(详后引)。

文词进耳。考其所得，多吴、楚、闽、蜀之人，至于京东西、河北、河东、陕西五路，盖自古豪杰之场，其人沈鸷勇悍，可以任事，然欲使治声律，读经义，以与吴、楚、闽、蜀之士争得失于毫厘之间，则彼有不仕而已，故其得人常少。……故臣愿陛下特为五路之士，别开仕进之门。①

在苏轼看来，就是实行五路取人法，仍没有从根本上解决南、北不均的问题，因为北人不仅"治声律"不及南人，就连"读经义"也难与南人相抗（元丰时已罢诗赋），因为诗赋、经义同属"文"（广义），而北人所长唯"沈鸷勇悍"的武事而已，文化自来落后。《文献通考》卷三二《选举五》曰："熙宁间，荆公罢词赋、帖经、墨义，并归进士一科，齐、鲁、河朔之士往往守先儒训诂，质厚不能为文辞，所以自进士科一并之后，榜出多是南人预选，北人预者极少。"则不仅南北文风不同，学风也有差异，故罢诗赋后，科举的南北矛盾不但没有化解，反而更加突出②，可与苏轼所上书参读。

《宋会要辑稿·选举》三之二四载南宋高宗绍兴元年（1131）八月十九日诏："五路举人依旧制别项考校，每一十四人取一名，如有零分，听更取一名。"原注："已而滑州进士翟轸陈乞依建炎二年（1128）例，与诸路进士衮同考校，得旨依。自后每举皆衮同考校。"所谓"建炎二年例"，当即建炎元年十二月一日诏所规定的办

①《苏轼文集》卷二六。
②王安石罢诗赋，并非不要文采。熙宁二年决定罢诗赋时，就有"试义者须通经，有文采乃为中格"的规定，见《文献通考》卷三一《选举四》、《宋史·选举志一》。

法:"纽计正解、免解、转运司正解(引者按:即别头试正解)并衮同,合以一十四人取一名,余分不及一十四人,亦取一名,不终场者不计。"①"衮同考校"对举子的好处,盖在于基数不断变化。《宋志·选举二》:"(淳熙)五年(1178),以阶、成、西和、凤州比附特奏名五路人例,特升一甲。"淳熙六年二月二十九日臣僚言:"特奏名系潜藩州军进士及五路人,久在学校,曾充职事人,并与正奏名恩例。"②则南宋间亦有五路之法。然其时已丧失了旧有五路之地,盖多是优待所谓"归正人"之类③。

宋代的五路取人法,影响到明、清科举。顾炎武《日知录》卷一七《北卷》曰:

今制,科场分南卷、北卷、中卷(原注:《实录》:洪熙元年〔1425〕八月乙卯,行在礼部奏:"定科举取士之额,南士取十之六,北士取十之四。"后又令南北各退五卷,为中卷。景泰二年〔1451〕,会试礼部,奏准取士不分南北。户科给事中李侃诗奏:"北人拙于文词,向日定为南北之分,不可改。"……四年,会试仍分南、北、中卷)。此调停之术,而非造就之方。

①《宋会要辑稿·选举》四之一七。
②《宋会要辑稿·选举》二之二三。
③《宋会要辑稿·选举》四之四一载:乾道七年(1171)八月七日,林机乞复绍兴二十六年(1156)已停罢的流寓试,孝宗以为"难以更议"。虞允文"因请将辛巳(绍兴三十一年)以来归正之人,依效祖宗陕西、河北赴省试别立号取人最优之制,措置收试"。孝宗曰:"西北人多强记,特不甚能文耳。"则所谓"五路人",疑即指所谓"归正之人"(金统治区投奔南宋的士人)。

夫北人,自宋时即云京东西、河北、河东、陕西五路举人拙于文辞声律,况又更金、元之乱,文学一事不及南人久矣。今南人教小学,先令属对,犹是唐宋以来相传旧法,北人全不为此,故求其习比偶、调平仄者,千室之邑几无一二人,而八股之外一无所通者,比比也。

在宋代,五路法也许并没有完全解决南北录取不均的问题,但从政策层面上向文化教育较落后的地区倾斜的思路,以及另立"分数"的解决方案,为后代提供了可资借鉴的经验,是值得肯定的。

第七章 南宋的四川类省试

　　宋代在国子监、太学及州郡发解试、礼部试（省试）之外，还有一种考试，其目的、效力与前两种相同，叫做"类试"。为官员子弟及门客举行的"别头试"即称"类试"，如《宋史·选举志一》记景祐初诏进士、诸科"十取其二"等之后，接着说："士有亲戚仕本州，或为发解官，及侍亲远宦，距本州二千里，令转运司类试。"又如《宋会要辑稿·选举》六之三四载嘉定十二年（1219）十二月二十二日臣僚言"浙漕类试，其弊尤多"云云，"浙漕类试"即浙江转运司的别头试。这种类试的特点，是只有一部分身份相同或相近的举子（即所谓"类"）参加，目的既是避嫌，也为防止官员以权谋私。

　　本章所讨论的"类省试"，是类试的一种，但又与上述类试不同：它是在南宋这个特定的历史时期，朝廷将本应在"行在所"（赵宋定都汴京，高宗虽实际上已移都杭州，但仍称之为"行在所"，以示志在恢复旧都）举行的礼部试（省试）的考试权"下放"到各地。这种类似于省试的考试，南宋初的头两科曾在当时所有统治区域内举行，后来停罢，独四川地区得以保留，成为朝廷给四川的一项特殊政策。我们首先考述头两举"类省试"，以明类省试制度的由来及川、陕类试情况,然后主要研究四川的类省试。

第一节　类省试:兵戎中的权宜创制

"靖康之难"迫使残存的赵宋政权南渡。尽管当时山河破碎,处处腥风血雨,但科举考试却仍在戎马倥偬中进行。这样做,既表明刚刚成立的新朝廷的正统地位,说明它仍牢牢控制着行政权,同时也是展示自己的"软实力",可起到稳定和凝聚人心(特别是士大夫之心)的作用。李心传《建炎以来朝野杂记》甲集卷一三"类省试"条曰:

> 类省试者,始高宗在扬州,以军兴道梗,建炎元年(1127)十二月,遂命诸道提刑司选官,即漕司所在州类试,率十四人而取一人。

《文献通考》卷三二《选举五》载高宗诏令道:

> 顷缘寇戎侵犯京邑,爰致四方之隽,已愆三岁之期。比申饬于攸司,涓上春而明试。深虞道阻,宽仂浃旬。而驻跸行宫,时巡方岳,非若中都当远近之会,可使四方得道里之均,特从权宜,创立规制,分礼闱之奏额,就诸路之漕台,俾谨择于考官,用精蒐于实学。士省劳费,乡烝誉髦,悉预计偕,以俟亲策。

他是说，由于寇戎（金兵）侵犯京师开封，故三年开科的正常期限已过；然因"行宫"比不得开封处于天下之中，故"特从权宜，创立规制"，将礼部的录取名额分配到各路转运司，由转运司考试、录取，使"士免劳费"。原书未注明此诏月份。按《宋会要辑稿·选举》四之一七载高宗建炎元年（1127）十二月一日诏，文字较此诏不同，所谕事则一，并对有关事项作了详细规定：

> 可将省试合取分数下诸路，令提刑司差官〔于〕转运使所在州类试。三省措置省试合放人额，纽计正解、免解、转运司正解衮同，合以一十四人取一名，余分不及一十四人，亦取一名，不终场者不计。内河东路合赴试人令附京西路转运司所在试。国子监、开封府合就试人于开封府，诸路合就试人于转运司置司州军类试。内国子监合赴试人如在外路州军，愿就本路试者听。其国子监、开封府人令留守司，诸路令提刑司，依贡举法选差试官六员，两路者各差三员，内开封府令留守司差御史台官一员，诸路令提刑司临时实封移牒转运使副或判官一员监试，不得干预考校。如有合避亲之人，专委官依公考校，所避之官不得干预。合避非本路提刑者，依本路监司法前期牒邻路；合避试官者，封弥官暗记送别位。应逐场试卷，不得止送一位考校，仍令监试官专切觉察。

《宋史》卷二四《高宗纪一》载：建炎元年十二月丁巳（按是月朔为丙辰，丁巳误），高宗时在扬州，"诏诸路提刑司选官，即转运司所在州类省试进士，以待亲策"。则各路类省试的考试官，由提刑司负责选差;监试官,规定"以转运使副、判官一员监试"①。此科类省试,各地分别于建炎二年上半年择日举行,八月二十三日殿试,赐李易以下四百五十一人进士及第、出身、同出身,何元仲等五名同学究出身。"是岁以兵兴道梗,诸路进士赴殿试不及者,河北路李汇等二人,京东路祝师龙等二人,四川类试正奏名进士八十三人,陕西类试正奏名周忠厚等十六人,并赐同进士出身。特奏名进士张鸿举以下赐进士及第、同进士出身、同学究出身。"②这是南宋的首次科举考试,也是类省试制度的开端,故李心传曰:"省试之有'类',盖自此始。"③

依三年一贡的周期,南渡后的第二次开科时间,当为绍兴元年(1131),因行明堂礼延至二年④。朝廷于绍兴元年二月二十九日下诏,各路类省试"就今年八月上旬内择日引试,于来年三月上旬择日殿试"⑤。是年六月九日,臣僚言:"今若止令提刑司差官,不惟预有干请,亦恐未必皆系通习声律之人,则所差可知矣。乞诏执政大臣于诸路漕宪或帅守中择词学之臣总其事,使于所部精选考试官,务令公审,庶几上副设科更制之意。"高宗"从之"。这是主张各路类省试考试官的选差,由建炎时的提刑司负责,改由

———————

① 《宋会要辑稿·选举》四之二〇。
② 《宋会要辑稿·选举》八之一。
③ 《建炎以来系年要录》卷一一。
④ 李心传《建炎以来朝野杂记》甲集卷一三"三岁取士"条:"三岁取士,祖宗旧制也。建炎元年(1127)当省试,以围城故,展用二年。绍兴元年,当殿试,以行明堂礼,亦展用二年。"行明堂礼事,详见《宋史》卷一〇一《礼志四·明堂》。
⑤ 《宋会要辑稿·选举》四之二三。

执政大臣选"诸路漕宪或帅守"负责,于是诏"两浙路差提刑施峒,福建路差帅臣程迈,江南东路差帅臣吕颐浩,江南西路差帅臣朱胜非,荆湖东西路差转运判官孙绶,广南东路差帅臣赵存诚,广南西路差转运判官王次翁,其川陕路并令张浚,于逐路帅臣、转运、提刑内选差有出身之人"①。这是对建炎类省试制度的一个重要修正,其背景,李心传以为是建炎二年类省试"既揭榜,远方之士多诉其不公。绍兴元年六月,始专择诸路宪、漕或帅守中词学总其事"②。

据《宋史》卷三六一《张浚传》,川陕宣抚处置使张浚"置幕府于秦州",遂于绍兴元年"以便宜"在宣抚司举行类省试③。又《宋史》卷二六《高宗纪三》:绍兴元年(1131)二月"丙申,提刑司以八月类省试。张浚亦以便宜合川、陕举人即置司类省试"。又《建炎以来系年要录》卷四二曰:绍兴元年二月丙申,"复诏诸路提刑司类省试。于是川陕宣抚处置使张浚始以便宜,合川陕举人即置司类省试,自是行之至今"。原注:"(绍兴)二年六月,始降旨就宣司类省试。熊克《小历》自此始,盖误。杨希仲榜在此年,方试时未尝降旨也。"就是说,朝廷正式允许张浚在宣抚司举行类省试,

---

① 《宋会要辑稿·选举》四之二三。
② 《建炎以来朝野杂记》甲集卷一三。
③ 《宋史·张浚传》"秦州"作"秦川"。按张栻《少傅刘公(子羽)墓志铭》:"宣抚司至关,据秦州,号令五路。"(《南轩集》卷三七)又魏了翁《资州省元楼记》:"张忠献公(浚)时以元辅奉使川陕,治秦州,即秦为类省试。诸道之合,盖此乎昉。"(《鹤山先生大全集》卷四四)则"秦川"作"秦州"。"秦川"乃渭水流域之泛称,作"秦州"是,因改。秦州治成纪,在今甘肃秦安县北。

是绍兴二年六月,而绍兴元年二月诏诸路提刑司于八月类省试时,张浚即在宣抚处置司组织考试。因"川陕宣抚处置司"只是经营川陕、组织抗金的协调机构,并非作为行政区的"路分",故称"以便宜"也。

　　绍兴二年除川陕宣抚司"以便宜"考试外,陕西路、成都路等也曾各自举行类省试。张浚在绍兴二年十二月十七日上言为陕西类省进士请敕牒,道:"知枢密院事、宣抚处置使张浚言:'遵依诏旨选官就成州锁院类试陕西路发解举人,考到合格周模等一十三人,已恭依便宜圣训,第(原误"等")一名特赐进士出身,余并特赐同进士出身讫。'诏依,令尚书省给降敕牒。"①可知陕西路的类省试曾在成州(治同谷县,今甘肃成县)举行。又李焘《贡院记》:"建炎初,始有诏即成都类试一路十五州进士之当试于礼部者。绍兴二年,宣抚司承制,并三路四十三州,当试日皆即成都试焉。"建炎二年的类省试,是由各路漕司主持,故成都只有"一路十五州"的举子参加,"一路"当即成都府路。绍兴二年成都的类省试,范围扩大到"三路四十三州",则是合三路于一地。这样做,李焘特别说明属"宣抚司承制",是朝廷的决定。看来,张浚在宣抚司所在地秦州"以便宜"举行类省试的同时,又"承制"将蜀中的"三路四十三州"集中到成都进行类省试。换言之,张浚在秦州"以便宜"举行的类省试,似乎并非川、陕各路的统一考试,参加者盖只是川、陕遭战争破坏地区的举子。张浚"以便宜"的举措,加之蜀中三路聚于成都的类省试,为后来四川统一的类省试奠定了

----

① 《宋会要辑稿·选举》二之一五。

基础。

由于道路不通,川、陕类省试录取的进士,并没有到高宗的"行在所"扬州殿试,而是就其家赐第。《建炎以来系年要录》卷五二:绍兴二年(1132)三月甲寅,"上策试诸路类试奏名进士于讲殿。……遂赐(张)九成以下二百五十九人及第、出身、同出身,而川陕类省试合格进士杨希仲等一百二十人,皆即家赐第。……(杨)希仲视廷试第五人恩例,余皆同出身至助教凡七等,特奏名入五等,依扬州例。……希仲,新津人"①。

绍兴三年十月,高宗在越州(今浙江绍兴),下诏罢类省试。《建炎以来系年要录》卷六九载:

> 绍兴三年冬十月戊申,诏:今后省试并赴行在。自诸路置类省试,行之才二举,议者以为奸弊百端,且言:本朝省试必于六曹、尚书、翰林学士中择知举,诸行侍郎、给事中择同知举,卿监为参详官,馆职、学官为点检官,又以御史监试(原误"视"),故能至公至当,厌服士心。今盗贼屏息,道路已通,若以此试复还礼部,不过括诸路漕司所费输之行在,则必裕然有余矣。诏检坐累降指挥申严行下,于是遂罢诸路类试。②

---

① 又见《宋会要辑稿·选举》八之二。李埴《皇宋十朝纲要》卷二〇亦曰:绍兴二年,"四川类试正奏名杨希仲等一百二十人"。盖川、陕类试虽非一地,却由宣抚司统一奏名。

② 按:臣僚所言,详《宋会要辑稿·选举》二〇之三,时在绍兴三年十月二十七日。

又《宋史》卷二七《高宗纪四》:绍兴三年(1133)冬十月"戊辰(《建炎要录》作"戊申",不详孰是),罢诸路类省试"。"高宗建炎二年、绍兴二年,以军兴道梗,权宜诸路类试"①,至此便告终结。

第二节　四川类省试的制度变迁

绍兴三年十月诏罢诸路类省试的数月前,也就是该年六月七日,曾下诏道:"四川得解进士有愿赴行在省试之人,给与进义副尉驿券,津遣前来。"②这是在着手解决将来罢类省试后,四川举子路途遥远的实际困难。但到绍兴四年六月十四日,高宗又下诏道:

> 川陕合赴省试人,令宣抚司于置司州军置试院,选差有出身清强见任转运使副或提点刑狱官充监试,于逐路见任京朝官内选差有出身、曾任馆职、学官或有文学官充考试官,务

---

①《宋会要辑稿·选举》一之一五。
②《宋会要辑稿·选举》四之二四。林天蔚《宋代史实质疑》第六章第二节《四川类省试的分析》说:"笔者怀疑此'得解进士',是四川类省试及格后之士子,虽得赐'同进士出身',但仍可赴行在参加'殿试'(注引赵升之《朝野类要》卷二:'四川军州解士,只就安抚制置司类省试毕,径赴殿试。'),但给予'驿券',却是对四川士人的特殊优待。"(台湾商务印书馆,1987年,第191页)此说非是。该诏明指"得解进士有愿赴行在省试之人",则不可能是已通过类省试并得赐同进士出身者,仍可赴行在"殿试"。"得解进士"即乡贡进士,并无歧义。

依公精加考校，杜绝请托不公之弊。①

《建炎以来系年要录》述此诏背景道："先是，诏省试并在行在，至是礼部侍郎兼侍讲陈与义奏川陕道远，恐举人不能如期，故复令类试焉。"《宋史·高宗纪四》系于壬申（二十二日）：绍兴四年（1134）六月壬申，"复命川、陕类试"。这道诏令，成为罢类省试而四川独得保留的法令基础，理由已由先前两举的"军兴道梗"，变为"川、陕道远"，实际上是优待川、陕举子的特殊政策。这是个影响深远的重大决策，对稳定西部边陲起了十分重要的作用。

四川的类省试，诏令让"于置司州军置试院"，就是说，宣抚司驻于何地，即在该地组织考试。由于宣抚司起初并无定所，后来才定驻成都，故考试也随之流转。《建炎以来朝野杂记》甲集卷一三"类省试"条曰："（绍兴）五年，始试进士于南省，惟四川即试宣抚司，自七年后，又移制置司，迄今不改。"又李焘《贡院记》曰："（绍兴）七年以来，类试成都，率循二年之制。后或即阆（州），或即利（州），或即兴元（府），则随宣抚使所治所也。其（绍兴）十一年，试事虽属宣抚使，而试所还即成都。"

成都举行四川类省试的地点，李焘《贡院记》道："国家习用文治，士愈辐辏，每三岁取士诏下，合成都九邑士来应有司之试者，数逾五千，日增而未止。旧试院既狭小，不足以容，则更就佛寺，取具临时，为士者固非之，相仍已久。"所谓"旧试院"，据《记》下文文意，当是政和二年（1112）"董正封建请令诸州遍立贡院"时所

---

① 《宋会要辑稿·选举》四之二四。又见《建炎以来系年要录》卷七七。

建。蜀人郭印(今德阳人)有诗题曰《类试院考校九月十日塔之八级中现宝光杨齐伯有诗纪其事亦赋一首》①,即是在佛寺考校之例。淳熙五年(1178),四川安抚制置使胡长文(元质)"惕然不安于衷,爰议改作,度隙地于锦官坊直府治之南,其袤九十一丈,广五十一丈四尺,……凡为屋三百七十二楹,为墙三百二十六堵"②。

四川类省试的时间,《宋史·选举志二》曰:绍兴二十四年(1154),"始定试期(按指发解试)并用中秋日,四川则用季春(三月),而仲秋(八月)类省"。绍兴二十九年三月诏:"今后四川类省试,用九月十五日锁院。"③嘉定七年(1214)五月二十七日,左谏议大夫郑昭先言:"四方之士以八月各试于其乡。明年,举乡贡之士以二月试之于春官。……四川之士,去阙廷远,虑其奔趋不逮,其试于乡则以二月,其试于春官则以八月,先期半年。"④这是将发解试再提前一个月(由"季春"即三月提到二月)。嘉定八年九月二十八日,殿中侍御史黄序言:"(四川)类试仲秋之末,揭榜季秋之杪。"⑤

四川的类省试制度,经过一系列变迁,形成了既为朝廷掌控又相对独立的体系,略述之如次。

一、川、陕分类试额。《建炎以来系年要录》卷一三三:

---

①《云溪集》卷一。
②李焘《贡院记》,《成都文类》卷四六。
③《宋会要辑稿·选举》二〇之一三。
④《宋会要辑稿·选举》八之二三。
⑤《宋会要辑稿·选举》六之二五。

绍兴九年(1139)十有一月己丑,户部侍郎周聿言:"陕西士人学术久荒,拙于为文,若与四川类试,必不能中程。乞别立字号。"上曰:"陕西久沦异境,朕欲加惠远方,可令礼部措置。"川、陕分类试额,自此始。

又《文献通考》卷三二《选举五》:

(绍兴)九年,诏:"陕西久陷伪境,与四川类试,必不能中程式。其令礼部措置,别号取放。"川、陕分类试额自此始。

应注意的是,川、陕分割录取名额,只是"别立字号"、"别号取放",即封弥时各自设置字号以区别两地举子,并无分别考试之说。有学者认为是川、陕各自举行考试①,恐非是,文献并无成都以外尝有类省试的记载。

二、别头试得解人赴行在省试,不参加四川类省试。绍兴二十七年五月十一日诏:

四川监司、帅臣、守倅亲属、门客牒试及属官、干办官以上,本贯别路随行缌麻以上亲,去户籍二千里外应合赴运司

---

① 如林天蔚《宋代史实质疑》第六章第二节《四川类省试的分析》(台湾商务印书馆,1987年,第192页)称,"四川类省试最初是与陕西合并举行,至绍兴九年,川、陕分开各自举行"。按南宋时的"四川",包括今陕南、甘南之地。陕西除陕南外,其余地区为金所有。四川类省试,皆由四川安抚司(后为四川制置司)统一组织,谓川、陕"分开各自举行",缺乏历史依据。

试得解人,并令前来行在省试,其余四川依旧类试。如愿赴行在省试人,并沿路给券。①

原注:"以臣僚言,议者乞将四川解试举人尽赴省试,道远狼狈,欲望且仍旧贯。若监司、帅臣子弟力足以致倖滥,可令前来。下礼部看详,故有是诏。"其出发点是不让官员子弟享受特殊政策的优惠,以保证类省试的公正。

三、监试、考试官改由朝廷任命。据绍兴四年诏,四川类省试的监试、考试官均由宣抚司选差。绍兴二十九年(1159)三月一日,"以吏部侍郎周绾言四川类试之弊,乞选差行在清望官充监试官,以路远不可差",于是诏曰:

> 今后四川类省试,用九月十五日锁院,朝廷于帅臣、监司内选差监试、考试官各一员,于锁院二十日前用金字牌遣降在院,官吏如有挟私违戾,监试官径行劾奏。余官,制置司精加选差。②

《建炎以来系年要录》卷一八一载此事背景较详:

> 先是,集英殿修撰周绾为吏部侍郎,建言:四川进士类省试所奏差试官,乃取一路帅臣职司,封部既异,在院官吏势难

①《宋会要辑稿·选举》一六之一〇。
②《宋会要辑稿·选举》二〇之一三。

总一。欲望今后选差行在清强官一员,或假以御史之名充监试。诏礼部看详申省。于是权礼部侍郎兼侍讲孙道夫言:"臣僚所乞,委得允当,但四川去行在遥远,难以差官前去,更合取自朝廷指挥。"故有是命。是日,道夫侍经筵,犹请罢类试,令赴礼部。上曰:"早方与执政议,今岁已无及,后举当遣御史监之。"道夫曰:"御史监试,事体固重,然所关防,不过试闱中传义、代名等弊,其有前期投举业,问题目,以秘语为契念,则无迹可寻,必令赴礼部乃为允也。"(原注:此以王之望撰道夫墓志及四川制置司事类参修)

此事的经过,《宋史·选举二》所载可为补充:"二十九年,孙道夫在经筵,极论四川类试请托之弊,请尽令赴礼部。帝曰:'后举但当遣御史监之。'道夫持益坚,事下国子监,祭酒杨椿曰:'蜀去行在万里,可使士子涉三峡、冒重湖邪? 欲革其弊,一监试得人足矣。'遂诏监司、守倅宾客力可行者赴省,余不在遣中。是岁,四川类省试始从朝廷差官。"

监试、考试官改由朝廷任命,即由原先的宣抚司选差,改由朝廷选派已在四川任职、籍贯为东南地区的官员充当。这样做的目的,是提高监、考官的权威,尤其能有效避免利用地方关系网作弊,如曹彦约所说:"四川类省试有监试、考试、点检试卷官,必参以东南之士者,取其乡贯之在远,而亲戚故旧之不多也。"[1]于是,四川类省试勉强渡过了一场生存危机,而得以继续保留。

---

[1]《四川类省试监试入院晓谕榜》,《昌谷集》卷一六。

类省试的监试、考试官既由朝廷选差，类省试别试所、特奏名进士院的监试、考试官问题于是也提了出来。《建炎以来系年要录》卷一八一载：绍兴二十九年三月甲申（二十九日）："权礼部侍郎孙道夫言：'四川类省试，已降指挥，选差监试、考试官各一员。今看详别试所收试避亲进士，其利害关防，比之类省试，事体无异。欲望亦自朝廷选差监试并考试官各一员，所贵选举尽公，仰副圣世取士之意。'（高宗）从之。"①又《宋会要辑稿·选举》二〇之一四：绍兴三十年（1160）二月七日，"四川安抚制置使王刚中言：'类省试已从朝廷选差监试、考试官，所有特奏名进士试院，亦合从朝廷选差。'诏遣官"。

四、四川类省试院除类试进士科外，还类试武举、刑法和教官。《宋史》卷一五七《选举三》："绍兴五年，帝御集英殿策武举进士，翌日阅试骑射，策入优等与保义承节郎，平等承信郎，其武艺不合格者，与进义校尉。川、陕宣抚司类省试武艺合格人并补官。"又同书卷三一《高宗纪八》：绍兴二十五年夏四月戊子，"命四川制置司许就类省试院校试刑法"。又同书卷一五六《选举二》："高宗初年，复教官试。绍兴中，议者谓：'欲为人师，而自献以求进，非礼也。'乃罢试而自朝廷选差。已而又复之，凡有出身者许应，先具经义、诗、赋各三首赴礼部，乃下省闱，分两场试之。初任为诸州教官，由是为两学之选。十五年，从国子监丞文浩所言，于《六经》中取二经，各出两题，毋拘义式，以贯穿该赡为合格。

---

① 《宋会要辑稿·选举》二〇之一三系于三月十九日。疑"十九"前脱"二"字。

其后,四川制置司遇类省试年,亦仿礼部附试,自嘉泰元年(1201)始。"①嘉定八年(1215)九月甲申,"罢四川试法科"②。

五、四川类省试的考题,要上报朝廷。乾道八年(1172)十一月二十八日诏:"四川类省试院进题目,考试官何耆仲所撰第三场第三道策题用事差错,特降一官放罢,今后不差充试官。"③是否一开始题目即需进呈,由于文献阙略,尚待考。

六、四川类省试的录取"分数",隆兴以后略少于建、剑等五州,然较其他地区稍优。李心传记曰:"省试,旧以十四人取一名。隆兴初,建、剑、宣、鼎、洪五州进士,三举实到场者,皆以覃恩免解④,有旨增省额百人,遂皆以十七人取一人,而四川类省试则十六人取一名,后不复改。"⑤

七、淳熙四年(1177)以后,四川类省试改由安抚制置使司举行。是年三月二十日诏:"四川类省试,今就安抚制置使司置院类试。时罢宣抚司故也。"⑥又李焘《贡院记》:"宣抚司既罢,则皆制置使专之。"

八、由朝廷选差所有监试、考试官。嘉定九年(1216)六月二十四日,右谏议大夫应武针对四川类省试存在的奸弊,提出了一

①参见佚名《续编两朝纲目备要》卷六,中华书局,1995年校点本。
②佚名《续编两朝纲目备要》卷一四。
③《宋会要辑稿·选举》二〇之二一。
④按:五州乃孝宗藩邸,以孝宗新即位覃恩免解,见《宋会要辑稿·选举》一六之一二。
⑤《建炎以来朝野杂记》乙集卷一五"淳熙议复四川类省试所减额"条。
⑥《宋会要辑稿·选举》二二之二。

系列改进意见,被朝廷采纳。他上奏道:

> 臣窃闻四川类省试有考官徇私纳贿、去取不公,预选之人不协舆论,固当奏罢矣。近年所闻,或谓徇私之弊已久,朝廷不能尽知。盖监试一员、考试一员系朝廷敕差外,自余考试、点检试卷官,并令制置司自行选差。近有有势力者,于差官之前先事请托,或立暗号,或求题目,或私付文字于考官、点检官,内多所请嘱,虽封弥、誊录,而实知其姓名,虽文理疏谬,而曲为之扶拭。方其未揭榜之前,某人为某人所厚,某人为某人所主,士子相与指目,逮至揭榜,悉如所言。又闻敕差考官与制置司所差考官名(原误"各")称职事既同,势不相统,监试官虽许抽摘试卷详定,然一人之力不能遍周,既不足以禁考官之私,且考试官或系本路知州,而本路监司乃为监试,则考官限于职守之相临,又不足以止监司之私。由是蜀士抑郁无诉。乞将考试官员数尽从朝廷选差,或将所差考官一员别立名称,同监试遍阅诸房卷子,或差东南人充监试,或监不系监试官所部知州充考官。其被差者不必专取文词之人,惟以公心取士为主,严行戒饬。

宁宗"从之"①。

应武认为监试、考试官只由朝廷各差一员(按指绍兴二十九年诏,详前),不能解决作弊的问题,请求考试官全部由朝廷选差。

---

① 《宋会要辑稿·选举》二二之二五。

他同时提出了几种可供选择的方案，所谓"从之"究指采用何种，未详（从下引《宋史》所述绍定时情况看，盖并未全从朝廷选差）。但有一点可以肯定：宋末的科举作弊问题，已积重难返，四川类省试也不例外，即便监试、考试官全部由朝廷委派"东南人"充，仍不可能有多少好转。

九、《宋史》卷一五六《选举志二》：绍定四年（1231），"初，四川类试，其事虽隶制司，而监试、考官共十员，唯大院、别院（按：指类试院和别试院）监试、主文各一员从朝命，余听制司选差。自安丙差四员之外，权委成都帅守临期从近取具。是岁，始仍旧朝命四员，余从制司分选"。这是纠正安丙将朝命之外的六名监、考官，临时委成都帅守就近选差的做法，而恢复由制司统一选差。

四川类省试一直持续到成都沦陷于元兵为止。《宋史·选举志二》：度宗咸淳十年（1274），"时成都已归附我朝（指元），殿试拟五月五日，以蜀士至者绝少，展至末旬。又因覆试特奏名至部犹少，展作六月七日。……七月八日，度宗崩，竟不毕试"。这说明是年四川必有类省试，故殿试为了等候通过类省的蜀士的到来，才一再展期。此后随着政权鼎革，四川类省试也正式终结，完成了它的历史使命。

第三节　四川类省试进士的待遇

省试既析出"类省试"，就必然涉及到类省试进士的地位和待遇（当时人叫"恩数"）问题；而所谓"地位"，实际上主要由待遇决定。本节先谈待遇,地位问题留待下节分析。四川类省进士的待遇,可分如下三个时期。

一、绍兴十七年(1147)前。《文献通考》卷三二《选举五》载:绍兴二年亲策进士,"四川类试正奏名第一人依殿试第五人恩例"。绍兴五年,改第一名视殿试第三人恩例。《朝野杂记》甲集卷一三《四川类省试榜首恩数隆杀》曰:"四川类省试第一,恩数视殿试第三人,盖绍兴五年以军兴道梗,十一月戊子,有旨,川、陕类省试第一人赐进士及第与依行在第三人恩例,余并同进士出身。"中华书局影印本《宋会要辑稿补编》第三四二页载:"(绍兴五年)十一月十九日,诏川陕类试过省第一人,特赐进士及第,与依行在殿试第三人恩例;余并赐同进士出身。仍令川陕宣抚司开具姓名申尚书省给敕。"①魏了翁也说:"南渡以来,进士道梗,又俾四川类试,第一人视恩鼎甲。至绍兴五年诏书,又申言之。绍兴十七年,类元何耕对策②,忤宰相秦桧,此例中废,然而诏免策士之岁,

①《宋会要辑稿·选举》二之一六:"川陕类试过省第一人特赐进士及第,与依行在殿试第三人恩例;余并赐同进士出身。仍令川陕宣抚司开具姓名申尚书省给敕牒。"张希清《宋代殿试制度述论》系此诏于绍兴五年。然影印本《宋会要辑稿·选举》二之一六系在(绍兴)十二年之下,只是该页年代混乱。原抄者在眉上批有"十二年。五日。六日。十一月十"两行;又在《选举》二之一八眉上批"十二年等四条移此 (原空一格)十五年上"。移动之后,则上引诏应为绍兴十二年十一月十九日。然所述年月日及内容既与绍兴五年诏全同,疑眉批有误。又,《皇宋十朝纲要》卷二〇于绍兴五年载四川试"前三名赐进士及第,第一人依殿试第三人恩例"。前三名皆赐"及第",略有不同。

②按:考之《皇宋十朝纲要》卷二〇,殿试对策应在绍兴十八年,谓"十七年",盖以四川类省试在十七年故也。下同。

则四川首选虽列之第五,而用三名恩例,则犹如绍兴五年诏书也。"①据此,则《文献通考》所记似乎不确:绍兴五年既是"又申言之",那么绍兴二年当与绍兴五年同,亦为"视恩鼎甲",而非第五名。绍兴十七年以后,若不举行殿试("诏免策士"),名次略有下降(第五),但恩例依第三未变;若要举行殿试,情况就不同了:因绍兴十七年何耕对策忤秦桧,为秦所抑,遂规定如果类试第一名不赴殿试,则只赐进士出身。周必大《朝请大夫知潼川府何君耕墓志铭》曰:"方弱冠,类试奏名第一,时绍兴十七年也。自行在吴中,蜀士不预廷试,例赐魁进士及第,命官视甲科第三。时秦益公(桧)当国,谕礼部尚书,凡不至者,第一等并赐进士出身,今后准此。入熟画可,遂为故事,盖自公始。"②李心传以为秦桧此举意在沮张浚③。魏了翁又在《资州省元楼记》中说:"(类省试)为举首者恩视廷试三人。至绍兴五年十二月戊子,诏书又申言之。自十有七年,何道夫(耕)对策,谓蜀人'难进易退,高视天下而窃笑'为嫚,秦所愠(按:疑"秦"前有脱字,如"为"之类),由是蜀之首选而不对大门者率列之下科。"④所谓"不对大门",指不参加御试。

二、绍兴十七年后。上已言及,四川类省试进士的待遇,绍兴十七年是个分界线。《宋史》卷一五六《选举二》曰:

---

①《荐三省元奏》,《鹤山先生大全集》卷二四。
②《周文忠公集》卷三五。
③《建炎以来朝野杂记》乙集卷一五"四川类试榜首恩数差降事始"条。
④《鹤山先生大全集》卷四四。

初，类试第一人恩数优厚，视殿试第三人，赐进士及第；后以何耕对策忤秦桧，乃改礼部类试蜀士第一等人，并赐进士出身，自是无有不赴御试者。惟遇不亲策，则类省试第一人恩数如旧，第二、第三人皆附第一甲，九名以上附第二甲焉。

就是说，在何耕对策得罪秦桧之后，如果不到杭州参加殿试，类试第一名即由"赐进士及第"降等为"赐进士出身"，更不用说恩例"视甲科第三"了，故"无有不赴御试者"。今存绍兴十八年（1148）八月八日礼部奏，就是在秦桧授意下出笼的："四川省试高等人，为见先有推恩等第，虑御试却致低甲，往往在路迁延，不肯前来趁试。欲将四川类试合格人第一等并赐进士出身，余并赐同进士出身，今后依此。从之。"①应当指出，早在绍兴六年十二月戊申，高宗就曾下诏道："川陕进士，将来省试，令四川制置大使司依旧例施行（按：指仍举行类省试）。其合预殿试人，并赴行在，仍给五人衙门驿券。自是为例。"②既然殿试"并赴行在"是秦桧专政之前已有的政令，且官府对赴行在的举子给予资助，而不与殿试便当杀其恩礼亦为惯例，故秦桧的出发点虽是压抑蜀士，但他亦有法令依据，故将责任统统推给他，似不免有些情绪化。

三、绍兴二十七年后。这时秦桧已死，压抑蜀士的现象引起

①《宋会要辑稿·选举》二之一六。参《建炎以来朝野杂记》甲集卷一三"四川类省试榜首恩数隆杀"条。
②《建炎以来系年要录》卷一〇七。

高宗重视,情况渐有好转。《文献通考》卷三二《选举五》:

> (绍兴)二十七年,先时蜀士赴殿试不及者,皆赐同进士出身。上念其中有俊秀能取高第者,不宜皆置下列,至是,先期谕都省,宽展试日以待。宰相沈该奏:"天时向暑,临轩非便。请后至者臣等策之,中书定高下。"上曰:"三年策士,朕岂惮一日之劳邪?"及唱第,王十朋为首,第二人阎安中,第三人梁介。安中、梁介皆蜀士也,上大悦。①

孝宗乾道元年(1165),"诏四川特奏名第一等第一名赐同学究出身,第二名至本等末补将仕郎,第二等至第四等赐下州文学,第五等诸州助教"②。

庆元五年(1199)六月四日诏:"四川类省试上三名与依省试上十名例,并授教官差遣。"③

蜀士到杭州参加殿试的时间,是令朝廷头痛的老问题。左谏议大夫郑昭先于嘉定七年(1214)五月二十七日言,四川发解试、类省试都比其他地方早半年(已见上引),然而"今蜀士(赴殿试)多迟其行,若贾胡之留滞,未免于四月末旬选日以待;期而不至,又未免于五月上旬选日。进退迟速,惟彼之听。……若以地远言之,则岭表落南之地有逾三四千里者,穷冬登途,皆能趋赴省

---

① 又见《宋会要辑稿·选举》八之九(时间在是年三月八日)、《宋史·选举志二》。
②《宋史》卷一五六《选举志二》。
③《宋会要辑稿·选举》五之二二。

试,则蜀士奚独濡滞如是哉！……乞下礼部,继自今定就三月或四月择日,断不改易。预行告谕,令四川州军榜示通衢,庶俾士知有定日。……(宁宗)从之。"①但为了保证四川类省进士能赶上殿试,虽说"断不改易",实际上仍经常"宽展"。嘉定十五年(1222)八月十六日臣僚言:

> 窃见国家取士,自太祖开宝六年(973)以三月覆试于讲武殿,累圣相承,廷试率以三月。南渡以来,笃念蜀士道里(原误"理")阻修,分类省于成都预试,以便其入对。自绍兴至淳熙,廷试皆不出三月,类省得者速装治行,不敢濡滞,悉于冬至前就道。开禧丁卯(三年,1207),偶类省过期,行色稍缓,廷试展用五月,盖出异恩。嗣后即习为故常,至次年正月方启行,……必至夏始达行都。……乞下四川制司,严行戒谕,期以冬至前逐路并行起发,……所有廷试日分,遵照祖宗旧制于三月内选择,更不展期。

宁宗"从之"②。开禧间展期的先例既开,从此欲蜀士三月份赶上殿试,根本不可能做到,于是不得不延展到四月。《宋史·选举二》:"凡廷试,惟蜀士到杭最迟,每展日以待。会有言:'蜀士嗜利,多引商货押船,致留滞关津。'自是(绍定二年,1229),定以四月上旬廷试,更不移展。"

①《宋会要辑稿·选举》八之二三。
②《宋会要辑稿·选举》八之二六。

应当看到,蜀士不能按时参加殿试,虽不排除确有因"嗜利"而迁延之事,但多为不得已;而所谓"嗜利",其实是为了筹办单凭"驿券"远远不够的巨额路费。宁宗庆元间,流寓湖州的建安人袁说友尝知成都,后来在所上《论选举当求可行》中写道:

> 夫蜀之距上都几万里,方冬之仲月,固以挈挈而在道。彼以万里之途,必有数百千之储而后可达,然又道路奔冲之劳,疾病安养之事,其贫且无力者,必鬻产通货而后行,或以此而破家者。而往来之久,力疾而归、抱疾而死者往往有之。彼之心固将以谋利也,而或有破家者,有殒身者,此不亦甚可恻哉,故曰因利而就害者。臣愚以为宜立一格,有以酬其欲来之心,而绝其就害之路:凡魁蜀之省闱者,其恩例之视大魁略杀一官,而列于二、三者则与廷试之五名者等,庶几不失蜀人之本心,而深革其远至之害。①

嘉定八年(1215)九月二十八日,殿中侍御史黄序在上奏中也说到四川"廷对之士"的"行役之弊":

> 至若类试仲秋之末,揭榜季秋之杪,而夔、利路越半月始得见榜,故廷对之去,行役万里,不易办集。登舟率在穷冬,既为舟人所邀,又苦津务之阻,所过至飞瓦石、挟弓矢,伤其

---

① 《东塘集》卷八。

舟楫,每举必有数辈殒于非命,此又廷试在道之弊也。①

洪迈《夷坚乙志》卷一二《章惠仲告虎》条,可与袁说友、黄序奏相
印证:"成都人章惠仲与其妹婿丘生,绍兴二十六年(1156)以四川
类试中选,同赴廷试。未出峡,舟覆于江,丘生死焉,章仅得免。
既赐第,调井研县主簿。还至峡州,得家书报其弟死。章茹哀在
道,兼程而西,跨羸马,倩一川兵挈囊以随。过万州,日势薄晚,犹
前行不已,遂坠岩下,去岩十余丈,遍体皆伤,不可起。……(下有
虎欲食之,听其哀告而舍去一段,盖得于传说,略)(天明)登岸,马
犹立不动,遂乘以行,告敕皆在身,但囊橐为兵携去。章赴官而母
亡,未几,章亦卒。"为了参加殿试,蜀士每举都有数人死于非命,
甚至像章惠仲这样被弄得家破人亡,其痛苦之深剧,没到过巴蜀
的东南之人未必全都理解。

第四节　四川类省试的地位与作用

从上节可以看出,四川类省试的待遇、地位始终在临安的省
试之下。其正奏第一名最初享受殿试第三的恩例,蜀人对此似乎
很满足,但后来这也成为不可复得的美好记忆,而要求都要去杭
州参加殿试,且受尽东南人的白眼,让蜀士深感郁闷。但是,在南
宋科举考试中,四川类省试又占有相当重要的位置。魏了翁说:

---

① 《宋会要辑稿·选举》六之二四。

"科举取士，南宫约三百人，四川类试约百人。"①则类试每举的录取数，约占南宋"全国"的四分之一。这不是小数目，完全可以说，四川类省试是整个南宋省试的重要组成部分。如何评价南宋四川类省试，是个颇为复杂的问题，似乎应该进行多角度的审视。

首先，当时人（多为东南人）认为四川类省试作弊严重，颇多訾议，几乎危及到类省试的生存，已如上节所述。上节曾引嘉定八年（1215）九月二十八日黄序上言，论四川类省举子赴杭州廷对的"行役之弊"，他同时还论及类试"私取之弊"：

> 世变愈下，奸弊愈滋，四蜀为甚。盖蜀号多士，邈在一方，为主司者不胜其弊。嗜利者卖号于多货之室，嗜进者纳号于势要之门。分卷不至本房，则宛转旁搜于比邻；已黜之文或出他房，则回护揩改其批凿，或差在所事上官之乡，或差在同官所居之郡，皆得以行其私，岂不负国求贤之意！臣尝采蜀中舆论，则四路漕试、诸州解试、四川类省试皆有私取之弊，而廷对之士则有行役之弊。

又周密《齐东野语》卷八记曰：

> 蜀中类试，相传主司多私意，与士人相约为暗号，中朝亦或有之，而蜀以为常。李壁季章、辜季允，同登庚戌科。己酉赴类省试，二公皆以文名一时，而律赋非所长，乡人侯某者以

①《论四川改官人积滞劄子（上四川制置）》，《鹤山先生大全集》卷二三。

能赋称,因资之以润色。既书卷,不以诗示侯,侯疑其必有谓。将出门,侯故少留,李遂先出,而侯踵其后。至纳卷所,扣吏以二李卷子,欲借一观,以小金牌与之。吏取以示,则诗之景联皆曰:"日射红鸾扇,风清白兽樽。"侯即于己卷改用之。既而皆中选。二李谢主司,主司问:"此二句,惟以授于昆仲,何为又以与人?"李怃然不知所以。他日,微有所闻,终身与侯不协。

周密(1232—1298)是宋、元之交人,平生未尝入蜀,所记盖皆得之传闻。陆游《老学庵笔记》卷三曰:"蜀俗厚。何耕类省试卷中有云:'是何道也夫。'道夫,耕字也。初未必有心,耕有时名,会有司亦自奇其文,遂以冠蜀士。士亦皆以得人相贺,而不议其偶近暗号也。师浑甫本名某,字浑甫。既拔解,志高退,不赴省试。其弟乃冒其名以行,不以告浑甫也。俄遂登第,浑甫因以字为名,而字伯浑,人人尽知之。弟仕亦至郡倅,无一人议之者。此事若在闽、浙,讼诉纷然矣。"他是说,蜀中民风朴厚宽容,对作弊不太计较,然"道夫"事近乎穿凿。

但是,也不能把四川类省试说成一片黑暗,从以下所举当时人的记载看,并非蜀中的监、考官无一正直者。嘉定十五年(1222)二月十九日,左司谏张次贤在论科举弊端时,谈到四川类省试:"蜀之类省试,例自朝廷遴选试官,多择东南士夫于彼者为试文主、点检试卷等官,故其弊稍减。"①周麟之《中书赵舍人(逵)

---

① 《宋会要辑稿·选举》一六之三六。

墓志铭》曰:"符行中总领四川财赋,暴横,无敢抗者,有子与荐,意公必为类试官,密以文属公,公不启缄。既试,符氏子不得奏,符怒,以他事擿搉其峻,终莫能言,公亦不少屈也。"又周必大《吏部尚书郑公丙神道碑》:"乾道三年(1167),起为成都府路转运判官,敕监四川类试,革挟书继烛之弊。"客观地说,四川类省试作弊严重,盖不可否认;但作弊者皆官僚及其子弟,实际上是吏治的腐败,而不是类省试制度本身,更不能笼统地归咎于蜀人。只要官僚稍出于公心,其弊并不难革。如杨万里《徐公(谊)墓志铭》所记徐氏事,即证明了这点:"公凡再奉诏监护蜀之类省试。其场屋之弊,至预泄试题。及是夜半,锓板已定,公尽易之,宿弊顿革,所得皆儒先。"①还应当看到,南宋科场作弊总体已到了失控的地步,东南并不好多少②,单指责四川,是不公允的,最多也不过是五十步笑百步。

其次,朝廷的对蜀政策,特别是权臣如秦桧之流利用殿试对蜀士进行压抑和排斥,曾引起蜀人的极大不满。《宋史》卷三八一《赵逵传》:"帝(高宗)曰:'蜀人道远,其间文学行义有用者,不因论荐,无由得知。前此蜀中宦游者多隔绝,不得一至朝廷,甚可惜也。'自(秦)桧颛权,深抑蜀士,故帝语及之。"(按又见同书《刘凤仪传》)又《宋史》卷三八三《虞允文传》也说:"秦桧当国,蜀士多屏弃。"在蜀人的感觉中,似乎一切都有东、西部之别。李流谦曾说:"吾蜀犹有少觖望不满,其大者某不知也,如铨选拟官,必优内

①《诚斋集》卷一二五。
②参本书第十五章。

地;磨勘限员,亦狭川人。推此类言之,大抵皆若有轻重于其间。果何也?此非天也,代行其事者过也。"①这种感觉是否正确姑不论,至少"道远"不能成为屏弃蜀士的理由。真正的原因,恐怕不在道途的远近,在当时的蜀士看来,主要是他们生性梗直,既不怕触时忌(与投降派异议),更不愿为权奸所笼络,这就是秦桧之流"深抑"之的原因。何耕《送符制置被召序》曾辨之曰:"秦丞相当国,逐蜀士如弃梗,无一人缀文石之班、望属车之尘者。或曰:谓其轻而党同,丞相恶之,故弗用。嘻,亦甚矣!百步之内,必有茂草,而谓之蜀之人人人皆轻、人人皆同也,不几于诬乎?……或曰:蜀地疏远,丞相忌之,故弗用。此又非也。审相之用人,当问其贤不贤,岂当计其疏不疏、远不远耶?……蜀父兄窃窃然不能忘情于是者,有以也。"②秦桧之后,情况虽有变化,但四川文士被排斥的总体遭遇并未改变。宋季程公许有诗道:"南渡今百年,蜀远天一方。彝典仅岁贡,几人与庭扬?况复多沮挠,谁不甘摧藏。"③他又在《岷峨叹》中大发感慨:"富贵由来多捷径,强聒最为蜀人病。……庙堂何忍蜀才弃?渠自方头触人忌。"④但应当指出,所谓"蜀士",并非一个凝固的整体,更不是有统一政治倾向的概念,"蜀士"中阿时趋附的亦不少,如李心传《朝野杂记》乙集卷一五"四川类试榜首恩数差降事始"条所举张震(字真甫,广汉人,绍兴二十一年进士)、赵逵(字庄叔,资州资阳人,同年对策擢第

---

①《澹斋集》卷一四。
②《全蜀艺文志》卷三二。
③《送本仲聘君分韵得长字》,《沧洲尘缶编》卷五。
④《沧洲尘缶编》卷六。

一)即是。为了讨得秦桧的欢心，赵逵廷策"至引赵普、雷德骧故事，且有'欲诛异议之人'之语"，极为肉麻。不过赵逵登第后"独不附秦"，稍可挽回名节。

再次，四川类省试经过长期相对独立的发展，形成了与东南不尽相同的场屋文风。曾于嘉定九年（1216）任四川类省试监试官的曹彦约①，在所作《四川类省试监试入院晓谕榜》中写道：

> 两处（按：指东南和蜀）文体却间有不同处。盖东南作义（按：指经义）必须破题精确，冒头详整；作赋则四柱平稳，小赋格句妥贴，然惟能者而后终篇相称。至于蜀士之文，则以文势议论为胜，却间有破题不精确，冒头不详整，作赋则四柱不平稳，小赋格句不妥贴之患。若概以东南律之，不特枘凿不相入，亦将有舍其所长，迁就体格，思欲投主司所好，而仓猝掘井，反有失其故步者。……②

他是说，东南士子精于时文程式，而蜀士则长于文势议论，两者相差之大，有如"枘凿不相入"。南宋四川与东南地区的文学，客观上存在不少差异。这些差异的成因复杂，蜀人始终继承"三苏"文学传统，是重要原因之一③。这种差异必然影响到科场，"以文势

---

① 魏了翁《曹公墓志铭》："是岁（嘉定九年）秋，命董四川类省试。"（《鹤山先生大全集》卷八七）
② 《昌谷集》卷一六。该《榜》全文是说类省试的监试、考试、点检试卷官来自东南、四川两处，虽两处科场文风不同，但已采取了保证考校公正的措施。
③ 参拙文《论南宋文学的东西部差异》，《四川大学学报》2000年第五期。

议论为胜",当即与此有关。应当指出,场屋时文虽不与于狭义的"文学",但四川类省试并不严格遵循时文程式,体式相对较为自由,正是在这点上,场屋与社会互动,对南宋时期巴蜀文学特色的形成,起了不可低估的、积极的促进作用。

最后,我们在讨论四川类省试时,应当超越当时权臣造成的东、西部矛盾,看到类省试政策对巩固南宋政权的重要作用,同时也给川陕人民(特别是蜀人)带来了巨大好处。李焘《贡院记》曰:"乘舆巡狩吴越,士生西南,尤惮涉险,得与计偕,亦迟迟其行。天子委曲加惠,故即以古泽宫泽士夫典就付西南统帅,既择乃趋行在所策试,遂官爵之。"假如绍兴初四川类省试也一同被罢,参加省试的举子都要赴杭州,则必然有大量士子为险峻的长江三峡和遥远的路途所阻,而与科第无缘,北宋时蜀中发达的教育文化,定然一落千丈。南宋间四川的文化(包括文学)名人,大多数都有参加类省试的经历,如作《贡院记》的李焘,乃绍兴八年(1138)进士,后成为著名史学家。上已述及的何耕,以及传说曾经作弊的李焘之子李壁、李𡒄兄弟等等皆是。魏了翁《跋类省试策卷后》曰:"予以贫贱,未免有科举之累,然亦耻为揣摩剽窃之文。始举于乡,故吏部郎赵公大全取之于类省试。"①魏了翁是宋季名臣,又是大学者和著名作家,亦由此途出,可谓是南宋四川类省试的荣光。我们可以这样说:南宋巴蜀文学与文化的持续繁荣,类省试功不可没。

---

① 《鹤山先生大全集》卷六三。

第八章　宋代科举的殿试

唐代科举的常科考试有三级,即县试、州试(取解试,简称"解试"或"乡试")、礼部试(又称"省试",开元二十四年以前是吏部试)①。宋代也是三级,但却没有县试,在州郡解试和省试之后,增加了最高级别的考试——殿试。所谓"殿试",即皇帝在殿廷亲自考试②,故又称御试、廷试、亲试。宋代自此试成为制度后,凡贡举之岁,除少数年份因皇帝服丧(所谓"谅闇")而不试只"引见"外,余皆如期举行。元、明、清三代科举继承了这一传统③,殿

---

① 韩愈《赠张童子序》谓州府考试"如县",只是"加详察焉",而县试、州试"谓之乡贡"(《韩昌黎文集校注》卷四)。故有的研究者视"乡贡"为一级,加上礼部试,则唐代常科考试为二级。

② 宋太祖在讲武殿;太宗亦在该殿,但改名为崇政殿;神宗移至集英殿。《石林燕语》卷六:"集英殿,旧大明殿也。明道中改今名,每春秋大燕皆在此。太祖尝御策制科举人,故后为进士殿试之所。"南宋驻跸临安后,则在杭州集英殿。

③ 赵翼《陔余丛考》卷二八《殿试》谓"元时无殿试,但省试后再试于翰林国史馆耳"。考《元史》卷八一《选举一》,元仁宗皇庆二年(1313)十一月诏,称会试"中选者,朕将亲策焉"。其后中书省奏"御试举人于(转下页注)

试前后共计持续了约九百年,可见它具有长久的生命力。究其原因,在大多数时候,与其说它在科举考试中有多大作用,不如说它象征着皇权,是统治阶级加强中央集权的重要措施之一。本章考述宋代殿试制度的由来及运作程序,并试论它的历史作用。

第一节　殿试制度的由来

所谓"殿试",最初只是一次普通的覆试,而且是一次不得已而为之的被动重考。宋太祖赵匡胤登基后不久即开科取士,由朝廷任命知举官主持,然后奏名合格进士,下诏放榜,与唐五代相同,无所谓"覆试"。十多年后的开宝六年(973),发生了一件意外事故:下第举子徐士廉以为取士不公,击鼓自讼。《宋会要辑稿·选举》一之二记载道:

> (开宝)六年二月二十八日,翰林学士李昉权知贡举,合格进士宋准以下十一人。系下第人徐士廉打鼓论榜,语(当是"诏"之误)于讲武殿重试,通放二十六人,贬试官李昉秩。御试自此始。

(接上页注)翰林国史院"。则赵氏所谓"元时无殿试",是指元代的御试不在殿廷。虽然御试地点改在翰林国史院,但作为一级考试的实质未变,故延祐二年(1315)以后的御试仍多沿用旧称为"廷试"。

参加这次场屋角逐的柳开,是当事人之一,也是受益者,他在《与郑景宗书》中说得更详细:

> 太祖皇帝开宝六年,命今仆射李公(昉)考试贡举人,取士有不能尽。……(进士徐士廉)旦伏阙下,太祖夕召与之见,廉即具道贡举人事,请太祖亲试之,曰:"方今中外兵百万,提强黜弱,日决自上前,出无敢悖者。惟岁取儒为吏,官下百数,常常赘戾,以其授于人而不自决故也。为天下国家,止文与武二柄取士耳,无为其下鬻恩也。"太祖即命礼部试所中、不中贡举人到于殿廷试之,得百有二十七人(引者按:此乃总计进士、诸科之数),赐登高第。开幸在其数。①

总之,这次落第举子的行动获得了胜利,而其意义则更加远大——由于一次看似偶然的事件,却引发了制度的变革,从此科举制度史翻开了新的一页:殿试。曾巩《本朝政要策·贡举》曰:"(开宝)六年,又召宋准等覆试于讲武殿,殿试自此始也。"②叶梦得《石林燕语》卷八记载此次覆试事,谓"自是遂为故事,再试自此始"。《宋史·选举志一》也说从此"殿试遂为常制"。但开宝六年的覆试,尚不是标准的殿试,如清代学者赵翼所说:"然是科殿试尚合被黜举人再试以定去取,非专试知举所取士也。八年,又试贡院合格举人王式等于殿内,以王嗣宗为首,而王式为第四。自此省试

---

①《河东先生文集》卷八。
②《元丰类稿》卷四九。

后再有殿试,遂为常制。"①就是说,只有再考已过省的举子(即礼部正奏名进士、诸科),方可算得上是真正意义上的一级考试。

据马端临《文献通考》卷三〇《选举三》考察,殿前试士(也就是"殿试")并非始于宋代,最早可上溯到武则天当权之时②。不过他说,唐制以考功郎中任取士之责,武后"不过下行其事,以取士誉,非于考功已试之后再试之也"。这就是说,武后的亲试并不是一级考试,与宋代殿试的性质完全不同。马端临这点是看得很准的。开元以后,以礼部侍郎知贡举,送中书门下详覆,而所谓"详覆",除元和间钱徽取士显然不公、覆试多不中选,钱徽坐免官外,其他也都是有名无实,例行公事而已。因此,作为一级考试的"殿试"(御试),是从宋代开始的。

由于殿试制度"非古",太宗雍熙四年(987),宰相以皇帝劳累为请,决定将它废除。《通考》卷三〇《选举考三》载:"(雍熙)四年,先是,上阅试举人累日方毕,宰相屡请以春官之职归有司,如唐故事。乃诏岁命春官知举。"来岁即端拱元年(988),没想到又一次击鼓上诉不公的"偶然事件"发生了。《宋会要辑稿·选举》一之三曰:"端拱元年三月二十三日,以翰林学士宋白权知贡举,知制诰李沆权同知贡举,准诏令放合格进士、诸科程宿已下一百二十人。"《通考》卷三〇《选举三》述曰:"榜既出,而谤议蜂起。上意其遗材,遽召下第人覆试于崇政殿,得进士马国祥以下及诸

---

① 《陔余丛考》卷二八《殿试》。
② 谢采伯《密斋笔记》卷一亦曰:"武后永昌元年(689),始试进士于洛城殿,殿试自此始。"

科凡七百人,以试中为目,用白诏纸书其名氏以赐之,令权知诸县尉簿。六月,又命右正言王世则等诏诸下第进士及诸科于武成王庙重试,得合格数百人,上覆试诗赋,又拔进士叶齐以下三十一人,诸科八十九人,并赐及第。"此事又见《宋会要辑稿·选举》七之四、《容斋续笔》卷一三《下第再试》等。这次事件说明,省试不足以餍服士子,殿试已不可或缺。端拱二年,苏易简主动请求殿试。《宋会要辑稿·选举》一之四曰:"自端拱元年试士罢,进士击鼓诉不公后,次年苏易简知贡举,固请御试。"苏易简之所以"固请",自然是为了避免再发生举子"击鼓"的尴尬,提前将矛盾"上交",以推脱责任,而殿试制度也由此得以延续。

至道三年(997,真宗已即位未改元)五月十八日,贬知扬州的王禹偁上《应诏言事》,共五事,第三事是"艰难选举,使入官不滥",实际上是针对殿试制度的。他写道:

> 隋唐已来,始有科试,得人之盛,与古为侔。然自唐初终太祖之世,科试未尝不难矣,每岁进士不过三十人,经学不过五十人。重以周高祖之后,外诸侯不得奏辟,士大夫罕有资荫,故有终身不获一第、没齿不获一官者。先皇帝(按指宋太宗)毓德王藩,睹其如此,临御之后,不求备以取人,舍短从长,拔十得五,在位将逾二纪,登第亦近万人。……臣愚以为数百年之艰难,故先帝济之以泛取;二十年之濡泽,陛下宜纠之以旧章。伏望以举场还有司,如故事。[1]

---

①《皇朝文鉴》卷四二、《续资治通鉴长编》卷四二。

王禹偁认为太宗用殿试"泛取",是造成入官过滥的根源;只有将"举场还有司",才能达到"艰难选举,使入官不滥"的目的。这实际上是要求取消殿试,皇帝不干预科举,让"有司"独立运作。史载真宗"用其策",但实际上并未全"用"①,"举场还有司"这点就并未"如故事"。

仁宗时代,又有人对殿试制度提出异议。如《续资治通鉴长编》卷一一四载李淑景祐元年(1034)上《时政十议》,其中有《议贡举》,批评廷试为"以天子之尊,而亲春官之职"。庆历间富弼尝论殿试有"三短",以为殿试"多不精慎"等等,并驳斥所谓由皇帝放榜便"恩归主上"的说法(详后引)。据《宋史·选举志一》,因富弼之言,"遂诏罢殿试,而议者多言其轻上恩,隳故事,复如旧"。又王栐《燕翼诒谋录》卷四亦记此事:"庆历二年(1042),富弼乞罢殿试,止令尚书礼部奏名次第唱名,盖以廷试惟用诗赋,士子多侥幸故也。王尧臣、梁适皆状元及第,以为讥己。正月辛巳,方从弼之请,癸未,遽从尧臣、适之请,复旧制。"不过"复旧制"恐并非仅因王、梁之请,而是殿试尽管存在弊病,但它作为考试制度组成部分的地位已经确立,若遽罢去,必然引出许多事端,端拱元年的教训当记忆犹新。从此以后,似乎很少有人再提罢殿试了。南宋绍兴二十六年(1156)十二月编成的《绍兴重修贡举敕令格式》五十卷中,有《御试贡举敕令式》、目录、申明共七卷②,御试早已成

---

①《续资治通鉴长编》卷四二:"疏奏,即召禹偁还朝,既用其策,以夏、绥、银、宥、静五州赐赵保吉。翌日,命禹偁守本官,复知制诰。"则所用盖主要是所言五事之第一事,即"谨边防,通盟好"。
②《玉海》卷一一六《绍兴贡举法》。

为制度,并有系统的法令。

《通考》卷三二《选举考五》概述殿试缘起及确立过程道:

> 国初殿试,本覆试也。唐以来,或以礼部所取未当,命中书门下详覆。至宋,艺祖、太宗重其事,故御殿覆试。至雍熙四年,宰相请如唐故事,以春官之职归有司,上从之。次年,命宋白知举①,榜出而谤议蜂起,或击登闻鼓求别试,于是再行覆试,凡得数百人。又明年,则知贡举苏易简等不敢专其事,固请御试,上从之,自此遂为定例。

第二节　殿试的程序

举行殿试的时间,一般在贡举之年的三月份,也就是省试发榜后的一个月左右。南宋光宗以后,由于省试延至二月一日,故殿试也顺延至四月初②。但南宋中叶后由于蜀士不能按时到达临安,故常有延展,几乎没有定期。《宋会要辑稿·选举》八之二六载嘉定十五年(1222)八月十六日臣僚言:

> 窃见国家取士,自太祖开宝六年以三月覆试于讲武殿,

---

① 宋白,原作"宋知白",据《宋会要辑稿·选举》一之三改。按:宋白(933—1009),字素,又字宋臣,其名或字皆不作"知白"。
② 见《文献通考》卷三二《选举五》。

累圣相承，廷试率以三月。南渡以来，笃念蜀士道里（原误"理"）阻修，分类省于成都预试，以便其入对。自绍兴至淳熙，廷试皆不出三月，类省得者速装治行，不敢濡滞，悉于冬至前就道。开禧丁卯（三年，1207），偶类省过期，行色稍缓，廷试展用五月，盖出异恩。嗣后即习为故常，至次年正月方启行……必至夏始达行都。……乞下四川制司，严行戒谕，期以冬至前逐路并行起发……所有廷试日分，遵照祖宗旧制于三月内选择，更不展期。

宁宗"从之"。盖参加殿试的人数较少，牵涉面较解试、省试小得多，时间往往由皇帝"御定"，随意性较大。

殿试既称"御试"、"亲试"，最初皇帝也确曾亲自阅卷，如前引《宋史·选举志一》所述"凡御试，帝（太宗）亲阅卷累日"云云。后来多为"亲临"或偶尔视察，并不阅卷，皇帝只是名义上的"主考"，具体由他任命的考试班子操作。刘昌诗《芦浦笔记》卷五载赵抃《充御试官日记》，该《日记》记赵氏从嘉祐六年（1061）二月二十六日至三月九日充御试编排官时，仁宗曾多次亲幸阅卷场。对此，刘昌诗写道："今《日记》所书（仁宗）幸考校所者二，幸覆考所者四，幸详定所者二，幸编排所者一，是皆恪守孙谋而又加详焉。……近时御试……驾幸之仪复无有知之者，盖其废已久。"看来北宋殿试期间，皇帝一般要亲临，而南宋已极少到场，文献所谓"临轩策士"云云，只是开考时临轩接受省元的恭拜、再拜，交卷时再次临轩（见下引《钱塘遗事》），至于"策士"，则虚文而已。

御试的运行程序，大约太祖、太宗时尚不完备，真宗时尝制定

《亲试进士条制》①，遂有法可依，然其完整的文本现已不传。兹据《宋会要辑稿》及《文献通考》等文献，考之如次。

一、任命殿试官

据《宋会要辑稿·选举》七之一，开宝六年覆试时，"召殿中侍御史李莹、右司员外郎侯陟、国子监丞郝益为考官"，显然是临时组合。同书《选举》七之五记真宗咸平三年（1000）殿试官道："时命翰林学士承旨宋白、侍读学士夏侯峤、吕文仲……（犹有七人，略）为考官，列于殿之东阁；又命直昭文馆安德裕、句中正……（犹有八人，略）为考官，列于殿之西阁；又命国子博士雷说、著作佐郎梅询于殿后，封印卷首。始命（安）德裕等考（原误"老"）讫，次命（宋）白等覆之。"较之开宝六年，这个班子要庞大完整得多，且已有初考、覆考之别。李心传曰："殿试以馆学、郎官四员充初、覆考官，以余官一员充点校试卷官，侍从二员充详定官，两省二员充编排官。以上并降敕押入院。"②这就是说，完整的班子包括初考官、覆考官、点校试卷官、详定官及编排官。故周必大曰："殿试有初考，有覆考，有详定，有编排，其详如此。"③又曰："初考、覆考、详定、编排凡四幕，皆隔以屏，欲其声迹不相闻。"④在名义上，殿试是皇帝亲自考试，是理所当然的"主文"，故不像省试那样另委

---

①《宋史》卷一五五《选举志一》。
②《建炎以来朝野杂记》甲集卷一三。
③《论解试试官》，《周文忠公集》卷一四一。
④《次韵陈叔晋舍人殿试笔记》诗"四帷迥隔心常渴"句原注，《周文忠公集》卷七。

"权知贡举"、"权同知贡举"之类。

二、殿试科目与出题

御试正奏名进士的考试科目,太祖时是诗、赋二题。从太宗太平兴国三年(978)九月御试起,"加论一首,自是常以三题为准"①。神宗改革科举制度,最先是在殿试中实行:罢诗、赋、论三题,改用对策。《宋会要辑稿·选举》七之一九:神宗熙宁三年(1070)三月八日,"上御集英殿试礼部奏名进士,内出制策曰……旧制,殿试进士以诗、赋、论,特奏名进士一论。至是,进士就席,有司犹给《礼部韵》,及试题出,乃策问也。"元祐初旧党上台,废新法,殿试只试策的制度也受到挑战。元祐三年(1088)九月,中书省臣僚上言,指对策"宿造预作"之弊,以为"惟三题散出诸书,不可前料。诗赋以见其才,论以知其识,且无以伸佞时之说焉",因请"将来殿试即用祖宗试三题之制"。九月九日,令尚书、侍郎、学士、待制、两省、御史台官、国子监长贰速详议闻奏。吏部侍郎傅尧俞、范百禄、礼部侍郎陆佃等十三人联名上奏,驳斥"宿造预作"之说,认为神宗改对策是正确的,主张"所有御前试进士,宜一依先帝故事试策"②。元祐八年,朝廷下令,准备下次御试恢复诗赋、论、策三题制(增加了策),但不久哲宗亲政,下次开科已是绍圣初,连礼部试也重禁诗赋了。《宋史·选举志一》述曰:"(元祐)八年,中书请御试复用祖宗法,试诗赋、论、策三题。且言:'士

---

①《续资治通鉴长编》卷一九。
②《续资治通鉴长编》卷四一五、《诸臣奏议》卷八一。

子多已改习诗赋,太学生员二千一百余人,而不兼诗赋者才八十二人。'于是诏:'来年御试,习诗赋人复试三题,专经人且令试策。自后概试三题。'帝既亲政,群臣多言元祐所更学校、科举制度非是,帝念宣仁保佑之功,不许改。绍圣初,议者益多,乃诏进士罢诗赋,专习经义,廷对仍试策。"事实上,自熙宁三年殿试罢诗赋之后,终宋之世,无论解试、省试如何变化,殿试一直只试策,且为后来元、明、清三代所继承。

诸科殿试主要为墨义,仁宗后鼓励对大义。宋祁等庆历四年(1044)所订《贡举条制》规定,"诸科试墨义十道,对大义者即对大义十道",并谓"对大义入上等并合格人,及试中讲说及等者,所授恩泽等第当议在对墨义及第人之上"①。

特奏名进士、诸科的殿试,最初盖同于正奏名,真宗咸平三年(1000)改为只试一论,而特奏名诸科只对墨义五道;到仁宗景祐初以后,甚至于免试,唯据其年纪、举数等编排次序而已(其后仍要考校,详本章第三节)。

《宋会要辑稿·选举》七《亲试》记御试题,皆曰"内出"。有时皇帝确曾亲自出题,如真宗大中祥符八年(1015),"内出诗、赋、论题,令考官析其义,(李)仲容所对颇详备,上嘉之,特命中书召试",是年五月辛未由监察御史擢为右司谏、直史馆②。但更多的时候并非皇帝所撰。《燕翼诒谋录》卷五曰:"旧制,御试诗、赋、论,士人未免上请于殿廷之下,出题官临轩答之,往复纷纭,殊失

---

① 《宋会要辑稿·选举》三之二九。
② 《续资治通鉴长编》卷八四。

尊严之体。景祐元年（1034）三月丙子，诏进士题具书史所出，御药院印给，士人不许上请。自后进士各伏其位，不敢复至殿廷。"因知"内出"的殿试题目，其实是由"出题官"代拟。南宋末吴自牧《梦粱录》卷四《士人赴殿试唱名》曰："（殿试）前三日，宣押知制诰、详定、考试等官赴学士院锁院，命御策题，然后宣押赴殿。"则南宋的御试题（策），乃由考官集体议定。盖个人代拟然后集体讨论，两者并不矛盾。宋代的御试题，尚有不少保存在别集中，如苏轼《拟殿试策问》①、洪适《乾道二年殿试策》②等等即是。《宋会要辑稿·选举》七之一三记大中祥符八年（1015）殿试，原注道："初，帝之试贡士也，前一日悉取三京、天下州郡发解题目及科目义题一一阅视，虑于重出也。"因知即便由考官（或考官集体）出题，盖事关重大，皇帝仍要亲自审核。

三、举子入场

殿试的考场，北宋都在开封崇政殿（太祖时叫讲武殿，后改名），南宋则在杭州的集英殿（与崇政、文德、紫宸、选德同殿而异名）。《宋会要辑稿·选举》七之一〇载：大中祥符元年四月十二日，帝御崇政殿试礼部奏名进士。……初于殿廊设幄，列坐席，标其姓名，又揭榜表其次序，令视讫就坐。……试奏名诸科前，命李宗谔等出义题，复令孙奭详审以进，仍录题解，刻板模本，命中使就座给之。"又同书《选举》七之一一：祥符五年三月二十二日御

①《苏轼文集》卷七。
②《盘洲文集》卷六四。

试，"以御题摹印之，官给起草纸，自是为定制"。又同书《职官》一三之一五载祥符五年"上亲试礼部奏名进士于崇政殿。前一日，殿之廊庑分列位（原误"住"），大署其名氏，仍揭于榜，使勿得移易"，并谓"内出《铸鼎象物赋》、《天险不可升诗》、《以人占天论》，摹印以赐，官给纸起草。印题、给纸，自此始也"。《续资治通鉴长编》卷六八载：真宗大中祥符元年夏四月壬寅，"上御崇政殿亲试进士，仍录解题摹印以示之。初于殿廊设幔，列坐席，标人姓名，又揭榜表其次字，令视讫，就坐。"又同书卷七七：大中祥符五年（1012）三月己丑，"上御崇政殿亲试礼部合格贡举人。殿之廊庑分列位次，署其名氏，仍揭于榜，使无得迁易。始摹印诗赋论题以赐，官给纸起草"。两书（《辑稿》《长编》）所载，似有两点可辨。

　　一是印题始于祥符元年还是五年？后来主祥符元年的，有洪迈《容斋随笔》卷三、章如愚《群书考索》后集卷三七《士门·贡举类》、马端临《文献通考》卷三〇；主祥符五年的，则有宋末人陈均所著《九朝编年备要》卷八。综考上引《辑稿》和《长编》，《辑稿》说得很清楚：祥符元年刻印就座散发给举子的是"诸科义题"题解，而祥符五年刻印的是进士科的诗赋论题（诸科义题当不例外），也就是各科考题都印题解。谓印题"自此始"，是就整个殿试而论。《长编》于祥符元年记试进士"仍录解题摹印以示之"，很不准确，故造成了混乱，后人遂误以为刻诗赋论题也始于该年。

　　二是首次在廊庑标坐次、姓名，是祥符元年还是五年？上引《辑稿》《长编》都以祥符元年为"初"，但同时又在祥符五年记其事，原因何在，有无区别？考《宋史·选举志一》述真宗祥符四年（1011）定《亲试进士条制》，殿试考场为："凡策士，即殿两庑张

第八章　宋代科举的殿试｜357

帘,列几席,标姓名其上。先一日表其次序,揭示阙外,翌日拜阙下,乃入就席。"则列位标姓名、次序既于祥符四年写入《条制》,前此当试行过,故其始于祥符元年是合理的,祥符四年只是用《条制》将其法律化,而依条施行则是祥符五年。两书分别在两年记其事,其实皆不误,只是没有说明原委,让人看不出区别来。

据刘一清《钱塘遗事》卷一〇,南宋时举子参加御试,得先"请号"。所谓"号",乃"以白纸半片为之,有字数行,尚书、侍郎、郎中偕衔押字,及有中官某人监集英殿门。试日,以其号照入殿门,一失其号,则不得入矣"。则所谓"号",相当于今天的准考证,上面记有弥封字号。这虽是南宋之制,其源盖在北宋,上述真宗时已有的"次字",即座次字号①。《梦粱录》卷四《士人赴殿试唱名》记南宋殿试举子进入考场时的情况道:

> 士人诣集英殿起居,就殿庑赐坐引试。依图分庑坐定,各赐印刊策题。其士人止许带文房及卷子,余皆不许挟带文集。士人入东华门,各行搜检身内有无绣体私文,方行放入。午则赐食与士人。其砚水之类,皆殿直、祗直供办,午后纳卷而出。

又《钱塘遗事》卷一〇《丹墀对策》记曰:

> 士子聚于(集英)殿门外,待百官常朝毕,方引士人进拜,

①字号设置方法,详参本书第四章。

列于殿下。宰臣进题，上览焉。天子临轩，天颜可瞻。起居赞曰："省元某人以下躬拜、再拜！"又躬身而退，各依坐图行列而坐。每位有牌一枚，长三尺，幂以白纸，已书某人某乡贯或东西廊第几人，不得移动及污损。坐定，中官行散御题，士人皆以御题录于卷头草纸上。……既坐而试，不得与邻座说话，中官、从官杂处董之，宰执巡行。至申时，天子复临轩，纳卷于殿廷东庑阶下之寨中。

殿试时，举子除遵守一般考场纪律外，尤其要注意卷面整洁，尽量避免揩改。仁宗宝元二年（1039）直（集）贤院王皞言："旧例，举人试卷涂、注、乙字，并卷后记数，不得揩改脱（原误"说"）误。三字为一点，三点为一抹，降一等。三点九抹，准格落。赋少九字，论少三十六字，并不考。臣昨覆考进士，试卷各有涂、注、脱误三四十字以上，寻依例书凿点抹等第发过。切以祗奉御试，颇涉不恭。欲乞自今后误多者依小字例落下不考，并请依所奏施行。"仁宗"从之"①。所述即所谓"杂犯"。解试、省试也要记点抹涂乙等，但殿试尤讲究，因为既称"御试"，太马虎就有对皇帝"不恭"之嫌，很可能入"不考式"而被黜落。

四、考官评卷

与省试一样，殿试阅卷、定等期间，所有考官也须集中锁宿。如杨万里《上皇帝留刘光祖书》曰："臣昨被命覆考殿试进士，锁宿

---

① 《宋会要辑稿·选举》三之二〇。

半月,不知近事。"①既试之后,考官的主要工作是:

1. 阅卷。《宋史·选举志一》述大中祥符四年所定《亲试进士条制》,规定阅卷程序为:

> 　　试卷,内臣收之,付编排官,去其卷首乡贯状,别以字号第之;付封弥官誊写校勘,用御书院印,付考官定等毕,复封弥送覆考官,再定等。编排官阅其同异,未同者再考之;如复不同,即以相附近者为定。始取乡贯状字号合之,即第其姓名、差次并试卷以闻。②

《宋会要辑稿·选举》七之一三记大中祥符八年(1015)殿试程序,大体与此相同。范镇《东斋纪事》卷一曰:"旧制:御试举人,设初考官,先定等第,复封弥之,以送覆考官,再定等第,乃付详定官,发初考官所定等,以对覆考之等,如同即已,不同,则详其程文,当从初考、或从覆考为定,即不得别立等。"所述也与《条制》一致。

评卷时,"初考用朱,覆考用墨"③。

与省试一样,殿试考官们相互唱和也是常事。如彭汝砺《元

---

①《诚斋集》卷六二。

②参见彭百川《太平治迹统类》卷二七《祖宗科举取人》。

③见《宋会要辑稿·选举》三之二〇载宝元二年(1039)李淑上言。按:周必大《次韵陈叔晋舍人殿试笔记》诗"墨朱同异容兼采"句原注:"初考纯用墨书臣名、等第,送监封。弥封官封印送覆考所,纯用朱书臣名、等第。然后详定官启封而酌其中,书臣及等第以朱,而书名以墨。"(《周文忠公集》卷七)则似初考、覆考所书颜色,与北宋正好相反,而详定官又朱、墨并用。

祐三年同深之学士子开侍郎在初考今复承乏有怀旧游因作此诗
并幕次唱酬二章寄呈深之学士子开侍郎》之二道：

> 数烛知归日，（自注：殿试日赐烛一条，欧阳学士戏云"数烛知归
> 日"矣。）思家似老人。（自注：文忠公诗云："人老思家甚少年。"）此
> 凡三锁宿，（自注：某自元祐初迄今，凡三为殿试官。）今复一经旬。
> 猛着棋销日，深凭酒送春。萧条双短鬓，半夜总如银。①

因知殿试考官须锁宿十来天（本章第五节引富弼奏，谓殿试"考校
不过十日"），而上引杨万里语，则称"锁宿半月"。苏辙《集贤殿
考试罢二首》之二，则描写阅卷的辛苦：

> 衰病相侵眼渐昏，青灯细字苦劳神。遍看大轴知无力，
> 听诵奇篇赖有人。前日鼓旗闻苦战，明朝雷雨出潜鳞。殿庐
> 困极惟思睡，却忆登科似后身。②

2. 定等。对被殿试录取的举子（嘉祐二年后，实际上是除杂
犯外的所有参试举子）定等，是殿试中极重要的环节。宋人李攸
曰："分甲，自太平兴国八年（983）王世则榜始。"③有学者以为宋
初考第之制不详，第进士程试为五等起于真宗大中祥符二年

---

① 《鄱阳集》卷八。
② 《栾城集》卷一五。
③ 《宋朝事实》卷一四。

（1009）①。今按：太平兴国二年（977）殿试，太宗"命翰林学士李昉、扈蒙定其优劣为三等，得河南吕蒙正以下一百九人"②。据现存史料，这似乎是宋初殿试定等之始。大中祥符二年六月庚戌，"始令第进士程试为五等，曰上次，曰中上，曰中次，曰下上，曰下次"③。这实际上是空缺了"上上"等。

定等的标准，大中祥符四年所修《亲试进士条制》曰："其考第之制凡五等：学识优长、词理精绝为第一，才思该通、文理周密为第二④，文理俱通为第三，文理中平为第四，文理疏浅为第五。"⑤《赵清献公充御试官日记》记嘉祐六年（1061）五等标准为："第一谓学识优长，辞理精纯，出众特异，无与比伦。第二谓才学该通，文理周密，于群萃中堪为高等。第三谓艺业可采，文理俱通（原注：须合得及第者）。第四等谓艺业稍次，文理粗疏，于此等中仍分优劣，优即为第四等上。第五等（原注：须必然合落者）谓文理疏浅，退落无疑。"⑥这与《亲试进士条制》大致相当，唯第四等将《条制》的"文理中平"改为"文理粗疏"。赵抃谓"退落无疑"的第五等指"文理"而非杂犯，盖所记为旧标准，实际上嘉祐二年以后就不以"文理"黜落了。五等也就是后来的"五甲"。

详定官定等，据上引《东斋记事》卷一，本是根据初考、覆考所

---

① 张希清《宋代殿试制度述论》，《北京大学学报》1992年第二期。
② 《续资治通鉴长编》卷一八。
③ 《续资治通鉴长编》卷七一。
④ 周密，原作"周率"，据《续资治通鉴长编》卷七六改。
⑤ 《宋史》卷一五五《选举志一》。
⑥ 刘昌诗《芦浦笔记》卷五。

定等级，"如同即已，不同，则详其程文，当从初考、或从覆考为定，即不得别立等"；但"是时（嘉祐六年）①，王荆公以初、覆考所定第一人皆未允当，于行间别取一人（王俊民）为状首。杨乐道（畋）守法，以为不可。议论未决，太常少卿朱从道时为弥封官，闻之，谓同舍曰：'二公何用力争，从道十日前已闻王俊民为状元，事必前定，二公恨自苦耳。'既而二公各以己意进禀，而诏从荆公之请。及发封，乃王俊民也。详定官得别立等自此始，遂为定制"。到高宗绍兴五年（1135）八月九日，翰林学士、知制诰孙近上奏章，请求"复用祖宗旧制"，不许别立等第，经高宗同意，方改变了王安石以来的所谓"定制"。孙近写道：

> 祖宗廷试进士，差官初考、覆考、详定，盖欲参用众见，以求实材。初考既定等第，乃加封印，以送覆考，复定等第，而详定所或从初考，或从覆考，不许别自立等。至嘉祐间，因王安石充详定官，始乞不用初、覆考两处等第，别自立等，至今循袭为法。如此，则高下升黜，尽出于详定官，初考、覆考殆为虚设。欲望复用祖宗旧制，如初、覆考皆未当，即具失当因依奏禀，方许别立等第。

高宗"从之"②。

---

① "是时"指王俊民榜。按《续资治通鉴长编》卷一九三：嘉祐六年（1061）三月癸巳，"赐进士王俊民等一百三十九人及第"。
② 《宋会要辑稿·选举》八之四一。可详参《建炎以来系年要录》卷九二。

定等完毕,也就意味着殿试考校结束,剩下定升降、唱名等,主要是大臣和皇帝的事了。自真宗景德二年(1005)起,皇帝在评阅毕事后例要赐宴慰劳。《宋会要辑稿·选举》八之三一:"真宗景德二年三月九日,赐辅臣酒果,翰林学士等宴于本院,馆阁官宴于秘阁,以御试考校之劳也。自是遂为定制。"

五、关于殿试"免黜落"

宋代殿试有个需讨论的重要问题,即始于仁宗嘉祐二年的"免黜落"。嘉祐前,对省试上榜的举子,殿试有大幅度的黜落。张希清先生曾举例统计:太宗端拱二年(989)礼部奏名合格进士陈尧叟以下三百六十八人,殿试仅取陈尧叟以下一百八十六人;仁宗宝元二年(1039),礼部奏名合格进士范镇以下四百九十九人,殿试取吕溱以下三百一十人,两榜被黜落者分别占参加殿试人数的 49%和 38%①。黜落更多的,是真宗咸平五年(1002)王曾榜,知贡举陈恕奏名进士七十二人,殿试只录取了三十八人②,黜落率约 52·8%。嘉祐二年后方免黜落。《续资治通鉴长编》卷一八五:嘉祐二年三月丁亥,"赐进士建安章衡等二百六十二人及第,一百二十六人同出身。是岁进士与殿试者始皆不落"。又李焘《贡院记》:"抑尝闻嘉祐以前试于殿廷,尚多黜落,临轩唱第,其不预选者几二百人,皆挥涕失声。仁宗怜之,故自嘉祐后廷试无

①《宋代殿试制度述论》,《北京大学学报》1992 年第二期。
②欧阳修《归田录》卷二。

复黜落。"①

对于嘉祐二年以后殿试"皆不黜落",有两个问题需要略作讨论:一是嘉祐后是否"皆不黜落"? 二是免黜落的原因何在?

关于第一个问题,何忠礼认为其说"并不足信"②,张希清《宋代殿试制度述论》以为"不太确切"。事实是,嘉祐二年及以后的殿试仍不取杂犯。据《宋会要辑稿·选举》等史籍记载,自嘉祐二年至熙宁九年(1076)共举行了七次殿试,每次均有黜落者,少则四五人,多则三十余人。苏轼元祐三年(1088)三月所上《御试劄子二首》其二《放榜后论贡举合行事件》曰:"伏见祖宗旧制,过省举人,一经殿试,黜落不少,既以慎重取人,又以见名器威福,专在人主。至嘉祐中,始尽赐出身,然犹不取杂犯。而近岁流弊之极,杂犯亦或收录,遂使过省举人,便同及第,纵使纰缪,亦玷科举。恩泽既滥,名器自轻,非祖宗本意也。"则是"近岁"(神宗后期),才出现了殿试全部录取的现象。因此,张希清以为确切的说法应是:自嘉祐二年起,殿试非杂犯不复黜落。这样的表述无疑更为准确。不过按旧规,入"不考式"的杂犯本不该录取,一般说"皆不黜落"即不含杂犯,故李焘"始皆不落"或"无复黜落"之类的说法,应不算大误。到元祐八年三月庚子,哲宗诏曰:"来年御试,……其杂犯举人未得黜落,别作一项闻奏。"③从此之后,殿试

---

①《成都文类》卷四六。
②《宋代殿试制度述略》,《中国史研究》1988年第一期。
③《续资治通鉴长编》卷四八二。

连杂犯也不黜落,但要降等,也就是无出官资格①。

至于第二个问题,即非杂犯免黜落的原因,则较复杂。宋人的说法有三:

一是出现了嘉祐二年因欧阳修改革文体,落第举子闹事的事件。李复圭《记闻》云:

> 是春以进士群辱欧阳修之故,殿试并赐及第,不落一人。②

二是仁宗对贫不能归的“远方寒士”施恩。邵伯温《邵氏闻见录》卷二载:

> 本朝自祖宗以来,进士过省赴殿试,尚有被黜者,远方寒士殿试下第,贫不能归,多致失所,有赴水而死者。仁宗闻之恻然,自此殿试不黜落,虽杂犯亦收之末名,为定制。

前揭李焘《贡院记》所说殿试下第举子“皆挥涕失声,仁宗怜之”云云,可与邵氏之说参证。

三是有惩于张元的叛变。《燕翼诒谋录》卷五曰:

---

① 详参龚延明《宋代“殿试不黜落”考》,载氏著《中国古代职官科举研究》,中华书局,2006 年。
② 《续资治通鉴长编》卷一八五嘉祐二年三月己丑条注引。

旧制，殿试皆有黜落，临时取旨，或二人取一，或三人取二，故有累经省试取中，屡摈弃于殿试者。故张元以积忿降元昊，大为中国之患，朝廷始囚其家属，未几复纵之。于是群臣建议，归咎于殿试黜落。嘉祐二年三月辛巳，诏进士与殿试者皆不黜落，迄今不改。

何忠礼先生曾对上述三条理由作过详细分析，认为"我们不能完全排除上述几种原因对嘉祐二年殿试取士的影响，但毕竟都是表面的和间接的，由于臆测多于事实，无论哪一种说法，都难令人信服"①。那么到底什么才是深层的、直接的原因呢？他说："对奏名进士黜之则伤恩，多取则玩政，为解决这一矛盾，缩小奏名人数与录取人数之间的差距，并逐渐使之趋于合一，是科举制度发展的必然结果。"嘉祐二年，欧阳修"只挑选了三百七十三名奏名进士。这一数字，不仅不足皇祐四年所规定的名额，而且也大大低于以前几次登第的人数，从而成为该年殿试不黜落的关键所在"。张希清《宋代殿试制度述论》也持是说，认为殿试非杂犯不黜落的主要原因，是皇祐四年诏进士、诸科奏名皆以四百人为额，"自此至北宋末，省额均以此数为准。此数已低于前此仁宗朝殿试各榜的取士之数，因而可以实行殿试非杂犯不黜落。"也就是程大昌在《演繁露》续集卷一中所说："礼部奏名先减其额，故廷试虽不落人，其得第少。是亦朝三暮四之比也。"

对何、张二先生"省额"减少是除杂犯外不黜落的"关键所

<hr>

① 此及以下所引何文，均见《宋代殿试制度述略》。

在"或"主要原因"的结论,笔者有限度地赞成,但又不敢完全苟同。

首先,的确皇祐四年定省额为四百人①,比以前有所减少。治平三年(1066)十月改三年一开科,因调整省额,取皇祐四年的四分之三,即三百名。从神宗熙宁六年(1073)起,由于罢明经,将其省额添入进士科,同时保留诸科旧有解额的十分之一(约三十名)"以待不能改业者"(详本书第一章第二节),故省额实际上超过三百之数:熙宁六年奏名进士四百八人、九年为四百二十六人,元丰二年(1079)三百四十八人、五年四百八十五人、八年四百八十五人,而哲宗元祐三年(1088)则高达五百二十三人。以上数字,俱见《宋会要辑稿·选举一》。因此,英、神、哲三朝,可看作基本保持了皇祐四年的定额。但"自此(皇祐四年)至北宋末,省额均以此数(四百)为准"的说法,并不全对:徽宗以后,每科省试奏名一般为五六百,有时甚至高达七八百,这在《宋会要辑稿·选举一》中有翔实的记载②。大观三年(1109)正月二十日诏:"贡院取士,可于额外增一百人。"③政和二年(1112)正月九日御笔:"依崇宁、大观年例增添省额,自与贡士,两不相妨。今次可特添省额一百人。以朝廷之大,增士百人食禄,亦不为过。"④又宣和六年

---

①按《续资治通鉴长编》卷一八一载至和二年(1055)十月己酉知制诰王珪奏,原注称"礼部奏名限四百,不见此指挥,《选举志》称皇祐四年恐误,具注嘉祐元年(1056)四月"。然综合现存史料,似仍以皇祐四年为是。
②参见本书第六章第四节。
③《宋会要辑稿·选举》四之六。
④《宋会要辑稿·选举》四之七。

（1124）正月二十八日诏，以礼部试逾万五千人，"可特添省额百人"①。这就是说，徽宗时代曾多次增添省额，已超过皇祐以前四年一开科时的数额，但这时殿试仍不黜落。

其次，皇祐四年的限额令，是不是为了缩小甚至等同奏名与录取的数额差距，从而颁布的有明确目标的"政府计划"？正是在这点上，笔者与何、张二先生的看法略有不同。按至和二年（1055）十月己酉，知制诰王珪上言：

> 比年以来，官吏猥溢于常员，故近诏限数四百，兹诚所以惩仕进之弊也。②

这是对限额原因最直接最明确的解释，知限额的唯一目的是减少入官人数，而不是考虑将来与殿试"趋于合一"。欧阳修在嘉祐二年初省试锁院阅卷结束时，作《和出省》诗，末联曰："共向丹墀侍（一作待）临选，莫惊鳞鬣化雨雷。"③则他认为省试奏名的举子，还须赴殿"选"，可见他并不知道有除杂犯外不黜落的政策。要证明限制省额是为了将来殿试不黜落，就必须有两者互为因果的史料支持，否则很难令人信服。

上述宋人对此问题的三种说法，第一说认为该年欧阳修黜"太学体"，举子闹事，是引发不黜落的导火线，即朝廷为支持欧阳

---

① 《宋会要辑稿·选举》四之一四。
② 《续资治通鉴长编》卷一八一。
③ 《欧阳文忠公集》卷一二。

修,因而凡被录取的,一个也不黜落(杂犯除外),表示不让步。第二、三两说实质一样,都是讲皇帝施恩。据上引《燕翼诒谋录》,当时有"群臣建议"不黜落在先,虽"建议"文本已失传,但应该是事实而非"臆测"。由此看来,让皇帝避开矛盾,化解怨望,"只栽花不种刺",才是"不黜落"的真正"关键"或"主因"。宋代科举中的"省额"是个变数(只是在同一皇帝或某个时期大致稳定),并没有什么"计划"。楼钥说:"祖宗时贡举之疏数,取士之多寡,惟上所命,非若近世之定制也。"①正说明这个特点。因此,"合一"不可能成为"免黜落"的根本原因;或者说,最高统治者在敲定殿试是否黜落的政令时,考虑的不是省试奏名数额的多少。限制省额,更有利于"免黜落"政策的实施,笔者赞成这点,而且认为也只有限制省额,才可能使免黜落的政策继续下去;问题是皇祐四年的限额和嘉祐二年的免黜落,没有文献史料可以证明两者有着前因后果的必然联系。嘉祐二年免黜落的原因,北宋人已说得很清楚,也很有道理,似无必要弃当时之论(《燕翼诒谋录》虽是南宋后期的著作,但作者是以北宋当时"群臣建议"立说),转而信从百年后程大昌(1123—1195)的猜度之词,更无必要另立新说。宋代自太祖朝起,制定科举政策的指导思想,可以归结为一点,那就是有利于建立和巩固以皇帝为代表的中央集权。"免黜落"无疑体现了这一一贯精神。这才是问题的要害或关键所在。

---

① 《跋金花帖子绫本小录》,《攻媿集》卷七三。

六、定头甲和状元

头甲(第一甲),即御试的前十名,经初考、覆考、详定,由主司确认后,再上报皇帝。头甲为"进士高第",在社会上享有很高声望,故其次序,大都由皇帝亲自定夺。若考官间意见有出入,各定等第相差悬殊,也可请求调整。如熙宁三年(1070)陆佃殿试,覆考在第四等下,陈襄上《乞升陆佃优等唱名劄子》道:"初、覆考一处,考到等第绝相辽远。初考定作第三等上,必专取其义理之学,而略其文辞;覆考定作第四等下,必以其文辞不工,而遗其义理。……臣窃思陛下特以声律取人为患,故于庭试代以策问,是欲斥去虚文,以求博硕之士。……伏望陛下取其根本之学,不求辞藻之工,临轩唱名,特赐省览。如实有可采,愿以优等置之。"①于是"擢甲科"②。

也有少数时候,皇帝以为不必进呈,由考官自定。如《宋会要辑稿·选举》八之三九载:建炎二年(1128)九月十日,上(高宗)宣谕宰执曰:"御药院尝奏殿试上十名,例先纳卷御前定高下。朕谓取士当务至公,既有初、覆考、详定官,自足凭信,岂宜以朕一人之意更有升降?已处分,今次勿先进卷子。"

比起定第一甲来,定状元更引人关注。开宝六年(973)殿试,对礼部原取进士除黜一人外,高下悉依原次;而开宝八年则不同:礼部奏名以王式为首,殿试"以王嗣宗为首;王式者,礼部所定合

---

① 《古灵先生集》卷七。
② 《宋史》卷三四三《陆佃传》。

格第一人),则居其四。盖自是年御试始别为升降,始有省试、殿试之分,省元、状元之别云"①。关于王嗣宗得状元,还有一则逸事,司马光《涑水记闻》卷三记曰:"王嗣宗,汾州人,太祖时举进士,与赵昌言争状元于殿前,太祖乃命二人手搏,约胜者与之。昌言发秃,嗣宗殴其幞头坠地,趋前谢曰:'臣胜之!'上大笑,即以嗣宗为状元,昌言次之。"以比手劲臂力大小定先后,形同儿戏,今天读来亦可解颐,说明太祖初行殿试时的不规范。欧阳修《归田录》卷一载:"真宗好文,虽以文辞取士,然必视其器识。每御崇政殿赐进士及第,必召其高第三四人并列于庭,更察其形神磊落者,始赐第一人及第。或取其所试文辞有理趣者,徐奭《铸鼎象物赋》云'足惟下正,讵闻公悚之欹倾;铉乃上居,实取王臣之威重',遂以为第一。蔡齐《置器赋》云'安天下于覆盂,其功可大',遂以为第一人。"故马端临以为宋初定状元,尚有唐代科举采誉望之遗意,在所著《通考》卷三二《选举五》中总结道:"陈尧叟、孙何、王曾皆礼部所取第一人,而御试复之冠多士,可见当时殿试不过审覆其缪滥者黜之,而元在前列者,固未尝别第其升降也。景德以后,多别取状元,然省元亦皆置之龟列(举《石林燕语》记范镇事,略)。……仁宗时省元亦例在前列。盖当时殿试虽曰别命试官糊名考校,然赐第之时往往亦参采誉望,乃定抡魁。"宋初北方人轻蔑南方,也在一定程度上影响着状元的遴选。如知枢密院寇准认为"南方下国人,不宜冠多士","尤恶南人轻巧"。大中祥符八年(1015)三月蔡齐荣膺状元,既出,寇准谓同列曰:"又与中原夺得

---

①《文献通考》卷三〇《选举三》。

一状元！"①又，凡锁厅试举人，依例不得为状元。如绍兴五年（1135）九月五日，高宗"御射殿，宰执呈黄中策卷第一，系有官人。上曰：'故事何如？'沈与求曰：'臣闻皇祐元年（1049）沈文通（遘）考中御试进士第一人，仁宗曰：'朕不欲以世胄先天下寒俊。'遂以冯京为第一，文通为第二。上曰：'可用此故事。'遂擢汪洋为第一。"②南宋时，前三名都称状元③，故《朝野杂记》甲集卷一三"殿试详定官别立等"条曰："自绍兴、乾道、淳熙、绍熙之际，殿榜上三名，多人主亲擢云。"

　　状元乃朝野视线的焦点，花落谁家，当然首先必须严格合乎统治阶级的政治标准。如叶梦得《石林燕语》卷四载："林文节（希）连为开封府、南庙第一，廷试皆属以魁选。仁宗亦遣近珰伺其程文毕，先进呈。时试《民监赋》，破题云：'天监不远，民心可知。'比至上前，一近侍旁观，忽吐舌，盖恶其语忌也。仁宗由是不乐，亟付考官，依格考校。考官之（疑"知"之音讹）意，不敢置之上等，入第三甲。而得章子平（衡）卷子，破题云：'运启元圣，天临兆民。'上幸详定幕次，即以进呈，上曰：'此祖宗之事，朕何足以当之。'遂擢为第一。"④两赋破题的视角不同，前者以"民心"明天监，故是"语忌"；而后者谓君权"天"授，仁宗虽谦言"朕何足以当之"，但心里是极高兴的，故擢为状元。除此之外，其他既没有、也

①《续资治通鉴长编》卷八四。
②《宋会要辑稿·选举》二之一六。
③见《钱塘遗事》卷一○《置状元局》。
④按：所述乃仁宗嘉祐二年（1057）殿试事。

很难有一个客观标准。宋初"参取誉望",后来似乎更多地取决于皇帝的个人见解或喜好(甚至偏好),以及政治气候等,也有其他偶然因素。如《宋会要辑稿·选举》七之四:雍熙二年(985)三月殿试,以梁颢为状元,原注:"颢先以程式上进,帝嘉其敏速,以首科处焉。"又如王铚《默记》卷下载:

> 庆历二年(1042),御试进士,时晏元献为枢密使。杨察,晏婿也,时自知制诰,避亲,勾当三班院。察之弟寘时就试毕,负魁天下望。未放榜间,将先宣示两府,上十人卷子。寘因以赋求察问晏公己之高下焉。晏公明日入对,见寘之赋已考定第四人,出以语察。察密以报寘。而寘试罢与酒徒饮酒肆,闻之,以手击案叹曰:"不知那个卫子夺吾状元矣!"不久唱名,再三考定第一人卷子进御。赋中有"孺子其朋"之言,不怿曰:"此语忌,不可魁天下。"即王荆公卷子。第二人卷子即王珪,以故事,有官人不为状元;令取第三人,即殿中丞韩绛;遂取第四人卷子进呈,上欣然曰:"若杨寘可矣。"复以第一人为第四人。

虽私家笔记,当有所据,可详悉从十人中如何遴选状元的全过程。又《通考》卷三一《选举四》:元丰五年(1082),"先是,帝见黄裳所为文,爱之。至是礼部奏进士有裳名,及进读试策,在前列者皆不称旨,命求裳名,至末甲始见,乃擢为第一,考官以高下失职,赎金"。叶适中淳熙五年(1178)进士第二,"本为第一人,阜陵(孝宗)览其策,发有'圣君行弊政,庸君行善政'之说,上微笑曰:'即是圣君行弊政耶？即是庸君行善政耶？'有司遂以为亚。"①又如嘉定七年(甲戌，1214)李方子、袁蒙殿试两策，袁不如李，但袁"其说出于调停"，"文忠(真德秀)欲置首选，而同列谓李之策不如袁策之合时宜"，于是状元遂归袁蒙②。再如王迈《书怀奉简黄成甫史君》诗，述绍定二年(1229)考官内定黄朴(字成父)为状元时，发生争议，最终由皇帝定案。诗曰：

> 忆昔绍定元，被命考廷策。偶过袁君房，玉墀日将夕。案头得君文，喜跃越三日。张烛朗诵之，相与手加额。若人作抡魁，余子当辟易。时有详定官，嫌君多指斥。众默余独争，言厉面发赤。紫宸一传胪，璧水推巨擘。诸君始相贺，时相颇不怿。③

由于状元桂冠过多地涂上了最高统治者的主观色彩，有时甚至难以理喻。如范镇《宋景文公(祁)神道碑》载："仁皇帝在谅阇，公兄弟试礼部，糊名籍奏公第一，兄元宪公(宋郊，后改名庠)第三。章献太后曰：'弟不先兄。'遂擢元宪第一，降公为第十人。"假如其兄不在甲科甚至落选，真不知"弟不先兄"又将何说。当然，君臣意见一致而状头得人的佳话，两宋皆有之，如《宋会要辑稿·选举》七之一一载大中祥符二年(1009)真宗殿试，原注曰：

---

①《四朝闻见录》乙集《光皇策士》第二则。
②《四朝闻见录》乙集《甲戌进士》。
③《臞轩集》卷一二。

"始命以进士程试为五等……以高等十卷付臣重定,王旦请以'珽'字号者为第一,帝然之,因阅晁迥等所(当脱一字),正以'珽'为首卷,即梁固也。"又如《宋史》卷四三八《王应麟传》:"帝(宋理宗)御集英殿策士,召应麟覆考。考第既上,帝欲易第七卷置其首。应麟读之,乃顿首曰:'是卷古谊若龟镜,忠肝如铁石,臣敢为得士贺。'遂以第七卷为首选。及唱名,乃文天祥也。"

七、唱名

唱名即皇帝宣读登第举子的名字,每读一人,殿廷下站列的军头司卫士便依次(一说齐声)传呼,士人应答。这是一种礼仪,标志着该举子的科名由皇帝亲授,故称"唱名赐第"。唱名既是宣布该次科举考试的结果,也是最后一道程序,始于太宗时。《宋会要辑稿·选举》一三之一:雍熙二年(985)三月十六日,"帝(太宗)按名一一呼之,面赐及第。唱名赐第,盖自是为始"。唱名的具体时间,多为"临时取旨,每举不同",一般在殿试了毕的一个月后(已见上述),也就是大致在春末,故吕陶《和鹿鸣燕进士二首》之一曰:"龙墀唱第程涂近,应在春余数日前。"①南宋初,正奏、特奏唱名时没有分开,绍兴十五年(1145),"始定依汴京旧制,正奏及特恩分两日唱名"②。南宋时,举子在参加唱名之前,得先"请号",所请号实即殿试时的旧号,"但于其上用红印书'入集英殿试

---

① 《净德集》卷三四。
② 《宋史》卷一五六《选举志二》。

讫’、中官姓名押小字一行耳”①。北宋是否有请号之制,尚待考。

唱名过程,叶梦得《石林燕语》卷八记载道:"故事,殿试唱名,编排官以试卷列御座之西,对号以次拆封,转送中书侍郎,即与宰相对展进呈,以姓名呼之。军头司立殿陛下,以次传唱。"既曰"故事",则北宋当已如此。《梦粱录》卷四《士人赴殿试唱名》曰:"上御文德殿临轩唱名,进呈三魁试卷。天颜亲睹三魁,排定姓名资次,然后宣唤三魁姓名。其三魁听快行宣唤数次,方敢应名而出。"《钱塘遗事》卷一〇《择日唱第》所记更详,摘略如次:

> 赞者引(举子)入廷下,再拜,皇帝临轩。宰臣进(前)三名卷子,读于御案前。用牙篦点读毕,宰执立于上前,阁门立于御案之西向。宰执先于御案前拆视姓名,则曰:"某人。"阁门则承之,以传于阶下,卫士凡六七人,皆齐其声传其名呼之,谓之胪传,亦谓"绕殿雷"也。凡呼而唱者三四声,士人方从众中出应。卫士夹而翼之,问以乡贯、父名。翼之廷下,对玉墀,且躬未拜,廷上问以乡贯、父名,卫士则以对。……待一甲毕,则往两廊角取敕黄而执之。甲内人齐,则廷上呼谢恩,士人廷下立,躬身再拜而退去于轩下。状元则便独班谢恩②,不待甲内齐也。自第二、第三名为一班,便赐食,相身

---

①《钱塘遗事》卷一〇《择日唱名》。

②《能改斋漫录》卷一四记:仁宗皇祐五年(1053)殿试,滕甫虽叹服郑獬所作《圜丘象天赋》破题胜己,"然未忘魁望",预为笏记云:"朝廷取士,唯求一日之长;欹庙望君,咸务积年之学。"及唱第,郑果第一,滕第三,"郑却无陛谢之备,遂用滕记"。此即所谓"独班谢恩"("陛谢")之例,且须读谢恩文。

为袍,各设位赋诗,以答皇恩。第四名至第十名终为一班。第二甲全甲为一班。谢恩了,皆且执敕黄而立。敕黄用麻纸两幅连粘,大书"某人等宜唱某等科等"。……(以下唱第三至第五甲,此略)

姚勉为理宗宝祐元年(1253)状元,其《廷唱谢恩》诗今存,曰:

> 赭袍黄屋俨临轩,独立班头领众仙。五色云乘金殿日,一声雷绕玉除天。浮荣何敢矜科第,实地惟知学圣贤。深重君恩无以报,疾风草劲雪松坚。①

登第进士到两廊角所取"敕黄",又叫"敕牒",由宋入元的作家刘壎曾在《屯田员外郎刘公敕黄后跋》中说:"宋制,士人登科,即授敕牒,以厚黄纸书之,名曰敕黄。然后赴部铨注,给诰授官,自是脱韦布而列簪绅矣。"他还在文中录下其七世族祖、屯田员外郎刘瑕于仁宗景祐五年(1038)吕溱榜赐同学究出身时所得敕黄,转录于下,以见其制②:

---

① 《雪坡集》卷一五。
② 《水云村稿》卷七。"户部侍郎、平章事章","章"原作"张"。刘壎《后跋》考曰:"押敕者,首相张邓公(士逊)、章郇公(得象)也。三参政不可考,'程'疑讳琳。"则"张"应是"章"之音讹。其说殆是,据改。

```
中书门下    牒
        乡贡进士刘敞

    牒奉
敕宜赐同学究出身牒至准
敕故牒

    景祐五年三月        日牒
                工 部 侍 郎  参知政事  李
                右 谏 议 大 夫  参知政事  王
                尚 书 左 丞  参知政事  程
                户 部 侍 郎  平章事  章
                门下侍郎兼兵部尚书  平章事  张
```

当今学术界多认为我国古代的科举制,相当于近代西方的学位制,那么敕牒或敕黄,则应相当于学位证书。

举子唱名时,侍立在侧的宰执等高官若有子弟与选,则须降阶谢恩①。

唱名时,举子自然十分开心,进士高第者更是意满志得。姚勉于宝祐元年(1253)廷对第一,有《贺新郎·及第作》词道:

    月转宫墙曲。六更残、钥鱼声亮,纷纷袍鹄。黼坐临轩

---

① 徐度《却扫编》卷上:"故事,进士唱名,宰执、从官侍立左右,有子弟与选者,唱名之次必降阶称谢,缙绅间颇以为荣。"

清跸奏,天仗缀行森肃。望五色、云浮黄屋。三策忠嘉亲赐擢,动龙颜、人立班头玉,胪首唱,众心服。　殿头赐宴官花簇。写新诗、金笺竞进,绣床争戆。御渥新沾催进谢,一点恩袍先绿。归袖惹、天香芬馥。玉勒金鞯迎夹路,九街人、尽道苍生福。争拥入、状元局。①

就是在许多年后,也令人回味无穷。蔡确《崇政殿放榜》诗,即描写唱名时的威严穆肃,并回忆起五十年前自己的亲身感受:

> 黄帕开封出奏篇,银袍二百玉阶前。威颜咫尺瞻中宸,名姓传呼下九天。宫笔旋题黄甲字,禁门已簇杏花鞯。孤臣拜赐交悲喜,相望先分五十年。②

唱名毕,殿试结束。真宗之后,有将御试进士高第的卷子,录本焚于真宗影殿前的活动。欧阳修《归田录》卷二:"真宗尤重儒学,今科场条制,皆当时所定。至今每亲试进士,已放及第,自十人已上御试卷子,并录本于真宗影殿前焚烧,制举登科者亦然。"这是为了纪念真宗改革和完善科举制度的功绩,从此成为制度。后又发展为焚进诸陵,至南宋亦然。孝宗乾道七年(1171)十月二十八日,御药院言:"已降旨应贤良方正直言极谏科李垕令赴殿试。契勘御试举人唱名毕,其正奏名进士第一甲策文,并写作册

---

① 《雪坡集》卷四四。
② 祝穆《古今事文类聚》前集卷二七。

进御,并进德寿宫,及焚进诸陵。今李壂策文,伏乞指挥。"诏"依例修写"①。

八、试射

颇有恢复之志的宋孝宗,曾立"新制":御试后再试射艺,叫"廷射"。《通考》卷三二《选举五》载:"淳熙二年(1175)御试,上尝谓辅臣,欲令文士能射御,武臣知诗书,命讨论殿最来上。至是,唱第后之二日,上御殿引按文士詹骙以下一百三十九人射艺,新制也。翌日,又引文士第五甲及特奏名一百五十二人。……凡三箭中帖者为上等,正奏第一人转一官与通判,余循一资。……凡不中者并赐帛。"又《宋史·选举志二》:"(光宗)绍熙初,仍按射,不合格者罢赐帛。"②至宋末,试射艺否,不作硬行规定,但愿试者可以升甲。《梦粱录》卷四《士人赴殿试唱名》曰:"如进士欲赴御教场内射弓升甲,听从其便,盖招箭班祗直也。"

九、免殿试

从真宗时起,凡皇帝服丧(谅闇,又称"谅阴"),必免殿试。真宗咸平二年(999)三月十日,"礼部贡院言:'考试举人毕,请御试。'帝以谅阴中,不许。"③从此遂为故事。免殿试后,进士名次一以省试为准。李心传曰:"自咸平以来,人主有三年之丧则罢殿

①《宋会要辑稿·选举》一一之二九。
②廷射事,参见《建炎以来朝野杂记》甲集卷一三"新进士廷射"条。
③《宋会要辑稿·选举》三之六。

试，而以省元为榜首。"①

虽免殿试，皇帝仍要接见新进士，以示礼遇。其礼较简单，但也有不少讲究。如庆元二年（1196）三月二十八日阁（原作"阖"，径改）门言：

> 已降指挥，庆元二年礼部奏名进士更不临轩策试，依故例阁门引见，退赴幕次，祗授敕牒、袍、笏讫，引门谢。分作两日引见。先是：
>
> 一、引见举人日，依仪于后殿引，系七拜。大起居班首出班致词，归位，五拜讫退。
>
> 一、检会绍兴八年（1138）六月引见举人，系在徽宗皇帝显肃皇后服制内，未纯吉服，其举人止令四拜，起居致词讫，再两拜。
>
> 一、今来引见举人，系在孝宗皇帝服制内，未纯吉服，依例止令四拜，起居致词讫，再两拜。
>
> 一、检会绍兴八年、隆兴元年（1163）引见举人，并系射殿坐，不引见谢辞，上殿班止三省、密院。奏事毕，移椅子，皇帝临轩，坐见举人（原注：若系假故日分，令阁门官已下祗应，诸司官、承旨、修注、管库、御带、环卫官行门起居，次三省、密院起居，奏事，余官并免赴）。
>
> 一、旧例，引见举人讫，出殿，候有司给散敕牒并袍、笏毕，逐甲赴殿门外谢讫，退。

---

① 《建炎以来朝野杂记》甲集卷一三"谅阖罢殿试"条。

一、旧例，引见举人前二日，阁门差舍人一员，承受二人，就净慈寺习仪，令礼部告报。

一、旧例，引见举人候礼部牒编排到黄甲姓名，阁门引见。

宁宗于是诏曰："为在孝宗皇帝服制内，权于后殿引见，依例分作两日，止令上三甲入殿立班，余门见，并令入出和宁门。经由门户，并早一刻开。余从之。"①通过上述诸条，我们可以知道各种情况下的"引见"礼仪。

新皇帝服除后的第一榜，谓之"龙飞榜"②，遂恢复殿试，一切如故。

除皇帝服丧免殿试外，还有两种情况亦免殿试。

一是南渡之初，因情况特殊，曾免部分太学上舍生殿试，或对未赶上殿试的各地类省试举子免殿试。绍兴元年（1131）正月初一德音："太学上舍已该再免省试，合赴绍兴元年殿试人，特免赴殿试，并与赐同进士出身。"③绍兴元年本来是贡举年，但没有举

①《宋会要辑稿·选举》八之一六。
②赵升《朝野类要》卷二《免殿试》："往年遇主上即位以后第一次，谓之龙飞榜；又尝因谅阴皆曾免试，只诣唱名。"说得不够清楚。按《宋会要辑稿·选举》八之一六："宁宗庆元元年（1195）五月二十三日，"宰执进呈来年临轩策士，依祖宗典故，合权免（指免殿试）。上曰：'今以国恤，当俟后举施行。'余端礼等奏曰：'后举方为龙飞榜，却行临轩之礼。'"余端礼等的意思是说，后举是龙飞榜，不能免殿试而行临轩之礼。则虽庆元二年是宁宗即位后的第一榜，但不叫"龙飞榜"，而需待服除后的第一榜，才算"龙飞榜"。
③《宋会要辑稿·选举》四之二三。

行,故免殿试。建炎二年(1128)十一月二十三日赦:"诸路省试到并合格特奏名试人,以道路艰阻,既到行在,已过试期,不愿赴将来殿试人,亲身经礼部陈状,勘验诣实,召京朝官二员结除名罪委保,申尚书省,正奏名赐同进士出身,特奏名与州助教,仍依下州文学恩例。"①又绍兴二年(1132)闰四月乙未,"诏诸路类试进士赴殿试不及者,正奏名与进士同出身,特奏名与诸州助教,调官如文学例,以道梗特优之也"②。

二是四川类省试奏名举子,最初原则上要求赴殿试,但若不赴,可免殿试,请敕赐第。后来则必须赴殿试,否则降甲,如第一等由赐进士及第改为赐进士出身。关于四川类省试免除或不参加殿试等问题,详见前章第三节,此不再赘。

第三节　殿试中的"特奏名"

参加殿试的,以礼部试正奏名进士、诸科为主。除此之外,皇帝往往下诏特许部分在礼部试或殿试中屡遭失败而久困场屋的举子直接参加,叫"特奏名"。这等于切出部分"蛋糕"来进行再分配,以安抚、笼络那些场屋失志之士,从而平衡利益冲突,消解部分社会矛盾。因此,有必要对宋代殿试中的特奏名问题略作讨论。

---

① 《宋会要辑稿·选举》四之二二。
② 《建炎以来系年要录》卷五三。

《燕翼诒谋录》卷一曰：

> 唐末，进士不第，如王仙之辈唱乱，而敬翔、李振之徒，皆进士之不得志者也。……故圣朝广开科举之门，俾人人皆有觊觎之心，不忍自弃于盗贼奸宄。开宝三年(970)三月壬寅朔，诏礼部阅贡士十五举以上曾经终场者，具名以闻。庚戌，诏曰："贡士司马浦等一百六人，困顿风尘，潦倒场屋，学固不讲，业亦难专，非有特恩，终成退弃。宜各赐本科出身。"此特奏所由始也①。自是士之潦倒不第者，皆觊觎一官，老死不止。至景德二年(1005)三月丁巳，因赐李迪等进士第，赐特奏名五举以上本科六十四人，《三传》十八人，同学究二十二人，《三礼》四十四人，年老授将作监主簿三十一人，此"特奏"之名所由立也。至景祐元年(1034)正月癸未，诏："进士、诸科十取其二。进士三经殿试、诸科五经殿试，或进士五举年五十、诸科六举年六十，虽不合格，特奏名。"此特奏名所以渐多也。至大中祥符八年(1015)二月丙子，则命进士六举、诸科九举特奏名，并赴殿试，则又以人多而裁抑之也。……英雄豪杰皆汩没消靡其中而不自觉，故乱不起于中国，而起于夷狄，岂非得御天下之要术欤！

上述文字，将"特奏名"的形成和发展，以及它的历史作用说得既清楚又深刻。上节在"任命殿试官"小题中，曾举真宗咸平三年

---

① 按：所述详见《宋会要辑稿·选举》三之三。

（1000）为例，而该年在殿试结束后，"又试进士五举、诸科八举已上及曾经先朝御试洎年五十已上者，内出《礼乐刑政致理何先论》题。时帝谓左右曰：'此辈潦倒场屋，皆已迟暮，傥例试三题，则遗落多矣，故止令试论一篇，粗观其智识也。'得进士张浩然已下二百三十六人，第为四等，并为同学究出身"①。仁宗景祐元年（1034）三月十九日，"诏南省特奏名进士只试论一首，诗一首，诸科对义五道，内年老者特与免试"②。至二十三日，"天章阁待制张宗象、殿中侍御史庞籍言：御前续试特奏名进士、诸科人等，送到卷子，依例封弥，送逐处考校。伏缘上件举人并是南省考落人数，圣慈念其老于科场，特推恩泽，其艺业多无所取，不消覆加考校。欲乞分作等第，委自中书，据其等第及年几（疑"纪"之误）、举数取旨。诏令宗象、籍编排"③。这就等于统统地"免试"了（后来仍要考校，见下引苏轼劄子等）。到嘉祐六年（1061）二月十一日，赵抃又请"举数已足、年未及五十、今来不预南省奏名者，许减五十年之限，俾就廷试，而沾一命"④。

"特奏名"又叫"恩科"，其榜称"老榜"或"恩榜"⑤，程俱《和王给事易简殿试举人五首·试特奏名》诗道：

---

① 《宋会要辑稿·选举》七之六。
② 《宋会要辑稿·选举》三之一八。
③ 《宋会要辑稿·选举》八之三二。
④ 《乞减举人年限俾就廷试状》，《赵清献公集》卷五。
⑤ 如赵彦卫《云麓漫抄》卷一〇："国朝进士累举不第者，限年许赴特奏名，号为恩科。"《梦粱录》卷四《士人赴殿试唱名》："其老榜者，谓之特奏名。"

十上宁嗟老此事,长年终得似河清。良金熟练精英在,
古剑磨光星斗明。伏枥向来犹壮志,据鞍他日想腾声。当时
谁出蕾川右,充选何劳固请更。①

对困顿场屋甚至曾"十上"的举子来说,尽管"特奏名"已低人一
头,但仍如辙鱼得水,不胜感恩戴德之至。当然,他们屡经挫折,
难免感慨良多。徽宗崇宁二年(1103),"累举不捷,久困场屋"的
闽人徐遹特奏名对策第一,赴闻喜宴,"归骑过平康狭邪之所,同
年所簪花多为群倡所求,惟遹至所寓,花乃独存,因戏题一绝云":

　　白发青衫晚得官,琼林宴罢酒肠宽。平康过尽无人问,
留得宫花醒后看。②

虽已"白发",毕竟等到了"酒肠宽"的这一天;"平康过尽无人
问"——娼女们嫌其老,这伤了他的自尊心,于是心态颇不平衡。
唐代有"五十少进士"之语,而宋代因一以科场程文取士,遂使登
第的平均年龄有所提前,故有"五十少公卿,三十老举子"之说③。
这些"老举子"甚至"白发举子",他们的坎坷遭遇和苦涩人生,是
春风得意的少年进士们所难以理解和想象的。

---

① 《北山小集》卷一〇。
② 张邦基《墨庄漫录》卷九。
③ 刘一止《五十少公卿赠何子楚居士》:"五十少公卿,三十老举子。……我
　为老诸生,流落逾二纪。"(《苕溪集》卷四)刘一止(1080—1161)四十二岁
　方登进士第。

特奏名举子虽曰"良金熟练",实多老拙之人。张师正曾记一个故事:"景祐元年(1034)九月二日,诏先朝免解者,候将来省试与特奏名。时有无名子改王元之《升平词》以嘲曰:'旧人相见问行年,名说真宗更以前。但看绿袍包裹了,①这回含笑入重泉。'"②这实在是一个极为酸楚的黑色幽默。朱彧《萍洲可谈》卷一记曰:"元丰间,特奏名陛试,有老生七十许岁,于试卷内书云:'臣老矣,不能为文也,伏愿陛下万岁! 万万岁!'既闻,上嘉其诚,特给初品官,食俸终其身。"苏轼曾于元祐三年(1088)三月上《贡院劄子四首》,其四为《论特奏名》,略曰:"恩榜得官之人,布在州县,例皆垂老,别无进望,惟务黩货以为归计,贪冒不职,十人而九。"因请诏殿试考官将特奏名举人"精加考校,量取一二十人,……其余皆补文学、长史之类"③。这引起朝廷的重视,"遂诏定特奏名考取数,进士入四等以上、诸科入三等以上,通在试者计之,毋得取过全额之半,是后著为令"④。但到南宋时,特奏名仍是二人取一。淳熙初以冗官尤甚,经朝廷议,奏乞三人取一;于是诏"三人而取一"。虽说"恩收之员少减","然恩滥未大减也"⑤。

　　特奏名的弊端是显而易见的,但又不可废除,因为其中包含

---

① 按:宋代赐新进士并诸科人绿袍,见《燕翼诒谋录》卷一。
② 《类苑》卷六三引《倦游杂录》。又见《诗话总龟》前集卷三五,文字与此略有不同。
③ 《苏轼文集》卷二八。
④ 《宋史》卷一五五《选举志一》。据此,则景祐初"不消覆加考校"之令当已废除,特奏名仍需考试。
⑤ 详见李心传《建炎以来朝野杂记》甲集卷一三"特奏名试"条、乙集卷一五"孝宗议权免奏荐及罢特奏名"条、"特奏名冗滥"条。

着用"仁恩"以"御天下"的深意。故当朱熹弟子问"恩榜无益于国家,可去否"时,朱子毫不犹豫地回答道:"此又去不得。去之则伤仁恩,人必怨。看来只好作文学、助教阙,立定某州文学几员,助教几员,随其人士之多少以定员数,如宗室宫观例,令自指射占阙,相与受代。莫要教他出来做官。既不伤仁恩,又无老耄昏浊贪猥不事事之病矣。"①

第四节　宋代的"赐第"与"宾贡"

"赐第"即不经过科举考试,而由皇帝直接赏赐科名。宾贡,原指地方向朝廷推荐人才,后专指附庸国或邻邦士子到中国参加科举考试得第,或不经考试由皇帝赐第。因此,"赐第"与部分"宾贡"实际上与科举无关,但因所赐为科名,有的要附榜,故史籍历来都是在"选举"中述之,本章亦附带略加讨论。

一、赐第

《宋史》卷一五五《选举志一》曰:

> 凡士不由科举若三舍而赐进士第及出身者,其所从得不一。凡遗逸、文学、吏能言事或奏对称旨,或试法而经律入优,或材武、或童子而皆能文,或边臣之子以功来奏,其得之

———————
① 《朱子语类》卷一○九。

虽有当否,大较犹可取也。崇宁、大观之后,达官贵胄既多得赐,以上书献颂而得者,又不胜纪。

在《宋会要辑稿·选举》九中,记载了宋开国到南宋乾道末的部分赐第人名及赐第理由,包括赐及第(赐进士及第、赐本科及第),赐出身(赐同出身、赐本科出身、赐进士出身、赐同进士出身、赐三传出身、赐同三传出身、赐学究出身、赐同学究出身、赐上舍出身、赐同上舍出身、赐明经出身、赐同明经出身),以及赐童子出身三类。赐第情况极复杂,诚如上引《宋史》所说"所从得不一"。《渑水燕谈录》卷六载:"雍熙中,著作佐郎乐史特赐进士及第,诏附于兴国五年(980)第一等之下。赐第、附榜始于此。"早在太平兴国五年,乐史等四人参加锁厅试,"殿试合格,帝惜科第不与",皆除诸军掌书记①。盖因乐史本已通过殿试,只是皇帝"惜科第不与",故到雍熙中才补赐及第并附榜。赐第进士中,有不少文学名家甚至大家,因各种原因未得科名,如北宋的杨亿、潘阆、梅尧臣、王钦臣、晏殊、宋敏求等,南宋的吕本中、陆游等。其他赐第,许多与"文"有关,如以荐召试称旨,或献文、献所著书等。也有官僚为子孙"陈乞"赐第的。《燕翼诒谋录》卷四:"国朝,自真宗时法令浸宽,臣僚或以恩泽及所转官为子孙乞赐科名,则召试而授之……庆历四年(1044)正月丙戌,诏并禁止,不得陈乞。"除生前陈乞赐第外,还有死后追赠,如王钦若第三子某(字庆之)死,"上

---

① 《宋会要辑稿·选举》一四之八。

(真宗)怜其幼慧,赠裰有加,追赠进士及第,以成其志"①。另有一种赐第,与"文"毫不沾边,即上引《宋志》所说"或边臣之子以功来奏"之类,如政和八年(1118)七月二十九日,赐赵遹上舍出身,除秘书省校书郎,原因是"以生擒卜漏,拓地千里,一方底定,蕃夷震叠。奏请编次事迹,以传永久,子永裔奏书来上故也"。这是以赐第赏功了。

赐第相当于今天颁发荣誉学位,用以褒奖有成就的社会人士,并可作为科举的补充,不失为一种好制度。如吕本中因受元祐党禁牵连,没有应举的机会,陆游则因被秦桧党排斥,未能登第,赐第算是补偿或追认。不过宋代的赐第有时失之过滥,如为子孙陈乞之类;尤以奸相当权时期为突出,《宋史·选举志一》载,宣和六年(1124)"有储宏等隶大阉梁师成为使臣或小吏,皆赐之第",并评论道:"杂流阉臣,俱玷选举,而祖宗之良法荡然矣。"

二、宾贡

宾贡在唐代已有之。《新唐书·选举志》:"四夷若高丽、百济、新罗、高昌、吐蕃遣子弟入学。"又唐中宗诏曰:"蕃王及可汗子孙愿入学者,附国子学读书。"《玉海》卷一一六《咸平宾贡》引唐《登科记》:"长庆元年(821)辛丑,宾贡一人:金云卿。"

宋代的宾贡,太宗、真宗、仁宗、徽宗时有之,其他无闻焉。《宋会要辑稿补编》第三三六页:淳化三年(992)三月丙辰,"宾贡

---

①夏竦《桂籍追荣序》,《文庄集》卷二八。

王彬、崔罕并授秘书省校书郎,于归高丽"①。又《宋史·太宗纪二》:淳化三年三月"戊午,以高丽宾贡进士四十人并为秘书省秘书郎,遣还"。今人傅璇琮、龚延明曰:"'秘书郎'当为'校书郎'之误,《宋史》所云高丽宾贡有四十人,亦恐不至如此之多,《宋会要》只记二人姓名,则较确切。"②今按:《宋史》卷三〇四有《王彬传》,称其为光州固始(今河南沈丘)人,祖彦英、父仁偓从其族人王潮入闽。后来王潮拥有闽土③,彦英颇用事,潮恶其逼,阴欲图之,彦英遂挈家奔新罗。新罗长爱其才,父子相继执国政。王彬年十八以宾贡入太学,淳化三年进士及第,历雍丘尉。以秘书省著作佐郎通判筠州,历知抚州。擢提点荆湖南路刑狱,徙知潭州,入判三司户部勾院,出为京西转运使,徙河北、京东、河东、陕西,复为三司盐铁判官,判都理欠、凭由司,迁太常少卿,卒。据此,则王彬乃新罗的中国侨民,他其实并未被"遣还",而一直在北宋作官,老死中土。疑《宋会要》"于归高丽"句,"于"字乃"罕"之形阙,辑抄者误识为"于"("于归高丽"语法不通),盖仅崔罕一人归高丽也。

据现有文献,因宋朝国势较弱,北方先后被辽、金所据,同时控制了高丽,故宾贡进士甚少。楼钥《跋金花帖子绫本小录》:咸平之初,令礼部据合格人内进士放五十人,"于是进士孙仅等及高

---

① 又见《宋会要辑稿·选举》二之三,然影印本抄写排列次序有误。
② 《〈宋登科记考〉札记》,《新宋学》第一辑。
③ 按:王潮事,详见清吴任臣《十国春秋》卷九〇《司空世家》。

丽所贡,并赐及第,此小录所载五十一人是也。"①《宋史》卷一五五《选举志一》:"自(太宗)淳化末,停贡举五年。真宗即位,复试,而高句丽始贡一人。"又《文献通考》卷三〇《选举三》:"真宗咸平元年(998),诏礼部放榜,得进士孙仅以下五十人,高丽宾贡一人。"《玉海》卷一一六《咸平宾贡》述三朝宾贡人姓名道:

> 太平兴国五年(980),高丽康戬举进士。初,肄业国学。
> 咸平元年二月戊申,赐高丽宾贡进士金成绩及第,附春榜。
> (仁宗)景祐元年(1034),高丽宾贡进士康抚民召试舍人院,
> 四月三日赐同出身。

《宋会要辑稿·选举》九之八记康抚民事与此同,并谓召试"诗、论精湛,故命之,仍附今年榜第五甲"。

《玉海》卷一五四《政和赐雅乐》条记高丽于"政和五年(1115)十月遣金端等五人入太学"。按《宋会要辑稿·选举》七之三五载:政和七年二月九日,"上御集英殿,试高丽学生金端等。策曰……赐学生权适等上舍及第,释褐。适为承事郎,赵奭、金端并文林郎,甄惟氏从事郎,令随进奉使李资谅归本国"。《玉海》谓"五人入太学",而释褐、赐官只四人,不知是其中一人别有他故,抑或"五人"包括进奉使李资谅。

宾贡赐第对加强与邻邦的友好关系,传播汉文化,扩大科举影响,无疑都有积极意义。

---

① 《攻媿集》卷七三。

第五节 殿试的历史作用

前面说过,仁宗嘉祐二年(1057)以前,殿试有黜落,所以它是一级真正的考试。正因如此,故也表现出不少弊病。庆历新政时,范仲淹尝作《答手诏条陈十事》,其中论殿试之弊道:"御试之日,诗赋文论共为一场,既声病所拘,意思不远,或音韵中一字有差,虽生平苦辛,即时摈逐;如音韵不失,虽末学浅近,俯拾科级。"于是他提出"御前选官覆考,重定等第讫,然后开看南省所定等第内合同姓名偶有高下者,更不移改;若等第不同者,人数必少,却加封弥,更宜两地参校,然后御前放榜,此为至当"①。他是欲殿试参考省试等第进行覆查(若等第同、仅名次高下有别,则不变动;若等第不同,则重新阅卷定等),以免失误。庆历二年(1042)二月,富弼论省试殿试长短,以为殿试有"三短":

> 洎至殿试,号为亲临,然所差考校之官,多不精慎,此一短也。又只试诗、赋与论,并在一日,不能尽人之才,此二短也。又考校不过十日,不暇研磨差次,匆匆而定,此三短也。向之省试至公至精也,乃混淆而不复见,今舍其所长,用其所短者。或云省试放榜则恩归有司,殿试放榜则恩由主上。是尽弃取士之实而沽此虚名也。普天率土,岂有恩不出天子者

---

① 《范文正公政府奏议》卷上。

耶？况殿试非古，始于唐武后之初年尔，此安足为后世法？……往时无糊名、誊录之制，主文可以专取舍，遂有殿试以防主文。今无以容其私，殿试复何为哉？臣欲乞自今岁以后，只令南宫放榜。必恐恩归有司，则请如天圣二年(1024)，令南宫考定高下，以混榜引于殿廷，依次唱名赐第，则与殿试同矣。①

此议上奏后，仁宗因罢殿试，但很快又宣布恢复(已见前述)。范、富所论殿试制度的弊病，在那个历史时期，是客观存在的。

嘉祐二年以后，殿试除杂犯外既免黜落(南宋后连杂犯亦不黜落，只降等)，于是便失去了作为考试的选拔、淘汰功能。虽说它仍是一级考试，而实际上主要只是皇权的象征，即表明一切"恩归主上"。但殿试又不可废，乃因它具有无可替代的重要作用。

首先，殿试将举子由"座主门生"转移为"天子门生"。唐李德裕早就对"座主门生"之俗提出过批评，称"国家设科取士，而附党背公，自为门生"，并请"期集、参谒、曲江、题名皆罢"②。宋太祖盖有鉴于唐代朋党为害的教训，更深刻地认识到"恩出私门"的危险，还在没有殿试之前的建隆三年(962)九月一日，即下诏道："国家悬科取士，为官择人，既擢第于公朝，宁谢恩于私室？将惩薄俗，宜举明文。今后及第举人不得辄拜知举官子孙弟侄。如

---

① 《宋会要辑稿·选举》三之二二。
② 《文献通考》卷二九《选举二》。

违,御史台弹奏。……不得呼春官为恩门、师门,亦不得自称门生。"①开宝五年(972)闰二月壬辰,"权知贡举扈蒙奏合格进士京兆安守亮等十一人,诸科十七人。上召对于讲武殿,始下诏放榜,新制也"②。"召对"虽不是考试,但已隐含有收权的深意,故称之为"新制"。次年徐士廉之所以能说动太祖举行覆试,前引柳开《与郑景宗书》述其语曰"为天下国家,止文与武二柄取士耳,无为其下鬻恩也",可谓要言不繁,说中了太祖的心事,触动了他敏感的政治神经,极具煽动性。考官毕竟与举子有直接的识鉴提携之恩,单靠诏令是很难割断的。殿试正好解决了这个棘手的问题:它将举子登科直接与皇帝挂钩,中选举子都成了"天子门生"。这对加强中央集权制,特别是突出皇权极为有利。胡仔《苕溪渔隐丛话·后集》卷一九引《蔡宽夫诗话》云:"始,唐于礼部放榜,故座主门生之礼特盛,主司因得窃市私恩。本朝稍欲革其弊,即更廷试。"对此,《燕翼诒谋录》卷一不禁感叹道:"自唐以来,进士皆为知举门生,恩出私门,不复知有人主。开宝六年,下第人徐士廉挝登闻鼓,言久困场屋。乃诏入策进士、终场经学并试殿庭。三月庚午,御讲武殿覆试新进士宋准以下一百二十七人。……御试进士不许称门生于私门,一洗故习。大哉宏谟,可谓知所先务矣!"③

其次,殿试缓和并化解了部分社会矛盾。《宋史·选举志一》

---

① 《宋会要辑稿·选举》三之二。
② 《续资治通鉴长编》卷一三。
③ 明代以后又特重座主门生之谊,至有"师弟重于父子"之说,参顾炎武《日知录》卷一七《座主门生》阎若璩注。

载,太祖在开宝六年覆试之后,尝对近臣说:"昔者,科名多为势家所取,朕亲临试,尽革其弊矣。"尽管皇帝正是"势家"利益的总代表,殿试也不可能"尽革其弊",但为了维护和巩固统治,他又不得不在势家与寒族之间寻找平衡点。在科举制度上,宋初统治者制定了一些抑"势家"、向庶族知识分子倾斜的政策,无疑在一定程度上缓和了阶级矛盾。

如上节所说,在殿试中建立"特奏名"制度,以解决部分举子久困场屋的问题,更是化解社会矛盾的良方。

第三,殿试大大提高了考试的权威性。宋初几次击鼓聚讼事件之所以发生,除考试或者确有不公外,考试机关及考官的权威性不够,是重要原因。自从殿试定制,便具有至高无尚的权威,举子们恐怕谁也不敢向皇权提出挑战,故击鼓聚讼的事件就少得多了,即便偶有发生,亦可迎刃而解。如大中祥符元年(1008)四月,"南省下第举人周叔良等百二十人讼知贡举官晁迥等抑塞孤寒,列势家子弟四十余人,称文学浅近,不合奏名。上曰:'贡举是非,前代不免。朕今召子弟者令别坐就试。'既而叔良所陈皆妄,命配隶许州"①。故洪迈说:宋初"贡举条制犹未坚定,故有被黜而来诉其枉者,至于省试亦然,如叶齐之类,由此登第。后来无此风矣"②。

总之,殿试制度在有宋确立之后,元、明、清三代沿用而不改,充分说明了它在加强中央集权、平衡和化解社会矛盾方面的重要历史作用。

---

① 《宋会要辑稿·选举》七之一〇。又见《文献通考》卷三〇《选举三》。
② 《容斋三笔》卷二。

第九章　宋代的科举时文：诗赋

从本章起，我们除继续叙述宋代科举的相关制度外，将用三章篇幅，着重从文体学、文章学和文艺学（即广义的"文学"）角度，考察、探讨宋代几种主要科举时文——诗赋、策论、经义的程式与作法①，力求厘清这些场屋文章的写法与规则，以及它们的流变和利弊。在科举时代，这些时文不仅决定着个人的命运，而且关联着家族的荣枯，承载了千万士子太多的苦乐与悲喜。只有弄清了这些，我们才能真正深入科举考试本身，有资格与古人对话；也才可能在更深层次上认识宋代科举及其与文学的关系，并明白其承上启下的历史地位。

所谓"时文"，乃相对"古文"而言②，意谓按时下科场流行的

---

① 博学宏词科所试的十二种文体，由于只用于此科，且应试者不多，故不单论。其各体文作法，"制"、"表"已在本书第三章第三节简论，其余可详参王应麟《词学指南》。

② 如章祖程《题白石樵唱》曰："先生少工举业，有场屋声。时文既废，倡为古文，发为骚章，往往尤臻其奥。"（中华书局校点本《霁山集》附录）又刘壎《题古心文后》："予幼独酷好公时文，每见一篇，熟玩不释，梦寐犹记。今见公古文，尤喜，手钞焉。"（《水云村稿》卷七）启功先生《说八股·八股文的各种异称》也说：八股文相对"古文"称为"时文"（《说八股》，中华书局，2000年，第6页）。

格式写作、专用于"举业"的文章。盖时文主要有两个特点：一是流行于一时；二是在流行的时期内，又有着基本固定的程式。彭龟年在绍熙元年(1190)四月所上《乞寝罢版行时文疏》中说："夫谓之时文，政以与时高下，初无定制也。前或以为是，后或以为非；今或出于此，后或出于彼，止随一时之去取以为能否。"①所谓"与时高下"，就是文章体格随考官爱好而变化，而考官的爱好又受时代风气的影响，有些像"时装"或"时妆"，故唐诗人朱庆余有"妆罢低声问夫婿，画眉深浅入时无"之句②。就本质而论，"时文"与一般文体并无太大区别，正如刘将孙所说："文字无二法。自韩退之创为'古文'之名，而后之谈文者必以经、赋、论、策为时文，碑、铭、叙、题、赞、箴、颂为古文，不知辞达而已矣，时文之精，即古文之理也。"③时文是由一般的文体转变而来，但当它成为定式之后，就成了专用于考试的工具，如六韵律诗，八韵律赋，程式化的策、论、经义等，其写法有着独特的规定，与一般的诗赋、古文不同。作为研究，我们不必先对古文、时文心存轩轾；但时文既是科场博利禄的玩意儿，的确又是科举考试各种弊端的载体，也是必须承认的事实。

本章专论诗赋，它们主要用于进士科。这里所谓的诗、赋，指科场专用的格律诗、律赋。诗赋本来同源而不同体（赋为散文化了的诗，故《文心雕龙·诠赋》谓其"受命于诗人，拓宇于楚辞"），

---

①《止堂集》卷四。
②《近试上张籍水部》，《全唐诗》卷五一五。
③《题曾同父文后》，《养吾斋集》卷二五。

诗缘情而赋体物,功能不尽相同,但在唐、宋科举考试中,均被委以鉴才取士的重任。就诗、赋两者相较而论,宋代似乎更重视赋,故欧阳修有"自科场用赋取人,进士不复留意于诗"的说法①。孙复也说:"国家踵隋之制,专以辞赋取人,故天下之士皆奔走致力于声病偶对之间。"②刘克庄亦曰:"本朝亦以诗赋设科,然去取予夺一决于赋,故本朝赋工而诗拙。"③不过总的说来,诗、赋在科举考试中犹如难兄难弟,常被相提并论,为人所爱憎褒贬,以至于同进共退。

第一节　科举诗赋及其程式演化

宋代进士科的考试科目中,大多数时候都有诗赋,这是上承唐五代制度,而唐代进士考诗赋,一般认为始于玄宗开元间④。由于科场诗赋都用律体,其作法又与一般的律诗、律赋有区别,自有一套严格的格法,称为"格式"或"程式",而这种程式至有宋更加繁密,成为定式、定法,对科场诗赋写作影响很大。因此在叙述宋代科场诗赋时,我们需适当上溯,从它的名称和在唐五代的程式演变入手。

①详本章第四节引《六一诗话》。
②《寄范天章书(一)》,《孙明复小集》卷二。
③《李耘子诗卷跋》,《后村先生大全集》卷九九。
④参见傅璇琮《唐代科举与文学》第七章,陕西人民出版社,1986年。

一、科场诗赋的名称

科场所考诗体,清王廷昭谓其与古、近体"同而异,异而同"①。王氏主要是就作法而论,若论其体制,也可以说是"同而异,异而同":场屋诗一般是五言六韵或八韵,它既非标准的五言律诗(四韵),也非排律(不限韵数)。既然如此,仍称其为"律诗"就有些欠妥,故唐、宋人多称之为"省题诗",意谓专用于礼部考试的诗,乃以其用途而名之。凡体制与省题相同的诗,不管是否用于省试,也无论是否用于科场,宋人都称为"省题诗",如李心传《朝野杂记》甲集卷一三"初出官人铨试"条载绍熙元年(1190)八月计衡奏:"乞中选人就吏部长贰厅前帘试,中,然后许参选。"原注曰:"小经义一首,或小赋,或省题诗一首。"这里所谓"省题诗",其实是吏部铨选所试,并非试于礼部。除"省题诗"外,宋人或称为"格诗"②,亦称"进士诗"③、"进士题"④。因这种诗体与排律相近,故又有径称排律的;又因其只用于试士,故又有"试帖诗"之名。清人梁章钜认为"排律"、"试帖诗"的称谓都不妥,应据其老师纪昀的说法,称为"试律":"(试律)或称为排律,然古人

---

①清梁章钜《试律丛话》卷一引,上海古籍书店校点本《制艺丛话 试律丛话》,上海书店出版社,2001 年,第 51 页。详见后引。
②见司马光《起请科场劄子》,《温国文正司马公文集》卷五二(详见下引)。
③如叶绍翁《四朝闻见录》甲集《止斋陈氏》:"止斋陈氏傅良,……词赋与进士诗为中兴冠。"
④如杨万里《诚斋朝天诗集序》称其淳熙十一年(1184)十月一日应其长子之请,"始拟作进士题"。

排体诗有数十韵及百韵者,今限以六韵、八韵,则不得以排律概之也。又或称为试帖,然古人明经一科,裁纸为帖,掩其两端,中间惟开一行,以试其通否,故曰试帖。进士亦有赎帖诗,帖经被落,许以诗赎,谓之赎帖,非以诗为帖也。毛西河(奇龄)检讨有《唐人试帖》之选,盖亦沿此误称。惟吾师纪文达公撰《唐人试律说》,其名始定。"①所论"排律"和"试帖诗"之名不当,确乎有理,其他如"格诗"等乃当时所有,盖非通名,但若统称"试律",又嫌缺乏文献依据,因而我们认为不如依唐宋人通称"省题诗"为愈。

场屋赋的名称要简单得多,一般就称"赋"或"词赋"、"律赋"。

二、唐五代省题诗的程式

律诗有严格的格律,如讲平仄、粘对、拗救,避重韵,忌复字等,省题诗与此相同,但省题诗又有不同于律诗的一套起、承、转、合的"程式",且程式在不断变化,故葛立方说:"省题诗自成一家,非他诗比也。首韵拘于见题,则易于牵合;中联缚于法律,则易于骈对,非若游戏于烟云月露之形,可以纵横在我者也。王昌龄、钱起、孟浩然、李商隐辈皆有诗名,至于作省题诗,则疏矣。"②这些程式创自唐代,历五代而入宋,故我们需从唐五代省题诗的程式说起。

首先是限韵数。唐代省试诗,据《文苑英华》卷一八〇至一八

①《试律丛话》卷一,《制艺丛话 试律丛话》,第511页。
②《韵语阳秋》卷三。

九"省试（州府试附）"所载四百五十八首看，有六韵（十二句），也有八韵（十六句），这是常式。但也有二韵的，如《唐诗纪事》卷二〇《祖咏》载："有司试《终南山望余雪》诗，（祖）咏赋云：'终南阴岭秀，积雪浮云端。林表明霁色，城中增暮寒。'四句即纳于有司，或诘之，咏曰：意尽。"《唐才子传》卷一载祖咏为"开元十二年（724）进士"，则祖咏诗虽只二韵，亦中进士，可见唐代用诗考试之初，韵数并不严限，后来才走向规范。其次是有时限韵字。中唐省试诗一般不限用韵，同一场考试，各人所作诗用韵不同。晚唐则有限韵的，即规定用诗题中的某一字为韵，或自选题中某一字为韵，也有另选一字押韵的，如乾符三年（876）省试以"涨曲江池"为题，限以"春"字为韵①。

由于唐代省题诗逐步走向程式化，故研究试诗句法、声韵、病犯、对偶的著作便应运而生，不断将程式化推向更高的水平。唐人所著律诗格法，现仍传世的有王昌龄（旧题）《诗格》、《诗中密旨》，白居易（旧题）《金针诗格》、《文苑诗格》，李洪宣《缘性手鉴诗格》，郑谷《新定诗格》等等，久已失传的有王维《诗格》、徐隐秦《开元诗格》、王起《大中新行诗格》、许文贵《诗鉴》、姚合《诗例》、任博《诗点化秘术》、郑谷《国风正诀》，以及佚名的《吟体类例》《诗林句范》，等等②。诗格类著作盖初不由科举而创，但盛唐以后骤然增多，当与科举密切相关。

----

① 见徐松《登科记考》卷二三。
② 现存者见张伯伟《全唐五代诗格汇考》，失传的见该书附录四《全唐五代诗文赋格存目考》，江苏古籍出版社，2002年。

三、唐五代律赋的程式

宋人吴曾说:"赋家者流,由汉、晋历隋、唐之初,专以取士,止命以题,初无定韵。至开元二年(714),王丘员外知贡举,试《旗赋》,始有八字韵脚,所谓'风日云野军国清肃'。见伪蜀冯鉴所记《文体指要》。"①洪迈又说:"唐以赋取士,而韵数多寡,平侧次叙,元无定格。……(举唐代律赋三、四、五、六、七韵者,又举八韵有二平六侧者、三平五侧者、五平三侧者、六平二侧者,此略)。自(文宗)太和(827—835)以后,始以八韵为常。唐庄宗时尝覆试进士,翰林学士承旨卢质以《后从谏则圣》为赋题,以'尧舜禹汤倾心求过'为韵。旧例,赋韵四平四侧,质所出乃五平三侧,大为识者所诮,岂非是时已有定格乎?"②可见律赋程式也有一个逐渐演化的过程,而八韵、限三百六十字以上成,是演化的最终定式。至于韵用四平四仄在后唐庄宗时已成定格,洪氏虽只是推测,但若证以宋初用韵即以平仄相间,绝非突如其来,其说应可信。在律赋写作中,还逐步形成一套结构程式。唐佚名《赋谱》谓有头(包括破题、承接)、项(原题)、腹(又分胸、上腹、中腹、下腹、腰)、尾四部分。头约三十字,项约四十字,腹为二百多字,尾约四十字。计首尾三百六十字左右③。

唐五代研究赋格的专著亦不少,如浩虚舟《赋门》、纥于俞《赋

---

①《能改斋漫录》卷二《试赋八字韵脚》。
②《容斋续笔》卷一三《试赋用韵》。
③《赋谱》,见张伯伟《全唐五代诗格汇考》之《附录三》。

格》、范传正《赋诀》、张仲素《赋枢》、白行简《赋要》、和凝《赋格》等等①，虽都久已失传，但可见当时人们对赋的关注度，盖不亚于诗。现存唐佚名《赋谱》一卷，国内失传已久，近年赖张伯伟先生将其从日本引回并校勘行世，使我们借此以了解唐人对律赋的认识。该书研究律赋的句法、结构、用韵、题目等内容。如"赋句"，有所谓壮（三字句）、紧（四字句）、长（上二下三，或上三下三）、隔（隔句对）、漫（不对句，即散句）、发（发语词）、送（送语词）、虚（无形象之事）、实（有形象之物）等名目。有些又分子目，如"隔"（隔句对，亦即四句对），谓"隔体有六：轻、重、疏、密、平、杂"。"轻隔者，如上有四字，下六字，若'器将道志，五色发以成文；化尽欢心，百兽舞而叶曲'之类也。""重隔，上六下四。如'化轻裾于五色，犹认罗衣；变纤手于一拳，以迷纨质'之类是也。"疏隔为"上三，下不限多少"，密隔为"上五已上，下六已上字"，平隔为"上下或四或五等字"，杂隔为"或上四，下五、七、八；或下四，上亦五、七、八字"。则隔的轻、重、疏、密等，全决定于对句的字数。对句都是律句，即除对偶外，还要讲究平仄和用韵。与诗律研究一样，这些书的作者们力图要为赋构建起一个通行的格法程式。由此书推想上述失传的《赋门》《赋格》等著作，很可能都是研讨律赋格法的。

《册府元龟》卷六四二载：后唐长兴元年（930）十二月，因每年贡举人所试诗赋多不依体式，中书奏请下翰林院，"命学士撰诗赋各一首下贡院，以为举人模式"。学士院于是奏曰："……抡材校

---

① 《宋史》卷二〇八《艺文志八》。参见张伯伟《全唐五代诗格汇考》之《诗格论（代前言）》《附录四·全唐五代诗文赋格存目考》。

艺,词场素有其规程,凡务策名,合遵常式。……历代作者,垂范相传,将期绝彼微瑕,未若举其旧制。伏乞下所司,依《诗格》、《赋枢》考试进士。"后唐明宗"从之"。这为我们透露了一条极重要的信息:唐五代人所著诗赋格法,是词场"常式"和"旧制",已实际指导着当时的科举考试,而不仅仅是一般意义上的"影响"。

第二节　宋代科举诗赋的命题

叶梦得《石林燕语》卷八曰:"唐礼部试,诗赋题不皆有所出,或自以意为之。"这是说,唐代诗赋的题目不讲究文献出处,故今人傅璇琮指出:"唐代进士试对诗赋的声韵要求较为严苛,但诗赋的题目,比起宋以后来,范围要宽得多,应试者有一定驰骋想象的余地,不象后代僵硬地被限定在儒家经书的圈子里。"①而宋代律赋和省题诗的命题,则逐步有了明确的指导思想和文献范围,也有了统一的命题格式。

一、场屋诗赋命题范围的形成

宋初场屋诗赋的命题,与唐代情况相同,也是比较自由的,如御试诗赋,太祖开宝六年(973)为《未明求衣赋》《悬爵待士诗》,开宝八年为《桥梁渡长江赋》《龙舡习水战诗》,太宗太平兴国二年(977)为《训兵练将赋》《主圣臣贤诗》,雍熙二年(985)为《颍川

---

① 《唐代科举与文学》第七章《进士考试与及第》,第 177 页。

贡白雉赋》《烹小鲜诗》①,如此等等,显然没有限定出题范围,只是赋以题咏时事为多,如太宗初用兵,故赋以"训兵练将"为题之类。这种态势一直持续到仁宗朝,如《湘山野录》卷中载:"石守道介康定中主盟上庠……仁宗孟夏銮舆有玉津铰麦之幸,道由上庠。守道前数日於首善堂出题曰《诸生请皇帝幸国学赋》,糊名定优劣。"州郡解试,主考官出题就更自由了,如《湘山野录》卷下称寇准"历富贵四十年,无田园邸舍,入觐则寄僧舍或僦居。在大名日,自出题试贡士,曰《公仪休拔园葵赋》、《霍将军辞治第诗》,此其志也"。还有一点值得注意:这时期诗赋题即便有来历,也未必非出儒书不可,如上引《烹小鲜诗》,语出《老子》。又如淳化三年(992)殿试,太宗"自定试题《厄言日出赋》",且认为"此题渊奥,故使(举子)研穷意义"②。"厄言日出"语出《庄子·杂篇·寓言》。这在后代(王安石及"绍述"时期除外)是不允许的。

随着宋代儒学复兴运动的勃兴和科举考试的规范化,命题的指导思想也逐渐发生了变化:需从经、子、史书中寻找题目出处,也就是要有正经的"来历",不能随意自拟。这就出现了一个新问题:举子可能不知道该题出自何书,而仁宗景祐元年(1034)三月丙子,又规定不许"上请"(请考官说明出处)③,若此则可能无法下笔,于是决定印题目时同时雕印解题。《宋会要辑稿·选举》三

---

① 以上见《宋会要辑稿·选举》七之一、七之二、七之四。
② 魏泰《东轩笔录》卷一〇。
③ 见《燕翼诒谋录》卷五。

之一四载:天圣二年(1024)二月四日,考试巡铺官左正言孔延鲁言:"进士就试以前,欲令主司先晓喻不得上请,仍雕印试题,分明解说在逐人卷子内,依此给散。"《石林燕语》卷八在叙述唐代礼部或以意出题、举子可"上请"进问题意,然后说:"景祐中,稍厌其(指"上请")烦渎,诏御药院具试题,书经史所出,模印给之,遂罢上请之制。"《容斋随笔》卷三记之更详:"国朝淳化三年(992),太宗试进士,出《危言日出赋》题,孙何等不知所出,相率扣殿槛乞上指示之,上为陈大义。景德二年(1005),御试《天道犹张弓赋》。后礼部贡院言,近年进士惟抄略古今文赋,怀挟入试,昨者御试以正经命题,多懵所出,则知题目不示以出处也。大中祥符元年(1008),试礼部进士,内出《清明象天赋》等题,仍录题解,摹印以示之。至景祐元年(1034),始诏御药院,御试日进士题目,具经史所出,摹印给之,更不许上请。"按祥符元年刻板模印题解的是"诸科义题",摹印诗赋论题则始于大中祥符五年(1012),而非元年,洪氏误,辨详本书第八章第二节;而成为制度并禁止上请,则在景祐元年。庆元间人俞成《萤雪丛说》卷上有《注题目出处》一则,肯定诗赋题注出处,而反对经义题也注出处。他说:"印书笺题,本为晚学设也,不为无益。然而所试诗赋题目,或出经史、传记、注疏、文集、诸子百家,难以遍知,今乃揭示本文,其法亦善矣。唐时试题不具出处,如《孤竹管赋》,满场不知出《周礼》,甚可笑也。彼有经义,亦效笺题,果何为也? 矧治经人所业专一,若不识出处,缪妄之甚,兹固所当略也,主文已当缺然。"

景祐五年(1038)正月八日,知制诰李淑上言:"切见近日发解进士,多取别书、小说、古人文集,或移合经注,以为题目,竞务新奥。……其经与子书之内,有《国语》、《荀子》、《文(仲)〔中〕子》,儒学所宗,六典通贯,先朝以来,尝于此出题,只是国庠未有印本。欲望取上件三书差官校勘,刻板,撰定音义,付国子监施行。自今应考试进士,须只于国子监有印本书内出题,所贵取士得体,……所请兼乞编入贡举条贯施行。"仁宗"诏可"①。这是要求通过立法的形式,将出题范围限定在国子监有印本的经、子、史部书籍中。我们知道,国子监印书遴选严格,首先必须符合统治阶级的政治教化标准。既然限定了出题范围,又要注明出处,当然就涉及到版本问题,故此请求不仅合乎统治者的政治利益,也是进一步使出题规范化的必要措施。庆历四年(1044)宋祁详定贡举条制,也规定:"诗、赋、论于《九经》、诸子、史内出题。……诗、赋、论题目,经史有两说者,许上请。"②庆历条制后虽被废止,但诗、赋及论的出题原则,却一直未改。

熙宁三年(1070),有感于殿试罢诗赋而专试以策,苏轼在《拟进士对御试策并引状问》中写道:"昔祖宗之朝,崇尚辞律,则诗赋之士,曲尽其巧。自嘉祐以来,以古文为贵,则策论盛行于世,而诗赋几至于熄。何者? 利之所在,人无不化。"③接着进士考试全面罢诗赋,诗赋在科举考试中确乎暂时"熄"了。元祐中又一反新政,实行经义、诗赋兼收之制。元祐八年(1093)五月二十六日,礼

---

①《宋会要辑稿·选举》三之一八。又见同书《崇儒》四之七。
②《宋会要辑稿·选举》三之二五。
③《苏轼文集》卷九。

部尚书苏轼言："伏见《元祐贡举敕》,诸诗、赋、论题于子、史书出,如于经书出而不犯见试举人所治之经者听。臣今相度,欲乞诗、赋、论题许于《九经》、《孝经》、《论语》、子、史并《九经》、《论语》注中杂出,更不避见试举人所治之经,但须于所给印纸题目下,备录上下全文并注疏,不得漏落,则本经与非本经与举人所记均一,更无可避,兼足以示朝廷待士之意,本只以工拙为去取,不以不全之文掩其所不知以为进退,于忠厚之风不为无补。"诏从之①。苏轼的目的是欲扩大出题的文献范围,恢复熙宁前的旧规,以获得更大的命题空间,纠正举子知识面过于狭窄的弊端。然元祐后诗赋再度被禁。

　　南宋上承元祐,实行经义、诗赋分科之制。此后诗赋在进士考试中的地位,与王朝的命运相似,仍勉强保有半壁河山。南宋后期,赋题受理学影响很大,而省题诗有些特别:多以古诗句为题。蔡梦弼嘉泰甲子(四年,1204)作《杜工部草堂诗笺跋》,其曰:"国家肇造以来,设科取士,词赋之余,继之以诗,主司多取是诗命题。"②说"肇造以来"显然非是,不过现存之宋季省题诗,的确多以古诗句命题,参见本书第十四章第四节。

---

①《续资治通鉴长编》卷四八四。又见《宋会要辑稿·选举》三之五四。按:此乃节文,全文为《奏乞增广贡举出题劄子》,见《苏轼文集》卷三六,有个别异文。又按:毕仲游元祐初所上《理会科场奏状》,即谓策、论出题"必须避举人专治,而不敢出于《五经》之中",其弊是"知一经而四经不知也"(《西台集》卷一)。
②《杜诗详注附编》,见《杜诗详注》,中华书局,1979 年,第 2249 页。

二、场屋诗赋题目内涵的变化

随着场屋诗赋命题范围的形成,题目的内涵也随之发生变化。早在太宗时代,诗赋题目已开始取向于礼乐刑政、典章文物,如现存田锡的《开封府试人文化成天下赋》《南省试圣人并用三代礼乐赋》《御试不战而成功赋》,以及《西郊讲武赋》《圣德合天地赋》《五声听政赋》等皆是①。其后,这类题目大量涌现,如范仲淹《礼义为器赋》《今乐犹古乐赋》②《尧舜帅天下以仁赋》《王者无外赋》③《阳礼教让赋》④,夏竦《正家而天下定赋》《政犹水火赋》⑤,宋祁《丰宜日中赋》《宥过无大赋》《志在春秋赋》⑥,等等,不胜枚举。诗的情况也相似,如御试题,太宗雍熙二年(985)《烹小鲜诗》,端拱元年(988)《颁冰诗》,淳化三年(992)《射不主皮诗》,真宗咸平三年(1000)《崇德报功诗》,咸平五年《高明克柔诗》⑦,等等,虽命题范围较宽,但也在向"礼乐刑政"靠拢。孙何《论诗赋取士》扬诗赋而贬策论,认为"策问之目不过礼乐刑政,兵戎赋舆,岁时灾祥,吏治得失"⑧。其实后来科场诗赋的发展,在相当大的幅度上也走上了"礼乐刑政"的路子。庆历二年(1042)

---

①俱见《咸平集》卷七。田锡为太平兴国三年(978)进士。
②《范文正公集》卷二〇。
③《范文正公别集》卷二。
④《范文正公别集》卷三。
⑤《文庄集》卷二三。
⑥《宋景文集》卷三。
⑦见《宋会要辑稿·选举》七之四至八。
⑧《寓简》卷五引。

三月,欧阳修在所作《进拟御试应天以实不以文赋》的引状中说:"臣伏睹今月十三日,御试《应天以实不以文赋》,题目初出,中外群臣皆欢然,以谓至明至圣,有小心翼翼事天之意。盖自四年来天灾频见,故陛下欲修应天以实之事,时谓出题以询多士,而求其直言。外议皆称,自来科场只是考试进士文辞,但取空言,无益时事。亦有人君能上思天戒,广求规谏以为试题者,此乃自有殿试以来,数百年间最美之事,独见于陛下。"①他是将律赋完全当成可以"规谏"时政的谏书了,而传统的辞赋(包括律赋),不过是"无益时事"的"空言"。这种价值取向一直延续到南宋,只是南宋时的出题官连经、子、史书都懒于翻检,诗赋题目"体字全类歇后,用字不考理致,盖检阅于类书,非根源于实学"②。题目内涵的变化,引发了宋代场屋诗赋体制上的异化,这我们将在后面论及。

三、场屋诗赋的命题式与试卷式

今存丁度等修、历代增修《附释文互注礼部韵略》附《条式》中,保存了南渡初一份完整的诗赋题式及书写试卷式,使我们有幸得睹当时官定的标准格式。这份出题式和书写试卷式是建炎四年(1130)由礼部尚书梁克家等拟定的,八月三日"奉圣旨并依,令礼部镂版颁降"。出题式中的诗赋题共两套,录之于次:

①《欧阳文忠公集》卷五九。
②嘉定四年(1211)十二月二十七日礼部言引刘爚语,见《宋会要辑稿·选举》六之一〇。

《周以宗强赋》

以"周以同姓强固王室"为韵,依次用,限三百六十字以上成。

出《史记》叙《管蔡世家》曰:周公主盟,太任十子,周以宗强,嘉仲改过。

《天德清明诗》

以题中平声字为韵,限五言六韵成。

出《毛诗·清庙》,祀文王也。注:"天德清明,文王象焉。"

《尧舜性仁赋》

以"其性好仁得于自然"为韵,不依次用,限三百六十字以上成。

出《孟子》,曰:"尧舜性之也,五霸假之也。"注云:"性之者,其性好仁,自然也。"

《玉烛诗》

以"和"字为韵,限五言六韵成。

出《尔雅·释天》,云:"四时调,为玉烛。"

官韵八字,一平一侧相间,即依次用;若官韵八字平侧不相间,即不依次用。虽官韵一平一侧相间,亦许主司临时写"不依次用",即举人亦不依次用。

又"举人书写试卷式":

奉

试《周以宗强赋》

以"周以同姓强固王室"为韵,依次用,限三百六十字以上成。

云云。

《天德清明诗》

以题中平声字为韵,五言六韵成。

云云。

涂、注、乙共计若干字。如无涂、注、乙,即云"涂注乙无"。

对书写试卷式,原有说明道:

举人书写试卷,但于官题后更不泛出某书。试卷第一行
写"奉"字。第二行写"试《周以宗强赋》"字。第三行一行内
用小字分写"以'周以同姓强固王室'为韵,依次用,限三百六
十字以上成"。第四行便写所作赋。写赋毕,次行便写诗题,
更不加"奉"、"试"字。写诗毕,即结涂、注、乙。其诗赋首行
更无"对"及"谨对"之类。省试诗,假令《玉烛诗》,临时主司
或定"和"字,或定"时"字,但平声字皆可。

由上录两套题目,盖可看出四点:一是题目都注明出处。二
是有题解。题解极简略,如《周以宗强赋》,仅寥寥数语述《史记·
管蔡世家》的内容。三是无论诗赋,题目都出自儒家经典或正史。
四是规定了韵字及押韵的方式,此点我们将在下节详论。

第三节　宋代科举诗赋的声韵

宋代诗赋考试特重声韵。真宗时编定并颁行《礼部韵》①,成

①宋真宗景德四年(1007)十月晁迥等上《考试进士新格》,正式确定《礼部
韵》为官韵,见本书第四章第一节。

为举子们必须执行的"金科玉律",科场以此考校,若落韵即入"不考式",十分残酷。仁宗景祐四年(1037),丁度等在《广韵》和旧本《韵略》的基础上刊修《礼部韵略》①,其《附韵条制》规定:"赋限三百六十字以上,诗限六十字(五言六韵)。""不考"除"文理纰缪,不识题,漏写官题,用庙讳、御名"这些必须共同遵守的原则外,关于诗赋的有:"诗赋脱官韵;落韵;失平侧;重叠用韵;小赋内不见题;赋少九字;诗韵数少剩;诗全用古人一联;诗两韵以前不见题。"除不考式外,小错则记点、抹,"三点为一抹,三抹及九点准格落"。如"诗赋重叠用(韵);诗赋属对偏枯;诗赋不对",等等,则记一抹;"错一字;脱一字;赋少一字",则记一点。如此之类甚繁②。庆历四年(1044)三月十三日,翰林学士宋祁等上《详定贡举条制》,其中有《策论诗赋不考式十五条》,涉及诗赋的有:"脱官韵;落韵;用韵处脱字,亦是诗失平侧,脱字处亦是重叠用韵;诗韵数少剩;诗全用古人一联;诗两韵以前不见题,意通者非。"③南宋《绍兴重修贡举令》亦有"试卷犯不考",原注曰:"但一事不考,余皆不考。"其不考式详见《附释文互注礼部韵略》附《贡举条式》,与景祐《礼部韵略》及庆历条制大同小异,不赘。范镇《东斋

---

① 《礼部韵略》后代尝多次修订,修订情况见《附释文互注礼部韵略》附《条式》。又,据《四库提要》考证,《附释文互注礼部韵略》,即丁度等景祐间所修《礼部韵略》的南宋修订本。《提要》又曰:"考曾慥《类说》引《古今词话》曰:真宗朝试《天德清明赋》,有闽士破题云:'天道如何,仰之弥高。'会试官亦闽人,遂中选。是宋初程试,用韵尚漫无章程。自景祐以后,敕撰此书,始著为令式,迄南宋之末不改。"
② 详见日本真福寺藏北宋刊本丁度修《礼部韵略》,网络文本。
③ 《宋会要辑稿·选举》三之二六。

记事》卷一载:"景德中,李迪、贾边皆举进士,有名当时。及就省试,主文咸欲取之,既而二人皆不与。取其卷视之,迪以赋落韵,边以《当仁不让于师论》以'师'为'众',与注疏异说。乃为奏具道所以,乞特收试。时王文正公(旦)为相,议曰:'迪虽犯不考,然出于不意,其过可恕。如边特立异说,此渐不可启,将令后生务为穿凿,破坏科场旧格。'遂收迪而黜边。"一韵之失,竟需宰相出面拍板,并成为宋代科举史中的一个典型案例而屡被载入文献,可见事体之"重大"。李迪算是幸运的,更多的则是入"不考式"而名落孙山。如欧阳修年轻时在随州取解,"以落官韵而不收"①。又如苏象先《丞相魏公谭训》卷一载:"祖父(苏颂)年十六,省试《斗为天之喉舌赋》。盛文肃(度)主文,见曾祖曰:'贤郎已高中,而点检试卷者谓以声闻(去)为闻(平),为不合格,遂黜。'祖父自是始切意字学,发明为多。"他们俩的落榜,只能算是"前进路上的小挫折",还有许多因此退出考场,无奈地终身为民。庆历间,范仲淹《答手诏条陈十事》称"御试之日,诗赋文论共为一场,既声病所拘,意思不远,或音韵中一字有差,虽生平苦辛,即时摈逐"②,将此项改革作为"新政"的内容之一,可见它已成为当时一个危害不细的社会问题;但因"新政"失败,未能施行。不仅举子落韵入不考式,考官若没有发现落韵,一经查出,也要受罚。如《续资治通鉴长编》卷一六五载:庆历八年(1048)九月丁巳,"降开封府推官、祠部员外郎、集贤校理孙锡监和州税,殿中丞、秘阁校理李大

---

① 《东轩笔录》卷一二。
② 《范文正公政府奏议》卷上。

临监滁州税。坐发解锁厅举人诗有落韵者,既奏名,而为弥封官所发"。

宋代科场沿用唐五代旧制,诗试五言,限定六韵十二句。据上引建炎四年的出题式,诗限韵有两种方式:《天德清明诗》限"以题中平声字为韵",则"天"、"清"、"明"三平声字中,可任选其一为韵;而《玉烛诗》则规定必须以"和"字为韵。

律赋则不仅规定八韵三百六十字以上成,而且从太宗时起还要限韵字,若韵字是平仄相间,还必须"依次用"。《续资治通鉴长编》卷一八于太宗太平兴国二年(977)春正月戊辰载:"上御讲武殿,内出诗赋题复试进士,赋韵平侧相间,依次用。"又次年九月二日诏:"自今广文馆及诸州府、礼部试进士,律赋并以平侧次用韵。"①所谓"依次用",即韵字若是一平一仄相间,则必须按韵字的次序押韵,而唐代律赋是不拘次序的。仁宗景祐元年(1034)三月一日诏曰:"贡院所试进士,除诗、赋依自来格式考定外,……赋如欲不依次押官韵者听。"②这对常被用韵所困的举子来说,实在是个绝好的消息。庆历四年(1044)三月十三日,翰林学士宋祁等上奏改革科举,有"今后进士依自来所试赋格外,特许依唐人赋体"的预案③,仁宗在诏书中也说:"以旧制用词赋声病偶切立为考式,一字违忤,已在黜格,使博识之士临文拘忌,俯就规检,美文善意,郁而不伸。如白居易《性习相近远赋》、独孤绶《放驯象

---

①《宋会要辑稿·选举》三之四。
②《宋会要辑稿·选举》三之一七。
③《宋会要辑稿·选举》三之二七。

赋》,皆当时试礼部,对偶之外,自有意义可观。宜许仿唐体,使驰
骋于其间。"①然因"庆历新政"失败,反对者认为这些改革都是
"俗儒是古非今,不足为法,遂追止前诏,学者亦废焉"②。洪迈
曰:"国朝太平兴国三年九月,始诏自今广文馆及诸州府、礼部试
进士,律赋并以平侧次用韵。其后又有不依次者,至今循之。"③
《燕翼诒谋录》卷五亦曰:"国初,进士词赋押韵,不拘平仄次序。
太平兴国三年九月,始诏进士律赋,平仄次第用韵。而考官所出
官韵,必用四平四仄,词赋自此整齐,读之铿锵可听矣。"元人盛如
梓也说:"唐以赋取士,韵数、平仄,元无定式……至宋太平兴国三
年方定。"④要之,律赋平仄依次用韵,太平兴国三年是个转折,洪
迈所谓"其后又有不依次者",当指上引景祐元年"赋如欲不依次
押官韵者听"的诏书,或所给官韵平仄不相间,则把决定权下放给
知举官,由主司临时说明依不依次,已见上节所引出题式。相对
于太宗时的"定式"来,这是变通或放宽。如欧阳修庆历二年
(1042)三月作《进拟御试应天以实不以文赋》,以"推诚应天岂尚
文饰"为韵,即平仄不相间(如"推诚"二字皆平声,"岂尚"二字皆
仄声),其赋中先用"诚"韵,再用"应"韵,然后才用"推"韵,等
等⑤。这种放宽,盖仁宗时代的革新思潮所致。《四库提要·〈大
全赋会〉提要》概括宋代场屋律赋用韵、声律程式道:

①《续资治通鉴长编》卷一四七。
②田况《儒林公议》。
③《容斋续笔》卷一三《试赋用韵》。
④《庶斋老学丛谈》卷下。
⑤赋载《欧阳文忠公集》卷五九。年月据《宋会要辑稿·选举》七之一六。

宋礼部科举条例,凡赋限三百六十字以上成。其官韵八字,一平一仄相间,即依次用;若官韵八字平仄不相间,即不依次用。其违式不考之目,有诗赋重叠用事,赋四句以前不见题,赋押官韵无来处,赋得(疑"第")一句末与第二句末用平声不协韵,赋侧韵第三句末用平声,赋初入韵用隔句对,第二句无韵。拘忌宏多,颇为烦碎。

上节所录建炎四年出题式,例题一《周以宗强赋》,限定以"周以同姓强固王室"为韵,是平仄相间的(第一、三、五、七字"周"、"同"、"强"、"王"为平,二、四、六、八字"以"、"姓"、"固"、"室"为仄),故要依次用韵。如范仲淹《省试自诚而明谓之性赋》,限以"诚发为德彰彼天性"为韵,平仄相间,必须依次用,其一、二韵为"诚"、"发":

> 圣人生禀正命,动由至诚。发圣德而非习,本天性以为明。生而神灵,实降五行之秀;发于事业,克宣三代之英。
> 稽《中庸》之有云,仰上圣之莫越。性以诚著,德由明发。其诚也感于乾坤,其明也配乎日月。我生既异,初郁郁而有融;我性在斯,终存存而不竭。①

以下依次用"为"、"德"等韵。

例题二《尧舜性仁赋》,限以"其性好仁得于自然"为韵,因平

---

① 《范文正公文集》卷一。

仄不相间(二、三字"性"、"好"皆仄声),故不依次用,比如可先用"仁"韵,然后用"其"韵,等等。

清人王芑孙《读赋卮言·官韵例》曰:"官韵之设,所以注题目之解,示程序之意,杜抄袭之门,非以困人而束缚之也。"对于这些,唐、宋人似乎还没有意识到,但得承认他的说法有道理。就第一点看,韵字确有注解题目的作用。它像导游一样,如果说赋题如旅游目的地的话,那么韵字、用韵次序就如预设的线路和景点,它将赋的内容引导到一个方向,故意造成"千篇一律,千人一面",以便试官考校。第二点"示程序之意",如第一韵为破题,第二韵为原题,等等,末韵为结尾,故郑起潜《声律关键》即依八韵论律赋程式(详本章第五节)。第三点的作用也是显然的:限韵字和用韵次序,只要不泄题,举子绝对无法在场外预作。但王芑孙的结论却有问题。科场用韵严格和拘忌宏多,举子如稍有违,便入"不考式"而遭黜落,结果必然是极度地"困人"和"束缚"。如南宋嘉定七年(1214),鄂州举子宋倬赋卷中第六韵押"守",去声,而依官给韵字,该处当押上声,经湖北转运司、礼部、国子监反复讨论,最后确认落韵,由皇帝下诏"驳放"①。像这类今天看似可笑的事,当时举子却必须遵循唯谨,若不幸有些微疏失,就将前功尽弃,甚至铸成终生大恨。由此之故,宋人都特别重视声律学,对音韵相当敏感。《石林燕语》卷八记载了一个故事,足以说明这点:"元丰五年(1082)黄勉仲(裳)榜唱名,有暨陶者,主司初以'泊'音呼之,三呼不应。苏子容(颂)时为试官,神宗顾苏,苏曰:'当以入声呼

---

① 见《宋会要辑稿·选举》六之二〇。

之。'果出应。上曰：'卿何以知为入音？'苏言：'《三国志》吴有暨艳，陶恐其后。'遂问陶乡贯，曰'崇安人'，上喜曰：'果吴人也。'时暨自阙下一画，苏(颂)复言字下当从旦，此唐避代宗讳，流俗遂误，弗改耳。"前引《丞相魏公谭训》称苏颂年少时曾因省试赋误以"声闻"之"闻"(去)为"闻"(平)，被黜，"自是始切意字学，发明为多"，此故事可见其"发明"之一斑；而暨陶的恪守声韵，也令人叹异。

第四节　宋代省题诗的作法

　　尽管北宋中期以后由于策论、经义在科举考试中的地位上升，诗的重要性下降，甚至被禁，但除北宋后期神宗、哲宗绍圣及徽宗时期外，诗仍是必考的科目，故探讨场屋诗法，仍不失为热门话题。如蔡傅《吟窗杂录》三十卷，"取诸家诗格、诗评之类集成之，又为吟谱，凡魏、晋以下能诗之人，皆略具本末，总为此书"[1]。又如魏庆之《诗人玉屑》二十一卷，前十一卷研究诗法、诗体、句法，以及命意、造语、下字、用事、压韵、属对等等，直至诗病。后十卷为"品藻古今人物"。是书虽不全是为科举而作，但"其格律之明，可准而式"[2]，无疑也对举子大有裨益。再如于济、蔡正孙编于元大德初的《精选唐宋千家联珠诗格》二十卷，有蔡氏大德四年

---

①陈振孙《直斋书录解题》卷二二。
②淳祐甲辰(四年，1244)黄升序语。

（1300）序，称"凡诗家之一字一意可以入格者，靡不备载，择其尤者，凡三百类，千有余篇，附以评释"云云。此时虽科举已废，但人们作"格诗"的积习未改。杨守敬《日本访书志》卷一三谓其书"皆选七言绝句，唯前三卷为绝句要格，以下皆拈诗中一二虚字以相比校，颇嫌繁碎，稍远大雅"。以上三书今存，而散佚的则更多，如李淑《诗苑类格》三卷，"上卷冠以真宗五七言八篇，次以沈约、钟嵘、王通、上官仪、刘元济、孙翌、殷璠、释皎然、元微之、孟郊、李翱、姚合、杜牧、皮日休、司空图、顾陶、释虚中、李虑、徐生、徐衍、邱旭、张洎二十有二人议论；中卷采古诗、杂体为三十门；下卷别录诗格六十七门"①，等等。事实上，由于省题诗除题目、韵数、限韵字及程式等异于一般律诗外，其他并无二致，也就是有"异而同"之处，故凡研究律诗格法的，都可作为参考书；或者说，之所以研究律诗格法，其实大多就是为了满足科举考试之需。

省题诗的作法，清人论之甚悉。郑光策曰："试律为诗之一体，而其法实异于古近体诸诗。其义主于诂题，其体主于用法，其前后起止、铺衍铨写，皆有一定之规格、浅深之体式。而且题中有一字即须照应不遗，题意有数重又须回环钩绾，尺寸一失，虽词坛宗匠亦不入程式焉。"姚文田曰："科举之五言排律，其体实兼赋颂。依题敷绎，惟在意切词明，所谓赋也。言必庄雅，无取纤佻，虽源本《风》《雅》，而闺房情好之词、里巷忧愁之作，不容一字阑入行间。三颂（指《诗经》之《周颂》《鲁颂》《商颂》）具存，其体式固可考而知也。善于经营，专在开章得法，如缫丝者引之不竭，则

---

① 方回《〈诗苑类格〉考》，《桐江集》卷三。

逐节递生，自无冲决之患。其中亦有疏密离合，非如累土积薪，徒务平直。"王廷昭亦曰："或问试帖与古近体有以异乎？余曰：同而异，异而同，惟善学者参之耳。古近体义在于我，试帖义在于题。古近体诗不可无我，试帖诗不可无题。古近体之我，随地现形；试帖诗之题，随方现化。泥之者土偶也，失之者游魂也。——此同而异、异而同之说也。"①启功先生论"试帖诗"时也说："从文体上看，试帖诗基本上属于咏物诗，但所咏的不限定某一物，而是咏'题'，题目中所有的几项内容，都要从它们的上下、左右、前后、正反、内外各个方面挖空心思拉拉扯扯。看起来也不失巧妙有趣，实际上它正如八股文一样，没有作者自己的任何思想、感情，更不用说发为议论了。"②总之，省题诗作法中最主要的一点，就是"诂题"——"依题敷绎"，在题目上下功夫，全篇几乎成了诗题字意的讲解，而不是诗人感情的抒发。他们所论虽是清代的场屋诗，其实清人正是移植了宋人的陈套，因此这些话也完全可以移评宋人的省题诗。

至于省题诗的结构，清人也作过精密的研究。毛奇龄《四书改错》在论及八股文渊源于试诗时，曾说："唐制试士，改汉、魏散诗而限以比语，有破题，有承题，有额比，有颈比，有腹比，有后比，而后结以收之。"汪东浦论五言六韵作法时也说："首联名破题，两句对仗要工，或直赋题事，或借端引起，若借端则次联即宜亟转到

①清梁章钜《试律丛话》卷一引。三人所论，分别见《制艺丛话 试律丛话》第 512 页、第 515 页。
②启功《说八股·试帖诗》，启功等《说八股》，中华书局，2000 年。

题,然两句亦有参差而起,不尽对者。次联名承题,又名额比,破题未尽之意于此补出,全题字眼亦至此全见矣。三联名颈比,如身之有颈也。破、承分举,此用合擒,不但思意借此变换,抑且句法不至重复,此处最是要紧。四联名腹比,即八股之中比也,总要切实明白,淋漓尽致而止。五联名后比,即补足中比之意,或衬垫余剩之情,以完全篇之局。至于结尾,所谓合也,或勒住本题,或放开一步,要言有尽而意无穷,法尽是矣。"①唐宋时代尚无所谓诸"比"名目,但这些作法却是对唐以来省题诗的总结。

这里以陈渊(？—1154)《省题笔谏诗》为例:

> 志士忧君切,还将笔效忠。但于心取正,不向字求工。
> 理自胸襟得,情因翰墨通。一言毛颖喻,千古史鱼风。托意
> 挥毫上,成名补衮中。谁知执艺事,功与诤臣同。②

是诗第一韵破题,不用对仗,是所谓"直赋题事",所破为"谏"字,点明"笔谏"是"志士"的"效忠"。第二韵承题,又叫额比,说出破题中的未尽之意,即"笔谏"必须"心正",而不在文字的工拙。第三韵颈比,说明笔谏之"理"应得自胸襟,即要有主见,然后将"情"上达。第四韵腹比,这里是用事,歌颂历史上著名的笔谏故事。第五韵后比,发挥腹比之意,让诗意表达得淋漓尽致。上句"托意"贴韩愈《毛颖传》,下句贴春秋时正直敢谏的卫大夫史鱼

---

① 清徐日涟、沈文声《唐诗清丽集》卷首,《试律丛话》卷一引。
② 《默堂先生文集》卷九。

事。第三韵至第五韵,乃所谓"转",是全诗的主体。第六韵说明笔谏的重要作用,是"合",也就是结尾。全诗都是铨解题目,正如上引启功先生所说,完全是在"咏题",作者始终在"笔"和"谏"二字上绕来绕去地做文章,而诗的内容完全符合正统儒家的伦理道德。

明白了省题诗"话题"的写作法则和它固定的程式,就可以阅读并分析所有的省题诗。这里再举几首。嘉祐八年(1063)御试《乐通神明诗》,范祖禹于是年登第,其场屋所作尚保存在他的文集中,诗曰:

> 世治兴和乐,阳来符正声。纯能格天地,幽可逮神明。协气流无外,灵心识太平。九歌人鬼享,八变地祇迎。翕纵多祥集,欣欢万祉生。须知勋德大,圣作掩《英》《茎》。①

题目盖出自《礼记·乐记》所谓"圣人作乐以应天,制礼以配地","礼乐之极乎天而蟠乎地,行乎阴阳而通乎鬼神"之语。是诗同样是在咏题,起承转合也很分明。因为是所谓礼乐刑政题,读来毫无诗意。

仁宗嘉祐四年(1059)二月二十八日御试进士,诗题为《求遗书于天下》②,杨杰于是年登第,其诗曰:

---

① 《范太史集》卷一。
② 见《宋会要辑稿·选举》七之一八。

炎德牟三代,文章叹烬余。千金期重赏,诸郡购遗书。
东鲁藏经出,西秦挟律除。儒生搜简毕,谒者骛轩车。阙史
修兰省,亡诗补石渠。愿观新四部,清禁直明庐。①

这年刘敞被任命为权同知贡举②,他拟作了一首:

中秘收图籍,清衷访古初。周爱驰使传,悉上得遗书。
事有先秦旧,文多变隶余。千岩穷禹穴,四彻按昆墟。高阁
题天禄,群英议石渠。定知奎壁彩,从此丽云居。③

吕祖谦是南宋研究科举时文程式和文法的专家,他有一首《效进
士作三年通一经》:

岁月去如矢,横经徒慨然。谁能通一艺,真不负三年。
用意窥园外,收功刻楮边。幽光回蠹简,新意出陈编。上相
黄金重,诸儒白首鲜。同声不同调,叹息伯牙弦。④

从这些例子中,我们可以充分体会出省题诗"诂题"或"体贴题
目"这个基本写作原则的含义。它不是由题目生发出联想和诗
意,而是在题目上兜圈子,好坏全看是否兜得巧妙。律赋虽也如

---

① 《无为集》卷五。
② 见《宋会要辑稿·选举》一之一一。
③ 《公是集》卷二六。
④ 《东莱吕太史文集》外集卷五。

此，但它的程式相对复杂，"圈子"兜得较大，可以尽量发挥文字声律之"巧"，不像省题诗这般简陋乏味。

省题诗还有一些小"窍门"，虽无关大局，但若用得好，就颇能吸引考官的眼球。如俞成《萤雪丛说》卷下所谓"声律对偶假借用字"即是。他说：

> "天子居丹扆，廷臣献六箴"，此省题诗也；"白发不愁身外事，六么且听醉中词"，此律诗也。二公之所以对者，见之于诗，无非借数而已。《周以宗强赋》"故苍篆之兴起，始诸姬而阜康"，《东门种瓜诗》"青门无外事，尺地足生涯"，二公之所以对者，见于赋、诗，无非借数与器而已。

所谓"借数"、"借数与器"，即假借与数字或名物读音相同或相近的字，使人联想到相关的颜色，与对句某颜色字形成对偶。所举例子中，"六"在《礼部韵略》卷五入声一"屋"部，注云："力竹切。"读音与同为入声的"绿"相近（"绿"在《韵略》卷五入声二"沃"部。今四川话中，两字仍同音，读作"Lú"）。这样，读"六"时就想到"绿"，于是"丹"与"六"（绿）、"白"与"六"（绿）就形成对应关系。同理，"诸"、"尺"使人联想到"朱"、"赤"，因而"苍"、"诸"（朱）相对，"青"、"尺"（赤）相对。俞成在同书中还载："往年上庠汤黄中试《秋燕已如客》诗，破题：'近人方贺夏，如客已惊秋。'以夏对秋，权借用字也。……张永《防秋》诗云：'逆胡方猾夏，中国重防秋。'以夏对秋，正借用字也。……六吟八韵，能于借对上得一二警联，便自高人一著，作者不可不知。"前一"夏"为"厦"的古字，后一"夏"乃古代部族名,与季节之"夏"意义皆不同,而用来与"秋"作对,故谓之为"权借"、"正借",都只是借其形而已。这些虽纯是无聊的文字游戏,甚至有些"走火入魔",但俞成却认为很重要:"自然假借使得好,不知脍炙几千万人口也。"盖时风所扇,不能理喻也。

平日习作、拟作或用以发蒙的"省题诗",虽格式也很规范,但题目可能不是严格限制在"礼乐刑政",故内容不像场屋所作那么"正经"和死板,有自己的发挥空间,读来尚不太令人生厌,有的可称佳作。梁章钜《试律丛话》卷七谓朱熹"律诗甚严谨,上接唐贤实无多让",举《以虫鸣秋》①:

> 天籁谁为主,乘时各自鸣。如分百虫响,来助九秋清。未歇吟风调,先催泣露声。乾坤辟氛气,草木敛华英。易断愁人梦,难安懒妇惊。惟应广成子,万感不关情。

梁氏分析道:"首句暗醒'以'字,次句明破'鸣'字,三句倒点'虫'字,四句清出'秋'字,于律法一丝不走,而老笔纷披,后之名手无以过也。"又如刘辰翁《须溪先生四景诗集》四卷,全是拟作"进士诗",《四库提要》曰:"辰翁生於宋末,故是集各以四时写景之句命题。……所作皆气韵生动,无堆排涂饰之习,在程试诗中,最为高格。"如该书卷一之《春景·寒食月明雨》道:

---

① 按:此诗《晦庵先生朱文公文集》卷九题作《拟县补以虫鸣秋诗》,末自注曰:"络纬鸣,懒妇惊,见《诗疏》。"

寒食娱清夜，飞红已满城。日悬春又暮，月是雨中明。汉苑传新烛，鄜州忆故京。柳中眉黯黮，花上泪纵横。人立斜河澹，晨占上冢晴。绵田烟露泣，天老岂无情。

由于形式和内容的严格限制，故唐代的省题诗即佳作甚少，常被称道的也就是钱起《湘灵鼓瑟》等少许篇什，而宋代试诗在科举中地位下降，举子投入的精力相对要少，而题目又多不宜为诗（此点详后），好作品就更加罕见。《六一诗话》曰："自科场用赋取人，进士不复留意于诗，故绝无可称者。惟天圣二年（1024）省试《采侯》诗，宋尚书祁最擅场，其句有'色映堋云烂，声迎羽月迟'，尤为京师传诵，当时举子目公为'宋采侯'。"又《温公续诗话》："科场程试诗，国初以来，难得佳者。天圣中，梓州进士杨谔，始以诗著。其天圣八年省试《蒲车》诗云：'草不惊皇辙，山能护帝舆。'是岁，以策用清问字下第。景祐元年（1034），省试《宣室受厘》诗云：'愿前明主席，一问洛阳人。'谔是年及第，未几卒。"正由于这类诗极少佳制，作者本人也不看重，编集时一般都不收入，像楼钥《攻媿集》卷一一七《课稿》收十四首已属罕觏，故现存有名氏的作品不多。收宋代省题诗最多的，是明刻本《选编省监新奇万宝诗山》三十八卷，无作者姓名，当是宋末礼部和国子监考试的誊录试卷，大约存诗一万六千余首①。由于这类作品殊乏文学价值，故是书向不被人重视，今人编《全宋诗》亦未收入。

---

① 莫友芝《宋元旧本书经眼录》卷一。参拙著《宋人总集叙录》卷八，中华书局，2004 年。

第五节　宋体律赋的作法

前已言及,科举用格律诗赋考试始于盛唐开元间,这两种文体自身就是程式化的;到宋代,程式化过程仍在继续,而愈趋繁密琐碎,法禁森严,俨然有"唐体"、"宋体"之别。明吴讷《文章辨体序说》曰:"律赋起于六朝,而盛于唐宋。凡取士以之命题,每篇限以八韵而成,要在音律谐协、对偶精切为工。迨元代场屋,更用古赋,由是学者弃而弗习。"有明科举不试赋,但清代远绍唐、宋,又试律赋①。

前已说过,唐代产生了不少研究赋格的专著,而宋人仍在续作。如范仲淹曾于天圣五年(1027)编成《赋林鉴衡》一书,书久佚而序存。序称其编此书的原因是律赋作为"国家取士之科",而"好高者鄙而弗攻","务近者攻而弗至",以至于"作者几稀,有司大患",故他在"成名"(登进士第)后"载加研玩,颇见规格,敢告友朋。其于句读声病,有今礼部之式焉;别析二十门,以分其体势"。则是书主要在分析"体势",而不在声病。二十门中,有叙事、颂德、纪功、赞序、缘情等等,"门各有序,盖详其指",而所选作品"多在唐人",目的是使读者"权人之轻重,辨己之妍媸"②。吴

①清代试赋情况,详参詹杭伦《清代律赋新论》第一章《清代律赋与科举考试》,北京燕山出版社,2002年。
②《赋林鉴衡序》,《范文正公别集》卷四。

处厚曾著《赋评》一卷①，亦不传。马称又纂《赋门鱼钥》三十卷，"编集唐蒋防而下至本朝宋祁诸家律赋格诀"②，盖为唐宋赋格的汇编本，因其实用，故以举子入门的"鱼钥"（鱼形的门锁）自炫，惜亦久佚。宋末李君瑞著《奇正赋格》，林希逸谓其"集赋家大小诸试，自兰省三舍，诸郡鹿鸣，以至堂补巍缀者皆在焉。每题先之以正，继之以奇。……得之者当万选万中矣。"③朱时叟又著《八韵关键》，文天祥称之为"赋则"，评其"立例严，用功深"④，不详两书当时刊行否。唯郑起潜《声律关键》今存，前有理宗淳祐元年（1241）正月劄子，称"起潜屡尝备数考校，获观场屋之文，赋体多失其正。起潜初任吉州教官，尝刊赋格，自《三元衡鉴》、二李及乾、淳以来诸老之作，参以近体，古今奇正，粹为一编，总以五诀，分为八韵，至于一句，亦各有法，名曰《声律关键》"。这实际上是总结两宋科场律赋的格法。所谓"五诀"是：一认题，二命意，三择事，四琢句，五压韵。又论"句法"。这些既是格式，也是方法。然后他详举八韵诸"格"。第一韵破题，方法有"八字包题"、"八字体面"、"贴第一句"、"贴第二句"、"贴第三句"、"贴第四句"、"贴两句"、"贴三句"、"四句分题"、"布置难题"、"一字包意"、"两字包意"、"四句见本意"等等，每一格皆举前人佳句若干为例。如"八字体面"举郑獬殿试《圆丘象天赋》的破题"礼大必简，丘圆自

---

① 见《宋史》卷二〇八《艺文志八》。
② 陈振孙《直斋书录解题》卷二二。《宋史·艺文志八》作十五卷，盖别本。
③《李君瑞奇正赋格序》，《竹溪鬳斋十一稿续集》卷一二。
④《八韵关键序》，《文山全集》卷九。

然",谓上句"盖推尊于上帝",下句"遂拟象于高天"。"贴"即在文意上照应、紧扣,要注意贴"故事"。《诗话总龟》前集卷四一引《古今诗话》:"仁宗朝,试《山海天地之藏赋》,长沙进士陈说同进士出身,谒乡人胥偃内翰,因举其赋。偃曰:'赋颇佳,但其间贴故事少耳。'说归作诗曰:'紫宸较艺集群聪,作赋方知尚欠功。事内少它些子铁(按:谐"贴故事"之"贴"),殿前赢得一堆铜(按:谐"同进士出身"之"同")。黄绸被下夫人暖,青琐窗中学士空。寄语交朋须认细,主司头脑太冬烘。"陈说尽可以对"主司"之"冬烘"表示愤慨,但却无法改变场屋赋的"规矩"。第二韵"谓之原韵,推原一题之意,古作必究考源流,近体务以意起",亦举若干格和例句,此略(以下各韵所举皆略)。第三韵"虽是贴上截(指紧扣破题的上截),须引下(截)意来,庶得贯通"。第四韵"虽贴下截,须承上截意,庶得贯通体贴,最要周备"。第五韵"敷衍详讲本题之意,如难疑他意,皆非正格"。第六、七韵无注,但前已有"第六、七韵贯通"之语。要之第三至七韵是律赋的主干,是作者可以发挥的空间,要根据题目"以意起",注意文章脉络,"贯通体贴"以成文。第八韵,"此韵是一篇结尾,最要动人,尤见笔力。前辈云:如人上梯,一级高一级。"此外,如宋佚名编《万卷菁华》等类书,也有研究律赋的。《万卷菁华》前、后集各八十卷、续集三十四卷,今已收入《续修四库全书》。《四库提要》称该书"前、后集皆分一百七十门,每门又分子目。一目之中,首以'名君事要',……次事括,则杂录也;次譬喻;次反说譬喻;……次赋偶;次赋隔,皆摘录程试之句:赋偶者,两句对;赋隔者,四句对也"。

除专著外,散见于文献的宋人律赋论尚有不少,最集中又系

统的要数秦观。李廌《师友谈记》记秦观平日论赋之语,是北宋人对律赋作法的总结,清浦铣称其"论律赋最精"①。秦观说:

凡小赋,如人之元首,而破题二句乃其眉。惟贵气貌有以动人,故先择事之至精至当者先用之,使观之便知妙用。然后第二韵探原题意之所从来,须便用议论。第三韵方立议论,明其旨趣。第四韵结断其说以明题,意思全备。第五韵或引事,或反说。第七韵反说,或要终立意。第八韵卒章,尤要好意思尔。

赋中功夫不厌子细。先寻事以押官韵,及先作诸隔句。凡押官韵,须是稳熟浏亮,使人读之不觉牵强,如和人诗不似和诗也。

赋中用事,唯要处置。才见题,便要类聚事实,看紧慢,分布在八韵中。如事多者,便须精择其可用者用之,可以不用者弃之,不必惑于多爱,留之徒为累耳。如事少者,须于合用者先占下,别处要用,不可那辍。

赋中用事,如天然全具、对属亲确者固为上,如长短不等、对属不的者,须别自用其语而裁剪之,不可全务古语而有此疵病也。譬如以金为器,一则无缝而甚陋,一则有缝而甚佳,然则与其无缝而陋,不若有缝而佳也。有缝而佳,且犹贵之,无缝而佳,则可知矣。

赋中用字,直须主客分明,当取一君二民之义。借如六

---

①《复小斋赋话》上卷。

字句中,两字最紧,即须用四字为客,两字为主。其为客者,必须协顺宾从,成就其主,使于句中焕然明白,不可使主客纷然也。

赋中作用,与杂文不同。杂文则事词在人意气变化,若作赋,则惟贵炼句之功,斗难、斗巧、斗新。借如一事,他人用之不过如此,吾之所用,则虽与众同,其语之巧,迥与众别,然后为工也。

赋家句脉,自与杂文不同,杂文语句,或长或短,一在于人。至于赋,则一言一字,必要声律。凡所言语,须当用意曲折斷磨,须令协于调格,然后用之。不协律,义理虽是,无益也。

凡赋句,全藉牵合而成。其初,两事甚不相侔,以言贯穿之,便可为吾所用。此炼句之工也。

以上共八则。第一则为总论,论律赋结构:第一韵即所谓"小赋",包括破题、承题。第二韵为原题,第三韵立议,第四韵明题,第五韵引事,或反说,也就是讲题。第六韵当亦如此。第七韵要终立义。第八韵结尾(卒章)。此则特别强调了破题,乃因宋人作赋、评赋特讲究破题的缘故(详后)。

第二则论押韵,原则是"稳熟浏亮",不能牵强。先作韵句、对句(即"隔句",据唐佚名《赋谱》,"隔句"即隔句对偶),是秦观的经验之谈。

第三、四则论用事。赋有密于用事的传统,律赋也不例外。要对所用之事"精择",以"天然全具、对属亲确"为上。

第五则论用字，原则是"主客分明"。即赋句用词要有主次，应以某个关键字为中心，其他词语只能起"协顺宾从"的烘托作用。

第六则论"作用"。所谓"作用"，即围绕着赋的主意而进行的物象刻画①，须极尽难、巧、新之能事。

第七、八两则论赋句：一言一字都要讲声律，一定要协律。不相类的事，要用言语贯穿牵合，为我所用。

《师友谈记》还记录了秦观作赋心得体会的"夫子自道"：

> 少游言："赋之说虽工巧如此，要之是何等文字？"膺曰："观少游之说，作赋正如填歌曲尔。"少游曰："诚然。夫作曲，虽文章卓越，而不协于律，其声不和。作赋何用好文章，只以智巧饾饤为偶俪而已，若论为文，非可同日语也。朝廷用此格以取人，而士欲合其格，不可奈何尔。"

律赋是格律化了的韵文，秦观谓作律赋如"填歌曲"（即填词），乃深知甘苦、最中肯綮之言，由此既可揣摩律赋作法，也可知其写作之不易。

由秦观、郑起潜所论不难看出，宋人律赋格法复杂繁琐，程式十分严密。曹彦约在《四川类省试监试入院晓谕榜》中，比较东南与蜀中举子文体之不同，说："两处文体却间有不同处，盖东

---

① "作用"一词乃佛家语，引入文学批评后，歧义较多，此采今人张伯伟的说法，详见所著《全唐五代诗格汇考》的代前言《诗格论》。

南……作赋则四柱平稳，小赋格句妥贴，然惟能者而后终篇相称。至于蜀士之文……作赋则四柱不平稳，小赋格句不妥贴之患。"①可见赋还有所谓"四柱"（破题所立的四个义项）、"小赋（即承题）格句"之类的讲究，而东南举子较蜀中更重视程式。宋人论时文"文弊"，往往指责举子未按程式作文，如杜范（1182—1245）于理宗辛丑岁（淳祐元年，1241）知贡举，竣事后作《上殿劄子》，称"文弊至今极矣"，其中论词赋之弊为："句法冗长，骈俪失体，题外添意，体贴不工。至有第七韵不问是何题目，皆用时事，有如策语。今又于第六韵见之。或原题起句便说时事，甚者终篇竟以时事命意。此皆习为谀言者也。"②

在律赋程式考校中，宋人极重破题。《能改斋漫录》卷一四《赋长啸却边骑》载："范蜀公（镇）少时，与宋子京（祁）同赋《长啸却边骑》，蜀公先成，破题云：'制动以静，善胜不争。'景文见之，于是不复出其所作，潜于袖中毁之。因谓蜀公曰：'公赋甚善，更当添以二"者"字。'蜀公从其说。……然景文赋虽不逮于蜀公，他人亦不能到。破题云：'月满边塞，人登戍楼。'真奇语也。"同卷《赋圆丘象天》又载："内翰郑毅夫久负魁望，而滕甫元发名亦不在其下。……及入殿试《圆丘象天赋》，未入殿门，已风闻此题，遂同论议，下笔皆得意。……将唱名，二公相遇，各举程文。滕破题云：'大礼必简，圆丘自然。'及闻郑赋'礼大必简，丘圆自然'，滕即叹服曰：'公在我先矣。'……及唱第，郑果第一，滕果第三，皆如素

<hr />

① 《昌谷集》卷一六。
② 《清献集》卷一一。

望。"又清李调元《赋话》卷五:"宋人律赋起手亦极重制题(按:指破题),宋祁《王畿千里赋》云:'测圭于地,考极于天。风雨之所交者,道里之必均焉。'陈元裕《大椿八千岁为春秋赋》云:'物数有极,椿龄独长。以岁历八千之久,成春秋二序之常。'熊元《君人成天地之化赋》云:'物产于地,形钟自天。赖君人之有作,成化工之未全。'率皆流播艺林,奉为楷式。又省试赋题出《天子听朔于南门之外》,满场皆曰'诣南门而听焉'。惟魁多士者以'诣'为'出',才易一字,独探骊珠,便见得在外意也。"宋代的科举考试本来就是竞技,一字之巧拙,就可能改变举子一生的命运。顾炎武《日知录》卷一六《试文格式》,谓明、清八股文"发端二句,谓之破题,大抵对句为多,此宋人相传之格",原注道:"本之唐人赋格。"钱锺书先生也说:"唐以后律赋开篇,尤与八股破题了无二致。"①可见律赋破题对后世的影响。

除破题外,宋人还十分重视律赋的修辞和用字。这在俞成《萤雪丛说》一书中有诸多例证。俞氏为南宋中期人,书前有庆元六年(1200)自序。《四库提要》谓"其书多言揣摩科举之学,而谆谆于假对之法,以为工巧,论皆迂鄙"。他论省题诗的"假借用字",上节已引;论律赋假借,其说主要有三:一是假对。又可分两种,其一为人名假借,如《丛说》卷上《赋假人名体状题意》:

> 往年俞文纬监试预荐赴省相过,因话赋假人名善体状题意者,莫若《武为救世砭剂》,云:"唐室中兴,赖药师以克济;

①《谈艺录》四《诗乐离合,文体递变》之《附说四》,中华书局,1999年,第32页。

汉家外患,藉去病以皆除。"余尝赋《化下犹甄》者,欲以"陶唐尧舜"为一联,使"于变时雍,犹埏己埴;风动四方,器不苦窳"事也,曾与舍弟硕夫荳昆仲侪辈较量,莫不领略此意。

律赋讲究体贴题目。所谓"假人名善体状题意",指用人名体贴题目。所举《武为救世砭剂赋》两联中的"(李)药师"(按:唐初人李靖,字药师)、"(霍)去病"皆人名,假借以体状"救世砭剂",即用人名"药师"、"去病"与赋题的"救世砭剂"形成字面上的一致。所举《化下犹甄赋》,是说教化百姓犹如制作陶器("甄"),原是个比喻。"於变时雍"四句,"於变"句出《尚书·尧典》:"九族既睦,平章百姓。百姓昭明,协和万邦,黎民於变时雍。"由于尧号陶唐(或曰生于陶),故有"犹埏己埴"(意谓如同揉和自己制陶的粘土)的联想。"器不苦窳"出《史记·五帝本纪》:"(舜)陶河滨,河滨器皆不苦窳。"则是假借经典中有关尧舜之事,去体贴赋题中的"甄"(制作陶器),与化下犹"甄"形成实际意义上的一致;虽然"陶唐"之"陶"颇牵强,但可看作是"正借用字"。

其二是颜色假对,如《丛说》卷下《声律对偶假借用字》,举《周以宗强赋》中的"主苍箓之兴起,始诸姬而阜康"两句,以"苍"、"诸"(朱)相对,已在前面论省题诗时举到。俞成认为诗、词、四六文皆如此,他接着说:

诗史以"皇眷"对"紫宸",曲词以"清风"对"红雨",或以"青州从事"对"乌有先生",或以"披绵黄雀"对"通印子鱼","因朱耶之板荡,致赤子之流离","谈笑有鸿儒,来往无白丁",是皆老于文学而见于骈四俪六之间者。自然假借使得好,不知脍炙几千万口也。尝记陈季陆应行先生举似作赋之法,用"高皇"对"小白"。

所举例句,都是同音假对的方法,即"皇"借"黄","清"借"青"、"子"("子鱼")借"紫","鸿"借"红",形成"黄—紫"、"青—红"、"红—白"、"黄—白"的对应。至于"青州"、"乌有"、"朱耶"三词中的"青"、"乌"、"朱"本不指颜色,这里也假借为颜色,形成"青—乌"、"朱—赤"、"黄—白"的对应。这种所谓"声律对偶假借用字",实际上是读者阅读时的同音联想①。

无论是人名假对还是颜色假对,都是充分利用汉字的音义特征,以假借的方式在读者的视觉、听觉上造成错觉,形成一种"将错就错"的美感。这其实是文字游戏,雕虫小技而已,论虽"迂鄙",但正是所谓斗难、斗巧、斗新的手段,若在场屋赋中使用得当,无疑将博得考官的青睐。

二是用事。《丛说》卷上《赋善使事》曰:

> 昔有士人在场屋间,赋《帝王之道出万全》,绝无故实,遂问一老先生,答云:"只有'一举空朔庭,三箭定天山'好使,要在人斡旋尔。或谓此事乃人臣,非帝王也,不可用,疑诳之。后于程文中见一举人使得最妙,其说题目甚透,有曰:"一举

① 颜色假对,唐人赋即有之,如清浦铣《复小斋赋话》上卷举裴度《神龟负图出河赋》以"洪荒"对"绿水"之类。

朔庭空，窦宪受成于汉室；三箭天山定，薛侯禀命于唐宗。"真所谓九转丹砂、点铁成金者也。

将看似不可用的典故变得如此绝妙，就是所谓"斡旋"之功。

三是用字。《丛说》卷下《赋以一字见工拙》曰：

> 曩者吴叔经（郭）在湖南漕试，以本经《诗》义取解魁，次名陈尹赋《文帝前席贾生》，破题云："文帝好问，贾生力陈。忘其势之前席，重所言之过人。"叔经先生改"势"字作"分"，陈大钦服。……又陈季陆（应行）在福州考校，出《皇极统三德五事赋》，魁者破题云："极有所会，理无或遗。统三德与五事，贯一中于百为。"季陆先生极喜辟初两句，只嫌第四句不是"贯百为于一中"，似乎倒置，改"贯"字作"寓"，较有意思。

俞氏这里所说的"一字见工拙"，是指选用最能准确地表达文意的字词，属"炼字"之功。所举前赋破题，当文帝虚席问贾谊时，"势"其实早已收敛起来了，这时不同的只是"分"；而后赋破题，根据理学家"理一分殊"的理论，"贯"不如"寓"字准确。

在讨论过律赋的体制和作法之后，有必要举一篇宋人作品，具体说明赋法之大概。郑獬（字毅夫）于仁宗皇祐五年（1053）殿试摘取状元桂冠的《圆丘象天赋》，以"圆丘就阳上宪天体"为韵①，是宋代律赋的名篇，录之于次，并略作疏解。

---

①用韵据《皇朝文鉴》卷一一所载文本补。

礼大必简,丘圆自然。盖推尊于上帝,遂拟象于高天。必在国南,蟠宏基之高厚;用符阳体,取大运之周旋。

王者揆礼之文,为民之唱。修明大禘,导迎景贶。有祭焉格神于下,有祀焉享帝于上。谓丘也其形特异,我所以贵其自成;盖天也其体亦圆,我所以法之相尚。

尔乃旋仲冬之序,迎至日之长。扫以除地,升而诏王。是必肇灵壤以高峙,模圆清而上当。择吉土之成基,乃定其位;仿高穹之大体,以就乎阳。由是欢然神意交,穆然天贶授。遍群灵以从之祀,严太祖以为之侑。焕尔盛容,配乎大就。成非人力,耸宝势以下蟠;仰合乾仪,环太虚而高覆。然则礼有物也,其制可象;天无形也,其端可求。故我象法于厚地,取类于重丘。崇崇其高,隐若积土之固;浩浩其大,浑如洪覆之周。是故有薰秸以藉诚,有陶匏以荐礼。大裘焉以彰其质,苍璧焉以象其体。固异周朝授政,筑层级之三成;汉祀命郊,兆重阶之八陛。是则事至神者,物无以称其德;接至高者,丘所以表其虔。与地居上,如天转圆。对方泽之成形,乃殊其象;规大仪之冥运,自贵其全。

圣人所以明礼大原,建邦茂宪。兆其成迹,符于至健。夫然,因天事天,得先民之至论。①

第一段,即赋的第一韵,《赋谱》称为"头"。开首两句为破题,点出题中"丘"、"圆"二字。前引《声律关键》谓此破题为"八

---

① 《皇朝文鉴》卷一一。又见《郧溪集》卷一五,文字略异。

字体面"，第一句即"盖推尊于上帝"之意，第二句为"遂拟象于高天"之意，八个字构成了全篇的纲领。"盖"以下为承题，《赋谱》谓为"小赋"，有赋例道："（白行简）《望夫化为石》云：'至坚者石，最灵者人。'是破题也。'何精诚之所感，忽变化也如神。离思无穷，已极伤春之目；贞心弥固，俄成可转之身。'是小赋也。"秦观也称之为"小赋"，并说小赋"如人之元首，而破题二句乃其眉"。则所谓"小赋"，也就是论体文和经义中的承题①。"头"应包括破题和承题（小赋）两部分。此赋承题再点出题中的"象"、"天"二字。《绍兴重修通用贡举式》的"试卷犯不考"中，有"小赋内不见题"一项②。故在破题、承题（小赋）中，必须将题目中的字全部点出。按"大礼必简"出《礼记·乐记》，此颠倒一字，突出"大"及下句"圆"，句子主客分明，文意焕然一新。

第二段，即赋的第二韵，《赋谱》称"项"。秦观谓为"探原题意"，也就是原题。《声律关键》称"原韵"，意思相同。此乃推原祭天和圆丘的来历，即《声律关键》所谓"自古原起"。

第三段，即赋的第三至七韵。《赋谱》称这五韵为"腹"，又分胸、上腹、中腹、下腹、腰。秦观从文意的角度，谓第三韵"方立议

---

① 宋代有时统称赋的第一韵为小赋。如《建炎以来朝野杂记》甲集卷一三"初出官人铨试"条载绍熙元年（1190）八月计衡奏，原注谓铨试试"小经义一首，或小赋，或省题诗一首"，所谓"小赋"，当包括破题和小赋（承题），不可能没有破题。盖即要求作赋的开头（第一韵）即可，不必完篇（宋代考试有只作开头的例子，如《梦粱录》卷二《诸州府得解士人赴省闱》："举人中省闱者，俟候都堂点请覆试，不过一论冒〔指仅作一道"论"题的冒子〕而已。"赋的第一韵，相当于论的冒子）。
② 见丁度等修、历代增修《附释文互注礼部韵略》附《贡举条式》。

论”，第四韵“明题”，第五韵“或引事，或反说”，第七韵“反说，或要终立意”。《声律关键》则从逻辑结构着眼，谓第三韵“贴上截”（“圆丘”），第四韵“贴下截”（“象天”），第五韵“敷衍详讲”，第六、七韵为“贯穿”。此赋第三韵言设圆丘祭天的实况，第四韵言祭天与“神意交”的意义，第五韵说明圆丘是用有形的地上之丘，取象无形的“天”。第六韵说明祭天诸礼器的含意，第七韵收束到“圆丘象天”的题意上来。赋中用了“尔乃”、“由是”、“然则”、“是故”、“是则”五个发语词，构成各韵间转换关联的逻辑关系。这五韵是全赋的主体，相当于论体文及经义中的“大讲”。

第四段，即赋的第八韵，结尾，总结祭天活动的重大意义。

此赋还有两点需要说明。一是所限韵字“圆丘就阳上宪天体”，非平仄相间，故不依次押韵。二是“覆”、“论”两字的韵部问题。第四韵“环太虚而高覆”之“覆”字，在《增修互注礼部韵略》四十九“宥”韵，与“就”同韵。第八韵的末字“论”，在同上书二十六“恩”韵，而“宪”在二十五“愿”韵，原注与“恩”通用。故全篇是严格按《礼部韵》押韵的。

第六节　宋代科举诗赋的评价问题

自从科举用格律诗赋取士，学子自少便得阅读和习作，这就是所谓“举业”，直到他登第或者放弃为止，所作数量之夥，可想而知。如何评价这些作品，意见似乎从来就没有统一过：拥护者固有之，但自中唐起就有不少人起而抨击，宋代更遭到政治革新派及部分经学家的强烈反对，以至于曾两度从进士考试中废罢。元祐间科举复诗赋，苏轼喜而作《复改科赋》，赞新天子、老相国（指司马光）的"更张"之功，回击"事吟哦者为童子，为雕篆者非壮夫"之论，曰："殊不知采摭英华也簇之如锦绣，较量轻重也等之如锱铢。韵韵合璧，联联贯珠。稽诸古其来尚矣，考诸旧不亦宜乎！"并进而赞进士诗赋之妙道："字应周天之日兮，运而无积；苟合一岁之月兮，终而复始。过之者成疣赘之患，不及者贻缺折之毁。曲尽古人之意，乃全天下之美。遭逢日月，忻欢者诸子百家；抖擞历图，快活者九经三史。议夫赋曷可已，义何足非。彼文辞泛滥也，无所统纪；此声律切当也，有所指归。巧拙由一字之可见，美恶混千人而莫违。"①苏轼的目光，集中在场屋诗赋的词采、声韵和技巧上，归结为"巧拙"、"美恶"易辨，易于考校。然而在宋人别集、总集中，却极少能看到省题诗，律赋数量相对多一些，但距当日所作之数相去绝远。这表明宋人已有个基本评价，那就是这些"作品"——尤其是省题诗，除了应付考试外，实在没有保存价值。正如宋末元初作家袁桷所说："科举足以取士，而文不足以行世。"②

题目、声律和程式技巧是省题诗、律赋最重要的构成因素，它们对作品内容和形式具有决定性的作用，因而也是考量其价值的主要依据。其中的省题诗，历来评价就不高，迄无异说和争议，故我们将讨论的重点放在律赋上。

---

① 《复改科赋》，《苏轼文集》卷一。
② 《祭戴先生》，《清容居士集》卷四三。

一、题目限制对场屋诗赋的影响

宋人命题指导思想的确立和对出题范围的限定，实际上也就决定了科场诗赋的写作特点和思想内容。这主要有两点。

一是自从规定题目须有出处（经、子、史）之后，诗赋多为论政、说理题。王铚说："国朝名辈犹杂五代衰陋之气，似未能革。至二宋（庠、祁）兄弟始以雄才奥学，一变山川草木、人情物态，归于礼乐刑政、典章文物，发为朝廷气象，其规模闳达深远矣。"①李调元也说："大略国初（指宋初）诸子矩矱犹存（指尚依唐人赋法），天圣、明道以来，专尚理趣，文采不赡，衷诸丽则之旨，固当俯让唐贤。而气盛于辞，汪洋恣肆，亦能上掩前哲。"②就文体和内容论，经、子、史书与抒情言志的传统文学——诗赋疆域分明，互不相侵，而要从哲学、史著中出诗赋题，除了礼乐刑政、典章文物外，实在别无选择；而作者（举子）欲将本来是缘情体物的诗赋写得"象"诗赋，除了描摹"朝廷气象"外，似乎也别无他途。下章我们将述及宋代规定科场论题和除时务外的策题，也必须在经、子、史书中出。这就注定了诗赋与策论必然殊途同归，也就不难理解何以场屋诗赋多议政、说理了。事实上，赋以经命题，并不始于宋，清代学者阮亨《律赋经畲集·凡例》谓"应制之赋以经命题，昉自有唐，如裴晋公（度）《岁寒知松柏后凋赋》、韩文公（愈）《明水赋》、李供奉（白）《明堂赋》、元仆射（稹）《镇圭赋》、白尚书（居

①《四六话序》，《四六话》卷首。
②《赋话》卷五《新话》。

易)《性习相远近赋》"等,其说是,但唐代没有像宋代这样硬性规定必须命经、子、史题。这里更深层次的原因,是宋代统治者认为描写"山川草木,人情物态"无益治道,只有礼乐刑政才"有用",故限定诗赋题目出处,意在革除唐五代及宋初文弊。殊不知这不仅革掉了《诗经》以来的赋、比、兴及《楚辞》"香草美人"的象喻传统,就连陆机的"诗缘情而绮靡,赋体物而浏亮"的原则也背弃了。其结果是在议政、说理的同时,对王朝极尽歌功颂德、粉饰太平之能事。对此,杨万里曾尖锐地指出:"晚唐诸子,虽乏二子(指李、杜)之雄浑,然好色而不淫,怨诽而不乱,犹有《国风》《小雅》之遗风。……自《日五色》之题一变而为《天地为炉》,再变而为《尧舜性仁》,于是始无赋矣;自《春草碧色》之题一变而为《四夷来王》,再变而为《为政以德》,于是始无诗矣。非无诗也,无题也。"①他的意思是,并非宋人不能诗赋,而是场屋所出题目太过功利化,不宜作诗赋。

二是随着宋初儒学复兴运动的再度兴起,"以学为赋"成为潮流,如范仲淹《穷神知化赋》《乾为金赋》②《易兼三才赋》《天道益谦赋》③等,都是说《易》理的。龚鼎臣《东原录》曰:"赋亦文章,

---

① 《周子益训蒙省题诗序》,《诚斋集》卷八四。按:《日五色赋》,唐德宗贞元十二年(796)省试赋题;《春草碧色诗》,唐昭宗光化元年(898)省试诗题。分别见徐松《登科记考》卷一四、卷二四(诗题参见郑谷《云台编》卷下)。《尧舜性仁赋》为宋仁宗嘉祐四年(1059)殿试题,见《宋会要辑稿·选举》七之一八。其余诗赋,当皆为宋代科场试题,年代待考。
② 《范文正公别集》卷二。
③ 《范文正公别集》卷三。

虽号巧丽,苟适其理,则与传注无异。如李巽《土鼓赋》:'土之静静,乃阴之实;土之动动,乃阳之精。阴以质而浊,阳以文而清。将以质胜文,而其理永固;遂以土为鼓,而其义有成。'斯迨于无愧于理矣,当时谓之'李土鼓'。""与传注无异"的赋,龚氏竟谓"无愧";虽"无愧于理",其奈无辞赋之味何?可见在以"学"为诗赋的浪潮冲击下,宋人的审美观发生了很大的变化。事实上,在现存宋人律赋中,与《土鼓赋》类似的作品比比皆是,甚至有过之而无不及。如上举宋祁《丰宜日中赋》,以"丰尚光大宜照天下"为韵,全篇即解释《易·丰卦》,略曰:

> 丰,大也;贵夫击蒙;日,实也,盛乎居中。考卦体之至象,配阳精于上穹。二体迭昌,丽午躔而光大;六爻俱盛,协瑞景以昭融。圣人所以仰之,如日受之以丰者也。昔之作《易》也,妙探神几,冥符心匠。《离》明乎下,《震》动而上。……

该赋末韵曰:"王者所以丕建谋猷,慎守宗社。观《丰》则泽浸于无外,宜日则明被于群下。因一卦之义焉,见圣人之道也。"则不仅如传注,且与经义无异。不难看出,这与传统的赋相去何其辽远。省题诗也一样,如嘉祐八年(1063)御试《乐通神明诗》,即典型的"礼乐刑政"题,范祖禹的场屋作品味同嚼腊,我们已在前文引录。

宋代理学勃兴,南宋后期成为官学,又将科场诗赋由"礼乐刑政、典章文物"推向道德性命、格物致知。俞成《萤雪丛说》卷下载,陈应行(季陆)在福州考较,曾出《皇极统三德五事赋》题。宋理宗端平二年(1235)省试,真德秀拟《尧仁如天赋》题,预考校的王迈进"题韵之意大略"为:"要以《西铭》为主意","四韵尧宅禹宫,大铺叙《西铭》。"①刘克庄说宋人诗"皆经义、策论之有韵者尔,非诗也"②。其实赋也如此。试想赋以《西铭》为主意,或以"皇极统三德五事"为题,与经学、经义有何区别?元人陈绎曾在所著《文筌·唐赋附说》中曾说:"律赋始于隋进士科,至唐而盛,至宋而纤巧之变极矣。……律赋巧,或以经语为题,其实则押韵讲义,其体则押韵四六,虽曰赋,实非赋也。"这已经引起了律赋体制的异化。前引李调元谓天圣、明道以后的律赋"文采不赡",说明此后的律赋不仅内容如同讲义,就连华丽的词采美也不复存在了。

二、声韵、程式对场屋诗赋的影响

毛奇龄说:"今之诗,非《风》、《雅》、《颂》也,非汉魏六朝所谓乐府古诗也,律也。律者专为试而设。唐以前诗,几有所谓四韵、六韵、八韵者,而试始有之。唐以前诗,何尝限以五声、四声、三十部、一百七部之官韵,而试始限之。是今之所谓律诗也,试诗也。"③律诗、律赋虽产生在用于科举考试之前,但严格讲究声韵、程式的省题诗和律赋,的确是"专为试而设",即科举考试的专用工具。宋人早就看出了这点,比如声韵,罗大经《鹤林玉露》丙编

①《癸辛杂识》后集《私取林竹溪》。
②《竹溪诗序》,《后村先生大全集》卷九四。
③《唐人试帖序》,《西河文集》卷五二,《四库全书》本。"五声",原作"三声",据《试律丛话》卷一引改。

卷六曰："杨诚斋云：'今之《礼部韵》，乃是限制士子程文，不许出韵，因难以见其工耳。至于吟咏情性，当以《国风》、《离骚》为法，又奚《礼部韵》之拘哉。'魏鹤山亦云：'除科举之外，闲赋之诗，不必一一以韵为较，况今所较者，特《礼部韵》耳。此只是魏、晋以来之韵，隋、唐以来之法，若据古音，则今'麻'、'马'等韵元无之，'歌'字韵与'之'字韵通，'豪'字韵与'萧'字韵通，言之及此，方是经雅。'"清乾隆四库馆臣亦谓《礼部韵略》"收字颇狭，如'欢'韵漏'判'字，'添'韵漏'尖'字之类，尝为俞文豹《吹剑录》所议"①。可见所谓《礼部韵》纯是为科场举子而定的"官韵"，既非当时人们作诗赋的实用韵，也非古韵②。

上节征引了秦观的赋法论，接着他又对律赋进行了总体评价："今赋乃江左文章凋敝之余风，非汉赋之比也。国朝前辈多循唐格，文冗事迁。独宋（祁）、范（仲淹）、滕（甫）、郑（獬）诸公，得名于世。至于嘉祐之末、治平之间，赋格始备。废二十余年而复用，当时之风，未易得也已。"前面说过，自太宗时代起，就规定韵若平仄相间依次用，因此可以说，那时律赋就已经开始向"宋格"或"宋体"转化。按秦观的说法，要到"嘉祐之末、治平之间"，才

---

① 《四库提要·〈附释文互注礼部韵略〉提要》。
② 当然，《礼部韵》是一把双刃剑，作为考试，又不能没有统一的韵书。《续资治通鉴长编》卷二四于太平兴国八年（983）六月戊申载："杭州进士吴铉尝重定《切韵》，及上亲试，因捧以献。既中第，授大理评事、史馆勘书。铉所定《切韵》多吴音，增俗字数千，鄙陋尤甚。寻礼部试贡举人，为铉《韵》所误，有司以闻，诏尽索而焚之。"可见标准的韵书，乃科场所不可或缺，否则就无法考校。

"赋格始备"。秦观论赋法是在"废二十余年而复用"之时,显然在元祐间;而他嘉祐、治平时年纪尚少,正在读书以备考,稍后即入诗赋被禁的熙宁。那么,他所有的赋法理论,自然是在嘉祐、治平间的学习所得。也就是说,秦观的赋法论,是嘉祐、治平"赋格始备"时期的总结。上节我们还引了秦观说作赋如同填词,只在协律,又说"作赋何用好文章,只以智巧饾饤为偶俪而已,若论为文,非可同日语也。朝廷用此格以取人,而士欲合其格,不可奈何尔",也主要是嘉、治年间及熙宁初的感受。由此我们可以得出结论:在宋代律赋发展最完备的时代,人们对它的评价并不高。应当说明,秦观是律赋高手,他的"不可奈何"之叹绝非不善此道,其二十四岁时所作《郭子仪单骑见虏赋》深得后人赞赏,如宋人孙奕谓"押险韵而意全至此,乃为至善"①。清李调元更认为该赋"叙事工整,竖义透快,兼能摹写一时情景。以此步武坡公,殆有过之无不及也"②。但他却实话实说,认为作赋与"为文"之道不可同日语,颇鄙薄之。试想,只讲"协律"、"合格"而不论"文章"好坏的价值取向,如何能产生好作品?故司马光元祐元年(1086)三月在《起请科场劄子》中反对恢复诗赋取士,他写道:"至于以诗、赋、论、策试进士,及其末流,专用律赋、格诗取舍过落,摘其落韵、失平侧、偏枯不对、蜂腰鹤膝,以进退天下士,不问其贤不肖……是致举人专尚辞华,不根道德,涉猎抄节,怀挟剽袭,以取科名。"③

①《履斋示儿篇》卷八。
②《赋话》卷五。
③《温国文正司马公文集》卷五二。

秦观的无奈，更早的科场"过来人"强至也深有其感，曾说："予之于赋，岂好为而求其能且工哉，偶作而偶能尔。始用此进取，既得之，方舍而专六经之微，钩圣言之深，发而为文章，行而为事业，所谓赋者，乌复置吾齿牙哉！"①这些言论，应该说并非对科场诗赋心存偏见，像司马光、强至皆以诗赋登进士第，是受益者，问题是科场诗赋的弊端确实客观存在，他们不愿说假话。

本来，用韵、程式即规矩，任何文体都是有规矩的，没有规矩不成方圆。但如省题诗、宋体律赋这样把声韵、程式的重要性强调到极致，将"斗难、斗巧、斗新"作为刻意追求的目标，就必然走向反面，使诗赋变为文字游戏。协调的声律、不断转换的用韵所形成的音乐感，工整的对偶、固定的程式和华词丽藻包装着的意象群，读起来铿锵流丽，看起来流光溢彩，但绚烂的形式掩盖着的却是贫乏的内容。声韵、程式在这里制造着一种假象，使读者沉醉在外在美的享受中而忽视或者原谅了内涵的简陋，如朱光潜先生所说："音律是一种制造'距离'的工具，把平凡粗陋的东西提高到理想世界。"②人们常称赞范仲淹《用天下心为心赋》《水车赋》《君以民为体赋》等③，但赋中所表达的不过是统治者所容许的儒家民本思想的老生常谈，没有对社会实际的任何助益或针砭，即便某些赋中有"微言大义"，也犹如蜻蜓点水，妆点而已，连汉大赋的"曲终奏雅"都不如。王夫之论诗格、诗法和经义程式时说："诗

---

① 《送邵秀才序》，《祠部集》卷三三。
② 《诗论》第五章《诗与散文》，上海古籍出版社，2001年，第99页。
③ 《范文正公集》卷二〇、卷二。

之有皎然、虞伯生（集），经义之有茅鹿门（坤）、汤宾尹、袁了凡（黄），皆画地成牢以陷人者，有死法也。死法之立，总缘识量狭小，如演杂剧，在方丈台上，故有花样步位，稍移一步则错乱；若驰骋康庄，取涂千里，而用此步法，虽至愚者不为也。"①所言很有道理：任何格法、规矩或程式，一旦成为"定式"、"死法"，而且还要按"死法"制作的诗赋定高下以取士，那实在是"至愚"的制度。因此我们说，宋人争论是否以诗赋取士，双方似乎都没有抓住问题的要害：如果废除"死法"而用活法，则即便是试以诗赋，也未必不是良法，缺点不过是增加了考校的难度。

综上所述，我们认为对宋代省题诗及宋体律赋的综合评价不可能高，若从其体制和思想内容论，应该是很低的：这是宋人自己的定位，也为历来文学研究家所公认。叶适说得很透彻：

> 汉以经义造士，唐以词赋取人。方其假物喻理，声谐字协，巧者趋之；经义之朴，阁笔而不能措。王安石深恶之，以为市井小人皆可以得之也。然及其废赋而用经，流弊至今，断题析字，破碎大道，反甚于赋。故今日之经义，即昔日之赋；而今日之赋，皆迟钝拙涩，不能为经义者然后为之。盖不以德而以言，无向而能获也。诸律赋（按指吕祖谦《皇朝文鉴》所收）皆场屋之伎，于理道材品，非有所关。②

---

① 《薑斋诗话》卷下。
② 《习学记言序目》卷四七《吕氏〈文鉴〉》。

金人王若虚甚至说:"科举律赋不得预文章之数,虽工,不足道也。而唐、宋诸名公集往往有之,盖以编录者多爱不忍割,因而附入。此适足为累而已。"①顾炎武在谈到唐、宋以律取士及明、清八股文时,亦曰:"文章无定格,立一格而后为文,其文不足言矣。"②但近年来学界似乎有一种倾向,即对律赋肯定得过多,有的甚至以文学史家所不取而愤愤不平,将律赋写作比为走钢丝或"戴着枷锁跳舞",认为"限制越严而又越能自由驰骋,就越能表现作者的才华",因而加以褒扬③。这种说法很片面。因难见巧、见工,只是问题的一面,严格的程式而造成的内容苍白,质不胜文,则是问题的另一面,何况所谓"巧"、"工"不过是一种病态美,是"技术"而不是艺术。我们不必像司马光那样讲诗赋之失在"不根道德",即以文论文,省题诗、律赋的各种拘忌严重扭曲了作者的人格,将他们变成文字的奴隶,不能畅所欲言的"结巴"、"哑巴",也是不可取的。像近年"高空王子"走钢丝的惊险表演,人们尽可以啧啧赞叹,但那毕竟不是人类走路的常态,因此其"绝活"也仅止于观赏,让人一饱眼福而已。故前引《鹤林玉露》记杨万里、魏了翁语,以为"吟咏性情"、除科举外的"闲赋之诗",便不必拘《礼部韵》。一个民族欣赏的若只是像走钢丝或"戴着枷锁跳舞"般的文字绝技,把精力用在"斗难、斗巧、斗新"的文字游戏上,思想却极度贫乏,那是很危险的。与清人总结明朝亡于八股文一样,宋王朝的

---

① 《文辨》,《滹南遗老集》卷三七。
② 《日知录》卷一六《程文》。
③ 见曾枣庄《论宋代律赋》,《文学遗产》2003 年第五期。

贫弱和覆亡,不能说与科场文风无关。经历过亡国之痛的刘壎在《答友人论时文书》中,就曾痛心疾首地说,当宋季蒙元大兵压境、国家危亡之际,士大夫们关心的却是放解试、省试、类试,议论的是"某经义好,某赋佳",于是"国随以亡"。并感慨良深地说:"斯文也,在今日为背时之文,在当日为亡国之具,夫安忍言之!"①这是历史的血的教训。

　　也许有人会问:唐代律诗、宋词都有韵律,不是仍然产生了大量名家名作么?② 这个问题其实勿需深辨,如果懂得省题诗、律赋的限题、限韵、限用韵次序、限程式(起承转合、八韵体贴贯穿之类)等等诸多拘忌的话(科场还要限时),便会知道科场诗赋的制作与唐律、宋词的创作是两回事,不可同日而语。完全有理由设想:如果宋词作者都照科场诗赋那般写作,是绝对不会有好作品的——唐代律诗成就很高,但科场省题诗却极少佳作,就是很好的反证。前揭陈渊、范祖禹等人的省题诗和曾经名倾场屋的郑獬赋,无论从哪个角度讲,恐怕都难算是佳作,也说明了这点。不错,宋代律赋确有一些"名家名作"(省题诗连这点都没有),但多集中在仁宗时代,那恰恰是宋体尚在演化之中、唐体一度被允许的时期,故前引秦观说"国朝前辈多循唐格",独宋祁、范仲淹"得名于世"。还应当看到,所谓"名家名作",其"名"并非文学价值高而实至名归,而是循场屋程式规范的名篇佳构,是考官们一手

————————

① 《水云村稿》卷一一。
② 如曾枣庄《论宋代律赋》就将律赋与"律诗限制很严,但仍出现了大量名家名作"相提并论。

炒作、搭科举的"车"出"名"的，赋名不过是"进士高第"、"金榜题名"光环的衍射而已，或者竟是托后来高官厚禄的福——宋人喜说某宰相为举子时，赋已如何如何，俨然赋已成谶①，最能说明此点。

三、省题诗、律赋的艺术价值

当然，科场诗赋作为考试工具，也并非一无是处。首先，它的确是个相当理想的工具。如前引苏轼《复改科赋》所说，诗赋"声律切当"，"有所指归"；或如蔡襄所说："点抹细碎，条约纤悉，所司奉之，便于考校。"②严格的程式和音韵规则，实际上就是设置了许多知识点，也就是"考点"，使阅卷官有了可以统一掌握的客观尺度；而这些考点大多属于死的、硬性的"技术"规范而非活的、具有伸缩性的文章评价，故容易做到如《复改科赋》所说的"较轻重也等之如锱铢"，以逼近于"绝对公平"。对于考试的设计者来说，这是不能不考虑的问题，故诗赋优越论者将此作为一条重要理由，并非毫无道理。其二，严格的程式，可以培养锻炼人们超常的驾御文字和调协声韵的能力，也就是"因难见巧"，从而可以较准确地评判举子的智力高下。现存宋初作家的律赋读来铿锵流丽，声文并茂，能给人以视觉、听觉的强烈冲击，这虽是文字游戏

---

① 如吴处厚《青箱杂记》卷一〇评范仲淹《金在熔赋》，以为"公负将相器业、文武全才，亦见于此赋矣"；评王曾《有教无类赋》，谓"宰相陶钧运用之意，已见于此赋矣"；评宋庠《鸳鸟不双赋》，又谓"公之特立独行，魁多士、登元宰，亦见于此赋矣"。
② 《论改科场条制疏》，《蔡忠惠集》卷一九。

的功能,但其美学价值也不必抹杀,正如朱光潜先生所言:"就史实说,诗歌在起源时就已与文字游戏发生密切的关联,而这种关联已一直维持到现在,不曾断绝。再次,就学理说,凡是真正能引起美感经验的东西都有若干的艺术的价值。巧妙的文字游戏,以及技巧的娴熟的运用,可以引起一种美感,也是不容讳言的。"①其三,由于诗赋命题只有大范围,举子必须有十分丰厚的知识积累才能上阵操觚,如孙何所说"非学优才高不能当"②。叶梦得亦曰:"熙宁以前,以诗赋取士,学者无不先遍读'五经'。余见前辈,虽无科名人,亦多能杂举'五经',盖自幼学时习之尔,故终老不忘。"③《文献通考》卷三二引庆元四年(1198)言者云:"今之诗赋,虽未近古,然亦贯穿六艺,驰骋百家,拘以骈俪之制,研精覃思,始能成章。"这对加强士子的学养极为有利。其四,现存宋人文集中的律赋及省题诗,大量是科场外的习作,或登第后的拟作,虽亦按严格的科场程式,但题目乃其自拟,用韵出自选,部分地打破了"礼乐刑政"的桎梏,思想表达较为自由,内容也不无可取。

不过,即如上论,似乎也很难大幅度提升省题诗和律赋的地位。就总体看,也许可以这样定性:宋代场屋所试诗、赋,是由传统诗赋改造而来的、较为理想的科举考试工具,不必用文学的价值标准去要求它们;省题诗、律赋,与明、清时代的八股制艺一样,程式严格,内容空泛,文学精神的被阉割是这类作品的致命伤,为

①《诗论》第二章《诗与谐隐》,第39页。
②《论诗赋取士》,《寓简》卷五引。
③《石林燕语》卷八。

文学史家所不取乃理所当然。但它们毕竟还保留了一定的文学构成要素，特别是科举程式和音韵所打造出来的形式美，仍是一笔可资借鉴的艺术遗产，不必一概否定。只是需记注：既然它们是考试工具，就不要与传统文学混为一谈，更何况连仅供耳目感官享受的形式美，北宋中叶以后也逐渐式微了。

第十章 宋代的科举时文:策论

策、论用于科举考试,始于唐高宗永隆二年(681),高宗在《条流明经进士诏》中规定进士"试杂文两首,识文律者,然后并令试策"①。徐松《登科记考》卷一曰:"按杂文两首,谓箴、铭、论、表之类。"在宋代科举考试中,策、论由于文体相近,与诗赋一样,常被相提并论,像是天生的一对,而试策、试论的科目则比试诗赋、试经义的要多得多:进士科各级考试都有策论;熙宁、绍圣罢诗赋,以经义取士,省试仍要试论一首、策五道;元祐更化,实行经义、诗赋兼收,无论是经义进士还是诗赋进士,都要试论一首,子史、时务策二道;南宋时进士经义、诗赋分科,也都要试论一首、策三道。熙宁以后直至宋末,无论进士科的解试、省试如何变,殿试专用策,一直未改。制科先要进策论五十篇,"阁试"试六论,殿试对策。因此,在宋代整个科举考试中,不考策论的,就只有熙宁前的诸科②,

---

① 《唐大诏令集》卷一〇六。唐代科举试策论概况,参见本书第二章第一节。
② 仁宗初诸科不究经旨的,仍可对策一道,而这时期创立的明经科,亦要考
  时务策三道。

以及绍圣以后所设词科了。除科场外，各级学校考试（包括月末、季末的"私试"和年终的"公试"）都要试策论，官员铨试也要试论。总之，策论几乎成了必考的"公共课"，而在诗赋、策论、经义三类时文中，也以策论现存数量最大。各科目试策论的要求（比如道数、每道字数）不尽相同，考试方式也有所区别（如进策、进论不作于考场，进策的体制与场屋对策异）①，但就文体论，各种考试的论（包括进论）、进策、对策，都是基本相同的，故本章以考察论、策的命题、体式及其作法为重点。

第一节　策论及其在宋代科举考试中的地位

居上位者向下属咨询政务，是"策问"的萌芽，这在先秦就有了。而作为文体的"策"，则始于汉文帝策问贤良，一开始就用于考试。明吴讷《文章辨体序说》曰："按《说文》：策者，谋也。凡录政化得失显而问之，谓之对策。考之于史，实始汉之晁错。"汉代的"策"又分"对策"和"射策"两类。《文心雕龙·议对》曰："对策者，应诏而陈政也；射策者，探事而献说也。言中理准，譬射侯中的；二名虽殊，即议之别体也。"又《唐摭言》卷一《试杂文》：

> 进士科与隽、秀同源异派，所试皆答策而已。两汉之制，有射策、对策。二义者何？射者，谓列策于几案，贡人以矢投

①以上所述各科策论考试只是概况，详见本书第二、三两章，此不赘。

之,随所中而对之也;对则明以策问授其人,而观其臧否也。

两者的区别很清楚:"对策"于所答题目没有选择性,给什么题就答什么题。而"射策"正相反,它是"探事而献说","随所中而对之",看似颇具选择空间,但却完全是盲目的。在唐以后的考试中,"射策"被取消了,除传统的对策外,增加了进策。明徐师曾《文体明辨序说·策》曰:

> 夫策士之制,始于汉文,晁错所对,蔚为举首。自是而后,天子往往临轩策士,而有司亦以策举人,其制迄今用之。又,学士大夫有私自议政而上进者(原注:如宋苏洵《几策》,苏轼《策略》《策别》《策断》,苏辙、秦观《进策》之类)。三者均谓之策,而体各不同,故今汇而辩之:一曰制策,天子称制以问而对者是也;二曰试策,有司以策试士而对者是也;三曰进策,著策而上进者是也。

徐氏将策分为三类,其实皇帝的制策与有司的试策本质相同,只是制策是以皇帝的口吻发问,为表示尊重,故别立为一类。当然,制策也有与试策不同之处,如殿试制策要求三千字以上,而试策(如省试)只要求千字以上。但这并非质的区别,而是策在该次考试中所占的比重不同:殿试只试一场,而省试有三场或四场。因此,我们可以将制策归并到试策,把策只分为两类:试策与进策。试策即"对策",要求回答所给出的子、史书或时务问题。

"论"之立名，刘勰说始于《论语》，主要功能在"辨正然否"①。《论语》是语录而非论体，故作为文之一体，当始于荀子《天论》，汉代贾谊的《过秦论》已相当成熟。

策、论两科，既有同也有异。同的是二者都是议论文，以观人之识见高下；异的是考试目的、内容和写作方法都有区别。苏轼说："试之论以观其所以是非于古之人，试之策以观其所以措置于今之世。"②则论在议古，策在论今。刘挚又曰："论以观其识，策以观其材。"③论在于考核举子的理论水平和是非判断能力，策在于观察其谋画措置当世之务的本领。前者务虚，后者务实。论乃命题作论说文，策为回答考官问题。当然，这只是就其大较而言，比如策，除时务策是措置今世外，子、史策则是替古人"措置"了；而即便是论时务，也往往依经史以立说，熔古今为一炉，古今、虚实并没有不可逾越的鸿沟。

我们在本书第二章第一节中已说过，宋初上继唐五代"以诗赋取士"的传统，进士科考试以诗、赋为先，然后试论一首，策五道，以及贴经、墨义④，而实行"逐场去留"，即诗赋合格再看策论，实际上是"但以诗赋进退，不考文论"（详下引冯拯言），策论在这时的地位并不重要。宋太宗淳化三年（992）状元孙何，曾论诗赋取士的优越性，而对策论甚为鄙视，他说：

---

①《文心雕龙·论说》。
②苏轼《谢梅龙图书》，《苏轼文集》卷四九。
③《论取士并乞复贤良科疏》，《忠肃集》卷四。又《宋史》卷四一九《曾从龙传》载曾氏嘉定六年（1213）奏，亦有此说。
④见《宋史》卷一五五《选举志一》。

唐有天下,科试愈盛,……名儒钜贤,比比而出。……持文衡者岂不知诗赋不如策问之近古也?盖策问之目不过礼乐刑政,兵戎赋舆,岁时灾祥,吏治得失,可以备拟,可以曼衍,故污漫而难校,溾忍而少功,词多陈熟,理无适莫。①

　　到真宗、仁宗时代,策论的地位逐步上升,而以真、仁二帝为界,可分为两个时期。第一个时期是真宗朝,由以诗赋进退到"兼考"策论。真宗大中祥符元年(1008)正月癸未,"冯拯曰:比来自试,但以诗赋进退,不考文论。江浙士人专业诗赋,以取科第。望令于诗赋人内兼考策论。上然之"②。天禧元年(1017)九月癸亥,右正言鲁宗道言:"进士所试诗赋,不近治道。"真宗谓辅臣曰:"前已降诏,进士兼取策论……可申明之。"③但所谓"兼考"或"兼取",这时似乎还只有"政策",没有实施的配套措施。从现存史料看,虽策论的重要性已被提出,然其实际地位并没有显著上升。

　　第二个时期是仁宗朝。叶清臣"天圣二年(1024)举进士,知举刘筠奇所对策,擢第二。宋进士以策擢高第,自清臣始"④。这是迈出了实质性的一步,即策论在进士录取中的份量骤然加重。天圣五年正月六日,仁宗诏贡院:"将来考试进士,不得只于诗赋进退等第,今后参考策论,以定优劣。"⑤同年,范仲淹作《上执政

------

①《寓简》卷五。他论诗赋之优越,见本书第二章第一节引。
②《续资治通鉴长编》卷六八。
③《续资治通鉴长编》卷九〇。
④《宋史》卷二九五《叶清臣传》。
⑤《宋会要辑稿·选举》三之一五。

书》，提出了一个更大胆的设想："倘使呈试之日，先策论以观其大要，次诗赋以观其全才，以大要定其去留，以全才升其等级，有讲贯者别加考试，人必强学，副其精举。"①这是要改为以策论定去留，以诗赋进退等第。庆历二年（1042）正月，李淑又提出进士考试"先策，次论，次赋，次贴经、墨义，而敕有司并试四场，通较工拙，毋以一场得失为去留。诏有司议，稍施行焉"②。庆历四年，臣僚上言改更贡举进士所试诗赋策论先后，诏下两制详议，知谏院欧阳修上言，进一步主张"先试以策"、"次试以论"，进行逐场淘汰③。是年三月十三日，翰林学士宋祁等上言，称"近准敕详定贡举条制"，其"详定"后的主要内容，有"先策论过落、简诗赋考式、问诸科大义之法"等内容④。于是仁宗诏"进士试三场，先策，次论，次诗赋，通考为去取，而罢帖经、墨义"⑤。要之，策论在仁宗朝得到大幅提升，至其末年，吕公著谓"南省考校，始专用论、策升黜，议者颇以为当"⑥。

那么，是否如有的学者所论，宋代实际上最重策论，经义诗赋尚在其次，因此可像称唐代为"以诗赋取士"一样，可称宋代为"以

①《范文正公集》卷八。

②《续资治通鉴长编》卷一三五。按：《文献通考》卷三一《选举四》系此事于"宝元（1038—1040）中"。

③《论更改贡举事件劄子》，《欧阳文忠公集》卷一〇四、《文献通考》卷三一《选举四》。

④《宋会要辑稿·选举》三之二三。

⑤《续资治通鉴长编》卷一四七。

⑥司马光《贡院定夺科场不用诗赋状》引吕公著劄子，《温国文正司马公文集》卷二八。此状于英宗治平元年（1064）四月上。

策论取士"呢？我们认为还不能这样说。从上述真、仁两朝看，策论的地位虽上升，但始终是用来"兼考"——即用以定名次"升黜"、"进退等第"。仁宗时虽有不少大臣主张先策、论过落，也就是以策论定去留，即将宋初诗赋、策论的位置进行颠倒，但仁宗的最终裁定，仍是策论诗赋"通考为去取"，策、论并未取得可以"过落"举子的资格；而所谓"通为去取"，如蔡襄所说："进士虽通试诗赋策论，其实去留专在诗赋。"①苏轼于熙宁三年三月被差为殿试编排官，在所上《拟进士对御试策并引状问》中说："昔祖宗之朝，崇尚辞律，则诗赋之士，曲尽其巧。自嘉祐以来，以古文为贵，则策论盛行于世，而诗赋几至于熄。"②他的话明显是对神宗在此次殿试中取消诗赋而仅用策（详下）有看法，言辞难免偏激，不能作为"嘉祐以来"即以策论取士的确切史料。

神宗初，采取了更为激进的一步：熙宁三年三月八日殿试，"上御集英殿试礼部奏名进士，内出制策曰……旧制，殿试进士以诗、赋、论，特奏名进士一论。至是，进士就席，有司犹给《礼部韵》，及试题出，乃策问也。上顾执政曰：'对策亦何以实尽人材，然愈于以诗赋取人尔。'"③从此之后，殿试"始专以策，定著限以千字"④。由此直到宋亡，以至明、清，殿试都是对策，对策成了封建时代科举考试的"门面"。但因从嘉祐二年（1057）起殿试除杂犯外已免黜落，故对策只要不出现犯讳之类的"硬伤"，是不

①《论改科场条制疏》，《蔡忠惠集》卷一九。
②《苏轼文集》卷九。
③《宋会要辑稿·选举》七之一九。
④《宋史》卷一五五《选举志一》。

关去留的(元祐后连杂犯也免黜落,只是要降等,见前第八章第二节)。

元祐四年(1089)四月十八日,礼部上言立经义、诗赋两科,在省试中拉平了经义、诗赋的地位。共考四场①,"并以四场通定高下去留,不以人数多寡,各取五分"②。元祐五年十月,右正言刘唐老上言,认为"以四场通定高下去留"难有统一的标准,主张"治经者以大义定去留,诗赋而兼经义者以诗赋主取舍,策论止于定高下,不豫去留之例",朝廷"从之",是为"新制"③。

南渡后,建炎二年(1128)五月规定习诗赋人止习诗赋,不兼经义,第一场诗、赋各一首,第二场论一首,第三场策三道。不习诗赋人止习一经,第一场本经义三道,第二场论一首,第三场策三道。绍兴七年(1137)八月戊申,权礼部侍郎吴表臣根据往年科举"或诗赋稍优,不复计策论之精粗"的现象,请求"今年秋试,及将来省闱,其程文并须三场参考,若诗赋虽平,而策论精博,亦不可遗",高宗"如所奏行下"④。"三场参考",看似各考试科目是平等的,但在实际操作中,策论的地位仍不稳定。吴琼说:"省闱中多在后两场(按:即论、策)取人,谚云:三平不如一冠。若三场平平,未必得;若论、策中得一场冠,万无失一。至如方州试(按:指州郡解试),固以第一场(按:考诗、赋)为主,至于定去留时,亦多以后

---

① 四场试及兼经、占经法,详见本书第二章第三节,此不赘。
② 《宋会要辑稿·选举》三之五〇。
③ 《续资治通鉴长编》卷四四九。
④ 《建炎以来系年要录》卷一一三。

两场参考。盖有第一场文字不相上下,则于此辨优劣也。"①但淳熙十二年(1185)十月二日太学博士倪思上言,称"场屋考校,专以经义、诗赋定得失,而以论、策为缓。乞申敕考官……于去取之际稍以策论为重,庶几士子博古通经,皆为有用之学"。孝宗"从之"②。又嘉定四年(1211)十二月二十七日,礼部上言引国子祭酒兼权刑部侍郎刘爚言,谓考试"虽兼策论,而去留之际,必本经义、诗赋"③。这是南宋的情况,因进士科已诗赋、经义分立,各以诗赋、经义定去留乃理所当然,策论仍只是"参考"而已。综上可知,策论在宋代虽广泛运用于各种考试,但始终没有上升到用以"定去留"的地位,吴琼所说"万无失一"的,是策、论"得一场冠",这自然只能是个别人,不具普遍意义。因此,若说宋代进士科"最重策论",可称为"以策论取士",显然不合实际,至少不确切。宋代也许只有制科是以策论去取,但如本书第一章所述,该科时置时罢,应试者寡,整个南宋仅录取一名,实可置而不论。

第二节　策论的命题

唐代试策,有经策、子史策和时务策,从《文苑英华》卷四七三至卷五○二所收策题、对策三十卷共二十多类看,时务策占有很

---

① 《论学绳尺·论诀》之《诸先辈论行文法》引。
② 《宋会要辑稿·选举》五之七。
③ 《宋会要辑稿·选举》六之一○。

大的比重。宋代因经义兴起,策主要分子、史和时务两大类,以时务策为主,但也有经策。如陈亮《六经发题》《语孟发题》①,每有"愿与诸君"如何如何语,显然是拟经策题。试论"自来不涉时务"(见下引陈价语),主要在经、史、子书中出题。这是由策主论今、而论主议古的功能分工所决定的。

宋代策论的出题(特别是策题),较之唐代有如下一些新变:

一是反对"异端"。由于宋初儒学复古运动的兴起,排佛、老成为思潮,这也反映到出题之中。景祐五年(1038)正月八日知制诰李淑言:"切见近日发解进士,多取别书、小说、古人文集,或移合经注,以为题目,竞务新奥。臣以为朝廷崇学取士,本欲兴崇风教,反使后进习尚异端,非所以化成之义也。"于是,他主张从国子监有印本的书中出题。诏可②。庆历四年(1044)三月,宋祁奏上《详定贡举条制》,规定"策题即通问历代书史及时务,并不得于偏僻小处文字中(出)"③。元祐二年(1087)正月十五日诏:"自今举人程试……毋引申、韩、释氏之书。考试官于经义、论、策通定去留,毋于《老》、《列》、《庄子》出题。"④这是针对王安石《三经新义》等主张"道德性命"之论的。吕大防《吕公著神道碑》曰:"自熙宁四年(1071),始改科举,罢词赋等,用王安石经义以取士,又以释氏之说解圣人之经。"吕公著提出"禁有司不得以老、庄之书出题,而学者不得以申、韩、佛书为说,经义参用古今诸儒之学,不

---

① 载《陈亮集》卷一〇,中华书局,1987 年校点本。
② 《宋会要辑稿·选举》三之一八。又见同书《崇儒》四之七。
③ 《宋会要辑稿·选举》三之二五。
④ 《宋会要辑稿·选举》三之五〇。

得专用王氏"①。绍圣二年（1095）正月十三日，国子监司业龚原言："续降敕节文，论题并于子、史书出，唯不得于《老》、《列》、《庄子》出题。缘祖宗以来科场出题，于诸子书并无简择，乞删除前条。"哲宗"从之"②。这又恢复了王氏新学在科举考试中的地位③。靖康元年（1126）四月己未，钦宗诏曰："科举依祖宗法，以诗赋取士，禁用《庄》、《老》及王安石《字说》。"④从此，《老》《庄》遂退出论题的出题范围。

二是南宋时的论题，命题范围扩大到个别文集及"诸史"。绍兴八年（1138）五月十二日诏："韩愈《昌黎集》中有佐佑六经、不抵牾圣人之道者，并许出题。"从翰林学士、知贡举朱震请也⑤。故现存《论学绳尺》中，就保存有从韩愈《原道》命题的论二篇、《进学解》命题的一篇。由于国家分裂，故注意到所谓"偏霸"时代的历史，即所谓"诸史"。淳熙十二年（1185）十月二日，太学博士倪思上言，请改变"视史学为轻"的现象，特别要重视三国、六朝、五代史，"乞申敕考官命题杂出诸史，无所拘忌"⑥。

三是在南北对峙的时代，不准策问边防时务。淳熙十四年五月九日，右谏议大夫陈价言："近者充员典举，备阅诸路试题，其间

---

① 《续资治通鉴长编》卷三九四引。
② 《宋会要辑稿·选举》三之五六。
③ 关于王安石新学中的"道德性命"论及其佛老倾向，详见本书第十四章第二节。
④ 李埴《皇宋十朝纲要》卷一九，《续修四库全书》本。
⑤ 《宋会要辑稿·选举》四之二五。
⑥ 《宋会要辑稿·选举》五之八。

有一时发策，莫非边防急切之务，流传所至，危害甚大。乞自今内外场屋凡事涉边防利害机密，不许发为问目，严立法禁止，遵令依旧式泛问古今，诚非小补。伏见今来约束，除经义、诗赋许印行外，其余策论并令禁止。所有论卷，自来不涉时务，乞许赐颁行。"孝宗"从之"①。

四是试策掺入党争。宋代政治，从仁宗时代起就党争不断，特别著名的，北宋有庆历党争，神宗时的新、旧党争，后来发展为元祐党祸；南宋有绍兴党禁、庆元党祸等。时务策既言"时务"，不可避免地要涉及当时政治，举子有意无意地也就掺和到党争中去，这点我们还将在本章第六节中论及。

除上述外，南宋策题及对策还有一个有争议的问题，即可否用本朝"祖宗故事"。淳熙十四年（1187）二月三十日，翰林学士、知制诰洪迈、权刑部尚书葛邲、右谏议大夫陈贾上言称："仰惟祖宗事实，载在国史，稽诸法令，不许私自传习。而举子左掠右取，不过采诸传记、杂说，以为场屋之备，牵强引用，类多讹舛。"因乞将"妄论祖宗"者"严加黜落"。孝宗"从之"②。次年十一月十八日，国子祭酒何澹上言，提出了完全相反的意见："去岁春闱，有司申请今后程文不许用祖宗故事，臣窃以为未然。祖宗盛德大业……设使士子平日不能究讲，则异时从政，沿革废置有所不知，动必乖谬。乞今后士子答策，许用祖宗故事。其余或引证谬误

①《宋会要辑稿·选举》五之一一。
②《宋会要辑稿·选举》五之一〇。

者,不许收使。"①既而臣僚奏,去岁之所以有请,是因为"程文引用祖宗事实,类多诋舛,不择轻重",并非禁止不用。"若考官命题问及时务,使士子不得用本朝故事,则将何辞以对乎?"礼部奉诏议,"据国子博士孙逢吉等申,今后命题杂以政治所关,士子对策许用祖宗故事显然而有据者。若引证诋舛,或辄用野史杂说,即行黜落",并请下诸路州军遵守施行。从之②。但问本朝故事亦有弊端。嘉泰元年(1201)十二月二十四日,起居舍人章良能陈省闱利害四事,其四为:"国朝正史与凡《实录》、《会要》等书,崇护惟谨,人间私藏,具有法禁,惟公卿子弟,或因父兄,得以窃窥。而有力之家,冒禁传写,至于寒远士子,何缘得知。而近时乃取本朝故事藏匿本末,发为策问,是责寒远之士以素所不见之书,欲其通习,无乃不近人情?乞今后策题如系本朝事实,并须明白指问,不得藏匿本末,庶几草茅寒士,不至独为所困。"并从之③。一方面要求"许用祖宗故事显然而有据者",一方面却法禁私藏本朝史,这种严重的不对称,显然是很荒唐的。这只能说明统治者为了随时涂改历史而严禁本朝史流传的文化专制和愚民政策,造成了左右为难的尴尬。

---

①《宋会要辑稿·选举》五之一一。
②《宋会要辑稿·选举》五之一二。
③《宋会要辑稿·选举》五之二四。上奏人名、官名,据《文献通考》卷三二《选举五》补。

第三节　宋代的试论

宋代的进策与"论"的作法相近，而南宋后研究论体文写法的学者甚多，因此我们先从试论说起，下节再谈试策。

"论"在宋代科举考试中使用的频率很高，以至于"每试必有一论"①。试论不涉时事，题目从经、子、史书中出（自试经义之后，题目范围主要在子、史），每道限五百字以上。景祐四年（1037）丁度等修《礼部韵略》，其《附韵条制》规定试论入"不考"的，除"文理纰缪；不识题，漏写官题；用庙讳、御名"这些必须共同遵守的条款外，犹有"论少三十六字"一条。庆历四年（1044）三月十三日，翰林学士宋祁等上《详定贡举条制》，其中有《策论诗赋不考式十五条》，涉及论的是"少五十字"②，较丁度所订稍宽。宋代试论中，以制科的"阁试"六论最难，出题刁钻，有所谓明题、暗题、疑题、顽题等十种，本书第三章第二节已详论，这里不赘，而主要讨论一般论体文的结构程式和行文法则。

一、论体文程式的形成

论体文如论、进策都是古文，初无定格，如二苏策论纵横捭阖，挥洒自如。秦观元祐间应制举时所作论策，据说吕本中认为

---

①《四库提要·〈论学绳尺〉提要》。
②《宋会要辑稿·选举》三之二六。

"五十篇只用一格"。《文献通考》卷二三七著录《淮海集》三十卷,引玉山汪氏(应辰)云:

> 居仁吕公(吕本中)云:秦少游应制科,问东坡文字科纽,坡云:"但如公《上吕申公书》足矣。"故少游五十篇只用一格,前辈如黄鲁直、陈无己皆极口称道之。后来读书,初不知其为奇也。吕丈所取者,盖以文章之工,固不待言;而尤可为后人模楷者,盖篇篇皆有首尾,无一字乱说,如人相见,接引应对茶汤之类,自有次序,不可或先或后也。

苏轼所说的《上吕申公书》,收在《淮海集》卷三〇,题作《上吕晦叔(公著)书》,主要论述秦观对两汉人物的看法。秦观根据对霍光、李固的分析,得出"大抵西汉之士,器识优于学术,故多成功而名不足;东汉之士,学术优于器识,故多令名而功不成"的结论。苏轼所说"文字科纽"盖指此,故秦观进论中,有关于霍光、李固等的系列论文,而并非授其策论作法。黄庭坚《晚泊长沙示秦处度范元实用寄明略和父五首》其五曰:"少游五十策,其言明且清。笔墨深关键,开阖见日星。陈友评斯文,如钟磬鼓声。谁能续凤鸣,洗耳听两甥。"①诗中的"陈友",任渊注"谓无己",即陈师道。黄庭坚除论及秦氏策论内容外,还赞扬其文章"关键"及"开阖"之妙。吕本中以他江西派诗法的眼光,更看出"只用一格"。但事实上并非如此,如《晁错论》开首曰:"臣闻世之论者,皆以为汉用

---

① 《黄庭坚诗集注》卷一九,中华书局,2003 年校点本。

袁盎之谋,斩晁错以谢天下为非是。以臣观之,汉斩错,七国之兵所以破也。"这是直接入题,而没有后来程式论的所谓破题、接题、小讲等环节。但像《李固论》①,开篇为:"取天下者,必有功臣;守天下者,必有名臣。虽然,有国家者宁无功臣,不可以无名臣。何则?……"与南宋的程式就很接近了。这说明,在元祐时策论还没有固定的格式,秦观始注意所谓首、接引、应对、尾等文章体段,虽与南宋论体文严格的程式尚有距离,但已显出朝程式化方向前进的趋势,而鼓吹诗歌"活法"论的江西派作家成了热心的提倡者。

宋代最早系统总结作"论"程式的,是陈傅良(1137—1203)早年所著《止斋论祖》的所谓《论诀》。稍后有吕祖谦(1137—1181)所编《古文关键》,首有"总论"、"看文字法"、看诸大家文法及"论作文法"、"论文字病"等。林子长注、魏天应编的《论学绳尺》,除附陈、吕二氏之论外,犹有戴溪、陈亮、林执善、吴琼、冯椅、危稹、吴镒等数人的言论,以及福唐李先生(其人不详,疑为李弥逊)《论家指要》、欧阳起鸣《论评》、林图南《论行文法》,凡十二家。他们都或详或略地阐说了论体程式及行文方法,说明南宋后期人们对此问题十分关注。

陈傅良《论诀》立"认题"、"立意"、"造语","破题"、"原题"、"讲题"、"使证"、"结尾"八项,前两项("认题"、"立意")是做题时的准备,包括对题目含意的辨析,确立中心思想,以及对全文的总体构思。"造语"是对语言修养方面的要求。后五项则是程式。

---

① 《晁错论》与《李固论》,皆载《淮海集》卷二〇。

《四库提要·〈论学绳尺〉提要》述宋代科举考试中"论"体文的程式化时说：

> 其始尚不拘成格，如苏轼《刑赏忠厚之至论》，自出机杼，未尝屑屑于头、项、心、腹、腰、尾之式。南渡以后，讲求渐密，程式渐严，试官执定格以待人，人亦循其定格以求合，于是"双关""三扇"之说兴，而场屋之作遂别有轨度，虽有纵横奇伟之才，亦不得而越。此编以"绳尺"为名，其以是欤。……其破题、接题、小讲、大讲、入题、原题诸式，实后来八比之滥觞，亦足以见制举之文源流所自出焉。

馆臣认为"论"在"南渡以后讲求渐密，程式渐严"，而经义则在徽宗崇宁后"日竞于巧"（详下章）——这个时间区限很能启迪我们的思维：也许这时人们对散体文的格式愈益明了，但高度程式化又决非偶然，而是特定政治环境中的文化现象。洪迈《容斋三笔》卷一四说："蔡京颛国，以学校科举籍制多士，而为之鹰犬者，又从而羽翼之。士子程文，一言一字稍涉疑忌，必暗黜之。"如不能说"休兵以息民，节用以丰财"之类的话，甚至连与"灾"谐音的"哉"也成了忌讳。高宗时秦桧当权，亦复如此。权奸的政治高压，文网严密，动辄得咎，士子们噤若寒蝉，只能"讲求"形式，争奇斗巧以取胜，于是孕育出程式化了的论、经义这类怪胎。同时，由于策论、经义地位的上升，考官阅卷定等成了难题，而诗赋严格的用韵和结构格式极便考校，可谓化繁为简，这也在客观上提供了方法①,促进了本来是散体文的策论、经义的程式化。

二、论体文的认题与立意

下面我们综合《论学绳尺》所附十二家之论,对论体文的认题、立意和程式进行考察(所引只出论者名氏,不再注出处)。

认题、立意,是动笔作文前的思惟活动,是决定全文成败和高下的关键。

1.认题。认题即常说的"审题",任务是明白题意,找准运思的方向。陈傅良《论诀》说:"凡作文之要,莫先于体认题意。故见题目,则必详观其出处上下文,及细玩其题中有要切字,方可立意。盖看上下文则识其本原,而立意不差;知其要切字,则方可就上面着功夫,此最作论之关键也。"详观出处上下文,是为了准确地把握题意;细玩要切字,是为了找准突破口和切入点。若不明题意、审题错误或偏差,就将郢书燕说,失之毫厘而差之千里,在不考式中叫"不识题";若找不到或找不准切入点,就将无从着笔,虽凑合成篇而不得要领,在不考式中叫"文理纰缪"。

2.立意。立意即确立中心思想。所立之"意",宋人又叫"主意",它是文章的灵魂。陈傅良《论诀》曰:"凡论以立意为先,造语次之。如立意高妙,而遣辞不工,未害为佳论。每先于体认题意者,盖欲其立意之当也。立意既当,造语复工,则万选万中矣。"吴琼曰:"论须熟考上下文,然后立说。主张要在题目外,题目却

---

① 事实上,诗赋格法正是策论、经义程式的依据,详参拙文《南宋古文评点缘起发覆——兼论古文评点的文章学意义》,《四川大学学报》2005 年第四期。

要在主张内,方是好文字。"又云:"会做论人,只是借他题目,说自家道理。"冯椅也认为不要拘于题目,与吴琼看法一致,而说得更具体:"论题有问人物优劣者,若必与之辨优劣,则其说难得出伦。又有置优劣于不足辨而别立一议论者,如徐邦宪《公卿贤良文学之议孰优》、陆唐老《开元辅佐孰贤论》是也,此格最高。"福唐李先生曰:"主意一定,中间要常提缀起,不可放过。"即随时回归和照应中心,不能偏离题意。

由于论体文题出子、史,故制度论、人物论是最常见的两类。福唐李先生对两类题目的立意颇有见解。他论制度题曰:"凡古来制度,古人皆曾有考究了,非待今日始见,立说当本之古人,文意则当出己见。此所谓夺胎换骨之妙。"又论人物题曰:"其人若有未纯处,不可骂尽。虽骂题,切须婉顺,不可直突便骂起,有可出脱处,便须为之回护。"至于"题目有病处,切须回护。如'子谓武未尽善'、'周公未尽仁',知不善回护,便小了圣人。又汉唐君臣互有得失,先包容抑扬、予夺,或始扬而终抑,夺而终予,贵得其当也。"总之,立意的好坏高下,标准就只一个字"当",即合乎实际,当于人情事理,切不可偏激、片面。

三、论体文的结构程式

1.论头(冒子)。作者认题、立意之后,便下笔写作。开篇就是"破题",同时标志着进入了文章"程式"。破题即点明题意。破题只有几句话(后来八股文只两句)。陈傅良说:"破题为论之首,一篇之意皆涵蓄于此,尤当立意详明,句法严整,有浑厚气象。"戴溪曰:"破题欲切而当,欲明而快。"冯椅曰:"破题贵简而切当,含蓄而不晦。一句两句破者上也,其次三句,又其次四句,渐为不得已。破题上所用字,皆是一篇之骨,无虚下者,后面亦须照应。"破题时,题目中的文字一般不能出现在破题中,但题目的意思要包涵在内,也就是要用另一种说法表述题意。启功先生论八股文的破题、题目有如谜面和谜底,破题"即是谜面,所破的题目各字即是谜底"①。其实这个方法正来源于宋人,宋人无论诗赋、策论的破题,大多用此法。但也并非一律,冯椅曰:"破题上当只用题目上字者,须就用,不须外求字代之,盖其字自是一题之主,若别求字代,非惟难得适用,亦缘破题之后,又不可不用题上主字者,又要回顾破题字,则自有妨笔处。"

破题下为承题。承题又叫接题,是上承"破题",进一步说明、展开题意。欧阳起鸣曰:"承题要开阔,欲养下文,渐下莫说尽为佳。欲抑先扬,欲扬先抑,最嫌直致无委曲。"所谓"养下文"就是埋伏笔,留余意。

承题后为小讲。小讲又叫起讲,是发挥题意,即跳开一步别生话题,使文章有曲折。冯椅曰:"小讲处最怕紧,怕繁絮,最要径捷。去得快,却不得苟简,不可失之直,又怕几句叠排文字。每结句,'之'、'乎'、'者'、'也'要照前后,不可重了。小讲中又怕意思头项多,便为他累,才到中间,旋旋入其他意来者,便吃力。要知利害,可节则节,可总则总。小讲中且要斟酌详略,恐是实事题便要入题,最忌前后重复。或前面已详,则入题处便得省文法;或未详,则入题处却不可略。"福唐李先生云:"题下或本意起,或用

---

① 启功《说八股》,启功等著《说八股》,中华书局,2006 年新一版。

证起,或辩难起,或连论头便径说去。本意起贵乎转换,不要重复。用证起贵乎切,不要牵强,不可丛杂。辩难起贵乎是、当,不可泛讲。连论头下径说去,贵乎有议论,不可率略。"他的四"或"字即是给出了小讲的四种方法,以及分别要注意的事项。

小讲后为"入题"。在明、清八股文中,"入题"又叫"入手"、"领题"、"落题"、"领上"。所谓"入题",即收归到原题,进入本文要论说的正题。冯椅曰:"冒头于破题上不曾用得题目上字,则于一两行后必着入,又却不可骤,若骤则又圭角(按:圭角指锋芒),须渐渐引入方浑融。若不来中间入,则需就承题直上,主意亦然。破上未见,则承后渐渐转入可也。冒子中自破而下才数句,或一二行、三四行便入题者须斟酌,盖是题目恐有难说者,亦有当叙源流者,则承后略包几句,便与他入题。然只是史论如此。"他是说,题目的文字一定要在小讲后"着入",即在此处出现题字,这就是所谓"入题"。入题宜"渐"不宜"骤",要转得自然。入题可与小讲合而为一,上引冯椅说"实事题"在小讲处"便要入题,最忌前后重复"。

以上总称"冒头"、"论头"(宋人喜用人体部位比喻文章体段,故有所谓头、项、腹、尾等称呼),又叫"冒子"(后代多作"帽子")。吴琮曰:"冒头是说主张源流,要议论多于事实,行文又欲转换处多。"冯椅曰:"冒子布置便是讲题规模,又忌有重复语意。冒子中语最忌圭角,忌重滞,最宜浑融,宜轻峭,宜轻快。"又曰:"冒头贵简劲、明切、圆活、警策,不吃力,不费辞,不迂。"欧阳起鸣曰:"论头乃一篇纲领,破题又论头纲领,两三句间要括一篇意。"福唐李先生云:"论头恰是初状题,有是处,有不意处,当且含洪说,不可说太尽,不可说太直,不可说太泛,亦不可太拘。"总之,冒子要做得大些、概括些,具有包容性和可持续性,这样才能为后文开辟出较大的发挥空间。宋人特重冒子,叶适曾在《题林秀才文集》中写道:"林君自言贤良宏词、杂论著凡三千篇,时文亦三千篇,然犹不得与黄策中所谓一冒子者较其工拙。"①可见"冒子"的份量。对于场屋举子而言,作"论"最关键的就是冒子中的破题,"论之去取,实系于破题。破题不佳,后虽有过人之文,有司亦不复看"(陈傅良《论诀》)。破题既重要,也最难,孙奕《履斋示儿编》卷八认为:"为文有三难:命意,上也;破题,次也;遣辞,又其次也。不善遣辞,则莫能敷畅其意;不善涵蓄题意,破题何自而道尽哉?则是破题尤难者也。"

2. 论项。"冒子"后是"原题",又叫"论项"。陈傅良曰:"题下正咽喉之地,推原题意之本原,皆在于此。若题下无力,则一篇可知。或设议论,或便说题目,或使譬喻,或使故事,要之皆欲推明主意而已。"戴溪说"原题贵新"。欧阳起鸣曰:"题下多有体,先看主意如何,却生一议论起来,或行数句淡文,或立意用事起,或设疑反难起。要之,初学发轫,设疑为易,后用事证佐,则不枯。"原题是将题目内涵进一步具体化,并与"主意"联系起来,为全文设定一个限制性的方向,故它是通往文章主体的桥梁。

3. 论腹。又叫"讲题",也称"大讲",是论文的全面展开,也是全文的主干。陈傅良曰:"讲题谓之论腹,贵乎圆转议论,备讲一题之意。然初入讲处最要过度精密,与题下浑然,使人读之不

---

① 《水心文集》卷二九。

觉其为讲题也。大凡讲题,事实处须是反复铺叙,方得用语圆转;又需时时缴归题意,方得紧切。如小儿随人入市,数步一回顾,则无失路;若一去不复反,则人与儿两失矣,初学论者最宜加省。"欧阳起鸣认为论腹"铺叙要丰赡,最怕文字直致无委曲。欲抑则先扬,欲扬则先抑,中间反复,唯意所之。大概初入须是要宽缓,结杀处要得紧而又紧",对作者来说,这部分发挥空间最大,但须"时时缴归题意",即不能离题。

4. 论尾。又叫"结尾",陈傅良曰:"结尾正论关锁之地,尤要造语精密,遣文顺快。盖精密则有文外之意,使人读之而愈不穷;顺快则见才力不乏,使人读之而有余味。凡为论,未举笔之前,而一篇之规模已备于胸中;凡结尾,当如(疑脱"何")反复,如何议论,已寓深意于论首。故一论之意,首尾贯穿,无阙断处,文有余而意不尽。若至讲后而始思量结尾,则意穷而复求意,必无是理,纵求得新意,亦必不复浑全矣。"他特别注重首尾呼应,以求余味无穷。欧阳起鸣认为论尾"如第八韵赋相似。赋末韵多有警语;如俳优散场相似,前辈所谓打猛诨出,却打猛诨入。或先褒后贬,或先抑后扬,或短中求长,或众中拈一,或以冷语结,或以经句结。但末梢文字最嫌软弱,更须百丈竿头,复进一步"。他强调结尾要警策、出采。

除上述头、项、腹、尾外,宋代学者还认为有"论心"、"论腰"和"使证"。

"论心"在论项与论腹之间。欧阳起鸣《论评》即有"论心",他举例说:"如《汉唐君臣论》,以帝王、君臣作权衡;如《荀扬论》,以孔孟做权衡;如《帝王论》,用天地譬喻等形容。"这是在"原题"

（论项）后再拓开一层，用类比、衬托的方法，使之与大讲（论腹）间有个过渡，让文章层次更加丰富。因在项、腹之间，故称"心"。

"论腰"在论腹与论尾之间。欧阳起鸣《论评》有"论腰"，曰："变态极多，大凡转一转，发尽本题余意。或譬喻，或经句，或借反意相形，或立说断题，如平洋寸草中突出一小峰，则耸人耳目。到此处，文字要得苍而健，耸而新，若有腹无腰竟转尾，则文字直了，殊觉意味浅促。"则论腰是腹与尾之间的一个小层次，目的是增加曲折，使文章显得有张力和厚度。

陈傅良《论诀》认为在讲题之后还有使证，但在他的时代已经"不拘"了："讲后使证，此论之常格，今则不拘。盖今之为论，多于题下便使事引证，正讲后但随事议论，则或征之，而正使事证题者盖寡。然初学者不可不依常格。善使事者，但一二句至三五句，而题意已了然。前辈尝谓：学者使事，不可反为事所使。此至论也。"所谓"使证"，应当是讲题的一部分，一般行文也是"随事议论"，没有单立的必要，只是初学者或不善于结合，故需"依常格"。"使证"比较自由，只要能"发尽本题余意"即可。

四、论体文的行文格法

1. 间架布置。"间架布置"一语出福唐李先生《论家指要》，他说："间架布置，前后证据，须要明整洁净，却不要似策。策文方，论文圆；策文直，论文峻；策文易，论文险。相对句多，非格也。"但他并非论"间架布置"之法，而是说策、论风格之异。元末明初曾鼎撰《文式》卷下引苏伯衡《述文法》所说的"布置"，方是"间架布置"之意："凡遇题目，须先命意，大意既立，又须区处如何起,如何承接,如何收拾,此之谓布置。既定,抑扬以达其辞,反复以致其意,血脉之流通,首尾之照应,则善矣。"由此看来,"间架布置"就是全文谋篇布局之法,立意之后就要有此"腹稿"了。吕祖谦云:"作论要首尾相应,及过处有血脉。论不要似义(按指经义)方,要活法圆转。论之段片或多,必须一开一合,方有收拾。论之缴结处须要着些精神,要斩截。论之转换处须是有力,不假助词而自接连者为上。若他人所详者我略,他人所略者我详。"他说到了如何处理首尾、过处、各段落、缴结及转换处的相互关系或着笔窍门。林执善曰:"作论当如文与可画竹,皆先有成竹于胸中,若胸无一篇成说,逐步揣摩,旋生议论,安有浑成气象?"总之,间架布置全靠作者构思,一定要"胸有成竹",不可临时凑合。

2. 行文方法。林图南《论行文法》列扬文(凡欲扬必先抑)、抑文(凡欲抑必先扬)、急文、缓文、死文、生文、报施文(亦名顾兔文)、折腰体、蜂腰体、掉头体、单头体、双关体、三扇体、征雁不成行体(亦名雁断群体)、鹤膝体,凡十五种,各举例文,并加按语说明。这些所谓的"文"或"体",实际上是行文技巧、论证方法,或不同类型的层次设置法等。如"死文"是"道尽其意,言到此而不能再发者";与此相反,"生文"便是"意未尽",有发挥余地。又如"双关",举方能甫《光武以柔道理天下论》(文长不录,下同),按曰:"先开其刚,与刚、柔作两门关,取柔放其中;开其定天下、治天下作两门关,取理天下放其中,是之谓双关体。"即取相互矛盾或性质不同的两对事,以作对比论说。再如"三扇体",举黄诠《颜渊仲弓问仁论》,论"天下之所谓问",设"未有所得"而问、"所得未深"而问、"自衒"而问三种可能,然后一一否定,于是引出"问"的另一层道理。这就是所谓"三扇体"。"三扇"即三层并列的设论,这样可使文章更加跌宕丰满。

3. 造语、修辞与用字。陈傅良曰:"造语有三:一贵圆转周旋,二贵过度精密。三贵精奇警拔。凡造语警拔,则当于下字上着功夫。盖下字既工,则句语自然警拔矣。"这是论语言风格。至于修辞,危稹云:"论中使譬喻,须一句比喻,一句使实事,为上格。如俞汝谐《鲁一变至于道论》:'学奕方勤,而鸿鹄将至(原注:譬喻),女乐既受,则圣人不容于不行。'如章颖《孝文几致刑措论》:'万物群生,而一物独枯,则造化非全功。举天下皆化,而犹有未化者焉,则君子非全仁。满堂燕笑,而未免向隅之泣(原注:譬喻)。海内兴于礼义,而断狱数百,吏犹有藉手焉。'此论是也。如'瑟之方弦,而求雅颂之师;玉之未琢,而不试于拙工之手',此类未为上也。"后例两事皆比喻,故谓"未为上"。吴镒曰:"用字法,如《治天下审所尚》云'孰为利,孰不为利;孰为害,孰不为害',何不曰'孰为利,孰为不利;孰为害,孰为不害'? 以此推之,可知用字法。"他认为用"孰不为利"不如"孰为不利",盖前者变换了词序,读来拗口,而后句更顺畅。又福唐李先生论用字法曰:"前辈用字,皆与题称,如读颜拭《齐晋比子仪论》,便见奋发意;读郑祖狄《奇节论》,便见复仇意。"

4. 全篇总论。福唐李先生《论家旨要》有"全篇总论",但他更多的是论全文谋篇布局,上文已引。宋代其他学者有总论全篇的,即并非专论论体文的某一程式或部位,而是对全文提出总体要求。如吕祖谦《论作文法》,有"笔健而不粗,意深而不晦,句新而不怪,语新而不狂,常中有变,正中有奇,题常则意新,意常则语新,词源浩渺而不失之冗"等,其下还有曲折、反复、上下、离合、聚散、前后等等。戴溪云:"史论易粗,宜纯粹;性理论易晦,宜明白。……据古文为文法,立己见为新意。议论贵含蓄,譬喻贵警拔。以题用事贵不迫,以意用事贵不露。"陈亮曰:"大凡论不必作好言语,意与理胜,则文字自然超众。故大手之文,不为诡异之体而自然宏富,不为险怪之辞而自然典丽。奇寓于纯粹之中,巧藏于和易之内。不善学文者,不求高于理与意,而务求于文采辞句之间,则亦陋矣。……理得而辞顺,文章自然出群拔萃。"①吴镒又曰:"作史论题讲中不须多,本题题事若多叙,则苟有百事亦须叙百事,非要法也,不若取其事之大节者举之而已。"又谓"论体有七:一、圆转;二、谨严;三、多意而不杂;四、含蓄而不露;五、结上生下,其势如贯珠;六、首尾相应,其势如击蛇;七、结一篇之意,常欲有不尽之意,如《清庙》三叹之遗音"。要之,各家所论涉及到语言风格、结构、取材技巧等,显得较驳杂,但都关乎全篇的行文法。

5. 体制格法。宋人又喜用"体"或"格"将论体文进行分类。如吕祖谦《古文关键》卷上有"箴规攻击体"(韩愈《诤臣论》,又谓是"意胜反题格")、"感慨讥讽体"(柳宗元《捕蛇者说》)、"攻击辩诘体"(柳宗元《与韩愈论史官书》)、"反题格"(欧阳修《春秋论》)等。他所举不全是论体文,但如戴溪所说,论要"据古文为文法",故学习古文可写好时文。《论学绳尺》十卷共分八十七格,所选一百五十六篇论体文,即系于各"格"之下。"格"有不少重复

---

① 按:陈亮语见所作《书作论法后》,中华书局校点本《陈亮集》卷二五。

或相近①,显得繁琐,但它对文章的切入点,以及结构布置、论证方法的差别,的确又辨析入微。如卷一有"立说贯题格"、"贯二为一格"、"推原本文格"、"立说遵题格"、"指切要字格"、"指题要字格",各有论二篇。其中"指切要字格"、"指题要字格",看似仅一字之差,但写作方法就有所不同。"指切要字格"所举杨茂子《太宗锐情经术》,"立说"为:"太宗情之锐,是用心刚处。"则文章的切入点是太宗对经术的"锐情",全篇即围绕这两个字做文章。而"指题要字格"则不同,如所举徐霖《太宗治人之本》,"立说"曰:"刺史之职,乃天下大势植立之本。太宗之治天下而归重于刺史,乃深根固蒂之仁也。"则全篇的切入点是"刺史"。这个"要字"虽非出自题目,但却是题目应有之义。由此可见,"指切"之"切",是切题中已有的要字,而"指题"则是从题意中引伸出来的要字,是可以分清的。

五、论体文举例

为了将上述作"论"程式的理论具体化,下面录《四库全书存目丛书》影印明成化本《蛟峰批点止斋论祖·乙之体》中的第一篇《山西诸将孰优论》为例,略加分析。这是一道史论题,出自《汉书·赵充国传》,该传"赞"曰:"秦汉以来,山东出相,山西出将。"列举秦将军白起以下多人,其中有苏武、赵充国。然后说:"此其可称列者也,其余不可胜数。何则? 山西天水、陇西、安定、北地

---

① 张海鸥、孙耀斌《〈论学绳尺〉与南宋论体文及南宋论学》谓"去其重复,实有五十四格"。见《文学遗产》2006 年第一期。

处势迫近羌胡，民俗修习战备，高上勇力鞍马射骑。……其风声气俗自古而然，今之歌谣慷慨，风流犹存耳。"陈傅良从所举山西诸将中选择苏武、赵充国二人论之。据方逢辰评，该文不仅"得论之体"，而且其"格制合于今者"——也就是说，它虽是南宋前期的作品，却与南宋末的程式一致，故通过此篇，即可以看到差不多整个南宋"论"体的程式了（正文中夹注小字，为方逢辰批）。

山西诸将孰优论

习俗 山西。之移人，虽贤者 诸将。不能自免；于贤者不能自免之中，而挺然特异者，是未可以习俗之移者例论矣。
一篇之意，尽在一破。

何则？习俗所积，士之气质迁焉。惟迁于习俗，故皆诱于其所长，而不知陷于其所短。 自然，起得有理。其间能有所见，表立于品汇侪伍之中者，盖艰其人。 如此，轻通可法。

君子之论人，乌可以例取之哉！汉之诸将，山西之族居多。然风声气习，喜功名而乏器识，优于勇敢，而劣于涵养。
两句包尽。

虽贤者犹化之，而无浑厚深沉之习，独充国、苏武二子挺乎其中，似非山西人物，班固立论不能抑扬之，而猥以例取。汉山西诸将孰优，微二子，吾孰与归！且论人于燕、赵，不当取其慷慨，而当取其深沉；论人于邹、鲁，不当取其浮华，而当取其忠朴。 先立个断例，是一格。盖举世皆有，则有者不足贵；俗之所无，则绝无而仅有者，斯可喜也。 说醒上意。

大抵湍水无纵鳞，风林无宁翼，三家之市无千金之子，其居使之然也。 喻有。习俗移人,鼓舞变化,虽贤者堕其中而不自觉。齐人多诈,公孙洪(宏)儒者犹为之;楚人深于怨,虽屈原之贤,不能自免也。 用事证贤者不能免。呜呼,孰谓山西风声气习,而有苏、赵二子者乎! 上面说习俗能如此移人,此止一句,缴归二子,省力。

自秦之兴,功利之说一开于商君之齿颊, 从秦说起,见得汉之习俗积非一日。诗书礼义之泽斩然于李斯之手,士之雍容宽大之气又摧败丧折于始皇敲朴之下,其民安于战斗,狃于攘夺,颉颃相高,所欲奋角距而拚且噬者,到汉犹未泯也。贤如李广,以"敢"目之可也;贤如傅子,以"锐"目之可也;贤如辛子,以"介"目之可也, 此皆贤者,不能免。其深沉浑厚何有哉!数子之余,益不足道。 须要此一语括未尽者。孰谓山西风声气习,而有苏、赵二子者乎! 又用一句缴归二子。

夫充国以方隆之汉,毙垂尽之先零,振兵压境,虽以无道行之,灭此而后朝食,谁曰不可?武也衔命虏庭,其主欲折而臣之,以其碎首全璧之勇,死于一鼓,以寒毡裘之胆,似可快也。是何充国舒徐容与,以孩提视罕开之属,方休兵囤田,以厚吾之势,而弱其力,以徐俟其自定。武亦鲜腆倨傲,以虚舟飘瓦视单于之横逆,虽滨于死者数四,终不肯为匹夫匹妇之谅,泽乎其容,浩乎其气,不衰也。 看他用事,只模仿当时气象,而深沉浑厚已在其中,可学。呜呼,岂惟山西,虽汉之诸将,孰有出于二人之右者乎! 深一步缴。

为将之道, 立论。不忧其无功,而忧其贪功; 充国。不贵其敢死,而贵其能处死。 苏武。故夫 断。微危幸衅,果于一决之怒,非国家之福;而养威持重,忠于君而不携贰者,真爱国之将也。孰谓山西之风声气习,而有爱国之将如斯人也哉！　又深一步,缴入个爱国字去。况天下之事,沮于群议者易变,而鼓于众人之口者易夺也。充国上囤田之计而破羌虏,诸将恶其成而乐其败者交至。武之在匈奴,李陵、卫律之徒劫刺耳语者非一人也。而二子视之若无,曾不加动,　此尤难处。守之愈固,居之愈安,作之愈高。非其爱国之心出于天赋,孰能至是乎！　自原题至此,凡五缴,皆一层高一层,是一格。

　　孟坚作史不能轻重言之,噫！后世无君子之论,则二子亦山西人耳。　只用一句责史臣。此样说得多,却又无味。

　　文中第一自然段为破题。方逢辰评曰:"盖说'习俗',乃所以含'山西'意;说'贤者不能免',乃所以含'诸将'意。如此,则题目尽在其中,又不刻画。"虽习俗移人,但山西诸将中仍有"挺然特异"者,也就是有"优"者,这便为下文埋了伏笔。破题不能直说题目,故用"习俗"含山西,"贤者"含诸将。

　　第二自然段,即从"何则"至"盖艰其人"数句,为承题,用诘问语"何则"进一步说明"优"者甚少。

　　第三自然段,即从"君子之论人"至"劣于涵养",为小讲,也是入题——题目诸字在文中出现;说明汉代山西诸将虽佼佼者"盖艰其人",但不可一例视之,即谓仍有"挺然特异"的,为后文埋下伏笔。

　　以上三个自然段,总曰"冒子"。

　　第四自然段,即从"虽贤者"至"斯可喜也",为原题,具体说山西人物,唯赵充国、苏武最优。方逢辰评曰:"提出赵充国、苏武,称其浑厚深沉,优劣题须如此。"

第五至第八自然段,即从"大抵湍水无纵鳞"至"孰能至是乎",为大讲。所谓"大讲",如陈傅良所说,既"反复铺叙",用语圆转;"又需时时缴归题意"——大讲中用了四缴(连原题为五缴),故显得"紧切"。大讲是全文的主体,其中包含了使证。

最后一个自然段为结尾,点明题目的出处,说连班固《汉书》都不能分别赵、苏二人的优劣,更不要说后人了。意谓虽本文论苏、赵二人优劣,但二人实难以优劣论。《论学绳尺·论诀》引冯椅曰:"论题有问人物优劣者,若必与之辨优劣,则其说难得出伦。又有置优劣于不足辨而别立一议论者,如徐邦宪《公卿贤良文学之议孰优》、陆唐老《开元辅佐孰贤论》是也,此格最高。"本文即所谓置优劣于不足辨而别立议论,也就是不辨谁优谁劣,而只论二人之优,且以为虽汉之诸将皆无出其右者——论山西而不囿于山西,故谓"此格最高"。不过方氏对后来的模仿者也提出了批评,"此样说得多"便成了俗套,岂止"无味",实在令人生厌。

第四节　宋代的试策

前已言及,策的功能主要在"措置于今之世",自然以能练达世事、经国济时为高,故《文心雕龙·议对》曰:"对策揄扬,大明治道。使事深于政术,理密于时务。酌三五以熔世,而非迂缓之高谈;驭权变以拯俗,而非刻薄之伪论。风恢恢而能远,流洋洋而不溢,王庭之美对也。"但除论今的时务策外,犹有子史策,故策所涉及的知识面极为广博,举子于此也用功尤多。宋淳祐五年(1245)建安人陈子和在为其友人刘达可所编《璧水群英待问会元》所作序中,就说策包括了"天文地理之经,古往今来之事,律历礼乐之精微,文物度数之纤悉,道德性命之隐奥,官事民兵之分画,经史子集之纪载,典章法度之森列",故"随问可以发疑,随疑可以折理"。就考试方法分,策又有两类:著策上进,叫进策、献策;针对策题所提出的问题一一作答,叫试策,又叫"对策"。对策的形式是问答体、段落式,有如现今考试的回答问题,而进策则与撰写论文大致相同。

一、进策

宋代制科须先考核"词业",即进卷,其中的策叫进策,大都为时务策。它与考场上所作策不同,"类多灯窗著述之文"①,即事先预备的。进卷一般为五十篇,策、论各二十五篇,今存苏轼、苏辙、叶适应贤良方正科的进卷都如此②,但也不完全拘限此数,如秦观应著作科的进卷,为策三十篇、论二十篇③,杨万里《心学论》二十篇、《千虑策》三十篇④。有的今仅存策,如李觏《富国安民强

①淳熙四年(1177)七月潘纬奏,见《宋会要辑稿·选举》一一之三三。
②分别见《苏轼文集》卷二至卷四、卷八至卷九,《栾城应诏集》卷一至卷十,《水心别集》卷一至卷八。
③《淮海集》卷一二至卷二二。
④《诚斋集》卷八五至卷九〇。

兵策》三十首①、陈舜俞《太平有为策》二十五首②，等等。在宋代，著名的进卷常被刊为单行本，《郡斋读书志》、《直斋书录解题》及《宋史·艺文志》著录刘度（汝一）、孙洙、钱公辅、夏竦、张方平、齐唐、钱藻、田况、李清臣、张耒、吴育、王发等十余家的制科进卷，除少数（如张方平、张耒，以及夏竦等人的极少部分）尚保存在文集中外，都已失传。

　　苏轼兄弟的进卷常被论及，久为人们所熟知。兹举叶适《进卷》中的进策为例以论之，因为叶适时代的策论已成定式，他进卷中的策，在科举时代影响很大，曾刊为《策场标准集》③，被举子当作学习的范本。叶适《进卷》收入《水心别集》④，凡八卷，又有《廷对策》一卷。首为《序发》，为上进时的总序。前四卷是进策，篇目为：

　　　　卷一：《君德》一、二，《治势》上、中、下；
　　　　卷二：《国本》上、中、下，《民事》上、中、下，《财计》上、中、下；
　　　　卷三：《官法》上、中、下，《士学》上、下；
　　　　卷四：《兵权》上、下；《外国》一、二、三、四。
　　兹举《士学下》为例（略作删节），以该文相对较短、又论科举故也。

---

① 《盱江集》卷一六至卷一八。
② 《都官集》卷一至卷三。
③ 见黎谅《水心文集跋》。
④ 中华书局校点本已与《水心文集》合刊为《叶适集》，《别集》在第三册。

士学下

　　天下之物,养之者必取之。养其山者必材,养其泽者必渔。其养之者备,则其取之者多;其养之者久,则其得之者精。夫其所以养之者,固其所以为取也。古者欲将取士而用之,则必先养之,故族、党、州、乡皆有学……(删112字,不计标点,下同)至于两汉,有急士之心,不暇于养而遽取之,多为之科目,以待其求者,其所选拔,有不暂而为卿相。于是天下之士始去本忘实,争为其名以应之。虽其所以得之者犹有所取之,而视三代则已陋矣。后世习见其事,始以不养而取者为常,故人材衰薄,乃不足庶几于两汉。

　　嗟乎! 岂三代之士独贤哉? 然犹未至如今之世:既养而不取,虽取而不养,而其养之也常于其所不取,其取之也常于其所不养。事具而其法不举,两异而莫适于用,此亦执政大臣因循之过也。

　　今三岁诏举进士,州以名闻者数十万人,礼部奏之,而天子亲为之发策于廷,去为州县吏者数百人,而与大政当国论者取焉,侍从人主之左右者取焉,诤谏弹击者取焉,有不暂而遂至者焉。然其在高等者,天下多以其词艺为不当得;而况于其人骞骁浮躁,乡里之无行者,巍然躐处于其上! 朝廷既以取之,虽知其不可而亦不敢较。则取而不养,此天下之所共知而莫能革者也。

　　今州县自岭海莫不有学,宫室伣廪,书籍器用,无所不具,来学者诵读之声岁时不息。州必有师而教之,其礼甚优,其职甚专，而又月第其进否，时定其去留。不知三代之学，亦何以异此？然而无取士之法，无考察之意，学官与诸生泛泛焉不相知名，无教无劝，幸其岁满，则掉臂而去，既去若素所不至者，盖一官司耳。呜呼！四五十年矣。则养而不取，此亦方今之所未知也。能勿为之计乎！

夫科举之患极矣。何者？昔日专用词赋，摘裂破碎，口耳之学而无得于心。此不足以知经耳，使其知之，则超然有异于众而可行，故昔日之患小。今天下之士，虽五尺童子无不自谓知经，传写诵习，坐论圣贤。其高者谈天人，语性命，以为尧、舜、周、孔之道技尽于此，雕琢刻画，侮玩先王之法言，反甚于词赋。……（删五十字）噫！其过在于不养耳。

昔之养士，诚难为也。州县无学、无师、无帑廪器用，其创之也劳。今皆具矣，加之以法度，则一日而定矣。法度不立，而学为无用。凡今之士，惟其稚而未成、贫而无食者，乃肯入学；惟其昏眊不材、贪鄙而无节行者，乃皆聚于学；其有罪而不受罚者，乃求籍于学。故凡茂异秀杰之士，以不至于学为高，其有在者，则必共指以为无耻，而皆以为谚。故其养之常于其所不取，而取之常于其所不得养。然则今之学校，乃为弃材之地乎？噫！三代之王，独何以取天下之士，而使之皆由于学哉？

夫折今之取士而入于学可也，因今之学而后取士亦可也。且三岁所官数百人，而天下之士常有不遇之叹。何者？其一日而至者，不足以厌服天下也。忠信孝悌，必修于家，必闻于乡；材智贤能，必见于事，必推于友。举其茂异秀杰者毕至,而务养其心以稍息其多言,然后少变今之意而足以取士,则先王之道庶乎可复矣。夫礼义廉耻,惟上所厉,故士得以自重。今天下嚣嚣然养之而不以道,而上不免有嫚士厌儒之心,譬犹父母不素教子,一旦以其不肖而欲尽弃其所爱,不可之大者也。

由于进策的题目一般较大,故作者必须选择一个切入点,实际上相当于有个副标题。如本文题为《士学》,其实所论为"养士"。

进策的程式与论大致相同,但在写作风格上又与论有所区别。前引福唐李先生《论家指要》,以为"策文方,论文圆;策文直,论文峻;策文易,论文险。相对句多,非格也"。方、直、易是策的特点,盖因进策多为措置当世,故需具有锋芒,立说尖锐,直截了当,又要让人易懂。策不宜雕琢文字,故对偶句不能多,否则"非格也"。

二、对策

1. 对策的题目。对策题与进策不同,它不是一个单一的标目,而像是一篇小论文,有时策题甚至与策本身所规定的长短相当①。出题者以论带问,即在论述中引出一连串问题,要求举子

---

① 如淳熙十年(1183)十二月二十一日,监察御史谢谔言:"……有司所出策题,如策之长,殊非体要。"(《宋会要辑稿·选举》五之六)

作答①。策问军国大计,既是文人的荣耀,也是其水平的展示,故作者往往颇为珍视,现存宋人文集中就保存了许多各级各类考试的策问题。如《苏轼文集》卷七有《私试策问八首》《永兴军秋试举人策问》《国学秋试策问二首》《试馆阁策问三首》《省试策问三首》《省试宗室策问》,以及《拟殿试策问》等。南宋人文集中更多,如周必大《周文忠公集》卷一二、卷一三两卷内,收各类策问题凡十九首,而洪咨夔《平斋集》中的策问多达三卷。殿试是代皇帝设问,故要以皇帝的口气出题,其他考试则仅曰"问"即可。此举苏轼《省试策问三首》之一为例:

> 问:《孟子》曰:"君仁莫不仁,君义莫不义,君正莫不正,一正君而国定。"君子之至于斯也,亦可谓用力省而成功博矣。陛下嗣位,于今四年,……殆专以仁孝礼义好生纳谏治天下也。子大夫生于此时,而又以德行道义宾兴于廷,将必有意于《孟子》之言,正君而国定。愿闻所谓一言而兴邦、修身而天下服者。夫尧舜尚矣,学者无所复议。自汉以来,道德纯备,未有如文帝者也。今考其行事,而可疑者三:上林令,吏之不才,而虎圈啬夫,才之过人者也。才者见而不录,不才者置而不问,则事之不废坏者有几。然则兵偃刑措,何

---

① 宋人选本收录多道策问题时,有的有标题,如苏轼《省试策问三首》,就有三个小标题:《汉文帝之行事有可疑者三》《宰相不当以选举为嫌》《省冗官裁奉给》。但此情况仅见于选本中,如上述三题乃《经进东坡文集事略》(卷二二)、《三苏文粹》(卷三二)等所有,疑是选编者所加。

从而致之？南越不臣，宠以使者，吴王不朝，赐以几杖，此与唐之夷陵，藩镇自立以邀旌钺者何异，不几于姑息苟简之政欤？《传》曰：三王臣主俱贤，五霸不及其臣。文帝不见贾生，自以为过之，既见，不如也。文帝岂霸者欤，帝自以为不如，而魏文帝乃以为过之，此又何也？抑过之为贤欤，将自谓不如为贤欤？汉文之所以为"文"，殆以是三者，而可疑如此，故愿与士大夫论之，以待上问而发焉。

这是一道经史题①。题里的第一个问题，是"愿闻所谓一言而兴邦、修身而天下服者"。接着是要举子回答汉文帝"可疑"的三个问题：其"兵偃刑措"何从而致之？其政是不是"姑息苟简"？到底是汉文帝自以为不如贾谊为贤，还是如魏文帝所说他超过贾谊为贤？举子既要熟悉儒家传统的政治理论，又要了解汉初特别是文帝朝的史实，才能回答上述问题。不过，如淳熙四年（1177）监察御史潘纬上奏所说："（对）策限三千字以上（按：此指制科殿试），虽曰无所不问，以考博通之识，亦岂无平日备对之语？"②

2. 对策的书卷式与不考式。宋代解试、省试对策要求"不得过七百字，如过七百，虽合格，并降一等"③。进士科殿试对策限

①《孟子》在北宋后期已列入经。《四库提要·〈孟子音义〉提要》曰："按宋《礼部韵略》所附《条式》，自元祐中即以《论语》、《孟子》试士，是当时已尊为经。而晁氏《读书志》，《孟子》仍在儒家；至陈氏《书录解题》，始与《论语》同入经部。"
②《宋会要辑稿·选举》一一之三三。
③《续资治通鉴长编》卷四四九载元祐五年（1090）十月癸丑诏。

一千字以上，制科殿试对策则为三千字以上。《绍兴重修通用贡举式》中，有进士殿试对策的试卷书写式，规定第一行写"奉"字，第二行写"御试策一道"，第三行小字写"限一千字以上"，第四行起进入正文，写"臣对"，云云，最后为"臣谨对"。其后还要注明"涂、注、乙共计若干字"①。必须注意的是，"臣对"、"臣谨对"只能用于殿试，其他考试因不是皇帝"亲试"，故不能称"臣"。曾发生过因书卷式错误，相关官员被罢官的事。如高宗建炎二年（1128）二月十八日，"中书舍人汪藻、滕康、卫肤敏并罢。以中书后省试四方荐士策，第二名何烈乃用廷试体称'臣'，藻、康、肤敏坐考试卤莽，故有是命"②。

庆历四年（1044）三月十三日，翰林学士宋祁等上《详定贡举条制》，其中有《策论诗赋不考式十五条》，涉及策的有：一道内少五字；文理纰缪；不写官题；用庙讳、御名③。这个《条制》虽因庆历新政失败而未执行，但它大体又不离成法，且详定条制的改革派是主张适当放宽的，故通行的规定只能更严。庆历六年正月二十三日，御史中丞贾昌朝言："省试举人，策目已不誊录，则今后入试，不须尽写问目，庶令不辍翰墨之功，详为条对。奏可。"④然蒋之奇在英宗时举贤良方正科，已通过最难的阁试六论，但在殿试对策中却"失书问目"，报罢⑤。他犯了个"低级错误"，于是功亏

①见《附释文互注礼部韵略》附《贡举条式》。
②《宋会要辑稿·职官》七〇之六。
③《宋会要辑稿·选举》三之二六。
④《宋会要辑稿·选举》三之三〇。
⑤《宋史》卷三四三《蒋之奇传》。

一篑,说明贾昌朝"不须尽写问目"之请并未成为久制(至少在制科考试中未执行)。而邵亢举茂才异等,时布衣被召者十四人,试崇政殿,独亢入等,"或言所对策字少,不应式",遂报罢①。然吴育举才识兼茂明于体用科,于仁宗景祐元年(1034)六月己酉对策,"所对策不及三千字,特擢之"②。真所谓有幸与不幸——因最终的裁决权在皇帝,只有他可以不顾"式",故虽同为字数不足,邵亢的命运是"报罢",而吴育则"特擢之"。总之,试策的书卷式必须严格遵守,否则便入"不考"。《绍兴重修通用贡举式》中的"试卷犯不考",有文理纰缪、不应所问而别指事、漏写官题、写问目或不写道数及不依次等,与北宋大体相同。

3. 对策举例。对策是问答式、段落式,因此不像进策、论那样有首尾具足的严格程式,但仍有基本格式。如著名的孔文仲《制科策》③,前为策问题原文,然后以"对"起,有一段序引文字,表示谦恭:"臣伏惟帝下下明诏,降清问,讲求万年之统,皆非愚臣之所能及也。……臣将论天下事,先述此以献。臣诚愚闇,不知大体,惟陛下省纳焉。"然后进入正文,首先引策问文,根据策题所提出的问题一一对答。制科殿试对策规定三千字以上,而此对近万言,每一问答也很长,故此无法具录,仅略摘两问,以明其体制。

圣策曰:"在昔明王之治天下,仁风翔洽,……鸟兽草木,

①《宋史》卷三一七《邵亢传》。
②《续资治通鉴长编》卷一一四。
③见《三孔清江集·舍人集》卷一。又见《皇朝文鉴》卷一一〇。

效祥荐祉，书之不绝，甚尊慕之。其何术而臻此欤？"臣闻天下之术有大小，而人君用之有先后。……天下之术，其大者能正其始是也，其小者不能正其始是也。在昔明王之治天下……正始之术行也。后世之治天下，万事失其序，而灾害荐至者，正始之术废也。陛下追慕古昔治功之美，而谘求致之之术，臣请遂言正始之说。……臣愿陛下旷然大变，而行众人之所不能为；卓然自致，而行前世之所不能到。尊尚王道，贱略强霸。……屏去佞臣，亲近忠直……凡此皆王道之术，而正始之论也。陛下深讲而力行之……何患慕之而未臻乎！

　　圣策曰："朕承祖宗之业，托士民之上，明有所未烛，化有所未孚。"又退托于"任大守重，艰于负荷，思闻谠言之直，以辅不逮，庶几乎治"。此见陛下虚心访道，至诚恻怛之至意也。……而臣闻之曰：明欲被于万物，化欲孚于四方，未有不自治心始也。……臣愿陛下容忍近臣之献言，开纳远臣之论事，置谏诤之任以助闻见，补宪肃之官以振纲纪……然后可以得天下谠直之言，以辅治道。不然，犹却行求前，徒举以访臣，又安补于万一哉！

以下还有十一段文字回答"圣策"，最后说："臣学术浅陋，言论狂鄙，罪当万死，无所敢恨，幸陛下察焉。臣昧死谨对。"

　　各类考试中，对策体制与此大致相同①，只是道数、字数要求

---

① 关于对策的体制，可参考陈飞《唐代试策的形式体制——以制举策文为例》，载《文学遗产》2006年第六期。

不同而已,如进士科的殿试对策,只要求一千字以上即可,故策题的提问也少得多。

《文心雕龙·议对》谓对策既要"使事深于政术,理密于时务",又要"酌三五以熔世"、"驭权变以振俗"、"风恢恢而能远",方为"王庭之美对"(前已引,此略)。那要求实在太高:对策者不仅需深谙政术时务,还要具备风流文采,故刘勰接着感叹道:"难矣哉,士之为才也。或练治而寡文,或工文而疏治。实属通才,志足文远,不其鲜软!"后代举子既无措置时务之卓识,只能在雕镂文字上下功夫,故北宋试策已用偶句。王铚《四六话》卷下曰:"吴正肃(育)试贤良方正科殿试策,因论古今风俗之变皆随上好恶,有曰:'城中大袖,外有全帛之奢;雨下垫巾,众为一角之效。'是时试策犹间用对偶句也。"上举孔文仲的《制科策》中偶句更多,如"臣愿陛下旷然大变,而行众人之所不能为;卓然自致,而行前世之所不能到"之类。到宋末,用对偶已为常式,故杜范《辛丑知贡举竣事与同知贡举钱侍郎曹侍郎上殿劄子》说:"策则誊写套类,虚驾冗辞,装饰偶句,绝类俳语。"①如姚勉的《癸丑(理宗宝祐元年,1253)廷对》,全篇大都为对偶,如曰:"臣闻求天下之士者,科目也;坏天下之士者,亦科目也。士不务道,惟知工于声病之文;用不适时,惟知习于括套之学。其未仕也,用力惟在于此;其既仕也,从政曷知其方?……"②这是"状元卷",其他更可想而知。有意思的是,姚勉策针对的正是科举之弊,但他又不得不俯就程式,

①《清献集》卷一一。
②《雪坡集》卷七。

否则将惨遭淘汰。这就是"时文"的特点。

第五节　括套与试策

前引孙何说策问"可以备拟"。本书第二章论进士科考试中诗赋、经义之争时,反对经义取士者多言经义、策问"备拟"之弊,如苏轼熙宁二年(1069)在《议学校贡举状》所说:"近世士人纂类经史,缀缉时务,谓之策括,待问条目,搜抉略尽,临时剽窃,窜易首尾,以眩有司,有司莫能辨也。"毕仲游在元祐初所上《理会科场奏状》,也说"论题自见所出,易于为文;策则人人皆挟策括,以待有司,不出掌握,举可问者具在其中,非所以广学问也"①。但应明白,"备拟"乃试策论、经义之通病,并非党派的偏见,如仁宗庆历八年(1048)四月礼部贡院言:"闻举人举经史疑义可以出策论题目,凡数千条,谓之《经史质疑》。至于时务,亦抄撮其要,浮伪滋甚,难为考校。"②上引杜范《上殿劄子》亦谓"策则誊写套类"。如此之论甚多,此不烦举。可以说,如果阅读宋代时文中的对策而不知括、套,尚不了解这些文章背后的秘密,而误以为宋代举子的识见如何高明。

那么危害科举考试甚烈的"策括"、"套类"究竟是什么东西呢?套类乃类书之一种,现尚有不少传世,容易理解(详下),唯

①《西台集》卷一。
②《续资治通鉴长编》卷一六四。

"策括"之书罕传。据上引苏轼语，策括也是"纂类"、"缀辑"而成，与套类似乎没有本质的区别，故"括套"二词常连用。"括"乃总括、汇集之意，又称"帖括"、"括子"（如王应麟《玉海》卷一论词科编题，原注称"难题见作括子记，颇有条理"云云），当是抄录对策名篇、警段或相关的资料汇编。如曾巩《元丰类稿》卷四九《本朝政要策》五十首，一般认为就是为应考而准备的"策括"。"套类"是按内容分类编排成"套"的策段范文，如《璧水群英待问会元》分二百多类，每类之末，往往有"见前第几套"的提示语，就是典型的套类书。"策括"的缀辑目标是"待问条目，搜抉略尽"，盖主要供自己使用，唯求搜采之博，不需分类整理。因此书肆所刊，殆以套类为多。

宋代的套类书，流传至今的尚有数十种（本书将在第十三章介绍），其中如《永嘉八面锋》《璧水群英待问会元》《群书会元截江网》等，可为代表。兹以《永嘉八面锋》《群书会元截江网》两种为例（《璧水群英待问会元》详第十四章第三节），以了解宋代套类的面貌及用途。

一、《永嘉八面锋》

《永嘉八面锋》凡十三卷，不著撰人名氏，已收入《四库全书》，《提要》以为作者当是陈傅良，"其书凡提纲八十有八，每纲又各有子目，皆预拟程试答策之用，非欲著书，故不署名耳。宋人好持议论，亦一代之风尚，而要其大旨，不失醇正"。又谓是编为"科举之书，专言时务"。我们知道，"言时务"的只能是对策，故是书为标准的"策套"。如卷一共七目（即《四库提要》所谓"提纲"）："至言若迂有益于国"、"兴大利者不计小害"、"阴去其弊则怨不生"、"工于所察遗于所玩"、"示人以法不若以意"、"法令之行当自近始"、"大体立则不恤小弊"。第一目"至言若迂有益于国"下，有四个子目："生财"、"图治"、"养士"、"论战"；第二目"兴大利者不计小害"下有八个子目："冗官"、"冗兵"、"郊赏"、"入粟"、"习射"、"用兵"、"水利"、"民兵"。如此等等，全书凡数百个子目，涵盖了古代政治、经济、军事、文化等"治国平天下"的几乎所有方面，并配有近百段文章（并非每个子目都有文，不少是共用）。这就构成了一个庞大的"套"，无论考官出什么策题，只要举子熟记本书，对策时都可以从这个"套"中取出所需的现成策文，抄誊即得，真所谓"待问条目，搜抉略尽"，临时剽窃，莫之能辨，几乎使考试失去作用。

　　这里举该书卷一第一目"至言若迂有益于国"为例。是目有四子目（已见上述），列范文三段，在第三段"梁惠王以利国问孟子"之下，有"班超不扰事"之题，无文，注"见后"。若连互见文，则有文四段。兹录三段范文：

　　　　仁人之言，其始若迂阔而不可行，及要其终，而究其所成，则夫取利多而终以无弊者，无有能过其说。故夫子之于卫，尝欲正名，而子路笑之矣；有若之于鲁，尝欲以彻，而鲁君非之矣。夫卫之乱，若非正名之所能理，而鲁之饥，若非彻之所能救，然而欲无饥与乱，则莫若此二者。何者？其取利也远，故取之多而民不知；其致力也深，故政不暴而事有渐。

　　　　国家当以匮财为常，勿以乏用为惩；当以养财为急，勿以聚财为意。优游以当之，暇裕以待之，节用以为之。先通济以为之权，崇本以为之政，谨察州县以为之纪纲，赈恤灾害以为之左右。愚非为是长者之言，不急之说，事理之极至盖如此也。昔刘晏之在唐，号为善理财者，而晏之言曰："户口滋多，赋税自广。"观晏之言，不啻不知为利，正当倾倒坐困耳。然财非天雨鬼输，不厚其所出，而厚其所取，其末不可继，此理固当无难晓者。晏之言若缓而切，若迂而直，若费而优，不能使人不悠悠于此尔。至于钱流地上，报政无留，然后前日之所谓悠悠者，于此始决然矣。

梁惠王以利国问孟子，而孟子对以仁义；曹刿以战问鲁庄公，而庄公问以听狱。夫仁义非所以为利，听狱亦非所以为战。古之臣君虽若迂阔而不切于事情也，然天下之理，未有仁而遗其亲，未有义而后其君。彼以利而责望民，则民散而为利之从，而卒不获吾之所求矣。孟子之言，非有见于斯乎？狱，死地也；战，亦死地也。人之在缧绁之中，锱铢之施视若金石，毛发之惠视若丘山。使君临一国者，小大之狱皆必用情，有哀矜之意，而无喜怒之私，则是昔之居死地者尝受其赐，今安得不赴死地以答其赐哉？民既乐为之死，则陷坚却敌，特余事耳。庄公之言，非有见于斯乎？

在范文之末，编者有极简要的讲解："卫之乱而孔子正名，秦、楚交兵而孟子言义；非正名不能已乱，非言义不能息兵故也。"这就是"立意"，是提示中心论点。上引文中，"生财"、"图治"、"养士"、"论战"都包含在内，举子随手可得。

二、《群书会元截江网》

《群书会元截江网》三十五卷,亦已收入《四库全书》,《提要》曰:"不著撰人名氏,首题'太学增修',中有淳祐、端平年号,盖理宗时程试策论之本也。……其书凡分六十五门,每门间附子目。各类之中,以'历代事实'、'宋朝事实'、'经传格言'、'名臣奏议'、'诸儒至论'分段标识,又有所谓'主意'、'事证'、'时政'、'警段'、'结尾'诸目,至于排偶成句,亦备载焉。……(宋代)讲科举之学者,率辑旧文以备用,其出自士大夫者,则为《永嘉八面锋》、《东莱制度详说》(按:此书今存,参见本书第十四章第三节);其出自坊本者,则为是书之类。大抵意求广络,故丛冗日增,然其间每事皆有首尾,颇便省览,于宋代典故引用尤详,间可以裨史阙。"卷首有胡助序,称"撷拾古今,分类纂集","谓之'会元'者,以见其有会归之地也;谓之'截江网'者,以见其无遗漏之虞也"。

《截江网》的分门,亦包括政治、经济、军事、文化学术等各方面。如卷一"圣制"、卷二"圣翰"、卷三"敬天"(附弭灾)、卷四"法祖"(附史变)、卷五"储积"(附常平仓、义仓、社仓等)、卷六"漕运",等等。由于此书编定于理学成为官学之后,故第三十一至三十三卷特立"伊洛传授"、"象山"、"晦庵(附四书)"三门。兹略举卷一"圣制"为例,以窥其余。

"圣制"门之下,共分十项。第一项为"历代事实",录文献中所谓圣人及帝王著述事,如"伏羲造书契,由是文籍生焉(《书序》)"、"庖牺氏之王天下也,仰则观象于天,俯则观法于地,……

（《易·系辞》）"之类，直到唐代皇帝。下列"偶句"，如"八卦不以文名，崆峒一碑可想陶唐之盛德；书契不以字显，岐阳石鼓可歌周宣之兴运"，凡七联。第二项为"皇朝事实"，引宋人史籍所载赵宋皇帝著述事，如："太祖帝微时，自秦中归，道华山，醉卧田间，觉日出，有句曰：'未离海底千山黑，才到中天万国明。'（《事要》）"如此之类，直至庆元间事。其下又有"偶句"。第三项"经传格言"，录经传中论"圣人"制作句子；第四项"名臣奏议"，论人主习文。第五项"诸儒至论"，引吕祖谦、陈傅良、苏轼、朱熹四家论先圣制作或品评帝王作品。第六项为"主意"，即若以"圣制"为题，从中可提炼出的中心思想，乃代人立意。共三段文字，即三个"主意"，一为"圣人文同造化"，二为"帝王无意于文"，三为"世尊圣人之文"。每个"主意"都有文段阐说，如说第一个主意"圣人文同造化"道："圣人之道，与天地同其妙；圣人之文，与天地同其工。方蕴而为道也，酝藉乎仁义道德之旨，涵蓄乎礼义纲常之端，古今治乱得失之原有以博其见，万物生成变化之蕴有以会其思。此如天地敛为元气，浑沦磅礴，而不可窥其秘也。及发而为文也，布造化于纸上，散阳和于笔端，媲坟袭经，戛韶窃濩。满心而溢，不足以费其精神；肆笔而成，不足以役其念虑。此如天地之散为风云，为雨露，为日月河汉，而不可以掩也。"其下有偶句。第七项警段，录文三段。第八项事证，论古帝王及宋帝制作。第九项时政，有"皇上以心会道"、"训廉恤刑之铭"两段文字，颂扬当代皇帝。第十项"结尾"，亦录两段文字，一为"观天地见圣人"，一为"君臣赓歌之盛"，前颂"古圣"，后颂"今圣"。虽繁冗不堪，但将所谓"圣制"涉及的方方面面搜罗无遗。

《截江网》的特点是编排极有条理，取材十分广博，真所谓材料"有会归之地"，而"无遗漏之虞"。同为"套类"，《八面锋》因"专言事务"，故用途较为单一，它就是作策、对策的"策套"；而此书无论策、论甚至律赋(有"偶句"一项)都可参考，口径更宽。

　　从《八面锋》和《截江网》两书可以看出，对举子而言，"套类"的针对性、适应性和实用性都很强，举子只要精读熟诵之，无论出什么题，都可左右逢源，从"套"中取出现成文段默记誊写，奸猾者甚至将套类挟带入场，更能应对裕如，并可保证"荣登金榜"。这就是许多"嘴上无毛"的年轻人居然能滔滔不绝、头头是道地纵论天下大事的秘密。但从国家选才而论，则不啻是灾难："搜抉略尽"的括套，使考官防不胜防，考试成绩的真实性大打折扣。曹彦约曾向宋理宗说："近世人伪日滋，奸弊百出……御试有全写套类者。如此诈冒，皆得前列。"①可见问题的严重。宋代科场汗牛充栋的策文，虽不能说全是造假，但从时人对此反映强烈的程度看，剽窃者当不在少数。人们本以策论为"有用之学"，但若被套类所左右，"有用"之"用"便成为泡影；而尤为可怕的是，有宋一代对此似乎束手无策。若禁止套类编行固非良法，唯一可行的是严禁挟带和剽窃，一旦发现即严惩不贷。但此点说时容易做时难。上引曹彦约接着说："其源在于士大夫不能平心国事，挟以私意，发觉有轻重，推究有出入，名为不恕，其实有力者犹有幸免，小人有所窥测，转相仿效，遂至于此。"在曹氏看来，罪不在套类，而在吏治的腐败，士风的堕落。

---

① 《经鋜管见》卷三。

第六节　策论考试的利弊与影响

虽然场屋策论也只是考试的工具，并便于利用括套进行剽窃，但通过阅读和写作，唤起人们特别是青年士子对历史是非的辨析和对时事的关注，以提高识见与措置当世的能力，这种思路应该说是不错的，故宋人普遍对策论考试期待很高，认为较诗赋"有用"。不过事情往往出乎制度设计者的初衷之外，随着时间的推移，考策论的弊病也暴露无遗，预期流为失望，其荦荦之大者，有以下数端。

一、策论考试滋长了妄论利害、挽说得失的浇薄习气

吴子良《荆溪林下偶谈》卷三抨击宋末科举文风道：

> 东坡言："妄论利害，挽说得失，为制科习气。"余谓近世词科亦有一般习气，意主于诡，辞主于夸，虎头鼠尾，外肥中枵，此词科习气也，能消磨尽者难耳。

他的矛头所向是词科（博学宏词科），东坡所论是制科，其实进士科亦不例外。人们常说宋人好议论，而这种风气的形成，正与策论在科举考试中的普遍采用和地位的提升有关。吴氏《偶谈》所引苏轼语，见其《答李端叔书》，原文为："轼少年时，读书作文，专为应举而已。既及进士第，贪得不已，又举制策，其实何所有？而

其科号为直言极谏，故每纷然诵说古今，考论是非，以应其名耳。……妄论利害，撰说得失，此正制科人习气。譬之候虫时鸟，自鸣而已，何足为损益！"①苏轼的可爱，就在于能讲真话。要乳臭未干、学方入门的士子去是非古人，措置当世，好"议论"必然成为好"妄论"。叶适在所作《制科》文中，亦尝尖锐地指出："自熙宁以策试进士，其说蔓衍，而五尺之童子，无不习言利害，以应故事。……且天下识治知言之人，不应如是之多，则三岁以策试进士，使肆言而无所用，是诚失之矣。今又使制举者自以其所谓五十篇之文，泛指古今，敷陈利害，其言烦杂，见者厌视，闻者厌听。……今宜暂息天下之多言，进士无亲策，制举无记诵，无论著，稍稍忘其故步，一日天子慨然自举之，三代之英才未可骤得，亦不至如近世之冗长无取，非惟无益而反有害也。"②朱熹更向其欲举贤良科的弟子说："向来作时文应举，虽是角虚无实，然犹是白直，却不甚害事。今来最是唤作贤良者，其所作策论更读不得。缘世上只有许多时事，已前一齐话了，自无可得说。如笮酒相似，第一番淋了，第二番又淋了，第三番又淋了，如今只管又去许多糟粕里只管淋，有甚么得话？既无可得话，又只管要新，最切害处。是轻德行，毁名节，崇智术，尚变诈，读之使人痛心疾首。不知是甚世变到这里，可畏可畏，这都是不祥之兆。"从下面"如今将礼义廉耻一切扫除了，却来说事功"看，朱熹针对的是事功派，不免有些偏激，但时事策论的不切实际甚至"妄论"，也是事实。试想天

①《苏轼文集》卷四九。
②《水心别集》卷一三。

下举子动辄过万,皆一例谈时务,可取的能有多少? 王夫之曾说,诗赋之弊人而知之,似乎不能与策问争长;后世"竞起以陈当世之务,为得为失,为利为病,为正为邪,为安为危,人百其言,言百其指,以争效之于天子,天子所求于士以共理天下者,正在于斯";然而,"道莫乱于多歧,政莫紊于争讼,士莫恶于揣摩天下之形势而思以售其所欲为。夫苟以策问进之,则士皆于策问习之。陈言不适于时,则倚先圣以护其迁;邪说不准于理,则援往事以文其悖。足未越乎闾门,而妄计九州之盈绌;身未试乎壁垒,而辄争一线之安危。于是诡遇之小夫,心胥吏之心,学幕宾之学,依附公门以察其条教,窥探时局以肆其褒讥。人希范、蔡之相倾,俗竞仪、秦之互辩,而淳庞简静之休风,斩焉尽矣。其用也,究以无于裨用也;其利也,乃以成其害也。言诡于下,听荧于上,而民不偷、国不仆者,未之有也"。由此之故,王夫之认为诗赋反而"贤于策问多矣",他甚至说范仲淹庆历时"抑词赋、兴策问"的改制不能辞其过①。这些言论看似过于冷峻或偏颇,其实不无道理,与苏轼、叶适之言可谓先后同辙。因此,我们不能对策论考试估价过高,而对宋人多如牛毛的策论作品,亦应如是观。

二、进策、对策趋时所尚,为党争火上加油

曾慥《高斋漫录》曰:"熙宁殿试改用策,谓比诗赋有用;不知士人计较得失,岂敢极言时政,自取黜落? 是初入仕,已教人谄也。"叶适《王君(度)墓志铭》说得更生动:

①《宋论》卷四《仁宗》。

初，将对策，问同舍时事所宜言，同舍惊，摇手曰："草茅诸生，乍见天子，语固有浅深次第，何预时事耶？"君曰："不然。罢贤良，策进士，当世要务，无不毕陈，自熙宁行之矣。且释屩入广殿，一生未前有，此而不言，异日庸遽得！"已而同舍竟登甲科，君第居下。①

　　这是一种情况，即不敢直书其意。憨厚者口将言而嗫嚅，势利者揣摩上意以迎合；敢言者乃不谙世事的天真，"摇手"者倒是名利双收——于是诐佞之徒生焉。如神宗熙宁三年（1070）殿试始专用策，事后神宗说"举人对策，多欲朝廷早修经义，使义理归一"，遂设局置官训释《诗》《书》《周礼》义，由王安石提举其事②。这就是后来广颁天下的《三经新义》。这些举子未必真的喜欢经义，更多的恐怕是迎合朝议以图进取，而居然影响了最高决策。故这次殿试的编排试卷官苏轼在事后所作《拟进士对御试策并引状问》中说："今始以策取士，而士之在甲科者，多以诐谀得之。天下观望，谁敢不然？臣恐自今以往，相师成风，虽直言之科，亦无敢以直言进者。风俗一变，不可复返，正人衰微，则国随之，非复诗赋策论迭兴迭废之比也。是以不胜愤懑。"③从苏轼的"拟对"看，他所说的"诐谀"无疑指拥护新法，然其忧虑确有根据：士子计较得失，"诐谀"势在难免。元祐初毕仲游在所上《理会科场奏状》

---

①《水心文集》卷二〇。
②《续资治通鉴长编》卷二四三。
③《苏轼文集》卷九。

中,曾详细分析了经义"趋时所尚"的特点(见本书第二章引),同时以设论的方法回答"若以策论取合在位,则如之何?"他认为:"科举之体,常以诗赋、经义定去留,策论定高下。彼于去留之间无以取合,则为高下而取合者必少。"①事实上,对策的趋时性并不亚于经义,在党争频仍的年代,甚至超过经义。试想,若举子能以策论"取合在位",在相权越来越重的宋代,又何愁去留高下?《宋史》卷三九〇《家愿传》载:"愿弱冠游京师,以广文馆进士登第,时绍圣元年(1094)也。廷策进士,中书侍郎李清臣拟进策问,力诋元祐之政,愿答策惟以守九年之所已行者为言。时门下侍郎苏辙尝上疏辨策问,举汉武帝事,触上怒待罪,愿未及知也,因见辙,诵所对,惊喜曰:'故人子道同志合,犹若是也。'杨畏复考,专主熙宁、元丰,取毕渐为第一,愿遂居下第。辙寻出守汝,而国论大变矣。"可见策问不仅可以"取合在位",简直成了政治的风向标,故朱熹说:"《吕申公家传》记熙宁事,乃云有司发策问,必先称颂时政,对者因大为谀词以应之。然则此风盖未远也,今亦宜为之禁。"②其实南宋科场的谄谀之风,较北宋有过之而不及。魏了翁说:"自俗流世败,有司之操衡尺、士子之揣程度者,大抵舍其德性之知,易其师友之素,而相与求合于卑谄之中。当岁大比,往往窃取朝廷余论,荐绅奏疏,与郡国邸吏所传,旷分条别,纂缀以备问。使朝廷清明,君仁臣直,则上无阙政,下无谀词,正学以言,犹可得士;脱不幸而遭时之难,问绍述则赞绍述,谋和亲则赞和亲,

①《西台集》卷一。
②《朱文公文集》卷六九。

欲开边则是开边，大抵凿经术以傅世好，刺邪说以阿有司，或者贪墨成风，则货取势夺，抑又有甚难言者。然则虽为庠序以肆其业，宫室以校其艺，其不能以得天下士，盖可亿而知之矣。"①这真是病入膏肓。

但也有另一种类型，即真能"极言时政"，他们把对策视为参预政治，或与奸邪斗争的合法战场。如苏辙于嘉祐六年（1061）应贤良方正直言极谏科，对策毫无忌惮，矛头直指仁宗，甚至揭其宫闱秘事："窃闻之道路：陛下自近岁以来，宫中贵姬至以千数，歌舞饮酒，欢乐失节；坐朝不闻咨谟，便殿无所顾问。夫三代之衰，汉唐之际，其所以召乱之由，陛下已知之矣。久而不正，百蠹将由之而出。内则将为蛊惑之所污，以伤和伐性；外则将为请谒之所乱，以败政害事。妇人之情，无所厌足，迭相夸尚，争为侈靡。赐予不足以自给，则不惮于受赂贿；赂贿既至，则不惮于私谒；私谒将行，则内外将乱：陛下无谓好色于内而不害外事也。……"②考官难以定夺，仁宗曰："以直言召人，而以直言弃之，天下其谓我何？""宰相不得已，置之下等"（第四等）③。又如赵鼎崇宁五年（1106）"对策斥章惇误国"④、谢枋得"宝祐中举进士，对策极攻丞相董槐与宦官董宋臣"⑤，等等。他们敢于直言的政治勇气十分可贵，但往往也要为此付出代价。更多的则是"敢言"与"党争"

---

①《普州贡院记》，《鹤山先生大全集》卷四四。
②《御试制策》，《栾城应诏集》卷一二。
③《宋史》卷三三九《苏辙传》。
④《宋史》卷三六〇《赵鼎传》。
⑤《宋史》卷四二五《谢枋得传》。

结合在一起,对策成了朝廷中各政治集团明争暗斗的爆发点,这类事例在宋代不胜枚举,而尤以制科对策为多——因被荐参加制科考试的,已多是党争中的角色了。最著名的当数孔文仲熙宁四年(1071)五月在制科对策中力攻王安石所建理财、训兵之法为非是,立刻引起轩然大波,为新、旧两党本来已经激化的矛盾火上加油,并导致制科被罢①。

三、策论影响了各体文的写作

宋人由于自幼学策论以应举,其后积习难改,以至各体散文如记、碑志、奏疏,甚至韵文如诗赋等都如策论。如"王文公(安石)见苏坡《醉白堂集记》,云:'此乃是《韩白优劣论》。'东坡闻知,曰:'不若介甫《虔州学记》,乃学校策耳。'"②这虽是二人相诮,确为实话实说。杨长孺(东山)评魏了翁"奏疏亦佳,至作碑记,虽雄丽典实,大概似一篇好策耳"③。南宋人的散文,时人多批评不"古",如罗大经《鹤林玉露》丙编卷二载:杨东山(长孺)尝谓余曰:"渡江以来,汪(藻)、孙(觌)、洪(适、遵、迈)、周(必大),四六皆工,然皆不能作诗,其碑铭等文,亦只是词科程文手段,终乏古意。近时真景元(德秀)亦然,但长于作奏疏。"这里说的虽是"词科",其实进士科亦然,如叶适对文章声名甚大的陈傅良,就"不甚取其文,盖其文颇失之屡弱,初时文气终消磨不尽也"④。

---

① 详见本书第一章第三节。
② 《苕溪渔隐丛话》前集卷三五引《西清诗话》。
③ 《鹤林玉露》丙编卷二《文章有体》引。
④ 《荆溪林下偶谈》卷四。

所谓"初时文气",即指陈氏早年程文的场屋习气。举子们写惯了
程式文,即便"敲门砖"已完成了"历史使命",但积习难改,后来
一旦把笔作文,"程文手段"便不自觉地运用自如。又,杜范《上殿
劄子》历举时文文弊,谓"词赋……至有第七韵不问是何题目,皆
用时事,有如策语。今又于第六韵见之"。刘克庄也说:"本朝则
文人多,诗人少。三百年间,虽人各有集,集各有诗,诗各自有体,
或尚理致,或负材力,虽逞辩博,少者千篇,多至万首:要皆经义策
论之有韵者尔,非诗也。"①多议论是宋代诗赋散文的特点,若究
其源,盖场屋策论习气所致耳。

　　最后,需集中讨论一下论体文程式化的功过问题。在前章
中,我们说到诗赋的程式化,早在王安石罢诗赋之前,就有不少人
提出过严厉批评,如李觏《上叶学士书》曰:"历观场屋得隽者,诚
皆声病靡靡之文而已。"②余靖《宋太博尤川杂撰序》也说:"近世
以诗赋取士,士亦习尚声律,以中其选。"③这已为我们所熟知,可
不多举。但到北宋末特别是南宋以后,连论(包括进策)也程式化
了,对此持异议的人反倒不多。如前引杜范《上殿劄子》,谓"文弊
至今极矣",所言"弊"多指不遵程式,如"论"之弊即"语不治择,
文无斡旋,粗率成篇,殊乏体制"——对"体制"即"程式"本身,他
是赞同和维护的。这代表了当时官方的态度。盖程式化易于将
策论写作由"无法"变为"有法",又将考官评判时的"软"标准

────────────

①《竹溪诗序》,《后村先生大全集》卷九四。
②《直讲李先生文集》卷二七。
③《武溪集》卷三。

"硬"化,既便于模仿学习,又便于批阅考校,无论举子还是官方,都容易接受和认同。

在传统的文学观念中,策、论属"笔"而非"文",较之诗赋,它们是"杂文学",但历来被视为古文的重要门类。像苏轼进策、进论的纵横捭阖,自由挥洒,就常被研究其古文成就的论著所引证。当论体文高度程式化之后,宋代学者仍然提倡"以古文为法",南宋兴起的古文评点之风,正是由此而起①。但成为时文后的策论,毕竟与古文有所不同。元陈绎曾《文筌·古文谱四》论古文"体段",称有起、承、铺、叙、过、结,共"六节","大小诸文体中皆用之,然或用其二,或用其三四,不可至于五六七。可随宜增减,有则用之,无则已之,若强布摆,即入时文境界矣。其间起、结二字,则必不可无者也"。他是说,古文较为灵活,根据内容的需要,体段可"随宜增减",而时文则即便意已道尽,也须"强布摆",严格按程式完成,体段不可或缺。这是古文与时文在文体结构上的重要区别。到元初,人们对时文进行反思,有的学者终于认识到时文程式的弊病。如李涂就曾在《文章精义》中写道②:

> 做大文字,须放胸襟如太虚始得。太虚何心哉,轻清之
> 气旋转乎外,而山川之流峙,草木之荣华,禽兽昆虫之飞跃,

---

① 详参拙文《论宋代时文的"以古文为法"》,《四川大学学报》2007年第四期。

② 按《文章精义》末,有李涂门人于钦止元至顺三年(1332)跋,称李氏为朱熹"门人之门人",又谓其稿"藏于家者四十余年",则李涂当为由宋入元的遗民学者。

游乎重浊渣滓之中,而莫觉其所以然之故。人放得此心,廓然与太虚相似,则一旦把笔为文,凡世之治乱,人之善恶,事之是非,某字合当如何书,某句合当如何下,某段当先,某段当后,如妍丑之在鉴,如低昂之在衡,决不致颠倒错乱,虽进而至之圣经之文可也。今人作文,动辄先立主意,如经、赋、论、策,不知私意偏见,不足以包尽天下之道理,及主意有所不通,则又勉强迁就,求以自伸。若是者,皆时文之陋习也,不可不戒。

先立"主意"然后"勉强迁就",或按程式"强布摆",正是作为时文的策论的弊端。不过,从某种意义上说,策论程式也揭示了古文自身的结构特征和写作规律,有它一定的合理性和必然性,甚至在将文章写作置于理论指导方面,不无积极意义。问题是,将程式变为"定式",一步不敢走作,便必然使场屋时文工具化,而又用以取士,则不止扼杀了文体自身的活跃因素,更扼杀了无数学子的思想和青春。纵观我国古代的科举史,程式化考试大体完备的南宋,正是科举制度历隋、唐、北宋而向明、清过渡的转折期,它标志着科举考试制度本身已发育成熟并逐渐失去活力,同时也标志着封建社会后期主流思想的贫乏和制度走向僵化。

第十一章　宋代的科举时文：经义

　　儒家治经，最传统的方法是传注，发展为阐释经旨即义疏，再演变为经论，即所谓经义。刘勰《文心雕龙·论说》谓论之条流"实有四品"：陈政、释经、辩史、诠文。"释经"即义疏。明徐师曾《文体明辨序说》又将论分为"八品"，第三品为"经论"。经论即发挥经典义理，故又称经义。清初学者俞长城曰："经义与论同源。论，才气胜者也；经义，以理法胜者也。"①经义乃论之一体，但它与一般论体文又有所区别：论乃"借他题目，说自家道理"②，而经义则需依经立义，据经为文，严守经传注疏，不能自作别解。

　　宋初沿唐制，进士、诸科考试都有帖经。仁宗庆历间罢之，改为对大义。神宗熙宁初王安石变法，罢诗赋而用五经试士，经义遂成为科举中最重要的考试科目。经义的考试方法，是由考官从

---

①《苏颖滨稿小序》，《可仪堂一百二十名家制义稿》，康熙三十八年（1699）刻本。
②《论学绳尺·论诀》引吴琮语。

儒家经典中抽出一句或几句话作为题目,举子据题意、按程式阐发经文义理,敷演成一篇论说文。王安石曾主持编著《三经新义》(包括《周礼义》二十二卷、《诗义》二十卷、《书义》十三卷),于熙宁八年(1075)七月颁之学校①,从此直到北宋末(除元祐外),经义考试都以《新义》为准的。

宋代统治者和多数学者曾普遍认为,"通经"有利于培养治国之才,并可以"一道德",因此把科举改革的希望寄托在经义上。南宋宁宗嘉定六年(1213),曾从龙上奏中有"国家以科目网罗天下之英隽,义以观其通经"之语。② 清梁章钜《制义丛话》卷三引其大父梁剑华《书香堂笔记》曰:"盖荆公创立制艺,原与论体相仿,不过以经言命题,令天下之文体出于正,且为法较严耳。"王夫之亦曰:"经义之制,自唐明经科之帖经始。帖经者,徒取其记诵,则其待士者已末矣。引而伸之,使演其精意,而著为经义,道之所以明,治之所以定,皆于此乎取之。"③以经义取士用心之美,理由之正,似乎勿庸置疑。在本书第二章中,我们已叙述了宋人有关诗赋、经义优劣的争论。无论意见如何相左,熙宁改制本身注定要成为科举史上的一个重要转折点,它不仅影响了宋代的科举考试,连明、清八股制艺的"五经"义、"四书"义,也由此发轫,前后达八百年之久。显然,就统治者的重视度和使用时间之长论,经义在科举史上的地位远过诗赋,只不过统治者的期望与事实之间

①见《续资治通鉴长编》卷二六六。
②《宋史》卷四一九《曾从龙传》。
③《宋论》卷四《仁宗》,第97页。

反差极大,故人们对经义之弊的批评并不亚于诗赋,甚至有"不如诗赋"之论。

第一节　现存宋人经义考

宋人当年所作经义,如果用"山积云委"、"多如牛毛"之类词语形容之,当绝不过分;但我们今天欲研究它,却首先就碰到一个难题:流传至今的竟稀如凤毛麟角,以至不得不搜索文献,发掘资源,然得到的结果,则大出人所料。

现存宋人经义,只有不多的篇章保存在别集、总集中,真所谓屈指可数。主要有:

1. 苏轼经义。《苏轼文集》卷六载《春秋》之《三传义》十篇,包括"《左传》三事"、"《公羊》三事"、"《穀梁》四事"。此外,同上书还收有《书义》《论语义》《孟子义》共十三篇,当也是平日为对"大义"的习作。

2. 黄裳经义。黄裳(1044—1130),字冕仲,号演山,南剑州(今福建南平)人。元丰五年(1082)进士第一。今存《周礼义》六篇,《论语义》《孟子义》六篇,见《演山集》卷三八至卷四〇。

3. 张庭坚经义。张庭坚字才叔,广安军(今四川广安)人,元祐六年(1091)进士高第。所作《自靖人自献于先王》《惟几惟康其弼直》二篇,载《皇朝文鉴》卷一一一,前篇被后人视为经义标准。此二篇连同《经义模范》(详下)所收,共存八篇。

4. 刘安节经义。刘安节(1068—1116)字承礼,永嘉(今属浙江)人,元符三年(1100)进士。有《刘左史集》四卷传世,其中卷二、卷三共载经义十七篇。《四库提要》称其所作"明白条畅,盖当时太学之程式"。

5. 刘安上经义。刘安上(1069—1128)字元礼,安节从弟,绍圣四年(1097)进士。有《给谏集》五卷传世,其中卷五收经义八篇。

6. 陆九渊经义。陆九渊(1139—1193)字子静,号象山翁,抚州金溪(今江西金溪)人。乾道八年(1172)进士。他是宋代理学阵营中心学派的首领。所传《象山外集》四卷全收科举程文,卷一经义,卷二论,卷三对策,卷四拾遗,亦为经义。合卷一、卷四,现存经义凡二十四篇。

宋以后所编总集中,也收有宋人经义,现存两种。

一种乃明人所刻《经义模范》一卷,前有王廷表序,称(嘉靖)丁未(二十六年,1547)冬,"表访太史杨升庵,得《经义模范》一帙,乃同年朱良矩所刻也。退观之,义凡十六篇,《易》义二篇为姚孝宁,余篇则蜀先贤广安张才叔、中江吴师孟、简州张孝祥也"。其中张庭坚七篇,姚孝宁三篇,吴师孟一篇,张孝祥五篇①。吴师孟(1021—1110)登庆历六年(1046)进士第,年代最早,但他的经义《章子有一于是乎》却不是所谓"大义",疑是熙、丰时期的作品。姚孝宁为徽宗宣和中太学生②,朱熹尝说"姚孝宁《易义》亦

_____

① 按:南宋别号于湖居士的词人张孝祥,乃历阳乌江(今安徽和县)人,祖上亦不曾居蜀,则此"简州张孝祥"当是另一人。

② 见李石《资州程使君(撰)墓志铭》(《方舟集》卷一六)、杨万里《诚斋诗话》。

好"①。则四人当皆为宋人(唯张孝祥生平、年代无考)。《四库全书》总集类著录是集,《提要》称"不著编辑名氏"。考王世贞《艺苑卮言》卷六,列此书于杨慎编纂书目之中,两人时代相近,当有所据。

另一种是清初俞长城编《可仪堂一百二十名家制义稿》,所选宋人经义有王安石、苏辙、杨万里、陆九渊、陈傅良、汪立信、文天祥七家。《四库提要·〈经义模范〉提要》曰:"康熙中,编修俞长城尝辑北宋至国初经义为《一百二十名家稿》,然所录如王安石、苏辙诸人之作皆不言出自何书,世或疑焉。"纪昀又在《嘉庆丙辰(元年,1796)会试策问五道》其四中问:"坊刻有王安石、苏辙等经义,果有所传欤?抑伪托欤?"他虽未肯定即伪,但怀疑之情可见。今考七家经义,除汪氏无别集传世外,王安石所收十篇中有三篇载文集,七篇不知出处,而载于文集的也未必是经义(辨详第三节),而其余五家经义,集中俱不收录,纪昀等所疑有理,真伪尚待研究。

综上所考,除《可仪堂一百二十名家制义稿》所收暂不计外,可靠的宋人经义(包括大义),传世的只有九十多篇;若考虑零篇搜采或未穷尽,盖不过百余篇。若较之宋人实际所作,真所谓九牛之一毛。靠这些许作品,显然已无法拼合成宋代经义及其发展的全景,我们只能管窥而已。

---

① 《朱子语类》卷一三九。

第二节　宋代经义的分期与程式

欲了解宋代科举考试中的经义，需从经义的分期入手。叶适《习学记言序目》卷四八曰：

> 苏轼说《春秋》，庆历、嘉祐时文也；张庭坚《书义》，熙、丰时文也；王安石谈经，未至悖理，然人情不顺者，尽罢诗赋故也。辟雍、太学既并设，答义者日竞于巧，破题多用四句，相为俪偶。隆兴初有对《易》义，破题云："天地有自然之文，圣人法之以为出治之本；阴阳有不息之用，圣人体之以收必治之功。"主司大称赏，以为得太平文体，擢为第一。主司所谓太平，则崇、观、宣、政时也。乾道中，主司欲革四句对偶之弊，答者言"圣人不求其臣之徇己，故其臣无得而议己"，遂据上第。淳熙初，学者厌破题、衬贴纤靡，颇复厘改，答者云："以己体民，而后尊卑之情通；以国观民，而后安危之理显。"学官不能夺，卒置首选。……今虽以破题分巧拙，要未足病，视义理当否耳。以前三破题言之：天地虽有自然之文，阴阳虽有不息之用，治道之本末或不在此，则其言出治于先而必治于后者，虚词也。圣人固不求臣之徇己，然使其尚有可议，固当议之，岂以为无得而议乎？又无得而议，非圣贤事，则其悖理甚矣。至于以己体民，以国观民，虽其辞甚巧，而其理不谬，则比前作为胜。诚使知义理者常为主司，学者不得以悖

理之文希合于一时,虽因今之时文不改,亦自足以得士。不然,虽屡变其法,而学者之趋向亦终不能一,岂四句对偶,一冒工拙,可为损益哉(俗有"五道不如一道,一道不如一冒"之语)。

这一段话,可视为宋代经义的演进史,而其演进乃以程式变化为主要依据。在叶适看来,经义的发展可分三个时期。一是未取代诗赋的庆历、嘉祐时代,以苏轼为代表。二是已取代诗赋而成为主要考试科目的熙宁、元丰时期,以张庭坚为代表。三是"辟雍、太学并设"的徽宗时期①,这时"答义者日竞于巧,破题多用四句,相为俪偶",且特重"冒子",程式渐趋严密。值得注意的是,这三个发展阶段都在北宋,相距不远,说明将经义引入科举考试后不久,程式化进程也就开始了,到北宋末基本上已有了定式。南宋有两次厘改:一是"乾道中,主司欲革四句对偶之弊";二是"淳熙初,学者厌破题、衬贴纤靡,颇复厘改"。但这都是小改,只能影响一时,整体作用不大。程式化已成不可挽回之势,而且愈来愈严密,到宋末已形成一套定格。从现存宋人经义文看,叶适的分期符合实际,这为认识经义的写作方法和发展趋势奠定了基础,我们将在后面逐渐论及。

　　叶适既根据经义程式演变划分时期,我们这里不妨顺便考察宋人经义的程式。

①崇宁元年(1102)十月二十七日,宰相蔡京奏:"仍建外学于王国之南。""外学"即辟雍。见《宋会要辑稿·职官》二八之一五。

宋代依程式写作经义的时间相当长,但宋人研究经义程式和作法的书却很少,更没有流传下来,可考知的如宋季弘斋曹泾(1234—1315,咸淳四年进士)曾著《义说》,久已失传。清钱大昕《补元史艺文志》卷四著录倪士毅《尚书作义要诀》四卷,已佚,今存倪氏《作义要诀》一卷,专论科场经义程式法,附陈悦道《书义断法》之后,《四库全书》据《永乐大典》本单独著录。倪士毅虽是元人,该书也是为元代重开科举而作,但所述经义程式却是宋人的,所引主要是曹氏《义说》,这为我们研究宋代经义的程式提供了文献资料。倪氏有《作义要诀自序》,简要而系统地叙述了宋代经义的程式:

　　　按宋初因唐制,取士试诗赋(原注:省题诗及八韵律赋)。至神宗朝,王安石为相,熙宁四年(1071)辛亥议更科举法,罢诗赋,以经义、论、策试士,各占治《诗》、《书》、《易》、《周礼》、《礼记》一经,此经义之始也。宋之盛时,如张公才叔《自靖义》,正今日(引者按:"今日"指元)作经义者所当以为标准。至宋季,则其篇甚长,有定格律:首有破题,破题之下有接题(接题第一接,或二三句,或四句,下反接,亦有正说而不反说者),有小讲(小讲后有引入题语,有小讲上段,上段毕有过段语,然后有下段),有缴结,以上谓之冒子。然后入官题。官题下有原题(原题有起语、应语、结语,然后有正段,或又有反段,次有缴结),有大讲(有上段,有过段,有下段),有余意(亦曰从讲),有原经,有结尾。篇篇按此次序。其文多拘于捉对,大抵冗长繁复可厌。

由此看来，经义程式的名称，除多"余意"、"原经"两项外，与"论"相同。这与经义为论之一体相一致。

兹据倪氏《要诀》及所引曹泾《义说》等，考察宋代经义的基本程式。

（一）冒子。与赋及论体文的程式一样，经义也有"冒子"，包括破题、接题、小讲等。

1.破题。即点明题意，一般为四句。倪氏《要诀》引"或曰"（今不详为何人语）道："破题为一篇纲领，至不可苟。句法以体面为贵，而包括欲其尽。题句多则融化，不见其不足；题字少则敷演，不见其有余。命意浑涵而不失于迂，用字亲切而不病于俗：斯得之矣。"这是说，破题要能高度概括全文。南宋破题多用四句骈语（见上引叶适语），并成为定格。因此，题日字数多则需融化而提炼之，少则敷演之，使之成为偶句，且意不迂而字不俗，以浑融、亲切为上。与场屋诗赋及论一样，宋人经义也极重破题。叶适《书龙川集后》曰："同甫集有《春秋属辞》三卷，仿今世经义破题，乃昔人《连珠》、《急就》之比，而寄意尤深远。"[1]这当是陈亮准备经义考试破题的习作，今传集本已不载。又赵彦卫《云麓漫抄》卷九记曰："彭祭酒，学校驰声，善破经义，每有难题，人多请破之，无不曲当。后在两省，同寮尝戏之，请破'月子弯弯照几州，几家欢乐几家愁'。彭停思久之，云：'运于上者无远近之殊，形于下者有悲欢之异。'人益叹伏。"由此可见，若简单地说，所谓"破题"就是用偶句将题意换一种说法，而点出它的意义来。因题字不能在破

_____

[1]《水心文集》卷二九。

题中出现，因而叫"暗贴"（语出朱熹《学校贡举私议》，见后引），故常用代字法、换字法。

2.接题，也就是"承题"，上承"破题"，进一步说明题意。倪士毅《自序》谓有第一接，又有反接，《要诀》再引"或曰"道："接题所以承接破题之意，一篇主意要尽见于二三句中，尤不可不用功也。"则接题担负着说明全文"主意"（中心思想）的任务。

3.小讲，即发挥和拓展题意。倪氏《自序》谓有小讲上段，有过段语，或又有反段，次有缴结。

4.缴结后"入题"，即进入题目（题目文字要在此出现）。

从破题到缴结，统称冒子。

（二）原题。倪氏《自序》称原题有起语、应语、结语，又有正段、反段、缴结。曹泾曰："原题之体，其文当圆，其体当似论。前辈考校，多于题下（引者按："题"指入题之"题"，故"题下"即指原题）看人，笔端须是见识高，看文字多，方于此有议论慷慨之体。中间最不要露圭角，又不要作成段对文，只要参差呼唤，圆转可观。大抵是唤起之后，便应一应，结一结，然后正一段，反一段，又总缴结，此为正体。其反说者不必多，比正段宜减大半。又或有于正段后复作一段，或是引事，或是譬喻，如此议论，竟不必作反段亦可也。"原题即讲解并挖掘题意，宋人多用"尝谓"或"夫"字做起语。

（三）大讲。倪氏《自序》称有上段、过段、下段。这是全文的主干，宋人多用"今夫"二字做起语。

（四）余意。倪氏《自序》谓"亦曰从讲"。曹泾对余意有详尽的解释："所谓余意，乃是本题主意外，尚有未尽之意，则于此发之。须是意新又不背主意,仍于主意有情乃可。这个有数样:本意所轻者,于此却微与提起;本题头绪多者,此处与贯而一之;本意作两并不相关者,此处与发明之;本意有自本至效者,此又翻转来言之。若只是本题意,又来说作一片,全无些斡运,则徒劳耳。"余意即在题目之外发议论,要特别注意"意新又不背主意",既要表达新的意思,又要与主意密切关联。

(五)原经。又叫考经,即说明题目在经籍中的来历出处,是宋人经义之所必具。曹泾曰:"当初所以有原经者,须是说这个题目,其来历次第如何,或是谁人做底事,他这事是如何,要推寻来因究竟,下梢结煞,方谓之原经也。"

(六)结尾。又叫结题,这在经义中相当重要,故曹氏也作了详细的解说,并指出多种体格:有议论"大节目事体"的,当在此突出;有题目出于经典的,更应在此"唤起出处",以表明权威性。此外,就是对语,也有"定格"。他写道:"结尾亦要识体格,不但用事证题而已。若本题系有大节目事体,则宜就此究竟,到实结裹处结之,此为议论到底,是一格也。本题用经句、主张有来历者,宜于结尾唤起出处,状得分晓,此有根据、有首尾文字,是一格也。此外又有定格:说唐虞治体,宜以成王对之;说盘庚迁亳事,宜以周家化商事证之;皇极之说,宜以圣门事证之;二典三谟亦然。汤、武征伐,宜相照证;周、召告归,可互参考;三后化商,皆要相串:最宜识此意,其他方可泛引事证耳。又或本题中实有议论未尽,而道理实有当发挥者,又当作一段议论,不必用事亦可也。引事之体,既引状本题后,又须更唤一唤,以己意慷慨议论,断制主意,教他响朗,然后结之,此可以见人笔力,宜耐心加工也。"简言之,题若是"大节目事体",可一论到底;若在经典中有来历,则当点明,这是结尾最重要的两"格"。此外的"定格",是可引同类事物"相证"、"相串",也可发挥本题中"议论未尽"之意。总之,结尾见笔力,千万不能小觑,而"宜耐心加工"。

显然,经义既吸取了"论"的程式,也揉合了场屋诗赋的程式。明人黎久曰:"经义之破题,即律诗之起句也;承题,即其第二句也;大、小讲,即中二联也;结题,即末二句也。"①毕仲游曾反对用经义考试,其理由之一为"经义则是散文而难考"②。自从有了严格的程式,举子依样画葫芦,考官按定式摘得失,也就变得"易考"了。

第三节　庆历嘉祐时代的经义:以苏轼为例

在庆历、嘉祐时代,经义又称"大义"。就文体论,"大义"尚无定式,不过也有个大致的要求。《宋史》卷四四四《刘恕传》曰:"未冠,举进士。时有诏,能讲经义者别奏名,应诏者才数十人。恕以《春秋》、《礼记》对,先列注疏,次引先儒异说,末乃断以己意,凡二十问,所对皆然,主司异之,擢为第一。"按刘恕(1032—1078),字道原,仁宗皇祐元年(1049)进士。又司马光在嘉祐六年(1061)八月二十一日上《论选举状》,有论明经科所试大义,曰:

---

① 《黎子杂释》,《学海类编》本。
② 《理会科场奏状》,《西台集》卷一。

"若能先具注疏本意,次引诸家杂说,更以己意裁定,援据该赡,义理高远,虽文词直质,皆为优等,与折二通。若不能记注疏本意,但以己意穿凿,不合正道,虽文辞辩给,亦降为不通。"①由刘恕所作及司马光之论可以看出,这时的经义有三项主要内容,也是作义时的三个必备步骤:先具注疏本意,次引先儒异说(或曰"诸儒杂说"),然后断以己意。司马光特别强调注疏本意,也就是要严守传统的注疏,反对以己意穿凿。所谓传统注疏指先秦及汉晋以来师承有绪的章句之学,如经学家孙复所说:"国家以王弼、韩康伯之《易》,左氏、公羊、穀梁、杜预、何休、范宁之《春秋》,毛苌、郑康成之《诗》,孔安国之《尚书》,镂版藏于太学,颁于天下,又每岁礼闱设科取士,执为准的,多士较艺之际,一有违戾于注说者,即皆驳放而斥逐之。"②景德中贾边举进士,有名当时,但在所作《当仁不让于师论》中训"师"为"众",与注疏异说。宰相王旦认为"边特立异说,此渐不可启,将令后生务为穿凿,破坏科场旧格",遂黜③。可见当时谨守经学传统,十分严格。南宋时,朱熹也曾极力反对穿凿之风,主张"治经必专家法",强调"答义者贯通经文,条陈众说,而断以己意"。只是他以理学家的立场,认为"治经者必因先儒已成之说而推之,借曰未必尽是,亦当究其所以得失之故,而后可以反求诸心而正其缪"④,就是说不必再严守传统的注疏了。

---

① 《温国文正司马公文集》卷一九。
② 《寄范天章书(二)》,《孙明复小集》卷二。
③ 见范镇《东斋记事》卷一。
④ 《学校贡举私议》,《朱文公文集》卷六九。

王安石对熙宁前的经义颇不以为然,他说:"九经、五经学究、明法之科,朝廷固已尝患其无用于世,而稍责之以大义矣。然大义之所得,未有以贤于故也。"①他之所以这样说,首先是对传统的治经方法即谨守注疏、"讲说章句"和重记诵不满,故熙宁四年(1071)二月丁巳中书省上言,要求新制进士所对大义"务通义理,不须尽用注疏"②。到由他主持撰写的《三经新义》颁行后,就一切主新说,尽废诸儒之论③。其次,前此的大义较为简陋肤浅,举子所作多不通④。王安石则要求更高,故熙宁二年决定罢诗赋时,又有"试义者须通经,有文采乃为中格,不但如明经墨义初解章句"的规定⑤。又,《续资治通鉴长编》卷四四九载元祐五年(1090)十月癸丑诏:"近制,府监发解、省试举人,经义每道不得过五百字。……诸发解举人依此。"所谓"近制"很可能是熙、丰之制,而现存此前的大义有的很短。

王安石是宋代科举考试中以经义取代诗赋的主导者,他自己若有经义传世,自然将传递许多信息,因此研究者对此颇感兴趣。

---

① 《上仁宗皇帝言事书》,《临川先生文集》卷三九。
② 《续资治通鉴长编》卷二二〇。
③ 秦观《王定国注论语序》曰:"自熙宁初,王氏父子以经术得幸,下其说于太学,凡置博士、试诸生,皆以新书(按指《三经新义》)从事,不合者黜罢之,而诸儒之论废矣。"(《淮海先生文集》卷三九)
④ 梅尧臣嘉祐二年(1057)为省试参详官,有《明经试大义多不通有感依韵和范景仁舍人》诗曰:"明经与进士,皆欲取公卿。自是俗儒陋,非于吾道轻。昔由羔雁聘,今乃草莱并。不措一辞去,缘何禄代耕。"(《梅尧臣集编年校注》卷二七)
⑤ 见《文献通考》卷三一《选举四》、《宋史》卷一五五《选举志一》。

《古今图书集成·文学典·经义部》收其经义六篇,其中《非礼之礼,非义之义,大人弗为》《可以与可以无与,与伤惠;可以死可以无死,死伤能》二篇,《临川先生文集》卷六七收入,分别题《非礼之礼》《勇惠》,其余四篇不知出处。余长城《可仪堂一百二十名家制义稿》载王安石经义十篇,前六篇即《图书集成》所收,另四篇中,《智者动,仁者静》见文集同上卷,题《仁智》,另三篇不知出处。综合二书,凡三篇见于文集,七篇不知出处。余氏《题王半山稿》曰:"制义之兴始于半山,半山之文体有二:其谨严峭劲、附题诠释,则时文之祖也;其震荡排奡、独抒己见,则古文之遗也。"这是说,王安石的经义既上承古文之统,又下启时文之法。然分析见于文集的三篇,其是否经义,颇有疑点。三篇写法大体相似,兹录其《通惠》一篇,略作分析。

世之论者曰:"惠者轻与,勇者轻死。临财而不訾、临难而不避者,圣人之所取,而君子之行也。"吾曰不然,惠者重与,勇者重死。临财而不訾、临难而不避者,圣人之所疾,而小人之行也。故所谓君子之行者有二焉:其未发也,慎而已矣;其既发也,义而已矣。慎则待义而后决,义则待宜而后动,盖不苟而已矣。

《易》曰:"吉凶悔吝生乎动。"言"动"者,贤不肖之所以分,不可以苟尔。是以君子之动,苟得已,则斯静矣。故于义有可以不与不死之道而必与必死者,虽众人之所谓难能,而君子未必善也;于义有可与可死之道而不与不死者,虽众人之所谓易出,而君子未必非也。是故尚难而贱易者,小人之行也;无难无易而惟义之是者,君子之行也。《传曰》:"义者,天下之制也。"制行而不以义,虽出乎圣人所不能,亦归于小人而已矣。季路之为人,可谓贤也,而孔子曰:"由也好勇过我,无所取材。"夫孔子之行,惟义之是,而子路过之,是过于义也。为行而过于义,宜乎孔子之无取于其材也。勇过于义,孔子不取,则惠之过于义,亦可知矣。

孟子曰:"可以与,可以无与,与伤惠;可以死,可以无死,死伤勇。"盖君子之动,必于义无所疑而后发,苟有疑焉,斯无动也。《语》曰:"多见阙殆,慎行其余,则寡悔。"言君子之行当慎处于义尔。而世有言《孟子》者曰:"孟子之文,传之者有所误也。孟子之意当曰'无与伤惠,无死伤勇'。"呜呼,盖亦弗思而已矣!

作者一反世人所谓"惠者轻与,勇者轻死。临财而不訾、临难而不避"的说法,认为这是"小人之行",提出一切取决于"义"。写法上是引经传以驳"世之论者",最后又嘲笑"世之言《孟子》者"怀疑《孟子》文字有误的说法。然此篇当非经义。王安石是庆历二年(1042)进士,而士子愿对大义者试十道,是庆历四年的新政①,故安石考进士时尚无对大义之制,此其一。前面说过,庆历、嘉祐时代的经义大体上有三个要素,而现存三篇无所谓先列注疏、次引先儒异说的内容,与当时大义体制不合(若与下举苏轼经义比较,其区别显然),故既非科场之作,也不可能是登第后的

---

① 见《宋会要辑稿·选举》三之二三、《续资治通鉴长编》卷一四七。

拟作,而熙宁后安石屡当大任,更不可能拟作场屋经义,此其二。在《临川集》中,如《非礼之礼》等三篇的短论尚有许多,何独以此三篇为经义?此其三。此三篇又收入刊于南宋庆元三年(1197)的《国朝二百家名贤文粹》(分别见卷一四、一五、一七),王偁序称该书"非载道之文,则不与此集",则其收科场经义的可能性几乎没有,此其四。据此四点,则上述王安石的三篇经义,盖好事者以集中短论貌似者充之。其余七篇既无出处,更无论焉。

前引叶适语,将苏轼作为庆历、嘉祐时代经义文的代表作家。按《苏轼文集》卷六载有《书义》《论语义》《孟子义》共十三篇;叶适所谓"苏轼说《春秋》",指收入该卷的《春秋》之《三传义》。集本原题"南省说书十道",《经进东坡文集事略》卷三作《南省讲三传十事》,包括"《左传》三事"、"《公羊》三事"、"《穀梁》四事",凡十篇,郎晔注曰:"仁宗嘉祐二年(1057),欧阳文忠公修考试礼部,既置公第二,复以《春秋》对义,居第一,即此十事。见公《墓志》。"兹举"《左传》三事"中的第二篇《问小雅周之衰(襄二十九年)》为例。文曰:

对:《诗》之中,唯周最备,而周之兴废,于《诗》为详。盖其道始于闺门父子之间,而施及乎君臣之际,以被冒乎天下者,存乎《二南》。后稷、公刘、文、武创业之艰难,而幽、厉失道之渐,存乎《二雅》。成王纂承文、武之烈,而礼乐文章之备,存乎《颂》。其愈衰愈削而至夷于诸侯者,存乎《王·黍离》。盖周道之盛衰,可以备见于此矣。

《小雅》者,言王政之小,而兼陈乎其盛衰之际者也。夫幽、厉虽失道，文、武之业未坠，而宣王又从而中兴之，故虽怨刺并兴，而未列于《国风》者，以为犹有王政存焉。故曰：《小雅》者，兼乎周之盛衰者也，昔之言者，皆得其偏，而未备也。季札观周乐，歌《小雅》，曰："思而不贰，怨而不言，其周之衰乎？"《文中子》曰："《小雅》乌乎衰？其周之盛乎！"札之所谓衰者，盖其当时亲见周道之衰，而不睹乎文、武、成、康之盛也。文中子之所谓盛者，言文、武之余烈，历数百年而未忘，虽其子孙之微，而天下犹或宗周也。故曰：二子者，皆得其偏而未备也。太史公曰："《国风》好色而不淫，《小雅》怨诽而不乱。"当周之衰，虽君子不能无怨，要在不至于乱而已。《文中子》以为周之全盛，不已过乎？故通乎二子之说，而《小雅》之道备矣。谨对。

此文题目出自《左传·襄二十九年》，也就是著名的"季札观乐"。内容大致分两部分。第一部分概括地介绍周代事迹在《诗经》中的分布，说明周道之盛衰，在《诗经》中有完整的反映（"备见"）。这既紧扣题目，又提出周道之"盛衰"这个命题，而不仅仅是"衰"，为后文埋下伏笔。第二部分承"盛衰"立言，先释"小雅"的含意，次谓季札以为《小雅》乃"周之衰"，是他"当时亲见"，而未看到其盛时；文中子所谓"周之盛"，则是言文、武余烈未忘，天下仍然"宗周"。然后"断以己意"，认为这两说"皆得其偏而未备"，只有"通乎二子之说"，也就是既有"盛"也有"衰"，但尚不至于"乱"，《小雅》之道才算完备。可见，在写法上，这篇文章大体上是按上述三个步骤，而以"对"起，以"谨对"结，说明是在"对大义",与后来经义的体式区别显著。其他各篇亦基本如此,行文较自由,没有固定的程式。

第四节　熙丰时代的经义:以张庭坚为例

上节引叶适语,谓张庭坚的《书义》是熙宁、元丰时期经义的代表作。张庭坚登元祐六年(1091)进士高第,所作《自靖人自献于先王》义虽不在熙、丰时,但它代表了熙丰经义的体制,而且南宋以降直到元代,都视之为经义"标准"。原文不太长,兹据《皇朝文鉴》(卷一一一)所载,录之于次:

自靖人自献于先王

君子之去就生死,其志在于天下国家,而不在于一身。故其死者非沽名,其生者非惧祸,而引身以求去者,非要利以忘君者也。仁之所存,义之所主,鬼神其知之矣。昔商之"三仁",或生,或死,或为之奴,而皆无愧于宗庙社稷,岂非谋出于此欤。此其相戒之言曰:"自靖,人自献于先王。"

盖于是时,纣欲亡而未瘳也。其臣若飞廉、恶来者,皆道王为不善,而不与图存。若伯夷、太公,天下可谓至贤者,则洁身退避,而义不与俱亡。夫为商之大臣,而且于王为亲,惟王子比干、箕子、微子也。三人者,欲退而视其败则不忍,欲进而与王图存则不可;与言,虽有忠孝诚恳之心,其谁达之哉！顾思先王创业垂统以遗其子孙，设为职业禄位以处天下之贤俊，俾相与左右而扶持之，期不至于危亡而后已。子孙弗率，亡形既见，而忠臣义士之徒，犹不忘先王所以为天下后世之意，以为志不上达，道与时废，乱者弗可治也，倾者弗可支也，而臣子所以报先王者，惟各以其能自献可也。

虽然，君子之志不同，而欲死生去就各当于义，不获罪于先王，非人所能为之谋，其在于自靖乎。盖若商祀之颠，则微子以为心忧，而辱于臣仆，不与其君俱亡者，箕子、比干之所羞为也。微子抱祭器适周以请后，则奉先之孝得矣；比干谏不从，故继以死，则事君之节尽矣；箕子以父师为囚奴，犹眷眷不去，则爱君之仁至矣。其死者若愚，其囚者若污，而其辄去者若背叛非忠也，然三子皆安然行之，不以所不能为自愧，更相劝勉以求合于义，而不期于必同。夫谓先王所以望于后世君子者，惟忠与孝也。故微子之去，自献以其孝；比干以谏死，箕子以正囚，则自献以其忠，则是三子之非苟为也。处垂亡之地，犹眷眷乎天下国家，而不在一身，故其志之所谋，各出其所欲为，为期先王之知耳。古所谓较然不欺其志者，非斯人之谓乎！

虽然，《书》载微子与箕子相告戒之辞，而比干不与焉，何哉？人臣之义，莫易明于死节，莫难明于去国，而屈辱用晦者，亦所难辨者也。比干以死无足疑，故不必以告人；而箕子、微子不免云云者，重去就之义而厚之故也。不然，安得并称"三仁"哉！

这是一篇《尚书》义,所谓"自靖人自献于先王",出自《尚书·微子》:"自靖,人自献于先王。"伪孔传曰:"各自谋行其志,人人自献达于先王,以不失道。"意思是说,商纣王将亡时,他的叔父比干、箕子和同母兄弟微子,三人自谋各行其志,目的都是尽忠于先王。朱熹尝"伤时文之弊",谓:"张才叔《书义》好。《自靖人自献於先王义》,胡明仲(寅)醉后每诵之。"刘壎《隐居通议》卷一五《张才叔义》引《鄱阳银峰诸先生传》,称该经义"旧曾刻石于东京",并评曰:"南渡前经义简实典古,有补世教。岂若近世浮虚磔裂者所为,宜为先儒之所深取也。"又引吉州所刊跋语云:"此中兴前近二百年《书》义也,至今尚可咀嚼如此,曷可诃其为古哉!……文虽简,格虽与此不同,然议论正当,辞不迫而意已独至,所以屡经前辈品题。"明人王廷表序《经义模范》,谓"经义盛于宋,张才叔《自靖人自献于先王》之义,吕东莱(祖谦)取之入《文鉴》,与古文并传。朱文公(熹)每醉后口诵之,至与诸葛武侯《出师》二表同科"。可见南宋人对此篇十分看重,认为其文词简古,"有补世教"。就内容论,它宣扬的是儒家忠孝观,较一般场屋诗文赋并无什么特别处。因此,与其说这篇经义如何高明,不如说后来更趋浮滥,连这都不如。

在写法上,元代学者程端礼说:"张庭坚体,已具冒、原、讲、证、结,特未若宋末所谓文妖经贼之弊耳。"[1]这个说法是正确的,它使我们明白:熙丰时期的经义,已有了一套程式,只是还未完全程式化,即未成为"定格"。开篇"君子之去就生死"三句,即破

---

[1]《读书分年日程》卷二。

题,"故其"至"忘君者也"四句是承题,"仁之所存"至"出于此欤"数句为小讲,"此其"句引经语出处,是入题,这一整段即所谓"冒子"。"盖于是时"一段为原题,"虽然"一大段为讲题,"虽然,《书》载微子"数句为证题,亦即原经、考经,最后,"不然,安得并称'三仁'哉"句为结尾。全文层次分明。

上已言及,南宋人之所以特重此文,主要在于它"简重典古"。这是有道理的。南宋的经义走上了对偶排谐的道路,如叶适所说:"今日之经义,即昔日之赋。"①而张庭坚《书义》基本上是散句,正可以矫弊。特别是破题,自徽宗时代起,就常用四句偶语(见下节引刘安节《礼义》),但此《书义》是三句散语。

第五节　徽宗时代的经义：以刘安节为例

据本章第一节所考,徽宗时代的经义,今存者大约只有刘安节、刘安上及姚孝宗三人的了,总数不到三十篇。兹举刘安节《以周知天下之故》一篇②,略作分析,以见徽宗时代经义文的作法。

以周知天下之故

以天下望一人,则受责为甚重;以一人临天下,则用力为甚微。

---

① 《习学记言序目》卷四七。
② 载《刘左史集》卷二。

夫以甚微之力，而任至重之天下，如必身亲而后为之，则列土至广，列侯至众，吾之足力有不给矣；万民利害，庶政得失，吾之目力有不周矣。足不给，目不周，莫为之恤耶？则得此而遗彼，举一而废二，为人上者，几何不负天下之望哉！

是故周之盛时，设为小行人之职，以巡邦国之诸侯，治其事故，而因以察邦国之政。民之利害，事之得失，天时之变，人治之常，一皆载之书，以告于王焉。

是以执要之君子，不必足迹接乎诸侯之境者，以有此官为之巡行故也；不必目力察乎千里之外者，以有此书为之稽考故也。得其人以载其书，则天下之事有不足知者矣。故其职曰"以周知天下之故"。

夫"故"者，有所因而使然者也。天下之理，物无常是，亦无常非，是非代更，与时无止。先王之治，岂以有涯之力，而穷无止之时。万民之事利而无害，诸侯之政得而无失，四时之行顺而无忒，而皆出于常。然者先王于此，亦无所用知矣。

王颁常法以授之诸侯，侯奉常法以施之民可也。奈何民无常利，政无常得，时无常顺，而乖戾之变有出于所遭之故者，不有以知之，则天下之不治，有不基于此乎？是以先王之于邦国也，必因行人使于四方，以致其察焉。吊丧恤贫，补灾赞善，行人之为使也；万民利害，庶治逆顺，凶荒悖乱，康乐和亲，行人之为书也。奉使者，行人之职，而书其政治者，特因之而已。故先之五物，皆曰令者，所以遣其出也；后之五物，皆曰反命于王者，所以纪其归也。其出也，于以同休戚，王之仁也；其归也，于此察政治，王之智也。行人一出，而王之仁智两得焉,岂不曰法之善哉!虽然,行人所书,特天下之故而已。周知其利害者,职方氏之书也;周知其治者,司会之书也。职方者,九州之图,一定之常典而已;司会者,四国之治,三年之成功而已。天下之事,固有昔是今非,而不出于一定;日改月化,而不待于三年者。行人之书,安可略耶?

噫!先王既以其身当天下之任矣,天下之利害,吾身之休戚也。有人于此疾疢之不知,视听之不闻,而人以四体为不仁矣。况以天下之利害,而为人上者曾不闻知而加恤焉,其得谓之仁乎?

孔子曰:"致五至,行三无,四方有败,必先知之。"此言其道也。《小行人》曰:"凡此五物者,每国辨异之,以周知天下之故。"此言其法也。道者,先王所以治心;法者,有司所以纪事。

先王之时,所以能使天下为一家,中国为一人者,岂特其道足以自致哉,行人之书抑有助焉。后世堂上之治远于百里,堂下之治远于千里,彼其一堂之间且不及知,况欲知天下乎?

依倪士毅所总结的宋人经义程式考之,此篇中可谓一应俱全。

第一自然段共四句,即所谓破题。以"一人"与"天下"、"重"与"微"相对照,一轻一重,点明"周知天下"的重要。此破题是四句对偶文,与张庭坚的三句散体已大不相同了。"夫以"一段为接题。一正说,一反说,以"足力不给"、"目力不周",进一步强调

"周知天下"的重要。"是故"一段为小讲,提出"周之盛时"设小行人之职,以解决一重一轻的矛盾。"是以"段为缴结,也就是回归到主意,同时入题(出现题目)。以上总曰"冒子"。

"夫故"一段为原题。以"夫"字为起语,在"故"字上做文章,再深入发掘题目的内涵,归纳出"无常"与"常"的关系,并引起下文。

"王颁"一大段为大讲。论述王之所颁为"常法",而通过小行人所察的是"无常",如灾害顺逆、凶荒悖乱之类。因小行人所书不同于"常",故王者可借以周知天下利害,而不可"略"。这是全文的主体,也是"主意"之所在。

"噫"一段,即所谓余意,以"休戚"与"不知"、"不闻"相对,一正一反,以发挥"主意",但又不背"主意"。

"孔子曰"一段为原经,引《礼记·孔子闲居》①、《周礼·秋官·小行人》语,说明题目的来历。这是一篇《礼义》。

最后一段为结尾。突出"行人"之制在先王政治中的重大作用,同时对"后世"统治者连"一堂之间且不及知"略有所讽。

从刘安节的这篇经义中,可看出如下几个特点。

一是徽宗时代,经义已高度程式化,从破题直到结尾,已完全符合后来倪士毅《作义要诀》所揭示的经义行文流程。

二是较前引苏轼、张庭坚的经义,此文偶句显著增多。如接题中的"列土至广,列侯至众,吾之足力有不给矣;万民利害,庶政

---

① 原文为:"孔子曰:夫民之父母乎,必达于礼乐之原,以致五至而行三无,以横于天下,四方有败,必先知之,此之谓民之父母矣。"

得失，吾之目力有不周矣”，缴结段的“是以执要之君子，不必足迹接乎诸侯之境者，以有此官为之巡行故也；不必目力察乎千里之外者，以有此书为之稽考故也”，等等。这种行文法，说明宋人经义已走上骈俪之路，开明、清八股文的风气。王安石当日以经义取代诗赋，并非不要文采，熙宁二年（1069）就有“试义者须通经，有文采乃为中格”的规定①，而按传统的文章观，要偶俪才有文采。《制艺丛话》卷一引《明史·选举志》，谓八股文“体用排偶”，梁章钜指出“排偶之体，北宋时即有之”，于是引《宋史·选举志一》所载：“大观四年（1110），臣僚言：场屋之文，专尚俪偶，题虽无两意，必欲厘为二，以就对偶，其超诣理趣者，反指以为淡薄。请择考官而戒饬之，取其有理致，而黜其强为对偶者，庶几稍救文弊。”刘安节的这篇经义，可谓为臣僚上言提供了实证。但此“文弊”非但未能救正，到南宋反而愈演愈烈。

三是训诂习气。清王士禛《居易录》卷一谓宋永嘉刘安上、刘安节的《二刘文集》中“多经义，大抵如训诂，不脱兔园册习气。盖当时科举之文如此，其与诗赋恒钉之陋，如以五十步笑百步也”。此说击中了徽宗以后经义文的要害。论体文本是“借他题目，说自家道理”②，如前引苏轼、张庭坚的经义，皆据题目立一主意，阐发自己的见解。而此文实际上是在讲经：从解释“周知天下之故”的“故”入手，谓“故”即“有所因而使然者也”，也就是无常、非常，犹如今天所说的“突发事件”，于是以“常”与“无常”敷写成篇。

①见《文献通考》卷三一《选举四》、《宋史》卷一五五《选举志一》。
②《论学绳尺·论诀》引吴琼语。

因此,全文实际上是在讲题目,而这类讲解在一般经解、类书中就可找到,故王士禛谓其"大抵如训诂,不脱兔园册习气"。

平心而论,刘安节此文找到了"常"与"非常"这样一个好的切入点,尚有思致,这就是所谓"巧",加之如《四库提要》所说的"明白条畅",故水平还算不低。而徽宗时经义,已有全不顾经文意旨而胡说八道的了。沈作喆《寓简》卷一〇载:

> 政和中,举子皆试经义。有学生治《周礼》,堂试《禁宵行者》为题,此生答义云:"宵行之为患也大矣。凡盗贼奸淫群饮为过恶者,白昼不敢显行也,必昏夜合徒窃发,踪迹幽暗,虽欲捕治,不可物色。故先王命官曰司寤氏,而立法以禁之,有犯无赦宜矣。不然,则宰予昼寝,何以得罪夫子?"学官者甚喜其议论有理,但不晓以宰予昼寝为证之意,因召而问之"此何理也?"生员乃曰:"昼非寝时也。今宰予正昼而熟寐,其志必待夜间出来胡行乱走耳。"学官为大笑而罢。

这故事真可入"笑林"了!

有一点要特别说明:无论是熙丰还是徽宗时代,经义都必须严格遵循王安石的《三经新义》和《字说》,而不能再墨守先儒注疏,否则定然被黜。故现存刘安节经义中,有不少是言王安石道德性命之学的,反映了鲜明的时代特征,这将在本书第十五章第二节中详论。

第六节 关题、合题与南宋经义

前面说过,经义即考官从儒家经典中抽出一句或几句话作题目,举子据题意、按程式写成一篇论文。但五经中有的篇帙不大,可拟的题目有限,如毕仲游《理会科场奏状》所说:"经义所问之目,各从本经而有尽。"①考官为了走出无题可出的困境,同时加大考试难度,遂在题目上打主意,于是南宋时的经义出现了所谓"关题"、"断章题"、"合题"。早在北宋熙宁前,诸科考试对诸经大义,其题目就有"离合句读,故相迷误;或取卷末经注字数以为问目"的现象②,当时被制止。"关题"、"合题",可谓故技重演。

一、关题

所谓"关题",即于经文"上下磔裂为断章,他处牵合,号为关题"(见下引嘉泰初臣僚言)。就是说,"关题"是出题者先取经籍中某处的一句话或几个字(断章),将其与另一处(或另一篇)内容相关的文句牵合在一起,组成一个题目。也可以只出"断章"题,即断章后不再与他处牵合,这与"关题"有所区别。朱熹曰:

> 今日……主司命题,又多为新奇,以求出于举子之所不

---

①《西台集》卷一。
②见司马光《论诸科试官状》,《温国文正司马公文集》卷二一。

546 | 宋代科举与文学

意,于所当断而反连之,于所当连而反断之,大抵务欲无理可解,无说可通,以观其仓卒之间趋附离合之巧。其始盖出于省试《上天之载无声无臭仪刑文王》之一题。然而当时传闻,犹以为怪,及今数年,则无题不然,而人亦不之怪矣。主司既以此倡之,举子亦以此和之,平居讲习,专务剪裁经文,巧为饾饤,以求合乎主司之意。其为经学贼中之贼,文字妖中之妖,又不止于家法之不立而已也。……愿下诸路漕司,戒饬所差考试官,今后出题须依章句,不得妄有附益剪裁。①

朱熹又在与门人的对话中,再次对此现象进行抨击:

今人为经义者,全不顾经文,务自立说,心粗胆大,敢为新奇诡异之论。方试官命此题,已欲其立奇说矣,又出题目定不肯依经文,成片段都是断章牵合,是什么义理。三十年前,人犹不肯如此,只因一番省试出《上天之载无声无臭仪刑文王》三句,后遂成例,当时人甚骇之,今遂以为常矣。遂使后生辈违背经旨,争为新奇,迎合主司之意,长浮竞薄,终将若何,可虑可虑。②

他甚至一再说当时的学风还不如王安石时代:"王介甫《三经义》固非圣人意,然犹使学者知所统一……岂若今之违经背义恣为奇

①《学校贡举私议》,《朱文公文集》卷六九。
②《朱子语类》卷一〇九。

说而无所底止哉！""他（王安石）真个使得天下学者尽只念这物事，更不敢别走作胡说，上下都有个据守。"①按：朱熹所说省试经义题"上天之载"三句，出《诗经·大雅·文王》，其下还有"万邦作孚"句。三句的意思，郑玄笺云："天之道难知也，耳不闻声音，鼻不闻香臭，仪法文王之事。"意思显然不完整，这就是"断章"题。《宋会要辑稿·选举》一之二一载：淳熙十六年（1189）十一月二十五日诏："自今岁试闱，六经义并不许出关题，亦不得摘取上下经文不相贯者为题。"先是，国子祭酒沈揆言："六经自有大旨，坦明平正，不容穿凿。关题既摘经语，必须大旨相近。今秋诸郡解试，有《书》义题用'璇玑玉衡，以齐七政'关'舞干羽于两阶，七旬有苗格'者，据此题目，判然二事，略不附近，岂可相关？谬妄如斯，传者嗤笑，此则关题之弊。有《易》义题云'时乘六龙，以御天也，云行雨施，天下平也'，至此当止矣，而试官复摘下文'君子以成德为行'相连为题，据此一句，其义自连下文，若止以上四句为题，何不可？此则命题好异之弊。"宰执进呈，光宗（淳熙十六年二月，孝宗禅位光宗，未改元）曰："出题碍理，诚不可不革。见说近日科场文格卑陋，将来省试须是精择试官，故有是命。"沈揆举了两道题。第一道是《书》义，"璇玑"两句出《尚书·舜典》，"舞干羽"两句出同书《大禹谟》；前为舜事，后为禹事，故谓"判然二事，略不附近"。不相关的两事硬行"关"为一题，文意全然不通。第二道是《易》义，见《乾卦》，"君子以成德为行"是下一层意思，与上四句不相连，属"断章"。这两题的荒谬，比朱熹所举"当时人甚骇之"

---

① 《朱子语类》卷一〇九。

的题目,更有过之而无不及。

光宗诏看来并未能禁绝出"关题"、"断章"的歪风,嘉泰元年(1201)十二月二十四日,起居舍人章良能上奏言四事,第三事也是论"关题":"近者经学惟务遣文,不顾经旨,此非学者过也,有司实启之。盖命题之际,或于上下礫裂为断章,他处牵合,号为关题。断章固无意义,而关题之显然浑成者多已经用,往往搜索新奇,或意不相属,文不相类,渐成乖僻,士子虽欲据经为文,势有不可,是有司驱之穿凿。乞今后经义命题,必本经旨,如所谓断章、关题,一切禁约,庶几学者得以推原经文,不致曲说。"①嘉定七年(1214)十二月二十七日礼部奏引国子祭酒刘爚言,仍说"近年经学不明,命题断章",乞令"今后命题不许断章,长短不拘",从之②。

到嘉定十五年二月十二日,礼部上言引何澹奏,乞"命题不许断章,许出关题,惟意所择,不必尽拘"。批送(礼)部看详。"既而礼部送国子监,据国子博士钟震等聚议所陈考校命题事,其取士不为无补。但经义关题一节,庆元四年(1198)指挥,许于本经摘两段合为一题,又令尽出全题,或三篇之中欲合一题,听从有司之便。后缘外州场屋命题多是牵合字面求对,更不考究经旨,如以'在璇玑玉衡,以齐七政'合'七旬有苗格'之类,但合七字,更无义理,岂不有碍经旨? 所以关题自嘉泰元年(1201)后不曾再出。今来奏请以全题有限,自后场屋若间题(按:"题"疑"出"之

---

①《宋会要辑稿·选举》五之二四,参见《文献通考》卷三二《选举五》。
②《宋会要辑稿·选举》六之一○。

误)关题,理亦可行。(宁宗)从之。"①这样一来,关题又被"平反",名正言顺地走上了科场。朱熹当日感叹"可虑可虑",而今竟上下达成了共识。

二、合题

与"关题"不同,"合题"则是有司为了革举子"打题"的一个措施。庆元四年(1198),礼部侍郎胡纮言:

> 欲令有司,今岁秋试所出,六经各于本经内摘出两段文意相类、不致牵强者合为一题,庶使举子有实学者得尽己见,足以收一日之长,而挟策雠伪者或可退听矣。

宁宗"从之"。则"合题"是用本经内"两段文意相关"的文字重组为一题,与"关题"的断章牵合不同。随后臣僚言:"近者臣僚有请,自今试场出六经合题,深中场屋之弊。但本意正恐题目有限,士子得以准拟,反(原作"返")使实学不能见一日之长。臣谓若出合题,则合题亦自有限,士子仍旧准拟。乞下礼部,令遍牒诸路,自今出题,或尽出全题,或三篇中欲合一题,听从有司,庶几不致拘泥,不为举人所测。"②由此看来,欲"合题"起到革除举子"准拟"的作用也很难,即便是从三篇甚至四篇中择句合为一题,举子仍然有策对付,而合题若稍不慎,其弊与关题同。

---

① 《宋会要辑稿·选举》六之四二。
② 《宋会要辑稿·选举》五之二〇。

"关题"、"断章"及"合题",一方面反映了考经义的固有之弊,即前引毕仲游所说的"本经有尽",无题可拟;另一方面则是出题欲其难,与举子为"敌"。清代考八股文,有所谓缺头短尾、东拉西扯的"截搭题",也是为了"杜绝考生抄袭的弊病"①。"关题"、"合题",大概是"截搭题"的老祖宗。康有为《请废八股试帖楷法试士改用策论奏》曰:"断剪经文,割截圣语,其小题有枯困缩脚之异,其搭题有截上截下之奇,其行文有钓伏渡挽之法。譬如《中庸》'及其广大,草木生之',则上去'及其广'三字,下去'木生之'三字,但以'大草'二字为题。如此之例,不可弹书。无理无情,以难学者,不止上侮圣言,试问工之何益?而上自嘉、道,下迄同、光,举国之人,伏案揣摩,皆不出此'大草'之文法也。"这些话写于科举制度病入膏肓、即将寿终正寝之时,"大草"之题可以捧腹喷饭,而关题、合题,何尝不令人啼笑皆非。我们有理由认为,经义到南宋已走入了死胡同,而明、清人不思改辙,反而把它当成宝贝,将荒唐发挥得淋漓尽致,实在是历史的悲哀。

三、南宋经义概略

俞长城《可仪堂一百二十名家制义稿》选宋人经义七家,除王安石、苏辙外,其余五家皆南宋人。前面说过,其可靠性颇受质疑(见本章第一节),但清人也有深信不贰的,如梁章钜《制义丛话》卷三即多据俞氏之选。这里不妨择其中杨万里、陈傅良两家之清人评议,以供参考(当然,如果最终证明余氏所收皆伪作,则参考

---

① 《八股文形式的解剖》,启功等著《说八股》。

价值也随之消失）。

杨万里（1127—1206），字廷秀，号诚斋，吉州吉水（今江西吉安）人。绍兴二十四年（1154）进士，累官至秘书少监。《制义丛话》引俞氏曰："杨诚斋制义仅得三首，而秦汉之雄劲，魏晋之藻丽，合成巨观，后人鲜有及之者。"又引谢震曰："《国家将兴》篇中有'狴犴绿草，俎豆春风'、'狼烟塞红，榆关柝静'等句，《至于治国家》篇中有'日转棠阴，风清榆塞'、'边塞不鼓，烽燧不烟'等句，《杨墨之道》篇中有'苔侵鲁壁，烟横尼山'、'骥失而驽，马失而蝥'等句，陆象山评为'价压机、云，香薰班、马'，宜非时俗眼所能识也。"这里提出了雄劲、藻丽相结合的特点。

杨万里经义还有一点对后世影响甚大，即在"口气"上开"代古人立言"的先声。《制义丛话》卷一引《明史·选举志》，谓其文"略仿宋经义，然代古人语气为之"，梁氏按曰："杨诚斋有《国家将兴必有祯祥》文，点题后用'以为'二字起，又《至于治国家》二句文，点题后用'谓'字起，似代古人语气实始于此。"钱锺书亦曰："宋人'四书'文（引者按：指经义。然宋代经义非如清代限于《四书》，钱先生盖以清人习惯称之）自出议论，代古人语气似始于杨诚斋。"①明、清制义须用古人语气行文（即所谓"代圣贤立言"），而宋人经义则是"自出议论"，但《制义稿》所收杨万里的两篇经义已用古人口气，由此可窥两者转换的端倪（不过也可视为作伪的证据）。

陈傅良（1137—1203），字君举，号止斋，瑞安（今属浙江温州）

---

① 《谈艺录》四《诗乐离合，文体递变》之《附说四》，第32页。

人。曾为太学学录，乾道八年（1172）进士，官终宝谟阁待制，今存《止斋文集》《止斋论祖》等。他以时文名世，当时影响很大。俞长城颇称赞他在光宗失纪时敢于"以儒生争之"的忠直品格，又谓"工于制义，所传几三十首，于宋文最富"。《制艺丛话》卷三引《书香堂笔记》曰："宋人制义之近时者，莫如陈止斋。其经籍纷纶处，已开后人门径。《不以人废言》文曰：'浅近之言，帝舜犹必察；小人之箴，盘庚不敢伏。'《保民而王》文云：'论成汤之王者，不观于万邦咸怀之日，而观于子惠困穷之初；论文王之王者，不观于三分有二之时，而观于不侮鳏寡之始。'《斯远暴慢矣》文云：'礼义以为干橹，人自干橹之也；忠信以为甲胄，人自甲胄之也。'此等文皆不似初体，然其绚烂犹在词句间，惟《吾从众》文入手云'俗若可违，宜不可违'，则从《曲礼》'从宜从俗'句化出；末段云'圣人之从违，以宜不以众'，则从《左氏》'善钧从众'句化出，真所谓取熔经义、自铸伟辞者矣。又《游于艺》文中有云：'解牛之技，其中有道；削锯之功，其中有神。'《犯而不校》文中有云：'抽刀断水，只以自劳；举梃击空，适以自困。'《顺受其正》文中有云：'豹死于饿虎，毅（原误"段"，据其用典改）死于内热。'则更溢于子部。录此以见作文总要读书耳。"以上共举陈氏的经义文七篇。梁剑华主要说明陈氏经义中的"经籍纷纶处"，也就是大量引用或点化经句入文，甚至用了子部书中的典故（按《顺受其正》"豹死"两句，用单豹、张毅事，出《庄子·达生》），认为这"已开后人门径"，得出"作文总要读书"的结论。

南宋经义盖为时人、后人所鄙，传者甚少，除上述真伪莫考者外，可靠的只有陆九渊《象山外集》卷一、卷四所存二十多篇。兹以陆氏文为例,略见南宋经义的概貌。

陆氏经义有的(如省试)篇幅过长,有的又太短,大约是平日习作或残篇,程式不很规范。也许这些文章并非南宋经义的代表作,以别无可举,故录其《外集》卷一中篇幅较短的一篇为例。

使民宜之

民不可使知吾道之义,而可使享吾道之宜。使道而不宜于天下,则圣人亦乌取乎道哉!圣人出而有为于天下,变而通之,神而化之,而天下之民鼓舞踊跃,莫不以为宜而安之者,亦尽其道而已矣。《大传》曰"使民宜之"以此。

夫子曰:"民可使由之,不可使知之。"非圣人,固不使之知也。吾道之义,则彼民之愚,盖有所不能知也。若乃其道之宜,则圣人固与天下之民共由而共享之。方民未知佃渔也,圣人作为网罟,而民宜于网罟矣。方民未知耕稼也,圣人作为耒耜,而民宜于耒耜矣。以至舟楫弧矢杵臼,莫不皆宜于民。虽其以象以义,取诸《离》、《益》之诸卦,而其使民宜之者,盖无异于黄帝、尧舜之乾坤也。

当黄帝、尧、舜氏之作,为备物制,用立成器,以为天下利者,前圣已备之矣。故其使民由之者,独见于垂裳之治。黄帝之事,于六艺无所考信,而尧、舜之事,则载之典谟,彰彰可考。如明五刑,典三礼,疏江河,驱虎豹,凡建法立制、都俞咨询以宜其民者,盖不为少矣。而夫子特称其荡荡无名,无为而治,则其所以宜之者,一出天道而已矣。

故曰：尧以是传之舜。

此文题目出于《易·系辞下》，是一篇"易义"。第一段为冒子，以两句破题，两句接题，然后是小讲，最后一句为入题。第二段为大讲，以孔子"民可使由之，不可使知之"为论据，着重说明古圣人的伟大正在于"使民宜之"。第三段为余意，以黄帝、尧、舜为例，进一步说明他们之所为，也全在"使人宜之"，只是"一出天道"，似乎是"无为而治"。最后一句为结尾，引出道统承传这个"大节目事体"来。此文盖平日习作，当作于陆氏登第的乾道八年（1172）或稍前。前引叶适说"乾道中，主司欲革四句对偶之弊"，答义者只两句"遂据上第"云云，而此文正是两句破题，可谓是叶氏之说的实证。文中偶句不多，反映出乾道间经义的面貌，而前文所谓关题、断章及合题之类的更能代表南宋穿凿诡异的经义文，惜已无例可举了。

关于南宋经义，也有一点需指出。北宋末诏废王氏新学，故南宋改用先儒注疏。但南宋后期理学勃兴，以至被御定为官学，于是理学家经解、语录、朱熹《四书》注成了举子们的必读书，从而主导着科举，也主导着经义的写作。

第七节　经义的流弊

前面说过，宋人经义流传至今的很少，说明时人、后人对它都不看重，远没有当初倡导者的热情。故欲了解宋代经义的总体面貌,靠如今仅存的少许篇章远远不够,倒是从当时反面的批评声中,更能窥见真相。

宋人对经义的抨击,如果说北宋主要是所谓"旧党"的话,那么随着其弊端的显露,南宋间已超越了党派之见,批评的声音越来越普遍。概而论之,主要有如下三个方面。

一、不读原著,专事穿凿

熙宁时罢诗赋、用经义取士的目的,是要培养和选拔通经致用的人才,出发点未尝不好。但这只是一厢情愿。且不说先秦那些儒家典籍中的道理是否对早已时过景迁的现实政治真正"有用",即以诱以功名利禄这点,就注定了它必然成为一块新的"敲门砖",而最终事与愿违。

早在元祐时,毕仲游就敏锐地看到经义进士"为《书》者不为《诗》,为《诗》者不为《易》,为《易》者不为《礼》,为《礼》者不为《春秋》,是知一经而四经不知也"的现状;他还一针见血地指出:"圣人之经书,遂但为卜利禄之具,要之应举得第而已,岂有正心诚意治经术、谋圣人之道者哉!"①于是,举子的知识面极为狭窄,所培养的不过是一堆缺乏文化的腐儒。朱弁《曲洧旧闻》卷三《举人不知董仲舒》载:

> 科举自罢诗赋以后,士趋时好,专以《三经义》为捷径,非
> 徒不观史,而于所习之经外,他经及诸子无复有读之者。故

---

① 《理会科场奏状》,《西台集》卷一。

于古今人物及时世之治乱兴衰之迹，亦漫不省。元祐初，韩察院以论科举更改事，尝言：臣于元丰初差对读举人试卷，其程文中或有云"古有董仲舒，不知何代人"，当时传者莫不以为笑。此与定陵时省试，举子于帘前上请云"尧舜是一事，是两事"绝相类，亦可怪也。

即便是卜利禄之具，若真能通一经也还不错，而到南宋时，举子竟连所谓"本经"也不读了。朱熹说："近年以来，习俗苟偷，学无宗主。治经者不复读其经之本文与夫先儒之传注，但取近时科举中选之文讽诵摹仿，择取经中可为题目之句以意扭捏，妄作主张，明知不是经意，但取便于行文，不暇恤也。……名为治经，而实为经学之贼；号为作文，而实为文字之妖。不可坐视而不之正也。"①他又说："旧来有明经科，便有人去读，这般书（指《仪礼疏》）注疏都读过。自王介甫《新经》出，废明经学究科，人更不读书，卒有礼文之变更，无人晓得，为害不细。如今秀才和那本经也有不看底。"②做经义而不读经籍原著，已够令人震惊的了，而更可怕的是违背经旨，专事穿凿。朱熹还说，"今人为经义者，全不顾经文，务自立说，心粗胆大，敢为新奇诡异之论"（以下言出题断章牵合，已见上引），甚至认为"今为经义者又不若为词赋，词赋不过工于对偶，不敢如治经者之乱说也"。他认为这些都不能怪举子，而责在学官："今人却务出暗僻难晓底题目，以乘人之所不知，

①《学校贡举私议》，《朱文公文集》卷六九。
②《朱子语类》卷八五。

却如何教他不杜撰、不胡说得?"①嘉定四年(1211)十二月二十七日,礼部上言引国子祭酒、兼权刑部侍郎刘爚上言,称"近年经学不明,命题断章,学者以巧于迁就为工,不以推本经意为正,略传注之说,侮圣人之言"②。由此可知,断章牵合的命题方式,加剧了穿凿经旨的歪风。杜范在《上殿劄子》中谓"文弊至今极矣",其论经义考试道:"乾、淳之间,词人辈出,见之方册,质而不野,丽而不浮,简而不率,奇而不怪,士子所当仿效。数十年来体格浸失,愈变愈差,越至于今,其弊益甚。六经义不据经旨,肆为凿说。其破语牵合字面之对偶,弗顾题意之有无。终篇往往掇拾陈言,缀缉短句,体致卑陋,习以为工。至有结语巧傍时事,图贡谀言,如吾身亲见。此策语也,用之于论,已失其体,今乃于经义言之。"③摆脱了北宋新旧党争的南宋人,论经义之弊的反多于北宋,是很值得思索的。王夫之《宋论》卷四曰:"抑使天下之士,成童之后,日绅绎于先圣之遗书,以厌饫于道腴,而匡其不轨,故曰经义尚矣。然而不保其不敝者,习之斯玩之,以仁义中正之格言,为弋利掠名之捷径。而支离者旁出于邪,疲苶者偷安于鄙,雕绘者巧乱其真,拘挛者法伤其气,皆所谓侮圣人之言者也。则明经而经以晦,尊经而经以亵。"问题其实就出在"经义"本身。前面说过,经义即经论,"论"的特点就是"借他题目,说自家道理":作者根据题目所引经书中的一句或几句话,要么泛说"自家道理",要

---

①《朱子语类》卷一〇九。
②《宋会要辑稿·选举》六之一〇。
③《清献集》卷一一。

么据兔园册子敷衍成文,既有如此捷径可走,何须苦读经书,穷研经旨?于是,方便之门就这样打开了,"不据经旨,肆为凿说"也就理所当然。考经义是为了"观其通经",而结果是不读经,真有南辕北辙之叹。

二、剽窃旧作,全用套类

早在熙宁二年(1069)讨论科举变法时,苏轼就指出:"近世士人纂类经史,缀缉时务,谓之策括,待问条目,搜抉略尽,临时剽窃,窜易首尾,以眩有司,有司莫能辨也。"[①]当时经义尚未正式取代诗赋成为主要的考试科目,故他只说到"策括",表述的只是一种担忧。待实行经义取士后,果不幸而言中,就连锐意改革的宋神宗也承认。《宋史》卷三三四《徐禧传》:"熙宁初,王安石行新法,禧作《治策》二十四篇以献。……神宗见其所上策,曰:'禧言朝廷用经术变士,十已八九,然窃袭人之语、不求心通者相半,此言是也。'"元祐元年(1086)闰二月二日,刘挚上《论取士并乞复贤良科疏》,主张取消熙宁以来实行的经义取士,他说:

(试经义)至于蹈袭他人,剽窃旧作,主司猝然亦莫之辨。盖其无所统纪,无所隐括,非若诗赋之有声律法度,其是非工拙,一披卷而尽得之也。诗赋命题,杂出于六经、诸子、历代史记,故重复者寡。经义之题,出于所治一经,一经之中可为题者,举子皆能类集,裒括其类,豫为义说,左右逢之,才十余

①《议学校贡举状》,《苏轼文集》卷二五。

年,数榜之间,所在命题,往往相犯。然则文章之题,贡举之法,于此其敝极矣。①

刘挚是反对新法、主张以诗赋取士的,但他所言经义"剽窃旧作"、类集义说的事实却无法否认。庆元四年(1198),礼部侍郎胡纮上言主张出"合题"(事见本章前述),曰:

> 今之诗赋,虽未近古,然亦贯穿六艺,驰骋百家,有骈四俪六之巧。惟经义一科,全用套类,积日穷年,搜括殆尽;溢箧盈厢,无非本领。主司题目,鲜有出其揣拟之外。②

这时虽在"庆元党禁"之中,但胡氏所论并非诗赋、经义之争,可见南宋时经义考试几乎徒有虚名,如此而欲得经明行修的"人才",真如缘木求鱼。其实,只要博利禄的应试和"锁院较艺"存在一日,"搜括题目"、类编条目就一天不会止息:它们是科举考试制度催生的一对孪生儿。如果下看清初的情况,此弊殆无药可救。顾炎武《日知录》卷一六《拟题》曰:

> 今日科场之弊,莫甚于拟题。且以经文言之,初场试所习本经义四道,而本经之中,场屋可出之题不过数十。富家

---

①《忠肃集》卷四。又见《续资治通鉴长编》卷三八六、《诸臣奏议》卷八二。
②《宋会要辑稿·选举》五之二〇。又见《文献通考》卷三二《选举五》,文字稍异,如"无非本领"作"初无本领"。

巨族延请名士馆于家塾,将此数十题各撰一篇,计篇酬价,令其子弟及僮奴俊慧者记诵熟习。入场命题,十符八九,即以所记之文抄誊上卷,较之风檐结构,难易迥殊。《四书》亦然。发榜之后,此曹便为贵人,年少貌美者多得馆选,天下之士靡然从风,而本经亦可以不读矣。

三、拘于程式,流于对偶

一向对科举考试持批评态度的叶适,曾在《习学记言序目》中论宋代经义的程式化进程,而对程式化本身,他似乎很认可,说"今虽以破题分巧拙,要未足病,视义理当否耳";又说"诚使知义理者常为主司,学者不得以悖理之文希合于一时,虽因今之时文不改,亦自足以得士"(已见本章第二节引)。朱熹与其学生曾有如下对话:"前辈文字有气骨,故其文壮浪。欧公、东坡亦皆于经术本领上用功。今人只是于枝叶上粉泽尔,如舞诈鼓然,其间男子、妇人、僧、道、杂色,无所不有,但都是假底。旧见徐端立言,石林尝云:'今世安得文章? 只有个减字、换字法尔。'如言'湖州',必须去'州'字,只称'湖',此减字法也;不然,则称'雪上',此换字法也。"以上是李方子录,廖谦所录文字略有差异,且有"或云:'此是禁怀挟所致。'曰:'不然,自是时节所尚如此……'"一段。从"禁怀挟所致"可知,他们师徒所议论的,正是场屋文字。朱熹又说:"前辈做文字,只依定格、依本分做,所以做得甚好。后来人却厌其常格,则变一般新格做。本是要好,然未好时先差异了。"他还说:"若是要取人才,那里将这几句冒头见得? 只是胡说。今时文日趋于弱,日趋于小巧,将士人这些志气都消削得尽。……只看如今秤斤注两,作两句破头,如此是多少衰气。"①这里主要是指经义,已说到"定格"和"新格"。所谓"新格",当是指南宋"时节所尚"的固定程式,如两句破题之类。换字或代字法,正是经义、"论"类破题之所常用,明、清研究八股文作法的书中,就有专门讲"换字法"的②。朱熹语中最有思想光彩的,是他批评这类文字"都是假底",与前引叶适认为经义乃是用"巧"妆点成的"虚词"、以"希合于一时"的看法完全相同。这击中了所有程式文(包括明、清"代圣人立言"的八股文)的要害:它们不过是按"程式"、按官方意识形态"拼制"的赝品,极少表达作者个人真实的性情和思想。一言以蔽之,程式乃举场的"游戏规则",程式文即专用于考试的工具,除此之外没有任何用途。若仅此也便罢了,当权者却为经义贴上"有用"的标签,企图举子通过习经获得"圣人之道",那就过于奢望了。这就决定了当年汗牛充栋的科举程文的共同命运:除偶尔存留下来的极少篇什外,皆已被历史的大浪淘尽。

上文引叶适语,已言及"今日之经义,即昔日之赋"。此说并非空穴来风。代表徽宗时代的刘安节经义,就已多用对偶句,到南宋时更甚焉。前引朱熹《学校贡举私议》,就曾写道:

> 盖今日经学之难,不在于治经,而难于作义。大抵不问题之大小长短,而必欲分为两段,仍作两句对偶,破题又须借

①《朱子语类》卷一三九。
②详参启功《八股文的基本技巧和苛刻条件》,启功等著《说八股》。

用他语以暗贴题中之字，必极于工巧而后已。其后多者三二
千言，别无他意，不过止是反复敷衍破题两句之说而已。如
此，不惟不成经学，亦复不成文字，而使学者卒岁穷年枉费日
力以从事于其间，甚可惜也。

他于是提出"不必如今日经义分段、破题、对偶、敷衍之体，每道止
限五六百字以上"。然到杜范淳祐元年（1241）知贡举后所作《上
殿劄子》，犹有"其破语牵合字面之对偶，弗顾题意之有无"之语，
可见其弊已深不可除，故倪士毅《作义要诀自序》谓宋人经义"其
文多拘于捉对"。前引《宋史·选举志一》载大观四年（1110）臣
僚上言，呼吁救正经义"强为对偶"的"文弊"。北宋末已有人看
出经义骈俪化的趋势，可谓有先见之明，但他"稍救文弊"的愿望
却终宋难以实现。盖经义的内容空泛，只好用绚丽的词采加以文
饰，而争奇斗巧，又向来是举子战胜对手、征服考官的手段。清钱
大昕《十驾斋养新录》卷一〇《经义破题》曰："宋熙宁中，以经义
取士，虽变五七言之体（引者按：指应试诗赋），而士大夫习于排
偶，文气虽疏畅，其两两相对，犹如故也。"

　　《四库提要》论刘安节《刘左史集》中的经义时，曾指出它是
"后来八比之权舆"。钱锺书说："八股文实骈俪之支流，对仗之引
申。……至于唐以后律赋开篇，尤与八股破题了无二致。"[1]八股
文对我国封建社会后期数百年的社会风气（不仅是文风）的危害
极大，论者至有指其为明、清衰亡根源之说。虽不可谓宋人经义

---

① 《谈艺录》四《诗乐离合，文体递变》之《附说四》，第32页。

全无佳作,但它与律赋合流,开八股文风气之先,在教育史、文化史上是难辞其咎的。叶适尝作《宏词》一文,谓王安石当初罢诗赋的出发点,是"患天下习为词赋之浮华而不适于实用";然而词科的设置,"是始以经义开迪之,而终以文词淫蔽之也"①。其实不仅博学宏词科,经义考试又何尝不是如此?杨简在回答他人"诗赋、经义、论策亦无害于取士,奚必革"的问题时,说:"骈俪之文,大不典雅,惟助浮华,不可不罢。经义、论策,虽不必于废,而袭今时文可笑之式,则亦不可为士,而言辞大不成文,亦难断不可(废)。"这真像是历史的轮回,令人可悲可叹。

---

①见《水心别集》卷一三。

第十二章　宋代科场的作弊与革弊

　　我国历史上实行了约一千三百年的科举考试,是隋以后历朝选拔高极人才的主渠道。既是"选拔",就有淘汰,也就有竞争。竞争当然要求公平,但事实上,不公平竞争却几乎与科举制度相始终。所谓"不公平竞争",即利用非正当的、见不得人的手段投机取巧,弄虚作假,甚至暗厢操作,幕后交易,以达到被录取的目的,这就是作弊。考场作弊这种负面文化,像瘟疫一样广泛传播,古今中外概莫能免,不必大惊小怪①。但既然考试是选拔人才,就必须有"游戏规则"——考试纪律加以约束,以净化环境,求得相对公平,以免鱼目混珠。因此,有作弊也就有革弊。

　　在漫长的科举史上,作弊与革弊的斗争从未止息,成为科举文化的重要内容。降至宋代,由于科举制度的更改,即录取与否完全看考试的卷面成绩,故作弊的方式与以前也有所不同,即主

---

①没有科举之前,选才亦有作弊,如《颜氏家训》卷三述梁朝全盛时的贵游子弟:"明经求第,则顾人答策;三九公燕,则假手赋诗。"可谓请"枪手"的老祖宗。

要由考场之外转移到考场内，并导致科场作弊的普遍化和严重化，矛盾也就显得格外突出。同时，人们对作弊危害的认识大为提高，社会反映强烈，革弊斗争也就愈益激烈，而成效却并不理想，从而成了宋代科举社会中的沉重话题。

第一节 "作弊"概念的界定

什么是"作弊"？有些做法，恐怕是任何时代、任何选举方式下都禁止的，如找"枪手"代笔之类；而另一些行为，则有个由"不弊"到"弊"的历史发展过程，比如挟书就是。挟书又叫怀挟、怀藏，即举子挟带书册进入考场。在后代，这应当是作弊无疑（规定可带入的除外），但在唐朝却是允许的。又如"继烛"，即天黑后继续燃烛考试，宋人认定它为作弊制造了条件，所以也是一"弊"而被禁止，但唐代的考试正是夜间举行。洪迈《容斋随笔》卷三《进士试题》述曰：

> 唐穆宗长庆元年(821)，礼部侍郎钱徽知举，放进士郑朗等三十三人，后以段文昌言其不公，诏中书舍人王起、知制诰白居易重试，驳放卢公亮等十人，贬徽江州司马。白公集有奏状论此事，大略云："伏料自欲重试进士以来，论奏者甚众。盖以礼部试进士，例许用书策，兼得通宵，得通宵则思虑必周，用书册则文字不错。昨重试之日，书策不容一字，木烛只许两条，迫促惊忙，幸皆成就，若比礼部所试，事校不

同。"……乃知唐试进士许挟书及见烛如此。

洪氏的意思是说，根据白居易的奏状，唐代进士既允许挟书，也可以"见烛"。白居易奏中的所谓"书策"（又作"书册"），即指怀挟之书（李肇《国史补》："挟藏入试谓之书策。"）。既然连怀挟都允许，那宋代被禁的"授义"（传递答案），怕也不算大问题。只有假手（代笔），仍为唐人所鄙，如温庭筠"才思艳丽"，考试时"多为邻铺假手，号'日救数人'也，而士行玷缺，缙绅薄之"①。到五代时，制度有所变更：挟书渐成非法，考试改在白天。《容斋三笔》卷一○《唐夜试进士》：

> 唐进士入举场得用烛，故或者以为自平旦至通宵。刘虚白有"二十年前此夜中，一般灯烛一般风"之句，及三条烛尽之说。按《旧五代史·选举志》云："长兴二年（931），礼部贡院奏当司奉堂帖夜试进士，有何条格者。敕旨：'……王道以明规是设，公事须白昼显行，其进士并令排门齐入就试，至闭门时试毕……应诸科对策，并依此例。'"则昼试进士，非前例也。……至晋开运二年（945），又因礼部尚书、知贡举窦贞固奏，自前考试进士，皆以三条烛为限，并诸色举人有怀藏书册不令就试。未知于何时复有更革。白乐天集中奏状云："进士许用书册，兼得通宵。"

———————————
①《唐诗纪事》卷五四。

是否科场作弊,各历史时期之所以有差异,是由考试制度之不同决定的。就进士科而论,唐代重"誉望",相对来说对考卷成绩不太重视;而宋代采取糊名誊录制,一切以程文定去留,因此像怀挟之类,便直接影响到成绩好坏和竞争的胜负,当然就成作弊了。总之,弊与不弊的界定,最简明的判断方法,是看它是否影响录取,即是否有损于考试的公正性。

第二节 宋初的进士行卷

在叙述宋代的科场作弊之前,有必要略述宋初的行卷。所谓"行卷",又叫赞文、投献、投卷等,即举子在科试之前,将自己所作的诗文赞献给有关官员或社会名流,求得他们的称誉(又叫"求知己"),从而提高自己的誉望,以求顺利登科。行卷在中唐以后极为盛行,其根本原因是有司不重临场考试而重既有名声。宋初也有采"誉望"之风,只是存在的时间相对较短,且与成熟后的科举制度抵牾,朝廷也一再严禁,故未能引起学界的重视而被充分认知。陆游《老学庵笔记》卷五曰:"本朝进士,初亦如唐制,兼采时望。真庙时,周安惠公起,始建糊名法,一切以程文为去留。"只要"采时望"、不依程文定去留的制度存在,就难免有请托,有请托也就可能有行卷。据笔者考察,不仅宋太祖、太宗两朝,就是真宗之初,行卷也很普遍,只是由于景德科举新制的颁行,到仁宗时期,此风才真正偃息,连宋人都很少提起。由于太祖时已禁止"公荐",真宗又严禁请托(详下),故在唐代极为流行并视为"合法"

的行卷,在宋代应算作弊。

宋代进士行卷,在文献中仅偶有记载。如陈鹄《耆旧续闻》卷八《进士投卷》曰:

> 后唐明宗,公卿大僚皆唐时旧儒。其时进士贽见前辈,各以所业,止投一卷至两卷,但于诗赋歌篇古调之中,取其最精者投之,行两卷,号曰双行,谓之多矣。……余谓国初尚有唐人之风。赵叔灵(湘),清献(赵抃)之祖也,初举进士,主司先题其警句于贡院壁上,遂擢第。

考赵湘擢第于太宗淳化三年(992),则其时"尚有唐人(行卷)之风"。吴处厚《青箱杂记》卷六还记载了宋初举子的行卷诗:

> 王公随雅嗜吟咏,有《宫词》云:"一声啼鸟禁门静,满地落花春日长。"又《野步》云:"桑斧刊春色,渔歌唱夕阳。"皆公应举时行卷所作也。

按王随,字子正,真宗咸平五年(1002)登进士第四名①,可证真宗初亦存在进士行卷。我们知道对"行卷"有多种称呼,则《青箱杂记》卷七所载侯某向王随献成锐诗,应当也是行卷:

> 王丞相随刻意于诗,以谓诗皆言志,不可容易而作。尝

---

① 王随登科年分及名次,见《宋会要辑稿·选举》二之四。

有应制科人成锐集诗三篇,国子博士侯君以献于随。随览之,乃亲笔尺牍答侯君,其略曰:"随拜启:伏承贤良成秀才见访不及,裁制三册,文华宏逸,学术该赡。然览《野菊诗》云:'彩槛应无分,春风不借恩。'又《野花诗》云:'馨香虽有艳,栽植未逢人。'实皆绮靡不辞,未协荣登之兆。复阅《别随州裴员外嘉》句云:'凭高看渐远,更上最高楼。'谅惟再举,合践高科。"其好品藻如此。

这是说的制科行卷。既称"王丞相",时间当在仁宗时(据《宋史》卷三一一本传,王随仁宗时累拜门下侍郎、同中书门下平章事)。

王栐《燕翼诒谋录》卷二谓"行卷之礼,人自激昂以求当路之知"云云,虽是泛论"行卷",然据上下文,当包括宋人的行卷(详下引)。不过与唐代一样,在宋人文献中直接用"行卷"一词的并不多,而较多地用"献文"、"贽文"。如《邵氏闻见录》卷七载:"李文定公迪为举子时,从种放明逸先生学。将试京师,从明逸求当涂公卿荐书,明逸曰:'有知滑州柳开仲涂者,奇才善士,当以书通君之姓名。'文定携书见仲涂,以文卷为贽,与谒俱入。久之,仲涂出,曰:'读君之文,须沐浴乃敢见。'因留之门下。"为求柳开的"荐书",李迪"以文卷为贽",且与"谒"(指书信)一齐进入。又范百禄《文公(同)墓志铭》载:"庆历中,今太师潞公(文彦博)守成都,誉公所贽文,以示府学,学者一时称慕之。再举乡书第一。"[1]又尹洙《谢公(涛)行状》:"(涛)雅善品藻文章……人有贽文者,

---

[1]《丹渊集》卷首。

必读之终篇,或摘其词之工者称道之,其爱奖士类如此。"①又苏颂《孙公墓志铭》:"尚书礼部侍郎、参知政事孙公讳抃……尝赍文谒成都尹凌策,将以童子荐之,顾其幼且孤而止。后累举进士,更今讳。"②这是行卷求荐举(童子科)。又《青箱杂记》卷二:"(龚)颖自负文学,少许可,又谈论多所折难。太宗朝知朗州,士罕造其门,独丁谓赍文求见。颖倒屣延迓,酬对终日,以至忘食。曰:'自唐韩、柳后,今得子矣。'异日,丁献诗于颖,颖次韵和酬曰:'胆怯何由戴铁冠?祇缘昭代奖孤寒。曲肱未遂违前志,直指无闻是旷官。三署每传朝客说,五溪闲凭郡楼看。祝君早得文场隽,况值天阶正舞干。'"从"祝君早得文场隽"句,知丁谓赍文的目的是取进士第。上述都是宋初举子或应进士、诸科,或应制举、童子科时"赍文"亦即行卷的例子。王辟之《渑水燕谈录》卷九曰:"国初,袭唐末士风,举子见先达,先通笺刺,谓之请见。既与之见,他日再投启事,谓之谢见。又数日,再投启事,谓之温卷。或先达以书谢,或有称誉,即别裁启事,委曲叙谢,更求一见。当时举子之于先达者,其礼如此之恭。近岁举子不复行此礼,而亦鲜有上官延誉后进者。"这里虽未说"赍文"之事,其实"通笺刺"时,往往就有赍文,否则便难以求得"称誉"了。

宋人行卷的事例,更多地保存在宋初人的文集或宋人总集中。如柳开(947—1000)《河东先生集》里,现存《上大名府王祐学士》凡四书,以及《上窦偁察判书》《答梁拾遗改名书》《上主司

①《河南先生文集》卷一二。
②《苏魏公文集》卷六三。

李学士书》等,都是为赘文而通书。今存王禹偁(954—1001)《与雷夏柳令书》①,是向其家乡雷泽县令柳宜行卷求解的。此外如胡宿(996—1067)《文恭集》中的《上谢学士启》《上两浙均输徐学士启》等,也是为行卷而作。

王禹偁未登第前曾行卷,后来登第并为翰林学士,成为一代文学名家,故向他行卷的举子特别多,他也指导和荐扬过大批后进。他曾说:

> 主上躬耕之岁(指太宗端拱元年,988),仆始自长洲宰被召入见,由大理评事得右正言,分直东观。既岁满,入西掖掌诰,且二年矣。由是今之举进士者以文相售,岁不下数百人。朝请之余,历览忘疲。②

"举进士者"向一人行卷竟"岁不下数百人",真令唐人瞠乎其后。向王禹偁赘文的众多举子中,最受他器重的是孙何兄弟和丁谓,孙氏兄弟先后以状元登第,丁谓殿试第四名,时与孙何号称"孙、丁",在文坛传为佳话③。

宋仁宗以后,行卷风逐渐止息,原因之一是取消了"公荐"。所谓"公荐",即当权者或社会名流向主司(知举官)及与主司关系密切的人推荐进士人选,或用各种方式为举子制造声势。这

---

① 载《国朝二百家名贤文粹》卷一○二。
② 《送丁谓序》,《小畜集》卷一九。
③ 关于宋初行卷及其影响,详参拙文《论宋初的进士行卷与文学》(《四川大学学报》2003 年第二期)。

特别在中唐时代盛行①。"公荐"使请托之风大盛,必然流于"私荐"。宋建国伊始,太祖首先拿"公荐"开刀。《宋会要辑稿·选举》三之二载:建隆四年(963)正月二十八日,"诏礼部贡举人,今后朝臣不得更发公荐,违者重置其罪。"原注:"故事:每岁知举将赴贡闱,台阁近臣得公荐所知者,至是禁止之。"但到真宗时,朝廷方狠刹请托风。景德元年(1004)九月十七日,"令御史台喻馆阁台省官,有以简札贡举人姓名嘱请者,即密以闻,当加严断;其隐匿不言、因事彰露,亦当重行朝典。"②景德四年闰五月二十五日,又诏榜贡院门曰:"国家儒学斯崇,材能是选,眷惟较艺,务在推公。而近岁有司罔精辨论,尚存请托,有失拟伦。……今乡赋咸臻,礼闱方启,俾司文柄,慎择春官,用革弊源,别申条制,靡间单平之选,庶无徼幸之人。"③原因之二是制度建设,显得更为重要,即太宗、真宗时陆续在各级考试中实行糊名、誊录制。糊名用于科举考试,最早由太宗淳化三年(992)的殿试开其端。真宗景德至仁宗明道间,又先后在御试、省试和发解试中推行誊录制④。在制度保障和"朝典"震慑之下,官员舞弊虽未必能从此杜绝,但通过行卷请托以制造"誉望"的风气,确乎渐渐偃息了,故向考官赍文投书之事也便自然而然地从文献中

---

① 唐代"公荐"情况,可参读《唐摭言》卷六《公荐》。
② 《宋会要辑稿·选举》三之七。
③ 《宋会要辑稿·选举》三之八。
④ 关于糊名、誊录制的确立过程,详见本书第四章。

消失①。

第三节　宋代科场的举子作弊

　　据史籍记载，早在宋太宗时代，考场中举子的违规现象就已屡见不鲜了，以致需要皇帝亲自下诏诫饬。《宋会要辑稿·选举》三之四载太平兴国七年（982）九月八日诏曰："……有矫情饰诈，盛貌深衷，口诵周孔之言，身为桀跖之言（疑是"行"之误），乃至监莅，多触宪章。或假手以干名，或挟书而就试，渐成浇薄，宜用澄清。"这里说到了"假手"、"挟书"二种。假手或叫代笔，又有两种形式：一是"替名入试"，即请人当"枪手"作替身直接入场；二是"就院假手"（见下引），即临时找同考人代作。"挟书"虽早已有之，但到北宋后期，发展到惊心骇目的地步，如徽宗政和二年（1112）正月二十四日臣僚所言："（举子以）蝇头细字，缀成小册，引试既毕，遗编蠹简，几至堆积。兼鬻书者以《三经新义》并

　　———————

　　①徽宗时学校公试中，行卷有死灰复燃之势，但很快得到制止。《宋会要辑稿·选举》四之五载：大观二年（1108）十一月五日，宣德郎、前利州州学教授何浩上言称，当时学校每年一试（按指公试），"类差有出身人以充考试官……故诸州士人亦意有出身官必差充考试而取其空言也，往往编集平昔所集经义、论策之类，猥以投赘文字为名，交相请托于有出身官之门。……欲乞诸路州县应有出身之人将来合差充考试官者，不得收接见任或他州县士人投赘所业经义、论策文字"。徽宗"从之，仍先次施行"。

《庄》、《老子说》等作小册刊印,可置掌握,人竞求买,以备场屋检阅之用。"①假手与怀挟,是最常见的两种作弊法,今人并不陌生。到真宗景德初,科场作弊已相当严重,朝廷不得不暂停贡举,以整顿秩序。《宋会要辑稿·选举》一之七载景德二年(1005)六月一日诏:

> 重念贡举之门,因为循弊,躁竞斯甚,谬滋益彰。至有属词未识于师资,专经不晓于章句,攘窃古人之作,怀藏所习之书,假手成文,遥口授义。……其贡举宜令权住二年,且使各务服勤,更专学术。

据所述,作弊方式已有怀藏、假手、授义三种。"授义"既谓"遥口",当即口授,指口传答案。其弊又发展为"传义"。《宋会要辑稿·选举》载嘉定十年(1217)臣僚言科场作弊,说到传义时,有"传写尤便"语(详后引),则所谓"传义",当即互相用纸笔传递答卷。盖"授义"目标太显,内容支离,不及"传义"来得既隐秘又完整。苏轼在《贡院劄子四首》其一《奏巡铺郑永崇举觉不当乞差晓事使臣交替》中说:"本院检举条贯,惟经学不许传义,口授者同,至于进士,须是怀挟、代笔,方令扶出。"②盖因经典释义之传、注是固定的,方可口传或笔传,而诗赋、策论,各人所作不同,无"义"

①《宋会要辑稿·选举》四之七。
②《苏轼文集》卷二八。

可传故也①。如此，则传义当主要发生在诸科对大义、进士科试经义的考场中。

除上述三弊外，后来又增继烛。继烛本身只是考试时间安排问题，前已说过，因诸多弊端皆由此引发，故也成了一弊。《宋会要辑稿·选举》五之三二载开禧三年（1207）六月二十九日臣僚言："科举之弊，如漕司差考试官，及州郡挟书、继烛、代笔、传义，二者不可不革。"令礼部及国子监看详。礼部、国子监看详后，论之曰：

> 照得挟书、继烛，代笔、传义，禁固周密，务求实才。今州郡不行挟书、继烛之禁矣。又有因继烛，而每试一场，辄歇一日，次日既午，纳卷未毕，视以为常，曾不禁约。彼真才实学，穷日之力已为有余，既继以烛，难免代笔，况以一昼夜，继以次日乎！于是人率备三五卷，或父代其子，兄挟其弟，而太半

① 王铚《默记》卷中载："王拱辰榜，欧公为省元。有李郎中者，忘其名，是年赴试南宫。将迫省试，忽患疫，气昏愦。同试相迫，勉扶疾以入。既而疾作，凭案上困睡，殆不知人。已过午，忽有人腋下触之。李惊觉，乃邻座也。问所以不下笔之由，李具言其病。其人曰：'科场难得，已至此，切勉强。'再三言之。李试下笔，颇能运思。邻座者乃见李能属文，甚喜，因尽说赋中所当用事，及将己卷子搋过铺在李案子上，云：'某乃国学解元欧阳修，请公拆搋回互尽用之，不妨。'李见开怀若此，顿觉成篇，至于诗亦然。是日程试，半是欧卷，半是欧诗。李大感激，遂觉病去。论、策二场亦复如此。榜出，欧公作魁，李亦上列，遂俱中第云。后李于家庙之旁画欧公像，事之等父母，以获禄位者皆公力也。"则诗赋策论虽无义可传，仍可在用事上"拆搋回互"作弊。唯欧阳修助考事属实否，已不可勘。

以货取。故有名预能书，而口尚乳臭，行偕计吏，而习则市
廛。士方困于解额之狭，病于糊名之无据，又苦于此。

可见继烛的危害之大，昏暗中什么坏事都可能发生，几乎使州郡
取解试失去了意义。

科场弊端，还远不止上述四事。《宋会要辑稿·选举》五之五
载淳熙八年（1181）十月十二日秘书省著作佐郎兼权礼部郎官范
仲艺上言，谓至少有十弊："科举之弊，如假借户贯、迁就服纪、增
减年甲、诡贯姓名、怀挟文书、计嘱题目、喧竞场屋、诋诃主司、拆
换家状、改易试卷，如此等弊，不可胜数。"同书《选举》六之二八载
嘉定十年（1217）正月二十八日臣僚言，谓怀挟、传义等，"此其弊
晓然易见。日来多有冒名入场之人，颇骇人听。如甲系正名赴
省，乙乃冒名入场。方州士子，纷揉错杂，书铺莫辨，安然入试，略
无顾忌。十年之前，安得此弊？"则"冒名"当是滋生不久的新
弊①。同书《选举》六之四八载嘉定十六年正月十一日臣僚言，谓
有十二弊："曰门关，曰纳卷，曰内外通传，曰全身代名，曰换卷首、
纳白卷，曰吊卷，曰吏人陪《韵略》钱，曰帘内胥吏乞觅帘外胥吏，
曰试宏博人怀挟传义，曰诸色人之弊，曰帘外诸司官避亲，曰印卷
子。"其中的"全身代名"，当即"冒名"。《宋史·选举志二》又谓
"举人之弊凡五：曰传义，曰换卷，曰易号，曰卷子出外，曰誊录灭

---

① 按：此弊盖与预买"备卷"有关，即甲（正名）、乙（冒名）皆入考场，乙买备
卷作好后让甲抄誊，若中榜，再行贿让胥吏抽换之（事详下节所引《宋会要
辑稿·选举》六之二九载嘉定十年正月二十八日臣僚言）。

裂"。

上述诸多弊行之中，有的不发生在考场，就场屋中的举子而论，盖以怀挟的作弊面最宽，影响也最坏。嘉祐二年（1057）正月，欧阳修知贡举，上《条约举人怀挟文字劄子》，即主要针对此种：

> 窃闻近年举人，公然怀挟文字，皆是小纸细书，抄节甚备。每写一本，笔工获钱三二十千。亦有十数人共敛钱一（或作"三"）二百千，雇倩一人，虚作举人名目，依例下家状，入科场，只令怀挟文字，入至试院。其程试，则他人代作。事不败，则赖其怀挟；事败，则不过扶出一人，既本非应举之人，虽败，别无刑责，而坐获厚利。①

是年十二月五日，仁宗下诏道："惟选举之失实，乃古今之共患。爰自比岁，尤异所闻。悼我诸生，颇沦薄俗。或先敦孝悌，而敢为傲逸；或不勤文艺，而专务剽袭。及乎应诏而起，覆试有程，负累者奸利相成，寡闻者怀挟交济。条制虽密，朋比莫惩。"探究作弊的原因，仁宗以为"四年设科，时颇淹久"，于是改为"间岁一开科场"（后又改为三年一开，遂为定制）②。欧阳修后在治平元年（1064）上《论逐路取人劄子》，末尾写道："近年以来，举人盛行怀挟，排门大噪，免冠突入，亏损士风，伤败善类。此由举人既多，而

---

① 《欧阳文忠公集》卷一一一。
② 见《宋会要辑稿·选举》三之三三、三之三八。

君子小人杂聚,所司力不能制,……惟此一事,为科场大患。"①可见缩短两科间的时距,并不能收革弊的实效。

如果说北宋科场作弊已相当严重的话,南宋则到了失控的地步。在《宋会要辑稿·选举》《职官》及《宋史·选举志》中,群臣论列,几至连篇累牍。兹从前书中择要摘录数则,虽惜篇幅之见费,亦可窥一代之风气。

《宋会要辑稿·选举》五之三〇:

> 开禧元年(1205)正月二十九日,臣僚言:"窃惟礼闱之所禁者,曰代笔,曰挟书,曰传义,曰继烛。法令照然,皆所当戡。比年玩习为常,移易卷案,挟带书册,往往有之,代笔之弊,最其甚者,显行贿赂,略无忌惮。或替名入试,或就院假手,故有身躐儒科,而不能动笔,污辱缙绅。至于孤寒之士,虽有真材实学,反不预选者多矣。"

同上《选举》六之二七:

> 嘉定九年(1216)九月二十七日,臣僚言:"……夫挟书有禁,旧制也。今郡至棘闱日,未及中,残编散帙,盈于阶庑,甚者以经史纂辑成类,或赋、论全篇刊为小本,以便场屋。巧于传录者既以倖得,而真有问学者未免见遗。代名有禁,旧制也。今不在计偕,或者擅就省试,切贡籍久故之名,为假手之

①《欧阳文忠公集》卷一一三。

地。部胥书铺,群比为奸,擅名纳卷,入场代笔,趋利者多,冒法日众。"

同上《选举》六之三三:

嘉定十二年(1219)九月二十八日,右谏议大夫李楠言:"厥今之弊,曰传义,曰挟书,曰见烛,未若代笔最失本意。……今赂贿公行,代笔中选,十常二三。……贴黄:……贪婪无稽之徒,乃用情解已死姓名投状,或用兄弟、亲戚、同乡姓名脱漏给据,专为假手,试讫委而弃之。……至有门外假手递稿入院,内外通同交卷,历子先上姓名,旋将见成卷子传入填纳;或封弥之初,私置别本,记其名号,计嘱吏人改,以图必取。"

同上《选举》六之五〇:

嘉定十六年七月十日,国子博士杨璘言:"迩来士习卑陋,志在苟得,编写套类备怀挟,一入场屋,群趋帘前,以上请为名,移时方散,人数丛杂,私相检阅,抄于卷首,旋即掷弃。巡案无从检察,所作率多雷同,极难选取,侥倖者众。今书坊自经史子集事类,州县所试程文,专刊小板,名曰夹袋册,士子高价竞售,专为怀挟之具,则书不必读矣。"

以上仅为随手所录,类似史料,该书中几乎触目皆是。所述多州郡解试、省试,而类试则有过之而无不及。如浙漕类试(官员亲戚的别头试),《宋会要辑稿·选举》六之三四载嘉定十二年(1219)十二月二十二日臣僚言:

> 场屋弊极,法禁当严。……甚者身不入场,榜出高中,词讼未已。浙漕类试,其弊尤多:或名贯年代一同而纳两卷,或次场夹赋卷而同纳,或二名贯虽异、祖父名讳年甲则同。……八厢伺察,以防挟书代笔。比年玩习,锁试之前,富室势家结约入试,包藏所携,首为稽留。试题一出,密令检阅,蝇书满庭,莫之惮也。郡(疑"群"之讹)聚假手,八厢所合巡视;顶名入试,书铺所当识认。嘱托既行,皆不之问。传义以线从地引入,饮食公然传入,弹圆随水注入,机巧百出。

这真到了骇人听闻的程度。所谓传义"机巧百出"之事,就连现代人读来,也可大开眼界,只差那时没有无线电传播、手机之类了。而四川类省试,盖与浙江漕试如出一辙。同上《选举》六之二四载嘉定八年九月二十八日殿中侍御史黄序言:

> 世变愈下,奸弊愈滋,四蜀为甚。盖蜀号多士,邈在一方,为主司者不胜其弊。耆利者卖号于多货之室,嗜进者纳号于势要之门。分卷不至本房,则宛转旁搜于比邻;已黜之文或出他房,则回护揩改其批凿。或差在所事上官之乡,或差在同官所居之郡,皆得以行其私,岂不负国求贤之意!臣尝采蜀中舆论,则四路漕试、诸州解试、四川类省试皆有私取

之弊。

宋代的诸多考试中,以殿试层次最高,号称"御试"、"亲试",但皇权的威严似乎并未对作弊者产生震慑,如《宋会要辑稿·选举》八之三八载绍圣三年(1096)八月十一日礼部言:"举人御试而怀挟、代笔、传义者,并取旨送所属,其罪赏并依省试贡举法。"哲宗"从之"。而《梦粱录》卷三《士人赴殿试唱名》谓"士人入东华门,各行搜检身内有无私体绣文,方行放入"。"私体绣文",当即预书于体肤之上的考试资料。既防之,必尝有之。可见"御试"的秩序并不比省试好,作弊手法也相同。

第四节　宋代科场的官吏作弊

上节所述科场举子作弊,其实许多都直接、间接与"官"有关。这里再集中叙述官僚、胥吏直接参与作弊的史实。

1. 宰相作弊。这在南宋权相专政时期最为突出。如陈傅良说:"秦太师(桧)之专也,私场屋,有与其子少保雅故,能不以糊名即上第。"①又《宋史》卷三九五《陆游传》:"年十二能诗文,荫补登仕郎。锁厅荐送第一,秦桧孙埙适居其次,桧怒,至罪主司。明年试礼部,主司复置游前列,桧显黜之,由是为所嫉。桧死,始赴福州宁德簿。"又《宋会要辑稿·选举》五之三二载:开禧元年

---

① 《承事郎潘公(朝卿)墓志铭》,《止斋集》卷四九。

（1205）闰八月十四日，"诏谢采伯、棐伯并驳放"。原注道："先是，嘉泰二年（1202），宰相谢深甫令其二子同赴省试，未锁院之前，密语当差试官预计会题目，又令朝士能文者代笔，付与试官，果置高等，人已指言。其后诸子忿争，交相诋评，于是传播。是时深甫已任相位，无敢言者。至是臣僚有言，故有是诏。"有趣的是，就是这位靠父亲作弊登高第的谢采伯，在所著《密斋笔记》卷三中，却一本正经地揭露秦桧作弊："秦桧子及第，当时暗号有'赋无天地，诗有龙蛇'。后汪彦章贺启，有'气塞两仪，即东阁郎君之句'以讥之。"《宋会要辑稿·选举》六之三又载嘉定元年（1208）正月二十四日臣僚言："比年省闱取士，弊倖百端，最是挟书、代笔，尤为场屋之患。盖曩由宰相门客怀挟败获，反将逻者施行，自后习以成风，绝无忌惮。……绍兴初，秦桧用事，专以子弟亲故窃取科第，士子扼腕。"作为最高统治集团主要头目和"百官之长"的宰相，竟带头作弊，纪纲焉得不乱？

2.官僚作弊。《宋会要辑稿·选举》六之三二载：嘉定十二年六月二十六日，监察御史张次贤上言论假托宗枝、迁就服属之弊道："职事官牒止小功，法也，或以缌麻为小功；厘务官牒止大功，法也，或以小功为大功。此犹冒法之微，至于服外为服内，以侄为弟，侄孙为侄，强就服属，紊乱昭穆，甚而隔州隔路，平生踪迹风马不及，苟同其姓，一旦梯援，遂或（疑"成"之讹）嫡派，成法虽存，略不顾恤。则倖门一开，上行下效，冒滥相煽，以至漕牒姑姨，满里同宗，纷纷售伪者，势所必致。"他的担心是有根据的，南宋科场实际上早已倖门大开，大部分为官僚结成的社会关系网所垄断。

3.考官作弊。如《宋会要辑稿·选举》六之一六载嘉定六年

（1213）七月二十三日臣僚言：“夫差官考校逐州对号，以防请嘱。今富室子弟先期计会漕胥，密知考官姓字，要之于路，潜行贿赂，预卖题目，暗为记号，侥倖中选。铜臭得志，而真材老于岩穴矣。此考官鬻解之弊。”周密《齐东野语》卷八记四川类试之主考官作弊，可谓生动可笑之至：

> 蜀中类试，相传主司多私意，与士人相约为暗号，中朝亦或有之，而蜀以为常。李壁季章、綦季允，同登庚戌（光宗绍熙元年，1190）科。己酉（淳熙十六年，1189）赴类省试，二公皆以文名一时，而律赋非所长，乡人侯某者以能赋称，因资之以润色。既书卷，不以诗示侯，侯疑其必有谓。将出门，侯故少留，李遂先出，而侯踵其后。至纳卷所，扣吏以二李卷子，欲借一观，以小金牌与之。吏取以示，则诗之景联皆曰：“日射红鸾扇，风清白兽樽。”侯即于己卷改用之。既而皆中选。二李谢主司，主司问：“此二句，惟以授于昆仲，何为又以与人？”李怃然不知所以。他日，微有所闻，终身与侯不协。

有些考官作弊虽似没有“铜臭”，却难过传统的“人情关”，如周密在《癸辛杂识》后集《私取林竹溪》一则中所记即是。林希逸（竹溪）于理宗端平二年（乙未，1235）参加省试，同乡人王迈预考校，两人“素相厚善”，林向王“密扣题意”，王不仅告知赋题，且与他“议定”作法。

4. 胥吏作弊。《宋会要辑稿·选举》五之三二载开禧三年（1207）六月二十九日臣僚言：“科举之弊，如漕司差考试官，及州郡挟书继烛、代笔传义，二者不可不革。令礼部及国子监看详。"原注"既而礼部、国子监言"第一条即谈各地胥吏作弊，先引"臣僚"原文道："照得漕司差考官，惧其泄而容私也，乃不明示以某州给付字号，俾于经由州郡对同字号，躬亲书填，以防吏奸。而州郡例于前期差监门官以漕司所给字号俾之对同。彼监门率小官下吏，寡少廉耻，将所给字号为高赀者得之，前途伺候，以行私嘱。臣谓欲革私托之弊，莫若以漕司所给字号付之监试，监试非通判则漕属，官稍高则自爱，稍切对同字号，庶不泄漏，而其弊稍去矣。"然后是"看详"意见："所买字号之弊，不独在逐州监门，其原在于发号关防不密，致吏辈漏泄作弊。乞下诸路运司，遇差试官发号之日，漕臣同属官躬亲差排分发，不得令吏人干预，仍立限疾速牒本州守臣收管，不入吏辈之手，庶革买解之弊。"所谓"字号"，即与举子姓名相对应的试卷密封号，一旦泄漏，密封就失去意义，等于为作弊大开方便之门。《宋会要辑稿·选举》六之一六载嘉定六年（1213）七月二十三日臣僚言："乃者换易试卷，猾吏与富室表里，或拆换卷头，或暗毁真卷，奸弊百出。"又同书《选举》六之二七载嘉定十年正月九日臣僚言："夫巡铺以察怀挟，今八厢容情，略不之问，披卷阅帙，而挟书无惮。排案以防传义，今胥吏受赇，巧为道地，同廊并坐，而传写尤便。"又同书《选举》六之二九载是年正月二十八日臣僚言："预榜之后，独有参验字踪真伪，非不严也。曾不知奸弊之生，出人意外。场屋制备卷，以防正卷之阙失。今乃预买备卷，冒名出试，则以场中之文令正身誊上，及至中榜，计赂吏胥，抽换场中之卷，虽一二千缗，亦不惮费。吏辈为地，何行不遂，则比字踪之设，不足恃矣。备卷条印，通印卷首，以防拆

第十二章　宋代科场的作弊与革弊 ｜ 585

换。此曹多是卖下，或于帘前妄请，潜地袖与正身誊写，帘前纷陈之，备卷何所稽考。此弊之尤者，非怀挟、传义之比。"严肃的科场，竟成了胥吏生财的去处。

胥吏由于掌管具体事务，故作弊较易，途径、方式也多种多样，且不限于考场之内，可谓防不胜防。如王明清《挥麈余话》卷二所记："靖康之乱，省部文字散失不存。南渡之后，有省部老吏刘士祥者，大为奸利，士子桀黠者相与表里，云集岁曾经省试下，今该年免。既下部，则士祥但云省记到，因而侥倖、遂获推恩者不知其数。"

5. 机构作弊。比如封弥院、誊录所，本是预防作弊、保证考试公正的重要机构，却反成了作弊的多发部位。《宋会要辑稿·选举》五之四载淳熙五年(1178)二月二十五日，知贡举范成大等言："比年试院，多有计嘱拆换卷子之弊。谓如甲知乙之程文优长，即拆离乙文换缀甲家状之后，其卷首虽有礼部压缝墨印，缘其印狭长，往往可以裁去重粘。"同书《选举》一之二二载绍熙元年(1190)五月二十四臣僚上言，谓"臣窃闻封弥官亦有周旋亲故之弊，或取他人文卷之佳者改移入亲故卷内"，与范成大等所言同。同书《选举》五之三三载开禧三年(1207)十一月二十一日，国子博士朱著言："臣尝备数帘外，有持一卷周章而过者，索而视之，卷中有片纸，识云'某州某县某秀才卷子'；又得一卷，其识如初。诘之，则云胥所授也。有经义五篇，略无窜易者，因窃疑焉，默识其号，及得论与策而较之，三卷如一，非精书之吏不能。盖昔闻有不终场次日并纳首卷者，有径自外潜得而入者，有密伺考中之号，则以所售白卷誊之、辄废取中之卷者，此其故也。"又论其弊源在誊录之吏。又同书《选举》六之三四载嘉定十二年（1219）十二月二十二日臣僚言："试卷封弥所用涂注印记，而誊录所为无，后稍发还封弥，不止一二。岂非吏贴辄毁其卷？近者败获涂改，皆此类也。近郡（按：此指浙漕类试）若此，四方可知。"又曰："封弥、誊录，弊倖尤多。监官贴书，不许相见，正心（疑"思"之形阙）传泄，公然往来。封弥既毕，拨过誊录，号簿付之吏手，姓名皆得而知，岂容不关防哉！……封弥、誊录，乞差朝士二员机察。"又同书《选举》六之三七载嘉定十三年四月二十七日刑部员外郎徐瑄、监六部门张国均、大理评事郭正己言封弥、誊录之弊，有换易卷首，有缀换等等，手法多端，不一而足。机构作弊也是胥吏作弊，不同的是前者带有团伙性，后者则主要是个人行为。

以上乃大致分类，实际上作弊往往是以利益为纽带，各色人（包括官、吏、举子及其亲属等等）相互勾结、共同谋画的复杂行动。这从布衣欧阳澈建炎初《上皇帝第三书》中，就可以看得很清楚。他写道：

> 比年科举多为富儿贵族于诏旨未下之日，预以金帛交结，又复赂监司必差此官赴本州考试。固有得门目宗旨以归，募文士而预为之者；有得成篇以归，俟入场而写之者；有得一古字，三场通用为点记者；有与主文故旧，以平昔所讲之题而问之者；有主文受其赂，自斵决得，复赂才能之人而成其文，庶使不辱于选者。甚至考官之来，有求见于道周旅邸者，有受燕于举子之家者，有挟侠客而来阴求赂赇者。其所差弥封、誊录之人，又多受豪强之赂，预录才能之士姓名与之，虑

其轧己,于无人处阴为之记,或复寻而爇者有之,或投于井者有之,或节其文词使读之无叙者有之。弥封誊录官又徒备员而不觉察,故空号礼闱之严,有司以歌酒自适,殊不以考校为虑。洎其及期,则除私取之外,不过收拾文理合己意者足其额而已,故前期十日,而其名已达于外者有之。……①

由此可见,在利益的驱动下,富儿贵族、监司、主文、考官、弥封誊录等,无不参与其中,而形成了一个黑幕重重、密不透风的网络。

再如开禧元年(1205)毛自知中状元,嘉定元年(1208)三月臣僚上言揭发其当时作弊经由道:"自知本名自得,冒其弟之解叨预奏名,其父(毛)宪时为都司,与苏师旦(按:此人乃韩侂胄亲信,时任知阁门事、枢密都承旨)素厚,经营传出策题,前期策成,全篇宪之笔居多,差为编排文字可认,优批分数,遂膺首选。自知无以报师旦私己之恩,亲造其门拜而谢之,都人至为歌词讥诮,喧传众口。师旦复与为地,除宪察官,而怀不平者始不敢言矣。"于是诏毛宪落职放罢,毛自知降第五甲,追还第一名恩例②。此案牵涉到冒名取解、偷漏试题、场外假手、任命亲信为试官等一系列问题,需要打通许多关节。总之,科场作弊是个复杂的"系统工程"。

---

① 《上皇帝第三书》,《欧阳修撰集》卷三。
② 见《宋会要辑稿·选举》八之二〇。毛自知被揭发,是因为他曾支持韩侂胄北伐,卷入了当时严重的党争漩涡之中,参本书第一章第四节。但作弊事实本身,自当别论。

第五节 两宋朝廷的革弊对策

宋代科场上自宰执达官，下至胥吏书手，舞弊纳贿，巧伪成风，而最大的受害者是出身孤寒、有真才实学的举子，得利者则是不学无术的权贵富家子。对此，统治集团中的有识之士无不忧心忡忡，愤愤不平。《文献通考》卷三一引嘉祐二年（1057）上书者言，认为"近年挟书代笔传义者多，因使权贵富豪之子得以滥进"。《宋会要辑稿·职官》一三之一〇载绍兴二十一年（1151）二月二日殿中侍御史汤允恭言："切闻前次省闱就试之士，或有凭藉多赀，密相贿赂，传义假笔，预为晏会期约，凡六七人共撰一名程文，立为高价，至数千缗，侥冒苟得，欲占异等。寒苦之士，虽怀材抱艺，岂能与数人所撰较优劣于一日之间？徒为愤懑叹恨而已。"同书《选举》六之三载开禧三年（1207）太常博士张声道论科场作弊，有曰："此盖豪民上户不务实学，专以抄写套类为业，广立名字，多纳试卷，将带笔吏，假儒衣冠，分俵书写，侥倖万一。至揭榜或数卷两得全中，待补则父子兄弟分认名目，及赴省试，则以多赀换易试卷，或全身充代，窃取科名。"

如果细读《宋会要辑稿·选举》、《宋史·选举志》等史籍，随处可见科场作弊的记载，也随处可见朝廷反作弊的对策，主要为防范与惩处二途。

一、防范

有宋开国不久，最高统治者即屡发诏令，对科场纪律作了严格的规范。如废"公荐"，抑势家子弟取科第，为官员亲戚设漕试，为考官子弟、门客设别头试等等，皆意在限制权力的滥用。如有舞弊，惩处也相当严厉，如景德元年（1004）九月十七日"令御史台谕馆阁台省官"，若发现有嘱请，"即密以闻，当加严断；其隐匿不言，因事彰露，亦当重行朝典"。又景德三年闰五月二十五日诏以禁请托榜贡院门，并保证将"慎择春官，用革弊源"（两事详见本章第二节引，此略）。这时考场监管之严，竟到解衣搜查的地步。如同上《宋会要辑稿·选举》三之一〇载大中祥符五年（1012）三月十五日诏曰："贡院所试诸科举人，如闻解衣搜阅，虑其挟藏书册，颇失取士之体，亟宜止之。"南宋也发布过许多防范和惩处作弊的诏令。如高宗绍兴二十六年（1156）三月乙丑诏："近年士风浸薄，冒户挟书，代笔传义，无所不为。负国家选举之意，岂所望哉。自今委监司觉察，重置于法，务在必行。"①孝宗隆兴元年（1163）诏："应令人代名及为人冒名赴省者，各计所受财依条外，并永不得应举。"②

作弊无异是对统治秩序的挑战，直接威胁着封建国家机器的正常运转，故若说朝廷放任不管，那也不是事实。如连昏庸不堪的宋高宗，为防举子怀挟，就曾想出了官给《韵略》的主意（详

①《建炎以来系年要录》卷一七二。
②《文献通考》卷三二《选举考五》。

下）。如上节述淳熙五年（1178）知贡举范成大等言考场"多有计嘱拆换卷子之弊"，于是措置道："于卷首背缝添造长条朱印，以'淳熙五年省试卷头皆缝印'为文，仍斜印之，使其印角横亘家状、程文两纸，易于觉察。乞自后应干试院，依此施行。"孝宗"从之"。又如上节所述开禧三年（1207）国子博士朱著上言封弥、誊录共通作弊，亦进言曰："欲去斯弊，莫若于选差局务数内先期下临安守臣，选委通判，责以拣择，就臂印押，凡誊录之事，悉以委之。彼知此责，实身任焉，乌合之众，亦自知警。"

综观两宋，朝廷（包括最高统治者皇帝）为革除科场弊端，在法规和运作上，可谓用心良苦，周密详慎。除上述外，还采取了如下措施：

1.结保。雍熙二年（985）正月三十日诏：举人"应合保，并五人以上为一保。监官、试官如受请求财物，并准枉法赃论。……今后如有倩人撰述文字应举者，许人告言，送本处色役，永不得仕进，同保人知者殿四举，不知殿两举，受情者在官停任，选人殿三举，保人殿五举，诸色人量事科罪。"[1]"举人因怀挟文字者，同保人实殿五举；移动坐位者，同保人一例驳放。"[2]不仅举子，职事官及胥吏、书铺等皆结保，相当于"目标管理责任书"。

2.对号入座。《宋会要辑稿·选举》三之五：雍熙二年正月二

---

[1]《宋会要辑稿·职官》三之五。后来一般为州郡三人一保，国子监、开封府五人一保，详见本书第六章第一节。

[2]赵抃《奏状起请科场事件》，《赵清献公集》卷三。赵抃请改为"若举人就试日怀挟文字、移易坐位事发者，其间虽同保之人，若不是同场入试，即不在连坐之限"。

十四日诏礼部:"贡院应九经诸科举人,并令参杂引试,人贴科目字号,间隔就座,稀次设席,轮差官二人在海里门监守,分差官于廊下察视,勿容朋比,私相教授,犯者永不得赴举。"

3. 设员巡察。前已引嘉祐初欧阳修知贡举时所上《条约举人怀挟文字劄子》,除诫约举子外,他还建议增定贡院条制。欧阳修写道:

> 臣今欲乞增定贡院新制,宽监门之责,重巡铺之赏。盖以入门之时,一一搜检,则虑成拥滞,故臣乞自举人入院后,严加巡察。多差内臣及清干京朝官巡铺,每获怀挟者,许与理为劳绩,或免远官,或指射差遣。其监门官与免透漏之责。若搜检觉察得人数多者,令知举官奏闻取旨,重加酬奖。其巡铺官除只得巡察怀挟及传授文义外,不得非理侮慢举人,庶存事体。①

4. 核对考卷笔迹。此欲革代笔冒名之弊。《通考》卷三二:"开禧二年(1206),诏诸道运司、州府军监,凡发解举人合格试卷姓名,类申礼部,候省试中牒发御史台,同礼部长贰参对字画,关御药院内侍照应廷试字画不同者,别榜驳放。"

5. 官给《韵略》等书。按规定,如《韵略》等,举子可携带入场。这使有司难以检查,为怀挟开了方便之门。绍兴二十六年(1156)三月九日,高宗令国子监印造《礼部韵略》《刑统律文》《绍

---

① 《欧阳文忠公集》卷一一一。

兴敕令格式》，并从官给，以革怀挟之弊①。又在是月二十四日内降手诏戒饬试院欺弊道："近年以来，士风浸薄。巧图牒试，妄认户名，货赂请求，重叠冒试。逮至礼闱，不遵绳矩，挟书、代笔，传义、继烛，种种弊欺，靡所不为。不惟负国家教育选举之意，兼使有素行、负实学之人俱蒙其耻。一至于此，岂所望哉！夫待之厚则责之深，出于礼则丽于法。……在外委漕臣及监司按察，在内令主司觉察，御史台纠劾以闻，当重置典宪，务在必行。"②

6.奖励告发。上引欧阳修《劄子》中，有"若搜检觉察得人数多者，令知举官奏闻取旨，重加酬奖"语。赵抃《起请科场事件状》引《条贯》，谓"试院巡铺官员、兵士等，如搜获举人怀挟文字，各等第酬奖"③。疑北宋时已有赏钱，数额待考。《宋会要辑稿·职官》一三之一一载乾道元年（1165）十二月二十六日中书门下省上言，称"近年士人公然受赂，冒名入试"云云，请求"如士人告获，与免一名名（疑"文"之误）解；诸色人告发，支给赏钱三百贯余"。同上《选举》六之四九载嘉定十六年（1223）正月十一日臣僚言："应宏博人，巡铺八厢巡缉，如有怀挟，拘赴帘前取旨镌斥，仍支赏钱五百贯文。若传题出外、文字入内，代名入场人，令垛赏钱二千贯文，许人告首，重作行遣。"诏令"封桩库拨二千贯付临安府，五百贯付礼部贡院监试所推（当是"堆"之误）垛，充赏使用"。

7.临考随机点差试官。绍兴二十六年（1156）正月辛亥，殿中

---

①《宋会要辑稿·职官》一三之一〇。
②《宋会要辑稿·职官》一三之一一。
③《赵清献公集》卷三。

侍御史汤鹏举言:"今科举之法,名存实亡。或先期以出题目,或临时以取封号,或假名以入试场,或多金以结代笔。故孤寒远方士子,不得预高甲;而富贵之家子弟,常窃巍科。又况时相预差试官,以通私计。前榜省闱、殿试,秦桧门客、孙儿、亲旧得占甲科,而知举、考试官皆登贵显。天下士子,归怨国家。伏乞申严有司,革去近弊。"①他于是提出:"如知举、参详、考试官,乞临御笔点差,以复祖宗科举之法。"高宗"从之"②。

除上述外,南宋末在国家危如垒卵之时,有人又想出个主意,以杜绝科场作弊,即置"士籍"。度宗咸淳七年(辛未,1271),正言陈伯大建议置士籍,即"编排保伍,取各家户贯,三代年甲,娶谁氏,兄弟男孙若干之数,其有习举业者,则各书姓名,所习赋、经。子孙若凭所书年甲,如十五以上实能举业者,自五家至二十五家,而百家,百家而里正,许其自召其乡之贡士,结罪保明,批书举历,然后登士籍",云云。此议一出,舆论哗然,有人作《沁园春》词嘲笑道:"迂阔为谋,天下士如何可籍收?"③而到南宋科举就要落幕之时,当轴又喜剧般地推出个新政:实行州郡发解覆试。这其实并非什么新招数,周必大早就认为"科举之害,莫切于代笔",因提出由皇帝下诏,"诸州就鹿鸣宴之前,委教官或有出身官二员,集得解举人就州厅试论一首,如太学帘引南省覆试之法,知、通躬亲监视,严为防闲,须文理不至纰缪,用字不至颠错,方给解牒,令赴

---

①《建炎以来系年要录》卷一七一。
②《宋会要辑稿·选举》二〇之一一。
③详见周密《癸辛杂识》别集下《置士籍》。

省试。或有不能动笔,及大段错谬者,即行驳放,仍推究代笔人依条施行"①。但直到咸淳九年(1273),似乎才省悟到覆试的好处,于是"命漕臣及帅守于解试揭晓之前,点差有出身倅贰或幕官专充覆试"②。不久贾似道兵败,宋社随屋,小朝廷连同其科举都走到了尽头,无可挽回地成为历史陈迹。故无论是"置士籍"还是发解覆试,在宋代科举考试中都没有实际影响。

二、惩处

在《宋会要辑稿·职官》中,记载了一些官员因科考、铨试等作弊、失察或违规而被贬黜的史料。试举数例:

《宋会要辑稿·职官》六四之一八载:景德二年(1005)四月二十日,"枢密直学士、工部郎中、权三司使刘师道责忠武军节度行军司马,仍不得签书本州事;右正言、知制诰陈尧咨责单州团练使。先是,师道弟几道进士,礼部奏名,将预殿试。近例糊名考校,尧咨尝为卷,使针刺眼为识验。既擢第,事泄,诏落几道名籍,永不得预举"③。

同上七二之四:淳熙四年(1177)六月二十六日,著作郎兼权考功郎官何万放罢。"今岁春铨,龚茂良幼子实未能文,(何)万自度必为考官,密献赋题,又搜寻卷子,收置行间。其挟书媚上、任情屈法如此",故黜之。

---

① 《论科举代笔》,《周文忠公集》卷一三六。
② 《宋史》卷一五六《选举志二》。
③ 按:是年省试尚未誊录,故可预作标识。

同上七三之一：绍熙二年（1191）正月十一日，"诏国子司业楼钥降一官。坐为铨试考试官，失觉察贾德言等代笔事故也"。

同上七三之六四：庆元元年（1195）十月二十九日，"建康添差通判刘大临、通判王万枢各降一官，并放罢。以右谏议大夫李沐言大临受王万枢请嘱，科举出题私祷考试官，取其子王逢、王遂，士论甚哗"。

同上七三之二一：庆元二年三月十三日，"吏部侍郎、同知贡举倪思与郡。以监察御史姚愈言，思有乡戚莫泳、莫抚投牒避亲，自当照条揭示，就试别院；乃作圆融私取，遂致众士籍籍"①。

同上七三之五七：嘉定十五年（1222）十一月二十八日，太学博士谢兴甫与宫观，理作自陈。以臣僚言"兴甫庚辰校艺南宫，私取交朋，不顾法理"。

同上：嘉定十六年二月二十二日，"司农寺主簿江润祖特降一官，大理寺主簿黄庑特展一年磨勘。以左司谏李伯坚言其封弥卤莽"。

不过，从史料记载看，相对于宋代考场作弊的严重和频繁来，被查处的官员似乎并不多。这也许如欧阳澈在《上皇帝第三书》中所说："……致有士人指考官受赂之污，摘举子谬中之失，而讼于有司，则上下互相掩覆，不为体究。"即便处分，也远不能与清代的严刑峻法比。

---

① 按：倪思政治上不属韩侂胄党，疑此事为借故清除异己。

第六节　宋代科场弊坏的历史教训

从总体看,虽北宋间科场弊案时有发生,但由于朝廷惩处严厉,纪律大体尚可;南宋有时经过整顿,也有一定成效,如绍兴二十六年(1156)八月乙酉沈该等奏:"今岁科举极整肃,有传义、挟书者皆扶出。"高宗曰:"朕于此事极留意。异日宰执侍从,皆于此途出,岂容冒滥? 所谓拔本塞源也。"①又如嘉定十年(1217)三月二十七日礼部尚书黄畴若等言:

> 臣等入院之初,检举条制,申省恭承,给降黄榜,士子翕然知改,引试凡十有七日,一二未悛,不逃纠摘,其余廊庑肃然,人自罄竭。旧来试毕掷册满前,今兹浃旬,庭下如扫。②

可见只要命官秉公严格执法,弊风并非无廓清之望。只可惜像沈该、黄畴若所说的状况(姑以所言属实),在南宋实在太少,大多数时候都是一塌糊涂,故前引汤鹏举上言有科举"名存实亡"的惊人之语。元人盛如梓曰:"士舍科举之外,他无进取之门,苟有毫隙可乘,则营回以趋之,冒法以为之,明知其罪,不暇顾矣。"③这是

①《建炎以来系年要录》卷一七四。
②《宋会要辑稿·选举》六之三〇。
③《庶斋老学丛谈》卷下。

试图从宋代仕进之路狭窄去找科场弊坏的原因,应该说有一定的道理;但严格地讲,作为淘汰与竞争的考试,任何时候都是残酷的,然而却不能成为作弊的理由,更不能成为弊不可革的借口。宋代科场弊坏的根本原因,南宋人看得很清楚,主要是如下三点。

一是未能虑事于先,主动设防,革弊始终处于被动。嘉定十年(1217)正月二十八日,有臣僚上言揭露科场作弊并提出解决方案时(见本章第三节引),曾说了这样几句话:"臣闻一法立,一弊生。禁防已密,而奸倖复出。防禁之外,苟不逆折其萌,则奸弊愈滋,法制不足恃也。"①他的意思是说,革弊需要"逆折其萌",提前预侦弊源并加以防范,将作弊消灭在萌芽状态,而不能待到横流难遏之时,再立法禁防,那就已经晚了。这个见解是很深刻的。宋代科场的法禁不能说不多,但作用却不惬人意,往往是头痛医头,脚痛医脚,疲于"灭火"。因此,单靠事后"立法"是远远不够的。

二是有司执法不严,甚至"不作为"。《宋会要辑稿·选举》一之二二载绍熙元年(1190)五月二十四日臣僚言:"贡举条制最为严密,向使有司一一举行,必无轻犯条制者。谓如结保必须相识,使其人果是庸谬,或假手以得解,或多赍以经营,或挟人以同行,为相识者岂不知之? 然而同保之罚不行,故轻易与之结保,此当严者一也。……(以下还有保官之罚不行,封弥官内外勾结等,此略)。"朱熹也说:"某常说,今日学校、科举不成法。上之人分明以贼盗遇士,士亦分明以盗贼自处,动不动便鼓噪作闹,以相迫

---

①《宋会要辑稿·选举》六之二八。

胁,非盗贼而何？这个治之无他,只是严挟书、传义之禁,不许继烛,少间自沙汰了一半,不是秀才底人,他亦自不敢来,虽无沙汰之名,而有其实。既不许继烛,他自要奔无缘,更代得人笔?"当时有弟子说:"恐难止遏。今只省试及太学补试,已自禁遏不住。"朱熹曰:"也只是无人理会。若捉得一两个,真个痛治,人谁敢犯? 这个须从保伍中做起,从保正、社首中讨保明状,五家为保,互相保委。若不是秀才,定不得与保明。若捉出诡名纳两副、三副卷底人来,定将保明人痛治,人谁敢犯? 某常说天下无难理会底事,这般事只是黑地里脚指缝也求得出来,不知如何得恁地无人理会。"①若朱熹所谓只要严挟书等便自"沙汰了一半"属实,则可推知当时科场的作弊面了。这真有些骇人听闻。"无人理会",现在叫"不作为",只能使作弊者气焰更加嚣张。科举时代,以清代科场纪律最好,其重要原因就是敢用重典。如顺治十四年(1657)顺天府乡试作弊案,考官李振邺等七人被斩首。同年江南乡试作弊案,主考、副主考及十八房官中除一人已死外,其余十七人皆处以绞刑。咸丰八年(1858)顺天乡试作弊案,涉案九十一人,五人被处决,其余都受到不同的惩处②。如此等等,真所谓严刑峻法。笔者绝不赞成在考场闻到血腥味,只是回观两宋,虽朝廷一再申明惩处甚至扬言用"重典",但总是"雷声大雨点小",甚至没有"下文",这无异于放纵和鼓励。

---

① 《朱子语类》卷一〇九。
② 参阅《清稗类抄》第三册《狱讼类》,李国荣《科场与舞弊——中国古代最大科场案透视》(中国档案出版社,1997年)、刘海峰《科举学导论》第十三章第三节《科场案》(华中师范大学出版社,2005年)。

三是吏治败坏。特别是南宋后期，整个政权机体已经腐朽，科场的极弊，只是官场腐败的延伸和投影，故无论作弊还是革弊，都成了全社会的沉重话题。对此，人们既无奈又悲观。洪迈在《容斋四笔》卷一三《科举之弊不可革》中，分析"弊不可革"的原因是："殊不思所任之人，渠肯一意向方？见恶辄取，于事无益，而祸谤先集于厥身矣。"后来曹彦约又曾向宋理宗分析科场"奸弊百出"的原因，也说："其源在于士大夫不能平心国事，挟以私意，发觉有轻重，推究有出入，名为不恕，其实有力者犹有幸免，小人有所窥测，转相仿效，遂至于此。"①科场弊风愈演愈烈的"风源"既然在身居高位的"士大夫"，上下玩忽，正气不张，即便有"最为严密"的法规，如若"不行"，就不免落到一纸空文的尴尬。

　　以上三点，第一点似乎可以理解，因为在实行封弥、誊录制后，宋人遇到的都是前代所没有的"新问题"，是"摸着石头过河"；但二、三两点则充分暴露出宋代政治制度的弊端。可以这样说：宋代科场留给后人的严重教训，也许主要不是作弊（这在什么时代都有），而恰恰是"革弊"：官风不正，考纪难好。

　　南宋灭亡后，元统治者废科举达三十余年之久，算是对宋代科场污泥浊水的大清扫。

---

①《经筵管见》卷三。

第十三章　宋代进士的恩例与庆典

　　宋代及第举子——进士，在殿试唱名、释褐之后①，就意味着已跻身于官员人选的队伍，所谓"前日秀才、今日官人"是也②。同时，他们开始享受来自皇帝的"恩例"，以及朝廷和地方官府的许多优渥待遇，并举行各种场面盛大的庆典。这种恩例与庆典，有的是宋代创制，有的虽沿唐制，但宋代又有许多不同。从总体看，在优礼进士方面，宋代较唐实有过之而无不及。尹洙曾说："状元登第，虽将兵数十万，恢复幽蓟，逐强虏于穷漠，凯歌劳还，献捷太庙，其荣亦不可及也。"③这真令唐人瞠乎其后。如果说"十年寒窗"是付出的话，那么登第之后，从精神、物质两方面便都进入了"回报期"，甚至是超值的回报。

---

①殿试唱名，有赐进士及第、进士出身、同进士出身之别。举子也可称"进士"，如获发解即可称"乡贡进士"。本文的"进士"，概指登第进士，并泛指进士科、诸科（熙宁前）通过殿试被录取于各等次之人。
②《钱塘遗事》卷一〇《择日唱第》。
③田况《儒林公议》。

第一节　皇帝的恩例

在宋代，及第进士都是"天子门生"，故首先得到的"恩例"便来自皇帝，不外乎精神鼓励和物质奖赏两途，而这些在唐代是没有的，可谓"创制"。

1.赐诗、箴等。《宋会要辑稿·选举》二之一："太宗太平兴国二年(977)正月八日，宴新及第进士吕蒙正等于开宝寺，仍赐御诗二首以宠之。"①《渑水燕谈录》卷六《贡举》曰："赐诗，自兴国二年吕蒙正榜始。"《苕溪渔隐丛话》后集卷一九引《蔡宽夫诗话》：

> 太平兴国三年胡秘监旦榜，冯文懿拯为探花，是岁登第七十四人。太宗以诗赐之曰："二三千客里成事，七十四人中少年。"始，唐于礼部放榜，故座主门生之礼特盛，主司因得窃市私恩。本朝稍欲革其弊，即更廷试。前一岁，吕文穆蒙正为状头，始赐以诗，盖示以优宠之意，至是复赐文懿。然状头诗迄今时有，探花郎后无继者，惟文懿一人而已。此科举之盛事也。

这样看来，赐状元等人诗，并非皇帝附庸风雅，而是革唐代"座主门生"之弊的"收恩"措施之一，具有明确的政治目的。刘攽《中

---

① 参见《燕翼诒谋录》卷一、《续资治通鉴长编》卷一八。

山诗话》曰:

> 太宗好文,每进士及第,赐闻喜宴,常作诗赐之,累朝以
> 为故事。

又《庚溪诗话》卷上亦曰:

> 太宗皇帝既辅艺祖皇帝创业垂统,暨登宝位,尤留意斯
> 文。每进士及第,赐闻喜宴,必制诗赐之,其后累朝遵为
> 故事。

端拱二年(989)三月二十五日,"赐新及第进士御制箴一
首"①。自此,"优宠"的形式趋于多样化,即不全是赐诗,或赐箴,
或赐儒家典籍等。如淳化三年(992)三月初九日,"赐新及第进士
御制诗、《儒行篇》各一首。十五日诏:新及第进士及诸科贡举人
《儒行篇》各一轴,令至所(疑"所至"之倒)著于壁,以代座右之
诚"②。

自真宗起,诸帝都继承了太宗赐进士诗、箴(或典籍)的传统。
《宋会要辑稿·选举》二之三载:咸平三年(1000)四月二十三日,
"赐新及第进士御制五七言诗二首(原注:自此后每放榜即赐
诗)"。仁宗天圣五年(1027)四月二十一日,"赐新及第《中庸》一

---

① 《宋会要辑稿·选举》二之二。
② 《宋会要辑稿·选举》二之二。

篇"。天圣八年（1030）四月初四日，"赐新及第进士《大学》一篇。自后与《中庸》间赐，著为例"①。《中山诗话》曰："仁宗在位四十二年，赐（进士）诗尤多，然不必尽上所自作。景祐初，赐诗落句云：'寒儒逢景运，报德合如何？'论者谓质厚雄壮，真诏旨也。"

徽宗时，为打击元祐党人，曾下令禁作诗，故皇帝也罢赐诗，只赐箴。《文献通考》卷三一《选举四》："政和二年（1112），亲试举人，始罢赐诗，改赐箴。先时，御史李章言作诗害于经术……诏送敕局立法，宰臣何执中遂请禁人习诗赋。"但到宣和三年（1121），徽宗又恢复赐诗。是年五月十三日，"赐及第贡士闻喜宴于琼林苑，特降中使赐御制诗"②。

南宋间赐儒典或诗，同北宋之制。如高宗绍兴五年（1135）十月，"赐进士第，进士汪应辰以下《中庸》篇。"十二年，"赐陈诚之以下《周官》"③。绍兴十八年六月三日，"诏御书石刻《儒行篇》就闻喜宴赐进士及第王佐以下人各一本。自是，每举遣内侍就闻喜宴赐焉。二十一年，赐赵逵以下《大学》。二十四年，赐张孝祥以下《皋陶谟》。二十七年，赐王十朋以下《学记》。三十年，赐梁克家以下《经解》"④。孝宗乾道八年（1172）四月十五日，"赐进士闻喜宴于礼部贡院，诏用四月二十六日。是日，赐及第进士御

---

①《宋会要辑稿·选举》二之七。
②《宋会要辑稿·选举》二之一四。
③《宋会要辑稿·选举》二之一六。
④《宋会要辑稿·选举》二之一八。

书《益稷篇》"①。到淳熙二年(1175),又"赐新及第进士御制诗一首"。② 周必大作《恭和御制闻喜宴诗》,小序曰:"臣以经筵官(按:是年三月除敷文阁待制、侍讲,故称)预闻喜宴,恭睹圣制赐詹骙以下诗,不敢自嘿,谨斋沐赓和一篇,仰渎宸严。"③至"宁宗庆元五年(1199)五月,赐新及第进士曾从龙以下闻喜宴于礼部贡院,上赐七言四韵诗,秘书监杨王休以下继和以进,自后每举必如之"④。臣下和御制诗早已有之(如周必大),盖自此方成惯例,今本魏了翁《鹤山集》卷七、吴泳《鹤林集》卷三等,皆载有当日的恭和诗。吴自牧《梦粱录》卷四《士子赴殿试唱名》曰:殿试唱名后,"上赐御筵,赐诗与状元"。状元有和诗,如姚勉《雪坡集》卷一五载《恭和御赐诗》,他是理宗宝祐元年(1253)的状元。从以上史料可以看出,诸帝赐予的范围(状元或所有及第人)、种类(诗或其他),都没有一定,盖由皇帝据其所好而临时决定,到后来又发展为皇帝赐诗、群臣和作,越发热闹了。

2. 赐钱。皇帝赐及第进士钱,始于太祖时,目的是让进士们"期集"时用于宴乐(期集事详后)。开宝八年(975)三月十八日,"赐及第进士王嗣宗等钱百千,令宴乐"。又太宗太平兴国二年(977)三月二十三日,"(进士第一、二等)各赐钱二十万"⑤。

熙宁四年(1071)三月十八日诏:"新及第进士赐钱三千贯,诸

---

①《宋会要辑稿·选举》二之二〇。
②《宋会要辑稿·选举》二之二二。
③《周文忠公集》卷六。
④《宋史》卷一一四《礼志一七·赐进士宴》。
⑤《宋会要辑稿·选举》二之一。

科七百贯,各充期集支费。进士、诸科旧以甲次高下率钱期集,贫者或称贷于人,过为浮费,至是始废之。"①同时还免进"谢恩银"。同年四月八日,"诏新及第进士、诸科及第人入谢免银(原注:故事:既赐第,诣阁门谢恩,进银百两,至是罢之)"②。《文献通考》卷三一《选举四》:"旧制,新进士入谢,进谢恩银百两。至是,罢之。"按李心传《建炎以来朝野杂记》甲集卷一三"新进士期集"条曰:"新及第进士,旧以名次高下率钱期集,贫者或称贷于人。裕陵(神宗)闻之,熙宁六年(1073)始赐新进士钱三千缗为期集费,自余中始也。……旧,新进士入谢,赐谢恩银百两,熙宁六年亦罢之。"则下诏赐钱、免银虽在熙宁四年,实行则是熙宁六年余中榜,而罢期集费则从下一榜(熙宁九年)始。又据上引《辑稿》及《通考》,同时罢进士、诸科及第人谢恩"进银",而《朝野杂记》正好相反,作罢"赐银",当误。

熙宁九年三月二十三日,"诏赐新及第进士钱五百贯文③,诸科钱二百贯文,即造《小录》等支用。以修贡举敕式练亨甫奏,熙宁六年敕赐及第进士期集钱三千贯,诸科七百贯,今罢期集,又特赐之"④。事情的原委,李焘有较详的记载:"修贡举敕式练亨甫言:'熙宁六年赐新及第进士期集钱三千缗、诸科七百缗,多假设名目,送遗游士,其余以资胥吏。乞止赐三百千,罢期集。'诏加赐

---

① 《宋会要辑稿·选举》二之一一。
② 《宋会要辑稿·选举》二之一一。
③ "五百贯文"之"五"字原无,《续资治通鉴长编》卷二七三作"五百千",据补。
④ 《宋会要辑稿·选举》二之一一。

二百千。"①则一并赐钱仅五百贯,"而游燕之费复率钱为之"②。魏泰《东轩笔录》卷六所记略有不同:"熙宁中,吴人余中为状元,首乞罢期集,废宴席探花③,以厚风俗。执政从之。"到底是谁首先"奏乞"罢期集,不可确考,也不重要,反正期集费是没有了(所赐钱只供造《小录》),游宴又需"率钱为之"即自费了。到四月五日,又诏:"贡院新赐进士、诸科期集钱,如的确合用不足,仰本院公用钱相贴支。"④由此看来,是年实际上并未"罢期集",只是罢期集赐钱,再不像熙宁六年那样有朝廷优厚的经济资助,但贡院仍有补贴。元丰二年(1079)三月二十八日诏:"新进士依旧式赐钱五百千为宴集费外,特赐千缗,诸科三百千。"⑤赐钱于是有所增加。

哲宗元祐三年(1088)三月二十七日,"增赐新释褐进士钱百万(按:即一千贯)、酒五百壶为期集费"⑥。则赐钱增加到二千五百贯,且多了赐酒一项。

---

① 《续资治通鉴长编》卷二七三。按"熙宁六年"原作"熙宁八年",然八年非开科年分,据《燕翼诒谋录》卷五改(引文详后)。

② 《燕翼诒谋录》卷五。

③ 探花乃唐制,即从同科进士中选择俊少二人,到长安名园采摘名花,采花者称"探花使"。详参傅璇琮《唐代科举与文学》第十一章。按《朝野类要》卷二:"探花:选年最少者二人,于赐闻喜宴日先到琼林苑折花迎状元,吟诗。此唐制,久废。今人或谓第二名为探花者,非是。"然宋人称第二名为探花者甚多,如本章第一节引《苕溪渔隐丛话》后集卷一九引《蔡宽夫诗话》即是。

④ 《宋会要辑稿·选举》二之一一。

⑤ 《续资治通鉴长编》卷二九七。《宋会要辑稿·选举》二之一一载此诏,未言特赐事。

⑥ 《续资治通鉴长编》卷四〇九、《宋会要辑稿·选举》二之一二。

徽宗以后,赐钱数额趋于一定。政和八年(1118)四月五日诏:"上舍唱名讫,准令赐钱一千七百贯文,可添赐钱七百贯文。"①又宣和六年(1124)四月十八日诏:"状元沈晦以下及第,依令赐钱一千七百贯文,添赐钱五百贯文。"②

南宋时,赐钱大致依北宋末一千七百贯的数额。如高宗建炎二年(1128)九月十六日诏:"状元李易以下依例赐钱一千七百贯文。"③《朝野杂记》甲集卷一三"新进士期集"条:"渡江后,赐千七百缗,自是遂为故事。"

3. 赐绿袍、靴、笏。太宗开创的另一"恩例",是赐新及第进士绿袍、靴、笏。太平兴国二年(977)正月初十日,"赐新及第进士、诸科绿袍、靴、笏。时未命官,先解褐,非常制也"。同年九月初二日,"赐新及第进士胡旦以下绿袍、靴、笏(原注:自是以为定制)"④。《燕翼诒谋录》卷一曰:"先是,进士参选方解褐衣绿。是岁(太平兴国二年)锡宴后五日癸酉,诏赐新进士并诸科人绿袍、靴、笏。自后以唱第日赐之,惟赐笏,不复赐靴。"真宗大中祥符元年(1008)三月十六日诏:"应登第人并庭赐绿袍、靴、笏。先是,谢恩日释褐,今特优之。"⑤直到南宋时,这一"定制"依旧执

①《宋会要辑稿·选举》二之一四。按影印本《辑稿》当为崇宁八年。然崇宁无八年,其下为宣和,则"八年"应是政和,疑抄写有脱漏。
②《宋会要辑稿·选举》二之一四。
③《宋会要辑稿·选举》二之一四。
④《宋会要辑稿·选举》二之一。《渑水燕谈录》卷六《贡举》称"赐袍、笏自祥符中姚晔榜始",指不待释褐,唱名时即当庭赐袍、笏,从祥符中开始(详下引)。这里表达欠准确。大中祥符以前赐袍、笏,在谢恩释褐之日。
⑤《宋会要辑稿·选举》二之五。

行。《钱塘遗事》卷一〇:"唱(名至)第五甲毕,士人皆执敕黄再拜,殿上传曰:'赐进士袍、笏。'袍、笏积于殿外之两庑下,士人出殿门,于上廊争取之,往往皆不暇脱白襕,而便就加绿袍于其上。其所赐淡黄绢衫一领(袖如绿袍之宽大),淡黄带子一条,绿罗公服一领,笏一面。士人披衫系带未毕,则殿上催谢恩。"又周密(泗水潜夫)《武林旧事》卷二《唱名》则犹记武举所赐,以及赐酒、饭等,可为补充:"上御集英殿拆号唱进士名,各赐绿襕袍、白简、黄衬衫。武举人赐紫罗袍、镀金带、牙笏。赐状元等三人酒食五盏,余人皆赐泡饭。"

4. 为状元差导从。初,导从由得第举子自备,或临时雇佣,富贵之家十分铺张,朝廷不得不下令抑损。真宗景德二年(1005)三月十日,礼部贡院言:"新及第举人,自今欲令状元用一节呵道,余止双控马首,遇常参官,敛马侧立。诏可。"原注:"近岁得第进士导从过多,车服侈靡,故因是奏抑损之。"[1]但单贫之家,连简单的排场也无力操办,朝廷于是特为状元指派导从。此恩例始于真宗时。大中祥符八年(1015)"三月二十四日诏:'朕亲选英髦,擢登甲乙。冠群材而为重,在优待以攸宜。特异等威,著于彝矩。自今第一人及第,宜令左金吾司差七人导从,许出两节。每御试,即预差在殿门外祇候,永为定式。'初,帝以蔡齐单族,且闻佣召仆隶,故有是诏"[2]。《燕翼诒谋录》卷二曰:"旧制,进士首选、同唱第人,皆自备钱为鞍马费,而京师游手之民,亦自以鞍马候于禁门

---

[1]《宋会要辑稿·选举》三之七。
[2]《宋会要辑稿·选举》三之一一。

外，虽号廷魁，与众无以异也。大中祥符八年二（当是"三"之误）月戊申，诏进士第一人，金吾司差七人导从，两节前引，始与同列特异矣。"则差导从的用意，是为了突出状元的身份，使之"特异等威"，以显示皇家魁选的气派。

5. 赐闻喜宴。太祖时曾赐钱令新及第进士"宴乐"，已见上引，但正式赐宴，殆始于太宗初。太平兴国二年（977）正月八日，"宴新及第进士吕蒙正等于开宝寺，仍赐御诗二首以宠之。故事：（唐）吏部放榜后敕下之日，醵钱于曲江为闻喜之饮，近代多于名园佛庙，至是官为供帐，为盛集焉"①。太平兴国五年闰正月十四日，"赐新及第进士宴于迎春苑"②。兴国八年（"年"原误为"月"字，径改）四月初二日，"赐新及第进士宴于琼林苑，自是遂为定制"③。孟元老《东京梦华录》卷七《驾幸琼林苑》："（琼林苑）在顺天门大街面北，与金明池相对。大门牙道皆古松怪柏。两傍有

---

① 《续资治通鉴长编》卷一八，参见《燕翼诒谋录》卷一。
② 俱见《宋会要辑稿·选举》二之一。
③ 《宋会要辑稿·选举》二之一。苗春德主编《宋代教育》第二《铨选编》谓宋代宴新进士，除闻喜宴外，"还有鹿鸣宴、琼林宴、恩荣宴等多种"（河南大学出版社，1992年，第66页），是不知琼林宴即闻喜宴。又，鹿鸣宴由各州郡在解试后举行，徽宗曾改为"乡饮酒"，唯《梦粱录》卷三载登第进士期集时"就丰豫楼开鹿鸣宴"。考姚勉《雪坡集》卷一五有《乙卯（宝祐三年，1255）庚子魁祀礼成同舍诸新元相与宴拟鹿鸣也故敢亦拟劝驾诗呈幸领此意》诗，详究其意，所谓"拟鹿鸣宴"，盖同窗学友相聚之私宴，诗犹有"黄菊他时捷各邦"句，说明预宴者尚待秋天参加各地的发解试。称之为"拟鹿鸣宴"，不过是戏言而已，不必当真。登第进士的丰豫楼之宴，与鹿鸣宴礼仪相去甚远，要么是吴自牧误记，要么有如"拟鹿鸣宴"，盖市井俗称，或进士戏称。

石榴园、樱桃园之类。各有亭榭,多是酒家所占。"又《石林燕语》卷一:"琼林苑,乾德中置。太平兴国中,复凿金明池于苑北,导金水河水注之,以教神卫虎翼水军习舟楫,因为水嬉。……今惟琼林、金明最盛。岁以二月开,命士庶纵观,谓之'开池';至上巳,车驾临幸毕,即闭。岁赐二府从官燕,及进士闻喜宴,皆在其间。"清周城《宋东京考》卷一一《苑》曰:"琼林苑,在新郑门外,俗呼为西青城。乾德中建,为晏进士之所。与金明池南北相对,其中松柏森列,百花芬郁。"赐宴琼林苑为"定制"后,北宋时一直遵循不违。《宋史·选举志一》曰:"闻喜宴分为两日,宴进士,请丞郎、大两省;宴诸科,请省郎、小两省。"

《宋史》卷一一四《礼志一七·赐进士宴》据《政和新仪》记载了闻喜宴礼仪的全过程,录之于次:

押宴官以下及释褐贡士班首初入门,《正安之乐》作,至庭中望阙位立,乐止。预宴官就位。再拜讫。押宴官西向立,中使宣曰"有敕",在位者皆再拜讫。中使宣曰"赐卿等闻喜宴",在位者皆再拜,揖笏,舞蹈,又再拜。次引押宴官稍前谢坐再拜,在位者皆再拜。若赐敕书,即引贡士班首稍前,中使宣曰"有敕",贡士再拜。中使宣曰"赐卿等敕书",班首稍前,揖笏,跪,中使授敕书讫,少退,班首以敕书加笏上,俯伏,兴,归位再拜。凡预宴官分东西升阶就坐,贡士以齿。酒初行,《宾兴贤能之乐》作,饮讫,食毕,乐止。酒再行,《于乐辟雍之乐》作。酒三行,《乐育人材之乐》作。酒四行,《乐且有仪之乐》作。酒五行,《正安之乐》作。再坐,酒行、乐作,节次如上仪,皆饮讫、食毕,乐止。押宴官以下俱兴,就次,赐花有差。少顷,戴花毕,次引押宴官以下并释褐贡士诣庭中望阙位立,谢花再拜,复升就坐,酒行、乐作,饮讫、食毕,乐止。酒四行讫,退。次日,预宴官及释褐贡士入谢如常仪。

所谓"中使宣曰'有敕'",即皇帝的口宣。如淳熙五年(1178)五月八日《贡院赐进士闻喜宴口宣》,乃周必大拟稿:"有敕:唱名春殿,乐得英髦;设醴贡闱,备昭慈惠。惟兹荣遇,其各钦承。今差入内内侍省东头供奉官韩世荣赐闻喜宴,想宜知悉。"①又,末句所谓"次日,预宴官及释褐贡士入谢如常仪",指向皇帝上谢表,贡士由该科状元为代表,如现存淳熙十一年进士第一名卫泾《谢赐闻喜宴表》《谢赐花表》《谢颁冰表》②,宝祐元年(1253)第一名姚勉《赐闻喜宴谢表》、《谢御制诗谢表》、《赐花谢表》(原"花谢"二字倒,径乙)、《赐冰谢表》③,皆是。

闻喜宴所奏乐,《宋史》卷一三九《乐志一四·闻喜宴》载《大观闻喜宴六首》,即状元以下入门《正安》、初举酒《宾兴贤能》、再酌《于乐辟雍》、三酌《乐育英才》、四酌《乐且有仪》、五酌《正安》乐词。兹录五酌《正安》:

思皇多士,扬于王庭。钟鼓乐之,肃雍和鸣。威仪抑抑,

---

① 《周文忠公集》卷一一二。
② 《后乐集》卷六。
③ 《雪坡集》卷五。

既安且宁。天子万寿,永观厥成。

宋庠《庚午(仁宗天圣八年,1030)春观新进士锡宴琼林苑因书所见》诗,描写赐宴情景颇详,节录于次,以观赐宴之制及排场之盛:

秘苑仪星地,群英得隽年。飞缕鲸浦右,供帐斗城偏。表道槐阴直,凌氛柞影圆。丛楹开玉宇,华组会琼筵。湛湛融君渥,渠渠奖士贤。银珰尊右席,(原注:中贵人主宴。)绿帻佐双筵。(原注:太官先置。)饰喜优坊伎,均恩酿礼钱。(原注:诸君子合钱以劳供帐优伶之费。)沼浮渑酒渌,坻聚舜庖膻。场迥歌声合,风回舞节妍。柳疑添绀幄,鹦解啄鸣弦。臣蕖心倾日,需云象在天。绨囊赍睿什,(原注:中席,使者以御诗驰赐。)钿轴照儒篇。(原注:复镂印《大学》、《儒行》以赐。)宝思垂霓烂,欢声抃岳传。珍台纷蹇产,翠气浩宛延。(原注:此以下并述苑中池上景物之盛。)……①

宋庠是六年前(天圣二年)的状元,对他这个幸运儿来说,眼里的一切固然非常美好,足以勾起他满是玫瑰色的回忆。

南渡之初,由于兵荒马乱,赐宴之礼曾一度停罢。高宗建炎二年(1128)九月二十一日,"(状元)李易等言,乞权罢闻喜宴。

---

① 《元宪集》卷八。

从之。自后五举皆免宴"①。至绍兴十七年（1147）十月一日,礼部侍郎周执羔言:

> 旧制,御试进士已唱第毕,赐闻喜宴于琼林苑（原误"院",径改）。舍法行,改赐于辟雍。宣和间复置科举,而琼林之宴亦因以复焉。车驾移跸以来,士子申陈免赐,因循六大比矣。乞举行旧制（原误"治",径改）,赐闻喜宴于礼部贡院。

高宗"从之"②。以后除个别特殊情况外③,一般都要赐宴,地点均在礼部贡院,时间则在赴国子监谢先圣、先师之后。《朝野杂记》甲集卷一三"新进士期集"条曰:

> 已谢（指赴国子监谒谢先圣、先师、邹国公）,赐"闻喜宴"于礼部贡院,侍从已上及馆职皆与,知举官押宴。已宴,立题名石刻,乃罢局焉。

《钱塘遗事》卷一〇记谒谢先圣、先师后,"越三日"有游西湖及游园活动,再"越十日",在讲武殿按射,"次日,赐闻喜宴于贡院"。

---

①《宋会要辑稿·选举》二之一四。
②《宋会要辑稿·选举》二之一八。
③如《宋会要辑稿·选举》二之三一:嘉定元年（1208）五月三日诏:"成肃皇后凡筵未除,闻喜宴权行免赐。"

则赐闻喜宴的时间,已在谒谢先圣、先师约半月之后。前述皇帝赐诗或儒典之类,即在此时,已见上引宋庠诗。同上又曰:"常例,皆赐御写经书一轴,或御制诗一首(临安府镌碑裱装,赐宴时以分赐士人)。"闻喜宴所需经费,除皇帝赐与外,还有地方官府的馈赠。《武林旧事》卷二《唱名》:"(闻喜宴)凡费悉出于官,及诸阃馈遗云。"

北宋琼林宴,南宋贡院闻喜宴,儒雅风流,不使唐代曲江宴专美于前,俱为中国科举史上的佳话。

第二节　进士的期集庆典

上面所述恩例,是皇帝或以皇帝名义的直接赐与,而本节所述则是由官方(包括朝廷和地方官府)补贴支持、及第进士自己操办的典礼及庆祝活动。

殿试唱名之后,新登第进士的各种庆贺、宴集及有关礼仪活动便随之拉开序幕。田况《儒林公议》曰:"每殿庭胪传第一,则公卿以下无不耸观,虽至尊亦注视焉。自崇政殿出东华门,传呼甚宠,观者拥塞,通衢人摩肩,不可过。锦鞯绣毂,角逐争先,至有登屋而下瞰者。士庶倾羡,欢动都邑。"这是北宋间的情况。现存史料以南宋人记载为详。《梦粱录》卷三《士子赴殿试唱名》:

帅、漕二司,于未唱名前差人吏客司官等项(疑"预"之讹)行排办,礼部贡院充文科状元局,或别院、或借祥符寺充武科状元局,以伺唱名。帅漕与殿步司排办鞍马仪仗,迎引文武三魁,各乘马带羞帽到院,安泊款待。每日祗直,皆两司给官钱供应。及于诸州府守臣、诸路三司,及制阃殿步三司等官,俱有馈送助局钱酒。两状元差委同年进士充本局职事官,措置题名、登科录。帅司差拨六局人员,安抚司关借银器等物,差拨妓乐,就丰豫楼开鹿鸣宴①,同年人俱赴,团拜于楼下。

又《武林旧事》卷二《唱名》:

(唱名后)前三名各进谢恩诗一首,皆重戴绿袍,丝鞭骏马,快行各持敕黄于前,黄幡杂沓,多至数十百面,各书诗句于上。呵殿如云,皆平日交游亲旧相迓之人,或三学使令斋臧辈。若执事之人,则系帅、漕司差到状元局祗应。亦有术人相士辈,自衔预定魁选,鼓舞于中。自东华门到期集所,豪家贵邸,竞列彩幕纵观。其有少年未有家室者,亦往往于此择婿焉。

按朱彧《萍洲可谈》卷一载:"本朝贵人家选婿于科场年,择过省试人,不问阴阳吉凶及其家世,谓之'榜下捉婿'。亦有缗钱,谓之系

———————————

① 按:鹿鸣宴乃州郡发解试后,地方长官为被发解举子赴省试而举行的饯行之宴,又称乡饮酒。此是期集时的宴会,称"鹿鸣宴"似误,是否即"拟鹿鸣宴"之类的戏称、俗称("拟鹿鸣宴"见上节注),俟考。

捉钱，盖与婿为京索之费。近岁，富商庸俗与厚藏者嫁女，亦于榜下捉婿，厚捉钱以饵士人，使之俯就，一婿至千余缗。"由"择婿"发展到"捉婿"，由"贵人家"发展到"富商庸俗与厚藏者"之家，其活动实际上从举子"过省"就已开始。因为只要"过省"（省试上榜），"进士"的头衔就算基本到手，在贵人富商眼里——用今天的话说，他已经是飘红的"绩优股"了。

热闹奢华的排场，真叫人眼花缭乱。原来，这些盛大庆典的导演者，是握有实权又具备雄厚经济实力的"帅、漕二司"，即浙西路安抚使司、转运使司。

具体说来，唱名后的活动，主要有如下数项：

1. 置状元局。唱名结束后，由官方资助（前已述皇帝赐期集钱事）、新进士自主组织的大型系列宴会及相关活动（如刊《小录》、刻石题名等），叫期集，而期集的组织者，则是所谓"团司"，即进士团。《宋史·选举志一》曰："缀行期集，列叙名氏、乡贯、三代之类书之，谓之《小录》。醵钱为游宴之资，谓之醵，皆团司主之。"这类期集，在唐代即很隆重①，宋人继其遗风，又加盛焉。值得注意的是所谓"团司"。傅璇琮《唐代科举与文学》第十一章《进士放榜与宴集》有长篇尾注，考明唐代之"团司"，并非应试举子或新及第进士的互助性组织，而是"长安民间兴办的贸利性的商业机构，而做生意的对象则为新科进士，故称之为'进士团'"，并据《宋史·选举志一》期集游宴"皆团司主之"句（见上引），认

---

① 唐代进士期集情况，略见《唐摭言》卷三《期集》《散序》等。

为"北宋前期,还有进士团主办进士的游宴等活动,此后即未见记载"。① 但根据宋代文献,期集游宴等活动,似乎真是由新科进士自己组织。《燕翼诒谋录》卷五:

> 国初,进士期集,以甲次高下率钱刊《小录》、事游燕。或富而名次卑,所出无几;或贫而名次高,至于假丐。熙宁六年(1073)三月庚申,诏赐进士及第钱三千缗,诸科七百缗,为期集费。一时歆羡,以为盛事。次举熙宁九年三月戊寅,练亨甫奏罢期集钱,止赐钱造《小录》,及第五百千,诸科二百千,而游燕之费复率钱为之。至元祐三年(1088)三月甲戌,诏复增进士钱百万、酒五百壶为期集费,相仍至今,定为千七百缗。而局中凡所率钱,皆以《小录》为名,而同年得与燕集者无几。又为职事者,日叨饮食,所得《小录》、题名纸札装潢皆精致,不费一金;其不与职事者,出钱而所得绝不佳,不沾杯勺,无乃太不均乎?

从"为职事者"、"不与职事者"云云看,主办燕集、造《小录》的,显然都是新第进士。我们还可举一个实例。楼钥《定海县淮海楼记》曰:"公(秦观)……俯就进士举,实与先祖少师同在元丰八年(1085),家藏《小录》,淮海实掌笺表。"② 掌笺表是团司中的"职事"之一(详下),而正是由新第进士的秦观担任。又《通考》卷三

①《唐代科举与文学》,第321至323页。
②《攻媿集》卷五五。

一《选举四》:"新进士旧有期集,渡江后置局于贡院,特旨赐之餐钱。集英殿赐第之三日赴焉。上三人得自择同升之彦,分职有差。"(《宋史·选举志二》同)《朝野杂记》甲集卷一三"新进士期集"条,所记乃南宋间期集时"职事"的分工情况:

> 今新进士期集所,号为团司,置局于礼部贡院,释褐日即赴,上三人主之,其职事有纠弹、笺表、主管题名《小录》、掌仪、典客、掌客、掌器、掌膳、掌酒果、监门等,多或至百余人。仍具所差名姓,申礼部、御史台照会。

关于所谓"职事"的名目,又见《武林旧事》卷二《唱名》:"期集所例置局于礼部贡院,前三人主之,于内遴选所长,以充职事。有纠弹、笺表、主管题名《小录》、掌仪、典客、掌计、掌器、掌膳、掌酒果、监门等。"又《钱塘遗事》卷一○《置状元局》:

> 状元一出,都人争看如麻。第二名、第三名亦呼状元。是日(指唱名之日)迎出,便入局。局以别试所为之,谓之三状元局,中谓之期集所。大魁入局,便差局中职事,一一由状元点差。牒请纠弹、笺表、《小录》、掌仪、客司计(按:"计"疑"掌计"之脱误)、掌器、掌酒果、监门,多者至五六十员,少者亦不下四十员。……初第人多喜入局,得陪侍三状元,与诸同年款密,它日仕途相遇,便为倾盖。常例:五日一会食,否则日中有酒杯、点心、果子二色。……月余而罢局。凡预局中职事官员,纳《小录》、题名钱;非职事官,须纳钱五千,而后

得《小录》、题名一本。状元入局之初，依全赐钱一千七百贯，及诸公纳到助《小录》钱，亦一千三百贯有奇。

这进一步表明，"职事"都是新进士担任（且"初第人多喜入局"），由状元主持，故称"状元局"；期集所"号为团司"。如此看来，前引《宋史·选举志一》所谓"皆团司主之"，是否如傅璇琮先生所说"北宋前期"还有如唐代"贸利性的商业机构"的"团司"，似值得商讨。宋代的庆典活动，由于官方的介入（如赐钱等），更多地带有官办色彩（如状元局、期集所置于礼部贡院，所差职事名姓还要"申礼部、御史台照会"等），故虽仍有"团司"之名，而已非"民间兴办"了。由于"职事"过多，大家都想分一杯羹，故如《燕翼诒谋录》所说，一般的"同年"虽出了钱，却并没有得到实惠。

这里举仁宗皇祐五年（1053）状元郑獬点差"职事"的实例，以窥所谓"状元局"之一斑。《诗话总龟》前集卷一〇引《翰府名谈》：

　　西方琥，东州人，郑毅夫（獬）榜登第。期集处，告毅夫曰："榜中琥最年少也，乞作探花郎。"毅夫云："已差二人。"琥曰："此无定员，添一员何损？"公吏曰："前日琥第三甲，合出铺地钱二十缗，若作职事，则不出钱。"琥曰："愿出钱。"毅夫从其请。琥已受符，不出缗钱，毅夫切责之，而倍其罚。琥白毅夫曰："晚进未尝工诗，愿状元先为之，以为楷式。"毅夫曰："绿袍不怕露痕湿，直入闹花深处来。"他日复见毅夫曰："一见雅诗，不敢下笔。翌日当再进诗，愿公代之。"毅夫复云：“朝来已与碧桃约，留住春风不放归。”闻者叹服。

"琥白毅夫曰"以下，《唐宋分门名贤诗话》卷七引作："既又言曰：
'某末学晚生，未尝作探花郎诗，愿状元先为之，以为楷式。'毅
夫信笔而成，其断句云：'绿袍不怕露痕湿，走入乱花深处来。'琥见
诗帖然心服，欲为诗胜之，终不能就，而五日进诗之期迫，复见毅
夫曰：'大炬之旁，萤火无所见也。一见雅诗，迄今不敢下笔。翌
日当进诗，告公代作，可乎？'毅夫笑，乃代为之，断句云：'朝来已
与碧桃约，留住春风不放归。'闻者称赏。"①从此条材料，可知如
下几点：（1）"状元局"有"探花郎"，无定员，由状元指派。（2）第
三甲以下须交"铺地钱"二十缗，"职事"则不交。庄绰《鸡肋编》
卷中引綦叔厚（崇礼）云："进士登第赴宴琼林，结婚之家为办支
费，谓之铺地钱；至庶姓而攀华胄，则谓之买门钱；今通名为系捉
钱。凡有官者皆然，不论其非榜下也。"从上下文看，所谓"铺地
钱"，似指登第举子赴琼林宴时，送给新婚同年的礼金。②（3）探
花郎须在五日内进诗。

　　状元局的活动引起社会的关注，而其弊又远不止经济利益之
"不均"，实已涉及到"士风"问题，如上引《钱塘遗事》所谓"它日

①《唐宋分门名贤诗话》现存朝鲜本，见张伯伟《稀见本宋人诗话四种》，江
　苏古籍出版社 2002 年版。
②按朱彧《萍洲可谈》卷一载："本朝贵人家选婿于科场年，……谓之'榜下
　捉婿'。亦有缗钱，谓之系捉钱，盖与婿为京索之费。"则所谓"系捉钱"乃
　选婿之家给所选女婿的"定金"，而"铺地钱"为登第进士所出，然綦氏谓
　"今通名为系捉钱"，有所不同，待考。

仕途相遇,便为倾盖"云云,则有拉帮结派之嫌,这在宋代是很敏感的,故朝廷不得不采取措施。嘉定七年(1214)五月二日,监察御史黄序言:

> 进士唱名之三日,期集于别试所,有旨赐之餐钱。进士前三人得自择同升之彦,而分职由纠弹、笺表而下,数在绍兴才四十人,淳熙至八十人,绍熙(原误"兴")及过百人,开禧愈二百人。前岁虽少损,犹百八十九人。夫进士通榜不过四五百人,职其间者几半。期集所非有大利,而头钻竞趋,何哉?意为异日请托之地。下省《小录》,口腹之须,比年胪唱甫彻,请嘱交驰,于是略其当差,滥其不当差者。今廷对有日,乞下此章于进士期集所,合差职事当先甲科,省试上十名,太学上舍生,诸州路类试首选,及名望之士。酌绍兴、淳熙之数而取衷焉,亦涵养士风之一端也。

宁宗"从之"。①

2. 朝谢。在唱名后十天左右举行。《朝野杂记》甲集卷一三"新进士期集"条:期集之"后旬日朝谢"。《武林旧事》卷二《唱名》所记同。《钱塘遗事》卷一〇谓之"正谢",记南宋时正谢仪式道:

> 十日后正谢。正谢日,系太史台择日,亦谓之门谢。礼

---

① 《宋会要辑稿·选举》六之二三。

用笺表，皇帝及东宫笺表隔日计会。阁门通进表中，止用三
状元名衔，正、特奏同日而谢。是日，亦由和宁门而入，在常
朝殿门外北面天颜。赞者引唱"躬拜、再拜"而退，门外有立
仗马及卫士等，卫士唱喏毕，马退，士人方列班而拜，拜君之
门而已。

唐代进士也有谢恩之礼，但所谢乃主司。① 宋代进士既皆为"天
子门生"，则所谢固然是皇帝，哪怕不过是"拜君之门而已"。

3.拜黄甲、叙同年。朝谢后数日（或曰二日，见下）之内举行。
所谓"黄甲"，即殿试唱名结束后的各甲定榜，因用黄纸书写，故
称。《钱塘遗事》卷一〇曰："黄甲者，由省中降下。唱名既毕，省
中以其所升甲之人附于甲末，用黄纸以书之，谓之黄甲。""拜黄
甲"的具体仪式，范成大记曰：

> 既朝谢，揆日集贤院（按："揆日"后疑脱一字），奉赐第
> 录黄于香案，列拜。礼毕，更以齿班立，四十以上东序、西向，
> 未四十西序、东向。推年最长若最少者各一人升堂，长者中
> 立，南向，少者北向。春官吏赞拜，少者拜，又赞答拜长者，洎
> 两序皆再拜，谓之拜黄甲、叙同年。②

《朝野杂记》甲集卷一三"新进士期集"条所记相似：

①见《唐摭言》卷三《谢恩》。
②《姑苏同年会诗序》，孔凡礼辑《范成大佚著辑存》，中华书局，1983 年。

（朝谢后）又数日，拜黄甲、叙同年于礼部贡院。其仪三名设褥于堂上，东西相向，同年四十已上立于东廊，四十已下立于西廊，皆再拜。拜已，择榜中年长者一人，状元拜之；复择最少者一人，拜状元。

《武林旧事》卷二《唱名》、《文献通考》卷三一《选举四》、《宋史·选举志二》同。《钱塘遗事》卷一〇所记，略可补充："越二日拜黄甲于贡院。……是日贡院设香案于廷下，状元引五甲内士人拜香案，礼部亦遣官来赞导。置黄甲于案中，望阙拜毕，士人列两厢……（以下与上引《朝野杂记》同，略）吏以纸笔请各书姓名，依黄甲排，与臣者镌于题名石。是日谓之叙同年、拜黄甲也。特奏（名）不得预焉。"《通考》、《宋志》谓此活动是"所以侈宠灵、重好会、明少长也"。

4.乡会。宋赵升《朝野类要》卷一"题名"："进士及第，各集乡人于佛寺作题名乡会，此起于唐之慈恩寺塔也。"又同书卷五"同年乡会"："诸处士大夫同乡曲并同路者，共在朝及在三学相聚作会，曰乡会。若同榜及第聚会，则曰同年会。"元刘一清《钱塘遗事》卷一〇："（拜黄甲后）越四五日，乡人之官于朝者为乡会，以待乡中之新第者。"

5.谒谢先圣、先师。王辟之《渑水燕谈录》卷六《贡举》："国初，诏诸州贡举人员群见讫，就国子监谒先师，迄今行之，循唐制也。"所谓"群见"，是各地举子到阙后入见皇帝之礼，时间在考试之前，见沈括《梦溪笔谈》卷九（本书第六章第一节已引）。谒谢之仪，则在拜黄甲之后，参加谒谢的也只有得第举子了。《朝野杂记》甲集卷一三"新进士期集"条:"(拜黄甲后)又数日,赴国子监谒谢先圣、先师、邹国公,用释菜礼,三名为三献。榜中有士望者一人为监礼官。"《钱塘遗事》卷一〇记得更详:

（乡会后）越三日,赴国子监谒谢先圣、先师。祭前三日,状元点差职事官十四员。监礼官弹压职事之不恭者。奉礼官跪于先圣、先师座前,奉币进之于献官。太官酌酒以进之于上三献官。太祝读祝。分献官十员分献于十哲及两廊贤臣,一人分献十五位,每位皆之拜。缙笏兴伏拜起,皆赞者导之,礼毕而班退。赞者皆太常寺差来。

6. 据《钱塘遗事》卷一〇,南宋在谒谢先圣、先师之后三日,还有游西湖及名园的活动,然后"书铺告示:越十日引正奏各黄甲士人射,上自按试于讲武殿"。试射起于孝宗时,详见本书第八章第二节。

宋末,上述程序先后、日期并非一定(有的须由太史台择日)。刘壎《隐居通议》卷三一载《咸淳七年(1271)同年小录》,有自唱名到立题名碑的日程安排,录之于次,以资参考:

五月二十一日
皇帝御集英殿唱名,赐进士张镇孙以下及第、出身、同出身五百二人。当日赴期集所。
六月一日
准敕依格赐进士期集钱及小录钱一科计一千七百贯文,

十八界。

六月初五日

朝谢。

六月十七日

谒谢先圣、先师。

七月初十日

赐闻喜。同日降赐御诗于礼部。

七月十八日

拜黄甲。同日叙同年于礼部贡院。

七月（阙）日

准敕依格赐进士期集钱及小录钱第二次、第三次，共三千四百贯文，十八界。立题名碑于礼部贡院。

期集所职事官（略）

谒殿直事：初献张镇孙，亚献杜文甫，终献陈钺。

纠弹（略）。诸职依上选。

由上可知，咸淳七年的期集庆典，前后长达两月之久。

7. 归里。闻喜宴和宴后谢恩、立题名碑毕，京师（行在所）一两个月的风光无限的庆典活动便告结束。约在闻喜宴后的第十天，进士们要参加所谓"集注"，即集中于吏部注官授职（详下节），然后各自"衣锦还乡"①。理宗宝祐元年（1253）状元姚勉

_____

① 唐代进士于曲江宴后即归里，故又称曲江宴为"离会"，见《唐摭言》卷一《述进士下篇》。

有《离京留题蒋店》诗二首,不无夸耀地抒发其余兴未尽的
情愫:

> 阁门传旨放朝参,归觐亲庭晓整骖。葵藿丹心犹恋恋,
> 五云缭绕望宫南。

> 琼瑶为室玉为台,隔岸群花照水开。莫道此楼容易上,
> 天香曾到此中来。①

得第进士一出皇城,不问科甲高下,人们都呼作"状元"②,好
不神气。待这些新"状元"们回乡后,地方上的招待庆贺又开始
了。《渑水燕谈录》卷六:"苏德祥,汉相禹珪之子。建隆四年
(963)进士第一人。登第初,还乡里,太守置宴以庆之。乐作,伶
人致语曰:'昔年随侍,尝为宰相郎君;今日登科,又是状元先辈。'
言虽俚俗,而颇尽其实。"《梦粱录》卷三《士子赴殿试唱名》:"文
武状元注授毕,各归乡里。本州则立状元坊额牌所居之侧,以为
荣耀。州县亦皆迎逐,设宴庆贺。"为之立牌坊的,固然是真状元,
而被呼作"状元"的,只是暂时享受一下虚荣罢了。

---

① 《雪坡集》卷一一。
② 魏庆之《韵语阳秋》卷一八:"今之新进士,不问科甲高下,唱名出皇城,则
例喝'状元',莫知其端。唐郑谷登第后宿平康里,尝作诗曰:'春来无处不
闲行,楚润相看别有情。好是五更残酒醒,耳边闻唤状元声。'则新进士例
呼状元,旧矣。郑谷,赵昌翰榜第八名也。"

第三节　有司注官授职

进士及第后的各种赏赐和礼仪，虽然荣耀和风光，但那只是一次性的"消费"，而举子们的"终极目标"是仕宦，更关心的是注官授职。在当时，注官拟职实际上也是皇帝的"恩例"，只不过是由"有司"（吏部）实施罢了。宋初，赐给及第进士甚至状元的官并不高，到太宗时才"朝典始重"，优与注授。《宋会要辑稿·选举》一之四载：

> 艺祖、太宗皆留意于科目，然开宝八年（975）王嗣宗为状元，止授泰州司理参军，尝以公事忤（知）州路冲，冲怒，械系之于狱。然则当时状元所授之官既卑，且不为长官所礼，未至如后世荣进素定、要路在前之说也。至太平兴国二年（977），始命第一、第二等进士及九经授将作监丞、大理评事，通判诸州，其次皆优等注拟，凡一百三十人。淳化二年（991）试士，第一甲至三百二人，皆赐及第。太宗时，惟此二年科目恩数最为优渥。

太平兴国二年，确乎是宋代科举政策具有转折意义的一年。是年太宗不仅录取了进士、诸科等各类举子凡五百人，创下了自有科举以来的最高纪录，又给予特别优渥的"恩例"："第一、第二等进士并九经授将作监丞、大理评事，通判诸州，同出身进士及诸科并送吏部免选优等注拟初资职事,判司簿尉,宠章殊异,历代所未有也。薛居正等言:'取人太多,用人太骤。'上意方欲兴文教、抑武事,弗听。"①将作监丞,从八品;大理评事,正九品。洪迈《容斋续笔》卷一三《科举恩数》概述太宗、真宗两朝注官情况道:

> 国朝科举取士,自太平兴国以来,恩典始重,然各出一时制旨,未尝辄同;士子随所得而受之,初不以官之大小有所祈诉也。太平之二年(977),进士一百九人,吕蒙正以下四人得将作丞,余皆大理评事、充诸州通判。三年,七十四人,胡旦以下四人将作丞,余并为评事、充通判及监当。五年,一百二十一人,苏易简以下二十三人皆将作丞、通判。八年,二百三十九人,自王世则以下十八人以评事知县,余授判司簿尉。未几,世则等移通判,簿尉改知令录。明年,并迁守评事。雍熙二年(985),二百五十八人,自梁颢以下二十一人,才得节察推官。端拱元年(988),二十八人,自程宿以下但权知诸县簿尉。二年,一百八十六人,陈尧叟、曾会至得光禄丞、直史馆,而第三人姚揆但防御推官。淳化三年,三百五十三人,孙何以下二人将作丞,二人评事,第五人以下皆吏部注拟。咸平元年(998),孙仅但得防推。二年,孙暨以下但免选注官。盖此两榜真宗在谅闇,礼部所放,故杀其礼。及三年,陈尧咨

①《续资治通鉴长编》卷一八。顾炎武《日知录》一七《中式额数》评此事道:"于是一代风流无不趋于科第。叶适作《制科论》,谓士人猥多,无甚于今世。此虽足以弘文教之盛,而士习之偷亦自此始矣。"然太宗时的形势非后世可比,后世的士习亦不当归罪太宗。

登第,然后六人将作监,四十二人评事;第二甲一百三十四人,节度推官、军事判官;第三甲八十人,防团军事推官。

进士第一(有时是前三名、甚至更多)授将作监丞(从八品),第二名(最多至第一甲)授大理评事(正九品),是太宗及真宗初的情况。真宗至仁宗的大多数时候,保持了这个规格,直到嘉祐三年(1058)才发生变化(详下)。

仁宗时,冗官现象严重,已不可能为所有被录取的进士拟职了。庆历二年(1042)四月二十三日诏,第五甲犹注"京官,家便知县",到庆历六年五月一日诏,改为"第四甲已下并诸科同出身,并守选"①。"守选"似起于真宗时,《宋史·选举志一》曰:"旧制:及第即命以官。上(真宗)初复廷试,赐出身者亦免选,于是策名之士尤众,虽艺不及格,悉赐同出身。乃诏有司,凡赐同出身者并令守选,循用常调,以示甄别。"今人王勋成先生说:"所谓守选,就是在家守候吏部的铨选期限。"②从此之后,视其时阙官情况,或第四、第五甲守选,或只第五甲守选,全部注官拟职的年份已很少了。不少学者认为唐代进士登第后要守选,宋代则马上做官,实际上并不全是如此。

嘉祐二年(1057)十二月五日,仁宗下诏改四年一开科场为间岁(隔年)一开,虽然对录取名额进行了相应的压缩③,但随着科

---

① 《宋会要辑稿·选举》二之八。
② 《唐代铨选与文学》第二章《及第举子守选》,中华书局,2001年。
③ 关于改间岁一开科场,下述治平三年(1066)改为三年一开,以及相应的名额变动,详参本书第五章、第六章及第八章。

举数的增加,高第人数将不可避免地随着增加,使冗官问题更加突出。嘉祐三年闰十二月,仁宗不得不进行改革,对新及第进士授官、注职皆降级。《续资治通鉴长编》卷一八八载:

> 先是,朝议以科举既数,则高第之人倍众,其擢任恩典,宜损于故。诏中书门下裁之。(嘉祐三年闰十二月)丁丑,诏曰:"朕惟国之取士,与士之待举,不可旷而冗也,故立间岁之期以励其勤,约贡举之数以精其选,著为定式,申敕有司。而高第之人,日尝不次而用,若循旧例,终至滥官,甚无谓也。自今制科入第三等,与进士第一,除大理评事、签书两使幕职官(厅公)事,(或知县),代还,陞通判,再任满,试馆职。制科入第四等,与进士第二、第三,除两使幕职官,代还,改次等京官,(送审官院)。制科入第四等次,与进士第四、第五,除试衔知县,代还,(送流内铨),迁两使职官。锁厅人视此。若夫高材异行,施于有政,而功状较然者,当以茂恩擢焉。"自是骤显者鲜,而所得人材及其风迹,比旧亦浸衰。①

旧制,状元所授将作监丞为从八品,现改大理评事,只正九品。从嘉祐四年(1059)刘煇榜起,即按上述新制注授官职:状元刘煇为"大理评事、金书河中府观察判官公事,第二人胡宗愈、第三人安焘为两使幕职官,第四人刘挚、第五人章惇并试衔知县,第六人以

---

① 《宋会要辑稿·选举》三之三六载诏文,较此为详。上引括号中文字,即据《辑稿》补。

下并九经、明经及第,并为试衔大郡判司、大县主簿,第二甲为试衔大县簿尉,第三、第四甲试衔判司簿尉,第五甲及诸科同出身并守选"①。治平三年(1066)虽改科场间岁一开为三年一开,但后来的授官却依嘉祐之制,升迁反而更慢。神宗熙宁二年(1069)十二月九日诏:"今后制科人第五等、进士第一人及第者,一任回,更不与升通判差遣,及不试充馆职,并令审官院依例与差遣。余如嘉祐诏书。"②总之,无论是登进士还是中制科,这时的"身价"已是集体贬值了。元丰改官制后,元祐三年(1088)第一人李常宁为宣义郎(从八品)。元祐六年第一人马涓为承事郎(正九品),绍圣元年(1094)诏"今次科场第一人与宣义郎",又为从八品③。授从八品为皇帝亲政或登位的"推恩"(徽宗崇宁二年亦如此,详下引),正常的是九品,依嘉祐故事。

南宋初,进士第一人授左宣教郎(建炎二年、绍兴二年),从八品;或左承事郎(绍兴八年、绍兴十二年),正九品。孝宗乾道二年(1166),以"龙飞(初即位)恩例",依崇宁二年(1103)典故,进士第一人授宣义郎(从八品),第二、第三人承事郎(正九品)。到乾道五年,恢复为第一人左承事郎④。从此以后,第一人或左承事

---

①《宋会要辑稿·选举》二之九。

②《宋会要辑稿·选举》二之一〇。按:"制科入第五等","五"疑"三"之讹,制科第三等与进士第一待遇相同。又按:治平四年(1067)进士第一名许安世只与防御团练推官。时因英宗去世,照例杀其礼,可不论。

③上述元祐至绍圣,见《宋会要辑稿·选举》二之一二至一三。

④《宋会要辑稿·选举》二之一九至二〇。

郎,或承事郎①。《梦粱录》卷三《士子赴殿试唱名》曰:

> 其状元官授承事郎,职除上郡签判;榜眼授承奉郎,探花授承务郎,职注中郡或下郡签判。或无见阙,则节推、察推之职。……(特奏名)为魁者,附第五甲,补迪功郎,余皆授诸州文学、助教。武举进士,前三名照文科为状元、榜眼、探花恩例,赐紫囊、金带、靴、笏,状元授秉义郎,榜眼授从义郎,探花授保义郎,俱殿步司正副将之职。……如遇龙飞之年,则三魁黄甲及其余进士皆倍加恩例,却与常年不同,则状元可除下郡通判。于此可见士子读书之贵,而朝家待士之厚,不可不知也。

状元授承事郎,而其迁升极快。文天祥编、佚名补编的《文山先生纪年录》于理宗开庆元年(1259)述曰:"状元授承事郎、签书某军节度判官厅公事。至后一科放进士榜,则前一科状元召入为秘书省正字,名曰对花召。"《梦粱录》说到特奏名。按徐度《却扫编》卷上曰:特奏名"赐进士或同学究出身,或试监主簿,诸州文学长史,四门助教,摄诸州助教……其后亦有补三班借职者,逐时不同",可为补充。

南宋及第进士唱名后的注拟官职,今犹保存着较详细的现场记录。《钱塘遗事》卷一〇载,闻喜宴后第十日,有所谓"集注",

---

① 淳熙二年(1175)四月四日诏新及第进士第一人詹骙补承事郎,见《宋会要辑稿·选举》二之二一。

即除前三名（三状元）直接送朝廷外，其余皆集中于吏部注官：

> 是日天拂晓，（士子）袍笏，书铺引入部。前数日，部中先
> 榜于门亭，书铺录示新榜人，先择其愿授者而书于笏。及入
> 部，郎中坐庭中，以殿榜资次而呼前，廷上唱曰："某人官人！"
> 上阶揖，问曰："愿受甚处阙？"对，郎中视簿合受，则揖，庑下
> 书簿中"某人愿授某州某官阙"而退。三状元皆送阙，不与集
> 注。告敕一道，印纸一轴，信符一道，门谢关子一道。

第四节　恩例庆典与科举的公正性问题

旧题宋真宗《劝学诗》道："富家不用买良田，书中自有千钟
粟。安居不用架高堂，书中自有黄金屋。出门莫恨无人随，书中
车马多如簇。娶妻莫恨无良媒，书中有女颜如玉。男儿欲遂平生
志，六经勤向窗前读。"①这就将读书完全功利化了，并开出许多
极富诱惑力的"支票"，具有鲜明的价值取向和政策导向。琼林宴
的富贵繁华，期集所的花团锦簇，似乎是对《劝学诗》的现实诠释。

从上文可知，无论恩例、庆典还是注授，都让登第进士们充分
尝到了"名"、"利"二者带给他们的美好滋味。统治者正是用此
笼络读书人，使"天下英雄入吾彀中"，期待进士们由满足感生发

---

① 《诸儒注解古文珍宝》前集卷上。

出"忠心"，由荣誉感唤起责任心，为各级官府遴选一代代的接班人。同时还得接受这样的事实：这些登第进士无论贤愚善恶，他们中相当多的人即将成为各级官府、各个部门的管理者，一方百姓命运的主宰者，主流精神文化的生产者，发挥着作为社会精英的重要作用。就统治集团而论，为登第进士推恩是积极的：它既是对"学而优"者的奖励，对后进者的激励，也是对全社会的劝诱：青年人只有努力读书，然后登科起家，才有锦绣前程。

应该说，宋代登第进士的恩例、庆典，实际花费并不算多：期集先前是自费，后来虽有赏赐，最高不过三四千贯，一般也就一两千贯，而每科有数百人之众。不过，通过皇帝赏赐和高规格的庆祝活动，每位登第进士从中获得了巨大的"无形资产"：社会声望和地位大大提高，社会角色由布衣转换为官员，并从此走上仕途——而"无形资产"很快又转换为现实的回报，包括政治的和经济的等等。这只要想想《儒林外史》第三回中，范进刚刚中举，乡绅张静斋便忙不迭地送银子、送房子，就不难理解了。于是，科举的"公正性"问题便凸现了出来。

首先，由科举之途飞黄腾达，真能够"朝为田舍郎，暮登天子堂"的只是极少数，而困顿终身、老死牖下的则不计其数，其中包括部分中第者。宋代举子落榜者之多，时人曾有过描述：元丰间因旧贡院废，大量省试下第举子的试卷被运往礼部保存，"以车营务驴车数十量(辆)载试卷赴礼部架阁，数日方毕，所落人数可知也"①。南宋余姚人孙椿年，"寒抄暑讲，寝食失期会，凡书籍义类

①庞之英《文昌杂录》卷五。

深浅,古今事物变通,采章错综,机神融液,往往心悟所以然",但"踏省门(指参加省试)五六,然终不得第名于进士,遂至槁死"①。对那些试卷被"架阁"、像孙椿年这样失意终身的举子来说,科场只是不堪回首的噩梦。其次,宋代"不由科举,则无以仕进于朝廷"②的官吏遴举制度,使得进身之途极为狭窄,士子别无选择,只能在崎岖的科举路上艰难跋涉。这种用人制度,自然很难与"公正"联系起来。再次,宋代场屋作弊严重,权贵们往往操纵和把持选举,得第者未必"学优",更未必是"精英"。元代著名杂剧作家马致远《荐福碑》中对《劝学诗》进行的冷峻嘲讽,即有感于此而发。剧中的主人公张镐,是位生活在有宋全盛期仁宗朝、"满腹文章"却落魄场屋的书生,他唱道:

> 【寄生草】想前贤语,总是虚。可不道书中车马多如簇?可不道书中自有千钟粟?可不道书中有女颜如玉?则见他白衣便得一个状元郎,那里是绿袍儿赚了书生处。
>
> 【么篇】这壁拦住贤路,那壁又挡住仕途。如今这越聪明越受聪明苦,越痴呆越享了痴呆福,越糊涂越有了糊涂富。则这有银的陶令不休官,无钱的子张学干禄。

那么,科举——至少在我们讨论的宋代,若深加拷问,是否因此而一片漆黑,毫无公正可言呢?

---

① 叶适《孙永叔墓志铭》,《水心文集》卷一六。
② 孙觉《上神宗论取士之弊宜有改更》,《诸臣奏议》卷八〇。

美国华裔学者李弘祺说："为考生提供了均等机会的制度本身的开放并不等于向社会全面开放，而一个公平的社会制度应该向整个社会开放。""以大量财富和社会声望来犒赏少数中举者的制度，事实上与我们今天所说的'公平'（fair）大相径庭，它并不能维护'公平'的真正本质。"①那么怎样才算公正或"公平"呢？这似乎是个十分复杂，但也许又是个很简单的问题。我们认为"向整个社会开放"的命题至少在封建社会无法求解，就是在现代社会也只能是一句空话——它没有可操作性。因为"向整个社会开放"决不等于向"每个人"开放，大众可以参与社会管理，但却不能人人都在管理岗位，管理者永远只能是少数精英——这才是"公平"的"真正本质"。既然如此，那么"为考生提供了均等机会的制度本身的开放"，应该说就是先进、公平的了，如果让所有参加考试的举子或读书人都登金榜、穿绿袍并享受"犒赏"才算"公平"，那还有什么意义？中国的科举制度之所以能够延续一千三百年，就是在废科举后一百年的今天，学术界还给它相当肯定的评价，原因就在这里。

用考试的方式选拔人才本身就意味着淘汰，"机会均等"同时也是"残酷无情"，因此出现对科举的批评甚至反对的声音是难免的。宋末人胡次焱（1229—1306）于景定二年（1261）作过一篇《嗟呼赋》，发泄自己落第后的不满。其中有一段说：

> 我皇大比之诏，归之精择主司。大哉王言，其知本

---

① 《宋代官学教育与科举》第八章，台北联经出版事业公司，1994年。

钦。……今者漕台之差次，只据脚色之崇卑。彼以真材擢高第者，半已昏于簿书之期会；而以假手入仕涂者，又乌识文字之妍媸？糊眼之辈，烘冬之夫，纷流传于缪种，朝廷亦安得而考诸？遂使儿辈，谈笑登名。或析薪之手未洗，或荷蒉之肩尚颓，或口犹乳臭，或字仅识丁。或黄金买贵而不耻，或葫芦依本以飞腾。兔园册入其素习，羊我氏岂伊所能。缪偕计吏，迥乎可憎。而吾徒者抱周、程之问学，驰韩、柳之文声，乃尔寂寂，邓禹笑人。嗟呼！场屋为困贤能之地，科举为老英雄之术。亶哉斯言，盖未尝不书空而咄咄也。①

他攻击的是"主司"的"糊眼"和"烘冬"，对科举制度本身并无异词。赋中所列"迥乎可憎"的诸事中，有"或析薪之手未洗，或荷蒉之肩尚颓"两句，是对下层平民参加考试的嘲笑和不屑，而恰恰正是这点，很好地体现了科举的公正性，标志着科举至少在制度上是"向整个社会开放"的。早在北宋熙宁初，苏辙就说"凡今农工商贾之家，未有不舍其旧而而为士者也"②。封建时代许多地主阶级文人（包括苏辙、胡次焱）对此看不顺眼，然而这正是社会的一大进步。胡次焱于咸淳四年（1268）登进士第，尝为贵池尉，宋亡，以《易》教授乡里。当他后来"荣登金榜"之时，是否"主司"没有"糊眼"，也不"烘冬"，不必再"嗟呼"了呢？因此我们认为，宋代科举的消极面无论多么严重，但在当时的历史条件下，其制度

①《梅岩文集》卷一。
②《上皇帝书》，《栾城集》卷二一。

仍是应当肯定的,也是相对公正的。孙中山先生说得好:"自世卿贵族门阀举荐制度推翻,唐宋厉行考试,明清峻法执行,无论试诗赋、策论、八股文,人才辈出;虽所试科目不合时用,制度则昭若日月。"①

当然,科举决非完美无缺,应该说在运行中弊病甚多,即如胡次焱《嗟呼赋》所揭发的"或黄金买贵而不耻,或葫芦依本以飞腾。兔园册入其素习,羊我氏岂伊所能",在宋代是普遍存在着的。因此,要维护科举的相对公正,减少或取消"赏赐"并非上策,而首先应该做到考试严格而规范,像宋代那样充满舞弊的考场,显然是对"公正"的亵渎。其次是真正打破权贵对科场的干预、操纵甚至垄断,使广大寒士有事实上的均等机会②。第三是政府公权向社会进一步开放,废除只有进士登第才能入仕或做"美官"的制度,不拘一格选人才。对于封建社会来说,第一点本来可以基本做到,但宋代(特别是南宋)却做得很差(清代相对较好),而二、三两点则未免超越时代而不切实际,统治集团、文化世家把持科场,永远是难以改变的现实,能允许贫寒子弟通过考试进入"进士"这个特权阶层,从制度上来说已经难能可贵了。故所谓"黄金屋"、

---

① 《与刘成禺对话》,《孙中山全集》第一卷。
② 虽制度上允许"寒士"应考,但事实上广大下层民众特别是大多数农民连读书的机会都没有,"怀牒自试"只能是空话。从这个意义上说,科举与"均等机会"相去尚远。对科举是否引起"社会流动",笔者赞成较为折衷的说法,即处于"流动与非流动之间"。平民通过科举的确是向上流动的(否则就不会出现社会上的"科举热"),但由于受经济、教育、社会关系等诸多方面的制约,这种流动很有限。

"颜如玉"云云,对绝大多数士子、乃至对全社会来说,大概永远只能是画饼充饥,"空头支票"而已;而恩例也罢,庆典也罢,也只能是科举制度绽放出来的色采艳丽的花朵,供大多数人"欣赏"罢了。因此,公正与不公,其实并存于一个矛盾的统一体之中。

第十四章　宋代的科举用书

　　科举选拔的是读书人，故"读书"是举子的本分。根据考试科目的设置，宋代士子发蒙之后，必须读的是经（包括注疏、经解）、子、史及部分文集，此外还要熟悉工具书《礼部韵略》之类。这些书是当时的"教材"，因此"科举用书"相当于教学用书，无疑是雅称。但在宋代，应试性、趋利性的另类"科举用书"同时大量流传，那就是各种括套、类编、时文集、评点本，以及时文作法研究之类，专供攻举业者诵习、揣摹甚至剽窃，有如今天"考试书店"所售各类参考资料、题解集及优秀作文选等等。本章所讨论的"科举用书"，即指此类。于是，本来是雅称的"科举用书"，便逐渐背上恶名，几乎立刻使人联想到举子怀挟入场的小册子，因而它便成了"作弊"、"剽窃"的代名词。由于这类书是场屋不可或缺的决胜"利器"，故十分畅销，其影响更不可小觑。人们常把科举考试比作指挥棒，它无形中操纵着士子治学的趋向；而在宋代，它还无形中刺激和操控着图书消费市场：随着科举政策的变化，各种适时、适用的科举用书立即大量编纂和印行，以满足士子们的需要；相应地，科举用书又释放出巨大的反作用力，影响甚至左右着社会学风和考场文风。

　　唐太宗子李恽（蒋王）曾令杜嗣先编纂《兔园册》，后来村墅多用以教童蒙①，举子则从中掇拾典故，故凡类编类科举用书，常被讥作"兔园册子"。唐人所编"兔园册子"，《新唐书·艺文志》著录甚多，著名的如陆贽《备举文言》二十卷②、白居易《经史事类》（一名《六帖》）三十卷等。本书第九章介绍过的唐五代诗法、赋法著作，则是科举文作法的指导书。

　　宋代由于举子众多，考试规模大，加之印刷业发达，科举用书的供求量也极大。南宋人岳珂说：

　　　　自国家取士场屋，世以决科之学为先，故凡类编条目、撮载纲要之书，稍可以便检阅者，今充栋汗牛矣。建阳市肆，方日辑月刊，时异而岁不同，以冀速售；而四方转致传习，率携以入棘闱，务以眩有司，谓之怀挟，视为故常。

---

① 见孙光宪《北梦琐言》卷一九《诙谐所累》。晁公武《郡斋读书志》卷一四著录唐虞世南撰《兔园册》十卷。《宋史·艺文志七》著录杜嗣先《兔园册》十卷，而同书《艺文志八》作三十卷。今存敦煌唐写本《兔园册府》残卷，王国维《唐写本〈兔园册府〉残卷跋》曰："窃疑世南入唐，太宗引为记室，即与房玄龄对掌文翰，未必令撰此等书。岂此书盛行之际，或并三十卷为十卷，又以世南有《北堂书抄》，故嫁名于彼欤。"（《观堂集林》卷二一）。详参孙猛《郡斋读书志校证》该书注，上海古籍出版社，1990年，第650页。
② 王应麟《词学指南》卷一引《中兴馆阁书目》曰："陆贽《备举文言》三十卷，摘经史为偶对类事，共四百五十二门。"卷数较《唐志》多十卷，疑宋人新刊本所析。

其下又引政和四年（1114）六月十九日权发遣利州路学事黄潜善奏，称"比年以来，于时文中采摭陈言，区别事类，编次成集，便于剽窃，谓之《决科机要》，偷惰之士，往往记诵，以欺有司"云云①。盖早在北宋中期，科举用书的刊行已上规模，消费市场的发育已基本成熟。本章将宋人编刊的科举用书分为类编、时文及文法研究三大类进行考察，并略论其利弊。至于作为教材的经、子、史之类，不在讨论的范围。

第一节　宋代科举用书的编纂

　　由于文献阙略，已难弄清宋代最早刊行科举用书的具体时间，据笔者推测，盖宋初已有之。欧阳修《归田录》卷二载："（真宗）咸平五年（1002），南省试进士《有教无类赋》，王沂公（曾）为第一，赋盛行于世。"既谓"盛行于世"，当是刊本。《湘山野录》卷下载欧阳修考得省元时，"庸人竞摹新赋，叫于通衢，复更名呼云'两文来买欧阳省元赋'"。"摹"就是刊印。与王曾相似，欧阳修的省试赋也被单独刊印叫卖，有如今天的"活页文选"。这说明仁宗初（欧阳修中省元在天圣八年，1030）刊售程文已是常事。熙宁二年（1069）五月，苏轼在所上《议学校贡举状》中说："近世士人纂类经史，缀缉时务，谓之策括，待问条目，搜抉略尽，临时剽窃，

---

① 《愧郯录》卷九《场屋类编之书》。

宰易首尾，以眩有司，有司莫能辨也。"①"搜抉略尽"的"策括"，必多为印刷品。元祐五年（1090），苏辙出使辽国，回来后上奏章，说"本朝民间开版印行文字，臣等窃料北界无所不有"，其中就有"士子策论"（详下引）。

据书目文献和现存宋人所编科举用书，宋代科举用书的编纂途径和方式，大致可分官编、私编及书坊编三大类。

一、官编

所谓"官编"，指由官府指定教育行政部门编纂、对科举考试带有导向性的举子用书。这类记载以南宋为多。如绍熙元年（1190），有谏大夫、同知贡举（不详为谁氏）欲变科场文格，"乞令监学官公共精择旧来时文谨严而有法度、精粹而有实学者经义、诗赋、论策各若干篇，许令版行，以为程式。奉圣旨依"②。又如庆元五年（1199）正月，礼部尚书黄由等奏乞由国子监选刊程文："窃见向来臣僚奏请，凡书坊雕印时文，必须经监学官看详。比年所刊，醇疵相半，未足尽为楷则。策复拘于近制，不许刊行。乞将今来省试前二十名三场程文，并送国子监校定。如词采议论委皆纯正，可为矜式，即付板行。仍乞检会陈谠所奏，将《三元元祐衡鉴赋》、《绍兴前后论粹》、《擢犀》、《拔象策》同加参订，拔其尤者，

---

① 《苏轼文集》卷二五。
② 太学博士彭龟年对此事进行了抵制，最终不复选。见彭龟年《乞寝罢版行时文疏》，《止堂集》卷四。"若干篇"，楼钥《彭公神道碑》为"二百篇"，详下引。

并付刊行,使四方学者知所适从,由是追还古风,咸资时用。"①所说一是汇编优秀程文,一是对已有的刊本进行修订和选编("拔其尤者")。再如嘉定四年(1211)十二月二十七日礼部奏引国子祭酒兼权刑部侍郎刘爚言:"近年经学不明,命题断章,学者以巧于迁就为工……词赋抑又甚焉:体字全类歇后,用字不考理致,盖检阅于类书,非根原于实学。文义无取,器局何观?乞令学官选择中兴以来魁选义、赋根本经旨、词气浑厚者数十篇刊降,以为体式。"礼部看详,"乞下国子监,令监学官精加选择,刊本颁降",宁宗"从之"②。

二、私编

私编科举用书,多出学校教官之手——他们既是科场"过来人",又负有发解进士的责任,对科场、教育都十分熟悉,具备编纂科举用书的最佳条件。如朱熹曾批评吕祖谦"留意科举文字之久,出入苏氏父子波澜,新巧之外更求新巧,坏了心路"③,吕祖谦承认这点,回答说:"所论永嘉文体一节,乃往年为学官时病痛,数年来,深知其缴绕狭细,深害心术,故每与士子语,未尝不以平正朴实为先。"④这说明"科举文字"与"学官"的关系,而所谓"坏了心路"的科举文字,很可能包括《左氏博议》及《东莱制度详说》之

---

①《宋会要辑稿·选举》五之二一。
②《宋会要辑稿·选举》六之一〇。
③《与张敬夫》,《朱文公文集》卷三一。
④《与朱侍讲元晦》,《吕东莱文集》卷三。

类（详下）。又如现存《声律关键》，前有理宗淳祐元年（1241）正月尚书省劄子，引朝奉郎、秘书省著作郎、兼权考功郎、兼权国子司业、兼史馆检讨官、兼崇政殿说书郑起潜劄子曰："起潜猥以菲才，刁承优渥，摄贰成均，退惭忝窃。惟有究心课试，图报万分。起潜屡尝备数考校，获观场屋之文，赋体多失其正。起潜初任吉州教官，尝刊赋格，自《三元衡鉴》、二李及乾、淳以来诸老之作，参以近体，古今奇正，粹为一编，总以五诀，分为八韵，至于一句，亦各有法，名曰《声律关键》。"①由此知是书为郑氏任吉州教官时，有感于"场屋之文，赋体多失其正"，遂研究并编写"赋格"为《声律关键》一书。再如现存《太学新编黼藻文章百段锦》，前有淳祐己酉（九年，1249）陈岳序，述此书的编纂为："乡先生方君府博（颐孙），莆中之文章巨擘，萤窗雪几间裒集前哲之雄议博论，取其切于用者百有余篇，以《百段锦》名之，条分派别，数体具备，有助于学为文也。"《续修四库全书》影印成都府学训导崇阳艾杰校正本，署为"太学笃信斋长上舍三山方颐孙编"。盖初稿编于为太学上舍笃信斋长时，待编定时则已为"府博"，也就是府学教授。后面我们介绍现存宋代科举用书时，还会有不少学官编书之例。学官虽是公职，但编书乃个人行为，故此类书属于"私编"。

除学官外，举子也是编纂科举用书的主力之一。仁宗庆历八年（1048）四月，礼部贡院上言驳庆历四年出台的《贡举条制》，曾举到当时流行的《经史质疑》一书，谓"举人举经史疑义可以出策论题目，凡数千条，谓之《经史质疑》，至于时务，亦抄撮其要，浮伪

---

① 《声律关键》卷首，《宛委别藏》本。

滋甚,难为考较"①。到南宋,举子(特别是太学上舍生)编书更是常事,如陈傅良早年盛传的《待遇集》《城南集》,是当时举子追捧的热门书,而其时陈氏也是举子。后来流传的《止斋论祖》,则专选其程式"论",《四库提要》称"盖即为应举而作也"。

书目著录较多的,是宋代词科考试用书。陈振孙《直斋书录解题》卷一四著录无名氏(或云杨侃)《两汉博闻》二十卷、程俱《班左诲蒙》三卷、胡元质《左氏摘奇》十三卷、钱端礼《诸史提要》十五卷、林越《汉隽》十卷、苏易简《文选只字类要》三卷、王若《选腴》五卷、戴迅《晋史属辞》三卷、吕祖谦《观史类编》六卷、唐仲友《帝王经世图谱》十卷,凡十种。又著录洪迈《经子法言》二十四卷、《左传法语》六卷、《史记法语》十八卷、《西汉法语》二十卷、《后汉精语》十六卷、《三国精语》六卷、《晋书精语》五卷、《南史精语》十卷,称"自《博闻》、《诲蒙》、《汉隽》、《摘奇》、《提要》及此《法语》诸书,皆所以备遗忘。而洪氏多取句法,《汉隽》类例有伦,余皆随笔信意抄录者也"。上述书的编著者中,吕祖谦、唐仲友、洪迈皆曾考中博学宏词科。宋代的科举考试,特别是制科、词科特重记诵,备考时必须大量类集文献资料,故王应麟《词学指南》卷一谈及词科备考资料类集的经验和方法时说:"凡作工夫须立定课程(原注:日日有常,不可间断),日须诵文字一篇,或量力念半篇,或二三百字。编文字一卷,或半卷(原注:须分两册,一册编题,一册编语),卷帙太多,编六七板亦得。……"上述诸书中的大多数,以及王应麟《玉海》《小学绀珠》等,就是平日读书"编语"

---

① 《续资治通鉴长编》卷一六四。又见《宋会要辑稿·选举》三之三一。

而得，当时是供自己使用，后人加以整理刊行，又成了行世的科举用书。《四库提要·〈南朝史精语〉提要》曰："盖南宋最重词科，士大夫多节录古书以备遣用，其排比成编者，则有王应麟《玉海》、章俊卿《山堂考索》之流，若巾箱秘本，本非著书，不幸而为人所传者，则有如此类。后人以其名重存之，实非其志也。"俞成在《萤雪丛说》卷上中尝批评文字节要书"不胜其繁"，曰："今之节书，甚亡谓也，非惟增入注解，又且搀入他说，不胜其繁，初不较其简要紧切为如何，使人易于检阅。若用泛泛如此，何似观正本也？前辈节书，并用首尾该贯，第一节其紧要，第二节其好句，第三节其故实，繁辞尽削，所以便于灯窗场屋之用尔。如旧本司马温公亲节《通鉴》，可观可法。"他并非不赞成节书，只是认为当时节书者不得法。

三、书坊编

前引岳珂所说的"建阳市肆，方日辑月刊，时异而岁不同，以冀速售"的类编条目、撮载纲要的科举用书，大都为书坊所编。建阳是宋代三大刻书中心之最（另两个是杭州、眉山），但要满足"凡应进士者家家售之"（彭龟年语，见后引）的庞大需求，书坊盖遍布全国各地，故庆元间科举禁理学书，臣僚上言就有清查"建宁府及诸州应有书市去处"之语（详后引），编刊队伍之大、市场分布之广可想而知。书坊编纂本多不署名，如《直斋书录解题》卷一四著录《书林韵会》一百卷："无名氏。蜀书坊所刻，规模《韵类题选》而加详焉。"同书卷一五著录《指南赋笺》五十五卷、《指南赋经》八卷，俱无编者名，称"皆书坊编集时文，止于绍熙以前"。当然也有署名的。如《圣宋名贤四六丛珠》一百卷，署"建安叶棻子实编"，庆元二年（1196）九月吴焕然序曰："《四六丛珠》告成于书局，予观其缮缉之工，科别之明，盖自鳌扉之腾奏，鳞幅之往来，宾嘉之成礼，释老之余用，凡百僚之冗，万绪之繁，莫不班班具在。"①目后有"建安陈彦甫刻梓于家塾"两行。这无疑是私编坊刻的"兔园册子"。书坊又多盗署名人以射利，如《四库总目·类书类存目一》著录《诗律武库》前后集三十卷，旧题吕祖谦编，《提要》谓此书"在类书中最为浅陋，断非祖谦之所为，殆后人依托也"（此书今已影印入《四库全书存目丛书》）。

第二节　宋代科举用书的刊行

宋代科举用书的刊行，以书坊为最，官府次之。坊刻紧跟风尚，引新领异，但意在射利，往往量大而质差；官刻包括国子监、州府学等，态度较为谨慎，目的多在提高，即欲树立标准和范式，以纠正举子与科场不良的的学风文风。但坊刻、官刻并没有不可逾越的鸿沟：坊刻可以转变为官刻，而官刻又往往被书坊盗版，成为坊刻。前述郑起潜《声律关键》附理宗淳祐元年（1241）正月劄子，为我们完整地记载了科举用书由官刻、坊刻再到官刻的"路线图"：

---

① 《圣宋名贤四六丛珠序》，《圣宋名贤四六丛珠》卷首。

尚书省劄子:朝奉郎、秘书省著作郎、兼权考功郎、兼权国子司业、兼史馆检讨官、兼崇政殿说书郑起潜劄子:……起潜初任吉州教官,尝刊赋格……名曰《声律关键》,建宁书肆亦自板行。欲望朝廷札下吉州,就学取上《声律关键》印板,付国子监印造,分授诸斋诵习,庶还前辈典型之旧。其于文治,不为无补。伏候指挥。除已札下吉州从所申事理施行,并札本官照会外,右札付国子监照应施行。准此。

郑氏任吉州教官时所著《声律关键》一书,最初当为官刻,故吉州州学藏有印板。随后,"建宁书肆亦自板行",于是由官刻而变为书商坊刻(上引岳珂所谓建阳市肆"充栋汗牛"的"场屋类编之书",其来源之一即盗刻官版书)。再后,郑起潜奏上朝廷,希望该书"付国子监印造,分授(太学)诸斋诵习,庶还前辈典型之旧"。于是尚书省奉"指挥",下吉州取该书印板,并令国子监"照应施行",即堂而皇之地变为"国家级"官刻了。

在宋代,刊印书籍须先申所在路分的转运司审查,但这一规定往往并未认真执行,刊书环境很宽松。不过,若危及政权及当政者的党派利益,或有破坏考场秩序之嫌,朝廷也会毫不犹豫地亮"红灯"。具体地说,如有以下几种情况之一,就往往被严厉禁止:

1. 涉及国家机密的。元祐五年(1090)苏辙出使辽国,回来后上奏章道:

本朝民间开版印行文字,臣等窃料北界无所不有。……

其间臣僚章疏及士子策论,言朝廷得失,军国利害,盖不为少。兼小民愚陋,惟利是视,印行戏亵之语,无所不至。若使尽得流传北界,上则泄漏机密,下则取笑夷狄,皆极不便。访闻此等文字贩入虏中,其利十倍。人情嗜利,虽重为赏罚,亦不能禁。惟是禁民不得擅开板印行文字,命民间每欲开板,先具本申所属州,为选有文学官二员,据文字多少,立限看详定夺,不犯上件事节,方得开行。仍重立擅开及看详不实之禁。其今日前已开本,仍委官定夺,有涉上件事节,并令破板毁弃(如一集中有犯,只毁所犯之文,不必毁全集。看详不实,亦准前法)。如此,庶几此弊可息也。①

苏辙所说的"士子策论",当指"策"中的时务策,以及涉及到现实政治的"论"(论一般不关时事,但进论可能涉及国家的大政方针)。因为这些文章"言朝廷得失,军国利害",虽是书生之论,仍可能泄漏机密,必须"内外有别",禁止外流。这问题在民族矛盾尖锐的南宋时期尤为突出,科禁甚严②。这里略举二例,以见一斑:

淳熙二年(1175)二月十二日,孝宗下诏道:

自今将举人程文并江程、地里图籍与贩过外界货卖或博

_____

① 《北使还论北边事劄子五道》之一《论北朝所见于朝廷不便事》,上海古籍出版社校点本《栾城集》卷四二。
② 详参拙文《试论宋代图书出版的审查制度》,《传统文化与现代化》1997年第六期。

易者,以与化外人私相交易条法施行,及将举人程文令礼部委太学官点勘讫,申取指挥刊行。①

淳熙九年(1182)三月,给事中施师点上奏,请求禁止试策出境:"文字过界,法禁甚严,人为利回,多所抵冒。窃见书坊所印时文,如诗赋、经义、论,因题而作,不及外事;至于策试,莫非时务,而临轩亲试,又皆深自贬损,以求直言,所宜禁止印卖。"二十一日,孝宗诏曰:

> 诸路转运司行下所部州军,见将卖举人时务策并印板,日下拘收焚毁。令礼部检坐见行条法申严禁约,延(此字疑误)致违戾。②

2. 涉及党争的。两宋时期,曾在统治集团内部发生过多次党争和党禁,如元祐党禁、绍兴党禁、庆元党禁等,各学派间的斗争,也此起彼伏。于是党同伐异,影响到科举用书的刊行。崇宁二年(1103)九月十日臣僚言:"窃谓使士知经,咸欲如元丰之盛,莫若取诸经时文印板一切焚毁,今后除府、监发解、省试并太学补试、公私试第一名经义许印行,其余悉不得贾售杂乱(按:此下疑有脱文),仍行下国子监严立科条,开封府常切检查。"徽宗"从之"③。

---

① 《宋会要辑稿·刑法》二之一一八。
② 《宋会要辑稿·刑法》二之一二一。
③ 《宋会要辑稿·选举》四之三。

这看似与党争无关,然而既标举"元丰",显然是欲消除元祐间经义不遵《三经新义》《字说》的影响,大背景无疑是禁"元祐学术"。

绍兴十七年(1147)六月十九日,左修职郎赵公传上言:"近年以来,诸路书坊将曲学邪说不中程之文擅自印行,以瞽聋学者,其危害大矣。望委逐路运司差官讨论,将见在板本不系六经、子、史之中而又是非颇缪圣人者,日下除毁。"高宗"从之"①。如果联系绍兴间秦桧当权时崇尚王(安石)学、打击渐成气候的道学的史实,"毁版"请求的政治动机,就不言而喻了(所谓"曲学邪说",是当时对道学的专称)。

宁宗庆元间,韩侂胄专政,指理学为"伪学",理学家为"伪党"、"逆党",于是科举用书也受到清查。庆元二年(1196)三月,权知贡举叶翥上奏论二十年来理学对科举的影响,称叶适《进卷》、陈傅良《待遇集》,"士人传诵其文,每用辄效"云云。同年六月十五日,国子监上言请禁毁涉及理学的"伪书",除《进卷》《待遇集》及语录之类"并行毁板"外,又搜寻到《七先生奥论》、《发枢》、百炼真隐李元纲文字、刘子翚《十论》、潘浩然《子性理书》、江民表《心性说》,亦"合行毁劈"。宁宗"从之"②。所禁毁的虽是理学书,但也多为科举用书。四年三月二十一日,臣僚上言:"乞将建宁府及诸州应有书市去处,辄将曲学小儒撰到时文改换名色,真伪相杂,不经国子监看详,及破碎编类,有误传习者,并日下毁板,仍具数申尚书省并礼部。其已印未卖者,悉不得私买。

---

① 《宋会要辑稿·刑法》二之一五一。
② 《宋会要辑稿·刑法》二之一二七。详本书第十六章第三节引。

如有违犯,科罪惟均。"宁宗又"从之"①。可以想见,此次禁书运动对科举用书市场的打击,是十分沉重的。

3. 便于场屋怀挟作弊的。政和二年(1112)正月二十四日,臣僚言:"鬻书者以《三经新义》并《庄》、《老子说》等作小册刊印,可置掌握,人竞求买,以备场屋检阅之用。……印行小字《三经义》,亦乞严降睿旨,禁止施行。"徽宗"从之"②。嘉定九年(1216)九月二十七日,臣僚言考场作弊严重,"甚者以经史纂辑成类,或赋、论全篇,刊为小本,以便场屋。巧于传录者既以侥得,而真有学问者未免见遗。……乞申明戒敕,严挟书之禁。"宁宗"从之"③。又嘉定十六年七月十日,国子博士杨璘言:"迩来士习卑陋,志在苟得,编写套类备怀挟,一入场屋,群趋帘前,以上请为名,移时方散,人数丛杂,私相检阅,抄于卷首,旋即掷弃。巡案无从检察,所作率多雷同,极难选取,侥倖者众。今书坊自经史子集事类,州县所试程文,专刊小板,名曰夹袋册,士子高价竞售,专为怀挟之具,则书不必读矣。……乞申严〔怀〕挟之禁。……"后批送礼部看详,"既而礼部国子监据太学博士胡刚中言:'……若不痛革,此弊日滋。欲从礼部行下诸路运司,遍州县,应书坊夹袋,小板怀挟,日下焚毁,不许货卖。严立罪赏,务在必行。本部欲从国子监看详施行"。宁宗"从之"④。由北宋到南宋末一再发布禁令,已可见

---

① 《宋会要辑稿·刑法》二之一二九。
② 《宋会要辑稿·选举》四之七。
③ 《宋会要辑稿·选举》六之二七。
④ 《宋会要辑稿·选举》六之五〇。

所谓"严禁"的效果之微。宋刊专供怀挟的小册子现已不可睹,但谬种流传,清代"可置掌握"的"夹袋册",今天尚能在不少博物馆看到。说明在整个科举时代,这类书的刊行真可谓禁而不止,生生不息。

宋代的科举用书,官、私都在编刻,但官刻的效率低下,如开禧元年(1205)三月六日,礼部尚书萧达等言:"窃观比年场屋之文……皆用时文套类,是以学多寡陋,文多凡下。其间学粹而文典者,百不一二。曩岁知贡举者荐请于朝,令监学官选择时文百篇,以为楷模,有旨从之。然竟寝不行。……乞检会指挥,委监学官公共选择绍兴以来累举所取六经义、诗赋、论策,撷其文词典雅,学问该赡而脍炙众口、可传诵习者数十篇,特令刊行,使士子有所矜式。……仍限三阅月了毕。如此,则浮虚之文可归于典实,多士幸甚。"宁宗"从之"①。前述嘉定四年(1211)刘爚"乞令学官选择中兴以来魁选义、赋根本经旨、词气浑厚者数十篇刊降,以为体式"②,并经礼部批准、皇帝同意,但国子监是否及时选刊,不得而知。书坊就不同了,对他们来说,"时间就是金钱",必须雷厉风行,随时花样翻新,尽快抢占市场——如前引岳珂所说:"建阳市肆,方日辑月刊,时异而岁不同,以冀速售。"不用说,这种"速售"的策略迎合并满足了那些以先睹为快或急于求成的举子的心理,书商更是赚得满钵满罐,但所刊书籍也往往质量低劣,错误百出。

---

① 《宋会要辑稿·选举》五之三一。
② 《宋会要辑稿·选举》六之一〇。

第三节　类编类科举用书

宋代官、私所刻科举用书,特别是坊刻本,时人虽用"充栋汗牛"形容之,但多为目录家所不屑。如前引岳珂《愧郯录》录黄潜善奏所提到的《决科机要》,必是两宋间的畅销书,但书目俱不著录。这为今天了解和研究宋代科举用书带来了许多困难,我们只能从书目的少量著录和不多的传世之本,分类编、时文、文法研究三大类,举例并略作稽考,以窥其大概。

类编,又可分为两类。一类即上引苏轼所说的"纂类经史,缀缉时务,谓之策括,待问条目,搜抉略尽"之书;刘挚所谓"一经之中,可为题者,举子皆能类集,衰括其类,豫为义说"之书(即经义"套类")①;以及岳珂所说的"类编条目、撮载纲要之书"。建炎初,欧阳澈《上皇帝第三书》述举子作经义而利用类编书剽窃之法道:"士人将就试,则预采时文脍炙人口者,以经意分排门类,每一门撰义数道,俟其入场,即以所问之题而参合辞意相类者,依本誊录,谓之'迎题'。"②这是通常的类编书,其特点是便于"检阅"(翻检、查阅),簿录皆归之于"类书"。

还有一种较为特殊的类编,即类事诗赋,簿录或入类书类,或入经类(限经籍类事赋),今人对它们已相当陌生。类事诗赋的功

---

① 《论取士并乞复贤良科疏》,《忠肃集》卷四。
② 《欧阳修撰集》卷三。

能与通常的类编书有所不同：它主要不是供"检阅"，而是用来"诵习"（背诵）。马端临《文献通考》卷二九《选举二》道：

> 凡举司课试之法：帖经者，以所习经掩其两端，中间开唯一行，裁纸为帖，凡帖三字，随时增损，可否不一。或得四，或得五，或得六为通。后举人积多，故其法益难，务欲落之，至有帖孤章绝句、疑似参互者以惑之，甚者或上抵其注，下余一二字，使寻之难知，谓之"倒拔"。既甚难矣，而举人则有驱悬孤绝、索幽隐为诗赋而诵习之，不过十数篇，则难者悉详矣，其于平文大义，或多墙面焉。

马氏所说举人所为"诗赋"，即类事诗赋。由此知类事诗赋的初始用途，是用来对付帖经考试的。道理很简单："帖经"犹如今天考试中的填空，要写出"帖"住的内容，就必须背得出上下文，而考官"务欲落之"，不惜用"孤章绝句、疑似参互"的内容进行误导，使举子"寻之难知"，然后将其落榜。举子为了对付考官，于是"发明"了一个妙法：专门将那些"孤章绝句、疑似参互"而难以背诵的文字编写成诗赋，然后"难者悉详矣"。诗赋乃韵文，具有便于记诵的特点，正如吴淑在《进事类赋状》中所说："伏以类书之作，相沿颇多，盖无纲条，率难记诵。今综而成赋，则焕焉可观。"这有如学中医的背《本草歌诀》《汤头歌诀》一样。现代考试中，有时考生还将难记的内容编成"顺口溜"，实乃其遗法。但帖经至宋而逐步减少，至熙宁而废，像吴淑《事类赋》，显然与帖经关系不大，它是一部主要供作律赋、律诗时选用典故的类书，故绍兴刊本边敦德序中述其重刊的理由时说:"四声之作,起于齐、梁,而盛于隋、唐,今遂以为取士之阶。其协辞比事,法度纤密,足以抑天下豪杰之气。至于源流派别,凡有补于对偶声韵者,岂可靳而不传?"

在宋代,类编书多到"充栋汗牛",然《郡斋读书志》卷一四仅著录两种,即《押韵》五卷:"皇朝张孟撰,辑六艺、诸子、三史句语,依韵编入,以备举子试诗赋之用。"又《歌诗押韵》五卷,"皇朝杨咨编古今诗人警句,附于韵之下,以备押强韵"。两种乃按韵字编次的类书。《直斋书录解题》卷一四所录,除词科用书(此类详后引)外,亦止《锦绣万花谷》四十卷、《续》四十卷,《赵氏家塾蒙求》二十五卷,《宗室蒙求》三卷(按:"蒙求"乃教小儿发蒙之书)等。流传后世的也不多,见于《四库全书总目·子部·类书类》的凡二十余种。此先举最重要的类编书数种,以见其例,然后再举类事诗赋。

1.《永嘉八面锋》十三卷。是书分"提纲"凡八十有八,每纲各有子目,录范文九十八篇(段),是宋人所说的"策括",已在本书第十章第五节举例详述,此不赘。

2.《东莱制度详说》十二卷,吕祖谦撰。《四库提要》曰:"考《祖谦年谱》不载此书,盖采辑事类以备答策,本家塾私课之本,其后转相传录,遂以付梓。"是书现存以元泰定三年(1326)刊本为早,彭飞序称"科复策兴,书肆版而行之"。《提要》又述其体例道:"此书凡分十三门,一曰科目;二曰学校;第三门原本阙页,佚其标题,所言乃考课之事;四曰赋役;五曰漕运;六曰盐法;七曰酒禁;八曰钱币;九曰荒政;十曰田制;十一曰屯田;十二曰兵制;十三曰马政。皆前列制度,叙述简赅,后为详说,议论明切。""制度"

部分主要为文献摘录，"详说"乃作者叙述。

3.《群书会元截江网》三十五卷，不署撰人姓氏。分六十五门，每门间附子目，是理宗时程试策论的类编书。《四库提要》称"（宋代）讲科举之学者，率辑旧文以备用，其出自士大夫者，则为《永嘉八面锋》《东莱制度详说》；其出自坊本者，则为是书之类。大抵意求广络，故丛冗日增，然其间每事皆具首尾，颇便省览，于宋代典故引用尤详，间可以裨史阙。"亦已在本书第十章第五节详述，此略。

4.《记纂渊海》一百卷，潘自牧编。《四库提要》曰："自牧，金华人，庆元元年（1195）进士，官龙游令。此本题曰'教授'，盖其著书时官也。是书分门隶事，与诸家略同，惟一百卷中叙天道者五卷，叙地理者二十卷，叙人事者六十四卷，叙物类者仅十一卷，详其大而略其细，与他类书小异。"今传明万历时刊本，明人有"补遗"。潘氏编此书时既为"教授"，则属前述学官编科举用书之例。

5.《群书考索》（《四库总目》著录为《山堂考索》）前集六十六卷、后集六十五卷、续集五十六卷、别集二十五卷，章如愚编。如愚字俊卿，婺州金华人。《四库提要》谓"事迹具《宋史·儒林传》。查此人《宋史》无传，今人李裕民《四库提要订误（增订本）》已指其谬。据《南宋书》卷三七本传，如愚庆元二年进士，累官国子博士，出知贵州。开禧初被召，上书亟陈时政，忤韩侂胄，罢归，结草堂山中，时称山堂先生。《四库提要》列有四集类目，谓其"言必有征，事必有据，博采诸家而折衷以己意，不但淹通掌故，亦颇以经世为心，在讲学之家，尚有实际。惟其书卷帙浩繁，又四集不作于一时，不免有重复牴牾之处"，并详举例证。明杨士奇以为

"此书后出,纂录先儒论说精义特多,故便益学者"①。前引《四库提要·〈南朝史精语〉提要》,称是书与王应麟《玉海》,皆排比节录古书,以备词科考试时遣用。

6.《古今合璧事类备要》前集六十九卷、后集八十一卷、续集五十六卷、别集九十四卷、外集六十六卷,署"胶庠进士谢维新去咎编"。《四库提要》曰:"维新字去咎,建安人,其始末未详,自署曰胶庠进士,盖太学生也。是书成于宝祐丁巳(五年,1257),前有维新自序,后有莆田守黄叔度跋,称维新应友刘德亨之托,盖当时坊本。……是书前集四十一门,子目四百九十一;后集四十八门,子目四百一十六……续集分六门,子目五百七十;别集分六门,子目四百一十;外集分十六门,子目四百三十。所引最为详悉。……每目前为事类,后为诗集,所收皆兼及宋代。"虽馆臣未言其为场屋用书,但从书的内容编排及编者身份、刊书地点看,为科场用"兔园册子"无疑。

7.《新笺决科古今源流至论》前集十卷、后集十卷、续集十卷、别集十卷。《四库提要》曰:"前集十卷、后集十卷、续集十卷,宋林駉撰,别集十卷,宋黄履翁撰。……宋自神宗罢诗赋,用策论取士,以博综古今、参考典制相尚,而又苦其浩瀚,不可猝穷,于是类事之家,往往排比联贯,荟萃成书,以供场屋采掇之用。其时麻沙书坊刊本最多,大抵出自乡塾陋儒,勦袭陈因,多无足取,惟章俊卿《山堂群书考索》最为精博。是编于经史百家之异同,历代制度之沿革,条列件系,亦尚有体要,虽其书亦专为科举而设,然宋一

———————————
① 《东里续集》卷一八《群书考索》。

代之朝典国章,分门别类,序述详明,多有诸书不载者,实考证家所取资,未可以体例近俗废也。"

8.《玉海》二百卷附《词学指南》四卷,王应麟编。《四库提要》曰:"是书分天文、律宪、地理、帝学、圣制、艺文、诏令、礼仪、车服、器用、郊祀、音乐、学校、选举、官制、兵制、朝贡、宫室、食货、兵捷、祥瑞二十一门,每门各分子目,凡二百四十余类。宋自绍圣置宏词科,大观改词学兼茂科,至绍兴而定为博学宏词之名,重立试格,于是南宋一代,通儒硕学多由是出,最号得人,而应麟尤为博洽。其作此书,即为词科应用而设,故胪列条目,率钜典鸿章,其采录故实,亦皆吉祥善事,与他类书体例迥殊。然所引自经史子集,百家传记,无不赅具。"《词学指南》乃研究博学宏词科备考及各体文作法之专著,后面将述及。

除《玉海》外,王应麟还编有《小学绀珠》十卷,《四库提要》谓其"分门隶事,与诸类书略同"。我们可以说,宋人所编类书,基本上都是科举用书。

《四库总目·类书类存目一》著录的宋人类书,也大都关乎科举,只是馆臣认为较之录入《四库全书》的更加浅庸谬陋。此择举数例,以见一斑:

1.《璧水群英待问会元》九十卷。今人所编《四库全书存目丛书》、《续修四库全书》收录南京图书馆藏明丽泽堂活字本,首有淳祐乙巳(五年,1245)建安陈子和序,称"弥年以来类书之行多矣,然率皆博而寡要……固有夸连篇累牍之繁,而无片言只字可为场屋助者,亦何以多为也";而其友人刘达可所编是书,"条分缕析,纲举目张,每一门必附之以十数条类,每一类又附之以三四节目,宁贵乎尽而无遗,宁取乎备而无略,持是以往,断无所谓发十策而不得一者矣"。其目录分萃新、圣学、君道、治道、国事、臣道、官吏、选举、儒事、道学、性理、民事、武事、财计、礼典、数学等凡十六门,二百三十八类。《四库全书总目·存目》著录《璧水群英待问会元选要》八十二卷,乃元人选刊之本,原有批点,与上述九十卷本不同。《提要》曰:"宋建安刘达可编,元华亭沈子淮选,宁州查仲孺、吴江徐珩批点。俱不知何许人,盖麻沙坊本也。其书为太学诸生答策而设,故有'璧水群英待问'之名。分十六门,每门之外分二例,一曰'名流举业',又分立意发端、稽古伟议、法祖嘉猷、时文警段、绮语骈珠、当今献策、生意收结等七子目;二曰'故事源流',又分经传格言、皇朝典章、历代事实、先正建议、文集菁华等五子目,大抵当日时文活套,不足以资考证。……南宋待太学之礼最重,而当时相率诵习者乃此剽窃腐烂之书,其亦大非养士之意矣。"每套之末,常有"其献策收结等段见前第×套"语,表明这是一部典型的"策套"。

2.《万卷菁华》前集八十卷、后集八十卷、续集三十四卷。《四库提要》曰:"不著撰人名氏,亦无序跋,观其体例,盖宋人科举之书也。前、后集皆分一百七十门,每门又分子目。一目之中,首以'名君事要',亦间有增入'圣贤事要'及'君臣事要'合编者。次事括,则杂录也。次譬喻,次反说譬喻,皆借事寓意之文。反说者,皆反覆申明之论也。次赋偶,次赋隔,皆摘录程试之句。赋偶者,两句对;赋隔者,四句对也。续编冠以'历代世系谱',前二十二卷为帝王,次九卷为名臣,后三卷为圣贤,亦各以事实、议论隶于诸人之下。皆饾饤残剩之学,殊无可取。"则此书盖策论外,诗赋亦可用之,适应面较宽。《续修四库全书》收录宋刊本《太学增修合璧联珠万卷菁华》前集六十卷,后集八十卷,与馆臣著录本不同。据卷首李似之序,前集李昭玘辑,后集李似之辑;考李昭玘(?—1126)为元丰二年(1079)进士,历徐州教授,则前集乃北宋之书。

3.《三场通用引易活法》九卷(永乐大典本)。《四库提要》曰:"不著撰人名氏。盖南宋人取说《易》之词,分类排比,以备场屋之用者也。其词虽皆解《易》,而其体则全为类书。"此书今佚。

除上述外,如《诗律武库》《诚斋四六发遣膏馥》《圣宋名贤四六丛珠》(以上三种今已收入《存目丛书》《续修四库全书》)等等,不一而足,有的虽曾入《存目》,后来散佚,今已不复可睹。

宋人类事诗赋,当时书肆所刊数量必不少,但文献罕载,传本鲜见,类事诗尤寡(宋人多将诗附于类书之中,如《全芳备祖》中的"赋咏祖"之类),兹唯述类事赋。《郡斋读书志》卷一四《类书类》著录的杨筠《鲁史分门属类赋》三卷,称其"以《左氏》事类分十门,各为律赋一篇。乾德四年(966)奏御,诏褒之"。又《宋史》卷二〇二《艺文志一》"经类·春秋类"著录的裴光辅《春秋机要赋》一卷、尹玉羽《春秋字源赋》二卷(杨文举注)等;同书卷二〇六《艺文志六》"类事类"著录毛友《左传类对赋》六卷。王应麟《困学纪闻》卷一九称李宗道《春秋十赋》,并摘录其片断。以上完篇皆久已失传。清朱彝尊《经义考》著录五代、宋及元人所作经传类事赋凡十多家,绝大多数亦无其本。要之,昔日盛行的类事诗赋,后人知见仅冰山一角而已。

现仍完整传世的,以前述吴淑端拱间所著《事类赋》规模最大。吴淑(947—1002),字正仪,润州丹阳(今属江苏镇江)人。南唐时以校书郎直内史。入宋,试学士院,授大理评事,预修《太平御览》《太平广记》《文苑英华》。历太府寺丞、著作佐郎。始置秘阁,以本官充校理,官终职方员外郎。《宋史》卷四四一有传。所著《事类赋》二十卷,淳化四年(993)太宗命其自作注,于是扩编为三十卷。今国家图书馆藏有宋绍兴十六年(1146)浙东茶盐司刻三十卷本。该书有天、岁时、地、宝货、乐、服用、什物、饮食、禽、兽、草木、果、鳞介、虫等十四个部类,每类又有若干子目,如“天部”有天、日、月、星等,凡十二小类。全书共一百个子目。作者以子目为题撰赋一篇,也就是凡有赋一百篇。此书虽是类书,而其中部分篇什颇具文采。

除《事类赋》外,传世的还有如下三种:

1. 宋傅霖《刑统赋》一卷。《郡斋读书志》卷八著录二卷本,称“皇朝傅霖撰,或人为之注”。朱彝尊《刑统赋解跋》曰:“霖自题‘左宣德郎、律学博士’,未审宋何朝人。”[1]《四库全书·子部·法家类存目》著录二卷本,《提要》曰:“(傅)霖里贯未详,官律学博士。法家书之存于今者,惟《唐律》最古。周显德中,窦仪等因之作《刑统》,宋建隆四年(963)颁行。霖以为不便记诵,乃韵而赋之,并自为注。晁公武《读书志》称‘或人为之注’,盖未审也。”

2. 徐晋卿《春秋经传类对赋》一卷。皇祐三年(1051)自序曰:“余读五经,酷好《春秋》;治《春秋三传》,雅尚《左氏》。然义理牵合,卷帙繁多,顾兹谀闻,难以殚记。乃于暇日撰成录赋一篇,凡

----

[1]《曝书亭集》卷五二。

一百五十韵,计一万五千言。"朱彝尊《经义考》卷一八○著录,有通志堂经解本,又见《历代赋汇》卷六一。

3. 王应麟《词学指南》卷二(《玉海》卷二○二)称"节镇须记地名,每镇须地名两三件,若止记一件,恐声律虚实不同,难作对也",其下载《节镇赋》一篇,当是其自作。

第四节　时文类科举用书

宋代有司所刊时文集,大多是"魁选"程文。宋何薳《春渚纪闻》卷一载:

> 李偕晋祖,陈莹中之甥也。尝言其初被荐赴试南宫,试罢,梦访其同舍陈元仲,既相揖,而陈手执一黄背书,若书肆所市时文者,顾视不辍,略不与客言。晋祖心怒其不见待,即前夺其书曰:"我意相念,故来访子,子岂不能辍书相语也?"元仲置书,似略转首,已而复视书如初。晋祖复前夺书而语曰:"子竟不我谈,我去矣!"元仲徐授其书于晋祖曰:"子无怒我乎,视此,乃今岁南省魁选之文也。"晋祖视之,即其程文,三场皆在,而前书云:"别试所第一人李偕。"方欲更视其后,梦觉,闻扣户之声,报者至焉。后刊新进士程文,其帙与梦中所见,无纤毫异者。

这虽是小说,但形象地说明了"程文"被书肆刊行,是举子们梦寐以求的荣耀。

所谓"时文",意谓按时下科场流行格式写作、专用于"举业"的文章,我们已在本书第九章开头作了说明。前引欧阳澈《上皇帝第三书》在揭露举子利用类编"迎题"之后,接着又揭露策问、经义全篇抄袭的丑行:"或预料有司所问之题而撰成全篇,至有五篇皆备,略不措意者。况此革科以来(按指罢诗赋而以经义取士),每一义题,两学前后传写不啻数十篇者有之,其辞意不出乎此。有识之士不欲蹈袭其迹,或穿凿而为曲说,后进无识者或全录而不更一字,有司亦不能悉究,至于糊名一判,则滥进者悉皆与榜。"欧阳澈以为"迎题"及抄录的弊病,可用恢复诗赋取士革之,他说:"若选以诗赋,则前弊皆可革。盖诗赋不可预成,纵可料题而为之,亦不过得其事实而已,其声律逆顺,非敢苟也。如是,则彼方为己犹且不赡,何暇及他人哉!"相对说来,诗赋因限韵甚至赋还限用韵次序,的确较难抄袭全篇,但可模仿,故宋人仍编有不少科场诗赋集(特别是律赋集);而策论则与经义相似,以剽窃括套为常。即便恢复以诗赋取士,策论仍不可罢(欧阳澈上书就请"革经义科,许天下之士习诗赋以应选,仍所问之策"云云),故括套、类编及时文集的编刻,实际上没有终止的可能。

宋人所编时文集,可按考试科目分为四类:诗赋、策论、经义、词科诸体文。

一、诗赋类

由于场屋诗(省题诗)易于抄写传诵,且诗在宋代科举考试中的地位逐渐下降,故宋人盖刊之不多,几乎不见于著录。杨万里曾作《周子益训蒙省题诗序》①，称周氏"以诗人之情性，而寓之举子之刀尺"云云。欧阳守道也尝作《省题诗序》②，谓"予叹此诗，幼学之所从事，而书肆所刊，或杂以轻薄子鄙亵语"；又谓"寿公出箧中诗一帙，盖其所自作者……予掩卷谓寿翁曰：君诗若尽然，幼学之一幸也"云云。两序很可能是为刊本而作，而两人皆是拟省题诗以教初学，并由知当时书肆已刊有同类书籍。宋末人林去华也作有省题诗，刘克庄《林去华省题诗》称凡"二百首"行世③。王迈《读林去华居厚主簿省题》极赞其"壮如《广陵散》，悲似《阳关叠》。音韵最清圆，格律尤妥帖"，并谓林氏曾游陈傅良、叶适之门④。现传世的，有林希逸拟作两卷，载《竹溪鬳斋十一稿续编》卷一七至一八。又有刘辰翁《须溪四景诗集》四卷，皆以古诗句为题，《四库提要》曰："考晋、宋以前无以古人诗句为题者，沈约始有《江蓠生幽渚》诗，以陆机《塘上行》句为题。是齐、梁以后例也。沿及唐、宋科举，始专以古句命题，其程试之作，唐莫详于《文苑英华》，宋莫详于《万宝诗山》，大抵以刻画为工，转相效仿。辰翁生于宋末，故是集各以四时写景之句命题。……所作皆气韵生动，无堆排涂饰之习，在程试诗中，最为高格。末附《东桂堂赋》一篇，为刘端伯教子读书而作，此集殆亦授刘之子，备科举之用者欤。"这显然也是拟作。馆臣所提到的《万宝诗山》，今存明刊本三十八卷，全名为《选编省监新奇万宝诗山》，"每一诗题下缀五言六韵诗

①《诚斋集》卷八四。
②《巽斋文集》卷一〇。
③《后村先生大全集》卷一〇。
④《臞轩集》卷一二。

一首,亦有同一题而有诗数首者,盖备场屋应试用也。诗题唐诗句为多"①。这当是宋末省监(尚书省礼部、国子监)试进士糊名、誊录试卷的集结,故存诗多达一万六千余首②,而不是通常的"选粹"。

至于科场律赋,本章第一节引庆元五年(1199)礼部尚书黄由等奏,乞由国子监刊《三元元祐衡鉴赋》。又嘉定七年(1214)正月六日监察御史倪千里言,称当时板行监学所选《经义赋格》一书,其中有赋百余篇(原作"余百篇",径乙)③。这些书都久已失传。见于著录的,还有如下几种(亦皆亡佚):

1.《典丽赋集》。《通志·艺文略》:"《典丽赋集》六十四卷,宋朝杨翱集古今律赋。"按:杨翱(976—1042),字翰之,杭州钱塘(今浙江杭州)人。早年举进士,尝知婺州东阳县,官至太常博士,事迹见王安石《太常博士杨君夫人金华县君吴氏墓志铭》④。

2.《天圣赋苑》。《宋史·艺文志八》:"李祺《天圣赋苑》一十八卷。"按:李祺,仁宗庆历间为南剑州知州事⑤。

3.《典丽赋》。《宋史·艺文志八》著录"王咸《典丽赋》九十三卷"。王咸,陈振孙《直斋书录解题》作"王戌"(见下引),不详孰是,事迹无考。

4.《后典丽赋》。《书录解题》卷一五:"《后典丽赋》四十卷,

---

①罗振常《善本书所见录》卷三。
②参拙著《宋人总集叙录》卷八。
③《宋会要辑稿·选举》六之二〇。
④《临川先生文集》卷九九。
⑤见嘉靖《延平府志》卷七、光绪《福建通志》卷九三。

金华唐仲友与政编。仲友以辞赋称于时。此集自唐末以及本朝盛时,名公所作皆在焉,止于绍兴间。先有王戊集《典丽赋》九十三卷,故此名《后典丽赋》。王氏集未见。"《通考》卷二四九同。按:唐仲友(1136—1188),字与政,号悦斋,金华(今属浙江)人。绍兴二十一年(1151)进士,绍兴三十年再中博学宏词科,通判建康府。后擢江西提刑。

5.《指南赋笺》《指南赋经》。《书录解题》卷一五:"《指南赋笺》五十五卷、《指南赋经》八卷,皆书坊编集时文,止于绍熙以前。"

6.《大全赋会》。《四库总目·总集类存目一》:"《大全赋会》五十卷,永乐大典本。不著编辑者名氏,皆南宋程试之文。"

二、策论类

由于策、论考试在北宋中期以后地位上升,南宋尤其重要,故策论时文集刊行也最夥。陈氏《书录解题》卷一五著录"《指南论》十六卷,又本前后二集,四十六卷,淳熙以前时文"。上引庆元五年(1199)黄由请检会陈说奏,除选刊《三元元祐衡鉴赋》外,还有《绍兴前后论粹》《擢犀》《拔象策》等。《书录解题》卷一五著录"《擢犀策》一百九十六卷、《擢象策》一百六十八卷("擢"当是"拔"之误)。《擢犀》者,元祐、宣、政以及建、绍初年时文也,《擢象》则绍兴末。大抵科举场屋之文,每降愈下,后生亦不复识前辈之旧作,姑存之以观世变"。《通志·艺文略八》著录《西蜀贤良文类》二十卷、杨伟《时务论》十二卷、《皇朝三贤良论》三十卷等,前两种不详是否收有宋人时文。《宋史·艺文志八》著录杨上行

《宋贤良分门论》六十二卷。《郡斋读书志》《书录解题》及《宋史·艺文志》著录的制科进卷，如刘度（汝一）、孙洙、钱公辅、夏竦、张方平等，凡十余家，当日都有单刻本，除少数（如张方平及夏竦的极少部分）尚保存在文集中外，都已失传。又《四库总目·总集类存目一》著录《诸儒性理文锦》八卷，现也已失传。流传至今的，除宋人有评点而本书归入"时文评点类"（详后）外，还有如下三种：

1. 叶适《进卷》。是书乃叶氏应制举时所作，庆元间曾遭劈板。后世传本曾名《策场标准集》①。《书录解题》卷一八著录《水心集》时，谓"《外集》者，前九卷为制科进卷"。《外集》后称《水心别集》，今存。

2. 吕祖谦《左氏博议》。吕氏自序道："《左氏博议》者，为诸生课试之作也。始予屏处东阳之武川……居半岁，里中稍稍披蓬藋从予游，谈余语隙，波及课试之文。予思有以佐其笔端，乃取《左氏》书理乱得失之迹，疏其说于下，旬储月积，浸就编帙。"其文乃史论，极重章法技巧，便于模拟剽窃，故深得举子喜爱，历代版本甚多。《四库全书》著录二十五卷本，收文一百六十八篇。宋代已有门人张成招标注本《左氏博议纲目》，明、清评点本多达十余家。朱熹曾在《答吕伯恭》中批评道："课试末流，小小得失，则亦不足深较也。向见所与诸生论说《左氏》之书，极为详博，然遣词命意，亦颇伤巧矣。"②

---

① 见明黎谅《刻水心文集跋》。
② 《朱文公文集》卷三三。

3.《十先生奥论》。现存《十先生奥论》十五卷、《后集》十五卷、《续集》十五卷，无纂辑者名氏，又无旧本序跋，编刊情况不详。前引《宋会要辑稿·刑法》二之一七二，载庆元二年（1196）六月十五日国子监奏其搜寻得伪书名件，请"书板当官劈毁"，其中有《七先生奥论》。疑所谓《十先生奥论》，是在《七先生奥论》基础上增编而成，盖创始于庆元党禁之前，而又增后集、续集，殆宋季书坊所为。《四库总目》著录浙江范懋柱家天一阁藏本四十卷，《提要》曰："不著编辑者名氏，亦无刊书年月，验其版式，乃南宋建阳麻沙坊本也。书中集程子、张耒、杨时、朱子、张栻、吕祖谦、杨万里、胡寅、方恬、陈傅良、叶适、刘穆元、戴溪、张震、陈武、郑湜诸人所作之论，分类编之，加以注释。据其原目，凡前集、后集、续集各十五卷。此本续集脱去前五卷，仅存十卷，而前集第七卷以上亦属后人抄补，其原注并佚去不存。所亡之卷，已无篇目可考，不知作者凡几。此四十卷中，核其所作者已十六人，但题曰'十先生'，所未详也。……此书虽不出科举之学，而残编断简，得存于遗轶之余，议论往往可观，词采亦一一可取，固网罗放失者所不废也。"

三、经义类

经义类时文，宋代刊行极多。如崇宁二年（1103）九月十日臣僚上言，请求将元祐间"诸经时文印板一切焚毁"，今后府、监发解、省试并太学补试、公私试第一名经义"许印行"①。则当时必有大量经义刊本流传，即便"一切焚毁"，以后许印行的诸多考试

---

① 《宋会要辑稿·选举》四之三。详见本章前引。

第一名的经义，数量也不少。庆元五年(1199)陈谠上言，称"义不敢望如张庭坚(引者按:指张氏著名的《自靖人自献于先王义》，吕祖谦编《皇朝文鉴》特录之，以为学者矜式)，得如周葵、陈宋霖《礼记义》、徐履《书义》"云云①，这些有名的经义，当时必广入刊册。前引嘉定七年(1214)正月六日监察御史倪千里言，称其时板行监学所选《经义赋格》一书，"每经凡十数篇"。但宋人所编经义选集，既不见著录，更无传本，后人欲读这种当年汗牛充栋的宝贝，只能从部分别集、总集中搜索，为数亦极少(参见本书第十一章第一节)。

四、词科诸体文

博学宏词科(曾名宏词科、词学兼茂科，通称词科)专为培养四六及应用文人才而设，也有专为试此科者刊印的程文集。《书录解题》卷一五:"《宏辞总类》四十一卷、《后集》三十五卷、第三集十卷、第四集九卷。起绍兴乙亥(二十五年，1155)，迄嘉定戊辰(元年，1208)。皆刻于建昌军学。相传绍兴中太守陆时雍所刻前集也，余皆后人续之。……初，绍圣设科，但曰宏辞，不试制、诰，止于表、檄、露布、诫谕、箴、铭、颂、记、序九种，亦不用古题。及大观，改曰词学兼茂，去诫谕及檄，而益以制、诰，亦为九种四题，而二题以历代故事。及绍兴，始名博学宏辞，复益以诰、赞、檄，为十一种，三日试六题，各一今一古，遂为定制。"《通考》卷二四九同。《宋史·艺文志八》:"陆时雍《宏词总类》前后集七十六卷。"则所

①《宋会要辑稿·选举》五之二一。

录为《前集》《后集》，而统题为"陆时雍"，失妥。按：陆时雍（1093—1155），字尧夫，严州淳安（今浙江淳安）人。上舍赐第，历秘书丞，通判湖州、襄阳府，终知建昌军。事迹详曾协《陆公行状》①。方回《读宏词总类跋》曰："绍兴二十三年癸酉（1153），钓台陆时雍守建昌军，刊《宏词总类》，以秦桧之文冠其首，作序谀之。……自绍圣创学（按：指设宏词科）以至靖康之乱，凡有司之命题，与试者之作文，无非力诋元祐，以媚时相，四六率是愈工，而祖宗时正气扫地。"②则陈氏《解题》所谓"起绍兴乙亥，迄嘉定戊辰"，盖指《后集》及第三、第四集，陆氏刻书在绍兴二十三年（癸酉），卒于二十五年（乙亥），前集固不可能起于乙亥。《后集》及第三、第四集，不详为谁氏编刊。此书既称"总类"，当收有词科各体文，即包括四六文、古文和韵文。

第五节　文法研究类科举用书

宋代科举用书中还有一类，相当于今天的"研究著作"，主要研究时文程式、古文文法和行文法则，其中又可分评点（或评注）本、专著两类。"评"又称"批"，即简短的评论语，可分眉批（评）、夹批（评）、旁批（评）、总批（评）；"点"概指"圈"和"点"，"点"又包括"抹"（长旁线）、"撇"（短旁线）、"截"（横线）等。评点本多

①《云庄集》卷五。
②《桐江集》卷三，宛委别藏本。

由总集出,其中的总论及评点(或评注),纯是研究文章作法,故此类书介于总集和"诗文评"之间,目录书一般归于总集类(也有著录于诗文评的,如吕祖谦《古文关键》二十卷,《宋史·艺文志八》就著录于"文史类",即"诗文评"类)。这里侧重取其评论,故归之于文法研究类。至于专著,目录书自然归入"诗文评"。文法研究类用书与类编类供人剽窃检阅、时文类教人模拟抄袭不同,更多地是"授人以渔",即传授作文法门。

一、时文评点类

1.《蛟峰批点止斋论祖》二卷,陈傅良著、方逢辰(1221—1291)批点。陈氏门人曹叔远《止斋先生文集序》称"盖俗所传如《城南集》之类,皆幼作,先生每悔焉"。庆元党禁中,科举厉禁理学,陈傅良有《待遇集》曾遭劈板(详本书第十六章)。《待遇集》《城南集》当皆为陈氏早年揣摩科场程式的习作集,而后世流传的《止斋论祖》,未见时人提及,疑是后来汇集二集中的论体文而成。《论学绳尺》卷六载陈良傅《仲尼不为已甚论》,批有"止斋之论,论之祖也"语,疑《止斋论祖》书名源乎此。《蛟峰批点止斋论祖》今存元刊二卷本。《四库全书存目丛书》影印明成化间朱暟刊本,分"甲之体"、"乙之体"、"丙之体"、"丁之体"四卷,收"论"凡三十九篇。卷首附《论诀》,揭出作"论"八事:认题、立意、造语、破题、原题、讲题、使证、结尾。如"认题"曰:"凡作论之要,或先于体认题意。故见题目,则必详观其出处、上下文,及细玩其题中有要切字,方可立意。盖看上下文则识其本原,而立意不差;知其要切字,则方可就上面着工夫,此最作论之关键也。"卷中有蛟峰(方逢辰号)评点,同样是指示门径。

2.《批点分类诚斋先生文脍》前集十二卷、后集十二卷,李诚编。今存明初本,有开庆己未(元年,1259)方逢辰序,称"建安李诚父取先生(杨万里)片言只字之有助于举子者,门分条析,为前后集,前集为纲者四十三,后集为纲者叁十二,名曰《文脍》,盖鼎尝一脔皆足以炙人口而膏笔端也"。又明成化十九年(1483)郑瑗《新刊批点分类诚斋先生文脍序》曰:"《文脍》者,盖后人摭取其集中之警语秀句而类以成编者也。……昔诚斋尝论时文曰:'逞其奇则欲如峻峰激流,斗其艳则欲如燕歌越舞。'斯言殆自状也。"

3.《圈点龙川水心二先生文粹》前集二十卷、后集二十一卷,饶辉编①。今存宋刊本(藏台湾"中央图书馆")。所选为陈亮(龙川)、叶适(水心)文,尤以科举时文(策、策问、论)为多,并加以圈点,显然是供举子诵习。

4.《论学绳尺》十卷,林子长注、魏天应编。魏氏号梅墅,宋末乡贡进士;林氏号笔峰,京学教谕,皆闽(福建)人②。是书全名为《批点分格类意句解论学绳尺》,卷首载陈傅良《止斋论祖》、吕祖谦《古文关键》之《论诀》和《总论》,以及福唐李先生《论家指要》、

---

①邓广铭《陈龙川文集版本考》(增订本《陈亮集》附)以为是书成书约在理宗后期,编者非饶辉,在书首刻印的饶序是"张冠李戴"。因该序残阙,编者难以定论。

②卞东坡《关于〈论学绳尺〉的笺注者林子长》(载《文学遗产》2006年第四期),据于济、蔡正孙编《唐宋千家联珠诗格》卷一〇蔡正孙《访陈莲湖》自注:"故友笔峰,三山之快士也,名子长。"又考魏天应亦与蔡正孙为友,曾结醉乡吟社。蔡氏生于理宗嘉熙三年(1239),林子长大概与蔡氏年相仿或略长。所考甚是。

欧阳起鸣《论评》、林图南《论行文法》，并有林子长评注。明何乔新《论学绳尺序》曰："《论学绳尺》凡十卷，宋乡贡进士魏天应编选南渡以降场屋得隽之文，而笔峰林子长为之笺释，以遗后学者也。"今存天顺本，书名为《校正重刊单篇批点论学绳尺》，唯复旦大学图书馆藏有一部①。又有成化五年（1469）本，今国家图书馆、北大图书馆、吉林省图书馆有庋藏，日本静嘉堂文库亦藏一部。《四库总目》用安徽巡抚采进本著录。

5.《精选皇宋策学绳尺》十卷。是书今唯国家图书馆藏一清抄本，傅增湘曾作《精选皇宋策学绳尺跋》道："清抄本，书凡十卷，旧写本，八行二十一字，无格，不知编辑者为何人。凡录策十九篇。每篇先录策题，题后有总论，论后有主意，各数行，以下乃录对策之文。其兵、财、政治、儒术诸题，大抵多肤说迂论，少可取者。若问御书《白鹿揭示》，问四毋四勿，问二程、朱、张四先生言行，则为当时理学风尚，所谓'垂髫挟卷者，非濂、洛不谈；决科射策者，非《四书》不读'者也。至以钱神为问，则尤近于谐戏矣。其书宋以后官私书目皆不载，盖坊贾射利，取公私试魁选之作汇为一编，备士人场屋之用，如《诸儒策学奥论》之属（引者按：此书乃元人编）。其人如翁合、陈栩、蔡德润、史梦应、易辟英、高璿、陈炎龙、丁熙朝、曾公夒、徐霖、程申之、吴昂、吴扬祖、方颐孙、李庆子、戴鹏举凡十余人，皆不知名，（惟方颐孙三山人，为太学笃信斋长，选有《百段锦》一书。）而文字尤不足论也。考《千顷堂书目》及

① 据张海鸥、孙耀斌《〈论学绳尺〉与南宋论体文及南宋论学》考证，复旦所藏非天顺本，应晚于成化本。见《文学遗产》2006 年第一期。

《浙江采辑遗书总录》,载有魏天应《论学绳尺》一书,亦为科举渔猎而作,其标名与此书同,或即出其手耶?"①是否魏氏所编,别无证据,但书题称"宋"为"皇宋",则出宋人之手无疑。此书有总论、主意而无评注圈点,其参考价值应低于《论学绳尺》。

二、古文评点类

1.《古文关键》二卷(蔡文子注本分为二十卷),吕祖谦编。是书虽不是时文集,但教举子文章法门,是其主要目的,故清康熙刻本张云章《序》曰:"东莱吕子《关键》一编,当时多传习之。……观其标抹评释,亦偶以是教学者,乃举一反三之意。且后卷论、策为多,又取便于科举,原非有意采辑成书,以传久远也。"该书卷首载《古文关键总论》,有"看文字法"、"看韩文法"、"看柳文法"、"看欧文法"、"看苏文法"、"看诸家文法"(包括曾巩、苏辙、王安石等七家)、"论作文法"、"论文字病",凡八项。如"看文字法"总论"学文须熟看韩、柳、欧、苏",提出"第一看大概,第二看文势规模,第三看纲目关键……第四看警策句法"。文有旁批,具体提示作法。

2.《迂斋先生标注崇古文诀》二十卷,楼昉编。是书宋本二十卷,收文一百六十八篇;元刻本分为三十五卷,收文一百九十三篇。门人陈森《后序》谓楼氏编此书的目的是"以惠四明学者。迨分教金华,横经璧水,传授浸广,天下始知所宗师";又谓此书的特点是古文"一经指摘,关键瞭然"。刘克庄序称楼氏"以古文倡莆

---

① 《藏园群书题记》卷一九。

东",又称所选"尊先秦而不陋汉唐,尚欧、曾而并取伊洛",也特别提到经楼氏"指授成进士名者甚众"①。由是观之,楼氏虽以古文倡,但此书却是教"学者"作文之法,不出科举用书的范围。后来,王霆震编《新刻诸儒批点古文集成》七十八卷,《四库提要》谓"凡吕祖谦之《古文关键》,真德秀之《文章正宗》,楼昉之《迂斋古文标注》,一圈一点,无不具载"。又刘震孙编《新刊诸儒批点古今文章正印》前集十八卷、后集十八卷、续集二十卷、别集二十卷,与王霆震本性质相似。虽真德秀《文章正宗》是理学文学选本而不属科举用书,但宋季科举已完全纳入理学的轨道,故编者也将其阑入。

3.《叠山先生批点文章轨范》七卷,谢枋得(1226—1289)编。分别以"侯王将相有种乎"七字分卷,前二卷为"放胆文",后五卷为"小心文",收三国至唐、宋作家十三人之文凡六十九篇,而以韩、柳、欧、苏文为多。卷二"王"字集小序曰:"初学熟此,必雄于文。千万人场屋中,有司亦当刮目。"卷三"将"字集小序曰:"场屋程文论,当用此样文法。"又卷五"有"字集小序道:"此集皆谨严简洁之文。场屋中日暮有限,巧迟者不如拙速。论、策结尾略用此法度,主司亦必以异人待之。"由此可知,是集纯为举子设想,是典型的科举用书。

4.《二十先生回澜文鉴》二十卷、后集二十卷,原题"承奉郎连州签书判官厅公事虞祖南承之评次、幔亭虞夔君举笺注",辑录者不详,疑即虞祖南编,而两虞氏生平事迹无考。今存抄配宋麻沙

———————————

① 刘克庄《迂斋标注古文序》,载《后村先生大全集》卷九六。

刊本前集十五卷、后集八卷。为丁丙旧物,其《善本书室藏书志》卷三八著录,略曰:"所采二十先生为司马温公(光)、范文正公(仲淹)、孙明复(复)、王荆公(安石)、石徂徕(介)、汪龙溪(藻)、洪容斋(遵)、张南轩(栻)、朱文公(熹)、吕东莱(祖谦)、周益公(必大)、杨诚斋(万里)、刘屏山(子翚)、郑艮轩(湜)、林拙斋(之奇)、刘谦斋(穆元)、张晋庵(震)、方鉴轩(恬)、戴少望(溪)、陈顺斋(公显)之文,凡一百篇,略注音之反切,文之柱意起伏,事之来历。每篇各有评论。"该本今藏南京图书馆。日本静嘉堂文库藏有残抄本。从所注"柱意起伏,事之来历"及"每篇各有评论"看,该书无疑也是为举子应试而作①。

有一点必须明确:若因古文评点本标举"古文",便以为与时文无关,将它们排除在科举用书之外,那就错了。看看《文章轨范》的小序,一切都豁然如释了:编者们实际上是主张以古文文法写作时文。早在北宋末,唐庚(1071—1121)就提出时文应"以古文为法",他说:"自顷以来,此道(指文章)几废,场屋之间,人自为体,立意造语,无复法度。宜诏有司,以古文为法。所谓古文,虽不用偶俪,而散语之中,暗有声调,其步骤驰骋,亦皆有节奏,非但如今日苟然而已。"②南宋自吕祖谦创评点古文之法以教举子,无论是否受过唐庚的影响,客观上正是这一思想的延续和实践③。到明代,唐宋派古文家就高扬"以古文为时文"之说。香港

---

① 本章所述宋人编纂的选集版本,请详参拙著《宋人总集叙录》,此从简略。
② 《上蔡司空(京)书》,《唐先生文集》卷一五(二十卷本)。
③ 关于宋人"以古文为时文"的问题,请参拙文《论宋代时文的"以古文为法"》,载《四川大学学报》2007 年第四期。

学者邝健行先生说:"'以古文为时文',不表示要改变时文的结构形式……只表示在维持原有格式的基础上运以古文的作法和融入古文的风格。"①此说洵是。明万历八年(1580)敖鲲(1530—1586)在所编《古文崇正》十二卷的序中,就曾明确地提出古文关乎举业,称所辑古文"足为举业法程",又谓"刻中惟苏(轼)文几四之一,以其于举业尤最为近"云云。

三、文法专著类

文法专著的出现,似较评点本略晚。陈亮有《书作论法后》,编于《龙川集》卷一六"题跋"类(邓广铭校点本《陈亮集》在卷二五),当是《作论法》一书之跋,而该书久佚。曹泾(1234—1315)尝著《义说》,今仅见元倪士毅《作义要诀》引录。现存如下三种:

1.《声律关键》八卷,郑起潜撰。有宛委别藏本,又收入今人所编《续修四库全书》之"诗文评"类。本章第一节引淳祐元年(1241)正月劄子中引郑氏劄子,自称该书为"赋格",乃研究场屋律赋作法之书。开首即"五诀":一认题,二命意,三择事,四琢句,五压韵。又论"句法"、"破题",然后是八韵(场屋律赋规定用八韵),每韵论说后举佳赋例句若干(详见本书第九章第五节)。

2.《太学新编黼藻文章百段锦》(不分卷),方颐孙撰。《四库总目·诗文评类存目》著录,《提要》谓"颐孙福州人,理宗时为太学笃信斋长。其始末则未详也";又谓"盖当时科举之学"。今人

---

① 邝健行:《明代唐宋派古文四大家"以古文为时文"说》,载所著《科举考试文体论稿:律赋与八股文》,台湾书店,1999年。

所编《四库存目丛书》《续修四库全书》之"诗文评"类已收入。书前有淳祐己酉（九年，1249）建安梅轩陈岳崧卿序，略曰："古文之编，书市前后凡几出矣。务简者本末不伦，求详者枝叶愈蔓，驳乎无以议为也。乡先生方君府博，莆中之文章巨擘，萤窗雪几间裒集前哲之雄议博论，取其切于用者百有余篇，以《百段锦》名之，条分派别，数体具备，亦有助于学为文也。"全书分遣文、造句、议论、状情、用事、比方、援引、辩折、说理、粧点、推演、忖度、布置、过度、譬喻、下字、结尾，凡十七格，每格又分若干小类，摘录范文一篇（或二篇，最多三篇），然后加以评论，在评论中揭示写作方法。如开首"遣文格"，分十一小类，首为"四节交辩"，摘苏轼《灾异议》①，将其中的"交辩"分为四节，至第四节"归本意说"，评曰："前辈作文字，多先设为问答，反覆诘难，其说既穷，然后断以己见。若直头便把自家说提起，恐人未遽以为然。唐庚《祸福论》文势类此，今录于后。"引起下一小节"五节问难"，即摘录唐庚文。所摘范文共百余篇（段），主要为宋人所作，间亦有前代人（如刘向）。范文不专为论，但以论为主。

　　3.《词学指南》四卷，王应麟撰。是书专为博学宏词科应试而作，传本与王氏所编《玉海》合刊；《玉海》凡二百卷，卷二〇一至卷二〇四为《词学指南》。卷一为备考之法，分"编题"、"作文法"、"语忌"、"诵书"、"编文"五项。卷二至卷四论各体文：卷二制、诰、诏；卷三表、露布、檄；卷四箴、铭、记、赞、颂、序。各体文皆

---

① 按：该文出自吕祖谦《左氏博议》卷一一《沙麓崩》，文字小有出入，题苏轼误。

有详细的作法及范文，十分详备。

除上述三种外，《四库总目·经部·诗类存目一》著录无名氏《诗义断法》五卷，是研究经义作法的，《提要》疑为宋谢叔孙著，"卷前冠以作义之法，分总论、冒题、原题、讲题、结题五则。次为《学诗入门须知》，次为'先儒格言'，次为'总论六义'，皆剽窃陈言，不出兔园册子……盖揣摩弋取之书，本不为解经而作也。"此书今已佚。同书《诗文评类存目》还著录《答策秘诀》一卷，亦已不传，《提要》谓是南宋人书，凡为纲十二，六十六子目，"皆预拟对策活法，如'历象'条云：'大凡答历象策，虽所问引难千条万绪，不过一君子治历明时，但要变换言语。'全书一一似此，其陋可想"。

第六节　宋代科举用书的利弊

宋代科举用书极为繁夥，上文所及，与宋代实际刊行的比，不过挂一漏万、九牛一毛罢了。叶适《题周子实所录》曰："余久居水心村落，农蓑圃笠，共谈陇亩间。有士人来，多言场屋利害、破题工拙而已。周子实数过余，必示以前辈旧闻，每得一二，耳目鲜醒，置之举业丛中，不啻夜光之照敝帚也。"①宋人所著为数众多的诗话、赋话、四六话，以及小说笔记（如上述周氏所录）等，虽非纯粹的科举用书，其中不少内容涉及到场屋诗文，说明不分城乡，此话题始终是读书人关注的热点，科举用书无论是纂辑还

①《水心文集》卷二九。

是需求，都有着极丰腴的文化土壤和广泛的群众基础。舒岳祥(1236—1301)曾在《重建台州东掖山白莲寺记》中写道："余童冠以应乡举，过宁海、宁川界之岭曰桐岩，日晏而息，宿于白莲庄……其主庄僧颇好事，设为书肆，凡举业之所资用，学者之所宜有者，皆笺揭而庋列之，或就取而观之，无拒色，亦不为二价。"①这就是说，不要说通都大邑，就连号称不预俗事不染红尘的野寺山僧，也开起了为举子服务的书店。不管人们对科举用书如何评价，它在宋代发行量之大，影响度之深，在10至13世纪成为壮观而热闹的文化风景，是研究宋代社会特别是科举无法回避的事实。

后人评价宋代科举用书，对古文评点本甚为称赏，而提起类编书，则常以"兔园册子"藐视之。其实，它并非一无是处。首先，对文史知识的普及作用巨大。宋代科举考试重"记问"，王安石《上仁宗皇帝万言书》曰："夫课试之文章，非博诵强学、穷日之力则不能。"②这种状况在两宋没有任何改变，也成为人们评价人物的标准，如陈襄《熙宁经筵论荐章藁·苏颂》："记问博洽，长于史学，国朝典故，多所练达。"又评林希："学亦该博，长于记问。"③《齐东野语》卷六载："糜先生，吴之老儒也……记问该洽，《九经》注疏，悉能成诵，场屋之文，未尝誊藁，为时向慕。然垂老连蹇，未尝预贡士籍。"此类例子举不胜举。宋代读书人，无论曾否登科，

①《阆风集》卷一一。
②《临川先生文集》卷三九。
③《古灵先生文集》卷一。

都普遍有学问,而传播"记问"之学的,类编类科举用书是主要载体之一:它不仅将部分举子推上了各级"金榜",同时也向研习举业的千百万人普及了各类知识;就是在今天,如《古今合璧事类备要》《群书考索》《源流至论》《玉海》等,仍然是很有用的、甚至是常被引用的类书。第二,优秀时文有矫正文风的作用。官方刊刻时文特别是进士高第的举子程文,多是为了端正学风,标举范式,以提高写作水平。如杜范(1182—1245)《辛丑知贡举竣事与同知贡举钱侍郎曹侍郎上殿劄子》,谓"文弊至今极矣",于是提议"委(国子)监学官精选经、赋、论、策各数十篇,付书肆板行,以为四方学者矜式"①。而评点类古文总集,不少宋人文章赖以保存至今,可谓至宝。第三,元、明、清三代踵迹从风,或翻刻,或新编,文章选评(如《儒林外史》中马二先生、匡超人之流号称"衣被海内"的选本)、高头讲章充斥市肆,科举用书始终是出版业的大宗,对数百年间教育和文化学术的影响不可估量。

当然,科举用书的泛滥,也确有很大的消极面。吕本中《东莱吕紫微师友杂志》记载了这样一件事:"汪信民(革)试南省第一,颇收畜时文。无逸(谢逸)同试被黜,问信民用此何为,曰:'恐登科须作学官,要此用尔。'无逸曰:'前日不免为此,为觅官计尔,今尚复尔,是无时而已也。'信民痛自咎责,尽取所畜时文焚之。"南宋人欧阳守道《青云峰书院记》说:"近岁士习趋下,号称前辈者,或亦止于传习前辈之文,谩言不省讲学为何事,幸而收科,自谓一第如囊中物,不复增益其所未能。后学效之,凡书肆所售谓之时

①《清献集》卷一一。

文,空囊市去,如获至宝,而圣贤格言大训,先儒所为孳孳讲切以觉人心者,为弃置之,以为非举子日力暇到。"①他所重虽为"讲学"(指理学),但号称"读书人"却转相裨贩陈编时文而不读书,无论学官还是士子,这些书成了他们安身立命的基础,取青拾紫的本领,恶性循环,愈演愈烈,不能不令有识之士痛心疾首,批评之声不绝于耳。曾有人向朱熹说:"今之学校,自麻沙时文册子外,其他未尝过而问焉。"朱熹回答道:"怪它不得,上之所以教者不过如此。"②也偶有公然抵制的,如楼钥《彭公神道碑》记彭龟年为太学博士时,"有谏大夫同知贡举,欲大变文格,下太学选经义、诗赋、论策各二百篇为式。长以督课学官,公独不可,曰:'使士明经术,熟古文,则文格自正。校文已为下策,又使之习时文,此非所谓教也。'虽忤谏官意,然遂不复选"③。彭龟年绍熙元年(1190)四月在《乞寝罢版行时文疏》中,陈述了他不遵命的三条理由:一是以文词取士已愧于古,况以时文乎;二是不教人根本乎经史子集,而教以时文,是"恶其湿而使居下流";三是时文与时高下,初无定制,前以为是,后以为非,难以去取。接着他对教士子以时文一事,忧心忡忡地向皇帝说:"今乃一切以时文教之,编类成帙,公私刊行,凡应进士者家家售之,父诏其子,兄语其弟,以为朝廷取士不过如此,朝读夕思惟此是习,经史子集将覆酱瓿。臣恐天下文章益见凋敝,必又甚于今日也。"④这几句话,可与前引

---

① 《巽斋文集》卷一六。
② 《朱子语类》卷一〇九。
③ 《攻媿集》卷九六。
④ 《止堂集》卷四。

岳珂所谓类编条目、撮载纲要之书"充栋汗牛"之语并提互证,可见科举用书之刊、售两端的热闹场景,以及它介入科举考试的深度。熙宁初王安石变法,欲以经义取代诗赋,苏轼以"近世士人纂类经史,缀缉时务,谓之策括,待问条目,搜抉略尽,临时剽窃"云云相反驳,神宗读后说:"吾固疑此,今得轼议,释然矣。"①虽然神宗最终采纳了王安石的方案,但我们知道,后果并不理想,其中一个重要原因,就是类纂策括、经括几乎使改革失去意义,如毕仲游所说:"(治经者)至掇昔人之语言以经相配,取其谐而不问其理义,反甚于声病偶俪之文。"②则经义不过成了一块新的敲门砖,被苏轼不幸而言中。其次,在各级科举考试中,"主司题目鲜有出其揣拟之外"③,且"兔园册子"又为"怀挟"作弊创造了极大方便,使严肃的考试几乎徒有其名。这成为有宋一代科举的痼疾(元朝以降亦如此,只是各代程度略异)。再次,由于科举用书需求量大,知名学者又鄙而不屑为,编著者多为"乡塾陋儒",或伪托名流,而刊刻者(书坊主)意唯射利,故编写水平往往不高,刻印质量低下,在传播"记问"之学的同时,又难免谬种流传。

欲论宋代科举用书的利弊,不能不说到文学。宋人的诗学、赋学、文章学远迈前代,特别是他们对场屋诗、律赋、经义及四六文写法的研究,达到了前所未有的水平;而"论学"、"策学"(可统称"文章学")的兴起,又使人们对散文结构的认识产生了质的飞

----

①《文献通考》卷三一《选举四》。
②《经术诗赋取士议》,《西台集》卷五。
③庆元四年(1198)礼部侍郎胡纮言,《宋会要辑稿·选举》五之二〇。

跃,并用"评点"的方式,在时文与古文之间架起了一道桥梁,使古文写作也逐渐建立在理论指导之下,意义尤为重大。但是,宋代(特别是南渡以后),程文对形式"讲求渐密,程式渐严,试官执定格以待人,人亦循其定格以求合"①,这不仅使科举考试变为"程试",场屋程文万人一面,千篇一律,仿佛同一"流水线"下来的产品,就是对"场屋"之外的诗文创作,也产生了重大影响。"以文字为诗,以才学为诗,以议论为诗"②,成为宋诗面貌的主要特征,故刘克庄说:"三百年间,虽人各有集,集各有诗,……少者千篇,多至万首:要皆经义策论之有韵者尔,非诗也。"③而"赋似论","记乃策论","碑记似策"——宋人即如是观④。如罗大经《鹤林玉露》丙编卷二《文章有体》引杨东山(长孺)曰:"渡江以来,汪(藻)、孙(觌)、洪(迈)、周(必大),四六皆工,然皆不能作诗,其碑铭等文,亦只是词科程文手段,终乏古意。近时真景元(德秀)亦然,但长于作奏疏。魏华甫(了翁)奏疏亦佳,至作碑记,虽雄丽典实,大概似一篇好策耳。"元陈绎曾《文筌·唐赋附说》亦曰:"律赋始于隋进士科,至唐而盛,至宋而纤巧之变极矣。……律赋巧,或以经语为题,其实则押韵讲义,其体则押韵四六,虽曰赋,实非赋也。"因此,被众多"兔园册子"和时文评点牵着鼻子走的科举考试,对宋代文学的影响不容乐观,这些我们还将在后面论及。

---

① 《四库总目·〈论学绳尺〉提要》。
② 严羽《沧浪诗话·诗辨》。
③ 《竹溪诗序》,《后村先生大全集》卷九四。
④ 参朱迎平《科举文体的演变和宋代散文的议论化》,《宋文论稿》,上海财经大学出版社,2003年。

若要简明地概括宋代科举用书的利弊，或许用得上一句老话：一分为二。若对这些书籍的价值作横向、纵向的历史评判，也许可以这样说：在宋代弊大于利，在后代利大于弊——盖宋人牵于利禄，它们主要被当作应试工具，而后代则纯以文献视之。

第十五章　宋代科场的学风与文风

宋代科举崇尚记问之学，学者以"记问博洽"为价值取向；另一极为人诟病的风气，是在功名利禄的推动下，举子多模拟和剽窃括套为文，这些我们已在前面相关章节中论及。本章所论，指某些带有时段性（尽管有的持续时间相当长）、整体倾向性而又影响科举至深的学风与文风。事实上，除有宋开国之初外，各个时期的科场都有不同的文风。陈亮说："艺祖一兴，而恢廓磊落，不事文墨，以振起天下之士气。而科举之文，一切听其所自为，有司以一时尺度律而取之，未尝变其格也。其后柳仲涂以当世大儒，从事古学，卒不能麾天下以从己。及杨大年（亿）、刘子仪（筠）因其格而加以瑰奇精巧，则天下靡然从之，谓之昆体。"①西昆体在真宗至仁宗初极盛，欧阳修曰："天圣之间，予举进士於有司，见时学者务以言语声偶摘裂，号为时文，以相夸尚。"②又曰："是时天

---

① 《变文格》，《陈亮集》卷一二。
② 《苏氏文集序》，《欧阳文忠公文集》卷四三。

下学者杨、刘之作,号为时文,能者取科第,擅名声。"①其实,宋初还曾崇尚《文选》,陆游曰:"国初尚《文选》,当时文人专意此书……至庆历后,恶其陈腐,诸作者始一洗之。方其盛时,士子至为之语曰:'《文选》烂,秀才半。'"②本章不可能将这些一一论列,而唯择其荦荦之大者进行考察,即该学风、文风与王朝政治、哲学、文化思潮密切相关,并与科举考试形成交结互动的关系。计有四个时段:北宋前期的怪僻与"太学体";北宋中后期的道德性命论;南宋初中期的由谀佞之风向欧、苏回归;宋末的理学文风。其中有些是消极的,属一时文弊,如仁宗朝的"太学体";也有大体积极的,如乾、淳时期的回归欧、苏;有的则带有强烈的官学色采,如影响北宋中后期科举极深的王安石道德性命论,以及宋末理学。理学在宋末成为官学之后,不仅完全控制了学风、文风,而且其影响一直延续到明、清,本书将另列专章(第十六章)考论。欲深入探讨宋代科举与文化(包括文学)的关系,学风、文风问题必须、也必然要进入我们的研究视野。

第一节　北宋前期:怪僻与庆历"太学体"

庆历"太学体",是宋仁宗庆历年间流行于太学和科场的一种文体。它是古文家石介在猛烈抨击"西昆体"的同时,又受所谓

①《记旧本韩文后》,《欧阳文忠公文集》卷七三。
②《老学庵笔记》卷八。

"东州逸党"怪诞习气的影响,把学风、文风引向另一极端的产物,其主要特征是"怪诞"或"诡怪"。"太学体"其实并非太学所孕育,更非石介一人能兴风作浪,它经过了较长时间的演化与发育,是特定历史时代的产物。

一、怪僻:古文运动的遗产

在中唐古文运动中,韩愈曾标榜"怪怪奇奇"①,樊宗师、皇甫湜为文尤奇崛,从而形成一股好奇的浊流。唐末古文家孙樵将其推向极至,甚至提出"以奇明道":"储思必深,摛辞必高,道人之所不道,到人之所不到,趋怪走奇,中病归正。以之明道,则显而微;以之扬名,则久而传。"②文以奇为高,意以深为工,几乎成了当时古文家的信条。

宋初古文家继承了这一遗产,又由为文发展到为人:文章以艰涩为古,行为以怪诞为高。如古文家范杲"性疏俊放诞"③,梁周翰"喜蒱博,惟以饮戏为务",郭昱"好为古文,狭中诡僻","自比巢、由,朝议恶其矫激"④。如此等等,而以柳开最为突出。柳开(947—1000),字仲涂,大名(今属河北)人。开宝六年(973)进士,历知诸军州。平生慨慷尚气,好权谋,行为诡怪,为文艰涩。他始学韩、柳,不久即离韩而去,以"开道"自任,狂热地鼓吹"道统

①语出《进学解》,《昌黎先生集》卷一二。
②《与王霖秀才书》,《孙可之集》卷二。
③《续资治通鉴长编》卷二八。
④梁周翰、郭昱,俱见《宋史》卷四三九本传。

论",并以"宋之夫子"自居。其言行当时被人骂为"得狂疾"①。
这给宋初刚刚兴起的古文运动带来很大损失。到真宗初,古文愈
益怪僻,古文运动也愈益低迷,穆修说当时"独敢以古文语者,则
与语'怪'者同"②,而穆修本人也是"性褊讦少合"③。张咏对当
时这些自称"学古"的人很不以为然,直谓之"学古以戾"④。总
之,中唐和宋初的古文运动,给后人留下了一笔有如"坏账"的遗
产:怪僻。

二、怪诞:"山东逸党"的风气

仁宗时,山东一带旷达、怪诞之风盛行,人们称之为"逸党"。
司马光《颜太初杂文序》曰:"景祐初,青州牧有以荒淫放荡为事,
慕嵇康、阮籍之为人,当时四方士大夫乐其无名教之拘,翕然效
之,浸以成风。太初恶其为大乱风俗之本,作《东州逸党》诗以刺
之。"⑤所谓"青州牧"指范讽。范讽字补之,齐州(今山东济南)
人,以荫补官,又举进士,《宋史》卷三〇四有传。尝以天章阁待制
出知青州。田况《儒林公议》曰:"范讽,齐人,性疏诞,不顾小
节……好大言捭阖,时亦有补益。……好朋饮,高歌激呼,或不冠
帻,礼法之士深疾之。"《石林燕语》卷七:"天圣、宝元间,范讽与

---

①关于柳开的思想、理论及言行、文章,详参拙著《北宋古文运动发展史》第
　一章(巴蜀书社,1995 年),此为略述。
②《答乔适书》,《河南穆公集》卷二。
③《东轩笔录》卷三。
④《答友生问文书》,《乖崖先生文集》卷七。
⑤《温国司马文正公文集》卷一一。

石曼卿(延年)皆喜旷达,酣饮自肆,不复守礼法,谓之‘山东逸党’,一时多效慕之。……下诏戒励士大夫,于是其风遂革。"又《宋史》卷四四二《颜太初传》:"山东人范讽、石延年、刘潜之徒喜豪放剧饮,不循礼法,后生多慕之,太初作《东州逸党》诗,孔道辅深器之。"

按颜太初《东州逸党》诗今存,载吕祖谦编《皇朝文鉴》卷一六。其诗描写逸党的偏激和狂态道:

> 东州有逸党,尊大自相推。号曰方外交,荡然绝四维。六籍被诋诃,三皇遭毁訾。坑儒愚黔首,快哉秦李斯。与世立宪度,迂哉鲁先师。流宕终忘反,恶闻有民彝。或为童牧饮,垂髻以相嬉。或作概量歌,无非市井辞。或作薤露唱,发声令人悲。或称重气义,金帛不为赀。或曰外形骸,顶踵了无丝……

诗人接着追溯"逸党"形成的原因是:"不知二纪来,此风肇自谁。都缘极显地,多用宁馨儿。斯人之一唱,翕然天下随。斯人之一趋,靡然天下驰。"最后,诗人希望皇帝"赫尔奋独断,去邪在勿疑。分捕复大索,恔人无孑遗。大者肆朝市,其徒窜海湄。杀一以戒万,是曰政之基"。按《续资治通鉴长编》卷一一六载:景祐二年(1035)二月丁卯,"龙图阁学士、给事中、知兖州范讽责授武昌行军司马,不签书事"。同时馆阁校勘石延年落职通判海州。原因是庞籍为御史,"数劾讽,宰相李迪右讽,弗治,反左迁籍。籍既罢,益追劾讽不置,且言讽放纵不拘礼法,苟释不治,则败坏风俗,将如西晋之季,不可不察。……吕夷简疾讽诡激多妄言,且欲因讽以倾迪。……凡与讽善者皆黜削"。接着,工部尚书、平章事李迪因"素党(范)讽"罢为刑部尚书、知亳州。又同上书卷一二〇:景祐四年(1037)七月丁未,范讽"既遭母丧,于是许归齐州持服。讽日饮酒自纵,所与游者辄慕其所为,时号东州(原误"周",径改)逸党,颜太初作《逸党》诗以刺之"。则颜太初所说的"都缘极显地,多用宁馨儿"亦指范讽,而范的后台则是同为山东人的宰相李迪(濮州鄄城人)。又,颜诗"不知二纪来"句,还传达了一个信息:"山东逸党"的形成已有二十多年历朔,若从景祐二年上推,则当肇端于真宗大中祥符间。在今天看来,"不循礼法"固非有错,问题是与此相伴生的,是妄自尊大和肆意诋毁,于是"怪诞"便成了这个群体的通病。盖因孔、孟皆山东人,山东历来复古气氛较浓;而所谓"山东逸党"的行径,则可视为极端复古派的变态。

三、石介:融二怪而有之的"怪鬼"

既继承了宋初古文运动的怪僻传统,又与"山东逸党"有着千丝万缕的联系,并最终融合古文家、"逸党"习气而在教育、文学领域酿成所谓"太学体"的,是石介。石介(1005—1045),字守道,一字公操,兖州奉符(今山东泰安)人。仁宗天圣八年(1030)进士,释褐郓州观察推官,调南京留守推官。庆历二年(1042)召为国子监直讲。他与柳开一样,以传续"道统"自居,故对柳开十分崇拜,"其《过魏郊诗》,上拟之皋、夔、伊、吕,下拟之迁、固、王通、韩愈,殊不为伦"[1]。他猛烈攻击杨忆和"西昆体",认为杨忆及其作品

---

[1] 王士祯《池北偶谈》卷一七。

"蠹伤圣人之道"①。石介与"山东逸党"关系密切。范讽知青州时，石介时为郓州观察推官，作《上范青州书》，称范为"朝廷正人，雅儒名臣"；其父石丙新任临朐令，属青州，因求范"掩匿保全，不失其位"②。能做到这一步，可想见他与范讽的交谊非浅。石介又与石延年交厚，且尝为其诗集作序③。

石介思维反常，言行异众，其同年欧阳修甚不以为然，谓其"施为可怪骇"④。张方平原与之交好，但后来深疾之，称其"狂谲盗名"，至目之为"奸邪"、"狂生"⑤。石介的"怪"，可举一个不重要但很能说明问题的事例，那就是他的书法。欧阳修尝致书道："今足下以其直者为斜，以其方者为圆，而曰'我第行尧、舜、周、孔之道'，此甚不可也。譬如设馔于案，加帽于首，正襟而坐然后食者，此世人常尔。若其纳足于帽，反衣而衣，坐乎案上，以饭实酒卮而食，曰'我行尧、舜、周、孔之道者'，以此之于世，可乎？不可也。则书虽末事，而当从常法，不可以为怪，亦犹是矣。"⑥写字不依常法，却用"行道"进行辩解，可见其性格之张扬怪戾，不达情理。

石介的社会历史观，更是诡谲荒谬。在《原乱》中，他说"周、秦而下，乱世纷纷"，究其原因，是"乱古之制"造成的。他列举了

①《怪说中》，《徂徕石先生文集》卷五。
②《徂徕石先生文集》卷一五。
③序载《徂徕石先生文集》卷一八。
④《读徂徕集》，《欧阳文忠公集》卷三。
⑤苏象先《魏公谈训》卷六。
⑥《与石推官第二书》，《欧阳文忠公集》卷六八。

六个方面的"事实",如谓井田之制废、罢封建诸侯而置郡县等等,"乱是以作"①。他又作《复古制》,称"请起今之亡而复古之制",而要复的所谓"古制",包括君臣、父子、夫妇、男女、衣服、饮食、田土、宫室、师友、尊卑、冠婚、丧祭等诸多方面②。只要思维正常,有起码的历史观,断不会发表这样的谬论。

如果说唐代古文家只是文风"怪僻"的话,那么宋初的古文家则不仅是文风,他们有着强烈的权力欲,想用"怪"出人头地,以提高政治地位。石介也是一个典型。他大讲"道统",实际上是为自己捞取政治资本。在任国子监直讲时,他"好议论都省时事,虽朝之权贵,皆誉訾之,由是群谤喧兴,渐不可遏"③。庆历三年(1043),仁宗任用范仲淹等进行政治革新,石介得意忘形,拟韩愈《元和圣德颂》而作《庆历圣德颂》,极力歌颂仁宗用范仲淹、富弼等而退夏竦等人,将范、富比作"一夔一契",而斥夏竦等为"妖魅"、"大奸"④,终于酿成大祸:政敌"恶之如雠,未几,谤訾群兴,范、富皆罢为郡,介诗(指《圣德颂》)颇为累焉"⑤。庆历革新于是失败,新政成果毁于一旦。据说当时范仲淹拊股谓韩琦曰:"为此怪鬼辈坏之也!"⑥后来叶适分析说,石介的所作所为是"明发机

①《徂徕石先生文集》卷五。
②《徂徕石先生文集》卷六。
③田况《儒林公议》。
④《徂徕石先生文集》卷一。
⑤田况《儒林公议》。
⑥《枫窗小牍》卷上。

键以示人,而导之报复……宜其不足以助治,而徒以自祸也"①。
庆历五年(1045)七月,石介病死于家。夏竦言其未死,而是投奔
了契丹,已死的石介几遭发棺之灾。石介平时以刚直自许,然
"直"而无谋,举措异常,实在是成事不足而败事有余②。

四、"景祐变体"与"太学体"

考察了宋初以来的怪诞根源和几个关键人物之后,我们可以
探讨科场的所谓"太学体"了。"太学体"是指庆历二年太学成立
后泛滥于太学的文体,也就是太学生为科举应试而习作的诗、赋、
策、论等。这里"体"指体格、体式。"太学体"并非突如其来,它
经过了长时间的演化,其前身是所谓"景祐变体"。

1. "景祐变体"

仁宗庆历六年二月二十八日,张方平为同知贡举,上《贡院请
诫励天下举人文章》。在奏章中,他描述了"太学体"形成、发展的
历史轨迹:

> 伏以礼部条例,定自先朝,考较升黜,悉有程式。自景祐
> 元年有以变体而擢高第者,后进传效,因是以习。尔来文格
> 日失其旧,各出新意,相胜为奇。至太学之建,直讲石介课诸
> 生,试所业,因其好尚,而遂成风。以怪诞诋讪为高,以流荡

---

①《习学记言序目》卷四九。
②关于石介的怪诞,详见拙著《北宋古文运动发展史》第二章(巴蜀书社,
1995年),此为略述。

琐烦为赡,逾越规矩,或误后学。①

　　张方平并不将"太学体"仅仅看作是太学中的产物,而是有它产生、发展和正式形成的"三部曲"。一是景祐元年(1034)的科举考试,这是起点;二是"尔来"的滋乳漫延;三是太学建立之后石介的作用,是"太学体"的正式出笼,也是它的极盛时期。太学建立以前的"相胜为奇"的文章,即张方平所说的"变体",虽还不能称作"太学体",但它显然与后者是一脉相承的,后者不过是"化蛹为蝶"罢了。

　　张方平所提供的景祐元年科举考试的线索,是我们认识"太学体"前身的突破口。《宋会要辑稿·选举》一之一〇记载道:

　　　　景祐元年正月十六日,以翰林学士章得象权知贡举,知制诰郑向、胥偃、李淑,直史馆、同修起居注宋郊权同知贡举,合格奏名进士黄庠以下六百六十一人。

这是省试。同上书《选举》三之一七载,是年三月一日仁宗下诏道:"贡院所试进士,除诗、赋依自来格式考定外,其策、论亦仰精研考校,如词理可采,不得遗落。赋如欲不依次押官韵者听。"又同上书《选举》七之一五曰:

　　　　景祐元年三月十八日,帝御崇政殿试礼部奏名进士,内

────────────

①《乐全集》卷二〇。

出《房心为明堂赋》,《和气致祥诗》,《积善成德论》,命翰林
学士承旨盛度已下三十六人锁宿考试如新制,得张唐卿已下
七百一十五人,第为五等,并赐及第、出身、同出身。

殿试结果,张唐卿以状元登第。礼部奏名第一的黄庠,虽其程文
"传诵天下,闻于外夷"①,惜因卧病,未参加殿试。故张方平所谓
"有以变体而擢高第者",只能是指张唐卿。

　　是年朝廷对考试制度作了一些调整和改革,即上引《宋会要
辑稿》所说的"考试如新制"的"新制"。所谓新制,当即前引三月
一日仁宗诏所说的策、论"如词理可采,不得遗落",赋可"不依次
押官韵"等。早在天圣五年(1027)正月十六日,仁宗即诏贡院道:
"将来考试进士,不得只于诗赋进退等第,今后参考策、论,以定优
劣。"②目的在提高策、论所谓"实学"的地位。至此又强调策、论
"词理"的重要性,只要"可采",就"不得遗落",同时又打破了向
来十分严格、动辄便入"不考式"的科场文体程式,俨然"词理"成
了录取与否的关键。这本来是好事,但意想不到的是,为了张扬
"词理",某些举子的怪僻文风遂乘机而入,一变传统的体式,故称
之为"变体"。

　　张唐卿赖以取高第的作品早已失传,那么弄清楚张唐卿其
人,或许能够探索到一些有关"变体"的更具体的答案。

　　张唐卿(1010—1037),字希元,青州(今山东益都人)。幼聪

---

①《宋史》卷四四三《张唐卿传》(误作"孙唐卿")。
②《宋会要辑稿·选举》三之一五。

悟,喜读书。景祐元年登状元第后,释褐授将作监丞、通判陕府事。四年春,丁父忧,哀毁过甚,呕血卒,年二十八。韩琦作《张君墓志铭》①,《宋史》卷四四三有传(误作"孙唐卿")。《墓志铭》略曰:

> 君素以文行为东州士人所称。……
>
> 与石守道游,最相知。守道尝有书遗之曰:"他日主吾道者,希元也。"……文正范公亦知公为深,尝与人评论人物,喟然谓人曰:"凡布衣应科举,得试殿廷下,必婉辞过谨,以求中格,人之常情也。而张某者为《积善成德论》,独言切规谏,冀以感寤人主,立朝可知矣。使今而在,必以直道为一时名臣。"其推重如此。

据此,则张方平所谓"以变体而擢高第"的"变体",应是指张唐卿所作的《积善成德论》。《积善成德论》"言切规谏,冀以感寤人主",盖它能紧密联系当前的时事政治,改变了论题"婉辞过谨"、不及时务的惯常作法,故有"变体"之称。

韩琦在《墓志铭》中,还给我们提供了这样两条重要信息:一是张唐卿的"文行为东州士人所称",二是石介与他的关系密切,两人"最相知"。张唐卿既得"东州士人"的称许,虽然他的辈分殆不入"朋饮"之列,大概属"慕之"者流,但"逸党"的习气必然沾染了不少。《梦溪笔谈》卷二三记载道:

---

① 《安阳集》卷四七。

张唐卿景祐元年进士第一人及第,期集于兴国寺,题壁云:"一举首登龙虎榜,十年身到凤凰池。"有人续卿下云:"君看姚晔并梁固,不得朝官未可知。"后果终于京官。盖姚晔大中祥符元年、梁固二年皆状元,而终于京官。

这真是所谓"好大言"的活画像。

至于韩琦说石介与张唐卿"最相知",石介"尝有书遗之曰"云云,其有"他日主吾道者,希元也"的书信今不见于《徂徕集》,盖已佚;而另一篇《与张秀才书》,所谓"张秀才"很可能就是张唐卿(盖作书时唐卿尚未登第,他登第比石介晚四年)。书中称张秀才为文五六万言,"始宗于圣人,终要于圣人"[1]。这样看来,张唐卿不仅直接受"东州逸党"的影响,而且早就与石介气味相投。如前述,张唐卿所作《积善成德论》既叫"变体",据以上两点逆推,其论事怪诞可知,而非一般意义上的"言切规谏"。因此对"言切规谏,冀以感寤人主"要具体分析,不是"规谏"有什么不对,而是如何"规谏"。后来"庆历新政"开始时,有人推荐石介为谏官,范仲淹坚决反对,认为他"性亦好异,使为谏官,必以难行之事责人君以必行,少拂其意,则引裾折槛,叩头流血,无所不为"[2]。可见,这类人的所谓"规谏",不过像张方平所说的"以怪诞诋讪为高,以流荡猥烦为赡",持论荒唐,归于怪异而已,于事丝毫无补。

由于张唐卿用"变体"考中状元,故其文章被士子们广为"传

---

[1]《徂徕石先生文集》卷一八。
[2]《五朝名臣言行录》卷七引《东轩笔录》。

效"、研习。根据韩琦所提供的线索,怪僻文风的"风源"可以上溯到"东州逸党",而将其引入科举考试,则始于张唐卿。"景祐变体"现象的意义,在于它标志着一个地域性的恶习由此扩散到全国,带有"民间性"的怪诞学风、文风正式走向官学,步入殿堂。

2. 庆历"太学体"

庆历二年(1042)夏,石介被召为国子监直讲,与其师孙复(亦于同年召为国子监直讲)大倡复古之风,力振"古道"。庆历四年四月,太学从国子监分离,取代四门学,升格为独立的学校,石介于是主持太学。当时太学直讲"多年少,喜主文词,每月试诗赋策论,第生员高下,揭名于学门"①。若在这些"喜主文词"的直讲们的教导下,诸生向文学方向发展下去,那么教育成绩将会很可观。但石介的目光却并不在文词,而"专以径直狂徼为务,人多畏其口"②;于是如张方平所说:"课诸生,试所业,因其好尚,而遂成风,以怪诞诋讪为高,以流荡猥琐为赡。"③在这种风气的引领下,诸生作文怪诞荒唐,在太学形成为一种文章体式,主要特点是褒贬政坛人物,干预时事政治,而且持论偏激,内容乖谬。这就是所谓"太学体"("太学体"一词最早见韩琦《欧阳修墓志铭》,见后引)。

"太学体"显然与"景祐变体"一脉相承,是石介将它一手引入太学的。但景祐初下距太学建立尚有十一年,这其间士子们的

① 田况《儒林公议》。
② 《儒林公议》。
③ 《贡院请诫励天下举人文章》,《乐全集》卷二〇。

不断"传效"和科场认可至关重要,否则,若仅靠石介三年多的时间(以任直讲计,主太学实止一年多)单枪匹马地鼓吹,要形成一种影响广泛、流行多年的文体,是不可想象的,这无疑夸大了他个人的力量。因此,若把文风的败坏全都归罪于石介,则既不公平,也不符合事实。

"太学体"的产生和流行还有特定的政治背景,它是一种社会思潮。欧阳修在嘉祐元年(1056)所上《议学状》中,曾深刻地指出弊端的根源:

> 夫人之材行,若不因临事而见,则守常循理,无异众人。苟欲异众,则必为迂僻奇怪以取德行之名,而高谈虚论以求材识之誉。前日庆历之学,其弊是也。①

这一段话,是直接针对庆历太学的,但是又有更广泛的意义。它不仅反映了一个时期的学风、文风,而且也反映了当时的整个社会风气。其核心,一是士人"取德行之名",一是"求材识之誉",而不循常礼以异众,则是他们"取名"、"求誉"的手段和捷径。这一点,其实早在庆历八年(1048)四月礼部贡院上言全面否定科举"新制"时,就已言及:

> 自(庆历)二年以来,国子监生诗赋即以汗漫无体为高,策论即以激讦肆意为工,中外相传,愈远愈滥,非惟渐误后

① 《欧阳文忠公集》卷一一二。

学,又恐后来省试,其合格能几何人。①

庆历时,由于宋王朝内外交困,革新政治成为时代思潮;但怎样改革,方向却不够明确,知识界和官场不少人怀着浮躁的、急功近利的心态,标新立异,哗众取宠,相互攻讦,以冀进取,文坛也因而大刮怪诞风,结果使矛盾更加激化,以至"庆历新政"不过昙花一现。可见,一种文体的流行,有其深厚的时代根源,是社会各种影响力共同作用的结果。"太学体"不仅集古文运动、"东州逸党"弊风之大成,而且是"庆历之学"甚至是"新政"的副产物,是庆历年间社会思想文化土壤孳生出来的一个毒瘤。

五、张方平、欧阳修与科场"太学体"的斗争

要纠正一个带有普遍性、倾向性的学风、文风并非易事。科场的怪诞文风主要盛行于仁宗朝,反对"太学体"的斗争虽也在仁宗时代完成,但前后的斗争却经历了十年之久。

1. 庆历六年,张方平抑制"太学体"

前面说过,庆历六年(1046)张方平为同知贡举时,曾上《贡院请诫励天下举人文章》,描述过"太学体"形成、发展的历史轨迹,即景祐元年的科场"变体"和"直讲石介课诸生"的影响;他接着写道:

朝廷恶其然也,故下诏书丁宁诫励,而学者乐于放逸,罕

---

① 《续资治通鉴长编》卷一六四。又见《宋会要辑稿·选举》三之三一。

能自还。今贡院考试进士,太学新体间复有之:其赋至八百字以上,而每句有十六、十八字者;论有一千二百字以上;策有置所问而妄肆胸臆,条陈他事者。……其举人程试,有擅习新体而尤诞漫不合程试者,已准格考落外,窃虑远人未尽详之,伏乞朝廷申明前诏,更于贡院前榜示,使天下之士知循常道。①

从张方平所列"罪状"看,"太学新体"盖并非一无是处,它至少打破了刻板的科场文体程式和死气沉沉的文风。但我们不能因此而肯定它。因为从其"师爷"石介《徂徕集》中可知,诞漫不羁的形式所表达出来的,是极端的复古思潮和偏激的权力斗争热情,若借用现代政治术语,完全是一副"极左"的面孔,既乏建设性,也没有新思想的光芒。在这篇奏章中,张方平除对不按程式写作的"太学新体"进行猛烈抨击外,还谈到当时贡院所采取的具体措施:"有擅习新体而尤诞漫不合程试者,已准格考落。"同时请求将此事榜示天下,使士子知悉。据《宋会要辑稿·选举》三之三〇记载,此章上奏后,仁宗"从之"。也就是说,打击"太学体"得到了最高统治者的认可。

还应当指出,张方平的奏章题"贡院请诚励天下举人文章",按当时官府上章的通例,此章盖由张方平领衔,他人联署,在文献流传中,联名者被删去。也就是说,这并不仅是张方平个人的意见,而是得到了贡院同仁的认可,反映的是贡院考官们的集体意

---

① 《乐全集》卷二〇。

志,而张方平是其代表。

张方平等对"太学体"的打击,应该说还是认真的。但限于历史条件,比起后来欧阳修在嘉祐二年的行动,此次显然有很多不足。一是就大环境论,扫荡"太学体"的客观条件尚不成熟。石介前一年还在太学,此时虽已败亡,而士子"乐于放逸,罕能自还","太学体"流风尚炽,其影响仍大。二是张方平的措施,显得不够彻底。欧阳修知贡举时,对使用"太学体"的举子"一切黜去"①,"痛排抑之,凡如是者辄黜"②。而张方平等人仅是对"尤诞漫不合程试者"才"准格考落",打击的广度和力度,都显然不够。这也是由当时的条件决定的。三是欧阳修本人是文坛宗师,在理论、创作上都已取得了卓越成就,在士子中享有很高威望。凡进行文风改革,除利用如主持考试等行政手段外,个人条件也十分重要。张方平虽也是当时的名臣,且有文名,但在文坛上,显然他不具备扭转风气的能力和影响。

通过这次对"太学体"的打击,即使实际作用或预期效果不是很大,但可肯定,它必然在一定程度上抑制了"太学体"的泛滥,举子们从贡院前的"榜示"中,得到了一个明确无误的信息:"风向"已有改变,"太学体"应当收敛。

2. 嘉祐二年,欧阳修扫荡"太学体"

嘉祐二年(1057),欧阳修被命权知贡举。这为他扫荡"太学体"、清算古文运动中的怪僻传统,提供了一个便利的机会和强势

①韩琦《欧阳公墓志铭》,《安阳集》卷五〇。
②《欧阳文忠公集》附《四朝国史》本传。

的行政权力资源。欧阳发《先公事迹》写道：

> 嘉祐二年，先公知贡举，时学者为文，以新奇相尚，文体
> 大坏。僻涩如"狼子豹孙，林林逐逐"之语，怪诞如"周公伻
> 图，禹操畚锸，傅说负版筑，来筑太平之基"之说。公深革其
> 弊，一时以怪僻知名在高等者，黜落几尽。二苏（轼、辙）出于
> 西川，人无知者，一旦拔在高等。榜出，士人纷纷，惊怒怨谤。
> 其后稍稍信服，而五六年间，文格遂变而复古，公之力也。

当年太学的怪诞文风（即所谓"太学体"），虽可从石介文集中领
略到，但直接出自科场的，早被历史涤荡尽净，而从欧阳发节录的
几句，我们可以尝鼎一脔。周公、禹、傅说这些古代圣贤，居然扛
着工具，一齐来为大宋"筑太平之基"——这种"狂词怪论"（苏辙
语，见后引），把"好大言"的习气推向了极至，实在令人骇目惊心，
同时又大开眼界。

韩琦后来也在《欧阳公墓志铭》中写道：

> 嘉祐初，权知贡举。时举者务为险怪之语，号"太学体"，
> 公一切黜去，取其平淡造理者即预奏名。初虽怨讟纷纭，而
> 文格终以复故者，公之力也。①

又《四朝国史》本传：

---

① 《安阳集》卷五〇。

（欧阳修）知嘉祐二年贡举，时士子尚为险怪奇涩之文，号"太学体"。修痛排抑之，凡如是者辄黜。毕事，向之嚣薄者伺修出，聚噪于马首，街逻不能制。然场屋之习，从是遂变。①

从欧阳修一年前所上《议学状》（见前引），再联系他一向反对石介的怪诞和混蒙虚无的所谓"道统"，欧阳修早对体现"庆历之学"的"太学体"深为不满，所以他的这次革弊之举，应是谋画已久，成竹在胸，故对于"嚣薄者"的闹事应付自如，据说朝廷为表示支持，从此年起省试奏名除杂犯外，殿试都不黜落（详见本书第八章）。事后不久，欧阳修在《与王懿敏公（仲仪）书》中说：

某昨被差入省，便知不静。缘累举科场极弊，既痛革之，而上位不主，权贵人家与浮薄子弟多在京师，易为摇动，一旦喧然，初不能遏。然所得颇当实材，既而稍稍遂定。②

被欧阳修视为"实材"之一的苏轼，对座主的深心非常理解，他在登第后写给欧阳修的感谢信中，对这场斗争作了深刻的总结：

自昔五代之余，文教衰落，风俗靡靡，日以涂地。圣上慨

①《欧阳文忠公集》附录。《宋史》本传略同。
②《欧阳文忠公集》卷一四六。

然太息，思有以澄其源，疏其流，明诏天下，晓谕厥旨。于是招来雄俊魁伟、敦厚朴直之士，罢去浮巧轻媚、丛错彩绣之文，将以追两汉之余，而渐复三代之故。士大夫不深明天子之心，用意过当，求深者或至于迂，务奇者怪僻而不可读。余风未殄，新弊复作，大者镂之金石，以传久远；小者转相摹写，号称古文。纷纷肆行，莫之或禁。……伏惟内翰执事，天之所付以收拾先王之遗文，天下之所待以觉悟学者。恭承王命，亲执文柄，意其必得天下之奇士，以塞明诏。……①

苏辙后来在《祭欧阳少师文》中，回忆了当年的情形：

> 嗟维此时（指嘉祐二年），文律颓毁。奇邪谲怪，不可告止。剽剥珠贝，缀饰耳鼻。……号兹古文，不知愧耻。公为宗伯，思复正始。狂词怪论，见者投弃。踽踽元昆，与辙皆来。皆试于庭，羽翼病摧。有鉴在上，无所事媒。驰词数千，适当公怀。擢之众中，群疑相阽。公恬不惊，众惑徐开。滔滔狂澜，中道而回。②

刘煇（1030—1065），是当时被黜者之一。他嘉祐四年再举进士，向欧阳修赞文，更相激赏，于是场屋传诵，辞格一变，遂中是榜状元。"议者既推欧阳公有力于斯文，而又服之道（刘煇字）能精

---

① 《谢南省主文启·欧阳内翰》，《苏轼文集》卷四九。
② 《欧阳文忠公集》附录卷一。

敏于变也。"①可见欧阳修痛排"太学体",所排乃一时文风,并不把矛头指向个人,只要他们改辙更张,仍可以得到他的推奖。科举考试历来就是文风的指挥棒,欧阳修充分利用了这个难得的机会,故这次变革虽然斗争激烈,但收效却迅速而显著。

欧阳修与"太学体"的斗争,结束了自景祐以来流行科场和太学的怪诞文风,同时也对两百年来古文运动"怪僻"积弊进行了一次彻底的清算,因而成为北宋古文运动胜利的标志。他作为北宋古文运动的领袖和一代文宗,还独具慧眼地选拔了苏轼兄弟、曾巩等一批优秀的文学人才,使平淡自然的文风从此占了上风。欧阳修在文学史、科举史上的功绩是不可磨灭的。南宋时有学者向朱熹谈及"欧阳公当时变文体,亦是上之人主张"时,朱熹说:"渠是变其诡怪。但此等事亦须平日先有服人,方可舜功。"②此言甚是。

第二节　北宋中后期:道德性命之学

北宋中后期(神宗至徽宗)是个政治动荡的时代。围绕着王安石变法及后来一帮政治野心家的"绍述",新旧两党展开了激烈的斗争。两党之间除对变法的认识不同外,学术思想的差异是深层原因。王安石继承、发展了仁宗时代即已流行的"道德性命"之

①杨杰《刘之道墓志铭》,《无为集》卷一三。
②《朱子语类》卷一〇九。

学,为其变法运动服务,以达到"一道德"的政治目标,并用所著《三经新义》、《字说》、《老子注》、《庄子注》、佛经注疏等强力介入学校教育和科举考试,影响和控制了科场学风、文风达数十年之久,使科举成了整个斗争的重要战场。所谓"道德性命之学",包含体、用两个层面,"体"是本体论,是形而上的宇宙观;"用"是运用,是本体在世界的具体施为和表现。在科举考试中推行与反对道德性命论,成了继仁宗朝反"太学体"之后在学风、文风领域又一次旷日持久的斗争。

一、王安石的"道德性命论"

宋代理学勃兴,北宋时理学的开创者如周敦颐、张载、二程(颢、颐)等就对"道德性命"有深入的研讨,南宋间更是"道德性命之说几满天下"①。但对"道德性命"感兴趣的又不止道学家。仁宗后期,学者和士大夫谈"性命"成为时髦,如李诩曾作《性诠》三篇寄欧阳修,欧在回信中称"今世之言性者多矣"、"世之学者多言性"云云②,可睹一时风会。所谓"道德性命论",简言之,即用老、庄哲学及佛理解释儒家经典。它标志着宋代学术的转型,即由章句之学转向义理之学,由排"异端"转向三教融合,由对社会伦理的阐释转向对宇宙本体的探求。在这个转变中,王安石起着重要的作用,他早年著《王氏杂说》(又称《淮南杂说》)十卷,晁公武《郡斋读书志》卷一二著录并引蔡卞(原误"京")《王安石

---

① 王十朋《策问(第十五)》,《梅溪先生文集》卷一四。
② 见《答李诩第二书》,《欧阳文忠公集》卷四七。

传》曰:

> 自先王泽竭,国异家殊。由汉迄唐,源流浸深。宋兴,文物盛矣,然不知道德性命之理。安石奋乎百世之下,追尧舜三代,通乎昼夜阴阳所不能测而入于神。初著《杂说》数万言,世谓其言与孟轲相上下。于是天下之士始原道德之意,窥性命之端云。

则王氏不仅研"道德性命之理",将其追溯到"尧舜三代",且"通乎昼夜阴阳所不能测而入于神",欲将其推上更深的哲学层次。这大大激发了"天下之士"对"道德性命"之学的浓厚兴趣。陆佃就是个实例,他在《傅君(常)墓志铭》中自述道:

> 嘉祐、治平间……淮之南学士大夫宗安定先生(胡瑗)之学,予独疑焉。及得荆公《淮南杂说》与其《洪范传》,心独谓然,于是愿扫临川先生之门。后余见公,亦骤见称奖。语器言道,朝虚而往,暮实而归,觉平日就师十年,不如从公之一日也。①

王安石《淮南杂说》久佚,现存《原性》、《性说》②、《性论》、

---

① 《陶山集》卷一五。
② 两篇载《临川先生文集》卷六八。

《性命论》①等多篇论文,对"性"、"命"问题作了专门探讨,基本赞成扬雄之说,但同时受佛教影响很大,如他在《答蒋颖叔书》中写道:"所谓性者,若四大是也;所谓无性者,若如来藏是也。虽无性而非断绝,故曰一性所谓无性;曰一性所谓无性,则其实非有非无。此可以意通,难以言了也。"②故后来陈渊尝对高宗说:"《孟子》七篇,专发明性善,而安石取扬雄善恶混之言,至于无善无恶。又溺于佛,其失性远矣。"③"非有非无"、"无善无恶",即禅宗"不落两边"的思维方式。陈淳说:"今世有一种杜撰等人,爱高谈性命,大抵全用浮屠作用是性之意,而文以圣人之言,都不成模样。"④他可能并非指王学之徒,但从而可见援佛入儒以谈性命,在宋代生生不绝,成为学术共相。

　　与当时大多数学者(包括"道学"研究者)一样,王安石为了"穷研"道德性命之学,遂从佛、老二教中寻求思想资源,著《老子注》二卷(《郡斋读书志》卷一一),《庄子解》四卷(《读书附志》卷上),以及《金刚经注》一卷(《读书志》卷一六著录《金刚经会解》一卷,汇集了包括王安石在内的五家注本),《楞严经疏解》十卷(《读书附志》卷上),《维摩诘经注》三卷(《宋史·艺文志四》)等,现皆失传,唯《老子注》近人、今人有辑本⑤。安石子王雱亦有

①两篇载《圣宋文选》卷一〇。
②《临川先生文集》卷七八。
③《宋史》卷三七六《陈渊传》。
④《北溪字义》卷上《性》。
⑤蒙文通《道书辑校十种》,巴蜀书社,2001年;容肇祖《王安石老子注辑本》,中华书局,1979年排印本。

《老子注》二卷(《郡斋读书志》卷一一)，原本不传，今《正统道藏·洞神部·玉诀类》载《道德真经集注》十卷(附音释)，乃集河上公、唐明皇、王弼、王雱四家之注，有王雱自序(当从其《老子注》中转录)，谓"书(指《老子注》)成于熙宁三年(1070)七月十二日"。卷首有元符元年(1098)十月梁迥所作《后序》，称王雱"深于道德性命之学，而老氏之书，复训厥旨，明微触隐，自成一家之说"；又谓"太守张公深达夫道德性命之理，以文章作人，以经术训多士。常患夫执经者不知道，乃命黉舍之学者参其四说，无复加损，刊集以行于时而广其教"。王雱又著《南华真经新传》二十卷拾遗一卷，今存(《南华真经》即《庄子》)，亦载上引《正统道藏》，自序道："世之读庄子之书者，不知庄子为书之意，而反以为虚怪高阔之论。岂知庄子患拘近之世不知道之始终，而故为书而言道之尽矣。夫道不可尽也，而庄子尽之，非得已焉者矣。……吾甚伤不知庄子之意，故因其书而解焉。"又无名氏刊板序曰："宾友谓予曰：'方今朝廷复以经术造士，欲使天下皆知性命道德之所归，而《庄子》之书实载斯道，而王氏又尝发明奥义，深解妙旨，计其为书，岂无意于传示天下后世哉！今子既得王氏之说，反以秘而不传，则使庄氏之旨，终亦晦而不显也。与其独善于一身，曷若共传于天下与示后世乎？'予敬闻其说，乃以其书亲加校对，以授于崔氏之书肆，使命工刊行焉。"可以推想，王雱注《老》《庄》，必得其父亲的指授和审读，至少在观点上是一脉相承的。上述诸书，既是王安石"道德性命论"的载体，也是"新学"的哲学基础，显然也为王氏的性命之学掺入了浓厚的佛老思想。

二、王安石"道德性命论"的精华与缺陷

韩愈在《原道》中曾提出儒家之道的传承体系,用以与佛教的所谓"佛统"相对抗,这我们已很熟悉,可不述。王安石对此不以为然,他不再维护韩愈在儒学中的传统地位,而直接向他的"道统论"发难:

> 道之不一久矣。人善其所见,以为教于天下而传之后世。后世学者,或徇乎身之所然,或诱乎世之所趋,或得乎心之所好,于是圣人之大体,分裂而为八九。博闻该见有志之士,补苴调胹,翼以就完,而力不足,又无可为之地,故终不得。盖有见于无思无为、退藏于密、寂然不动者,中国之老、庄,西域之佛也。……当士之夸漫盗夺、有己而无物者多于世,则超然高蹈,其为有似乎吾之仁义者,岂非所谓贤于彼而可与言者邪?①

韩愈认为有一脉相承的"道",只是到孟子之后就"不得其传";而王安石则断言"道"早已"不一",而并非"不传"。在《与丁元珍书》中,他认为"古者一道德以同俗,……今家异道,人殊德"云云②,也是认为"道"之"不一"。在他看来,"圣人之大体,分裂而为八九",其中包括了"中国之老、庄,西域之佛"。因为当儒士

①《涟水军淳化院经藏记》,《临川先生文集》卷八三。
②《临川先生文集》卷七五。

"夸漫盗夺"的时候,佛老则"超然高蹈",有似于儒家的"仁义"。显然,在王安石的哲学思想中,"道"超越于学派之外,并非儒家的"专利",自从"分裂而为八九"之后,佛、老在"八九"中即占有份额,它们也是得"道"、传"道"者。对"道"的"不一",虽也曾有"博闻该见有志之士"试图使之"完",然而"终不得"。因此,王安石有志于改变"道之不一"的现状,提出"一道德",以恢复"道"的完整性。于是他一反韩愈的思想路线,将佛、老纳入了"一道德"的范围。由此而论,王安石之所以对道德性命论感兴趣,实为其"一道德"的理论需要;而他的"一道德",是要对既有的学术思想进行重新整合,显示出在思想领域进行变革的廓大胸怀和宏伟气魄,这是他性命之学的思想精华之一。

王安石的道德性命论是直接为他变法的政治主张服务的,这是其学说的另一思想精华所在。王安石与道学家不同,他对玄之又玄的"太极"等哲学问题兴趣不大。他探讨性命,但最终结穴却是现实政治;或者说,他更关注的是"用"而不是"体"。这里我们不拟旁征博引,只举他的《老子》一文就够了。他在该文中写道:

> 夫其不假人之力而万物以生,则是圣人可以无言也、无为也;至于有待于人力而万物以成,则是圣人之所以不能无言也、无为也。故昔圣人之在上而以万物为己任者,必制四术焉。四术者,礼、乐、刑、政是也,所以成万物者也。故圣人唯务修其成万物者,不言其生万物者;盖生者尸之于自然,非人力之所得语矣。老子者独不然,以为涉乎形器者皆不足言

也，不足为也，故抵去礼、乐、刑、政，而唯道之称焉。是不察于理而务高之过矣。①

很显然，王安石不赞成老子的"无言"、"无为"之说，对老子"唯道之称"也颇有微词，他所推崇的是"以万物为己任"的圣人，是圣人所制订的礼、乐、刑、政。故在下文中，他进而嘲笑"废礼、乐、刑、政于天下，而坐求其无之为用也，则亦近于愚矣"。由此观之，王安石的性命论虽掺杂了不少佛老思想，但他是位热情的政治家，而不是超然物外的思想者。王安石还在《礼乐论》一文中指出，浮屠、老子之说在"远近"、"难易"方面，都不能与制礼作乐的"圣人"比②。可见他虽崇信佛老，但在政治问题上却并不糊涂。

　　前面说过，学者们对"道德性命"的研究，集中在"体"、"用"两个层面。王安石不可能超越他的时代，他也是积极地从佛老那里寻求思想资源，与道学家走到了一块儿；所不同的，是他没有更前进一步，像道学家那样在整合儒、释、道的基础上建构起一个形而上的、各学派都能接受的本体论来，就难免以佛老之"道"为"体"，结果就是用被儒家视为"异端"的佛老之"道"去"一道德"，用佛老的道德性命论去"总贯"包括儒家和诸子百家之学，从而实现"道之全"③。这样一来，所谓"道德性命之学"便以老庄之学和佛学（主要是禅学）为主，而佛、老的道德性命论俨然成为"一道

①《临川先生文集》卷六八。
②《临川先生文集》卷六六。
③"道之全"语出《答韩求仁书》，《临川先生文集》卷七二。

德"的主体了。这是王安石道德性命论的重大理论缺陷。正由于此,他在宋代即遭致许多批评。理学大师朱熹指出:"王氏之学,正以其学不足以知道,而以老、释之所谓道者为道,是以改之而其弊反甚于前日也。"又曰:"(王安石)知俗学不知道之弊,而不知其学未足以知道,于是以老、释之似,乱周、孔之实,虽新学制,颁经义,黜诗赋,而学者之弊反有甚于前日。"①朱熹又论佛老性命论与道学家性命论之不同,曰:"彼老子、浮屠之说,固有疑(似"拟"之误)于圣贤者矣,然其实不同者,则此以性命为真实,而彼以性命为空虚也。……是以自吾之说而修之,则体用一原,显微无间,而治心、修身、齐家、治国,无一事之非理;由彼之说,则其本末横分,中外断绝,虽有所谓朗彻灵通、虚静明妙者,而无所救于灭理乱伦之罪、颠倒运用之失也……鲜有不作而害于政事者。"②撇开对变法的评价不说,朱熹认为王安石"以老、释之所谓道者为道",以及辨性命论内涵的区别,是颇中要害的。由于重"用"而疏于对"体"的研究,王安石的道德性命论与儒家道论、特别是与道学家的性命之学相去甚远。

三、旧党与科场"道德性命论"的斗争

在认识了王安石道德性命之学的实质后,我们遂可进一步探讨它对北宋中后期科举及相关思想文化的影响,以及旧党与科场王氏学术、学风的斗争。

---

①《与吕东莱论白鹿洞书院书》,《朱文公文集》卷三四。
②《戊申封事》,《朱文公文集》卷一一。

陈瓘《尊尧集序》曰：

> "臣闻先王所谓道德者,性命之理而已矣",此安石之精
> 义也。有《三经》焉,有《字说》焉,有《日录》焉,皆性命之理
> 也。蔡卞、塞序辰、邓洵武等用心纯一,主行其教,所谓"大有
> 为"者,亦性命之理而已矣;其所谓"继述"者,亦性命之理而
> 已矣;其所谓"一道德"者,亦以性命之理而一之也;其所谓
> "同风俗"者,亦以性命之理而同之也。①

则在陈氏看来,王安石的性命之学不仅渗透到所有的新学著作之
中,而且广泛地影响了后来的政治路线和思想文化的方方面面,
包括"一道德"在内。如果说王安石的道德性命论更注重的是礼、
乐、刑、政之"用",关注的是"形器",是"成万物",则将其视为变
法的哲学基础,并没有错。

王安石把"一道德"的希望寄托在教育和科举上,提出罢诗
赋,用经义取士。熙宁二年(1069)五月,苏轼上《议学校贡举状》,
反对罢诗赋。神宗读后,曰:"吾固疑此,今得轼议,释然矣。他日
以问王安石,安石曰:'不然。今人材乏少,且其学术不一,一人一
义,十人十义,朝廷欲有所为,异论纷然,莫有承听。此盖朝廷不
能一道德故也。故一道德,则修学校,欲修学校,则贡举法不可不
变。'"②议论遂定。王安石先后主持并亲自撰写《三经新义》(包

---

① 邵博《邵氏闻见后录》卷二三。
② 《文献通考》卷三一《选举四》。

括《周礼义》二十二卷、《诗义》二十卷、《书义》十三卷）及《字说》，颁诸学校，作为基本教材，诸生"惟以《新传》模仿敷衍其语耳"；同时也作为考试时定去取的标准，"四方寒士未能习熟《新传》而用旧疏义，一切摈黜"①。真德秀曰："初，王荆公尽屏先儒以为浅陋，独用己意著《三经新说》，离析字画偏旁，谓之道德性命之学。"②在现存的《三经新义》各辑本中，我们还可以读到不少论"道"或谈性命的内容，而更多的则是发挥其变法思想。上引《道德真经集注》《南华真经新传》两书中的王雱序，以及各刊板序，皆明白无误地突出这一命题："知性命道德之所归"是"经术造士"的终极目标，因此刊行《老》、《庄》之书，就是为了"造士"——质而言之，即为了培养新法的推行者和拥护者。前引朱熹在批判王安石之"道"时，已提到"新学制，颁经义，黜诗赋"等问题；事实上，这些还只是制度层面的，而更深刻的则是王氏新学在意识形态层面对科举学风、文风的影响。王安石的后继者出于各自的目的，通过在学校推行《三经新义》和《字说》，刊行所注解的《老》《庄》及佛经，直接控制了科举考试；但他们感兴趣的却不是变法以"成万物"，而是如何拉帮结派以排斥、打击异己。朱熹批评王安石释经"至于天命人心、日用事物之所以然，既已不能反求诸身以验其实，则一切举而归之于佛、老"③。对王安石来说，这有些苛责和不公，但对"新学"之徒和他们营造的科场风气来说，倒也

---

① 《续资治通鉴长编》卷二三七熙宁五年八月戊戌注引林希《野史》。
② 《西山读书记》卷三一。
③ 《读两陈谏议遗墨》，《朱文公文集》卷七〇。

并非厚诬。其结果,如金人赵秉文所说:"自韩子(愈)言仁义而不及道德,王氏所以有道德性命之说也。然学韩而不至,不失为儒者;学王而不至,其弊必至于佛、老,流而为申、韩。"①

王安石以"道德性命论"为理论基础的"新学",以及"新学"对科举考试的垄断,必然引起政治反对派和不同学派的强烈反弹。熙宁初王安石变法运动伊始,以司马光为代表的"旧党"即将矛头对准了"道德性命论"。熙宁二年朝廷讨论变科举法,苏轼在所上《议学校贡举状》中写道:

> 昔王衍好老庄,天下皆师之,风俗凌夷,以至南渡。王缙好佛,舍人事而修异教,大历之政,至今为笑。故孔子罕言命,以为知者少也。子贡曰:"夫子之文章,可得而闻也;夫子之言性与天道,不可得而闻也。"夫性命之说,自子贡不得闻,而今之学者耻不言性命,此可信也哉!今士大夫至以佛老为圣人,鬻书于市者,非庄老之书不售也。读其文,浩然无当而不可穷;观其貌,超然无著而不可挹。此岂真能然哉!……臣愿陛下明敕有司,试之以法言,取之以实学。博通经术者,虽朴不废;稍涉浮诞者,虽工必黜。②

司马光在同年所上《论风俗劄子》中也说:

①《原教》,《闲闲老人滏水文集》卷一。
②《苏轼文集》卷二五。

窃见近岁公卿大夫好为高奇之论,喜诵老庄之言,流及科场,亦相习尚,新进后生,未知臧否,口传耳剽,翕然成风。……且性者,子贡之所不及;命者,孔子之所罕言。今之举人,发口秉笔,先论性命,乃至流荡忘返,遂入老庄。纵虚无之谈,骋荒唐之辞,以此欺惑考官,猎取名第。禄利所在,众心所趋,如水赴壑,不可禁遏。……伏望朝廷特下诏书,以此诫励内外公卿大夫,仍指挥礼部贡院,豫先晓示进士,将来程试,若有僻经妄说,其言涉老庄者,虽复文辞高妙,亦行黜落,庶几不至疑误后学,败乱风俗。①

　　如果说熙宁前道德性命论影响科举与王安石的干系不大的话,那么熙宁后在科场的进一步泛滥,他就负有无可推卸的责任了。苏轼所说"昔王衍好老庄,天下皆师之,风俗凌夷,以至南渡",并非什么靖康谶言,而是王氏所注《老》《庄》书中,就涉及到玄学的范畴;而士大夫群起谈性命,有如魏晋清谈之风。如王安石注《老》曰:"道一也,而为说者有二。所谓二者何也?有、无是也。无者道之本,而所谓妙者是也;有则道之末,所谓徼者是也。故道之本,出于冲虚杳渺之际;而其末也,散于形名度数之间。是二者,其为道者一也。"②我们知道,魏晋玄学的实质是引道入儒,而所谓"有无之辨",正是玄学哲学思想的核心。但在熙、丰时期,主流舆论和话语权在"新学"一边,故旧党的反对并没有起到多大

---

①《温国文正司马公文集》卷四五。
②王安石《老子注》,蒙文通《道书校辑十种》。

的作用。

元祐初旧党执政,王安石新学立刻成为被攻击的对象。刘挚上《论取士并乞复贤良科疏》,请求严禁道德性命说,矛头直指经义,而主张恢复以诗赋取士。他写道:

> 今之治经,以应科举,则与古异矣。以阴阳性命为之说,以泛滥荒诞为之辞,专诵熙宁所颁《新经》、《字说》,而佐以庄、列、佛氏之书不可诘之论,争相夸高。场屋之间,虽群辈百千,而混用一律,主司临之,珉玉朱紫,困于眩惑。其中虽有真知圣人本指,该通先儒旧说,苟不合于所谓《新经》、《字说》之学者,一切皆在所弃之列而已。①

在当时的政治背景下,很快就有了结果。元祐元年(1086)六月十二日诏:"自今科场程试毋得引用《字说》。"②次年正月十五日诏:"自今举人程试,并许用古今诸儒之说,或出己见,毋引申、韩、释氏之书。考试官于经义、论、策通定去留,毋于《老》、《列》、《庄子》出题。"③《续资治通鉴长编》卷三九四记此诏时,引吕大防《吕公著神道碑》曰:"自熙宁四年(1071)始改科举,罢词赋等,用王安石经义以取士,又以释氏之说解圣人之经。学者既不博观群书,无修辞属文之意,或窃诵他人已成之书写之以干进,由此科举益

---

① 《忠肃集》卷四。
② 《宋会要辑稿·选举》三之四九。
③ 《宋会要辑稿·选举》三之五〇。

轻,而文词之官渐艰其选。……公著乃于经义之外益以诗赋,……又禁有司不得以老、庄之书出题,而学者不得以申、韩、佛书为说,经义参用古今诸儒之学,不得专用王氏。"

但到哲宗亲政以后,又一反元祐,恢复罢诗赋而以经义取士。绍圣二年(1095)正月十三日,国子监司业龚原言:"续降敕节文,论题并于子、史书出,唯不得于《老》、《列》、《庄子》出题。缘祖宗以来科场出题,于诸子书并无简择,乞删除前条。"哲宗"从之"①。这是请求《老》《列》《庄》仍在出题的范围。从此科场王氏学不仅得以延续,又随着党争变为党禁,尊佛老演为崇道教,而更为变本加厉了。王安石这时已辞世多年,他和他的著作,不幸成了"绍述"派手中随意挥舞的旗子和大棒。

徽宗政和二年(1112)正月二十四日,臣僚言:"(举子以)蝇头细字,缀成小册,引试既毕,遗编蠹简,几至堆积。兼鬻书者以《三经新义》并《庄》、《老子说》等作小册刊印,可置掌握,人竞求买,以备场屋检阅之用。……印行小字《三经义》,亦乞严降睿旨,禁止施行。"徽宗"从之"②。由此可见《三经新义》及《老》《庄》等书刊售之多,对科举影响之大;几乎不必考证,当时书肆最流行的《老》《庄》书,必是王氏父子注本。徽宗同意"禁止"的只是刊行"可置掌握"的小册,而不是在考试中禁这类书籍本身。重和元年(1118)八月辛酉,徽宗"诏颁《御注道德经》";九月丙戌,"诏太

---

① 《宋会要辑稿·选举》三之五六。
② 《宋会要辑稿·选举》四之七。

724 | 宋代科举与文学

学、辟雍各置《内经》、《道德经》、《庄子》、《列子》博士二员"①。宣和五年(1123),在国子祭酒蒋存诚的请求下,将《御注冲虚至德真经》(《列子》)、《御注南华真经》颁之学校②。这样,尊老、庄之风可谓登峰造极,老、庄之学俨然成了官学。王明清《挥麈后录》卷一一载:"政和(按:据上引徽宗颁《御注》时间,"政和"当为"重和"之误)初,方允迪将就廷试,前期闻《御注老子》新颁赐宰执,欲得之以备对。会允迪与薛肇明(昂)有连,亟从问之,乃云无有也。一日入薛书室,试启书箧,忽见之,尽能记忆。泊廷试,果以问,毛达可友得对策,大喜,即欲置魁选。"可见"御注"对科举考试的巨大影响力。直到宋钦宗继位后,杨时上书论王安石之非,方才废黜"王学",并于靖康元年(1126)四月己未诏"科举依祖宗法,以诗赋取士,禁用《庄》、《老》及王安石《字说》"③。"士之习王氏学取科第者,已数十年,不复知其非,忽闻以为邪说,议论纷然"④,可见王学影响之深。接着北宋灭亡,宗社播迁,王氏新学也逐渐退出历史舞台。

四、"道德性命论"时文举例

自仁宗后期起,到钦宗下诏禁用《老》《庄》,道德性命之论流行科场达七八十年。如《古今源流至论》前集卷四所说:"国朝自

①《宋史》卷二一《徽宗纪三》。晁氏《读书志》卷一一著录"《御注老子》二卷,解题谓'或云郑居中视草,未详'"。

②《宋会要辑稿·职官》二八之二三。

③李埴《皇宋十朝纲要》卷一九,《续修四库全书》本。

④《宋史》卷四二八《杨时传》。

熙宁之间，黄茅白苇，几遍天下，牵合虚无，名曰时学；荒唐诞怪，名曰时文。王氏作之於前，吕氏述之於后，虽当时能文之士，亦靡然丕变也。"而敷衍其说的科举时文，当年虽"几遍天下"，今天却极为罕见。殿试对策，可从《宋会要辑稿》所载各科策题推想举子对策之大概。如政和五年（1115）制策曰：

> 古之圣人，以道莅天下，处无为之事，行不言之教，用之不穷，而物自化。朕昧是道，君临万方，夙兴夜寐，欲推而行之，神而明之。然物或行或随，或嘘或吹，或强或羸，或载或隳。相生相成，相形相倾，莫之能一，此道之所以难行，奸轨乱常，所以难化。如之何而解其纷、合其异乎？昔之言道者曰"天法道"，又曰"道之大原出于天，道非阴阳"，又曰"一阴一阳之谓道"。道无为，而曰生之长之，成之养之；道无名，而曰可名以大，可名以小。道一而已，其言之不同，何也？尧、舜三代以是而帝，以是而王。由汉以来，时君世主，莫或知此。朕方近述于千载之后，齐万殊之见，明同异之论，以解蔽蒙之习，未知其方。子大夫无流于浮伪，为朕详言之。[1]

题中多引《老》《庄》二书，无疑所论纯是老、庄之"道"。由此我们不难想象当年举子的对策文，必是像前引苏轼所说"浩然无当而不可穷"，或如司马光所言"纵虚无之谈，骋荒唐之辞"，否则没有别的"文章"可做。

---

[1]《宋会要辑稿·选举》七之三四。

至于经义和"论",幸刘安节《刘左史集》卷三尚收有这类时文,使其不至于绝迹。刘安节为元符三年(1100)进士,他习举业时正值"绍述"的高峰期,王氏学是必修课。《四库提要》称其所作经义"明白条畅,盖当时太学之程式",但馆臣及后来学界似乎从未有人意识到,那其中正有被旧党严厉批评的所谓"荒诞之辞"。这里举经义、论各一篇,以便"奇文共赏"。

合而言之道也

《易》曰:"一阴一阳之谓道。继之者善也,成之者性也。"则性既分于道矣,而仁又出于性,此仁与道之所以分也。道无方也,分于仁则有方;道无数也,分于仁则有数。盖禀阴阳之气以有生,则域于方而丽于数,人人所不能逃也。人与人相与分于阴阳之气以有生,虽曰于物为灵,其出于道,亦不可谓之全矣。虽然,道一也,散而为分,不失吾(按:疑是"夫"之误)一;合而为一,不遗夫万。则夫人之于仁,独可以自异于道乎?盖不合于道,累于形者之过也。人能忘形以合于心,忘心以合于道,则天地万物且将与吾混然为一,不知吾之为天地万物耶?天地万物之为吾耶?进乎此,则天而不人矣,且得谓之人乎?《孟子》曰:"仁者人也,合而言之道也。"此之谓欤。

这是一篇"《孟子》义","合而言之道也"句出《孟子·尽心下》,原文为:"孟子曰:'仁也者,人也。合而言之,道也。'"作者论人之"性",认为它是由"道"所分,而"仁"又出于"性",故无方无数的"道"就体现在"仁"上。人是分于阴阳之气才有生命的,故人对于"道"来说,并没有得其"全",因此人之于"仁",不能异于道,而不合于道则是"累于形"之过。于是作者得出结论:人必须"忘形"、"忘心",达到"天地万物且将与吾混然为一"的境界,也就是《庄子·齐物论》所说"天地与我并生,而万物与我为一"。显然,"援道入儒"是这篇经义的主旨。

论行于万物者道

形而上者谓之道,形而下者谓之器。形,一也,而名二者,即形之上下而言之也。世之昧者不知其一,乃以虚空旷荡而言道,故终日言道而不及物;以形名象数而言物,故终日言物而不及道。道与物离而为二,不能相通,则非特不知道,亦不知物矣。

盖有道必有物,无物则非道;有物必有道,无道则非物。是物也者论其形,而道也者所以运乎物者也。明乎此,则庄周之论得矣。盖道生一,一生二,二生三,三生万物。自一以及万,皆道之所生也。一名于道,必生以及物,而不能自已,则其散诸物也。天地之所覆载,日月星之所照临,河岳之所融结,动植之所生成,果且有已乎哉?道行不已,物之形所以生;物生不已,道之用所以著。今夫仰观乎天,则天积气也。然其日星之回旋,云汉之卷舒,风雨之散润,寒暑之运行,一往一来,一盈一缩,若有运转而不能自已者,是岂积气之所能为哉,道实行于天下矣。俯察乎地,则地积形也,然其山川之兴云,薮泽之通气,草木之华实,鸟兽之蕃息,一消一息,一化一生,若有机缄而不能自已者,是岂积形之所能为哉,道实行于地矣。中察乎人,则人也者又积形积气之委也。然其耳目之视听,口鼻之嘘吸,手足之举运,一静一动,一作一止,若有关键而不知其主之者,是又岂积气积形之委所能为哉,道实行于人矣。三才者,万物之大者也,而道实周流其中焉。

举三才以该万物,则道之为道可睹矣。孔子曰:"立天之道曰阴与阳,立地之道曰柔与刚,立人之道曰仁与义。"道一也,即其所行于天、地、人而言之,故分而为三焉。号物之数谓之万,以一而分三,以三而分万,则物各有道矣。物各有道,则道亦万也,而不害其为一者,万物之生本于一故也。道非一则不能运万物,万物非各有一则不能以自运。人知一之为万,而不知万之为一,则并行而不悖于道,岂不昭然矣乎!

呜呼,道之行于万物也如此,而或者昧之,谓道在天耶,仰而视之,见天而不见道,是直以形求之尔。胡不反求诸身乎?彼其食息视听之所以然者,孰主张是,孰纲维是?是必有尸之者矣。诚能斋心沐形,去智与故,以神求之,则廓然心悟,瞬然目明,向之所见无非物,今之所见无非道矣。见无非道,则是道在我也;道在我也者,所以行道,非道行于我者也。呜呼,论至于此,圣人之于天道之事也,学者可不勉乎哉!

本文的中心论点是庄子关于"道"与"物"的关系,即"有道必有物","有物必有道",从而反对将道与物割裂开来,言物不及道、言道不及物。《庄子·天地》曰："形非道不生,生非德不明。存形穷生,立德明道,非王德者邪?"而"道生一,一生二,二生三,三生万物"数句出《老子》,是所谓"有道必有物"、"有物必有道"的理论根据。而最后,作者"反求诸身",从"食息视听"中"心悟"到"向之所见无非物,今之所见无非道",又与禅悟合辙了。

赵秉文在《书东坡寄无尽公书后》中写道:"自王氏之学兴,士大夫非道德性命不谈,往往高自贤圣,而无近思笃行之实,视其貌惝恍而不可亲,听其言汪洋而不可穷,叩其中枵然而无有也。"①这与前引苏轼、司马光的批评相同。读了上举两文,我们当会对这些反对或批评的意见有更深切的体会和全面的理解,也会对王安石熙宁变法中的科制改革有更深入的认识。王安石的道德性命论及所著《三经新义》宣扬的是变法,他反对的恰恰是"无言"、"无为"、"不察于理而务高"的"道"(见前引《老子》),但被引入科举后,却被抽去了这些富于创新意义的理论精髓,成了牵合虚无的"时学"和荒唐诞怪的"时文",不能不说是他的莫大悲哀。上举两文固然不能代表数十年间科举时文的全部,但科举新法的反对者们一再强烈地对"虚无之谈"进行反制,说明将佛老引入"经术造士"之中,后果的确相当严重。我们并非说举子不可以研究道德性命理论,也不是主张回到简单的排佛老的老路,只是王安石熙宁二年力主罢诗赋时打着儒学和"讲求天下正理"的旗号,并曾对神宗说:"经术者所以经世务也,果不足以经世务,则经术

---

①《信道教说》,《闲闲老人滏水文集》卷一。

何所赖焉?"①他又说:"今以少壮时正当讲求天下正理,乃闭门学作诗赋,及其入官,世事皆所不习,此乃科法败坏人材,致不如古。"②在事关教育和人才选拔这样的大问题上,若流于阴阳佛老,玄学清谈,将佛老的体用观作为主流学术,"为士者非性命之说不谈,非庄老之书不读"③,讲习、写作的尽是虚无荒诞之词,并让这种人"入官",假若王安石再生,恐怕更会发出"何所赖焉"的浩叹。后来徽宗酷信道教,国家危亡之际还指望道士创造奇迹,不能说与这股思潮无关。因此我们认为,"道德性命论"介入科举,影响是相当消极的。

北宋中后期的科场学风与文风中,还有一点需要提及,即穿凿。《三经新义》就有不少穿凿之论,杨时尝著《三经义解》以驳之,高宗曰:"以《三经义解》观之,具见安石穿凿。"④而《字说》对字义的解释,穿凿附会就更多了,当时颇为学者所讥笑。晚年修订时,王安石仍认为此书担负着"同道德之归,一名法之守"的政治重任⑤。《字说》对科场影响很大。《名臣碑传琬琰集》下卷一四《王荆公安石传》曰:"晚岁居金陵,为《字说》二十四卷⑥。学者争传习之,凡以经试于有司,必宗其说,少异辄不中程。"今传刘安

---

① 杨仲良《续通鉴长编纪事本末》卷五九《王安石事迹上》,影印宛委别藏本。
② 《文献通考》卷三一《选举四》。
③ 见《靖康要录》卷五载钦宗靖康元年(1126)四月二十三日臣僚上言。
④ 《宋史》卷三七六《陈渊传》。
⑤ 语见《进字说表》,《临川先生文集》卷五六。
⑥ 按:《字说》在熙宁时已流传,《郡斋读书志》卷四著录之《字说》二十卷,即其本。《临川集》卷五六所载《进字说表》谓二十四卷,乃晚年增订本。

节《刘左史集》卷二所载经义《王大旅上帝,何以谓之旅》,就以释
"旅"字字义为主要内容,如曰:"盖旅之为义,犹卒旅之为旅也。
昔者先王寄军师之法于乡遂之中,……五族为党,则合五卒为之
旅焉。自卒而下,其人寡矣;自旅而上,其人众矣。则旅也者,可
名为众也。"释"旅"为"众"当无大误。由此可睹经义之一格,即
以解字义为文。若依《字说》之误解而作经义,那就必然流于穿凿
了。《邵氏闻见后录》卷二〇曰:

> 东坡倅钱塘日,《答刘道原书》云:"道原要刻印七史固
> 善,方新学解经纷然,日夜摹刻不暇,何力及此。近见京师经
> 义题:《国异政,家殊俗,国何以言异,家何以言殊》,又有《其
> 善丧厥类,其、厥不同何也》①。又说《易·观卦》本是老鹳,
> 《诗》大小《雅》本是老鸦。似此类甚众,大可痛骇。"时熙宁
> 初,王氏之学务为穿凿至此。

吴曾说:"(徽宗)崇宁以来,专意王氏之学,士非《三经》、《字
说》不用。"②陆游《老学庵笔记》卷二载:"《字说》盛行时,有唐博
士耜、韩博士兼,皆作《字说解》数十卷。太学诸生作《字说音训》
十卷。又有刘全美者,作《字说偏旁音释》一卷,《字说备检》一

---

① 按中华书局校点本《闻见后录》将"国何以言异"两句、"其、厥不同何也"
  句置于两经义题外(经义题原用引号)。考刘安节《刘左史集》所载经义
  题,有《王大旅上帝,何以谓之旅》(卷二)、《操则存,何如其操也》(卷三),
  类此则知问句乃原题所有,盖北宋时经义有此题式。校点本当误。
② 《能改斋漫录》卷一二。

卷,又以类相从为《字会》二十卷。故相吴元中(敏)试辟雍,程文尽用《字说》,特免省。门下侍郎薛肇明作诗奏御,亦用《字说》中语。予少时见族伯父彦远《和霄字韵》诗云:'虽贫未肯气如霄。'人莫能晓。或叩之,答曰:'此出《字说》霄字,云:凡气升此而消焉。'其奥如此。""霄"的字义为高空云气,"肖"为音符;而将"肖"理解为消解之"消",并引入字义进行解说,只能流于穿凿。

综观北宋中后期道德性命论的流行和泛滥,特别是王安石用它介入科举考试以"造士"取人,后来又被"绍述"派利用实行文化专制,我们似乎可以总结出一条历史教训:正在研究中的学术,应当与现实政治保持一定的距离。如果像王安石那样,贸然用并不成熟的道德性命之学指导包括科举改制在内的社会变革,风险是很大的。王安石用经义代替诗赋并非毫无道理,所著《三经新义》《字说》也并非全无学术,他的性命之学自有其精华在,然而悲剧在于,他身前无力、身后更无法操控科举考试这架"马车",科场于是长期以《三经新义》《字说》为"时学","以荒唐诞怪、非昔是今、无所统纪者谓之时文","驱天下之人务时学、以时文邀时官"①,其学风、文风肯定不值得称道,直到《三经新义》《字说》被废为止。

第三节　南宋初中期:由谀佞回归欧苏

南宋绍兴间,权相秦桧袭蔡京的衣钵,政治上实行高压政策,

---

① 语出钱景谌《答充守赵度支书》,载《邵氏闻见录》卷一二。

制造了较"元祐党禁"有过之而无不及的"绍兴党禁",文坛和科场谀佞之风盛行。孝宗继位,情况才发生变化:欧阳修,特别是苏轼文风流行于乾道、淳熙之际。经过了长期文化专制的灾难之后,南宋中期文学领域真正出现了"中兴"局面,科场学风、文风也随之而变,在举子们的感觉中,仿佛进入了又一个春天,无以名之,因号"小元祐"。

一、绍兴时代的文化专制与谀佞之风

宋室南渡后,"和"、"战"之争成为政治的焦点。高宗主和,绍兴八年(1138)任用力主和议的秦桧独相,两人沆瀣一气,于绍兴十一年与金正式签订丧权辱国的"绍兴和议",从此开始了秦氏相党专政的黑暗统治,直到绍兴二十五年秦桧死,时间长达十五年之久。这对政治、思想、文化包括科举在内产生了极大影响。专制既成就了胡铨等光昭日月的君子,也产生了无数卑鄙龌龊的小人;而无辜的学子们或无奈而违心地写着官许的程式文字,当然也不乏无耻之徒向权贵们的贡谀献媚。方回《读宏词总类跋》曰:"绍兴二十三年癸酉,钓台陆时雍守建昌军,刊《宏词总类》,以秦桧之文冠其首,作序谀之。……自绍圣创学(按:指设宏词科)以至靖康之乱,凡有司之命题,与试者之作文,无非力诋元祐,以媚时相,四六率是愈工,而祖宗时正气扫地。"①可见谀佞之风早在蔡京时代就已兴盛,它是高压政治的副产物。规模宏大的《宏词总类》(凡四集九十五卷),可谓科举中的"歌德"总集,早已灰

飞烟灭。绍兴时代更涌现出人数众多的"文丐",而考场中形同"人质"的举子,不得不用廉价的颂词交换科名,科场弥漫着谀佞之风。在秦氏当权的五榜中,连不少号称正人君子的著名文士都不得已因此而蒙羞①。这是科举的悲哀,更是时代的悲哀。

绍兴科场汗牛充栋的谀佞文字极少保存下来,现只能读到一些片段。如绍兴二十四年(1154)三月殿试策问,制策题为:"朕……赖天悔祸,中外宁一。及间暇之时,延见儒生,博询当务。子大夫衰然咸造,其精思经术,详究史传,具陈师友之渊源,志念所欣慕,行何修而无伪,心何治而克诚。不徒观子大夫之立志,抑国家收取士之实效,夫岂小补! 其详著于篇,靡有所隐。"②《建炎以来系年要录》卷一六六节录了前三名秦埙、张孝祥、曹冠的对策。秦、曹二人,一是秦桧之孙,一是秦桧诸孙之师,可不论;张孝祥策曰:

> 往者数厄阳九,国步艰棘,陛下宵衣旰食,思欲底定。上天祐之,畀以一德元老,志同气合,不动声色,致兹升平。四方协和,百度具举,虽尧、舜三代无以过之矣。……今朝廷之上,盖有大风动地,不移存赵之心;白刃在前,独奋安刘之略。忠义凛凛,易危为安者,固已论道经邦,燮和天下矣。臣辈委

---

① 详见王曾瑜《宋高宗》之《文丐奔竞》一节,吉林文史出版社,1996年,第205页;沈松勤《从高压政治到"文丐奔竞"》,《文学遗产》2003年第三期。
②《宋会要辑稿·选举》八之七。

质事君,愿以是为标准,志念所欣慕者此也。①

文中"一德元老"指秦桧,语出高宗御书赐秦桧"一德格天之阁"牌;"不移存赵之心"亦指秦桧,指其靖康二年(1127)二月所上"请存赵氏"的议状。据上引《要录》载,考官定秦埙为首,张孝祥第二,曹冠第三;高宗发觉秦埙策"皆桧、熺语,遂进孝祥为第一,而埙为三"。张孝祥本是主战的,今人所有论著中都说他是南宋初的爱国主义词人,但在回答"志念所欣慕"的问题时,不得不用肉麻的言词歌颂秦桧,表示要以他为"事君"的"标准"。正如沈松勤先生所说:"('文丐'们)并不完全为官禄所驱使,更主要的是在高压政治下所产生的一种无法回避的适应性变异。"②

随着秦桧的病死,政治高压略有所减,但高宗并没有改变他主和的政治路线,人们的思想仍被禁锢。绍兴二十六年(1156)三月,高宗针对社会上反对秦桧而连及和议的思潮,下诏道:"讲和之策,断自朕志,故相秦桧,但能赞朕而已。近者无知之辈,鼓唱浮言,以惑众听,至有伪撰诏命,召用旧臣,抗章公车,妄议边事,朕甚骇之。内外之臣,咸体朕意,如敢肆议,当置典刑。"③不过高宗也明白,即便"内外之臣,咸体朕意",而秦桧的高压政治早已激起社会公愤,当时虽"能同其诼,而不能同其说"④,现在若不抛弃

---

①《建炎以来系年要录》卷一六六载绍兴二十四年辛酉条,中华书局,1988年,第2712页。
②沈松勤:《从高压政治到"文丐奔竞"》,《文学遗产》2003年第三期。
③《中兴小纪》卷三七。
④陈亮《送王仲德序》,《陈亮集》卷二四。

这个"死老虎",将极不明智,故他提出"更化",重塑自己的形象。绍兴二十七年(丁丑,1157)是贡举年。是年三月十四日,高宗御笔宣示殿试官道:"对策中有指陈时事、鲠亮切直者,并置上列,无失忠说,无尚谄谀,用称朕取士之意。"十六日,又戒励有司"抑谄谀,进忠亮"①。王十朋"以'权'为对,大略曰:'揽权者,非欲衡石程书如秦皇,传餐听政如隋文,强明自任、不任审相如唐德宗,精于吏事、以察为明如唐宣宗,盖欲陛下惩既往而戒未然,威福一出于上而已。……法之至公者莫如选士,名器之至重者莫如科第。往岁权臣子孙、门客类窃巍科,有司以国家名器为媚权臣之具,而欲得人,可乎?愿陛下正身以为本,任贤以为助,博采兼听以收其效。'几万余言。上嘉其经学淹通,议论醇正,遂擢为第一。学者争传诵其策,以拟古晁、董。"②王十朋在对策中不仅直接抨击了秦桧及其一党,也批评了高宗不能揽权和任贤的错误,极有胆魄。他能以第一名状元及第,标志着一个重大的转折,表明以高宗为总后台,秦桧及其死党多年精心构筑、苦心经营的思想文化堤防开始崩溃了,"天下以此占上意好恶",高宗转而"思与草野奇杰士共起世务",故"取能伸直节、吐敢言者",这一榜也被后人盛称为"丁丑榜"③。

绍兴三十一年二月二十三日,国子录邹樃上言:

---

① 《宋会要辑稿·选举》八之四三。
② 《宋史》卷三八七《王十朋传》。其《御试策》全文,载《梅溪先生文集》卷一。
③ 叶适《校书郎王公夷仲墓志铭》,《水心文集》卷一八。

多士程试,拘于时忌之说,蓄缩畏避,务为无用空言。至有发明胸臆、援证古今者,苟涉疑误,辄以时忌目之,不得与选,使人抱遗材之恨。欲望布告中外,应场屋程文有涉疑误被黜污者,依理考校,不许以时忌绳之,庶使去取精确,文风丕变。从之。①

不再以"时忌绳之",而求"文风丕变",无异于专制堤防的彻底崩溃。不过高宗的"开明"是有限的,秦桧死党是时犹布列朝堂。绍兴三十一年(1161)五月十六日,臣僚言:"比年科举之士,益尚奇怪。科举之文风,俗之所趋也,异说胜则诡激之行起。欲望严饬有司,凡务为奇说而不本于圣人之旨者痛加扫除,庶几人知所向,习正言,闻正道,风俗可得而厚。"高宗亦"从之"②。秦氏死后举行过两次科举考试(绍兴二十七年、三十年),臣僚所说的"比年科举",当指此两举;而所谓"尚奇"、"异说"云云,具体所指不详,疑即高宗诏所谓的"鼓唱浮言"、"妄议边事"之类。

二、回归欧苏:乾淳时代的学风文风走向

绍兴三十一年秋冬,金主完颜亮发兵南侵,赖虞允文采石之战的胜利,保住了小朝廷的半壁江山。次年六月高宗退位,皇太子赵昚继位,是为宋孝宗。孝宗早对秦桧的投降路线和权力野心不满,颇有恢复之志,是南宋最有作为的皇帝。隆兴元年(1163)

①《宋会要辑稿·选举》四之三四。
②《宋会要辑稿·选举》四之三四。

是贡举年,孝宗于二月十一日下诏继续打击科场的谀佞风气:"令省试诸科进士务取学术深淳,文词剀切,策画优长,其阿媚阘茸者可行黜落。"①是年张浚北伐失败,次年十二月与金签订"隆兴和议"。"中兴"缺乏底气,苟安的局面还得继续下去。

宋孝宗喜文,又特喜苏轼文。乾道九年(1173)正月,他作《苏轼文集序》(原题《御制文集序》),称轼"忠言谠论,立朝大节,一时廷臣无出其右",文章则"雄视百代,自作一家,浑涵光芒,至是而大成矣",并毫不掩饰自己的喜爱之情:"朕万机余暇,绅绎诗书,他人之文,或得或失,多所取舍;至于轼所著,读之终日,亹亹忘倦,常置左右,以为矜式,可谓一代文章之宗也欤!"因赠苏轼为太师,在《赠太师制》中,有"人传元祐之学,家有眉山之书"语。上之所好,下更甚焉,不仅苏轼及其父洵、弟辙各种版本的文集大量刊行,各种三苏文选也相继问世,如《重广眉山三苏先生文集》八十卷、《三苏先生文粹》七十卷、《标题三苏文》六十二卷、《重广分门三苏先生文粹》一百卷②,等等。

同时,陈亮编《欧阳文忠公文粹》二十卷,并作《后叙》曰:

> 二圣相承,又四十余年,天下之治大略举矣,而科举之文犹未还嘉祐之盛。盖非独学者不能上承圣意,而科制已非祖宗之旧,而况上论三代?是以公之文学者,虽私诵习之,而未以为急也。故予姑掇其通于时文者,以与朋友共之。由是而

---

① 《宋会要辑稿·选举》四之三六。
② 以上四种今存,详参拙著《宋人总集叙录》卷二。

不止，则不独尽究公之文，而三代、两汉之书，盖将自求之而不可御矣。先王之法度犹将望之，而况于文乎？则其犯是不韪，得罪于世之君子而不辞也。

所谓"二圣相承，又四十余年"，"二圣"指高宗、孝宗，故此书当编于孝宗乾道至淳熙初。陈亮明白地说明他的编纂目的是"掇其通于时文者"，以使"科举之文"追还"嘉祐之盛"。

淳熙五年（1178）六月十一日，礼部侍郎郑丙言：

> 恭闻陛下恢崇儒术，深烛文弊，延策多士，率取直言，置之前列。今岁秋举，窃虑远方之士未悉圣意，尚循旧习，或事谀佞。望申敕中外：场屋取士，务求实学纯正之文，无取迎合谀佞之说。

孝宗"从之"①。绍兴末邹梄所论在破除"时忌"，郑丙则直指"谀佞"之风。高、孝两帝的多次诏谕，以及上述两道得到皇帝认可的重要奏章，意义十分重大，它们促进了科场学风、文风的"丕变"：不仅要变绍兴，而且要度越绍圣、熙宁而上之，直接欧、苏。

也是在这个大环境下，吕祖谦创造了"批点"之法，著评点本《古文关键》，将科举文取法的范围扩大到韩、柳、欧、苏古文系统。从此，古文评点成为科举用书的一个新门类，并直接影响了科场学风、文风，如署吕祖谦的《东莱标注三苏文集》《东莱集注类编观

---

① 《宋会要辑稿·选举》五之五。

澜文集》，以及楼昉《迂斋先生标注崇古文诀》、王震霆《诸儒批点古文集成》，直到宋末谢枋得《叠山先生批点文章轨范》，等等，真正开启了"以古文为时文"的道路。

所有这一切，不仅打破了绍兴时期的文化专制，而且在科举时文回归欧、苏的带动下，使得整个文坛发生了极大的变化。宋人对此啧啧称赞不已，如赵彦卫《云麓漫抄》卷八曰：

> 淳熙中，尚苏氏，文多宏放。

又吴子良《荆溪林下偶谈》卷三：

> 淳熙间，欧文盛行，陈君举（傅良）、陈同甫（亮）尤宗之。

又陆游《老学庵笔记》卷八：

> 建炎以来，尚苏氏文章，学者翕然从之，而蜀士尤盛。亦有语曰："苏文熟，吃羊肉；苏文生，吃菜羹。"

所谓"吃羊肉"，指士人因熟读苏文而科场告捷，从而过上入仕做官的美好生活。

又罗大经《鹤林玉露》甲编卷二《二苏》：

> 孝宗最重大苏之文，御制序赞，特赠太师，学者翕然诵读。所谓"人传元祐之学，家有眉山之书"，盖纪实也。

又吴潜《鹤山集后序》：

> 自孝宗为《苏文忠公文集》御制一赞，谓"忠言谠论，不顾身害"。洋洋圣谟，风动四方，于是人文大兴，上足以接庆历、元祐之盛。

朱熹出于卫道，对苏文流行不以为然，他在《与张敬夫》中写道：

> （吕祖谦）留意科举文字之久，出入苏氏父子波澜……遂一向不以苏学为非，左遮右拦，阳挤阴助。①

但他明白时代潮流不可抗拒，在与门弟子的对答中，对苏文也有"好话"，如曰"东坡说得透"，"东坡文字明快，老苏文雄浑，尽有好处"②。

三、乾淳太学体

宋孝宗在位的乾道、淳熙二十多年，至少在南宋人眼里，是难得的盛世，也是文学的春天。理宗朝做过宰相的作家杜范，曾在《辛丑知贡举竣事与同知贡举钱侍郎曹侍郎上殿劄子》中写道："乾、淳之间，词人辈出，见之方册，质而不野，丽而不浮，简而不

---

① 《朱文公文集》卷三一。
② 《朱子语类》卷一三九。

率,奇而不怪,士子所当仿效。"①周密《武林旧事序》也说:"乾道、淳熙间,三朝授受,古昔所无,一时声名文物之盛,号'小元祐'。"在尘埃落定的宋季及宋社既屋的元初,回头反观历史,他们的话自应有较高的可信度。就文学而论,在回归欧苏的风气下,乾、淳确乎是南宋的高峰:诗坛有被后人盛称的"中兴四大家",词苑有一代泰斗辛弃疾,而文章也大家角立,如以叶适、陈傅良为代表的"永嘉派",以吕祖谦为首领的"婺学派",以朱熹为盟主的道学义理派等。在培育人才的最高学府"太学",则流行着别具特色、盛极一时的文体,人称"乾淳太学体"。

1. 关于"乾淳太学体"

在宋、元文献中,最早用"乾淳体"这个概念的,是周密的《癸辛杂识》后集:

> 南渡以来,太学文体之变,乾、淳之文师淳厚,时人谓之"乾淳体",人材淳古,亦如其文。

马端临《文献通考》卷三二《选举五》述淳熙十四年(1187)孝宗御试进士时,亦曰:"时儒生迭兴,辞章雅正,号'乾淳体'。"周、马二氏所谓的"乾淳体",指意很明确:乃乾、淳时的"太学文体",即"儒生"所习之时文,并非指整个的乾、淳文学。"太学体"虽不等于乾、淳文学,但太学历来是科场文风敏感的风标,而科场与社会文风又相互薰染,因此探讨"乾淳太学体"及其影响,对研究南宋

---

① 杜范《清献集》卷一一。

中后期的科举考试、学校教育以及文学创作,都有着重要的意义。

2. 陈傅良与乾淳太学体

据笔者考察,所谓"乾淳太学体",即乾、淳时期受"永嘉派"重要作家陈傅良科举程文影响而兴起的文体,它主要流行于太学。对此,南宋文献有着丰富的记载。叶适《陈公(傅良)墓志铭》道:

> 初讲城南茶院,时诸老先生传科举旧学,摩荡鼓舞,受教者无异辞;公未三十,心思挺出,陈编宿说,披剥溃散,奇意芽甲,新语懋长。士苏醒起立,骇未曾有,皆相号召,雷动从之,虽縻他师,亦藉名陈氏。由是其文擅于当世。……入太学,则张钦夫(栻)、吕伯恭(祖谦)相视遇兄弟也,四方受业愈众。①

他是说,陈傅良涤荡了绍兴间秦桧专政时期"科举旧学"的"陈编宿说",而发以"奇意"、"新语",甚至称其"自出新学"②,一时影响极大,文体为之一变。叶适又在《祭蔡行之(幼学)尚书文》中写道:"乾道初元,始变时文,公尚总角,舍庞趋醇。机杼自生,笔墨为春,太学南宫,遍魁等伦。答策忠愤,直词大振,名传外夷,气盖先民。"③蔡氏是陈傅良的学生。所谓乾道初"始变时文"云云,

---

①陈傅良《止斋文集》附录,又见叶适《水心文集》卷一六。
②见《台州教授高君墓志铭》,《水心文集》卷一七。
③《水心文集》卷二八。

与墓志铭所述相同。如果联系上引绍兴三十一年二月邹樗奏请"不许以时忌绳之",庶使"文风丕变"的时代背景,可知"乾淳太学体"一开始就与秦桧专政时期"蓄缩畏避"的谀佞文风对立。

按:陈傅良(1137—1203),字君举,号止斋,瑞安(今属浙江温州)人。曾为太学学录,乾道八年(1172)进士,官终宝谟阁待制,著有《止斋文集》《止斋论祖》等①。他在入太学之前,曾在家乡的城南茶院讲学授徒,并著《待遇集》一书(所谓"待遇",盖以文章待机遇而沽之意)刊行。后到行都杭州应太学补试(入补太学外舍生的考试),受到太学生们的热情追捧。吴子良《荆溪林下偶谈》卷四记载了他莅杭时的火爆场面:

> 止斋年近三十,聚徒于城南茶院,其徒数百人,文名大震。初赴补试,才抵浙江亭,未脱草屦,方外士及太学诸生迓而求见者如云。吴琚,贵公子也,冠带执刺,候见于旅邸,已昏夜矣。既入学,芮祭酒(烨)即差为太学录(引者按:太学学官之一种),令二子拜之斋序。止斋辞不敢当,径遁之天台山国清寺。士友纷然从之者数月。其时止斋有《待遇集》板行,人争诵之。

---

① 今传《永嘉八面锋》十三卷,或谓亦陈氏所著。《四库提要》曰:"不著撰人名氏。……考陈傅良、叶适当时皆称永嘉先生,相传此为陈傅良所撰,或曰叶氏为之。今观其间多傅良平日之语,其为陈氏无疑云。……其书凡提纲八十有八,每纲又各有子目,皆预拟程试答策之用,非欲著书,故不署名耳。"此即宋人所谓"策套"。

一位尚无科名的青年学子受到如此高规格的礼遇,是非常罕见的,它透露出人们对丕变文风的渴求。据《宋史翼》卷一三《芮烨传》,烨"乾道五年(1169)除国子司业,旋升祭酒"。则陈氏到杭州,当在此年稍后,其时已年逾三十(《林下偶谈》谓"近三十",似不确)。

蔡幼学《陈公(傅良)行状》记傅良中进士时的情况道:

> 公英迈不群,强学笃志,其为文出人意表,自成一家,人相与传诵,从游者常数百人。……孝宗方锐志治功,慨然慕唐太宗之为人,于是临轩以太宗事策新进士,公对言……且以太宗求谏崇儒等事,反覆规讽,其言深婉切至,有司奇之,将请置第一,或议不合,犹在甲科。当是时,公名震天下,其文流入夷貊。①

在陈傅良的众多门弟子中,蔡幼学是最有成就者之一。余文豹《吹剑录外集》曰:"蔡尚书幼学师陈止斋,乾道壬辰(八年)同赴省试。止斋知其必魁取,乃自下赋卷,已而师生经赋俱为第一。赋场先试出《圣人之于天道论》,次场《天地之性人为贵》,其文意步骤,全仿止斋,盖有所授也。"蔡幼学廷对策言辞激烈,孝宗"将为上首","或疑'天子圣德方日新,公年少论谏,盍顺导婉达?'由是不得上第"②。从二人或不在第一、或不得上第看,当时保守派

---

① 《止斋文集》附录。按乾道八年制策题,见《宋会要辑稿·选举》八之一三。
② 叶适《蔡公(幼学)墓志铭》,《水心文集》卷二三。

还有相当的势力,但新生代的锐气也足以扫除绍兴间权相专政投给社会和人心上的沉重阴影,尽显出"新学"振起士气的力量。

又《荆溪林下偶谈》卷三载:"陈龙川(亮)自大理狱出赴省试,试出,过陈止斋,举第一场《书》义破,止斋笑云:'又休了。'举第二场《勉强行道大有功论》破云:'天下岂有道外之功哉?'止斋笑云:'出门便见哉(按:谐音"裁")。然此一句却有理。'又举第三场策,起云:'天下大势之所趋,天地鬼神不能易,而易之者人也。'止斋云:'此番得了。'既而果中榜。"陈亮中进士第一在绍熙四年(1193),已在傅良登科二十年之后。陈傅良之所以令太学诸生倾倒,四方学者云从景随以乞指点,除了他崭新的文风外,善于揣摩时文的写作技巧和程式(尤其是破题),善于白别文章短长,而最终能猎取科名,无疑是重要原因之一。

陈傅良去世后,叶适在《祭陈君举中书文》中写道:

> 审周道如贯珠,晓百世若发蒙。开章程于草昧,调缓策于鸳瀫。……鸣于海陬,败屦瘦筇。暴名如雷,新语如风。宿老负墙,豪隽景从。而时文靡然由之一变,遂为多士之宗。①

楼钥《陈公神道碑》亦曰:

> 公自为举子业,其所论著如《六经论》等文,所在流播,几

———————

① 《水心文集》卷二八。

于家有其书。蜀中文学最盛,读之者无不动色,文体为公一变,至传入夷貊,视前贤为尤盛。①

盖棺定论,时文文体由之一变,乃陈氏一生中最重要的事件和功绩。陈傅良另一门人曹叔远收拾先师遗文,编成《止斋文集》五十一卷,在《序》中将陈氏一生分为若干期,隆兴至乾、淳间为:

> 执经户外,方屦阒集,片言落笔,传诵震响,场屋相师,而绍兴之文丕变,则肇于隆兴之癸未(元年,1163)。屏居梅潭,危坐覃思,超诣绝轶,学成道尊,则遂于乾道之丁亥(三年,1167)。博交遍验,洞碍融室,对策初第,恳恳独到,则盛于乾道之壬辰(八年)。官太学,倅闽府,诋劾却扫,勤十寒暑,绅绎文献,宏纲具举,则备于淳熙之丁未(十四年,1187)。

可见陈氏自隆兴历乾道、淳熙的二十余年内,生活大都与讲学、场屋及太学相关,其文章影响了整整一代人,尤以"太学诸生"为著。"时人"称当时的太学时文为"乾淳体",根据盖在于此。

应当着重指出,陈傅良和"乾淳体"的出现不是偶然的。他的程式文之所以风靡一时,并发展为太学中的流行体式,与他所处的时代密切相关;或者说"乾淳太学体"其实是孝宗的政治"更化"在科举考试中的体现。还应当说明,所谓"太学时文",不仅为策论,也包括场屋诗赋。陈傅良并非只擅作"文",诗赋也很好,叶

---

① 《攻媿集》卷九五。

绍翁《四朝闻见录》甲集《止斋陈氏》称"止斋陈氏傅良……词赋与进士诗为中兴冠"。但在南宋,如方回所说,陈氏"专以文名"①。因此,所谓"乾淳太学体"主要指文(策、论、经义),故前引《癸辛杂识》后集谓"太学文体之变"、"乾、淳之文"云云,皆偏指"文"。

3. 由陈傅良时文看"乾淳太学体"

陈傅良时文影响后世最大的,是由宋末状元方逢辰(号蛟峰)批点的《蛟峰批点止斋论祖》。瞿氏《铁琴铜剑楼藏书目录》卷二一曾著录元刊二卷本。传世的还有明成化间朱晫所刊四卷本,凡收"论"三十九篇。《四库全书总目》于《存目》著录《止斋论祖》五卷,《提要》称"首列《作论要诀》八章,中分四书、诸子、通鉴、君臣、时务五门,凡为论九十二篇"。此本未见著录。今以成化本所收论之,其论体文盖有以下特点。

(1)敢于直言。孝宗即位之后,革弊兴利,积极筹备北伐,喜听臣下的论治之策,甚至连举子策也受到重视。如隆兴元年(1163)二月二十一日诏:"今举诸科进士务取学术深淳、文词剀切、策画优长之人。可令礼部将省试上十名策卷编类缮写成册投进,以备亲览。如有可行事件,当下三省取旨施行。"原注评曰:"上初即位,从谏如流,求直言如渴,故有是命。"②此举意义重大,不仅绍兴时萎靡苟且之风为之一扫,士气民风也为之一振。真德

---

① 《瀛奎律髓》卷一三选陈傅良《用韵咏雪简湘中诸友》及《再用喜雪韵》二首,方回评曰:"止斋虽专以文名,而诗亦健浪如此。"
② 《宋会要辑稿·职官》一三之七。

秀《刘阁学(光祖)墓志铭》记载,"孝宗锐意于治,发策数十条",以广泛纳谏①。这无疑是对年青举子们的激励,并为他们在对策、进策中直言论事扫清了政治障碍。上引蔡幼学《陈氏行状》谓"孝宗方锐志治功,慨然慕唐太宗之为人,于是临轩以太宗事策新进士,公对言"云云,其《廷对策》载《止斋先生文集》卷二九,论孝宗行事"臣之所未谕者"凡四,大有庆历、嘉祐直谅之风。《止斋论祖》中的三十九篇文章,大多谈治道,如《王者之法如何论》《为治顾力行如何论》《唐制度纪纲如何论》《太宗功德兼隆论》等等。按宋代科举程文体制,"论"本来不及时务,但在"史论"、"子论"中总结往古圣君贤臣治国平天下的经验,或言治国御下之道,或说富国强兵之略,仍然有着鲜明的现实针对性。此时永嘉学者薛季宣等人正传播"事功之学",对陈傅良产生了很大影响。太学亦于是时极盛,叶适说"于时学官号天下选,讲学得人之盛,后以为不可"②。太学以求治为学,先后任祭酒或学录的芮烨、陆九龄、沈晦等,多为浙东人,与"事功派"关系密切。这些都正好与孝宗锐意求治合拍。可以说,陈傅良"变"时文的"新学",乾淳"太学体"的形成,都是时代造就的,同时也符合历史潮流,使教育(进而也使科举)紧扣时代的脉搏。

(2)精于程式。南宋时,科举诸体文均已完全程式化,这已在前面相关章节中论过;而陈傅良在程式特别是论体程式研究方面有其独特的功绩和贡献。《蛟峰批点止斋论祖》首列"论诀"八

①真德秀《真文忠公集》卷四三。
②《詹公(体仁)墓志铭》,《水心文集》卷一五。

章,包括认题、立意、造语、破题、原题、讲题、使证、结尾。又分甲、乙、丙、丁四体,每体一卷。"论诀"研究作"论"技法,如"立意"要求"高妙"、"当",具体地说是"立意不拘于一律,要使易于遣文","如题目在议论处出,则多以议论立意;在建明处出,则多以建明立意;在答问处出,则多以答问立意"。又如"造语"写道:"造语有三:一贵圆转周流,二贵过度精密,三贵精奇警拔。凡学造语圆转,必先取句语多,反覆论做一样子,看其如何说起,如何辨论,如何互说,如何引证,模仿其规模,则渐渐自然圆转。"其他各章,都是指示作"论"的门径和程式,将写作方法讲得具体而实在,有很强的可操作性。这对论体文写作具有很大的理论指导意义,也使我们不难了解,他的时文集当时何以受到士子们的热烈欢迎。

（3）写作技巧高超。前面说过,陈傅良为了扫除绍兴间科举程文的"陈编宿说",于是发以"奇意"、"新语",使人耳目一新。《宋史》本传也说:"初患科举程文之弊,思出其说为文章,自成一家,人争传诵,从者云合,由是其文擅当世。"立论新警,是止斋程文的普遍特点,也就是他在"论诀"中所说的"高妙"、"精奇警拔"。比如《王者之法如何论》,曾被选入《论学绳尺》卷四,有评曰:"终篇以新语易陈言,醒人眼目,所谓化臭腐为神奇者,妙论妙论。"《蜂峰批点止斋论祖》也评道:"主意谓远而王者之法,得于所闻者也;近而我家之法,得于所见者也。得于所闻者,不若得于所见之详。成帝不求近者之所见,乃欲慕远者之所闻,远有所慕,则近有所遗矣。使成帝能慕汉家之法,尊而行之,则汉其三代矣,又何必法王者之法,徒重所闻而忽所见哉？意极为到。"又如《舜禹有天下而不与论》,《论学绳尺》卷八引冯椅评曰:"议论出人意表。""出人意表"就是思维突破寻常,迸发出智慧的火花,给人以"意想不到"的惊奇感,而使文章饶有新意,甚至是"奇意",给读者莫大的启发。这是此类文章的审美价值之所在。

其次是辨析精微,深得论体。上引《舜禹有天下而不与论》,冯椅除以为"议论出人意表"外,又说该文"行文精微通畅,深得论体"。后者是止斋文之所以成为"论祖"的关键。就是说,为文不仅贵新,还贵"当"(见"论诀")。如《使功不如使过论》,《论学绳尺》卷五评曰:"反复功、过二字,结处微点破,意便晓然矣。亦不甚守常体。"《蛟峰批点止斋论祖》道:"有功者用之,而有过者弃之,此人情也。今却言使功不如使过,须要说出功如何不如过。此篇只把功、过二字反复说,结处微点破,意便晓然。辨析事理,曲当人情,用事议论,一段复一段,只是如此变将去,深得论体,却不可律以常调。"由于原文一般较长,这里不便多作引证,姑录其"冒子",以见一斑:

> 天下之事,恃其所长者必败,而耻其所不能者常获。故夫意得志满者不可屡逞,而摧败困踬者,是乃明主之所不弃者也。何则?人臣之功不忧其拙,而忧其锐;不畏其敢,而畏其专。盖惟拙者所戒,而锐者必骄;敢者处事以易,而专之者难之也。夫事不如人意者十常八九,天下之事倚其必集者,未必能有所就也。以天下不可必集之事,而使意得志满骄且易者为之,呜呼,难矣哉!

抓住"功"、"过"二字大做文章,分析透彻深刻,逻辑严密,将看似不稳的论点说得滴水不漏，十分有理（即"当"或"曲当人情"），论点不仅站得住脚，而且令读之者信服，完全符合做"论"的艺术规范和效果——所谓"深得论体"是也。据《论学绳尺·论诀》引吴镒之说，"论体有七：一、圆转；二、谨严；三、多意而不杂；四、含蓄而不露；五、结上生下，其势如贯珠；六、首尾相应，其势如击蛇；七、结一篇之意；常欲有不尽之意，如清庙三叹有遗音"。

又如《圣人之于天道论》，《蛟峰批点止斋论祖》道："凡物之天然者命也，圣人于众人之中，独纯乎天理，此是天生自然，可以安之于命。而圣人不敢安焉，每用工而自尽其性，此孟子所谓不谓命也。此篇转接混融，深得论体。"再如《为国之法似理身》，蛟峰批点道："此篇从理身上说药石，却以药石比刑法。药石非害身之物，则刑法非毒天下可见矣。说最有理致，不肯为雷同也。其委曲回护处，最好看他笔力。"

再次是造语圆活，行文简洁。前引"论诀"，有"造语圆转"之法。这也属"论体"的范围。所谓"圆转"或"圆活"，就是在"说起"、"辨论"、"互说"、"引证"诸多环节过渡自然，相互照应，一气呵成，势如转丸，读来畅如行云流水，而又摇曳生姿。如《博爱之谓仁论》，《论学绳尺》卷三评曰："立意广大，行文圆活，造语老苍，无一赘字，真可为法。"又如《山西诸将孰优论》，《论学绳尺》卷五曰："大凡论出于止斋之手者，文皆精密圆活，得论之体。"《蛟峰批点止斋论祖》则说："提出赵充国、苏武，称其浑厚、深沉、优劣，题须如此剖判。然此篇犹有缜密者，盖说'习俗'乃所以含山西意，说'贤者不能免'乃所以含诸将意。如此则题目尽在其中，又不刻画。"所评是开头一大段（包括"冒子"和"原题"），原文略曰：

习俗之移人，虽贤者不能自免；于贤者不能自免之中，而挺然特异者，是未可以习俗之移者例论矣。……汉之诸将，山西之族居多，然风声气息喜功名而乏器识，优于勇敢而劣于涵养，虽贤者尤化之，而无浑厚深沉之习。独充国、苏武二子挺乎其中，似非山西人物，班固立论不能抑扬之，而猥以例取。汉山西诸将孰优？微二子吾谁与归！

再如《仲尼不为已甚论》，《论学绳尺》卷六曰："止斋之论，论之祖也。此篇又为止斋诸论之冠，文圆活而味悠长，读之终日不厌也。"

然而圆活又不能冗长，行文简洁，亦止斋程文的一大特点。如《仁不胜道论》，《蛟峰批点止斋论祖》道："《穀梁子》曰：'仁不胜道。'今只顺题发明，最是行文简洁，用事老成，可以为法。"该文末段写道："智也而凿，勇也而乱，为信也而贼，皆君子之力行，而陷于小人之凶德。不以道裁之，则小人之盗君子者，接迹于天下矣。"蛟峰批曰："只此数语，多少意味。文之简，必意之精也。"

第四、文采斐然，读之有味。如《学者学所不能学论》，《蛟峰批点止斋论祖》道："此篇以化忘二字正说，以智力二字反说。题本枯淡，而文字丰腴，前辈所以为不可及也。"如其中"讲题"一段：

凡天下之事，极于精者心不与偕，而熟之至者无所容吾技。夫极精之后无心，而至熟之后无技者何也？夫惟精且熟者，率性之真，而任天理之便也。凡适性之真者无余巧，任天理之便者无奇功。婴儿习行，十步九蹶，及其至也，不顾而

趋,不择而履,而终日无婴儿之患。彼何为然耶? 其性之安,
天理之固然也。

举婴儿习行为喻,将所谓"极精无心,至熟无技"这个抽象的道理
说得生动而简明,读来很有味道。又如《告子先孟子不动心论》,
蛟峰批道:"文意渊永,读有余味。"再如《孝宣优于孝文论》,蛟峰
批道:"主意谓处孝文之时,俗尚暴激,故为政不可以不宽;处孝宣
之时,俗趣委靡,故为政不可以不严。此皆因时施政,非真有优劣
之论也。……终篇用事作文,丰腴委折。末谓二君未尝偏有所
尚,尤佳。"又如《学止诸至足论》,蛟峰亦批曰:"意高文赡,允为
妙作。"止斋善于修辞,语言丰赡活泼,虽是论说文,却可读性强,
富有韵味,颇具引人入胜的魅力。他特别注重结尾,"论诀"中有
"结尾"一章,以为此乃"正论关键之地,尤要造语精密,遣文顺快。
盖精密则有文外之意,使人穷之而益不穷;顺快则见才力不乏,使
人读之而有余味。意益不穷,文益有味,终篇而三叹矣"。这是他
深悟个中三昧的经验之谈。

　　前面说过,乾、淳间掀起了向欧苏文风回归的热潮,并引《荆
溪林下偶谈》卷三所载"淳熙间,欧文盛行,陈君举、陈同甫(亮)
尤宗之"之语。朱熹《答范伯崇》(第十一书)也说:"伯恭(吕祖
谦)讲论甚好,但每事要鹘囵说作一块,又生怕人说异端俗学之
非,护苏氏尤力,以为争校是非,不如敛藏持养。"① 方回《读陈同
甫文集二跋》亦曰:"或问陈同甫(亮)之文何如? 予曰:时文之雄

————————
① 《朱文公文集》卷三九。

也。《酌古论》纵横上下,取古人成败之迹,断以己见,拾《战国策》、《史记》之遗语,而传以苏文之体,乾、淳间场屋之所尚也。"[1]实际上,包括陈傅良、吕祖谦、陈亮在内的"浙东学派"诸君子,是当时文风回归欧、苏的主要代表,而作论尤尚大苏氏。试将《论祖》与东坡《进论》《进策》并读(进策与论,写作方法相近),则不难见其"遗传基因"所在,又非止《酌古论》为然也。因此可以说,"乾淳太学体"的渊源,正是"苏文之体"。

(4)引理学入时文。陈傅良的"论"之所以风行,还有一个重要原因:他本人喜好理学,并将理学思想引入程文。秦桧专权时,为了打击异己,扯起"王(安石)学"的幌子,再次禁锢"二程"学术,秦氏死后方才解禁(详下章)。在今本《止斋论祖》中,如"甲之体"的《天人相与之际论》《圣人之于天道论》,"丁之体"的《君子所性论》《动静见天地之心论》等多篇,皆以理学观立论。这对理学解禁不久的科场,无疑是个强有力的冲击,深深吸引着青年士子。因此之故,他的《待遇集》在后来的"庆元党禁"中曾遭劈版之祸。

4."乾淳太学体"的流弊

刘克庄《跋王秘监合斋集》道:"义理至伊洛,文字至永嘉,无余蕴矣。止斋、水心诸(君)〔名〕人之作,皆以穷巧极丽擅天下。"[2]《止斋论祖》所收之"论",内容新警,笔法纯熟,真所谓"无余蕴矣"。这对扫除夙弊,提高太学生的程文水平,显然具有积极

①方回《桐江集》卷二。
②刘克庄《后村先生大全集》卷九九。

意义；其中有些篇章，即使今天诵读，仍可令人掩卷称绝。当时"太学诸生"趣之若鹜，争相效仿，并衍成"太学体"，良有以也。但也正因如此，时久便又出现流弊，何况其时文如《论祖》所收也并非皆美玉无瑕。早在乾道七年（1171）三月二日，试起居郎兼权中书舍人留正就曾上言，曰："切惟太学时文，四方视以为法，而士风厚薄，人材盛衰，皆可盖见于此。国家取士，三场各有体制，故中选者谓之合格。数年以来，有司去取以意，士人志于得而已，程文多不中度。故议论肤浅，而以怪语相高；对策全无记问，而以浮辞求胜。大抵策尤卑弱，不足以传示四方。"①今不详留正之具体所指。他对乾道初以来太学时文的"体制"表示不满，认为"不中度"，有可能是针对"时文始变"之初重文意奇巧而忽略记问深刻的时代风尚。叶绍翁《四朝闻见录》甲集《止斋陈氏》谓陈傅良"词赋与进士诗为中兴冠，然工巧特甚，稍失《三元衡鉴》正体。故今举子词赋之失，自陈始也"。《荆溪林下偶谈》卷四也说："止斋之文，初则工巧绮丽，后则平淡优游，委蛇宛转，无一毫少作之态。其诗意深义精而语尤高。后学但知其时文，罕有识此者。……水心取其学，取其诗，不甚取其文，盖其文颇失之孱弱，初时文气终消磨不尽也。"细读《论祖》，虽有前述诸多优长，但也确有"少作"之"工巧绮丽"、"孱弱"的一面。比如大多以立论新巧、程式规范取胜，而求真正可为当世药石者则寡，纯是"书生之言"，难免"科场习气"。淳熙十年（1183）十二月十二日，著作郎兼权中书舍人李巘言："场屋之文，为经义者或取其驾说之支离，为辞赋者或贵

---

① 《宋会要辑稿·选举》四之四〇。

其下语之轻靡,为论为策者或尚其浮辞之胜,而实学有所不问。故浑厚典雅之文为难得,而记问该博之士为难致。此科举之大弊也。望诏有司,将来取士之际,先采其体制浑厚、辞章典雅、答问详尽之人,浮靡轻弱、空疏浮滥者置而勿取。"孝宗"从之"①。追求工巧必然流于华靡。其实举子为文的目标只在"求售",并不在"经世"。陈傅良本人也认为"以时务发策,以求实学,要之不离于文词,胡能相远"②,故他在得第后转而向薛季宣学习经制之学。前引曹叔远《止斋集后序》称止斋曾悔其"幼作",可见陈傅良颇有自知之明。

"乾淳太学体"的直接影响持续到光宗绍熙时代。必须指出,即使是在乾道、淳熙时,虽时文受"太学体"的带动有所起色,但由于科举自身的积弊,如经义的关题合题、穿凿经典、抄撮套类等等,实已病入膏肓,故朱熹深恶痛绝之,已见本书第十一章。此后韩侂胄的"庆元党禁",又在激烈的政治斗争中实行严酷的文化专制。宁宗嘉定以后,尤其是从理宗起,理学成为官学、学风、文风又逐渐一统于程、朱性理之学,流弊更深,详见下章。

---

① 《宋会要辑稿·选举》五之六。
② 《策问十四首》其一,《止斋集》卷四三。

第十六章　宋代理学与科举

　　研究宋代科举,不能回避、也必然要论及它与理学的关系①。这是因为,在指导思想上,理学既是宋代科举的归宿,也是元、明、清三代的先导。

　　融儒、释、道三教为一炉的理学,在北宋中期由周敦颐(1017—1073)创立后,经过张载(1020—1077)、程颢(1032—1085)、程颐(1033—1107)的发展和数代人艰难曲折的斗争,至南宋朱熹集其大成,而到南宋后期终于成为统治阶级的官方学术。理学逐渐登上主流学术的舞台,是两宋思想文化史上的一件大事,它影响到宋代社会上层建筑的各个领域,也深刻地影响着科举考试。

　　道学在北宋后期的代表是洛阳人二程(颢、颐),故又称"洛学"、"程学"。王安石本来也极好道德性命之学,与二程之说相去不远;但他未能建立起一个形而上的宇宙本体论,其所谓

---

①理学,宋人多称"道学",现代又称"新儒学"。学术界一般认为,理学包括道学、心学,内涵比"道学"要大一些。

"道"便流于释老,故朱熹批评他"以老、释之似,乱周、孔之实"①。于是,道学家被王安石"新学"一派目为"旧党",在长期党争中备受打击,程颐又曾入元祐党籍,即便是"或出闾里,或在原野,或在山林"聚徒传授,也被禁绝②。因此,北宋时期的道学,一直处于民间甚至地下状态,而非主流学术。虽偶有道学家如杨时任学官时曾以道学策问诸生③,但只是个别现象,不成气候,科举中还不可能有它的位置。到"靖康之难"宋室南渡后,情况才有所变化,理学家渐次被朝廷起用,理学也开始介入科举。但同时,它又深深陷入了党争的漩涡,在庆元间遭到沉重打击,直到嘉定后才喘过气来,理宗时才彻底"翻身",取得了正统地位而成为"官学",并极大地改变了南宋后期及元、明、清科举考试的走向。

有关宋代理学的文献史料相当丰富,但它介入科举,以及在科举考试中地位的起伏消长,材料却相对匮乏。我们尽可能索隐钩沉,分期考论之,并兼论理学介入科举后对科场时文写作的影响。

第一节　绍兴中:理学开始介入科举

"靖康之难"使徽、钦二帝做了俘虏。徽宗第九子康王赵构

---

① 《与吕东莱论白鹿洞书院书》,《朱文公文集》卷三四。
② 徽宗崇宁二年(1103)臣僚上言《论伊川先生聚徒传授乞禁绝》,李心传《道命录》卷二。
③ 四库本《龟山集》卷一五有《策问》十多道,其中有三道问及道学。据宋人黄去疾《龟山先生文靖杨公年谱》,乃崇宁三年任荆州教官时的府学策问。

（宋高宗）于建炎元年（1127）五月初一在应天府（今河南商丘）重建政权。随着金兵的进逼，赵构政权仓皇南渡，于绍兴元年（1131）二月定都杭州，史称南宋。

高宗一朝党争激烈，学术上也经历了由主程（颐）学到主王（安石）学，再到不拘一家之学的转变。南宋初，理学与王学的斗争，伴随着主战与议和两派进行。李心传《建炎以来朝野杂记》甲集卷六"道学兴废"条概括这一时期的斗争情况为：

> 绍兴初，秦会之（桧）为亚相，引康侯（胡安国）侍经席。一时善类，多聚于朝，俄为吕元直（颐浩）、朱藏一（胜非）所逐。朱、吕罢，赵元镇（鼎）相，彦明（尹淳）以布衣入侍讲，经生、学士多召用焉。元镇罢，张德远（浚）独相，陈司谏公辅首上章力排程氏之学，以为狂言怪语，淫说鄙论，镂榜下郡国切禁之。康侯疏言："今使学者师孔、孟而禁不得从（程）颐，是入室而闭其户也。"其后，会之再得政，复尚金陵（王安石），而洛学废矣。

绍兴元年吕颐浩与秦桧分任左、右相，共柄国政。秦桧为了培植势力，先后引胡安国（私淑程颐）、廖刚、王居正（二人皆杨时弟子）、陈渊（杨时女婿）等理学家入朝。秦桧有着十分强烈的权力欲，力排吕颐浩，吕党黄龟年劾秦"专主和议，沮止恢复，植党专权，渐不可长"，至比为王莽、董卓①。绍兴二年八月，秦桧罢相，

---

① 《宋史》卷四七三《秦桧传》。

其党羽被逐。

绍兴四年(1134)秋,赵鼎为相。次年二月,与张浚分任左右相。两人皆喜道学,程学之徒再次聚之于朝。赵鼎"尝荐胡寅、魏(矼)、晏复敦、潘良贵、吕本中、张致远等数十人分布朝列",暨绍兴七年再相,又奏荐刘大中、常同、林季仲等人①,他们大多为理学家。张浚"与赵鼎共政,多所引擢,从臣朝列,皆一时之望,人号'小元祐'"②。正如清代学者全祖望所说:"中兴二相,丰国赵公(鼎)尝从邵子文(伯温)游,魏国张公(浚)尝从谯天受(定)游","伊洛之学,从此得昌"③。于是,理学首次被引入科举考试。李心传《建炎以来系年要录》卷九三载绍兴五年九月乙亥"上御射殿,赐进士汪洋等"条,引朱胜非《秀水闲谈录》,谓是年"殿试策,不问程文善否,但用(程)颐书多者为上科"。这可能有所夸大(《建炎要录》卷八八引《秀水录》时,李心传即认为朱胜非"毁誉失实";此又有案语曰:"黄中策乃不用颐书,与胜非所云不合。"),但在赵鼎为相时,程学在科举中占据优势当是事实。这从他为相、再相期间的两次省试所任考试官即可看出。《宋会要辑稿·选举》一之一五载:绍兴五年六月二十六日,"以翰林学士孙近知贡举,给事中廖刚、中书舍人刘大中同知贡举"。绍兴八年四月二十七日,"以翰林学士、知制诰朱震知贡举,给事中张致远、起居舍人勾龙如渊同知贡举"。孙近曾荐用张浚,廖刚、朱震等皆著

---

①《宋史》卷三六〇《赵鼎传》。
②《宋史》卷三六一《张浚传》。
③《宋元学案》卷四四《赵张诸儒学案》。

名理学家。《建炎要录》卷一六五载绍兴二十三年(1153)十一月甲午右正言郑仲熊言,亦称赵鼎"立专门之后,有司附会,专务徇私,不论才与不才,有是说必置之高等"①。

但这种情况没有持续多久:绍兴六年十二月赵鼎免相,陈公辅立刻上奏反攻,乞禁伊川(程颐)之学,然"事虽行,赵忠简(鼎)再入,公辅旋亦罢。八年,赵公免,秦桧独相",遂尽斥道学之士②。从此,开始了对程学的一系列打击,尤其注意从科举考试中肃清道学思想:

绍兴十四年四月,苏籀上《初论经解劄子》,乞录宋人所著五经讲解,以补唐人《正义》阙遗③。高宗谕秦桧曰:"此论甚当。若取其说之善者,颁诸学官,使学者有所宗一,则师王安石、程颐之说者,不至纷纭矣。"④高宗意欲平衡和消解理学、王学之间的矛盾。按苏籀《试闱即事三绝》之二:"近岁颛门不读书,右文搜拔广该儒。立言不朽非吾任,贪叩玄门隐者庐。"⑤"近岁"两句,指科举考试中多以道学(即所谓"颛门")取士,后两句则表示自己对学术不感兴趣。北宋后期,蜀学代表苏轼与洛学有很深的矛盾,苏籀又将祖父辈的宿怨带到了南宋。八月二十五日,宰执进呈殿

---

① 按:南宋末赵孟坚《为仓使吴荆溪先生寿》诗曰:"孔孟至皇朝,文与道相属。溯自熙丰后,专门始分目。欧、苏以文雄,周、程理义熟。从此判而二,流派各异躅。"(《彝斋文编》卷一)在庆元党禁中指理学为"伪学"之前,"专门"或"专门曲学",皆指理学。
② 《道命录》卷四。
③ 《双溪集》卷九。
④ 《建炎以来系年要录》卷一五一。
⑤ 《双溪集》卷四。

中侍御史汪勃奏："今日科场,当国学初建,万方多士拭目以观取舍。欲望戒敕攸司,一去一取,尤在所遴。苟专师孔孟、议论粹然一出校正者,在所必取;其或采摭专门曲说,流入迂怪者,在所必去。"高宗曰："汪勃所论甚善。曲学臆说,诚害经旨,当抑之使不得作,则人之心术自正矣。可依所奏。"①并诏有司"凡私意臆说尽黜之"②。汪氏显然是右王学、迎合秦桧的。十月甲午,右正言何若上言："自赵鼎倡为伊川之学,高闳之徒从而和之,乃有横渠《正蒙书》、《圣传十论》,大率务为好奇立异,而流入于乖僻之域。顷缘闳为国子司业,学者争投所好,于是曲学遂行。虽然,凡试于有司者,未有不志于得也。伏望申戒内外师儒之官,有为乖僻之论者,悉显黜之。如此,则专门曲学不攻自破矣。"辅臣进呈,高宗曰："(何)若所论甚当。"③

绍兴十七年(1147)六月十九日,左修职郎赵公传上言："近年以来,诸路书坊将曲学邪说不中程之文擅自印行,以瞽聋学者,其危害大矣。望委逐路运司差官讨论,将见在板本不系六经、子、史之中而又是非颇缪圣人者,日下除毁。"高宗"从之"④。

绍兴二十年(1150)九月十二日,侍御史曹筹又言："近年考试,多以私意取专门之学,至有一州而取数十人,士子愤怨,不无遗才之叹。欲望诚饬试院,其有不公,令监察御史出院日弹劾。"

---

① 《宋会要辑稿·选举》四之二八。又见《建炎以来系年要录》卷一五二、《道命录》卷四。
② 叶适《汪公(勃)墓志铭》,《水心文集》卷二四。
③ 《建炎以来系年要录》卷一五二。又见《道命录》卷四。
④ 《宋会要辑稿·刑法》二之一五一。

高宗"从之"①。

绍兴二十三年十一月，秦桧奏事诋伊川（程颐），而及胡安国。其党郑仲熊闻之，遂上奏攻杨迥（杨时子）、胡襄（曾学于胡安国），有曰："初，赵鼎立专门之后，有司附会，专务徇私，不论才与不才，有是说必置之高等，士子扼腕，二十年于兹。今襄又为之唱，欲使人人尽归于赵鼎、胡寅之门而后已，臣所以为国家虑也。欲望亟赐罢黜。"②于是"奉圣旨依"③。

绍兴二十五年冬十月乙亥朔，"秘书省正字张震面对，言陛下临御以来，兴学校，制礼乐，天下学士，靡然向风。臣愿申敕天下学校，禁专门之学，使科举取士专以经术渊源之文，其涉虚无异端者，皆勿取，庶几士风近古"。高宗"从之"④。

事实上，无论是赵鼎主程学，还是秦桧主王学，皆不过是党同伐异的幌子而已，他们都不懂学术。正如李心传所说："赵公实不识伊川，故有伪称河南门人者，亦蒙进用。"⑤"自赵忠简（鼎）去后，桧更主荆公之学。……然桧非但不知伊川，亦初不知荆公也。"⑥从上揭秦党弹奏可知，虽据说有道学之士"一州而取数十人"的事例，但程学真正得势，只是在绍兴初主战派当权的数年间，随后即被禁锢，其处境可谓"乍暖还寒"，介入科举的程度不可

①《宋会要辑稿·选举》四之二九。
②《建炎以来系年要录》卷一六五。
③《道命录》卷四。
④《建炎以来系年要录》卷一六九。
⑤《道命录》卷三。
⑥《道命录》卷四。

能高。《宋史·选举志二》曰:"自神宗朝程颢、程颐以道学倡于洛,四方师之,中兴盛于东南,科举如张孝祥登进之文稍用颐说。"其实张孝祥虽有幸得状元,当时却险些落榜。陆世良于绍熙五年(1194)所作《宣城张氏信谱传》载:"绍兴甲戌(二十四年,1154),廷试擢进士第一,时年二十有三。策问师友渊源,秦埙、曹冠皆力攻程氏专门之学,公独以程氏得孔、孟之绪。先,知贡举汤思退已定埙魁多士,帝(高宗)读其策皆(秦)桧语,复自裁择,乃首擢公,亲洒宸翰:议论坚正,词翰俱美。"①假如没有主张调和的宋高宗亲自"裁择",张孝祥无疑又将成为政治斗争的牺牲品。

绍兴二十五年秦桧死,政治上出现了所谓"更化","士大夫之攻程学者,自是稍息矣"②。对程学、王学,高宗又恢复了不偏不倚的态度。早在绍兴十四年三月癸酉高宗与秦桧交谈时,高宗就说:"王安石、程颐之学,各有所长,学者当取其所长,不执于一偏,乃为善学。"③但事实上,在秦桧禁程学的过程中,这位昏君不仅"执于一偏",而且是十足的帮凶。绍兴二十六年六月十五日,秘书省正字叶谦亨言:

> 臣伏见陛下留意场屋之制,规矩一新。然臣犹有虑者。学术粹驳,系于主司去取之间。向者朝论专尚程颐之学,有立说稍异者,皆不在选。前日大臣则阴佑王安石而取其说,

①《于湖居士集》附录。
②《道命录》卷四。
③《建炎以来系年要录》卷一五一。

稍涉程学者，一切摈弃。天理之所在，惟其是而已。取其合于孔、孟者，去其不合于孔、孟者，可以为学矣，又何拘乎？愿诏有司精择而博取，不拘一家之说，使学者无偏曲之敝，则学术正而人才出矣。

高宗曰："赵鼎尚程颐，秦桧尚安石，诚为偏曲，卿所言极当。"于是降旨行下。"自桧专国柄，程学为世大禁者凡十有二年，至是始解。"①《宋史·选举志二》也说："程、王之学，数年以来，宰相执论不一，赵鼎主程颐，秦桧主王安石，至是，诏自今毋拘一家之说，务求至当之论，道学之禁稍解矣。"朝廷这一学术政策的转变，固与秦党专权结束、政治大气候变化直接相关，也是理学家们长期不屈不挠斗争的结果，为孝宗时代理学的发展并进一步介入科举开辟了道路。

第二节　孝、光间：理学在科举中时占上风

周密曾在所著《癸辛杂识》续集下《道学》一则中，记"吴兴老儒"沈仲固的话说："道学之名，起于元祐，盛于淳熙。"不过孝宗淳熙时期的所谓"盛"，主要是在民间学术界，最多也只有"半官方"的位置，同时仍常常遭到反对派的攻击。因为"自秦桧死，学禁稍

---

① 《道命录》卷四。又见《宋会要辑稿·选举》四之三〇、《建炎以来系年要录》卷一七三。

开，……然桧之余党相继在位，国论尚未正也。惟山林之士，不以荣辱贵贱累其心者，乃克好之"①。如《宋史》卷三八九《尤袤传》所说："方乾道、淳熙间，程氏学稍振，忌之者目为道学，将攻之……"这种攻击时而有之。如：

淳熙五年（1178）三月，侍御史谢廓然言："近来掌文衡者，主王氏之说则专尚穿凿，主程氏之说则务为虚诞。夫虚诞之说行，则日入于险怪；穿凿之说行，则日趋于破碎。今省闱引试，乞诏有司公心考校，毋得徇私，专尚程、王之末习。"孝宗"从之"②。

淳熙七年六月，秘书郎赵彦中又上疏，略云：

> 科举之文，言之儒宗文师，成式具在。今乃祖性理之说，以浮言游词相高。士之信道自守，以六经、圣贤为师可矣；今乃别为洛学，饰怪惊愚，外假诚敬之名，内济虚伪之实，士风日弊，人材日偷。望诏执事，使明知圣朝好恶所在，以变士风。

孝宗"从之"③。

淳熙十年（1183）六月，监察御史陈贾奏，称道学之徒"假其名以济其伪"，并请求"痛革"之，"于听纳除授之间考察其人，摈斥勿用，以示好恶之所在"。当时"奉圣旨依"④。

---

① 《道命录》卷五。
② 《宋史全文》卷二六下。
③ 《宋史全文》卷二六下。
④ 《道命录》卷五《陈贾论道学欺世盗名乞摈斥》。

不过，此时期道学虽不断受到打压，还没有出现如秦桧专政时用行政命令强行禁止并抬出"王学"进行对抗的局面。理学家通过大办书院和讲学，公开争夺和扩大学术阵地。宁宗、理宗时人时少章说："国朝道学鼎盛，名师辈出，至于江左，则两先生（指张栻、吕祖谦）暨新安朱先生（熹），皆以精志全识，开阐大学，经迪群心。一时议论，盈邑满都，士之有志于道者，咸集其门。其希进望用之士，乃始入学。于是学校为名利之途，而诸先生之门为理义之薮，析为二歧。"[1]尽管如此，程学仍远没有定尊一统的可能。如淳熙间朱熹曾劾台守唐仲友，"上将置唐于理。王（淮）与唐为姻，乃以唐自辩疏与考亭（朱熹）章俱取旨，未知其孰是。王但微笑，上固问之，乃以'朱—程学，唐—苏学'为对。上笑而缓唐罪。时上方崇厉苏氏，未遑表章程氏也，故王探上之意以为解"[2]。因孝宗好"苏学"，加之秦桧余党尚在，反对理学的力量不可小觑，故斗争此起彼伏，形势错综复杂。相关史料较丰富，为了简明，我们征引李心传《建炎以来朝野杂记》甲集卷六"道学兴废"条所概括的一段话：

> 乾道、淳熙间，二人（朱熹、张栻）相往来，复以道学为己任，学者号曰晦庵先生、南轩先生。东莱吕伯恭（祖谦），其同志也（引者按：以上三人，当时号"东南三贤"）。南轩侍经筵不久而去，晦庵屡召不起，上贤之。久之，王丞相淮当国，不

①《严州二先生祠堂记（代太守王会龙作）》，《敬乡录》卷一一。
②叶绍翁《四朝闻见录》乙集《洛学》。

喜晦翁,郑尚书丙始创为"道学"之目。王丞相(淮)又擢太府陈寺丞贾为监察御史,俾上疏言:"近日搢绅有所谓'道学'者。大率假其名以济其伪,望明诏中外,痛革此习。每于除授听纳之际,考察其人,摈斥勿用。"晦翁遂得祠。又数年,周洪道(必大)为集贤相,四方学者稍立于朝。会晦翁除郎,以疾未拜,而林侍郎栗劾其欺慢,且诋道学之士,乃乱臣之首,宜加禁绝。林虽罢去,而士大夫讥贬道学之说,迄不可解,甚至以朋党诋之,而邪正几莫能辨。至绍熙末,赵子直(汝愚)当国,遂起晦翁侍经筵,而其学者益进矣。晦翁侍经筵数十日而去位。子直贬永州。何参政澹为中执法,复上击道学之章,刘枢密德秀在谏列,又申言之,于是始有伪学之禁矣。①

由此可见,这时期理学与反理学的斗争,形成了"拉锯战":随着理学的支持者或反对者在政治舞台上的得势或失势,理学和理学家们的处境也跟着发生变化,而理学的集大成人物朱熹的进退,成为矛盾的焦点。这个斗争,至淳熙末、绍熙初达到白热化。淳熙十五年(1188),先是监察御史陈贾论道学欺世盗名,乞摈斥②。接着是兵部侍郎林栗弹劾朱熹。太常博士叶适于是上奏为朱熹辨诬,并论劾陈贾。绍熙元年(1190)二月,殿中侍御史刘光祖亦上奏论道学非程氏之私言,为道学辩护,称"方今道学,伊洛为宗,

---

① 又参李心传《建炎以来朝野杂记》乙集卷七"叶正则论林黄中袭伪道学之目以废正人"条,详《宋史·道学传》。
②《道命录》卷五。

实非程氏之私言,出于《大学》之记载。……何况其率多善士,善人所至,人必喜称"云云。当时"奉圣旨依"①,故有"绍熙尚程氏,曰洛学"之说②。周南在廷对策中,亦切论之曰:

> 陛下聪明为小人蔽蒙甚有三:一曰道学,二曰朋党,三曰皇极。夫仁义礼乐,是为道;问辨讲习,是为学。人有不知学,学有不闻道,皆弃材也。古人同天下而为善,故得谓之道学,名之至美者也。小夫谮人,不能为善而恶其异己,于是反而攻之,而曰"此天下之恶名也"。陛下入其说,而抱材负学之士以道学弃之矣。恶名既立,争为畏避,迁就迎合,扫迹灭影,不胜众矣。小夫谮人犹不已,又取其不应和、少骂讥者,亦例嫌之曰"我则彼毁,尔奚默为?是与道学相为党尔"。陛下又入其说,而中立不倚之士以朋党不用矣。举国中之士,不陷于道学,则困于朋党矣。

虽"考官奏拟第一,中语不用";但意义重大,因"熙宁后道学始盛,而攻短者亦继出,意极鄙悖,士不敢辨,独君能辨之"③。是年五月,刘光祖出为潼川府转运判官,何澹为谏长,"议论自此分矣"④——从此反道学派占据优势,数年后终于酿成"庆元党禁"。

孝宗到光宗的三十余年间(1163—1194),有关理学与科举的

---

① 《道命录》卷六《刘德修论道学非程氏之私言》。
② 赵彦卫《云麓漫抄》卷八。
③ 叶适《周君南仲(南)墓志铭》,《水心文集》卷二〇。
④ 《道命录》卷六。

材料不多,但我们可从理学家特别是同属理学阵营但又批评"性理学"的"事功派",以及庆元时力攻理学的官僚口中,得知这一时期的大略。理学家楼钥,在孝宗隆兴初任温州教授时,曾作《温州进士题名序》,感慨温州进士登第之盛:"魁南宫者四,冠大庭者再。"他究其原因道:"河南二先生(指二程)起千载之绝学,以倡学者,此邦之士渐被为多,议论词篇类有旨趣,岂其是欤!"①这时距秦桧之死才十年,风气已是如此。陈亮属"事功派",他在《送王仲德序》中说:"二十年间(按:指孝宗隆兴以来),道德性命之说一兴,迭相唱和,不知其所从来,后生小子读书未成句读、执笔未免手颤者,已能拾其遗说,高自誉道,非议前辈,以为不足学矣。"他又在《送吴允成运干序》中指责"为士者耻言文章、仁义,而曰尽心知性;居官者耻言政事、书判,而曰学道爱人。相蒙相欺,以尽废天下之实,则亦终于百事不理而已"②。这至少表明,理学虽还没有上升到官方学术,但对士人的意识形态、价值取向的影响,已经十分深刻。

庆元二年(1196)三月十一日,极力攻击理学的吏部尚书叶翥等上言③:"二十年来(按:当指淳熙至绍熙),士子狃于伪学,汩丧良心,以六经子史为不足观,以刑名度数为不足考,专习语录诡诞之说,以盖其不学空疏之陋,杂以禅语,遂可欺人。三岁大比,上

---

① 《攻媿集》卷五三。
② 以上两序,俱见《陈亮集》卷二四。
③ 庆元二年三月九日,朝廷任命叶翥权知贡举,吏部侍郎倪思、右谏议大夫刘德秀权同知贡举,见《宋会要辑稿·选举》一之二五。此奏即叶翥等接受新任后所上。

庠校定，为其徒者专用怪语暗号，私相识认，辄置前列，遂使真才实能反摈不取。臣等孰识其弊，比知贡举，试取经史之疑经质之，多不能对。观其文理，亦有可采，而怪诞尤甚，深可怜悯。盖由溺习之久，不自知其为非。"次年六月癸未，"言者又论三十年来伪学显行，场屋之权，尽归其党，所谓状元、省元与两优释褐者，非其私徒，即是其亲故"①。这些对理学学者和二十年（或三十年）来科举考试的指控，虽不能说全无根据，但更多的显然是意气和偏激，是"项庄舞剑"，意在打击政敌，而且对科举中的理学势力难免夸大；但也说明在孝、光两朝，理学的地位虽还不够稳固，然其学术思想及学风、文风，已渗透到上层建筑，并在科举考试中时占上风。理学在各级考试的命题、阅卷、录取中的实际作用，因原始材料丢失，文献不足，现在已无法进行定量、定性分析；但政治上以理学与反理学为标志的两派势力的对峙胶着状态，说明谁都不具有绝对优势。随着政治上"拉锯战"的进行，理学对科举的影响力也必然随之波动。如柴中行，登绍熙元年（1190）进士第，就毫不隐讳地宣称"自幼读程颐书以收科第"②；而程珌的"运气"就稍差一点：他"绍熙四年（1193）登进士第，时丞相赵公汝愚典举春官，一见公文，曰：'天下奇才也。'擢魁多士。有以道学疑者，置本经第二，公论称抑"③。但不管怎样，孝、光时期理学在科举中占有相当重要的位置，当是事实。

---

① 沧州樵叟《庆元党禁》，《四库全书》所辑《永乐大典》本。下同。
② 《宋史》卷四〇一《柴中行传》。
③ 吕午《程公（珌）行状》，《洺水集》附录。

第三节　庆元中:科举厉禁理学

宁宗庆元初,外戚韩侂胄逐步掌握了朝廷大权,一手制造了历史上有名的"庆元党禁",理学遭到自开创以来最沉重的打击。"党禁"始于庆元元年(1195)六月丁巳刘德秀上疏请"考核真伪,以辨邪正",佚名《续编两朝纲目备要》卷四记此事,注曰:"此论伪学之始也。"七月,何澹也奏论专门之学短拙奸诈,提出"录其真而去其伪"①。他们的目的,原并不在要辨"学"之真伪,而是要击败和肃清以赵汝愚为首的政治势力。正式称理学家群体为"伪学之党",是在次年正月刘德秀弹劾留正,致其落观文殿学士、罢宫观,罪名是"引用伪学之党",《续编两朝纲目备要》卷四注谓"'伪学'之称自此始"。为了简明,这里引《宋史》卷四七四《韩侂胄传》所述,以见"党禁"成立的过程:

> (侂胄)设伪学之目,以网括(赵)汝愚、朱熹门下知名之士。用何澹、胡纮为言官。澹言伪学宜加风厉,或指汝愚为伪学罪首;纮条奏汝愚有十不逊,且及徐谊。汝愚谪永州,谊谪南安军。虑他日汝愚复用,密谕衡守钱鍪图之,汝愚抵衡暴薨②。留正旧在都堂众辱侂胄,至是,刘德秀论正引用伪

①《道命录》卷七上。
②据《庆元党禁》,赵汝愚是服药自杀。

党,正坐罢斥。吏部尚书叶翥要侍郎倪思列疏论伪学,思不从,侂胄乃擢翥执政而免思官。侂胄加开府仪同三司。时台谏迎合侂胄意,以攻伪学为言,然惮清议,不欲显斥(朱)熹。侂胄意未快,以陈贾攻熹,召除贾兵部侍郎。未至,亟除沈继祖台察,继祖诬熹十罪,落职罢祠。三年(1197),刘三杰入对,言前日伪党,今变而为逆党。侂胄大喜,即日除三杰为右正言,而坐伪学逆党得罪者五十有九人。①

于是"省部籍记姓名,降诏禁伪学"②。这就是所谓的"庆元党禁"。韩侂胄残酷迫害理学之士的动机,从来就不是为了学术,史载他只因有拥立宁宗之功,却未得到相应的"推赏",遂心生"觖望",忌恨宰相赵汝愚,故进行夺权和报复。叶适尝论之曰:

> 悲夫!祸所从来远矣。世方绌道学,而柄路艰用材。周丞相(必大)执政久,士多貌若愿,不心与也。忮者已怨,相与击逐,喜曰:"道学散群矣!"赵丞相(汝愚)特用材锐甚,清官重职,往往世所标指谓道学者。忮者尤怨,幸其有功,生异起说,枝连叶缀,若组织然。谤成而赵公亦逐,则又喜曰:"道学

---

① 关于庆元间韩侂胄打击理学派的斗争,详参《庆元党禁》、佚名《续编两朝纲目备要》卷四至卷十。坐"庆元党禁"的五十九人名单,见李心传《建炎以来朝野杂记》甲集卷六"学党五十九人姓名"条、《道命录》卷七下,以及《庆元党禁》。
② 周密《齐东野语》卷三《绍熙内禅》。

结局矣!"凡经赵公识面坐语,无不迹绝影灭也。①

理学被指为"伪学",对理学家的定性,很快又升级为"逆党"——政治气候的急转直下,自然立刻就反映到科举之中。论奏留正为"伪党"的刘德秀,庆元二年(1196)二月奏疏至云"伪学之魁,以匹夫窃人主之柄,鼓动天下,故文风未能丕变。请将语录之类并行除毁"②。上一节引述了叶翥庆元二年三月十一日权知贡举时上奏中所论二十年来理学对科举的影响,他接着建议道:"欲望因今之弊,特诏有司风谕士子,专以孔、孟为师,以六经、子、史为习,毋得复传语录,以滋其盗名欺世之伪。更乞内自太学,外自州军学,各以月试取到前三名程文申御史台考察,太学以月,诸路以季;太学则学官径申,诸路则提学司类申。如仍前不改,则坐学官、提学司之罪。如此,何忧文风之不变,士习之不革哉!"宁宗"从之"③。《文献通考》卷三二《选举五》引叶翥此奏,犹有"士狃于伪学,专习语录诡诞之说,《中庸》、《大学》之书,以文其非。有叶适《进卷》、陈傅良《待遇集》,士人传诵其文,每用辄效"数语。同时,"臣僚之荐举,进士之结保,皆有'如是伪学者,甘伏朝典'之辞"④。同年六月十五日,国子监上言:"已降指挥风谕士子,专以习《语》、《孟》为师,以六经、子、史为习,毋得复传语录,以滋盗名

---

①《李公(祥)墓志铭》,《水心文集》卷二四。
②《续编两朝纲目备要》卷四、《文献通考》卷三二《选举五》。
③《宋会要辑稿·选举》五之一七。
④周密《齐东野语》卷一一。

欺世之伪。所有《进卷》、《待遇集》,并近时妄传语录之类,并行毁板。其未尽伪书,并令国子监搜寻名件,具数闻奏。今搜寻到《七先生奥论》、《发枢》、百炼真隐李元纲文字、刘子翚《十论》、潘浩然《子性理书》、江民表《心性说》,合行毁劈。乞许本监行下诸州及提举司,将上件内书板当官劈毁。"宁宗"从之"①。这是要从士子所习举业和科举考试中彻底清除理学的影响。于是,"是科(庆元二年,1196)取士,稍涉义理,悉见黜落。六经、《语》、《孟》、《中庸》、《大学》之书,为世大禁"②。《宋史·选举志二》也载:"是举,语涉道学者,皆不预选。"

庆元三年六月一日,臣僚上言,称"近日伪学荒诞迂阔之说遍天下,高官要职无非此徒。陛下灼见其奸,特诏非廷试、省试与两优释褐第一人,不除职事官,可谓公选矣。三十年来,伪学显行,场屋之权,尽归三温人,预说试题,阴通私号,所谓状元、省元与两优释褐者,若非私其亲故,即是其徒。若专守此格,恐伪学之徒展转滋甚。伏望明诏大臣,审查其所学而后除授"③。

庆元四年二月五日,国子监又上言:"福建麻沙书坊见刊雕《太学总新文体》,内丁巳(庆元三年,1197)太学春季私试都魁郭明卿问定国是,问京西屯田,问圣孝风化,本监寻将案籍拖照得郭明卿去年春季策试即不曾中选,亦不曾有前项问目。及将程文披阅,多是撰造怪僻浮虚之语,又妄作祭酒以下批凿,似主张伪学,

---

①《宋会要辑稿·刑法》二之一二七。
②《庆元党禁》。
③《道命录》卷七下。据李心传按语,此奏乃宗正寺主簿杨寅轮对时所上。

欺惑天下，深为不便。乞行下福建运司，追取印板发赴国子监交纳，及已印未卖，并当官焚之，仍将雕行印卖人送狱根勘因依，供申取旨施行。"宁宗又"从之"①。可见对并无显证、只是"似主张伪学"的书籍也不放过。同年七月二十一日，臣僚言："仰惟陛下临御以来，开明公道，训饬士类，天下皆知以孔、孟为师，一洗伪学之陋，甚大惠也。然今日伪学既除，天下虽知趋向之方，圣经未明，学者犹有疑似之惑。乞诏有司，自今于六经、《论语》《孟子》中有发明正心诚意、道德性命处，仍旧出题，以审观程文引用趋向之邪正，庶使圣经复明于天下，学者无疑似之惑。仍令有司考校之际，惟不背经旨、议论正平者取之，如有窃假圣经，语涉虚浮，包藏奇僻矫诞之意，惑（原误"或"）乱众听者，痛行屏黜。"宁宗仍"从之"②。说得虽冠冕堂皇，却不难窥见其中的阴谋：目的在"引蛇出洞"，好一网打尽。次年（1199）正月十七日，礼部郎官陈说又言："其有浮靡邪说诡论，皆在黜落。"③直到嘉泰元年（1201）十二月十八日，有臣僚上言，仍要求科举中严禁理学："日者士风趋伪，缪相传习，于是场屋之文，始有肆为迂僻者。臣淳熙间蒙孝宗赐对，乞将日来妄立名字，私著论说、策议、讲解、杂文等，遵用旧法，非国子监看详辄刊行者，并令毁板。得旨从之。而伪徒蓄怨，施行未竟，而祸已及今，幸众正复开文风，知向方。多士计偕，近在来春，乞明诏四方，务为纯正之文，有袭前弊，必行黜落，仍饬有

---

① 《宋会要辑稿·刑法》二之一二九。
② 《宋会要辑稿·选举》五之二〇。
③ 《宋会要辑稿·选举》五之二一。

司,公于去取,稍或徇私,当令台谏预考校者机察以闻,重置于罚。"宁宗"从之"①。总之,这时"礼闱引试,疾士如仇,主文、举子,互腾口舌,渊源正论,类加憎恶;迎合时文,必见收取。或一二字之不合,便谓道学者流,尽行黜落"②,宁宗尽开绿灯,几乎到了不分青红皂白的地步。

党禁期间,考官必须说明"非伪学"才能任职。上节举过以道学于绍熙元年(1190)登进士第的柴中行,他后来任抚州军事推官,庆元初乡试,本应参加校文,"漕司前期取家状,必欲书'委不是伪学'五字于后",中行"独移文漕司,称'自幼习《易》,读《程氏易传》,未委是与不是伪学,如以为伪,不愿考校。士论壮之'③。总之,经过庆元间的大清洗,理学家及其追随者都被赶下了政治舞台,而"荐举考校,皆为厉禁"④,理学从科举考试中被全面清除。

第四节　宋末:理学占领科举阵地

嘉泰元年(1201)末,经过几年激烈的政治斗争、清除了几乎所有政敌的韩侂胄,大约发觉自己如同坐在火山口,据说"亦厌前

---

① 《宋会要辑稿·选举》五之二四。
② 嘉定七年(1214)正月六日监察御史倪千里言,见《宋会要辑稿·选举》六之一九。
③ 《庆元党禁》。
④ 《庆元党禁》载嘉泰元年二月监察御史林采上奏语。

事,欲稍事更改,以消释中外意。时亦有劝其开党禁以杜他日报复之祸者,侂胄亦以为然"。① 他的"以为然",不过是想缓和一下形势,巩固已经到手的政治成果而玩弄的另一套权术。于是,次年二月追复赵汝愚资政殿学士,标志着党禁始弛。随后,士大夫列名党籍而在世的相继复官,朱熹也追复焕章阁待制。

"开禧北伐"失败,韩侂胄被杀,政治形势再次发生了逆转:嘉定元年(1208),赵汝愚尽复原官,赐谥"忠定"。朱熹赠谥曰"文"。其他在庆元党禁中遭受迫害的,都授与官职或得到褒奖。这等于为"理学"全面平反。到崇信理学的宋理宗赵昀登位后,又赠朱熹太师,追封信国公,改封徽国公;赵汝愚则追封为福王。淳祐元年(1241)正月甲辰(十五日),理宗诏曰:

> 朕惟孔子之道,自孟轲后不得其传。自我朝周敦颐、张载、程颢、程颐,真见实践,深探圣域,千载绝学,始有指归。中兴以来,又得朱熹精思明辨,表里混融,使《大学》、《论》、《孟》、《中庸》之书,本末洞彻,孔子之道,益以大明于世。朕每观五臣论著,启沃良多。今视学有日,其令学官列诸从祀,以示崇奖之意。

"寻以王安石谓'天命不足畏,祖宗不足法,人言不足恤',为万世罪人,岂宜从祀孔子庙庭,黜之。丙午(十七日),封周敦颐为汝南伯,张载郿伯,程颢河南伯,程颐伊阳伯。……戊申(十九日),幸

----

① 《庆元党禁》。

太学谒孔子……制《道统十三赞》就赐国子监宣示诸生。"①又据《宋史》卷一〇五《礼志八》，理宗幸太学时，"诏以周敦颐、张载、程颢、程颐、朱熹从祀(孔子)，黜王安石"。所有这些紧锣密鼓的行动，固然有缓和统治集团内部矛盾的政治目的，但也等于奉理学为正统，并将理学的开创者和集大成者统统推上神坛；同时标志着在与"王学"的长期斗争中，理学最终取得了完全而体面的胜利，其所谓"物极必反"，"否极泰来"。

政治气候的又一次大变化，带来了理学大发展的春天，于是理学家们立刻抓住这个难得的机遇，将理学引入教育和科举。嘉定初，曾受知赵汝愚、至此已闲居十余年的吴柔胜迁国子正，"始以朱熹《四书》与诸生诵习，讲义策问，皆以是为先。……于是士知趋向，伊洛之学，晦而复明。迁太学博士"②。嘉定五年(1212)，宁宗批准刘爚之请，将朱熹《论语集注》《孟子集注》列为官学课本③。真德秀在给皇帝起草的《科举诏》中写道："前者权臣崇饰私意，渊源纯正之学斥之为伪，忠亮鲠切之言嫉之若仇。繇是士气郁而弗伸，文体浸而不古。肆朕更化之后，息邪说以距诐行，辟正路而徕忠规。四海之士，闻风兴起，既有日矣。今之大比，尔多士各抒所蕴，试于有司。贤书来上，朕将亲策于廷，以备器使。"④他又在《劝学文》中，劝谕学子系统地学习周、张、二程、

---

① 《宋史》卷四二《理宗纪二》。
② 《宋史》卷四百《吴柔胜传》。
③ 《道命录》卷八《李仲贯乞……定周程邵张五先生从祀》。
④ 《西山文集》卷一九。此诏末原有注曰："自'(而)前者'至'徕忠规'六十四字，为参政娄机贴去重改，今但存初本。"娄机修改后的文本，今未见。

朱熹等人的著作,以及《四书》,都在必读之列:"学校庠塾之士,宜先刻意于二先生(按:指张栻、朱熹)之书,俟其浃洽贯通,然后博求周、程以来诸所论著,次第熟复,而温公(司马光)之《通鉴》与文公(朱熹)之《纲目》,又当参考而并观焉。执教导者以时叩击,验其进否。上、中二句当课之日,则于所习之书摘为问目,俾之援引诸儒之说,而以己意推明之;末句则仍以时文为课。"①

科场评文的标准,也随之而变。嘉定十二年(1219)九月二十七日,国子司业王棐言:

> 南渡以来,嘉尚正学,中间诸老先生虽所得源委不能尽同,究析义理,昭若日星。……权臣误国,立为标榜,痛禁绝之,以《中庸》、《大学》为讳,所趋者惟时文,前后相袭,陈腐愈甚。夫积渐于数十年之久,其说之方行;大坏于数年之间,其论几熄。更化以来,崇奖虽至,丕变未能。……臣谓当此大比,戒谕考官,悉心选取,必据经考古、浑厚典实、理致深纯、辨析该通、出于胸臆、有气概者,理胜文简为上,文繁理寡为下。

宁宗"从之"②。又嘉定十三年九月二十八日,殿中侍御史胡卫言:

---

① 《西山先生真文忠公文集》卷四〇。按清真采编《西山真文忠公年谱》,真德秀于嘉定十七年(1224)九月知潭州。《劝学文》当作于是时。
② 《宋会要辑稿·选举》六之三二。

近在淳熙，惟文祖嘉尚正学，粤有洪儒，所得益粹，薰陶渐染，一时学者，皆根柢（原误"抵"）乎义理，发明乎章句，文风三变（按：前文谓尹洙、欧阳修为一变，遂跨于唐；程颢、程颐为再变，遂越于汉，此已节略），几至于道。而权奸不学，疾视善类，明立标榜，痛禁绝之，以务学为迂，以谈道为讳。……乞明诏四方，一新文体，俾小大试闱，自今以往，精于取士。其有六经之背于章旨，词赋之乏讽咏，议论之昧于趋向，答策之专于套类，芟夷蕴崇，望而屏去。则真才实学，或得于词语之间。

宁宗又"从之"①。他们都是主张一反庆元，用理学为评判程文的标准。前已征引周密《癸辛杂识》所记"吴兴老儒"沈仲固的话，沈氏还说："士子场屋之文，必须引用（《四书》、语录）以为文，则可以擢巍科，为名士，否则立身如温国（司马光），文章气节如坡仙（苏轼），亦非本色也。于是天下竞趋之。"据周密说，他听此言时"年甚少"，而他生于理宗绍定五年（1232），下文曰"其后至淳祐间"云云，则沈氏所说，当是自解党禁到理宗嘉熙（1237—1240）间的情况。从此理学不仅复恢了名誉，而且逐步成为官方学术，理学著作也成为科举考试的主要内容，也就是说理学已经完全占领了科举这个事关人才选拔和主流思想学术的极为重要的阵地。

　　早在"端平更化"之初，理学家真德秀被"召为户部尚书，……乃以《大学衍义》进，复陈祈天永命之说，谓'敬者德之聚。仪狄之

---

① 《宋会要辑稿·选举》六之四〇。

酒,南威之色,盘游弋射之娱,禽兽狗马之玩,有一于兹,皆足害敬'"①。在进《大学衍义》的《劄子》中,真德秀写道:"盖其所谓格物致知、诚意正心、修身者,体也;其所谓齐家、治国、平天下者,用也。人主之学,必以此为依据,然后体用之全,可以默识矣。"他又述在所著《大学衍义》中,帝王为治之序、帝王为学之序是"纲",而以格物致知之要、诚意正心之要、修身之要、齐家之要为"目"。理宗看了《劄子》后,命他"疾速投进"②。这是欲用理学体系整个儿"武装"宋理宗。第二年(端平二年,1235),真德秀被任命为知贡举。据王柏《宋故太府寺丞知建昌军王公(梦得)墓志铭》记载,王氏是年登进士第,"时方更化,召真文忠(原误"惠")公典贡举,士气欣跃,发策问《大学》之要,公以'敬'为一篇纲领,援征详明,适契真公意"③。在百废待兴、"民生颇艰"之际,负时重望的真德秀欲用"敬"来救正时弊,并将它引入科举考试,很让老百姓失望,市井有"吃了西湖水,打作一锅面"的谣谚④。周密又曾在《癸辛杂识》续集下《太学文变》一则中记载道:"淳祐甲辰(四年,1244),徐霖以《书》学魁南省,全尚性理,时竞趋之,即可以钓致科第功名。自此非《四书》,《东》、《西铭》、《太极图》、《通书》,语录,不复道矣。"按《宋史》卷四二五《徐霖传》:"淳祐四年,试礼部第一。知贡举官入见,理宗曰:'第一名得人。'嘉奖再三。"

---

① 《宋史》卷四三七《真德秀传》。
② 《劄子(四)》,《西山先生文集》卷一三。
③ 王柏《鲁斋集》卷二〇,影印《四库全书》本。
④ 周密《癸辛杂识·真西山入朝诗》。

"全尚性理"的文章得到了皇帝的"嘉奖再三",鲜明地体现出最高统治者的学术导向和科举风气的巨大变化;而在这个转变中,真德秀发挥了决定性的作用。

宋季,统治者既为理学树立起绝对权威,流弊也就随之而生。宝庆二年(1226)登进士第的罗大经曾感叹道:"近时讲性理者,亦几于舍六经而观语录,甚者将程、朱语录而编之若策括、策套,此其于吾身心不知果何益乎!"①他所说的,正是理宗时代的教育和科举状况。谯仲午尝寄书魏了翁,批评当时的学风"不本之践履,不求之经史,徒剿取伊洛间方言以用之科举之文,问之则曰先儒语录也。语录,一时门弟子所传抄,非文也,徒欲以乘有司之阇而给取之尔",了翁谓"心是其说"②。南宋的理学队伍,早已是鱼龙混杂,良莠莫别。周密曾说:"世又有一种浅陋之士,自视无堪以为进取之地,辄亦自附于道学之名,褒衣博带,危坐阔步,或抄节语录为资高谈,或闭眉合眼号为默识。而扣击其所学,则于古今无所闻知;考验其所行,则于义利无所分别……而遂使小人得以藉口为伪学之目,而君子受玉石俱焚之祸者也。"③而当理学上升到"钦定"地位并与利禄相联系时,就更加失去了活力,而成为一块新的"敲门砖"。统治者本欲用理学革科举之弊④,结果适得其反,更使晚

———————————

① 《鹤林玉露》卷六丙编《文章性理》。
② 《隆州教授通直郎致仕谯君墓志铭》,《鹤山先生大全集》卷七六。
③ 《齐东野语》卷一一《道学》。
④ 如刘克庄拟《赐杨栋辞免除礼部尚书兼职依旧恩命不允诏》:"卿帅其属,能体朕意,以关洛之理学,革场屋之文弊,一榜之间,得士为盛。"(《后村先生大全集》卷五七)按《宋季三朝政要》卷三:"景定三年春(1262),杨栋知贡举。"

宋的科举病入膏肓。由宋入元的作家袁桷在《送陈山长序》中说：
"数十年来，朱文公之说行，祠宇东南，各以《四书》为标准，毫杪摘
抉，于其不必疑者而疑之，口诵心臆，孩提之童皆大言以欺世。故其
功用少而取效近，礼乐刑政之本，兴衰治乱之迹，茫然不能知。累累
冠绶，碍于铨部，卒莫能以自见，良有以也。"①科举、理学孕育出来
的"累累官绶"，形同一群废物。而周密又在《癸辛杂识》续集下《道
学》一节中，更以为贾似道专用道学之士，"列之要路，名为尊崇道
学，其实幸其不才愦愦，不致掣肘耳，以致万事不理，丧身亡国"——
则宋季的理学不仅无用，在他看来，简直有亡国之罪了。

第五节　理学对科场时文的影响

　　场屋文风，历来都是随着政治、学术大气候而变化的。宋代
理学的起伏消长，决定了理学掺入科举考试的程度，同时也决定
了它掺入时文写作的程度。北宋时期，虽有王安石的道德性命之
学，但与理学尚有质的差别，其时理学对场屋时文几乎没有什么
影响，但到南宋特别是南宋后期，随着理学自身的壮大，特别是升
格为官学后，理学时文便成了主流。

　　朱熹曾在《答徐载叔（赓）书》中说："所论亦切中今日之弊。
如经题破碎，近日尤甚。前日江东未得请时，尝欲到官后检举诸
州所申，入一文字，劾其戏侮圣言之尤者一二人，虽或未必听从，

----

①《清容居士集》卷二三。

亦且令人传笑，少警昏俗。……所喻学者之害，莫大于时文，此亦救弊之言。"①他又在《学校贡举私议》中写道："诸州教官，亦以德行人充，而责以教导之实，则州县之学亦稍知义理之教，而不但为科举之学矣。"②朱熹是要维护儒学（准确地说是理学）的纯洁性和权威性，而不致使它仅仅是"科举之学"。他指斥的当是科举考试中所出经义的"关题"、"合题"之类，称学官、考官破碎"经题"，"戏侮圣言"，而欲在学校推行"义理之教"。理宗朝后，理学完全占领了科举阵地，科举考试一以程朱义理、《四书》为标准，朱熹的愿望算是完全实现了。这不仅对科举时文，而且对整个文坛都产生了极大的影响。

南宋人与北宋不同的是，他们很少将时文特别是场屋时文编入文集。比如场屋律赋，在南宋科举考试中占有重要地位③，但现存宋末律赋极为罕见。朱熹曾作《白鹿洞赋》，略曰："愧余修之不敏，何子望之能给？矧道体之无穷，又岂一言之可缉？请姑诵其昔闻，庶有开于时习。曰明诚其两进，抑敬义其偕立。允莘挚之所怀，谨巷颜之攸执。彼青紫之势荣，亦何心于俯拾。"④该赋本来是述白鹿洞书院的教育宗旨，但却用所谓"昔闻"即张载的明、诚思想，以"开于时习"。虞集说："今此篇，辑录文公全书者以

---

①《朱文公文集》卷五。
②《朱文公文集》卷六九。
③刘克庄《李耘子诗卷跋》曰："本朝亦以诗赋设科，然去取予夺一决于赋，故本朝赋工而诗拙。"（《后村先生大全集》卷九九）
④《朱文公文集》卷一。

冠诸首,家传而人诵之,则固有不待皆至乎白鹿者。"①它简直成了后来理学赋的范本。理宗端平二年(乙未,1235)省试,真德秀拟《尧仁如天赋》题,预考校的王迈进"题韵之意大略"为:"要以《西铭》为主意","四韵尧宅禹宫,大铺叙《西铭》。"②《西铭》是张载阐发道学"理一分殊"的一篇短论,考官将其预设为省试律赋的"主意",不难从所谓"大略"中窥见《白鹿洞赋》的影子,也不难想象该科举子赋的内容。

又比如策、论,在南宋进士三场考试中占有两场。南宋后期理学著作既然是场屋时文的必引书,于是人们研究如何在策论写作中体现"性理",就成了"前沿"课题,如魏天应《论学绳尺》附《论诀》引戴溪(?—1215)云:"性理论易晦,宜明白。"幸有林子长笺解、魏天应编选的《论学绳尺》传世,使我们能较多地了解南宋特别是宋末性理论的面貌。该书凡十卷,所收皆"宋乡贡进士魏天应编选南渡以降场屋得隽之文"③,大多为南宋场屋"性理论"的范文(即便是史论,也多体现"性理")。如卷一"贯二为一格"中第二篇彭迥方《帝王要经大略论》,"立说"谓"全篇本《中庸》、九经为说"。且读该书卷二方岳《圣人道出乎一论》中的一段:

　　　天下之事,自其变者观之,则其分殊;自其不变者观之,

_____

①《跋朱文公白鹿洞赋草》,《道园学古录》卷一一。
②《癸辛杂识》后集《私取林竹溪》。
③何乔新《论学绳尺序》,《椒邱文集》卷九。

则其性一。至于一，则所谓殊者化矣。盖道之所在，一则真，二则变；一则纯，二则杂。圣人之一，其圣人之天乎！

这无异是对张载、二程所谓"理一分殊"的复述。再读同书卷三"立说贯题格"中毛登龙《尽心知性存养如何论》：

明与诚两进，君子所以全其天也。天所命为性，性所具为心。人有此生，均有此天，昧乎天者非也。君子天其天之学，亦日明诚两进而已矣。

此篇论理学所谓"诚"、"明"的范畴和意义，林子长注引朱子、《中庸》、程子等等①，全然是一篇理学论文。就算不是性理题目，也要谈"儒道"、"天道"、"仁义"，分析问题更不出理学家的立场和眼光。

再如该书卷一〇所录章鉴《广居正位大道如何论》、黄龙友《汤文孔子闻知如何论》，也是两篇性理论。前篇出《孟子·滕文公下》，后篇出《孟子·尽心下》。前篇"立说"曰："朱文公《集注》曰：'广居，仁也；正位，礼也；大道，义也。'此篇本文公之说，又就仁、义、礼三者之中归重于仁，以仁为礼义之主，谓仁者以天地万物为一体，而一毫私意不得以隘吾广居焉，则动容进退，何莫非礼；周流洞达，何莫非义。所谓正位、大道，岂吾广居外物哉！"批云："本先儒立说，而参以己意。理学玲珑，议论正大，可为后学模

①按：诚、明问题，见张载《正蒙·诚明篇》，明万历刻本《张子全书》卷二。

楷。"黄龙友论的批语是："吐胸中之微词，绎前辈之绪论。理学了了，文势滔滔，发明数圣人之心于千百载之上。"兹录章鉴论的"冒子"，以见一斑：

> 一理混融之天，万理流通之地也。夫有此天，即有此理，广而非隘，正而非他，大而非小也。自夫人不能天其天也，性以情窒，理以欲蔽，方寸之间，自为叮畦，而所处者隘矣。于是迁夺流荡，而正者日以他；拘挛浅狭，而大者日以小。然则亦以理之未融耳。何则？曰仁也者，天下之广居也，礼其正位，而义则大道也。要必真见乎仁义，以天地万物为一体，而一丝毫不得以隘吾广居焉，则动容进退，何莫非礼；周浪洞达，何莫非义，而所谓正位、大道，固在我矣，夫岂以广居为物外哉！

今国家图书馆藏有清抄本无名氏编《精选皇宋策学绳尺》十卷，所收为宋末科场对策文，近代学者傅增湘《精选皇宋策学绳尺跋》曰："凡录策十九篇。每篇先录策题，题后有总论，论后有主意，各数行，以下乃录对策之文。其兵、财、政治、儒术诸题，大抵多肤说迂论，少可取者。若问御书白鹿揭示，问四毋四勿，问二程、朱、张四先生言行，则为当时理学风尚，所谓'垂髫挟卷者，非濂洛不谈；决科射策者，非《四书》不读'者也。"①此书与《论学绳尺》一样，都是为科举渔猎而编，是典型的性理时文集。

---

① 《藏园群书题记》卷一九。

至于经义,不必说更须阐发性理。元倪士毅《作义要诀》引宏斋(曹泾,1234—1315)"论立说大要"曰:"须将文公《四书》子细玩味,及伊洛议论大概,皆要得知,则不但区处得性理题目有断制,凡是题目皆识轻重,皆区处得理到。"这就是说,只要熟读《四书》及二程子之说,不仅是"性理题目",连所有题目都能"识轻重",使其"理到"。遗憾的是,南宋末人所作经义,现存文集中几乎见不到了。

宋季,为适应科举考试理学化的需要,类编"诸儒"性理文章的科场用书大量出现,也从一个侧面说明理学对科举时文的巨大影响。如常挺《诸儒性理文锦》八卷,就是其一。《四库总目·总集类存目一》曰:"《诸儒性理文锦》八卷,内府藏本。旧本题兵部尚书常斑编,不著时代。……其书全录宋儒性理之文,间亦上及韩愈、柳宗元等。分六十四类,文以类附。盖专为科举之用。"今按:常斑,当是"常挺"之误。挺(?—1268)字方叔,号东轩,福州人,嘉熙(《提要》误为"嘉祐")二年(1238)进士,咸淳三年(1267)授同知枢密院事兼权参知政事,《宋史》卷四二一有传。此书现已亡佚。又如缺名编《诸儒鸣道集》七十二卷,《读书附志》卷下著录,谓"集濂溪(周敦颐)、涑水(司马光)、横渠(张载)、二程、上蔡(谢良佐)、元城(刘安世)、龟山(杨时)、横浦(张九成)诸公议论著述也。于中有江民表《心性说》一卷,安正《忘筌集》十卷,崇安《圣传论》二卷"。此书亦已失传,显然也是科场用书。同类书还有刘震孙编《新刊诸儒批点古今文章正印》十八卷、《后集》十八卷、《别集》二十卷(此书今藏台北"故宫博物院")等等;而至明代,性理科举用书便汗牛充栋了。

事实上，科举时文的理学化，只是宋季文坛理学化的一个缩影。刘克庄在《跋吴帅卿杂著·恕斋诗存稿》中写道："近世贵理学而贱诗，间有篇咏，率是语录、讲义之押韵者耳。"①欧阳守道甚至认为语录的泛滥，是"俗化一大厄"。他在《送黄信叔序》中说："前日，邻邑有某氏子过予，坐甫定，则谈理学，出入乎儒先语录者盖数十氏"，因感叹道："今书肆之书易得，有铜钱数百，即可得语录若干家，取视之，编类整整，欲言性，性之言万千；欲言仁，仁之言万千。而又风气日薄，机警巧慧之子，所在不绝产。被以学子之服，而读《四书》数叶之书，则相逢语太极矣。自先圣删定《诗》《书》，已有置之不读，盖无问其他。……呜呼，其不为俗化一大厄欤！"②于是程朱之学俨然成了一块新的敲门砖，昔日治王安石《三经新义》的故技，又在治性理学上重演。又周密《浩然斋雅谈》卷上也说："宋之文治虽盛，然诸老率崇性理，卑艺文。朱氏主程而抑苏，吕氏《文鉴》去取多朱意，故文字多遗落者，极可惜。水心叶氏云'洛学兴而文字坏'，至哉言乎！"不学无术，急功近利，拉大旗作虎皮以文浅陋，不仅严重毒化了学风文风，也造成了文学的衰落。明初理学家宋濂在回顾宋季文坛时，痛定思痛，仍感同身受，他在《剡源集序》中写道："辞章至于宋季，其敝甚久。公卿大夫视应用为急，俳偕为体，偶俪为奇，靦然自负其名高。稍上之，则穿凿经义，隐括声律，孳孳为哗世取宠之具。又稍上之，剽掠前修语录，佐以方言，累十百而弗休。且曰：我将以明道，奚文

---

①《后村先生大全集》卷一一一。
②《巽斋文集》卷七。

之为？"①

综上所述，理学在南宋初开始介入科举考试，但后来备受秦桧的压制，到孝宗时才得到较大发展，产生了许多理学大师和大家；而在"庆元党禁"中又遭到沉重的打击，一些人甚至付出了生命的代价。宁宗后期，特别是大倡理学的宋理宗时代，理学经过了一个半世纪的曲折发展，终于登上了统治阶级官方学术的宝座，并成为科举考试的主要内容，全面影响到时文写作和文学创作，并下启元、明、清三代。宋代理学在科举中地位和影响的起伏消长，说明科举与官僚政治及学术思想领域的斗争，关系十分密切，它们之间始终是连带互动的；而代表封建社会后期学术发展方向的理学，当代学者陈来称它是"摆脱了中世纪精神的亚近代的文化表现，它正是配合、适应了社会变迁的近世化而产生的整个文化转向的一部分"②，因此迟早要占领阵地。

---

① 《文宪集》卷六。
② 《宋明理学引言》，《宋明理学》，华东师范大学出版社，2004 年第二版，第14 页。

第十七章　宋代科举制度下的社会心态

　　在宋代竞争得近乎残酷的科举考试中，士子乃至整个社会的心态如何？这无疑是个值得关注、也令人感兴趣的问题。"社会心态"是个很宽泛的概念，且不同时期、不同阶级和阶层的社会心态不尽相同，情况极为复杂，而科举带给每个士子的际遇和感受又千差万别，甚至悬若天壤，欲进行考察，只能从形形色色的"心态"中寻找共同点。于是我们发现，在极重科名的宋代，由"科名至上"衍生出的"科名前定"，是宋代科举制度下社会心态的凝结点，一个无论是"金榜题名"者、"名落孙山"者，也无论是富家贵儿、孤寒单族，甚至与科举毫无干系的人们都接受或不得不接受的理念，即便是时过境迁，也还会津津乐道。故本章从"科名前定论"切入，研讨宋代科举制度下人们对命运难以把握而不得不委之于神巫的无可奈何的社会心态。

第一节　宋代科举制度下的士人命运

　　宋代科举制度下的社会心态，是由科举制度下的士人命运决

定的。朱熹曰："居今之世，使孔子复生，也不免应举。"①刘壎从
另一角度，表达了相同的意思，其《答友人论时文书》曰：

> 夫士禀虚灵清贵之性，当务光明远大之学。然为昔之
> 士，沈埋于卑近而不获超卓于高远者，盖宋朝束缚天下英俊，
> 使归于一途，非工时文，无以发身而行志；虽有明籍之材，雄
> 杰之士，亦必折抑而局于此，不为此不名为士，不得齿荐绅大
> 夫。是以皇皇焉，竭蹶以趋，白头黄册，翡翠兰苕，至有终老
> 而不识高明之境者，可哀也。②

朱熹是"大儒"，刘壎是由宋入元的著名文人，他们的话，可谓是对
有宋士人命运、科举制度的冷峻观照和深刻反省。攻举业，习时
文，取科名，然后入官治民，虽然一生"皇皇焉"，"不识高明之
境"，但却心甘情愿，不仅获得了心理平衡，而且得到社会价值观
的普遍认同。南宋人项安世曾作《拟对学士院试策》，论科举在宋
代社会生活中的地位，略曰：

> 科举之法，此今日不可如何之法也。自太平兴国以来，
> 科名日重，实用日轻，以至于今。二百余年，举天下之人才一
> 限于科目之内，入是科者，虽梼杌、饕餮必官之，出是科者，虽
> 周公、孔子必弃之。习之既久，上不以为疑，下不以为怨，一

---

① 《朱子语类》卷一三。
② 《水云村稿》卷一一。

出其外,而有所取舍,则上蓄缩而不安,下睥睨而不服。共知
其弊,而甘心守之,不敢复论矣。①

科举制度之所以能决定士人的命运,原因是除此之外,别无其他
仕进之途。也就是说,"科名"是官场最佳的,甚至是唯一的"准入
证","含金量"极高。在唐代,先是明经科,后是进士科,虽也在社
会上享有很高地位,但有此科名者不过是做"美官",成"清流",
而入仕门径却不少,不像宋代这样"出是科"者就"必弃之"②。

科举决定士人命运的严酷事实,给社会心态带来强烈的冲击。

首先,如上引刘壎所说,"束缚天下英俊,使归于一途"。同样
的话,早在北宋就有人说过,如孙觉在熙宁元年(1068)六月所作
《上神宗论取士之弊宜有改更》中就曾写道:

> 今诚有道德之士,不由科举,则无以进仕于朝廷。是使
> 天下之才,皆汩没于雕虫篆刻之技,弃置于章句括帖之
> 学也。③

由宋入元的赵孟頫也说过:

---

① 《宋会要辑稿·选举》四之四三。
② 当然,宋代也有个别不甚重科名的皇帝,如宋孝宗曾作《科举论》,认为"每
差一官,则曰此人中高第,真佳士也,然不考其才行如何",是"用(人)之
弊"(见周密《癸辛杂识》前集《科举论》)。但他无力改变长期形成的惯
性,也找不到更好的选举方式以代替科举。
③ 《诸臣奏议》卷八〇。

宋以科举取士,士之欲见用于世者,不得不繇科举进,故父之诏子,兄之教弟,自幼至长,非程文不习,凡以求合于有司而已。①

这种"科名"至上的后果,是使科举始终处于社会舆论的中心和公众关注的焦点。王安国曾在《举士》一文中说,"有道德者往往耻于求举而儡俛以为"②,这种人在当时不是没有,但很少,有的所谓"隐士",也是在经历了多次下第痛苦之后,才不得已而放弃的,并非天生有"隐德"。尽管在当时的历史条件下,科举不失为选拔人才的有效方式;在封建专制制度下,宋代科举制度也最大限度地做到了相对公正,但它的唯一性指向所造成的社会弊端,也为有识者所共嗟,如刘壎所感叹的:"可哀也!"

二是举国沉溺于时文。欧阳修曰:"是时(按:指仁宗时)天下学者杨、刘之作,号为时文,能者取科第,擅名声,以夸荣当世,未尝有道韩文者。"③到南宋时,叶适在《题林秀才文集》中感叹道:"林君自言贤良宏词、杂论著凡三千篇,时文亦三千篇,然犹不得与黄策中所谓一冒子者较其工拙④,鬓发萧然,奔走未已,可叹也!"⑤这与刘壎"可哀也"的叹惋同一心曲。宋元之际,舒岳祥回

---

① 《第一山人文集序》,《松雪斋集集》卷六。
② 《皇朝文鉴》卷一〇四。
③ 《记旧本韩文后》,《欧阳文忠公集》卷七三。
④ 元倪士毅《作义要诀自序》曰:"至宋季,则其(按:指经义)篇甚长,有定格律,首有破题,破题之下有接题,有小讲,有缴结,以上谓之冒子。"
⑤ 《水心文集》卷二九。

顾两宋时文盛而诗歌衰时,说:"方科举盛行之时,士之资质秀敏者,皆自力于时文,幸取一第,则为身荣,为时用,自负远甚。惟窘于笔下,无以争万人之长者,乃自附于诗人之列,举子盖鄙之也。"①前引刘埙《答友人论时文书》,曾说"宋朝束缚天下英俊,使归于一途,非工时文,无以发身而行志";他又在《隐居通议》卷二一写道:

> 宋初承唐习,文多偶俪,谓之昆体。至欧阳公出,以韩为宗,力振古学……然朝廷制诰,缙绅表启,犹不免作对,虽欧、曾、王、苏数大儒,皆奋然为之,终宋之世不废,谓之四六,又谓之敏博之学,又谓之应用。士大夫方游场屋,即工时文;既擢科第,舍时文,即工四六,不者弗得称文士。大者培植声望,为他年翰苑词掖之储;小则可以结知当路,受荐举,虽宰执亦或以是取人,盖当时以为一重事焉。

既然"科名"重于一切,而要猎取科名,又必须靠"时文",那么士子全力投入到时文的学习和写作,也就理所当然了。

三是举子对科名的追逐到了无以复加的地步。宋初穆修《送李秀才归泉南序》记他考进士时认识的泉州举子李某,十一年后再相遇,两人都"面老而心衰",而李某"犹举于进士场中"②。相对而言,这还不算久,后来历科特奏名举子中,考至五六十岁的不

①《跋王榘孙诗》,《闲风集》卷一二。
②《河南穆公集》卷二。

在少数。王迈尝作《莆阳方梅叔（应龙）墓志铭》，感叹方氏终身未能登第，曰"天无老眼，命压人头，偃蹇不得志，赍恨下泉。唐人所谓'直教桂子落坟头，生得一枝魂始消'，非君之谓欤？"①刘埙《本州教授曾月崖墓表》记述一位在宋季下第的举子，入元许多年后，仍然追悔不已，死不瞑目。他为之表墓的墓主、所谓"本州教授"叫曾友龙，淳祐初试礼部不中，准备再试，而宋亡科废，犹琅琅吟哦，舌本流津，曰："吾志也。"间遇曾擢第成名者，辄倾倒礼敬，曰："吾羡也。"大德甲辰岁（八年，1304）年六十九，"一日，怅然曰：'吾试礼部时，吾与某人俱，吾赋与某人正同，然某人得之，吾竟失此一领绿衫（按：宋代赐新进士并诸科登第者绿袍），吾遗恨也。'吾闻之流涕，盖距科废已三十年，距属纩几日耳，愤闷未平犹若此。吾故曰：可哀也"。刘埙感慨道：

> 自唐赓进士科，宋因之成俗，凡齿章缝、亲舰翰，率以词章科目为儒者之极功，而它不皇务。得之者也，于人家国正亦未知其何如；而偶失之，即愁苦怨抑，如不欲生，如学佛而不臻疾证，如修仙而不遂冲举，甚至垂绝犹耿耿凄断，为终古之恨，若吾故人曾君者，诚可哀也。②

宋代科举严重扭曲了士子的人格，而曾友龙可谓又一典型，他对科名的追求已到了如痴如狂的地步，活脱脱一个"宋版"的范

---

①《臞轩集》卷一一。
②《水云村稿》卷八。

进士悲剧人物,只是他没有范进幸运,若不遇鼎革幸而登科,其失态、变态恐不在范进下。确如刘壎所反复感叹的:"诚可哀也!"

四是士子除"科名"之外,对其他则是"集体冷漠",甚至"爱文而不爱国"。身历亡国之痛的刘壎在《答友人论时文书》中感慨良深地写道:

> 《南唐书》载:金陵被围,亡在旦夕,后主犹命伍乔于围城中放进士孙确等三十八人及第。史臣反覆哀痛,谓其不识事势,每读使人殆无以为怀。而比岁襄围六年①,如火益热,即使刮绝浮虚,一意救国,犹恐不蔇,士大夫沈痼积习,君亡之不恤,而时文乃不可一日废也。痛念癸酉(宋度宗咸淳九年,1273)之春,樊城暴骨,杀气蔽天,樊陷而襄亦失矣。壮士大马如云,轻舟利楫如神,敌已刻日渡江吞东南,我方放解试,明年春,又放省试。朝士惟谈某经义好,某赋佳,举吾国之精神工力,一萃于文,而家国则置度外。是夏又放类试,至秋参注甫毕,而阳罗血战,浮尸蔽江。未几上流失守,国随以亡,乃与南唐无异,悲夫!爱文而不爱国,恤士类之不得试,而不恤庙社之为墟。由是言之,斯文也,在今日为背时之文,在当日为亡国之具。夫安忍言之!②

---

① 按:指度宗咸淳四年(1268)元兵包围襄阳、樊城,至九年春两城陷落。元军从此顺江东下,最终攻灭南宋。
② 《水云村稿》卷一一。

科举制度造成士人乃至全社会价值观的严重错位,真可用"惊心动魄"来形容。

洪迈《容斋四笔》卷八《得意失意诗》记曰:"旧说有诗四句夸世人得意者云:'久旱逢甘雨,他乡见故知。洞房花烛夜,金榜挂名时。'好事者续以失意四句曰:'寡妇携儿泣,将军被敌擒。失恩宫女面,下第举人心。'此二诗,可喜可悲之状极矣。"金榜题名,举子下第,成了人们公认的大喜大悲的两个极端。当人们还在咀嚼或喜或悲的滋味时,三年一个周期的贡举又开始了,新一轮的悲喜剧重又拉开帷幕。这令人眼花撩乱的现实,完全错位甚至颠倒的价值观,就是科举制度下宋人社会心态形成的背景,也是"科名前定论"产生的肥沃土壤。

第二节　"科名前定"文献及分类

那么到底这些悲喜剧是谁导演的? 是知举官? 科举制度看起来是那么严密和完善,并不是哪位考官说了算,何况上有"御试";是皇帝? 皇帝只不过是"御试"的挂名"主考",阅卷、定等都是由御试班子集体决定的,何况谁敢将矛头上指? 在这里,任何理性的解答似乎很难消除人们的迷惘。于是,人们只有另求答案。

赵令畤《侯鲭录》记曰:

　　欧阳公知贡举日,每遇考试卷,坐后常觉一朱衣人时复点头，然后其文入格；不尔，则不复可考。始疑侍史，及回视也，一无所见。因语其事于同列，为之三叹。尝有句云："唯愿朱衣一点头。"①

这似乎回答了人们感到迷惘不可解的问题。又，柳子文在元祐间任考官时，曾作《未试即事杂诗》二首，第一首也是回答这个问题：

> 徒劳争墨榜，须信有朱衣（自注：朱衣吏事，见《登科前定录》）。万事前期定，升沉不尔违。②

很显然，欧阳修、柳子文所说的"朱衣人"或"朱衣吏"，代表的是"神"。按《唐摭言》卷八《梦》，早有"朱衣吏"、"朱衣道人"的故事，俱能预言科名，如曰："钟辐，虔州南康人也。始建山斋为习业之所，因手植一松于庭际。俄梦朱衣吏白云：'松围三尺，子当及第。'辐恶之。尔来三十余年，辐方策名，使人验之，松围果三尺矣。"明、清以后，朱衣吏又成了科举主宰神文昌帝君的使者，如清杨潮观《吟风阁杂剧》之《开金榜朱衣点头》，其中"朱衣"自我介绍道："吾乃文昌帝君殿下朱衣使者是也。"又念《菩萨蛮》道："巍巍金榜云霄立，不凭文章凭天隆。"上引王安国在《举士》一文中，

---

① 今本《侯鲭录》无此则，见《古今事文类聚》前集卷二五引。"始疑侍史"句，《山堂肆考》卷八三引作"初疑侍吏"；"尝有句云"以下，同书引作："'文章自古无凭据，惟愿朱衣一点头。'又云：'清夜梦中糊眼处，朱衣暗里点头时。'"
② 《同文馆唱和诗》卷三。

在指出"有道德者往往耻于求举"的同时，又说："贫者又多困于不售。夫不售者，古以为有司之罪，而今之操升黜者反咨嗟叹息，以为彼有所制，而吾亦无如之何。"什么叫"有所制"？据他说，那就是"有司不得行其志而归之于命"。原来，是"神"与"命"在冥冥中主宰着士子的前程。这是不可抗御的力量，是悲喜剧的幕后总导演。

"神"与"命"决定一切，宋人归纳为"科名前定"。上引柳子文诗，有自注道："朱衣吏事，见《登科前定录》。"《崇文总目》小说类著录《登科定分录》七卷，张君房撰。《宋史·艺文志》小说类作《科名分定录》七卷。《秘书省续编到四库阙书目》小说类作《科名前定录》一卷。《麈史》卷中亦作《科名定分录》七卷。《郡斋读书志》卷九著录元符中无名氏《唐宋科名分定录》三卷，引其序云："己卯岁（元符二年，1099），得张君房所志唐朝科场故事，今续添五代及本朝科名分定事，迄于李长宁云。"①吴曾《能改斋漫录》卷八《定命论》曰："东阳胡百能《跋邵德升分定录》云：'先君尝言：人生所享厚薄，各有定分。世有以智力取者，自谓己能，往往不顾名义，殊不知皆其分所固有，初不可毫末加也。所可加者，徒得小人之名而不悟，悲夫！百能佩服斯训，未尝不以语朋旧也。'"由此可知，《科名前定录》（或作《科名定分录》）七卷，虽记唐人事，却由宋人编著，后又由"元符中无名氏"（疑为邵德升）补入"本朝科名定分事"，重纂为《唐宋科名分定录》三卷。唐人的

---

① 参李剑国《宋代志怪传奇叙录》，南开大学出版社，1997年，第70页。张君房的《科名定分录》七卷，还著录于《通志·艺文略三》。

"前定论"著作不少,且看《通志·艺文略三》的著录:"《前定录》一卷,唐钟辂撰。"①"《定命论》十卷,唐赵自勤撰。""《定命录》二卷,唐吕道生撰。""《广前定录》一卷,唐钟辂撰。""《续定命录》一卷,唐温奋撰。""《感定命录》一卷。"又陈振孙《书录解题》卷一一著录《知命录》一卷,"唐刘愿撰,凡二十事"。这些所谓"前定"、"定命",书名都没有"科名"二字,从《太平广记》卷一四六至卷一六〇《定数》所引逸文看,内容不限于科举,但又包含了科举。如卷一四八《郑虔》、卷一五四《陈彦博》及《陆虞宾》引《前定录》,卷一五六《张正矩》引《续定命录》等等,都是言科名前定的故事。按:张君房,安陆(今属湖北)人,真宗景德二年(1005)进士,官至著作佐郎,曾编《道藏》《云笈七签》等书,是位笃信道教的官僚。他编著的《科名定分录》既然"所志唐朝科场故事",当即取材于上述唐人"前定录"、"定命录"之类的书籍。于是可以得出结论:所谓"前定"、"命定"或"科名前定",虽社会上早有此说,②但把它集中归并到"科名"之上,总结并上升到"理论"高度,著书公开宣扬,始作俑者则是张君房。

　　无论是《登科前定录》或《唐宋科名分定录》,都已久佚,我们

---

①陈振孙《直斋书录解题》卷一一亦著录此书,谓钟辂为"唐崇文馆校书",该书"凡二十二事,别本又有续录二十四事"。今存《说郛》本、《四库》本《前定录》一卷、《续前定录》一卷,前者二十三事,后者二十四事。
②如柳宗元在《送蔡秀才下第归觐序》中说,他始贡于京师时,曾向著者求卦,后来果然应验,因感叹道:"噫!彼莫莫者,其有宰于人乎?何其应前定若是之章明也。"(《柳宗元集》卷二三)则柳氏以自身经历,似乎不得不信"前定"论。

无从获见收在两书中的包括前述"朱衣吏"在内的全部故事;但两书外的同类作品,却仍在不断地创作,至今还大量保存在宋人文献中,主要是笔记和小说。如署名"委心子"所编《新编分门古今类事》二十卷(今有中华书局校点本),即分类摘编诸书中的"前定"故事。编者在乾道己丑(五年,1169)所作序中,鲜明地提出"命有定数,不可以智求"的观点,因此"凡前定兴衰、穷达、贵贱、贫富、死生、寿夭,与夫一动一静,一语一默,一饮一啄,分已定于前,而形于梦,兆于卜,见于相,见应于谶验者,莫不录之"。其中卷六至八《梦兆门》上、中、下,有关科名前定的资料尤为集中,所录之书大多失传已久,弥足珍贵。其他散见于宋人笔记中的"前定论"资料亦不少,如王辟《渑水燕谈录》卷六有"先兆"一类,吴曾《能改斋漫录》卷一八《神仙鬼怪》,陈鹄《耆旧续闻》卷七,等等。洪迈所著志怪小说《夷坚志》,更有大量"科名前定"的离奇故事。

考察这些"科名前定"故事,大致可分四类。

一、科名主于"神"

如《新编分门古今类事》卷四《伯珍注名》引荆伯珍《神告传》,荆氏自述他在太平兴国八年(983)省试时,赋中误书"焚"为"喷",归而始觉,中夕不寐。于是向"二相公庙"(子由、子夏庙)乞祷,"是夕梦二神人,朱衣,坐大坛上,谓伯珍曰:'莺鸣六合,数应二朱,亦须头戴金冠,脚蹈玉象。'怀中出一枝花,曰:'桂也。'伯珍跪受之,遂觉"。后来他又遇二皂衣吏,自称是送今年举人的"冥中走吏",告诉他本来落韵不合过,"二相公苦救之,前夜已命宋舍人与改了,今却注名过也"。所说"宋舍人",指当年的权知贡举宋白。荆伯珍于是去见宋白,宋告诉他:"所试赋甚佳,一'喷'字固知笔误,前夜已与贾舍人(指贾黄中,当年为权同知贡举)同改为'焚'字了,勿忧! 勿忧!"这年,荆伯珍顺利地通过了省试。宋代科举条制规定,凡诗赋落韵,便入"不考式",是必定要落榜的,但"神"却可以"扭转乾坤"。而且上引二神人所说的"莺鸣六合"云云数语,也都一一应验:"御前试《六合为家赋》,《莺啭上林诗》,名字在第二等末,徙尾第二人魏元枢之下、彭垂象之上。"又如《夷坚乙志》卷二《邵武试院》,记淳熙十三年(1186)秋八月邵武解试,誊录院失火,文卷被焚。明日,治群胥,皆奔进隐处,忽一黑物从空而下,状貌如鬼,携当三钱二十余,视案时有喜色,便置一钱于案头而去。胥自念:岂非得钱者预荐? 因默记之,待揭榜,果与所料同。作者议论道:"名场得失,当下笔作文之时,固有神物司之于冥冥之中,无待于考技工拙也。"这是典型的"科名前定论",那个所谓从空而下的"黑物",便是"神"的使者,有如所谓"皂衣吏"。这类由"神"、"神人"或告知、或许诺科第的故事现存特别多,再如:

天圣四年(1026),海州书表隽宗远梦有神告之,来年状元是王尧臣。宗远寤,题于司房北壁。是年秋赋,开封府解榜到,见王之姓名,因指谓同列曰:"此是明年状元。"洎省榜到,见王又预奏名,隽再题于壁。未几殿试,王尧臣果魁多士。至和中,毕景儒仲询之父知海州,亲访其事,备载之于

《幕府燕闲录》。①

　　王安石以三经取士,遂罢词赋,廷对始用策。先是,叶祖洽梦神人许之为状头,惟指庭下竹一束,谓之曰:"用此则为状元。"叶不解其意,及用策取士,叶果为首,竹一束乃策(原注:又梦中神为设狗肉片为"状"字)。定数如此②。

　　苏子瞻学士少时梦谒于公府,主人紫衣面赤而多髭,谓轼曰:"君是大吴。"觉以告父、弟,皆不悟也。是时子瞻年十四岁。后十四年,举贤良中选,诣御台谢知杂王绰,既入门,俨如梦中,视绰乃梦中人也。既坐,谓子曰:"君是大吴。"兄弟相顾而笑,因请其故。绰曰:"前日贤良就试,绰与封弥,以'大吴'为卷号,是时意君为第一,今则果然。"亦问其笑,乃以梦告,宾主大欢久之。(出《幕府燕闲录》)③

　　然"神"为何物? 故事中多不指明,一说即玉帝,如《夷坚志补》卷三《黄汝楫》条,记黄汝楫宣和中方腊犯境时尝用金银缗钱赎回被拘掠士民女千人,"乱平后,梦金甲神人长丈许,从天而下,呼谓曰:'玉帝有敕,以汝活人甚多,赐五子登科。'至绍兴中,黄为浦江令,其子开、阁、阅同登乙科,次举又二子中选,如神所告"。

　　除神灵外,"先圣"似乎也能主科举:

①《新编分门古今类事》卷八《梦兆门下·隽宗(远)神告》,中华书局,1987年校点本。
②叶绍翁《四朝闻见录》甲集卷一《制科词赋三经宏博》。
③《新编分门古今类事》卷七《梦兆门中·东坡大吴》。

宋王沂公(曾)父,虽不学问,而酷好儒士,每遇故纸,必掇拾涤以香水。尝发愿曰:"愿我子孙以文学显。"一夕梦先圣抚其背曰:"汝敬吾教,何其勤欤。恨汝已老,无可成就,当遣曾参来汝家。"晚年果得一子,乃沂公也,因以曾字名之,竟以状元及第,官至中书侍郎、门下平章事,封沂公。①

在这里,"先圣"实际上已被神灵化了。

二、科名主于"阴司"

《新编分门古今类事》卷八《梦兆门下》引《张君房自占》三则,第一则《淳化看蛇》,谓淳化三年(992)省试后,梦入一大第,一妇人请其赋诗,"写讫,呈览次,忽大蛇自条床下出,或闻人大唱曰:'看蛇!'遂惊觉。占之多不解。后逾纪至景德乙巳(二年,1005)年,君房始忝科第,岂蛇之兆乎。"第二则《景德随棺》,谓"君房应二举,败于垂成"。到第三次应举,"尘忝御试之夜",乃梦随一棺椁,因而问之,曰"一人李沆,一人李至"。"因嗟讶而觉,自亦知其吉兆矣(引者按:洪迈《夷坚甲志》卷一三《卢熊梦母》:"人言梦棺得官。"故此称"吉兆")。来日果叨名第。"第三则题《戴昭领钱》:

> 君房三举及第年,梦涉昏雾,沿蔡河东行。旋憩一茶肆中,有公吏若承符状,殊不相揖,据上位而坐。……君房悟是

①张舜民《郴学大成》,《画墁集》卷八附。

冥司，乃出访之，其人已出门外。乃揖谢之。其人曰："秀才将来名第，某必把手拽上也。"君房又谢之。然其人似有所求，复有言若邀其多少之限。君房曰："若向及第，奉银钱十万贯。"其人大感，意似过所望也。既别数步，又曰："秀才将来化钱必与谁？"君房曰："亦不知与谁氏耳。"其人曰："某姓戴，名昭，本江南人。奉钱日但呼戴昭，即自领也。"景德二年果登第。成名后三日，乃偿。其梦人之名第，阴司自有主者，孰非前定乎！

"冥司"的"公吏"居然索贿，真是人间社会活脱脱的"克隆"。又如：

> 韩宗绪，龙图赟之子，以父任补将作监主簿。皇祐秋锁厅预荐，偶于相国寺资圣阁前见其家旧使老仆，呼谓曰："若非某乙乎，死久矣，何得在此？"曰："某今从送春榜使者。"又问："榜可见乎？"曰："有司收掌甚密，不可得而见也。"又谓曰："汝能密询有我姓名乎？苟无，亦可料理否？"仆许诺试为尽力。又问："复于何处为约？"仆云："复期于此，他处难庇某之迹，此地杂沓，人鬼可得参处。"他日如期而往，仆果在焉，遂开掌，见己之名在片纸上，揭其下，乃田宝邻也。仆曰："此人明年当登第，官甚卑。郎君亦自有科名，但差晚耳。况身已有官，故得而易之，若白身则不可。"因忽不见。明年韩登第，曾以兹事说于亲旧间。①

---

① 《括异志》卷五《韩宗绪》。

杨公全(朴),资州人,其父以政和癸巳卒,未葬。明年春,梦父归家,公全问何年当得贡。曰:"有冥司主簿,正掌文籍,乃吾故旧,尝取簿阅之,汝三舍中无名,至科举始可了耳。"……宣和辛丑,罢舍法,复行科举,乃以甲辰登科。①

因主之于阴司,故科名须积"阴德"方可得,如:

罗维藩,字价卿,吉水人。乾道五年(1169)省试罢,梦其父告曰:"尔在举场,不可与福唐杜申争,缘尔家较杜申亏了二十八年阴德也。"两人皆以治《诗》有声。暨榜出,杜为经魁,罗同奏籍,而在杜之下二十八名。殿廷唱第,杜居第二甲,罗第四甲,相去甚远。②

张楠,字元干,福州名士也。入太学为学录,既优列解籍,而省试不利,乃止土地祠致祷曰……是夕,梦神来谒,语曰:"君当登科,缘比者受无名之钱四百三十几贯几百几十文,为此遭黜。楠觉而默念:身为寒士,安有是哉? 时诸生从受业者闻师赴省,各随力致助,然度其数亦不能多,意其必以此故。试取记事小册逐一算计,正与神言合,贯百分文奇零不少差。然后大悟,遍以告人,使知非己之财,不可妄得如

---

① 《夷坚甲志》卷一八《杨公全梦父》。
② 《夷坚支甲志》卷七《罗维藩》。

此。续以上舍赐第。①

　　袁仲诚,绍兴十五年(1145)赴省试罢,还丹阳,夜梦人叩户,袁叱之曰:"汝何人,安得夜半敲我门?"答曰:"来报省榜耳。"犹未信,自隙中窥之,乃一黄衣人持文书而立,欣然启门,取其书展读,见己姓名在第二,自余间三四名,或五六名,辄缺其一。复诘之曰:"汝所报若此,非全榜也。"曰:"不然,君知士人中第,非细事否? 要须有阴德,然后得之。大抵祖先所积为上,己有德次之,此所缺姓名,盖往东岳会阴德司未圆故尔。"既觉,历历记其语,甚异之。后奏名,果居亚列。②

另如《曲洧旧闻》卷五《王宣叔应梦》条,记王诰(字叔宣)本不当得禄位,后来有胡僧在梦中告诉他,因其"教导童子,用心笃志,不负其父母所托,为有阴德,故天益君算而报君以禄位",并暗示考题与乐器有关。果然赋题为《乐调四时和》,遂得第。这些故事在宣扬科名"前定"的同时,显然还有劝善的目的,要人们多积"阴德"。

　　与劝善相近的,是劝学。如张知甫《可书》中《世事前定》一则:

　　　住持常州报恩寺僧普坚尝语余曰:"世间万事前定,非力

——————————
①《夷坚支乙志》卷八《张元干梦》。
②《夷坚志补》卷三《袁仲诚》。

可致,及其处于穷通,何必休戚。"因言:无锡大姓戴念二郎,
政和间在邑中最为赀雄,起大第极于侈丽。同村野老梦神告
曰:"戴念二郎与李谟秀才起宅。"野老以梦谕戴,即纪于壁。
后不十年,李谟登第,选为婿。又十年,而戴氏俱绝,遂归
于谟。

这真是"书中有女颜如玉"、"书中自有黄金屋"的绝佳注脚。只
要登了进士第,富贵、美妻、财产都有了,而这些又都是"神"的安
排,"万事前定",岂不妙哉!

三、科名现于梦境

《新编分门古今类事》卷七《梦兆门中·潘洞篆铭》:

> 潘度支洞,景德二年(1005),将逼御试,梦入一宫。既升
> 堂,坐间昏雾四合,良久渐开。见四壁下乃大碑石志,且往看
> 之,皆人之姓字,即不能一一记忆。题额上有大篆四句云:
> "苍璧礼天,日月丽天,龙化为蛇,众人咨嗟。"翌日说之,意甚
> 自忌,及放榜即第十七名。后半载方释之:"苍璧礼天",天府
> 第六名解送也。"日月丽天",南宫第二名奏荐也。比放榜即
> 十七名及第,盖出等甲,即"龙化为蛇"也,意亦不显达。年五
> 十余,度支员外、校理而卒。噫!以此知名高下,亦系冥数,
> 矧科第与禄位富贵者乎,奇哉!(出《睚说》)

同上《苏协愁字》:

蜀进士苏协，字表微，盐泉县人。幼寒素力学，为文典赡正雅。伪(后蜀)广正十九年(956)贾珪下及第。入试前一日，宿圣寿寺僧房。夜梦入一官廨中，屏上有大书一"愁"字，于厅后复见置一秘器，甚高大。既觉，恶之。术士周世明占之曰："此吉兆也。盖'愁'者不乐之祥(引者按："不乐"谐音"不落"，故曰"祥")，有秘器而高大，君之子孙，当有至大官者。"是年协果登第，掾于阆中。……既归朝，掾于怀、汝、洛三任。及太平兴国五年(980)，其子易简状元及第，践历清要，特旨授协开亡曹，仍赐朱绂。易简颇怀喜惧，岁余而协遂卒。易简后参大政，子孙世为显官，其兆皆已先于三纪之前矣。(出《燕闲录》)

这梦境虽极简单，却既告知了当世事，又预示了隔代(后蜀、宋)几辈人之事，蕴含十分丰富。

又同上《李畋见塔》：

　　景德二年(1005)，李虞部畋与友张及、张达、杨交俱拔乡荐，奏名预殿试。未唱名前一夕，张及梦乘一筏，涉浪触岸而觉。李梦游开宝寺，中路见寺塔数级出云外。达梦以刀剪瓜而中折。交梦东华门外候唱名，举人皆倒立。既晓相会，互言其异，往兴国寺谒圆梦僧解之。僧云："乘筏涉水，必捷也。云外见塔，高级也。错刀中折，不利也。举人倒立，非常也。"次日临轩，及果乙科及第，达果不利。交梦举人倒立，盖是李迪南省居榜末，至御前居第一，果非常也。李畋不预唱名。

三省其梦,乃知塔者塌也,云外见之,御前下第之象也。故李有诗曰:"省奏名应误,僧圆梦亦虚。"是知所得一第,皆阴注阳授,岂人之能耶!(出《该闻录》)

则所谓"梦境"亦属"冥数",科名乃"阴注阳授"。但与上述主于神、主于阴司有所不同,这里没有神灵主体的出现,而是将对未来的预示物化为客观景象,并由术士、解梦僧之流对梦中景象进行破解,再以后来的事实相印证,让人恍然大悟,说明早有前兆。

四、科名由巫卜暗示

这里所谓的"巫卜",包括相士、日者、道士、神僧等。巫卜在古代地位颇高,有所谓"古之贤人,不在朝廷,必在医卜之中"的说法①,不过到宋代已是混饭吃的职业。这些人据说都能预示举子的科名前程。如《新编分门古今类事》卷五《士宁得道》:

> 李士宁,蓬州人,语默不常,或为得道。尝见东坡于成都,曰:"此子贵,当为制策举首。"已而果然。自非数有前定,乌得而知之哉!

又《渑水燕谈录》卷六:

> 进士李某者,久未第,一日,讯命日者。曰:"君遇三韩即

①方勺《泊宅编》(三卷本)卷下。

发禄。"李乃遍谒贵人韩姓者,冀蒙推毂,而卒无知者。元丰中,朝廷遣使高丽,有与李故人者奏名同往。至其国,考图籍,乃古三韩之地也。使还,赐出身,果符日者之言。

又《能改斋漫录》卷一八《五台山僧知人》:

> 元丰中,光禄卿危拱辰为进士时,遇五台山僧。拱辰以前程问之,僧以手帕裹一大钱赠之曰:"谨守,终有所见。"拱辰秘而俟之。其后登第,死于饶州铸钱监。

据说巫卜连考题也能预知,如《玉壶清话》卷二:

> 艾侍郎颖,少年赴举,逆旅中遇一村儒,状极茸闒,顾谓艾曰:"君此行,登第必矣。"艾曰:"贱子家于郓,无师友,加之汶上少典籍。今学疏寡,聊观场屋尔,安敢俯拾耶!"儒者曰:"吾有书一卷以授君,宜少俟于此,诘旦奉纳。"翌日,果持至,乃《左传》第十卷也。谓艾曰:"此卷书不独取富贵,后四十年亦有人因此书登甲科,然龄禄俱不及魁,记之。"艾颇为异,时亦讽诵,果会李愚知举,试《铸鼎象物赋》,事在卷中,一挥而就。愚爱之,擢甲科。后四十年,当祥符五年(1012),御前放进士,亦试此题,徐奭为状元。后艾果以户部侍郎致仕,七十八岁薨于汶;徐年四十四,为翰林学士卒。①

---

① 又见《渑水燕谈录》卷六,较此为略。

又如《新编分门古今类事》卷一二《董祐赋题》：

> 进士董祐之，咸平元年（998）将赴举，颇怯于公战。常歇马于信陵君庙下，忽遇秣陵进士许骥自南来，亦将求荐于府，叙话久之。许曰："适于一院见一翁，云开禄命书甚灵，盍往谒之？"二人同诣，各说其生之年甲，翁曰："据命，二君未见食禄之期。"许戏之曰："今年状元谁也？"翁曰："此却知之。"遂于禄命簿后揭出一页，上画一人极肥大，被金紫，下注曰："咸平元年状元，三十。"董、许莫能辨。又问曰："府试题可知乎？"曰："岂惟府试，虽省试、监试皆可知。"又于簿后揭一页，上画赫日一轮，"此省试赋题也"。又一页亦画日一轮，曰："国子监试题也。"二子莫测。已而收其簿入于院，后莫穷其迹。后府试《离为日赋》，监试《迎长日赋》，省试《仰之如日赋》，状元乃孙仅，最丰博，年果三十。其年二子果不利于春官。此可以见科举题目且皆前定，况得失乎？（原注：出钱希白《小说》）

巫卜与前述梦兆中的鬼神、梦境中的物象有所不同，他们本身是"人"，只是自命不凡，号能通"神"。在科学尚不昌明的时代，他们在社会上颇有活动和生存的空间。

如果通览"前定论"故事，我们会发现，它的类型以"梦"与"神"通者为最多，如《夷坚甲志》卷四《詹煜兄第》、卷五《龚舆梦》、《汤省元》及卷七《青童送笔》等等皆是。这里再举《夷坚甲志》卷七《姚迪功》为例，并略作分析：

建昌新城姚叟,政和三舍法行时为军学生,尝谒梦于神,以卜穷达。梦已著公服设香于所居门外谢恩,觉而不晓其旨。或云:老生当受恩科而不及赴者,列门赐敕牒,以为诸州助教。于是怃然自念曰:"岂吾旦夕预贡选,而蹉跎不第,至于特奏名乎?"已而累举不登籍,遂束书归休,绝意荣路。己卯(绍兴二十九年,1159),皇太后庆八十,霈泽锡类,姚以孙思贤,获乡荐,得迪功郎,实祗命于家门,距昔者之梦,恰五十年方验。

由本篇可概论这类故事的一般结构:先设举子梦中通"神","神"或给以约略可晓的谶语或行为,或让你处于某种迷离恍惚的环境之中,等等。总之"神"不能说破,而谶语、行为或环境须是在可解与不可解之间,然后经过人各不同的一番曲折,而结果似乎都可从"神"的指示中找到依据,也就是——"应验",让人顿然惊骇"神"的先知先觉,证明"前定论"的正确性。这几乎成了绝大多数"前定"故事的套路。

在我国传统的民间信仰中,很早就有所谓"灵验"、"报应"之说,而在佛、道二教中,"灵验"故事成为"辅教"材料,向为善男信女喜闻乐道,深信不疑。自从有了科举,"灵验论"很自然地延伸到这个关系到千家万户切身利益的领域,成为"科名前定论";也很自然地进入文人视野,成为志怪小说创作取材立意的丰富矿藏。宋人的"前定"志怪小说一般篇幅不大,叙事简洁传神,不过也如鲁迅所说,多"偏重事状,少所铺叙"①。然而它们折射了宋

---

①《中国小说史略》第十一章《宋之志怪及传奇文》。

代科举制度的方方面面,真实地反映了宋代科举制度下的社会心态,仍是有价值的。还应特别引起我们注意的是,宋代科举不仅大大刺激了小说的创作(如以士子赴举为题材的作品占了很大比重),而且促进了志怪小说创作的转型:小说家由唐以前热衷于搜奇猎异,描写山精水怪,转而追踪社会热点问题,这是应当充分肯定的。

第三节　科名主宰神:文昌梓潼帝君

从上节所述看,能前定科名的鬼神或巫卜既泛又"杂",让人有无可适从之叹,因此举子们亟需一个科举的主宰神。这个"神"由于现实的需要,终于被"造"出来了,它就是梓潼神,后来被尊为梓潼帝君,最后与文昌神相组合,在元代被敕封为"文昌梓潼帝君"。

一、梓潼神的来历

梓潼神是四川梓潼县的一个地方神,有着悠久的历史。传说越西(今四川西昌一带)氏人张亚子(或作"恶子"、"垩子")因报仇杀人,举家奉母逃至梓潼七曲山避难,死后为神。据说其神曾指点姚苌还秦,对前秦的建立有功,故姚苌曾为之立庙。崔鸿《十六国春秋·后秦录》载:前秦建元十二年(376),羌人姚苌至七曲山,"见一神人谓之曰:'君早还秦,秦无主,其在君乎!'苌请其姓氏,曰'张亚子也',言讫不见。至据秦称帝,即其地立张相公庙祠之"。又一说云:东晋孝武帝宁康二年(374),蜀人张育抗击符坚,自称蜀王,建元"黑龙"。后战死,遂为"雷砥"之神,也在梓潼七曲山有祠。后世传说的张亚子神,又有雷神的影子,如常璩《华阳国志》卷二载:"梓潼县有五妇山,故五丁士所拽蛇崩山处也。有善板祠,一曰恶子。岁上雷杼十枚,岁尽不复见,云雷取去。"因此学界多认为梓潼神是由上述两个现实人物(张亚子、张育)整合而成①。

梓潼神的神格提升和名声大噪,与唐、宋皇帝的加封有关。由于安史之乱和黄巢起义,唐玄宗、僖宗先后逃蜀。天宝十年(751),监察御史王岳灵入蜀,"撰《张亚子庙碑》"②。五年后玄宗逃蜀,途经七曲山,封张亚子为左丞。僖宗广明二年(881),黄巢起义军占领长安,僖宗避乱入蜀,又封张亚子为"济顺王"。侍御史王铎有《谒梓潼张恶子庙》诗:

> 盛唐圣主解青萍,欲振新封济顺名。夜雨龙抛三尺匣,青云凤入九重城(原注:时僖宗幸蜀,人情术士皆云春内必还京)。剑门喜气随雷动,玉垒韶光待贼平。惟报关东诸将相,柱天功业赖阴兵。

---

① 有关梓潼神的传说甚多,情况十分复杂,可参读《中华文昌文化——国际文昌学术研究论文集》,巴蜀书社,2004年。本节有关梓潼神、文昌神的论述,参考了该书的部分内容,特予说明。
② 见《唐诗纪事》卷一五。

判度支萧遘有和诗,末注曰:"时僖宗解剑赠神,故二公赋诗。"①
按《太平广记》卷三一二《陷河神》载:"僖宗幸蜀日,其神自庙出
十余里,列伏迎驾,白雾之中,仿佛见其形,因解佩剑赐之,祝令效
顺,指期贼平。"

入宋,据说张亚子神又在真宗咸平间平定王均起义的战争中
有功,被封为英显王。马端临《文献通考》卷九〇《郊社考》卷二
三载:

> 英显王庙在剑州,即梓潼神张亚子。仕晋战没,人为立
> 庙。唐玄宗西狩,追命左丞。僖宗入蜀,封顺济王。咸平中,
> 王均为乱,官军进讨,忽有人登梯冲指贼大呼曰:"梓潼神遣
> 我来,九月二十日城陷,尔辈悉当夷灭!"贼射之,倏不见。及
> 期果克城,招安使雷有终以闻,诏改王号,修饰祠宇,仍令少
> 府造衣冠、法物、祭器。

高承《事物纪原》卷七对此也有综述。要之,由唐入宋,据说张
亚子神因帮助过几位皇帝及官军靖难平乱(这当然是统治者的
自神之说),遂从蜀中一个偏远山中的地方小神,"破格"跃升为
威名显赫的皇权守护神。因此,梓潼神的发迹,完全是皇权介入
的结果。宋、元时期,道教又将梓潼神纳入自己的神灵体系,并尊
之为"帝君",撰造了如《文昌大洞仙经》《元始天尊说梓潼帝君本
愿经》等经籍达二十多种(多收入《正统道藏》或《藏外道书》),使

---

① 计有功《唐诗纪事》卷六五。

之在道教神仙系统中拥有崇高的地位。如《元始天尊说梓潼帝君本愿经》载元始天尊说:"迩者蜀有大神,号曰'梓潼',居昊天之佐,齐太乙之尊,位高南极,德被十方。掌混元之轮回,司仕流之桂禄。"①于是对梓潼神的崇敬又转化为宗教信仰。

二、梓潼神由普济到专司"桂禄"的转变

梓潼神的原型,无论是张亚子还是张育,都与"文"无关。梓潼神早先是个普济型的神灵,如唐孙樵《祭梓潼神君文》,述其会昌五年(845)夜过七曲山时,路滑天黑,"须臾有光,来马足前"。大中四年(850)"冒暑还秦,午及山足,猛雨如霜",乞神后"回风大发","讫四十里,雨不沾衣"②。即使在角色发生变化后的南宋,也仍有普济的一面,如王质(1135—1189)《祭梓潼神文》,谓"某有沈冤"、"某有窃愤"、"某有愚忠"、"某有朴学",倘遇有事时皆乞神灵保佑③。但从宋初以后,其功能逐渐发生了变化。我们先择录有关文献,再作分析。

《说郛》(涵芬楼校本)卷三〇《隽永录》引王铚《来岁状元赋》,写大中祥符中西蜀二子赴省试的穷困之状道:

> 既得举,贫甚,干索旁郡,乃能办行。已迫岁,始发乡里,惧引保后时,穷日夜以行。至剑门张恶子庙,号英显王,其灵

---

① 《道藏》第一册,中华书局影印正统本,第 816 页。
② 《孙可之集》卷九。
③ 《雪山集》卷一一。

响震三川，过者必祷焉。二子过庙已昏晚，大风雪，苦寒，不可夜行。遂祷于神，各占其得失，且祈梦为信。草草就庙庑下席地而寝。

小说接着写道：二子既祷，入夜，见一神曰："帝命吾侪作来岁状元赋，当议题。"一神曰："以《铸鼎象物》为题。""既而诸神皆赋一韵，且各删润，雕改商确，又久之，遂毕，朗然诵之，曰：'当召作状元者魂魄授之。'"二子尽记其赋，无一字忘，以为科名可得。至御试，果是《铸鼎象物赋》，二子却"懵然一字不能上口"，皆被黜。于是"二子叹息，始悟凡得失皆有假手者，遂罢笔入山，不复事笔砚"。

《新编分门古今类事》卷八《梦兆门下·刘悦第三》引《灵应集》：

刘悦，字圣与，天彭人。蔡嶷榜第三人，与常瓌同年，又相善。方集英赐第，圣与叹息，若有所感，瓌因询之，圣与曰："人生得丧果素定，非人力也。悦今日望见天子临轩，公卿侍卫，以至天日气象，楼殿相映，恍然如至焉。悦七年前过梓潼神君祠，宿于祠下，梦与举子数百人趋禁中，听唱名于集英殿。俄有一卫士遽曰：'公第三人及第。'悦时名涛，因问曰：'刘涛耶？'卫士曰：'无刘涛，乃刘悦。'语未毕，胪传刘悦矣，遂惊觉。虽知其神，而未敢改名。会元祐诏书，若与上书邪等人同姓名者听改名。时上书有彰信军进士名刘涛，悦因改今名焉。今日至庭中，无一而非昔日梦中所见者。初闻第一人第二人已赐第,不觉正衣冠以待,及蒙恩,果第三人,而心实安然,若久已得之者。信乎,得丧果前定,非人力也。"崇宁五年(1106),悦归过梓潼,既书其事,又请常璩为记。

又同上《孙铉策题》引《灵应集》:

> 大观元年(1107),孙铉岁贡辟雍,乞梦于英显神君。是夕梦赴试,有一人赍策题而立,因就读之,见第一题问某事,余皆如之,其人曰:"'锡燕津亭,郡国举宾兴之礼;计偕给食,多士忘奔赴之劳。'用之可以取高第。"既觉,记之于书。及就试,则所问策题皆协于梦,如其言用之,果中优选。岂特人之富贵前定,而文章亦自有阴相之者。

又同上《文缜状元》引《灵应集》:

> 何㮚文缜,政和间被贡,宿梓潼,梦一吏赍黄敕投其中,云:"何㮚可特授承事郎、秘书省校书郎。"次年文缜果大魁多士。前此状头先除学官,惟文缜独除馆职。暨受敕,衔位与梦中所见一字不差。嗟夫!科名前定如此,士而不安义命,可乎?

在《新编分门古今类事》卷八《梦兆门下》中,除上引三事外,还有《元珍赠诗》《彦国文学》《士美金堂》《允蹈甲门》《何某二子》,以及蔡絛《铁围山谈丛》卷四记梓潼神祠,《夷坚甲志》卷一八《席帽覆首》、《夷坚乙志》卷五《梓潼梦》等等,皆为梓潼神君预兆科名灵验的故事。

　　分析上引材料,有两点可引起注意。一是因科举乞梓潼神的皆蜀中举子;二是从时间上看,最早在真宗大中祥符间,只一事,而其余故事都发生在徽宗朝。前面说过,梓潼神最初只是个普济型的神灵,乞科名也是世人的一种需要,故偶然有举子拜谒,原不足奇。这表明,至少在北宋前期,该神并无"主文"之说。仁宗至和三年(1056)宋祁知成都,行次梓潼作《张亚子庙》诗,自注"今封英显王"。诗云:"伟哉真丈夫,庙食此山隅。生作百夫特,死为南面孤。鹿庖偿故约,雷杼验幽符。潼水无时腐,英名相与俱。"①宋祁科场得意,若该神主文,必在诗中言及,而竟无片语。这就是说,最初向梓潼神乞举,盖并未将它视为专司"桂禄"(科举仕宦)的科举神,只是一种例行的祷告。其后盖有"灵验"的传说,乞举者越来越多,而它又正好位于蜀中举子赴开封省试必经的金马道上,则顺路向梓潼神乞灵助考,便是极自然而又平常的事。祖籍四川的元初作家虞集说:"曩蜀全盛时,俗尚祷祠,鬼神之宫相望,然多民间商贾、里巷男女师巫所共尊信而已,独所谓七曲神君者,学士大夫乃祠之,以为是司禄主文治科第之神云。"②我们知道,宋徽宗狂热地崇奉道教,在他的推动下,一时道风大盛。乞举显灵之说多集中在徽宗时代,当非偶然,这很容易让人联想,梓潼神向科举神转变,应该与这个大背景有关。前述《新编分门古今类事》一再征引的《灵应集》,其"故事"都在徽宗朝,疑即编行

①《景文集》卷八。
②《四川顺庆路蓬州相如县大文昌万寿宫记》,《道园学古录》卷四六。

于是时。这也符合造"神"的一般规律。

三、梓潼神的东传

北宋时期,梓潼神主要为蜀中举子信奉的科举神,而随着东部官员入蜀任职,对此也有所了解。如陆游《老学庵笔记》卷二载:"李知几少时祈梦于梓潼神。是夕,梦至成都天宁观,有道士指织女支机石曰:'以是为名字则及第矣。'李遂改名石,字知几。是举过省。"但作为主科举的梓潼神的东传,则与宋末蒙古兵侵蜀有关。由宋入元的马廷鸾尝作《梓潼帝君祠记》,其中一段话颇值得注意。他说:

> 梓潼当两蜀之冲,帝君故蜀神也。五季不纲,神弗受职。宋兴,乾德三年(965)平蜀,明年丁卯(乾德五年),五星聚奎,文明之祥,芳郁万世,君之灵响暴震西土久矣,而尤为文士所宗。今世所传《化书》,吾不能知其说,惟石林叶公《燕语》称,凡蜀之士以贡入京师者,必祷于祠下,以问得失,无一不验者(引者按:今本《石林燕语》无此条)。自吾有敌难,岷峨凄怆,君之灵与江俱东,今东南丛祠,所在崇建,自行朝之祠于吴山者,天华龙烛,昼夜严供,四方士子并走乞灵,亦宜也。①

"自吾有敌难,岷峨凄怆"数句,指理宗端平元年(1234)灭金之次

---

① 《碧梧玩芳集》卷一七。

年,蒙古兵大举攻宋,其中一路进入四川,抄州略县,四川遭到空前破坏。于是,蜀中民众特别是士人大量东迁以辟难。正是在这种背景下,梓潼神也随着士大夫的流动向东迁移,成了流寓神,而它已不再是蜀中的地方神或皇权守护神,而是以科举神的身份呈现在南宋"全国"民众面前,并取代了唐、宋以来科名由多神"前定"的现象,而最终定位于一神。马廷鸾所说"行朝之祠于吴山",指建于杭州吴山的梓潼帝君庙。吴自牧《梦粱录》卷一四载:"梓潼帝君庙,在吴山承天观。此蜀中神,专掌注禄籍,凡四方之士求名赴选者悉祷之。封王爵曰'惠文忠武孝德仁圣王'。"

四、文昌帝君:梓潼神与文昌神的合一

在中国的传统文化中,"文昌神"主文禄比梓潼神要早得多。《史记》卷二七《天官书》:"斗魁戴匡六星曰文昌宫:一曰上将,二曰次将,三曰贵相,四曰司命,五曰司中,六曰司禄。在斗魁中,贵人之牢。"唐司马贞《索隐》引《文耀钩》曰:"文昌宫为天府。"又引《春秋元命苞》,称"贵相理文绪,司禄赏功进士"。后世称文昌宫为"文星"、"文曲星",专司人间功名禄位。

将文昌神与梓潼神合二为一,大约始于南宋,盖以天地合德,二者皆主文禄之故。元仁宗重开科举,于延祐三年(1316)正式敕封梓潼神为"辅元开化文昌司禄宏仁帝君",制诰略曰:"蜀七曲山文昌宫梓潼帝君,光分张宿,友咏周诗①。相予泰运,则以忠孝而

---

①另有说谓文昌梓潼神乃张宿之精,即《诗经·小雅·六月》中"张仲孝友"句中的张仲。

左右斯民；炳我坤文，则以科名而选造多士。每遇救于灾患，彰感应于劝惩。贡举之令再颁，考察之籍先定。贲饰虽加于涣汗，徽称未究于朕心。於戏！予欲文才辈出，尔丕炳江汉之灵；予欲文治宣昭，尔浚发奎璧之府。庶臻嘉号，以答宠光。可加封'辅元开化文昌司禄宏仁帝君'，主者施行。"①这就将文昌星神与梓潼神正式重合为一个神了。

明弘治至清乾隆的三百年间，文昌梓潼神曾被统治者从祀典中删去。但这似乎对它作为科举主宰神和守护神的地位影响不大，它依然受到学界和士流的普遍崇奉。《儒林外史》卷四二写南京乡试道："……放过了炮，至公堂上摆出香案来。……布政司书办跪请三界伏魔大帝关圣帝君进场来镇压，请周将军进场来巡场。……跪请七曲文昌开化梓潼帝君进场来主试，请魁星老爷进场来放光。"举子出场后，又要供文昌帝君、关夫子的纸马祭献。《儒林外史》的作者吴敬梓（1701—1754）主要活动于雍正、乾隆朝，可见那时文昌神虽不在祀典，却仍然走红。嘉庆六年（1801），清廷在北京地安门外重建文昌帝君庙竣工，嘉庆帝"躬谒九拜"，并下诏将其列入祀典②。从此，每年传说为帝君诞辰的二月初三，也成了读书人的"圣诞节"，朝廷照例要派大臣到文昌庙祭祀，各地士人奔走恭拜，更不在话下。直到清末，各府县大多建有文

---

① 《玉清无极总真文昌大洞仙经》，《道藏》第二册，第 612 页。按清周城《宋东京考》卷一五《祠·桂香祠》曰："在太学内，祀文昌司禄宏仁帝君，左右桂、禄二籍仙官。后太学徙而祠存，乃改称梓潼庙。"然元代方有"文昌司禄宏仁帝君"之称，北宋断无其祠，也无梓潼庙。其说不知所据，当误。
② 《清史稿》卷八六《礼志·吉礼》。

昌阁或庙,有的还保存至今;而其影响甚至越过国门,在海外华人圈得到普遍信奉,并波及朝鲜、日本、越南等国,发展为国际性的"文昌文化"。但我们不应忘记:梓潼神司桂禄也罢,主科举也罢,归根到底,它不过是"科名前定论"的物化而已。

第四节 "科名前定"与士子求神问卜

宋代科举制度下的士人命运和人格,"科名前定"的宿命论,无疑在相当程度上决定了当时的社会心态。既然"科名前定",个人的努力无济于事,举子在科举制度下显得那么被动和无能为力,便不能不转而求助于冥冥中的主宰,除此似乎没有别的选择。

首先是乞神。如上文已引的荆伯珍《神告传》,因乞神而成功地将试赋时误书的"喷"字改正为"焚",即一典型事例。再如《夷坚甲志》卷七《钟世若》:

> 绍兴二十六年(1156),宜春郡士钟士若谒仰山,乞梦以占秋试得失。是夜梦自庙外门进抵庭下,顾见庙庑间背缚一人于柱,回望钟,欣然有喜色,且笑且语。因惊寤,为朋友言,不能晓其指意。迨入试,出《反身而诚乐莫大焉赋》为题,始悟昨梦,而背缚者,反身之意;顾笑者,乐也。神既告以题,必可中选,乃精思运睇。第五韵押焉字,欲用孟子"君子有三乐,而王天下不与存焉"及"仰不愧于天,俯不怍于人"等语,患无他经句堪对,不觉伏几假寐。仿佛闻见黄衣一吏叱之

曰:"场屋日晷有限,岂汝昼寝时耶?"钟曰:"正为寻索故事作对,未得。"吏曰:"胡不用孔子'不怨天,不尤人'与'饭蔬食饮水,乐亦在其中'为对乎?"钟洒然而起,遂缀辑成隔联云:"孔不怨尤,饭蔬食在其中矣;孟无愧怍,王天下不与存焉。"书毕,自喜,为得神助。持卷而出,考官阅读,批其榜云:"隔对浑成,可以冠场。"置之首选。洎揭榜,经义为都魁,钟居其次。

神既示之以题,又帮他"捉对","回报率"盖没有比这更高的了。

《夷坚丁志》卷八《陈尧咨》一则,则透露出当时举子乞神"如织"的盛况:

> 建宁城东梨岳庙所祀神,唐刺史李频也。灵异昭格,每当科举岁,士人祷祈,赴之如织,至留宿于庙中以求梦,无不验者。浦城县去城三百里,邑士陈尧咨苦贫惮费,不能应诏,乃言曰:"惟至诚可以动天地,感鬼神。此中自有护学祠,吾但赍香纸谒之,当获丕应。"是夕宿于斋,梦一揭脚鬼跳跃数四,且行且言曰:"有官便有妻,有妻便有钱,有钱便有田。"尧咨既觉,遍告朋友,决意入城。其事喧播于乡间,或传以为戏笑。秋闱揭榜,果预选,一举登科。

其次是求巫卜。由于人神阻隔,士子欲与神"对话",预知科名,就不得不依靠"中介"——巫卜。前面说过,所谓巫卜有相士、日者、道士、神僧,以及诸般自称深谙术数者流。如:

蜀人严储者,与苏易简之父善。储之始举进士,而苏之子易简生。三日为饮局,有日者同席。储以年月询之,日者曰:"君当俟苏公之子为状元乃成名。"坐客皆笑。后归朝,累亦不捷。太平兴国五年(980),果于易简榜下登第。①

　　吕文穆蒙正少时,尝与张文定齐贤、王章惠随、钱宣靖若水、刘龙图烨同学赋于洛人郭延卿。延卿,洛中乡先生。一日,同渡水谒道士王抱一求相……文穆对席,张、王次之,钱又次之,刘居下座。坐定,道士抚掌太息。众问所以,道士曰:"吾尝东至于海,西至流沙,南穷岭峤,北抵大漠,四走天下,求所谓贵人,以验吾术,了不可得,岂意今日贵人尽在座中!"众惊喜。徐曰:"吕君得解及第,无人可奉压,不过十年作宰相,十二年出判河南府,自是出将入相三十年,富贵寿考终始。张君后三十年作相,亦皆富贵寿考终始。钱君可作执政,然无百日之久。刘君有执政之名,而无执政之实。"语遍及诸弟子,而遗其师。郭君怂然,以为谬妄,曰:"坐中有许多宰相乎?"道士色不动,徐曰:"初不受馈,必欲闻之,请得徐告:后十二年,吕君出判河南府,是时君可取解。次年,虽登科,然慎不可作京官。"延卿益怒,众不自安,乃散去。久之,诏下,文穆果魁多士,而延卿不预。明年,文穆廷试第一。是所谓"得解及第,无人可压"矣。后十年作相,十二年,有留钥

————————
①《续湘山野录》。

之命,悉如所言。延卿连蹇场屋,至是预乡荐。①

如果说上引材料出于笔记,也许有些夸诞的话,那么郑刚中则是亲自"现身说法",他在《送相士张允序》中写道:"绍兴辛亥(元年,1131)张居士以相书游婺女,是年朝廷类试礼部进士于临安,吾乡中选者七人,多居士之所预言,而予之名次高下,言之皆验。"②

正因为有"言验"之效,故宋代治举业的文人,与相士、日者之流有着广泛的联系,并培育出一个规模庞大的巫卜需求市场。王安石曾作《卜说》,对当时的卜筮之盛进行了考察,据他估计,"逆斥人祸福"的卜者,举天下而籍之,"盖数万不啻,而汴(京师开封)不与焉;举汴而籍之,盖亦以万计"。何以此业如此兴旺?究其原因,是"以彼为能决"——能决断人们急于想解开的"惑"与"忧"之谜③。对举子而言,最让他们"惑"与"忧"的,当然莫过于举场命运与前程,故求神问卜,遂成常事。沈括曰:"京师卖卜者唯利举场。时举人占得失,取之各有术。有求目下之利者,凡有人问,皆曰必得,士人乐得所欲,竞往问之;有邀以后之利者,凡有人问,悉曰不得,下第者常过十分之七,皆以谓术精而言直,后举倍蓰,有因此著名,终身缗利者。"④说"必得"的是赌今天,总有十

---

①《默记》卷中。
②《北山集》卷五。
③《卜说》,《临川先生文集》卷七〇。
④《梦溪笔谈》卷二二。

分之三的人会上钩;说"不得"的是赌明天,准确率高达十分之七,后举、后后举再说"必得",获利将比一开始就说"必得"的要多数倍("蓰"为五倍)。理宗宝祐元年(1253)状元姚勉《雪坡集》所收诗中,涉及相士、术士如镜斋相士、贾相士、高眼陈相士、寻贤相士等等,凡二十多人。他也将这类人分为两等:俗眼、具眼。在《赠高眼陈相士》诗序中说:"天下有两等眼:一俗眼,一具眼。具眼识人于未遇,方穷而知其达;俗眼穷则毁之,达则誉之者也。岂惟世人,凡以卜、相名号为能知人者,其眼亦往往而俗。穷也,则曰子未可问举第;既达,则曰吾尝许其举、许其第。穷达各一舌,是何号为知人者亦若是邪?"①其实所谓"具眼"不过是敢下赌注罢了。鲁迅先生说:"宋代虽云崇儒,并容释道,而信仰本根,夙在巫鬼,故徐铉吴淑而后,仍多变怪谶应之谈。……迨徽宗惑于道士林灵素,笃信神仙,自号'道君',而天下大奉道法。至于南迁,此风未改。"②巫卜古已有之,但到宋代专卜科名,则是由"科名前定论"滋生出的一个特殊的"职业",他们与举子之间结成为相须相求的共同体。但两者的利益并不对称:无论说"必得"还是"不得",也无论是"俗眼"还是"具眼",巫卜们假借科名这个"公器",以口舌轻易地让举子受骗,而且被骗得"心甘情愿"。

　　除巫卜和神灵外,宋人眼里能预兆科举吉凶的还很多,形成了民间各种光怪陆离的传说、信仰和风俗。如《能改斋漫录》卷一

---

①《雪坡集》卷一一。
②《中国小说史略》第十一篇《宋之志怪及传奇文》,人民文学出版社,1973年,第81页。

一《临川王右军墨池》曰：

> 临川郡学，在州治之东，城隅之上。其门庭之间有池，深而不广，而旱暵不竭，世传以为王右军之墨池。每当贡士之岁，或见墨汁点滴如泼，出于水面，则次春郡人必有登第者。

又同上《祥瑞谶应》：

> 黄冕仲（裳）未第时，尝有魁天下之意。元丰四年（1081），南剑州谯门一柱忽为迅雷所击，口占绝句云："风雷昨夜破枯株，借问天公有意无？莫是卧龙踪迹困，放开头角入亨衢。"次年，冕仲遂膺首荐，又次年，对策为天下第一。饶之浮梁县有谶语云："青山圆，出状元。"邑人程瑀尚书在上庠，累为优等，而尚未登第。尝寄诗与乡人云："试问青山圆也未？不应久负壮图心。"明年，公试上舍，为第一人。

又《淳熙三山志》卷三九《谣谶》载永福县谣谶有："龙爪花红，状元西东。""水流张墓园，此地出状元。""石桥全，出状元。"福清县有："苏溪不用船，此时出状元。"宁德县有："渡船通人行，状元方始生。"

又祝穆《方舆胜览》卷一二《泉州》之州学"魁瑞堂"，引解邦俊《记》曰："绍兴己卯（二十九年，1159），双莲生于梁文靖读书堂，次年（梁）克家廷对魁天下。乾道戊子（四年，1168）生于贡院，石起宗复以亚魁显。庆元戊午（四年，1198），双莲复产于州学之槐亭,曾从龙作第一人。"

又《梦粱录》卷四《解闱》:"亲朋馈送赴解士人点心,则曰'黄甲头魁鸡',以德物称之,是为佳谶。"

这些民间信仰和土俗谣谶,实际上是"神"的泛化和补充,它所折射的仍然是"科名前定论",并使之拥有最广大的社会基础,成为在下层民众中最为流行的社会心态。

第五节　"科名前定论"的历史成因

在今天看来,"科名前定论"固是谬论,所有的"故事"绝无科学依据。事实上,宋人早就提出过批评,范仲淹在庆历三年(1043)九月所上《答手诏条陈十事》之三"精贡举"中,就曾写道:

> 既乡举之处不考履行,又御试之日更拘声病,以此士之进退,多言命运而不言行业。明君在上,固当使人以行业而进,而乃言命运者,是善恶不辨而归诸天也,岂国家之美事哉!①

但是,"前定论"的产生以及在相当程度上得到社会的认同和欣赏,又有着深刻的社会历史原因。首先,"前定论"诞生在特定的历史时代。张君房撰《登科定分录》的确年虽不可考,但可肯定

① 《范文正公政府奏议》卷上。

是在他真宗景德二年（1005）登第之后，此前他蹭蹬场屋，断无作《定分录》的雅兴。我们知道，自景德间至大中祥符初，降"天书"、封泰山，赵宋朝野沉醉在一片"仙风"拂煦之中，故他此时出笼的"科名前定"（也就是"神"定）论，乃时代的产物。

其次，科举制度的变革，即糊名、誊录制的普遍实施，是孕育"科名前定论"的温床。太宗时殿试已开始实行糊名制，咸平间又推广到省试，而景德二年御试则开始用誊录制，后来也成为定法。如果说中唐以后的"通榜"使人对谁登科早已心中有数而不感惊奇和意外的话，那么糊名、誊录制的施行则设定了许多神秘莫测的未知数，而中第得"科名"者又未必都学业优胜，其中有太多必然、偶然或显性、隐性的因素制约，不仅使人无法把握，也让人难以捉摸，上引范仲淹所说的士之不以行业进其至"善恶不辨"的事，可谓比比皆是，如欧阳修所说："使学者不根经术，不本道理，但能诵诗赋、节抄《六帖》、《初学记》之类者，便可剽窃偶俪，以应试格，而童年新学、全不晓事之人，往往幸而中选。"[1]对这类形形色色无法解开的"谜"，"前定论"正好给出了最简捷而又不容究诘的答案。如王质在《祭梓潼神文》中所说："物情多私，圣人弗凭。于是有托，度量权衡。又不可信，则求诸神。是非纷纭，至神乃定。"[2]考官阅卷向称"衡文"，但难称众意，只有归之于"神"，委之于"命"，一切"前定"，则所有的纠纷、是非都得以化解。故陆九韶在《居家正本制用篇》写道："世之教子者，惟教之以科举之

---

[1]《论更改贡举事件劄子》，《欧阳文忠公集》卷一〇四。
[2]《雪山集》卷一一。

业,志在于荐举登科。难莫难于此者。试观一乡之间,应举者几人?而与荐者有几?至于及第,尤为稀罕。盖是有命焉,非偶然也。此孟子所谓'求在外者,得之有命'是也。"①姚勉亦曰:"科目之设,士嚣嚣然日趋于文,置德行之艺为何等事。糊名考校,懵不知贤否谁孰,眩有司目则得,焉论行。而潜搜冥索而得之者,往往皆文行相称士,士浮浅儇薄者鲜克有成,成亦莫克远到。若是者人无所置力矣,意必有主张是者,不曰寄之天乎!"②宋末状元文天祥借诸生之口也说:"今三岁大比,试者以文进。将文而已乎,意必有造命之神执其予夺于形声之表者,盖元皇(按指梓潼神)也。士之所自为,行为上,文次之;神所校壹是法,合此者陟,违此者黜。人谓选举之权属之有司,不知神之定之久矣。"③

再次,"前定论"对登科得志,然后据要津、获显爵的朝廷新贵们极为有利,他们可借此大肆炒作,自命不凡,以巩固既得地位,捞取更多利益,似乎科名、官爵本是其命中物,登第不过是"阴注阳授"而已,故这类人是"前定论"的坚定信奉者和积极宣传者。可以说,许许多多"前定"故事,就是由他们(张君房只是肇其端而已)一手制造,而"前定"故事的炮制,实际上就是自我造神运动。

最后,落第者从"前定论"中得到了精神安慰,找到了求得心态平衡的支点,似乎科名原非自家物,不必妄求。楼钥《周伯范(模)墓志铭》载:周模"一举不遂,即弃举子业,一意世学,缮经阁

---

①陈弘谋《五种遗规·训俗遗规》卷一,《四部备要》本。
②《明州奉化县梓潼帝君殿记》,《雪坡集》卷三三。
③《龙泉县太霄观梓潼祠记》,《文山集》卷一二。

史，几不释卷。以为名第有命，不可强求，不坠家声足矣"①。俞成也说："一切之事皆要有分，若是无分而欲极力强求，徒然而已。……大凡功名富贵，贫贱休戚，皆是五行带来，无非分定，安可叹息怨恨于斯耶？不然，晦翁先生何以有'随缘安分'四字也？"②

总之，"神"既是现实生活在人们头脑中的折射和扭曲，又是由人所"创造"，正如列宁引黑格尔所说，"普通的人的观念一旦离开人和人脑就成了神的观念"③。

我们可以从正史、野史或当时大臣奏章中了解宋代科举制度，以及三百年来甚至后人对其是是非非的各种议论和辩难；但似乎可以说，"科名前定论"弥合了一切是非，虽表面上它不过是"民间理论"④，且非"国家之美事"，却给统治集团帮了大忙：它不仅为科举制度，也为统治者自身涂上了神圣的色彩，而且成了上上下下化解矛盾的润滑剂，治疗心灵创伤的麻醉药，甚至是掩盖社会阴暗面的遮羞布，故虽显然谬妄，却能长盛不衰。

当然，宋人也有不信命定说的，如徐度《却扫编》卷下记"熙宁、元丰间有僧化成者，以命术闻于京师，蔡元长（京）兄弟始赴省试，同往访焉"，该僧竟率尔语蔡京曰："此武官大使臣命也。"徐氏于是议论道："世所谓命术者，类不可信，其有合者，皆偶中也。"也

①《攻媿集》卷一〇九。
②《萤雪丛说》卷上。
③《唯物主义和经验批判主义》，《列宁选集》第二卷，人民出版社，1972年，第 232 页。
④统治者至少在表面上仍是鼓励"苦读"的，如旧题宋真宗《劝学诗》有曰："男儿欲遂平生志，六经勤向窗前读。"见《诸儒注解古文珍宝》前集卷上。

有不崇拜科名而相信自己能力的,同上书又记:"王文安公尧臣登第之日,狄武襄公(青)始隶军籍。王公唱名自内出,传呼甚宠,观者如堵。狄公与侪类数人立于道傍,或叹曰:'彼为状元,而吾等始为卒,穷达之不同如此!'狄曰:'不然,顾才能如何尔。'闻者笑之。后狄公为枢密使,王公为副,适同时焉。"不过像狄青那样不靠科名而以武功致高位的,毕竟是极个别人,既不足以改变科名在通往官场道路上的重要性,更难以影响整个社会心态。

第十八章　宋代科举制度对文学发展的促进

　　在考察和论述了宋代科举以及与宋代科举相关联的一系列重大问题之后,我们将回到本题,追问宋代科举与文学到底是什么关系? 或者干脆问得更简单明白、直截了当些:宋代科举对文学的发展究竟是"促进",还是"促退"? 关于科举与文学的关系,目前学术界的看法不一,主张促进、促退的都有,很难一下子达成共识,但我们可以摸索着朝可能形成共识的路上前进。

　　笔者认为,科举与文学的关系十分复杂,难以简单地描述,若坚持非此即彼的思维方式,很可能堕入无解的深渊,因此倒不如有多解,也许更接近事实。比如可将科举化为两个层面进行审视,即"外部效应"和"内部运作"。所谓外部效应,指将科举制度作为一个整体,研究它对社会的方方面面——最终对文学所产生的影响和作用。科举制度并非为发展文学而设,这就像军队、战争原本与文学无关,但却有军事文学一样,因此在这个层面上,科举与文学的关系只能是延伸、辐射、带动或转换,对文学的影响是"间接"的。但若只停留在这个层面,又很容易产生片面性:过多地看到科举的积极面,甚至以外代内,忽略或掩盖了其内部运作的真相,不恰当地赞美连宋人都无不摇头的场屋时文。所谓"内部运作",主要指科举考试,即从士子备考、场屋作文,直到阅卷、放榜的整个过程。由于科举运作的内容是"以文章取士",这与我们作比喻的军队、战争完全不同,故场屋"文章"即时文与文学的关系,就是科举对文学的"直接影响"了。事实上,"促进"派提出的论据,大多不是科举本身,而是我们所说的"外部效应"。当然,内、外两个层面并非截然分离,它们又相互影响,特别是社会文风,必然反映到科举考试中来。只有注意到科举的外部效应,才能以宏观的视角,估价科举制度在包括文学在内的整个传统文化建构中的重要地位和作用,不至于走入全盘否定的死胡同;同时,也只有从科举的内部运作也就是科举考试自身出发,考察场屋时文与文学创作的异同,才能揭示出前者的真实面目,不至为表面现象所迷惑。就是说,我们既要承认科举时文是传统文学的一部分,又要看到二者之间的悬殊差异,故两个层面的考察都具有同样重要的意义。

本章先讨论宋代科举的"外部效应"——也就是科举制度与文学发展的关系,下章再研究科举考试与文学的关系。在"外部效应"这个层面上,科举对文学的发展基本上是促进的。

第一节 科举带动了教育的蓬勃发展

文学的发展,归根到底是文学人才的培养。既不能指望脱离时代和社会凭空降临什么文学"天才",也不可拔苗助长式的催生出著名作家来。无论是有成就的文学家的涌现,还是文学自身的发展演进,都是时代玉成的、推动的,是教育兴盛、文化发达的必然结果,此即《文心雕龙·时序》所谓"文变染乎世情,兴废系乎时序"是也。因此,本节先从科举与教育的互动出发,考察宋代科举与教育、教育与文学发展的关系。由于宋代教育不在本书的研究范围,这里只是概述其略。

一、私学发达

宋初继承唐五代的传统,直到庆历兴学之前,举子大都出于私学,学成以乡贡成名。如民间教育家戚同文,"其徒不远千里而至,教晦无倦,登科者题名于舍,凡孙何而下,七榜五十六人"①。范仲淹亦出其门,《宋史》卷三一四本传称其少时"去之应天府,依戚同文学。昼夜不息,冬月惫甚,以水沃面;食不给,至以糜粥继之,人不能堪,仲淹不苦也",后中进士第。欧阳修也出于私学。他"四岁而孤,母韩国太夫人郑氏守志不夺,家虽贫,力自营赡,教公为学。公亦天资警绝,经目一览,则能诵记,为文下笔,出人意表。及冠,声闻卓然"②。苏轼兄弟亦不例外。苏辙《历代论引》称"予少而力学。先君,予师也;亡兄子瞻,予师友也。父兄之学,皆以古今成败得失为议论之要"③。这时期的许多著名作家、学者,都是靠家庭教育自学或投奔名师成才的。待到他们学有所成

①《玉壶清话》卷一。
②韩琦《欧阳公墓志铭》,《欧阳文忠公集》附录二。
③《栾城后集》卷七。

时，自己又有不少及门弟子，切磋问学，亦师亦友，古风盖然。这是因为当时学校很少，即便有为数不多的官学（国子监、州县学），但所教乃经籍章句，不能适应科举考试的需要，如尹洙所说："今太学生徒，博士授经，发明章句，究极义训，亦志于仕禄而已。及其与郡国所贡士并校其术，顾其所得经义，讫不一施，反不若里巷诵习者，则师道之不行宜矣。"①

北宋中后期，朝廷要求各地办学，许多州县便将私人书院改由官办。如戚同文身后，"州郡惜其废，奏乞赐额为本府书院，由其孙戚纶主之"②。应天府书院于是成为宋代四大书院之首。北宋后期，由于政府的干预③，私学受到许多限制，总体趋于衰落。

南宋孝宗时代，政治相对开明，私立书院又大量产生，北宋已有的著名书院如岳麓书院、白鹿洞书院等皆得到重建。理学家在书院建设中尤为积极，官府也参与其中，出现了官私合办的趋势。这时期，喜理学的多聚于私学，竞科名的则入官学，如时少章所说："国朝道学鼎盛，名师辈出，至于江左，则两先生（指张栻、吕祖谦）暨新安朱先生（熹），皆以精志全识，开阐大学，经迪群心。一时议论，盈邑满都，士之有志于道者，咸集其门。其希进望用之士，乃始入学。于是学校为名利之途，而诸先生之门为理义之薮，

---

① 《敦学》，《河南先生文集》卷二。
② 《玉壶清话》卷一。
③ 如崇宁二年（1103）七月十三日知泗州姚孳状称"邪说诐行，非特成人之学可禁，而童子之学亦不可不禁"。讲议司看详，"欲令诸路州县并开封府管内遍行晓谕，应私下聚学之家，并仰遵守，一依上条"。徽宗"从之"（《宋会要辑稿·刑法》二之四三、《通鉴长编纪事本末》卷一三二《讲议司》）。

析为二歧。"①理宗以后,因以理学为官方学术,官办书院形成热潮,州县学反而向以理学教育为主的私学(书院)靠拢,无论官办学校或私立书院,朱熹"特取凡圣贤所以教人为学之大端"而制定的《白鹿洞书院揭示》②,成了共同的教学纲领。

　　综观两宋,除徽宗时蔡京强制规定必须由学校升贡的短时间外,私学乡贡始终是科举的主力(即便在蔡京时期,私学乡贡仍未停止),私学是宋代教育中一个最为活跃的因素。以四川为例,南宋末赵与时《宾退录》卷一载:"嘉(嘉州,今四川乐山)、眉(眉州,今属四川)多士之乡,凡一成之聚,必相与合力建夫子庙,春秋释奠,士子私讲礼焉,名之曰乡校。亦有养士者,谓之山学。眉州四县,凡十有三所。嘉定府五县,凡十有八所。他郡惟遂宁四所,普州(今安岳)二所,余未之闻。"所谓"山学"即私学,《爱日斋丛钞》卷四曰:"眉山刘微之巨教授郡城之西寿昌院,从游至百人。苏明允(洵)命东坡兄弟师之。"此即"山学"之一例。"乡校"即民办校,为一地或某家族所共建,官府一般不干预,虽仍带有私学性质,但不排除公有成分。据统计,南宋时四川所建庙学,"成都府路四十六处,潼川府路三十五处,利州路十一处,夔州路八处,总计一百处"。各地建书院二十多所③。四川如此,经济文化相对更为发达的中原及东南地区,盖有过之而无不及。

①《严州二先生祠堂记(代太守王会龙作)》,《敬乡录》卷一一。
②《白鹿洞书院揭示》,见《朱文公文集》卷七四。
③见胡昭曦、刘复生、粟品孝著《宋代蜀学研究》第十章,巴蜀书社,1997年。

二、官学兴盛

宋初上承唐五代之制，虽中央有官办教育机构国子监，但必须七品官以上的子弟才有资格入学；地方上也只有少量州府学、县学，总的说来相当冷落。田况《儒林公议》说："国朝以来，京都虽有国子监为讲学之地，然生徒不上三十人，率蒙稚未能成业者。遇秋试诏下，则四方多士竞投牒于学干试求荐，罢则引去，无肯留者。初试补监生，虽大芜谬，无不收采。生员得牒以归，则自称广文馆进士。监出一牒，生员输缗二千余，目为光监，利为公廨之用。直讲置员，但躐为资地，希迁荣耳。"庆历二年（1042）闰九月，天章阁待制、史馆检讨王洙也说，国子监每当科场诏下，"学生多或至千余人，即随秋试召保取解及科场罢日，则生徒散归，居常讲筵无一二十人"①。于是，国子监成了专为士子解试"求荐"服务，靠卖"监牒"生财的机构，平日生徒至少。

从景祐开始，情况开始发生变化，先是在藩镇大郡建学，然后推广到所有州郡。田况在《儒林公议》还说："自景祐以来，天下州郡渐皆建学，规模立矣。"《宋会要辑稿·崇儒》二之三载："宝元元年（1038）诏，许颍州立学，特从知州、户部侍郎蔡齐之请也。自明道、景祐间，累诏州郡立学，赐田、给书，学校相继而兴。近制惟藩镇立学，颍为支郡，齐以为□（原空阙，疑为"请"字）而特许之，故有是命。又，蔡齐请立学时，大郡始有学，而小郡犹未置也。庆历诏诸路州府军监各令立学，学者二百人以上许更置县学，于是

———————————
① 《宋会要辑稿·崇儒》一之二九。

州郡不置学者鲜矣。"则朝廷批准蔡齐之请,允许作为支郡的颍州立学,具有标志性意义,开了在所有州县(原先只许藩镇)立学的头。

庆历四年(1044)三月十三日,翰林学士宋祁等上言,称"近准敕详定贡举条制"。其详定"立学"事道:

> 今教不由于学校,士不察于乡里,则不能核名实;有司束以声病,学者专于记诵,则不足尽人材。……臣等参考众说,择其便于今者,莫若使士皆土著而教之于学校。然其州郡察其履行,则学者修饬矣,故为立学、合保荐送之法。……诸路州府军监除旧有学校外,其余并各令立学。如本处修学人及二百人以上处,许更置县学。若州县未能顿备,即且就文宣王庙或系官屋宇。仍委本路转运司及本属长吏于幕职、州县官内奏选充教授,以三年为一任。①

仁宗于是下诏令州县立学②。上引田况所谓"庆历诏"指此。

庆历四年四月壬子,判国子监王拱辰、田况、王洙、余靖等上言称:"今取才养士之法盛矣,而国子监才二百楹,制度狭小,不足以容学者。请以锡庆院为太学,葺讲殿,备乘舆临幸。"③这是在州郡普遍立学的同时,开始对中央官学进行改造:太学正式从国

---

①《宋会要辑稿·选举》三之二三。
②诏文略见《宋会要辑稿·崇儒》二之四,详见《续资治通鉴长编》卷一四七。
③《续资治通鉴长编》卷一四八。

子监分离,成为另一所由朝廷直接主管的学校①。

庆历兴学的成绩是显著的。欧阳修说:"庆历中,诏天下大兴学校,东南多学者,而湖、杭尤甚。"②又说庆历四年三月"诏天下皆立学,置学官之员,然后海隅徼塞,四方万里之外,莫不皆有学"③。虽然不久"新政"失败,有关科举改革的一系列措施搁浅,但"兴学"这一政策仍被延续下去。这对后来的教育、科举甚至政治思想产生了巨大的影响。首先是认识到学校教育在科举中的重要地位。庆历四年宋祁等在所上改革方案中,提出"使士皆土著,而教之于学校,然后州县察其履行"的原则。仁宗在颁行新制的诏书中强调:"朕慎于改更,比令详酌,仍诏宰府加之参定。"于是达成共识,第一事便是"皆以谓本学校以教之,然后可求其行实"④。当时规定士子必须实际在校听读一百天,才许申请参加发解试⑤。学校教育与科举相结合,成了后来科举改革的方向。

其次是学校教育的转型,即由唐以来的传统经学教育转变为适应科举考试的应试教育,增加诗、赋、策、论课程。如在新建的太学中,即"每月试诗、赋、策、论,第生员高下,揭名于学门"⑥。

---

① 按《宋会要辑稿·崇儒》一之三〇:次年仁宗"言锡庆院不可废,诏三司别择地,乃以马军都虞候公宇为太学"。
②《丁君宝臣墓表》,《欧阳文忠公集》卷二五。
③《欧阳文忠公集》卷三九。
④《宋会要辑稿·选举》三之二九。又见《欧阳文忠公集》卷一一〇《颁贡举条敕》。
⑤《宋会要辑稿·崇儒》一之二九。此规定在兴学诏下之前的庆历二年(1042)闰九月。
⑥ 田况《儒林公议》。

王安石嘉祐间在《上皇帝万言书》中说："学者之讲说,章句而已……近岁乃始教之以课试之文章。"①"课试文章"即科举时文。这样,就将官办学校与科举考试直接接轨,改变如前引尹洙所说,在科举考试的激烈竞争中,"太学生徒"反不如"里巷诵习者"的尴尬局面。

再次是经学由章句之学向义理之学转变。仁宗时社会矛盾加剧,出现了严重的政治、经济危机,统治集团中有志改革的士大夫们急于寻求出路,而把目光投向培养通晓经旨、懂得"治国治人之道"的人才上,如范仲淹所说:"天下危困乏人如此,将何以救?在乎教育以经济之业,取以经济之才,以救其不逮。"②当时已认识到儒学对王朝统治的重要性,同时也普遍认识到章句记诵之学的危害,而期待着培养出具有创新意识的治国之才。宋祁等在庆历四年(1044)所上科制改革方案中,即提出"问以大义,则执经者不专于记诵"的办法③。在此背景下,刘敞的《七经小传》五卷出焉。吴曾《能改斋漫录》卷二引国史云:"庆历以前,学者尚文辞,多守章句注疏之学。至刘原父(敞)为《七经小传》,始异诸儒之说。王荆公修经义,盖本于原父云。"当时欧阳修、司马光、苏轼兄弟等都纷纷撰著经籍新解,形成崭新的学术风气,促进着传统儒学向"宋学"的转型。王应麟说:"自汉儒至于庆历间,谈经者守训故而不凿。《七经小传》出,而稍向新奇矣。……自庆历后,诸儒

①《临川先生文集》卷三九。
②《答手诏条陈十事》,《范文正公政府奏议》卷上。
③《宋会要辑稿·选举》三之二三。

发明经旨,非前人所及,然排《系辞》,毁《周礼》,疑《孟子》,讥《书》之《胤征》、《顾命》,《诗》之序,不难于议经,况传注乎!"①由此可见,《七经小传》不仅为王安石《三经新义》之所本,而且开宋代疑经、弃先儒注疏风气之先,这对于宋代学风及思想发展的影响极大,无异于一次思想解放。

庆历兴学在中国教育史、思想史和科举史上的意义和影响,无论给予如何高的估价都不为过;但由于当时强调的是通过学校对举子"履行"进行考核,还没有直接与人才选拔挂钩,"新政"失败后又取消了士子必须在校学习若干天的规定,故到神宗初,学校仍主要是士子求解的机构,并没有很好地发挥其教育功能。嘉祐元年(1056)七月赵抃奏,称其时太学"殆将废弛",胡瑗管勾学事,"孤寒学徒三二十人而已"。他分析原因是:"盖向前所赐田土、房缗,并却系国子监拘收占吝","太学一切停罢,令自供给","如此,则太学遂废。"②这不是危言耸听,嘉祐间几乎所有学校都面临着生存危机。

"熙宁变法"为学校的生存和发展带来了重大转机。王安石对学校教育的重要性,较之前贤有更为深刻的认识,并把它提到"一道德"的高度。他说"古之取士,皆本于学校,故道德一于上,而习俗成于下,其人材皆足以有为于世";因此,对于科举改革,他认为"宜先除去声病对偶之文,使学者得以专意经义,以俟朝廷兴

<hr>

① 《困学纪闻》卷八《经说》。

② 《乞给还太学田土房缗奏》,《清献集》卷三。按是年欧阳修称"近年以来,太学生徒常至三四百人"(《举布衣陈烈充学官劄子》,《欧阳文忠公集》卷一一〇),盖言临取解时之数。

建学校"①。由此看来,以经义取代诗赋仅是个过渡,他的终极目标是以学校取代科举。熙宁四年(1071),朝廷在太学开始实行三舍法,上舍上等可直接由皇帝授进士及第,并命以官职。这就在科举之外,开辟了另一条选拔人才的新路。元丰二年(1079)十二月十八日,御史中丞李定等上《太学三舍选察升补之法》,凡百四十条,诏行之②。此法进一步完善了三舍升级制度,使太学获得了新的生命。三舍法除元祐间曾一度取消外③,其基本原则一直延续到南宋末。

徽宗崇宁初,蔡京在"绍述"的口号下,开始了新一轮的大规模办学运动,规定州县都要建立小学④。崇宁三年(1104),全国公立学校学生达二十一万余人⑤。苏轼《南安军学记》曰:"朝廷自庆历、熙宁、绍圣以来,三致意于学矣,虽荒服郡县必有学。"⑥该《记》作于建中靖国元年(1101)三月,尚未及蔡京建学之盛。虽废科举、由学校升贡的政策最终在宣和三年(1121)二月宣告失败,但太学仍依元丰法,"以三舍考选"⑦。

由于"靖康之难"的战争破坏,南宋的官办学校体系面临着重建的任务。绍兴十二年(1142),高宗令重建太学和州学。次年,

①《乞改科条制劄子》,《临川先生文集》卷四二。
②《宋会要辑稿·职官》二八之九。
③见《宋会要辑稿·选举》一五之二四、《职官》二八之一二。
④见《宋会要辑稿·崇儒》二之二五、《通鉴长编纪事本末》卷一二六《州县学》。
⑤彭百川《太平治迹统类》卷二七《祖宗科举取人》。
⑥《南安军学记》,《苏轼文集》卷一一。
⑦见宣和三年二月二十日诏,载《宋会要辑稿·选举》四之一一。

太学恢复招生,仍实行三舍升级制:上舍上等立即授官;上舍中等再学习一年,参加殿试;上舍下等生,学习一年可参加礼部试(南宋后期,下等生学习三年,可免礼部试,直接参加殿试)①。绍兴十八年(1148)八月,令重建全国县学②。到孝宗时,学校已得到全面恢复③。

以上是宋代教育(包括公私教育)的发展概况。可以看出,科举制度一直是教育发展的主要推动力,它促进着前所未有的学校教育体系的建立和规模的迅速扩大,同时促使教育转型。这看似与文学关系不大,但如前文所说,文学的发展归根到底是文学人才的培养,而这种"培养"只能靠教育。科举只是"收获",教育才是耕耘和培植。对许多举子而言,科举"收获"的也许只是他们着绿执黄的躯壳,而作为"经国之大业,不朽之盛事"的文学,才是他们人生价值的追求和精神回归的家园。试想,宋代三百多年间指不胜屈的著名作家、诗人,包括那些光芒四射、名垂青史的大师,有谁不是在这个教育体系下成长,又有多少不是经教育、科举而走上文坛?

不过,宋代的官办学校虽然兴盛,但时人对它的教育成就却评价不高。陈善《扪虱新话》卷一一《崇观太学三舍之弊》曰:"崇、观三舍,一用王氏之学,及其弊也,文字语言习尚虚浮,千人一律。尝见人说当时京师优人有致语云:'伏惟体天法道,皇帝趋

---

①详见《文献通考》卷四二《学校考三》、周密《癸辛杂识后集·成均旧规》。
②详见《宋史》卷三一《高宗纪八》。
③参袁征《宋代教育——中国古代教育的历史性转折》第一章第三节。

时之本,相公惟其所以,秀才和同天人之际,而使之无间者,禁人也.'于时观者无不绝倒。盖数语皆当时之弊也。"蔡京及其党羽崇宁初兴学,大观废科举,与其说是发展教育,勿宁说是为了更严密地控制人们的思想,更彻底地肃清所谓"元祐学术"。当时学校中谁敢有半点异见,立刻就会受到严厉的惩处。如徽宗建艮岳,亲自作记,御用文人们争相献诗,极尽阿谀之能事。"是时,独太学生邓肃上十诗,备述花石之扰,其末句云:'但愿君王安万姓,圃中何日不春风。'诏屏逐之。"①在高压政治下,学生们大都丧失自主的人格,所作"千人一律"就不足怪了。绍兴间秦桧专政时亦复如此。加之太学学风极坏,上下以揣摩时文、剽窃括套为能事,认真读书的很少。故叶适说:"凡今之士,惟其稚而未成、贫而无食者,乃肯入学;惟其昏眊不材、贪鄙而无节行者,乃皆聚于学;其有罪而不受罚者,乃求籍于学。故凡茂异秀杰之士,以不至于学为高,其有在者,则必共指以为无耻,而皆以为谑。……然则今之学校,乃为弃材之地乎?"②对学校特别是太学的评价,林择之与朱熹曾有如下对话。择之曰:"今士人所聚多处,风俗便不好。故太学不如州学,州学不如县学,县学不如乡学。"朱熹曰:"太学真个无益于国家。教化之意何在? 向见陈魏公说,亦以为可罢。"③宋末人高斯得也指出:"鹤山先生(魏了翁)尝言:国朝名公钜卿,有不必皆自科举,而由学校进者绝鲜。其敝务以科举组缀之文糜烂

①王明清《挥麈后录》卷二。参见《宋史》卷三七五《邓肃传》。
②《士学下》,《水心别集》卷三。
③《朱子语类》卷一〇九。

士气,揣摩迎合之说,极丧心术。予昔著籍其间,而知信然。大率蔡京太学之法害之,士由之而不知也。"①他们虽不免持理学家的价值标准,但太学自身的堕落也是公认的事实。故在正直的学者看来,倒是私学(书院、私塾)有独立的教育品格和思想。

无论是私学还是转型后的官学,定位都在科举。科举的"指挥棒"作用可以驱使士子竞相走向考场,但教育的社会效益却远不止此。可以这样说:科举带动了宋代教育的蓬勃发展,但教育"产出"的决不仅仅是"进士"之类的科名。宋代的应试教育固然有严重弊端,其学校教育问题更多,但它担当了当时基础教育的职责,是各种人才成长的摇篮,而一代代文学家,又正是从这里展翅腾飞的。

第二节　应试化教育训练了文学创作的基本功

宋代的教育,无论私学、官学,自北宋中期以后就完全转向为科举考试服务,成了名副其实的"应试教育"。应试教育的特点,是围绕科举考试这个"指挥棒"转,但教育在满足科举的同时,也培养和训练了士子的文化素质和写作能力,而这种素质和能力则具有多用性,若将它运用、发挥到文学创作上,便会产生异变而大放光采,涌现出我们所说的"文学家"。

---

① 《跋胡喆七思序》,《耻堂存稿》卷五。

一、识字和优秀诗赋作品的阅读与欣赏，打下了文学创作的基础

千里之行起于跬步，任何大作家都是从识字、写字开始的，这叫"启蒙"。王禹偁说："余总角之岁，就学于乡先生，授经之外，日讽律诗一章，其中有绝句云：'那堪雨后更闻蝉，信绝重湖路七千。忆昔故园杨柳岸，全家送上渡头船。'余固未知谁氏之诗矣。及长，闻此句大播人口，询于时辈，则曰江南孟水部（宾于）诗也。"①王得臣曰："予幼时，先君日课令诵《文选》，甚苦其词与字难通也。先君因曰：'我见小宋（指宋祁）说，手抄《文选》三过，方见佳处。汝等安得不诵？'由是知前辈名公为学，大率如此。"②事实上，识字、写字教材既教会了幼童的读、写本领，也唤起了他们对语言艺术的兴趣和热爱，将他们逐渐带入了引人入胜的文学之路。

宋代的启蒙教育，又特别重音韵。陆游《秋日郊居》之七曰："儿童冬学闹比邻，据案愚儒却自珍。授罢村书闭门睡，终年不着面看人。"原注："农家十月乃遣子入学，谓之冬学。所读《杂字》、《百家姓》之类，谓之村书。"③又赵汝鐩《憩农家》："农家颇潇洒，虢虢清泉流。……群儿窗下读，《千字文》《蒙求》。"④《千字文》《蒙求》《百家姓》等都是有韵的启蒙读本。项安世说："古人教童子，多用韵语，如今《蒙求》、《千字文》、《太公家教》、《三字训》之

①《孟水部诗集序》，《小畜集》卷二〇。
②《麈史》卷二。
③《剑南诗稿》卷二五。
④《野谷诗稿》卷三。

类,欲其易记也。"①欧阳守道也说:"小学始于识字,然必音韵谐协,文义可通,始便诵习。"②晁公武《郡斋读书志》卷一四《类书类》、赵希弁《读书附志》卷上《小学类》、陈振孙《直斋书录解题》卷一四《类书类》著录有这些启蒙书,陈氏称《蒙求》"举世诵之,以为小学发蒙之首"③。于是,在识字的同时又灌输了音韵学常识,使学子从小略知声韵之辨,为日后诗赋创作打下扎实的基础。理学家胡寅曾编《叙古千文》,朱熹跋曰:"其叙事立言,昭陈法戒,实有《春秋》经世之志。至于发明道统,开示德门,又于卒章深致意焉。新学小童朝夕讽之而问其义,亦足以养正于蒙矣。"④《叙古千文》载胡氏《斐然集》卷三〇,乃四言韵文。则用此为启蒙教材,在"新学小童朝夕讽之"的同时,又可传播理学家的"道统"观念。

今存仁宗至和元年(1054)四月制定的《京兆府小学规》,其中有一条曰:

　　　　诸生学课分为三等:
　　　　第一等　每日抽笺问所听经义三道,念书一二百字,学
　　　书十行,吟五七言律诗一首。三日试赋一首(或四韵),看赋

---

①《项氏家说》卷七。
②《刘绍佑千文跋》,《巽斋文集》卷二〇。
③《蒙求》作者旧题唐李翰或李瀚,唐、宋时极流行,且有不少仿作。关于《蒙求》的价值及其作者等问题,参傅璇琮《〈蒙求〉流传与作者新考》,载所著《唐翰林学士传论》,辽海出版社,2005 年。
④《朱文公文集》卷八一。

一首,看史传三五纸(内记故事三条)。

第二等　每日念书约一百字,学书十行,吟诗一绝,对属一联,念赋二韵,记故事一件。

第三等　每日念书五七十字,学书十行,念诗一首。①

第三等当为初级,第一等为高级。每日除读、写外,发蒙的初级生要"念诗一首",高级生则要吟五言或七言律诗一首,每三日试赋一篇(或四韵),看赋一篇。高、中级都要记故事。京兆府即前唐废都长安(今西安),在宋代文化教育并不发达,但对小学生的文学训练已如此之严,其他教育发达的地区更可想见。

总之,宋代在启蒙及初级教育阶段,已在识字、写字的同时,开始训练诗赋创作的基本功:识声韵、作对子、记典故,并开始了诗赋的写作,培养着文学的审美能力。这些知识固然是为了日后参加科举考试,但也勿需转换,就可直接成为文学创作的基本素质和能力。

二、饱和式的阅读和记诵,丰富了文学创作的知识储备

在宋代,学子在经过了发蒙阶段的学习后,无论是私学还是升入官办的州学、太学,都要进入科举备考,也就是要进行科举教材、参考资料的广泛阅读、记诵,以及时文写作的强化训练。这就是所谓"攻举业"。这时期,士子首先要大量读书。熙宁前以诗赋取士的时代,即便是进士科,除诵读诗赋外,还要遍读经典及注

---

① 王昶《金石粹编》卷一三四。

疏，如叶梦得在《石林燕语》卷八中所说："熙宁以前，以诗赋取士，学者无不先遍读五经。余见前辈虽无科名人，亦多能杂举五经，盖自幼学时习之，故终老不忘。"王安石及徽宗时代罢诗赋，则要熟读所占本经。《宋会要辑稿·崇儒》二之二三载："诸学并分上中下三等，能通经为文者为上；日诵本经二百字、《论语》或《孟子》一百字以上为中；若本经一百字、《论语》或《孟子》五十字者为下。"同时要读《三经新义》。南宋时，诗赋科进士虽不考经义，但由于诗赋、策（时务策除外）论题出于经、子、史及部分文集，也必须遍读四部书，否则将无以着笔。而科举备考专用的编类、括套，大都是"地毯式"的搜索典章制度，题目活套，有所谓"截江网"、"八面锋"之称，士子的阅读、记诵唯恐有遗漏。通过饱和的阅读和背诵，士子开阔了眼界，大大增加了知识储备，既为参加科举考试准备了条件，又为文学创作积累了足够多的文化、文献知识。宋代作家都是学者型的，无论创作成就大小，一般都很有学问，原因就在于此。

三、时文写作的强化训练，对文学创作大有助益

宋代的官办学校，州县学、太学有入学考试不必说，入学后每十天须参加一门课程的测验（习试），三门主课每月作一次循环，又有"量试"即模拟考试，"州县学略而小试其才也"①。同时还必须参加私试、公试，"凡私试，孟月经义，仲月论，季月策；凡公试，

①赵升《朝野类要》卷二《举业》。

初场经义,次场策论"①。私试"以学官主考校",公试则"差外官于贡院主文,以学官干预考校"②。私学欲与官学竞争,其平时的习作、考试强度当有过之而无不及。总之,士子自幼学到步入举场,莫不经过时文写作的长时间的、系统的强化训练。

本书前已详论过,场屋诗赋一开始就是程式化的文体,而宋代策论、经义也逐步程式化。士子在数不清的习作和考试中,对写作程式如认题立意、谋篇布局、文章逻辑、文气脉络、典故运用等等招数,无不练得精熟。程式成为定式,固有极大的弊病,但它的写作规范,对诗歌、古文创作又大有助益。宋人虽以古文评点为桥梁沟通古文与时文,但于时文对古文的反作用似乎还没有充分意识到,元人方有了较深刻的认识,如刘将孙说:"予尝持一论:能时文未有不能古文;能古文而不能时文者有矣,未有能时文为古文而有余憾者也。……时文起伏高下、先后变化之不知,所以宜腴而约,方畅而涩,可引而信〔伸〕之者乃隐而不发,不必舒而长之者乃推之而极。若究极而论,本亦无所谓古文,虽退之(韩愈)正未免时文耳。"③清人则看得更清楚,王士禛《池北偶谈》卷一三《时文诗古文》曰:

> 予尝见一布衣有诗名者,其诗多有格格不达,以问汪钝翁(琬)编修,云:"此君坐未尝解为时文故耳。"时文虽无与

①《宋史》卷一五七《选举志三》。
②赵升《朝野类要》卷二《举业》。
③《题曾同父文后》,《养吾斋集》卷二五。

诗、古文,然不解八股,即理路终不分明。近见王恽《玉堂嘉话》一条:"鹿庵先生曰:作文字当从科举中来,不然,而汗漫披猖,是出入不由户也。"亦与此意同。

袁枚《随园诗话》卷六也说:

> 时文之学,有害于诗,而暗中消息,又有一贯之理。余案头置某公诗一册,其人负重名。郭运清侍郎来,读之,引手横截于五七字之间,曰:"诗虽工,气脉不贯,其人殆不能时文者耶?"余曰:"是也。"郭甚喜,自夸眼力之高。后与程鱼门(晋芳)论及之,程亦韪其言。余曰:"古韩、柳、欧、苏,俱非为时文者,何以诗皆流贯?"程曰:"韩、柳、欧、苏所为策论应试之文,即今之时文也。不曾从事于此,则心不细而脉不清。"余曰:"然则今之工于时文而不能诗者,何故?"程曰:"庄子有言:'仁义者,先王之蘧庐也,可以一宿,而不可以久处也。'今之时文之谓也。"

两人都谈到了时文训练对古文及诗歌创作的重要性。当然,也有不同意此说的,如《带经堂诗话》卷二七录上引《池北偶谈》条,张宗楠"附识"引他人述蒿庐先生语,即有"未有八股以前,理路俱不分明耶? 今之解八股者,理路果尽分明耶"的反驳。钱锺书先生在其《谈艺录》中引袁枚、王士禛等人语后,认为所说"亦中理,一言蔽之,即:诗学(poetic)亦须取资于修辞学(rhetoric)耳。五七字工而气脉不贯者,知修辞学所谓句法(composition),而不解其所谓章法(disposition)也"①。当然不能说未有八股前的作品理路便不分明,更不能说能时文就一定能古文,但时文程式的确很注重文章逻辑的严密和结构的精密,有无这种严格的训练,在创作古文或诗歌时,至少在"章法"上就有上下床之别。这里应当强调一点:我们说科举时文有益于文学创作,并非将时文等同于文学,也不是说时文本领就是文学技巧,因为"时文"与"文学"是两个不尽相同的概念,这将在下章论及。

第三节　科举制度是宋代文学家成长的沃土

宋代科举制度带动着教育的发展,形成经久不衰的读书热,造就了各级各类数量庞大的士人队伍。这是文学新人成长的沃土,文学赖以发生、发展和繁荣的生态环境。

一、经久不衰的读书应举热,是作育文学人才的温床

宋仁宗嘉祐二年(1057),眉山苏轼在喜登进士高第之后,作《谢范舍人(镇)书》,对西蜀自汉至当时一千二百多年的文学之盛,作了极概括的描述。他写道:

> 文章之风,惟汉为盛,而贵显暴著者,蜀人为多。盖(司马)相如唱其前,而王褒继其后。峨冠曳佩,大车驷马,徜徉

①《谈艺录》(补订本)第七二则,中华书局,1984年,第242页。

乎乡间之中，而蜀人始有好文之意，弦歌之声，与邹、鲁比。……尝闻之老人，自孟氏入朝，民始息肩，救死扶伤不暇，故数十年间，学校衰息。天圣中，伯父（苏涣）解褐西归，乡人叹嗟，观者塞涂。其后执事与诸公相继登于朝，以文章功业闻于天下。于是释耒耜而执笔砚者，十室而九，比之西刘，又以远过。且蜀之郡数十，轼不敢远引其他，盖通义，蜀之小州，而眉山又其一县，去岁举于礼部者，凡四五十人，而执事与梅公（尧臣）亲执权衡而较之，得者十有三人焉，则其他可知矣。①

这里谈了两点，一是西蜀悠久的文学传统，二是有宋以来眉州（通义）的科举盛况②。宋代科举考试的弊病姑且不论，无论如何，它仍是平民入仕的主要途径，欲"承家从仕"，非走此路不可，因此它对士子始终有着巨大的吸引力。当时大多数人读书的初始目标，就是金榜题名，"以笔代耕"，真正"学以为己"、淡泊名利的并非没有，但不多，若有，也往往是在屡经科场失利之后。

苏轼所说的盛况，无论是蜀郡还是眉州，只是全国的一个缩影。四川是宋代教育、科举较发达的地区之一，但它毕竟僻在西南，而北宋以首都开封为中心、南宋以"行都"杭州为中心的地区则更加发达。如《都城纪胜·三教外地》记杭州道："都城内外自有文武两学、宗学、京学、县学之外，其余乡校、家塾、舍馆、书会，

---

① 《苏轼文集》卷四九。
② 《元丰九域志》卷七："太平兴国元年（976），改通义县为眉山。"

每一里巷须一二所,弦诵之声,往往相闻。遇大比之岁,间有登第、补中舍选者。"宋人祝穆《方舆胜览》、王象之《舆地纪胜》两书,为我们提供了宋代各地读书和科举风气之盛的一手材料,这里选录数地,以窥其余。

《方舆胜览》卷四《常州》"大观贡士":"大观三年(1109),毗陵贡士五十三人,实最诸郡,天子下诏褒异,守贰、教官皆旌赏焉。"又"一榜三魁":"熙宁癸丑(六年,1073),朝廷方以经术取士,谏议邵林首登天府,朝奉邵刚后冠南宫,学士余中遂居廷试褒然之选,尽出兹邑。"

同上卷九《处州》:"图经:自郡侯李繁兴学之后,家习儒业。"

同上卷一〇《福州》"百里三状元":"乾道丙戌(二年,1166)状元萧国梁,居永福之重峰;第二科己丑(乾道五年,1169)状元郑侨,居永福界上之龟岭;第三科壬辰(乾道八年,1172)状元黄定,居永福之龙溆。"又"题咏"引吕伯恭(祖谦)《送朱叔赐赴闽中诗》:"路逢十客九青衿,半是同窗旧弟兄。最忆市桥灯火静,巷南巷北读书声。"①据《淳熙三山志》卷七《试院》载,淳熙元年(1174),福州应解试者达二万人,时增誊录为三百人。

同上卷《邵武军》引《郡志》:"昭武人喜以儒术相高,是为儒雅之俗;里人获荐登第则厚赆庆贺,是为乐善之俗。"

---

① 按宋刻元、明递修本《东莱吕太史文集》外集卷五,诗题"闽中"下有"幕府二首"四字,是诗乃第二首,首句"青衿"作"衿青"。无独有偶,陆游写豫章(南昌),亦有"巷南巷北秋月明,东家西家读书声"之句(见《往在都下时……仆来佐豫章而德章亦谪高安感事述怀作歌奉寄》诗,《剑南诗稿》卷一)。

同上卷一一《建宁府》引韩无咎(元吉)《记》："家有诗书,户藏法律,三岁贡籍甲东南。"又谓其"书籍行四方"："麻沙、崇化两坊产书,号为图书之府。"

如此等等,难以缕举。前引苏轼所说眉州科举之盛,乃北宋中期情况,可再看看苏轼之后。《方舆胜览》卷五三《眉州》引张刚《通义儒荣图序》："后世以蜀学比齐鲁,而蜀之学者亦独盛于通义。政和御笔:'西蜀惟眉州学者最多。'"又引《修谯楼记》："其(眉州)民以诗书为业,以故家文献为重,夜燃灯,诵声琅琅相闻。"《舆地纪胜》中此类材料亦夥,作者王象之曾于宝庆元年(1225)入蜀为长宁军(今四川珙县东)文学,对四川情况比较熟悉。他在该书中引崇宁二年(1103)任熙明《教授题名记》道："蜀为西南巨屏,由汉以来,号为多士,莫盛于眉、益二都,而嘉次之。"又引政和中安岳主簿刘渭《应庙记》曰："论学徒之盛,以西眉东普为称首。"则眉州的好学多士成为传统,又以其物产丰富的自然环境,成为全国三大刻书中心之一,也是一个名副其实的"图书之府"。

宋代各地都建有《进士题名碑》。郑侠《泉州进士题名记》曰："自唐而来,进士之初第必有题名记,世人指之为'佛名经'。"①"题名记"虽起于唐代,宋代更为普遍,不仅州学,连县学也建,如文天祥就作有《衡州耒阳县进士题名记》《抚州乐安县进士题名记》②。按曹彦约的说法,《题名记》的作用是"鼓动后辈,

---

① 《泉州进士题名记》,《西塘集》卷三。
② 两记载四库本《文山集》卷二〇。

闾端异日"①。《题名记》是读书人的人生路标,是物化了的价值观。人们将登第先贤之名奉为"佛名",成为社会倾慕艳羡的群体,从而激励学子努力读书,在科举的路上前赴后继。这种价值观既符合统治阶级的政治利益,也符合个人的切身利益。陈襄知仙居县时,作《仙居劝学文》,略曰:"一子为学,则父母有养;一弟为学,则兄姊有爱;一家为学,则宗族和睦;一乡为学,则闾里康宁;一邑为学,则风俗美厚。虽有恶人,将变而为善矣。今天子三年一选士,虽山野贫贱之家所生子弟,苟有文学,必赐科名,身享富贵,家门光宠,户无徭役,休荫子弟,岂不为盛事耶!"②照此说来,于国于乡于家于己都十分有利,士子何乐而不为?

经久不衰的读书应举热,推动力固然是科举,"热"的主要是科名;但"读书"本身却像是营养丰富的母乳,应举热又像是舒适无比的温床,在它养育的无数举子中,就有许多是文学人才。

二、空前庞大的应举队伍,是文学持续发展的人才资源保障

田况《进士题名记》曰:"益州(治成都)自太平兴国以来,登进士第者接踵而出,天圣、景祐中,其数益倍,至庆历六年(1046)一榜得十八人,皇祐元年(1049)得二十四人,他州来学而登第者复在数外,其盛也如此。"③这是北宋前期的情况。李焘《贡院记》

---

① 《南康进士题名记》,《昌谷集》卷一五。
② 《古灵先生文集》卷二〇。考陈晔《古灵先生年谱》,陈襄于庆历七年(1047)为仙居县令,《劝学文》当作于是时。
③ 《全蜀艺文志》卷三六。

道："国家习用文治，士愈辐辏，每三岁取士诏下，合成都九邑士来应有司之试（引者按：指解试）者，数逾五千，日增而未止。……建炎初，始有诏即成都类试一路十五州进士之当试于礼部者。绍兴二年（1132），宣抚司承制，并三路四十三州当试日，皆即成都试焉。……自始及今，历四十八年矣。"①这是南宋间的情况。上引祝穆《方舆胜览》，记载了眉州夜晚燃灯诵书的风气。晁公遡南宋初知眉州，作《今岁试士竟置酒起文堂延主司且作诗送之》，夸说眉州"饮食犹俎豆，佣贩皆诗书"之后，歌咏了当年州里举行解试的火爆场面：

> 今年属宾兴，诏下喧里间。白袍五千人，崛起塞路衢。入门坐试席，正冠曳长裾。谈经慕康成，对策拟仲舒。吟诗必二《雅》，作赋规《三都》。……

一州四县就有五千人应举，教育规模之大，士子热情之高，真可叹为观止。民国《眉山县志》卷七《选举志》，对两宋眉州登科进士作过统计，道："眉州科第莫盛于宋。考旧志及雁塔碑所载，南北两朝中甲乙科者八百八十人。"进士甲、乙科以下尚未计入，更不用说诸科和特奏名了。一个小州在三百年间竟有如此众多的士子登瀛折桂，不能不说是一道亮丽的文化风景。

但若与东南更发达的地区比较，这似乎又不足矜夸。南宋淳熙十三年（1186）七月二十一日，福建路转运副使赵彦操、转运判

---

① 《成都文类》卷四七。

官王师愈言："福州每岁就试之士，不下万四五千人。……建宁府亦不下万余人。"①嘉定三年（1210）七月六日，权礼部尚书章颖上言，称"诸路每三岁科举，最为重事，大郡至万余人，小郡亦不下数千人"②。叶适谓温州参加解试的"几万人"（几，"近于"义）③。周必大曰："庐陵（今江西吉安）为江西大州，文武盛于诸路，承平时，应诏率数千人。"④

南宋孝宗乾道元年（1165）三月，郭见义在《创建三元庙碑》一文中，对当时全国的考试规模有个估计，他说："（本朝）斟酌前代取士之法，杜塞他蹊，专尚进士。昔人指此为将相科者，非虚言也。天下之人，从风而靡，三尺之童，悉知肄习。间三岁下诏，被褐挥袂，求举于府若州，以数十万计。府若州考试之，定其可举而荐之礼部者，尚数千计。"⑤应试队伍之大，读书风气之盛，由此可睹。据统计，宋代约有十到十一万人登进士第，而累计应举人数，应有数百万之众。这是个十分惊人的数字。庞大的应举人群中，当然未必人人都喜爱文学，更不必人人都有文学创作的才能，但文学之士多在其中，有成就的作家必然从他们中涌现，他们是文学事业浩浩荡荡的后备队伍，是文学持续发展的人才资源保障，这是没有疑问的。正因为有一代代新秀源源不断地补充到文学

---

①《宋会要辑稿·选举》二二之六。按：福州是藩镇，据《舆地胜览》卷一〇，南宋时凡"统郡八，领县十二"。建宁府"领县七"。
②《宋会要辑稿·选举》六之七。
③《包颙叟墓记》，《水心文集》卷二三。
④《吉州新贡院记》，《周文忠公集》卷二八。
⑤《粤西文载》卷三七。

家队伍中来,文学之树方能常青。还应看到,即便是那些终身不曾中第,甚至仅能识字的人,也是文学赖以传播和消费的群众基础。

三、科举起家、文学传家的价值观,促进了宋代科举与文学家族的形成

在宋代,读书应举是社会的主流价值观,而以文学或学术立身、传家,则是士人的人生价值观。为了实现社会的主流价值,举子们不得不一次次地在场屋拼搏,有的甚至老而愈笃;但为了追求人生价值,他们又通过不懈的努力,在文学或学术上积极奋进,取得了可观的成就,最终似乎两者并行而不悖,于是形成了许许多多既是科举世家、又是文学世家的著名家族。

应当看到,主流价值观在家庭教育上显得十分强势,陆九韶《居家正本制用篇》曰:"世之教子者,惟教之以科举之业,志在于荐举登科。"①李昂英送儿辈入考场,作《再用观入试韵》诗道:"涵育累朝士兴起,薄海弦歌争教子。簠金世守韦一经,俎豆少成孟三徙。尽从科举梯进取,鹤发望深门日倚。"②真所谓"可怜天下父母心"。在当时的历史条件下,这是自然而正常的。由于家庭教育、父祖榜样和既得利益的强大感召与诱惑,宋代出现了大批世代登科、簪笏满床的"科举世家"。如李纲称吴越钱氏中,钱易

①陈弘谋《五种遗规·训俗遗规》卷一,《四部备要》本。尽管陈氏在下文不赞成这种观念,那只是他认为科名"得之有命"、不能强求罢了。
②《文溪集》卷一三。

一系"三世五制举","玉堂金马皆故物"①。晁咏之谓晁氏"四世
继直于书林,五叶踵登于词级。殆无虚榜,并继芳尘。"②姚勉说
单是河南晁氏,即"二十子弟俱高科"③。王珪咏成都华阳王氏,
有"十榜传家有姓名"句,其子仲修又谓"六世词科只一家"。庄
绰说本朝六世登第者,只有王氏与晁文元(迥)二家,"而晁一世赐
出身也"④。叶适称巩丰家"前此科目,相传七世矣"⑤。如此等
等,不胜枚举。古希腊哲学家亚理斯多德说:"高贵出身对性格的
影响,是使具有这种出身的人更爱荣誉,因为每个人,只要有了一
点基础,总是在上面加以积累;而高贵出身意味着祖先传下的光
荣。高贵出身的人甚至瞧不起与自己祖先相似的人,因为同样的
东西,年代远的比年代近的更光荣,更可以夸耀。"⑥亚理斯多德
所谓的"高贵出身",指当时那些拥有土地的贵族。这位西方哲人
若能听见千多年后东方宋人对科举传家之荣的夸耀,定会发出会
心的微笑,那真有神似之妙。更可引起我们注意的是,许多科举
世家,同时也是文学世家,如上述钱氏、晁氏、王氏等皆是;而"以
文章名世、父子兄弟齐名者甚众,若三苏、三刘、三沈、三孔,则其

---

① 《有诏举贤良方正作诗勉钱申伯使继世科》,《梁溪集》卷三〇。
② 《及第启》,《五百家播芳大全文粹》卷三七。
③ 《侄阿钟觅字与诗》,《雪坡集》卷一八。据张剑博士初步统计,终宋一代,
  晁氏共历十世,可考知的有三百多人,进士登第的共七十三人。见其所著
  《宋代家族与文学——以澶州晁氏为中心》第三章《家族文化》,北京出版
  社,2006年。
④ 庄绰《鸡肋编》卷中。
⑤ 《巩仲至墓志铭》,《水心文集》卷二二。
⑥ 《修辞学》第十五章,罗念生译,上海人民出版社,2006年,第114页。

彰彰尤著者也"①。研究宋代家族文学的学者告诉我们,不仅家族文学内部具有承传性,而且"一旦某人文学成功,由于地缘关系,它首先会在本地引起响应,乃至带动本地的崇文风气,推动本地文学家族的形成",宋代眉山苏氏,当然是最好的例证②。还应强调的是,这种文学家族又往往是以科举和仕宦为背景的,否则不可能持久。要之,科举起家奠定了文学成家的基础,而文学又极大地提升着科举家族的影响,二者相得益彰。在宋代,无论科举还是文学,这些家族都占有很重的份额。

四、登第进士优越的资源配置,是文学家赖以成功的环境

宋代必须有科名方能入仕或做"美官",已经不必再论了。国家所有重要的权力部门,几乎都被进士(特别是进士高第者)所垄断。如皇帝的秘书班子翰林学士院,据统计,两宋曾任翰林学士的共三百五十六人,其中有进士科名的二百九十三人,上舍及第四人,词科三十六人(其中有的同时是进士),赐进士出身的十七人,制科一人,孝廉、说书、童子三人,不详者十七人③。崇宁五年(1106)二月二十七日,徽宗诏"翰林学士、两省官及馆阁,今后并除进士出身人"④。履历不详的十多人中,很可能也都是进士出

①章定《名贤氏族言行类稿》卷三四。
②张剑、吕肖奂:《宋代的文学家族与家族文学》,载《第四届宋代文学国际研讨会论文集》,浙江大学出版社,2006年。
③唐春生《宋代翰林学士研究》第一章《翰林学士制度研究》,四川大学博士后研究工作报告,2006年10月。
④《宋会要辑稿·职官》二之六。

身。这些人的工作,就是专为皇帝撰写文章,"凡将相之除拜,后妃之封册,诏旨之颁,乐语之奏,上梁之文,布政之榜,无不具备"①。

再如馆阁,那更是进士的一统天下。宋初凡进士及第即可授之,仁宗以后越来越严,最严的是嘉祐三年(1058)闰十二月丁丑诏,规定只有进士第一、制科入第三等的才能授馆职②。馆阁乃"储才"之所,"辅相养才之地"③,其职守虽主要是校勘和编纂图书,但将来公辅皆由此出。

宋代重要的文学家,大多有翰林学士或馆阁的经历。他们是儒者领袖,文坛翘楚,有着崇高的社会地位和优越的物质生活条件;清闲的职任,高端的社会关系,使他们不仅享有极高的名望,而且具备着文学创作最佳的外部环境。即使是身居中下级职位的进士们,也比一般人走进文学殿堂要容易得多。总之,封建国家提供给登第进士的优化资源配置,是文学家赖以成功的保障。尽管科举考试与文学相悖反(这将在下章论及),但士子在登第后如果善于利用扎实的"举业"根基转而改习,"为己之学"的巅峰是不难攀登的,这就是宋代作家大多出身进士的原因。

综上所述,宋代科举制度空前地调动了人们的读书热情,也最大规模地动员和组织了读书人队伍,虽然其目的是追逐名利,但在"读书"这点上,封建时代还没有任何别的力量和方式能够推

①洪遵《中兴以来玉堂制草序》,《玉海》卷六四。
②《续资治通鉴长编》卷一八八。
③欧阳修《又论馆阁取士劄子》,《欧阳文忠公集》卷一一四。

动并使之普及到如此高的程度。从这个意义上说,科举制度无疑是各类人才——特别是文学家成长的沃土,也理所当然地促进着文学的发展。

第四节　科举搭建了诗文创作的宽广平台

科举是复杂的文化系统工程,又是严肃的政治工程,但若说得俗下些,它也是个由官方主办、大众参与的规模庞大的"选秀"活动,从解试"海选"到大庭对策,从士子备考到殿廷唱名,三年(曾为一年、两年)周而复始,每个环节都涉及到各阶层的利益,拨动着整个社会的心弦,吸引着无数人的眼球,激发出人们无限的诗兴才情,为诗词、散文创作搭建了无比宽广的平台,留下了数量巨大的作品。与科举直接、间接相关的散文、诗歌很多,本书在前面各章节中已有征引。就文而论,如送进士赴举、下第序,学校、贡院、题名碑建造记等,不仅是研究宋代科举制度的重要文献,往往也是精采隽永的古文作品,而尤以送序最有味,如欧阳修送举子下第归乡的《送曾巩秀才序》《送张唐民归青州序》等①,皆古文名篇。这里再从科举诗歌多产的几个"节点"上各略举例,以说明科举对繁荣宋诗创作的作用。

---

① 两序载《欧阳文忠公集》卷四二。

一、赠行诗

对读书人来说,没有什么比赴考更悲壮的了:既充满鹏飞沧海、鱼跃龙门的期望,又怀着志在必得的豪气或忐忑不安的焦虑;而送行者毫无例外地说着热情洋溢的鼓励话,表达着发自深衷的美好祝愿。

宋承唐制,各州郡、转运司例要为得解赴省举子举行"鹿鸣宴",是最普遍而隆重的官办送行活动,官员例有赠诗,有的甚至刻有诗集,这我们已在本书第五章第二节中叙述过。这里再举两首。虞㳕于理宗淳祐五年(1245)知淳安县,有《鹿鸣宴》诗:

> 儒雅从来说雉山,抱琴何幸预荣观。六人同榜昔犹有,一邑三魁今所难。方喜棘围连鹗荐,又欣碧海起鹏抟。联科甲第应余事,须把声名久远看。①

淳安县,隋代叫"雉山"。再从诗中"六人同榜"、"一邑三魁"看,此次鹿鸣宴显然是县办的。这说明宋末的鹿鸣宴不仅州郡有,县里也有。

现存鹿鸣宴诗,不少是唱和之作。汪应辰曰:"故事,鹿鸣宴赋诗,所以致劝驾之意,如蒙继和,不必次韵,或五言,或七言,或一首,或二首,各从其便,庶几得以观志也。"②这更增强了应酬

---

① 《全宋诗》第 64 册,第 40430 页,辑自明嘉靖《淳安县志》卷一七。
② 《鹿鸣宴席上诗二首奉送解元诸先辈》原跋,《文定集》卷二四。

性。当然也有次韵的，如许及之《次韵留守刘观文鹿鸣之什》：

> 一时天府姓名登，三载文翁礼俗型。已著衮衣亲劝驾，
> 更施燕席共谈经。杏园路逐三春暖，星汉槎通八月灵。圣策
> 若询黄发老，为言轻重系朝廷。①

这就由"劝驾"变为颂德，歌颂起地方官的文教之功了。

如果说官员"劝驾"赠行多套语的话，亲友则显得情切切意绵绵。如陈傅良《送德远弟赴省》：

> 科名虽细事，文字要新功。方拙存家学，丰腴与众同。
> 江湖多我友，台省半诸公。为道贫非病，连篸有芥菘。②

赠行也有用词的。如张炎《台城路·饯干寿道应举》：

> 几年槐市槐花冷，天风又还吹起。故箧重寻，闲书再整，
> 犹记灯窗滋味。浑如梦里。见说道如今，早催行李。快买扁
> 舟，第一桥边趁流水。　阳关须是醉酒，柳条休要折，争似攀
> 桂。旧有家声，荣看世美，方了平生英气。琼林宴喜。带雪
> 絮归来，满庭春意。事业方新，大鹏九万里。③

---

① 《涉斋集》卷一〇。
② 《止斋先生文集》卷五。
③ 《山中白云词》卷五。

二、赴举行役诗

在第六章第一节中,已举到在第一轮文战(解试)中获胜的举子的赴省诗,而在举子行役诗中,还有不少应举征行诗,则多表达困苦艰辛的人生况味。如理学家林亦之(1136—1185),留有多首应举诗,其中《辛卯岁应举过西峡渡》写得最为深沉:

> 白鹿山头云欲颓,峡门滩下水如雷。锦囊破裂元无用,席帽嵚崎还更来。我自未能逃世俗,人谁便解脱尘埃。扁舟且趁牛羊渡,莫问如今第几回。①

"辛卯"为乾道七年(1171)。"莫问如今第几回"——七个平平常常的字,不知承载了多少青灯寒窗的苦辛,也不知浸透了多少酸楚的泪,可等待他的依然是失望,林亦之只好退而讲学,以布衣终其身。

三、试官唱和诗

宋代的省试、殿试试官,文章学问,多为一时之选。在考试锁院期间,这些文坛巨擘走到一起,以诗唱和成了常事。欧阳修嘉祐二年(1057)权知贡举时张大其风,并将与诸考官的唱和编成《礼部唱和诗集》三卷,已见本书第六章第三节。当日的唱和诗,欧阳修、梅尧臣之作今盖全存(欧约三十二首,梅约三十八首),王

---

① 《网山集》卷一。

珪诗存者殆半(十八首),范镇仅存断句一联(见《苕溪渔隐丛话》后集卷二一引《蔡宽夫诗话》)。总计存诗,约有原集之半。兹举唱和一首,以窥其余。王珪《较艺书事》:

> 日薄寒云下结鳞,忽驰诏骑绝飞尘。麻衣半犯秦关雪,鱼钥横催汉署春。黄纸帖名书案密,棠梨雕字赋题新。高才顷刻闻天下,谁是墙东冠榜人(原注:元和以前,张榜南院东墙)。①

欧阳修《和较艺书事》:

> 相随怀诏下天阍,一锁南宫隔几旬。玉麈清谈消永日,金尊美酒惜余春。杯盘饧粥春风冷,池馆榆钱夜雨新。犹是人间好时节,归休过我莫辞频。②

梅尧臣《较艺和禹玉内翰》:

> 分庭答拜士倾心,却下朱帘绝语音。白蚁战来春日暖,五星明处夜堂深。力搥顽石方逢玉,尽拨寒沙始见金。淡墨榜名何日出,清明池苑可能寻?③

---

① 《华阳集》卷三。
② 《欧阳文忠公集》卷一二。
③ 《梅尧臣集编年校注》卷二七。

此风南宋犹存,而且不仅帘内官,帘外官也有唱和。许及之(?—1209)有《南省帘外唱和五首》,其二曰:

> 寒似西来不立宗,酒兵屡敌故难功。诗成染笔能忙事,勘罢糊名也自公。细雨烧灯惊节过,清尊华发与君同。故园花讯新来少,欲问平安无过鸿。①

又虞俦《丁未(淳熙十四年,1187)礼部贡院监门次张伯子判院韵兼简正甫判院三诗》,其二曰:

> 禹凿门高竞化龙,桃花浪暖百川通。图南俱运云鹏翼,逐北谁收汗马功。锁钥仅能防宿弊,权衡正好变文风。抱关碌碌真吾事,窃喜清朝取士公。②

这些唱和诗的视角各有不同,立意不无高下,但都富丽典雅,属对工稳,尽显文场风流。

四、得第、下第诗

理宗宝祐元年癸丑(1253)状元姚勉,有《殿直求赋状元游六街诗》,踌躇满志之情溢于言表:

---

① 《涉斋集》卷一〇。
② 《尊白堂集》卷二。

　　　　玉丝鞭袅散天香,十里栏干簇艳妆。但念君恩思报称,
　　懒骑骄马过平康。①

此时心里竟然有"骄马过平康"的念头,却又立刻用"懒"字加以
否决,因为"念君"、报恩的漂亮话已说在前头了。他还有一首及
第作《贺新郎》(月转宫墙曲)词,序略曰:"尝不喜旧词所谓'宴罢
琼林,醉游花市,此时方显男儿志',以为男儿之志,岂止在醉游花
市而已哉,此说殊未然也,必志于致君泽民而后可。尝欲作数语
易之而未暇。癸丑叨忝误恩,方圆前话,以为他日魁天下者之劝,
非敢自衒也。"其词我们已在第八章引录,除了沾沾自喜、感恩戴
德外,似乎看不出有多少"致君泽民"之志来。

　　与状元及第诗形成极端对照的,是下第诗。虽举子下第乃常
事,但下第的心情无论如何也难以平静。不过以承受力的大小而
人各不同,也有不甚介意的,如郑獬《下第后与孙仲叔饮》:

　　　　万里青云失意深,画楼酒美共登临。不羞独落众人后,
　　却是重辜亲老心。一缺不完非折剑,至刚无屈是精金。男儿
　　三十年方壮,何必尊前泪满襟。②

更多的下第人就没有这种豪情了,故安慰、鼓励以抚平创伤,成了
送人下第诗的主题。如赵湘《送丁鹗下第客游》:

————————

① 《雪坡集》卷一一。
② 《郾溪集》卷二七。

尊前泣复歌,清泪酒相和。别岸春风静,孤舟夜雨多。鸟鸣烟草路,花逐夕阳波。我亦无憀者,东西欲奈何。①

又如寇准《送人下第归吴》:

莺老计还失,负书归故乡。杏园无近路,泽国有高堂。白鸟迷幽浦,寒猿叫夕阳。离怀休坠泪,春草正茫茫。②

有些特别的是范仲淹。他在《送刁纺户掾太常下第(时为太常发解官)》诗中说:

精鉴本非深,英僚暂此沉。火炎方试玉,沙密偶遗金。岂累青云器,犹孤白雪音。敢希苏季子,潜有激仪心。③

作为发解官,诗人颇以"精鉴本非深"自责,这还十分少见,而鼓励加激劝,更有深情在。较之登第诗的矜持来,下第诗更具真切感人的力量。

五、同年迎送唱和诗

同科登第的进士,称之为"同年",虽读书时未必同窗,却有如

---

① 《南阳集》卷二。
② 《忠愍公诗集》卷中。
③ 《范文正公集》卷三。

今天的"同学",天然结成一种特殊的亲密关系。宋代的同年进士很少像中、晚唐那样形成政治上的朋党,但彼此嘘寒问暖,将迎唱和,仍为常事,故凡有文集在,此类作品俯拾皆是。如苏轼元祐四年(1089)出知杭州时所作《与莫同年雨中饮湖上》:

> 到处相逢是偶然,梦中相对各华颠。还来一醉西湖雨,
> 不见跳珠十五年。①

经历了多少政治上的风风雨雨,今日与同年莫君陈"一醉西湖雨",相望白头,感慨应何止万千,而在诗人笔下却是如此轻快。

又如杨万里《叶叔羽集同年九人于樱桃园钱袭明何同叔即席赋诗追和其韵二首》,《和钱袭明韵》曰:

> 八座能分一日光,题名犹记榜间黄。看渠超出金闺彦,
> 顾我曾为同舍郎。高会九人寻水石,纵谈一笑间宫商。越王
> 孙子琼瑶句,细把重吟恐脱忘。

《和何同叔韵》曰:

> 天门金榜出槐宸,四海同年骨肉亲。走马看花才几日,
> 晓星残月半无人。谈间平叔元如玉,句里司勋别有春。欲把

---

① 《苏轼诗集》卷三一。

清新比梅雪,却愁梅雪未清新。①

"四海同年骨肉亲",道尽了同年间的情谊,而当年金榜题名,是他们共同的话题和永恒的纪念。

即便以科举诗的高产"节点"论,以上也非全部,他如勉人读书、观榜等,向来也最易触发诗兴。要之,在科举所搭建起的这个平台上,举子、亲友、考官,以及一切相关联的人们,在这里发掘了无限量的题材,投入了极丰富的感情,写出了难以数计的篇什,一并汇聚到浩瀚的宋代诗国的大海之中。

第五节　科举是小说戏剧取材的富矿

除散文、诗词外,科举又对宋人的志怪小说、话本小说和戏剧创作提供了极为丰富的题材,是诸类文艺形式取之不尽的富矿。

一、志怪小说

在本书第十七章中,我们已举过大量例子,说明宋人志怪小说中有许多人、神交通的"科名前定"故事,科举是文人志怪小说创作取材立意的丰富资源,对小说创作和文学发展产生了重大影响,本章不再赘。此外,宋人志怪小说还有许多针砭时事、含义深刻的作品,如张师正《括异志》、洪迈《夷坚志》两部重要的志怪小

①《诚斋集》卷二八。

说集,就不乏这类作品。张师正字不疑,襄国(今河北邢台西南)人,曾中进士,主要仕宦于真、仁两朝,著《括异志》十卷,多取材于科举。由于篇幅所限,这里仅举一例。该书卷三《王廷评》,虽短小但却影响深远,后代改编为《王魁负心》,发展为元杂剧《王魁负桂英》等,成为著名的"状元戏"。《王廷评》故事很简单:该人字俊民,嘉祐六年状元。未试间,忽"精神恍惚,如失心者",只好回家医治。"梦一女子至,自言'为王所害,已诉于天,俾我取偿,俟与签判(按:王登状元后,释褐廷尉评,故称王廷评,授签书徐州节度官)同去尔'。……旬余王亦卒。或闻王未第时,家有井灶婢,蠢戾不顺使令,积怒,乘间排坠井中。又云王向在乡闾,与一娼妓切密,私约俟登第娶焉。既登第为状元,遂就媾他族。妓闻之,忿恚自杀。故为女厉所困,夭阏而终。"原故事中排坠婢女事与科举或恋情毫不相干,而"又闻"盖经无名作者再创作,极大地丰富了故事情节,主题也改变为嫌贫爱富(详本节后)。士子登科发迹另娶、女子殉情抗争的痴情故事,无疑是科举时代社会的热门话题,也最能吸引观众及听众。

洪迈《夷坚志》规模宏大,更广泛地反映了宋代科举生活的方方面面。我们可举《夷坚乙志》卷三《刘若虚》为例。刘实字若虚,钱塘人。绍兴五年赴省试,其仆王高夜扣户呼曰:"适梦明日榜出,樊元远为第一人,刘若虚次之。梦中了然,主公必高选。"刘亦喜。如期揭榜,樊冠多士,而刘被黜。识者审其梦曰:"若虚,刘字也。榜不言刘实而言刘若虚,无名之兆耳。"后七年,刘实始以特奏名试大廷,又入五等为助教。以显仁皇后北归献赋,有旨许出官一任,调主吉州太和簿。"族人有精五行者,谓刘无食禄相。

刘置酒,呼族人质之曰:'平生言我不作官,今迳卒至矣。'族人但引咎悔谢。酒罢还家,复布算推测,密告人曰:'若虚苟得实禄,吾不复谈命。'竟以登途前一日死。"宋代许多读书人以终身苦读登科、做官为人生价值,不啻千军万马过独木桥,而文中的刘实无疑是个失败的典型,他的命运较《儒林外史》中的范进更可悲。

除反映重大社会问题外,宋人志怪小说常以科举为背景,举子、进士为主人公,描述相关的神仙鬼怪、逸闻异事。如刘斧《青琐高议》前集卷一《彭郎中记》中的彭介,便是"由进士登甲科"的官员,一日中夜入厕,遇灶神挞一入庖窃食的饿鬼。卷二《群玉峰仙籍》的主人公"进士牛益",一日梦游群玉宫,得见群仙名籍。后集卷六《范敏》,写齐人范敏"尝预州荐至省,失意还旧居"。一日入郓州迷失道路,遇一善笛的妇人李氏,自称是"唐庄宗之内乐笛部首",遂与"极尽人间之乐"。后来"人屋俱不见,日色暮,四顾无人,荆棘间,冢累累然"。如此等等。这些故事虽怪诞离奇,但举子、进士的身份一下子拉近了人们阅读时的距离感,表现出文学的多样性特征,仍有一定的审美价值。这类作品大量保存在宋人笔记小说中。

二、话本小说

现存《京本通俗小说》、《清平山堂话本》,学界一致认为多是宋人"说话"的话本①,其中不少作品的主人公,要么是"落第秀

---

① 参见胡士莹《话本小说概论》第七章《现存的宋人话本》第四节,中华书局,1980年。

才",要么是"三甲进士"。如《京本通俗小说》中的《西山一窟鬼》,述绍兴间"落第秀才"吴洪,由婆为媒,娶李乐娘为妻,后来发现乐娘和侍女锦儿都是鬼。又《错斩崔宁》(即《醒世恒言》的《十五贯戏言成巧祸》)开头曰:"我朝元丰年间,有一个少年举子……"《清平山堂话本》中的《蓝桥记》,叙裴航下第,买舟归襄阳,在兰桥驿遇女子云英,捣药百日后上仙的故事。又《陈巡检梅岭失妻记》曰:"东京汴梁城内虎异营中,一秀才姓陈名辛,字从善……自小好学,学得文武双全。……陈辛一日与妻言:'今黄榜招贤,我欲赴选,求得一官半职,改换门闾,多少是好!'……不数日,去赴选场,偕众伺侯挂榜。旬日之间,金榜题名,已登三甲进士。上赐琼林宴,宴罢谢恩,御笔除授广东南雄沙角镇巡检司巡检。"又《五戒禅师私红莲记》,写五戒禅师因"一时差了念头",破了色戒。其故事本与科举毫不相干,但后来五戒托生为苏轼,"年十六岁,神宗天子熙宁三年,子瞻往东京应试,一举成名,御笔除翰林院学士",又与科举挂上了钩。

明冯梦龙所编《古今小说》中,胡士莹《话本小说概论》认为有四篇为宋人话本。许政扬则以为有八篇"大致可以肯定为是宋元旧篇"①。其中第十一卷《赵伯升茶肆遇仁宗》,是被认定为宋人话本或"宋元旧篇"者之一。小说开篇即诗一首,曰:"三寸舌为安国剑,五言诗作上天梯。青云有路终须到,金榜无名誓不归。"然后写道:

---

①许政扬校注本《古今小说·前言》,人民文学出版社,1979年第二次印刷本。

话说大宋仁宗皇帝朝间,有一个秀才,姓赵名旭,字伯升,乃是西川成都府人氏。自幼习学文章,《诗》、《书》、《礼》、《乐》,一览下笔成文,乃是个饱学的秀才。喜闻东京开选,一心要去应举,特到堂中,禀知父母。……其父赠诗一首:"但见诗书频入目,莫将花酒苦迷肠。来年三月桃花浪,夺取罗袍转故乡。"

考试阅卷毕,仁宗早朝升殿,试官将前三名文卷呈上御前,"仁宗亲自观览,看了第一卷,龙颜微笑,对试官道:'此卷作得极好,可惜中间有一字差错。'试官俯伏在地,拜问圣上,未审何字差写。仁宗笑曰:'乃是个"唯"字。原是口旁,如何却写厶旁?'试官再拜叩首,奏曰:'此字皆可通用。'"但最后仍是落了榜,仁宗对赵旭说:"卿可暂退读书。"赵旭羞归故里,流落东京。后在茶肆偶遇仁宗,当面授予西川五十四州都制置,方衣锦还乡。这种"发迹"故事固然是异想天开,但小说反映了宋人追求科名的强烈欲望,揭露了因"一字差错"便落第的埋没人才的考试制度。

其他宋人话本小说,还有不少登科得官的故事。如平话《裴秀娘夜游西湖记》,载明万历余象斗编《万锦情林》卷二。是书只有日本有藏本,文本见胡士莹《话本小说概论》第十章"附录"。孙楷第《日本东京所见小说书目》谓其"属词比事,雅近宋元",胡士莹认为"孙氏推断此篇出自宋元,甚是"。故事述理宗时太尉裴朗携家游西湖,其女秀娘见美少年刘澄,相思成疾。其家托媒至刘家议亲,终成美眷。洞房之夜,刘澄口占一绝,有"今宵洞房花烛夜,再添金榜挂名时"之句。"后来刘澄励学业,文日益进,年余,补弟子员,三年之后,联登科甲,升授江西广信府通判之职。"
明、清时代,科举、秀才、进士,成为小说故事和人物形象最主要的
源头之一。

三、状元戏

　　最早以宋代状元为主角的"状元戏",当数《王魁》。该故事
托名嘉祐六年(1061)状元王俊民(称王魁字俊民,其实"魁"就是
状元的意思),并经历了由小说、平话再到杂剧、传奇的演变。故
事较早载前揭张师正《括异志》卷三《王廷评》,话本载明万历末
年《小说传奇》合刊本(此书罕见,胡士莹《话本小说概论》第十章
"附录"载有文本)。故事梗概为:王魁字俊民,山东济宁府人。上
京应试,下第归至莱阳,喜妓女桂英,"住了一年",又将应试,二人
至神案前,王魁设誓道:"魁与桂英,誓不相负,若生离异,神当殛
之。"魁中状元,桂英寄诗相贺,魁"自忖道:我今身既显贵,岂可将
烟花下贱为妻? ……竟不回书",并逐去桂英送书之人。桂英呕
血大哭道:"王魁负我如此,我必死以报之。"当夜自刎。王魁正张
罗与崔相国之女成亲,被桂英鬼魂索命而死。胡士莹曰:"王魁故
事在南宋末年,说话人已在说唱,《醉翁谈录》说话名目有《王魁负
心》可证。同时也已搬上舞台表演。有关王魁的剧本,今所知者
宋官本杂剧有《王魁三乡题》一本,见《武林旧事》,戏文有宋光宗
时的《王魁》,见《草木子》及《南词叙录》。……又宋元无名氏《王
俊民休书记》,见《永乐大典》卷一三九七三及《南词叙录》。杂剧
有元尚仲贤《王魁负桂英》,见《录鬼簿》及《永乐大典》卷二〇七
五四;明杨文奎《王魁不负心》,见《录鬼簿续录》及《太和正音

谱》。传奇有明王玉峰《焚香记》,六十种曲本。"萧源锦先生《状元史话》认为,宋人笔记中某些有关状元的材料,成为宋代状元题材的南戏和话本的最早来源,而这些南戏和话本又影响了以后元、明、清的戏曲和小说。该书有《古代小说、戏曲、弹词中状元一览表》,列举了宋至清代六十五部以状元为题材的文艺作品①。

综上所论,宋代科举制度虽有着极强的功利导向,但它直接造就了规模庞大的教育体系,带动并促进了教育和相关文化事业的发展,形成全民浓厚的读书风气和应举热潮。它既训练了士子们文学创作的基本功,又让其中智力超群者脱颖而出,并将他们输送到文化学术和权力机构的各个部门,为其施展才华——特别是文学才华创造了优越的条件。同时,科举制度还搭建了文学创作的平台,而举子、进士既是创作的主体,许多时候又是各体作品中的主人公。总之,只要不怀偏见,就不得不承认这样一个事实:科举制度像一个能量强大的辐射源,在"外部效应"的层面上,在学术文化之光普照的"环境"里,许多文学青年从中受益,佼佼者甚至成长为名垂史册的文学大师,或成就卓著的作家,从而促进了一代文学的繁荣。这是应当充分肯定的。

---

① 《状元史话》,重庆出版社,1992 年。

第十九章　宋代科举考试与文学发展的悖反

　　在前章的开头,我们提出了从两个层面审视科举与文学关系的构想,并论述了宋代科举制度也就是所谓"外部层面"对文学发展的促进。本章则从另一个层面,即所谓"内部运作",也就是科举考试对文学发展的直接影响进行分析;而"直接影响",说到底就是时文写作与文学创作的关系。所谓"外部"、"内部"的意思是,如前章所述,无论是教育为文学人才的培养和成长所作出的贡献,还是科举制度为文学创作所搭建起的平台,它们只是为文学提供了"可能"或"机会",或者说文学只是科举制度的"副产物",科举本身并不直接"生产"文学,所以相对科举时文来,我们称之为"外部"。科举时文就不同了,无论哪个举子都必须学和写,它是科举自身运作的必然产物,因此我们称之为"内部"。这两部分差异甚大,只有将它们分别论之,才可能摆脱是"促进"还是"促退"的困局。

　　对举子来说,考场中所作时文(答试卷)只是平生所作的极少部分,大量的是场外习作。前章我们引过仁宗至和初制订的《京兆府小学规》,从而可知学子从孩提始就要看、读和试作诗赋。王禹偁自谓"志学之年,秉笔为赋,逮乎策名,不下数百首"①。庆历中石介主太学,果州西充(今四川西充)人何群好古学,介馆之于家,使弟子推之为学长。此人力主科举罢赋,时谏官、御史亦言以赋取士无益治道,下两制议,皆以为不可废。何群"闻其说不行,乃恸哭,取平生所为赋八百余篇焚之"②。所作之夥,其他应举者或难出其右,不过也不会去之太远,因为欲律赋写得好,唯一的办法就是多作勤练。据统计,宋代登第进士的平均年龄约为三十六七岁,宋人的平均寿命似无人测算,盖不会太高,若说举子的大半生都在为"举业"操劳,所作大多为科举文字,当无大谬。因此,在科举"内部"层面,宋人投入的精力之多,作品数量之大,至少不在"外部"之下。

在"内部运作"也就是科举考试这个层面上,应该说科举对文学发展的影响是消极的,"促退"的,甚至是"悖反"的。

《宋史》卷一五五《选举志序》曰:"宋初承唐制。"具体而言,宋开国初的科举制度,乃行后周之法,而后周又承唐制。此后科举条制虽时有修订,但基本原则和框架,到真宗时没有大的改变,即在考试的同时兼采"誉望"(社会美誉度)③。直到真宗景德间制订出《考校进士程式》《亲试进士程式》(本文统称"景德条制"),有宋代特色的科举制度方始形成。景德条制的核心,是确立考试在科举中的地位,并将糊名、誊录制度化、法律化,目的是

①《律赋序》,《小畜集》卷二。
②《宋史》卷四五七《何群传》。
③参见《文献通考》卷三二《选举五》。又陆游《老学庵笔记》卷五:"本朝进士,初亦如唐制,兼采时望。"

"防闲主司",以求"至公"。所谓"防闲",就是严格防范和限制考官权力的滥用,但在考试范围之内,考官权力却又得到提升和加强,比如试卷评阅、举子去留、等第编排等等,皆全权委之于考官。景德科举条制在科举史上是划时代的,它是对自隋唐以来科举制度的一次重大变革。在客观上,糊名、誊录制结束了"公荐"、"行卷"等制度漏洞,建立起了一整套科场规范,最大限度地保证了考试的公正,无疑是一大进步。与此同时,举子也由读书作文转而专攻"举子艺业"(简称"举业")。因此,欲论宋代科举考试与文学发展的关系,应当以景德条制以后的科举考试作为研究对象。

本章所讨论的问题,即以景德条制后的科举考试为出发点。

第一节　有司较艺与文学规律的悖反

如果说唐代"采誉望"在一定程度上含有看平时、重素质的话,那么景德条制便完全以考试成绩定去留,举子在考试前的所有学习活动都是为应试作准备,这是最显著的"宋代特色"。这个转变实在太大,故主持科举考试的相关机构("有司"),对各级考试的相关政策不得不同时作出重大调整。景德四年(1007)十月乙巳,翰林学士晁迥等上《考试进士新格》,真宗十分重视,当即下诏遵行,诏文中有"甲乙设科,文章取士,眷惟较艺,素有常规"等语①。"文章取士",即以卷面成绩为取士的唯一依据;"眷惟较

---

① 《宋会要辑稿·职官》一三之九。

艺",是考官阅卷乃考试的重中之重。元人盛如梓说:"前辈谓科举之法虽备于唐,然是时考真卷(按:指举子所做原卷),有才学者,士大夫犹得以姓名荐之,有司犹得以公论取之。……宋自淳化中立糊名之法,祥符中立誊录之制,进士得失,始一切付之幸不幸。"①所谓"幸不幸",就是看举子能否幸运而巧妙地规避"不考式",试卷能否得到考官的青睐,这就存在许多偶然的、不确定因素。于是,"有司"便在整个取士过程中占有绝对强势的地位。故欲考察宋代科举考试的特色,并进而论其对文学的影响,应当首先从"有司"的操作而不是举子应试说起,这样才能摸清其内部运作的实情。

景德条制后"有司"如何操作考试,本书已在前面相关章节中详论,这里有必要再将其主要点集中并概述之,而通过简略的回顾,我们会得到不少新的认识。

一、考试题目"竞务新奥"

为了突出考试的权威,加快淘汰速度,又因策、论特别是后来的经义可出之题有限,而举子剽窃括套日趋严重,有司便千方百计在考题上打主意,出偏题、难题、怪题,变着法儿对付举子,于是"竞务新奥"成风。仁宗景祐五年(1038)正月八日,知制诰李淑言:"切见近日发解进士,多取别书小说,古人文集,或移合经注以

---

① 《庶斋老学丛谈》卷下。所谓"祥符中立誊录之制",盖就普遍实施而论,实际上早在景德二年(1005)即已在御试中采用誊录制。详见本书第四章。

为题目,竞务新奥。"①事实上,随着举子对付考试手段的多样化和有效性的提高,限制出题范围作用不大,"竞务新奥"成了有司无可奈何的应对之策,到南宋尤为突出,由"移合经注以为题目"发展为"关题"、"合题",有时弄得题意全然不通②。流风所至,便是清代八股文的"截搭题",本书第十一章引康有为《请废八股试帖楷法试士改用策论奏》中所说"大草"就是典型。

二、考试内容限于经子史

宋代进士科各科目的考试内容,经义不必说是考儒家经典及注疏;策除问时务外,还有"子史策",而论不涉时务,诗赋、论都必须在经、史、子书中出题。上引景祐五年正月八日知制诰李淑上言,在论题目"竞务新奥"后,主张从国子监有印本的经子史书中出题,诏可。庆历四年(1044)宋祁详定贡举条制时规定:"诗、赋、论于《九经》、诸子、史内出题,其策题即通问历代书史及时务,并不得于偏僻小处文字中(出)。"③总之,景德条制后,各考试科目的题目都不出经子史范围,南宋时的论题稍稍扩大到能"佐佑六经、不抵牾圣人之道"的个别文集(如韩愈《昌黎集》)④。

三、"较艺"是较技术规则

每到贡举之年,朝廷要任命权知贡举、权同知贡举及各类考

①《宋会要辑稿·选举》三之一八。
②关于"关题"、"合题",详见本书第十一章第五节。
③《宋会要辑稿·选举》三之二五。
④《宋会要辑稿·选举》四之二五。

官,他们的职责就是"较艺"①。但实行景德条制以后的锁院"较艺",较之以前大不相同:考官只能批阅既经封弥、又经誊录的卷子("草卷")。这就切断了考官与外界所有有形、无形的联系,以做到"一切以程文为去留"。不过,虽说"一切以程文为去留",但决定去留的往往并非诗文内容的优劣高下,而是程文的形式及人为禁忌,是"技术"而非"艺术"。从此,确立了一整套由"不考式"体现的科场技术规则,主要有:

1.失平仄、落韵为"不考"。早在太平兴国三年(978)九月二日,太宗即下诏曰:"自今广文馆及诸州府、礼部试进士律赋,并以平侧次用韵。"②盛如梓说:"唐以赋取士,韵数、平仄,元无定式……至宋太平兴国三年方定。"③自真宗时《礼部韵略》颁行,就被称为"官韵",诗赋不押官韵或落韵,便入"不考式"④。仁宗庆历四年(1044)三月十三日翰林学士宋祁等准敕详定贡举条制,认为旧制"拘检太甚",但在新拟条制中仍有"策论诗赋不考式十五条",凡诗赋脱官韵,诗赋落韵(用韵处脱字亦是),诗失平侧(脱字处亦是),重叠用韵等,都在"不考式"之内。今犹传世的《附释文互注礼部韵略》附《条式》引《绍兴重修御试贡举式》"试卷犯不考"条,规定凡诗赋不压官韵、落韵、重叠用韵及赋协韵、正韵重叠,皆入不考式。所谓"不考式",《条式》曰:"但一事不考,余皆

———————————

① 如《宋会要辑稿·选举》三之五四载元祐八年(1093)十二月二十四日范祖禹上言曰:"知贡举官止以出题较艺为职,专意抡选天下之士。"
② 《宋会要辑稿·选举》三之四。
③ 《庶斋老学丛谈》卷下。
④ 见《宋会要辑稿·选举》六之二〇。

不考。"简言之，就是一旦举子违犯了某一项特定的规则，其余便被全部否决。

2. 犯讳为"不考"。景德条制除"防闲主司"外，又"为《礼部韵》及庙讳之避"①。宋祁等准敕详定的"策论诗赋不考式十五条"规定，凡用庙讳、御名，皆入不考式。在本书第九章中，我们已引过《四库提要·〈大全赋会〉提要》，它概括了宋代场屋律赋的各种禁忌(包括犯讳)，说举子在"下笔之时，先有三四百字禁不得用，则其所作，苟合格式而已。其浮泛浅庸，千手一律，固亦不足怪矣"。

3. 试卷犯"不考"。《附释文互注礼部韵略》附《条式》引《绍兴重修御试贡举式》"试卷犯不考"条，凡漏写官题；策、义写问目或不写道数及不依次(原注:谓先第二、后第一之类)；论题全漏写"限五百字以上"；赋少二十字；论少五十字；卷内切注及书试卷不写"奉试"及"对"、"谨对"，"论曰"或"谨论"，及涂注乙若干并无"涂"、"注"、"乙"字等，都在"不考"之列②。

四、文体程式成为定式

在宋代考试的各主要科目中，诗、赋在唐代已有固定的程式，而宋代律赋的体制又与唐代有所不同，限制更严，可称为"宋体律赋"。其余策、论、经义，自北宋后期到南宋初，也都实现了程式化，如论体文有冒子(包括破题、承题、小讲、入题)、原题、讲题(大

---

①释文莹《玉壶清话》卷五。
②以上所述关于"不考"的所有技术规则，详见本书第九至十一章。

讲)、使证、结尾(论尾)。进策与此相类。经义则有冒子(也包括破题、接题、小讲、入题)、原题、大讲、余意、原经、结尾。举子必须按程式作文,俗有"五道(按:指进士科对策五道)不如一道(按:指论一道),一道不如一冒"之语①。元倪士毅《作义要诀自序》在叙述经义程式之后说:宋人经义"篇篇按此次序。其文多拘于捉对,大抵冗长繁复可厌"。于是,程式完全成了定式、定格,所有的科场文字都必须同用一个"模子"。

景德条制所引发的上述变化,对举子程文写作的影响极大。综合以上四点,可得出两个结论:

第一,考试方式的高度工具化。

顾炎武说:"科场之法,欲其难不欲其易。"②作为国家考试,"欲其难"无可厚非,但考题失去科学性的偏、难、怪,就不可避免地脱离正常的文章学轨道,而趋于专门化、工具化——科场题目只可用作考试,而不适合文学创作;科场所用虽也是"论"、"诗赋"等文体,但与通常的"论"或"诗赋"已有彼此之别,它们只是场屋所特有的考试工具。

考试的高度工具化,尤其表现在"较艺"的技术化上:格式、程式的重要性超过了文章自身。唐五代试进士,诗赋已讲究用韵、避讳,但远无宋代把它看得如此重要,讲究如此之多,对举子威胁如此之大,一有疏失,便被"一票否决"。我们在本书第九章论宋代律赋时,曾举嘉定七年(1214)发解试时,鄂州举子宋倬赋卷中

---

①叶适《习学记言序目》卷四八。
②《日知录》卷一六《拟题》。

第六韵押"有"韵,见《礼部韵略》第四十四,上声;而赋曰"诏劝农桑,及乎令守","守"在第五十一"宥"韵内,去声。经湖北转运司、礼部、国子监反复讨论,最后确认"守"字落韵,由皇帝下诏"驳放"。一字失韵,不仅决定了该举子的命运,且惊动了皇帝,并煞有介事地将此事写入《宁宗实录》①,生动地说明了所谓"较艺",其实只是较"技"。宋人别集中不少墓志文,都记有墓主做举子时"栽"于失韵的经历,《宋史》列传中也不少,如该书卷三一七《邵亢传》:"再试开封,当第一,以赋失韵,弗取。"甚至连考官阅卷时如有落韵没有看出来,也要降官,如《宋会要辑稿·选举》一九之一一载:庆历七年(1047)孙锡、李大临"坐奏名举人诗有落韵者,降诸州监当"。

至于犯讳,是封建时代很特殊的"政治问题",随着年代浸久,讳字既多又复杂,成了科场的又一"杀手"。而书卷格式,按理说正规的考试应当注意,但仅少写、漏写就入"不考式",相当将各科都判为"0"分,未免不近情理。这样做除便于阅卷,加速淘汰,且使举子有口难言、自认倒霉外,就只能是泯灭性灵,埋没人才。宋祁等早在庆历四年就指出:"旧制,以词赋声韵偶切之类立为考试式,举人程试,一字偶犯,便遭降等。致(原误"至")使才学博识之士临文拘忌,俯就规检,美辞善意,郁而不伸。"②

按理说,任何文体都有独具的格式,也都有相应的作法;但若将格式变成定式,作法沦为死法,吹毛求疵,削足适履,那必将成

---

① 见《宋会要辑稿·选举》六之二〇。
② 《宋会要辑稿·选举》三之二七。

为写作的桎梏,严重窒息文气的灵动和作者思想的表达,绝不可能产生好作品。如顾炎武《日知录》卷一六《程文》所说:"文章无定格,立一格而后为文,其文不足言矣。唐之取士以赋,而赋之末流最为冗滥。宋之取士以论、策,而论、策之弊亦复如此。明之取士以经义,而经义之不成文又有甚于前代者。皆以程文格式为之,故日趋于下。"

强调格式和程式,可使考试高度规范化,但从写作角度论,必然走上形式主义甚至极端形式主义的道路。这种评判标准的客观性有利于测验人的智力,如举子在音韵、语言运用上必须有高度的准确性,处处谨慎细心,才能对仗工稳,不致失平仄或落韵;思维必须有严密的逻辑,才能文理贯通,又合乎程式;记忆力必须超强,才能臻于几乎无所不知,而又能信手拈来,浑然无迹,等等。但所缺乏的则是"思想"——形式上的完美无缺是以牺牲内容的深刻独创为代价的,因为所"较"之"艺"实际上是"技",是纯形式的、非文学因素的"技"。陈襄《答阮鸿秀才书》曰:"近世选举之失,取人以技艺之道。士之豪杰,有为有守,进于是者必穷。故天下学者丧失其本原,日以习词章进取为利,若往而不回者。"①他所谓"本原"指圣人之道,可不论;但他看到取人以"技艺",则是准确的。李廌《师友谈记》记秦观谈作赋心得时说:"作赋何用好文章,只以智巧饾饤为偶俪而已,若论为文,非可同日语也。朝廷用此格以取人,而士欲合其格,不可奈何尔。"这可谓点到了场屋文字的命穴。

---

① 《古灵先生文集》卷七。

考试方式的高度工具化,在科举时代遭致了许多批评,可说几乎成了众矢之的,且最终成为结束科举自身生命的"工具"。前述康有为奏章在申讨科举之罪时,最有说服力也最具煽动性的,正是考题和程式之"艺"。但直至科举寿终正寝,中间竟莫可或改,原因究竟何在?庆历八年(1048)四月,礼部贡院上言全面否定宋祁等提出的改革科制的"新制",有一句话值得深思:"盖诗赋以声病杂犯易为去留,若专取策论,必难升黜。"①原来科举考试离不得的,正是这种"易为去留"的"工具性"。

第二,考试内容的非文学化。

这尤以作为"纯文学"的诗赋最为显著。严羽《沧浪诗话·诗评》曰:"或问:'唐诗何以胜我朝?'唐以诗取士,故多专门之学,我朝之诗所以不及也。"似乎若宋代坚持"以诗取士"不动摇的话,也会像唐代一样,成为欣欣向荣的"诗国"。此说似是而非。他没有注意到唐、宋两代诗赋考试更为本质的区别:唐代考诗赋,题目不拘出处,而宋代必须在经、子、史书中出;试想,经、子、史书的诗赋题目,能写出什么好作品?于是举子只能议政和说理,虽然采用的是"文学"的形式,但"瓶子"里装的却是非文学的"酒",故宋人屡有诗赋如策论的批评。在本书第九章第六节中,我们已引过杨万里一段很重要的话:"晚唐诸子,虽乏二子(指李、杜)之雄浑,然好色而不淫,怨诽而不乱,犹有《国风》《小雅》之遗风。……自《日五色》之题一变而为《天地为炉》,再变而为《尧舜性仁》,于是始无赋矣;自《春草碧色》之题一变而为《四夷来王》,再变而为

---

① 《续资治通鉴长编》卷一六四。

《为政以德》,于是始无诗矣。非无诗也,无题也。"①他的意思是,并非宋人不能诗赋,而是场屋所出题目不宜作诗赋。原因很简单:文学有着自己的规律,经、子、史书中的题目,失去了《国风》《小雅》"好色而不淫,怨诽而不乱"的比兴、含蓄传统,于是"无诗"、"无赋"就不奇怪了。其实,宋人考"诗赋",并不是要考作为"文学"的诗赋。省题诗、律赋本来就是专为科举考试而设计的文体,唐代尚有"《国风》《小雅》之遗风",宋代连这个"遗风"都荡然不存了,而古今论者却总爱把场屋诗赋扯到"文学"上,只能说明对时文诗赋不甚了了(严羽自号"沧浪逋客",未尝习举业),甚至了无所知。严羽若要回答"唐诗何以胜我朝"的问题,不能在"唐以诗取士"上找原因,而应推求唐、宋各以"什么样的诗"取士,才算说到"点子"上。对此问题的认识,作为严羽前辈的杨万里,显然要高明得多。

笔者不尽赞同邓云乡先生在《清代八股文》一书中对八股文的多方回护,但很欣赏该书最后的一段话:"八股文在历史上是一种教育和考试的专用文体,它不是阐述各种学术观点的论文,也不是什么文学艺术作品,不能用班马史汉、古人著述、以及诗词歌赋、小说戏剧和它相提并论。它所起的作用是文化教育、思想训练、考试选材等方面的作用。而所遴选的人材是为当时朝廷办事的官吏人选,并非专门学者,更非文学家、艺术家等等。自然这些人选中后来不少人在作官之余,成了各种学者、文学家、艺术家等

---

① 《周子益训蒙省题诗序》,《诚斋集》卷八四。

等,但那是另外一回事,用现在的话说,那些似乎都是业余的。"①
其实宋代科举考试中的经义、策论、诗赋各科目,也应如是观,宋
人蔡襄早就指出:"其间(指科举)或有长才异节之士,幸而有之,
或官而后习,非因设科而得也。"②人们定要到这些考试中去寻找
"促进"或"繁荣"文学的"作用",真如缘木求鱼。

　　总之,自实施景德条制之后,选才的方式和评价体系发生了
重大变化,无论是考试还是"较艺",都不再遵循文学规律,工具
化、非文学化倾向极为明显。唐代采誉望,举子为获取"誉望",就
不得不努力提高写作水平并展示自己的文学才华,以求得社会的
承认,包括用"行卷"的手段。因此可以说,那时的评价体系是相
对开放的,多元的,也基本上是"文学"的,录取与否,卷面并不太
重要,社会对其平日作品的美誉度常起关键作用,而美誉度的衡
量尺度是文学,所以程千帆先生说由科举考试派生的行卷对唐代
文学"起过一定的促进作用"(见下引)。而封弥、誊录制彻底关
闭了社会参与评价的大门,使科举成为极少数人(考官)唯凭一日
片刻所作卷子的锁院"较艺"(又叫"衡文")。考官"衡文"时主要
注重的并非文章优劣,而是人为地设下许多陷阱,结果使"文章取
士"徒有虚名,形形色色的限制("不考式"、程式等)既牵着举子、
也牵着考官的鼻子跑;即便是"文章取士",那"文章"也不是文

---

①《清代八股文》,河北教育出版社,2004年,第210页。邓先生回护八股文
　的主要理由,就是出了许多"人才"。但他在这里又自我否定了:八股文与
　"各种学者、文学家、艺术家等等"的涌现其实无关。
②《论改科场条制疏》,《蔡忠惠集》卷一九。

学,而是一种借用了文学形式的考试"工具"。评价体系由相对开放的、多元的变为绝对封闭的、一元的,评价标准由质量转到技巧,是科举制度的重大转折,从根本上改变了科举考试与文学的关系:它已违背了文学自身的规律,走着与文学疏离甚至悖反的道路。

第二节　举子程文与文学精神的悖反

如果说景德条制后,有司"较艺"实际上是"较技"的话,那么就处于弱势地位的举子而论,为了应对,便不得不转变策略,更改关注点:由先前努力创作出优秀作品、然后奔走势利之途以求"誉望",转移到在考题上下功夫,在试卷上打主意,即千方百计、不择手段地让程文能够顺利过"关"。这是科举制度引发的又一重大变革,对举子、对整个社会风气、特别是对时文写作关系极大。本书在进士科考试、各体时文研究、科举用书诸章节中,对此已有详论,这里也如上节,再将相关问题的主要点集中并作简要提示,我们同样会看到举子程文与文学精神也是悖反的。

一、剽窃策括、套类和编类

为了对付策论及经义考试,书肆、儒师相互配合,煞费苦心,从考官可能拟为时务策、论及经义题目的经子史书和文集中进行地毯式搜索,然后编成策括、套类,供举子模拟、剽窃。这些书的编者甚至不惜中伤同类"无片言只字可为场屋助",而吹嘘自己所编"断无所谓发十策而不得一者"①,其帮助作弊的目的性十分露骨。苏轼早在熙宁初就说,当时剽窃策括已达到"待问条目,搜抉略尽"的程度。于是,科场试卷连"有司"也很难分清孰为自作,孰为抄袭,几乎使考试失去意义,科举已"名存实亡"②。项安世有诗嘲讽道:

> 苏子书中挦策略,叶家肆里偷新作。南宫卷子不须深,句顺音谐即好音。调古曲高虽句绝,辞严意密谁笺说?③

李昂英《再用观入试韵》也说:

> 近岁词场尚剽拾,文体腐陈难古拟。倩人者幸耘人贪,气习陋污沦骨髓。主司头脑易冬烘,日色不迷世能几。所忧程文误后学,岂但升沉系悲喜。④

看来,只要"锁院较艺"存在一日,"搜括题目"、类编条目和"挦"、"偷"就一天不会止息:它们互为表里,是科举考试制度催生的一对孪生儿。其结果是举子的所谓"读书",实际上是读"括套",而真正的"书"反无人读,故苏轼说:"后生科举之士,皆束书不观,游

---

①见陈子和《璧水群英待问会元序》。
②语出绍兴二十六年(1156)正月辛亥殿中侍御史汤鹏举上言,载《宋会要辑稿·选举》二〇之一一。
③《和韵送方翔仲赴省》,《平庵悔稿》卷八。
④《文溪集》卷一三。

谈无根。"①魏了翁也说："释老之患,几于无儒;科举之患,几于
无书。"②

二、揣摩蹈袭"得俊"时文

宋代书坊刊印了大量时文集,有的是官方下令选刻的场屋
"优秀"试卷,包括诗赋、策论、经义。如《直斋书录解题》卷一五
著录的《擢犀策》一百九十六卷、《擢(当作"拔")象策》一百六十
八卷,就是书坊所刊。较之括套的专供剽窃来,这类书主要是让
人揣摩、蹈袭,但也不排除剽窃,如刘挚所说的"蹈袭他人,剽窃旧
作,主司猝然亦莫可辨"③,"旧作"即指此类。

三、时文文法、程式法成为专"学"

古文评点(如吕祖谦批点《古文关键》、谢枋得批点《文章轨
范》等)、时文评点(如方逢辰批点陈傅良《止斋论祖》,魏天应编、
林子长注《论学绳尺》等),以及专门的文法研究书(如郑起潜《声
律关键》、方颐孙《太学新编黼藻文章百段锦》等),成为举子的必
读书,并在诗学、赋学之外形成专门研究考试文体的"学",如"策
学"④、"论学"等。

---

① 《李氏山房藏书记》,《苏轼文集》卷一一。
② 《杜隐君希仲墓志铭》,《鹤山先生大全集》卷八三。
③ 《论取士并乞复贤良科疏》,《忠肃集》卷四。
④ "策学"一词首见《唐会要》卷七六《贡举》中《制科举》,称举子"赴速邀时,
  辑缀小文,名之'策学'"。

四、科场作弊普遍而频繁

举子如果用上述诸多"措施"都不奏效的话,那么临场作弊便成了最后的"攻略",如传义、怀挟、代笔等等。科场作弊虽不始于宋代,但由于景德条制后实行糊名、誊录制,考试成绩的好坏成了录取的唯一依据,于是侥幸在卷面上"取胜",便是举子要竭力争夺的出路,以至不择手段。加之吏治败坏,执法不力,故宋代科场作弊便不可避免地普遍化和频繁化。

其实,"有司较艺"与"举子程文"是对应的、互为因果的。以上似可归结为一点,那就是文学精神已从程文中彻底丧失。举子以"有司较艺"为导向,几乎完全改变了传统的人生价值观,也使读书人的道德水准降至最低。黄庭坚在《与周甥惟深》的书信中,把"观古人书,每以忠信孝悌作服而读之"称作"君子之事业",而将读"一大经,二大经"、专为科举而读书作文称作"举子事业"①,在他看来,同是读书作文,然就"事业"论,却明显有高低之分:"举子事业"不可与"君子事业"同日而语。叶适曰:"颇记十五六,长老诘何业,以近作献,则笑曰:'此外学也。吾怜汝穷不自活,几稍近于时文尔。夫外学,乃致穷之道也。'"②刘克庄亦曰:"士生于叔季,有科举之累,以程文为本经,以诗、古文为外学,惟才高能兼工。"③他的意思是,科举程文对士子来说虽是一"累",但重要性

①《宋黄文节公全集·续集》卷一,《黄庭坚全集》,四川大学出版社,2001 年校点本,第 1924 页。
②《题周简之文集》,《水心文集》卷二九。
③《李炎子诗卷跋》,《后村先生大全集》卷一〇九。

却远远超过诗文创作,故前者有如举子的"本经",而后者则为"外学"。宋代不少人皆如是说,如王迈《莆阳方梅叔(应龙)墓志铭》:"世有业进士不习为外学,至目之为屠龙无用之技;亦有专攻诗词骈俪而不屑作'原夫'辈语,以是为童子雕虫、壮夫耻之者,惟梅叔兼其所长。"①总之,在他们看来,"君子事业"与"举子事业","外学"与"本经"——也就是传统诗文与时文,已造成价值取向的彻底裂变,两者的轻重被科举完全弄颠倒了,成为事实上的"二元悖反"。除少数"才高"者外,一般人于二者难以兼得,士子不得不作出痛苦的抉择:要么遵守科场"潜规则",要么回乡作"隐士"。

　　"君子事业"与"举子事业"、"外学"与"本经"的根本区别,实际上就是文学精神的存废。"举子事业"丧失了儒者向来坚守的精神家园,程文不再担当针砭时弊的社会责任。我国传统的文学价值观,是诗"可以兴,可以观,可以群,可以怨","饥者歌其食,劳者歌其事",文则是"发愤"而作,"不得其平则鸣"。总之,它与功利是不兼容的,所以称它为"君子事业"。当然,随着时代的发展,文学功能也出现了多元化,如娱乐性、交际性等等,不过文学本身的非功利性,是始终要守住的底线。但科举时文恰好相反:它是纯功利的,所习文章只是考试的工具,目的就是博取科名,而且只看结果不问过程,故"知耻"已不为举子所齿,作弊遂成为社会公害。清浦铣《复小斋赋话》上卷曰:"方虚谷回《石峡书院赋》有云:'近世所以不古兮,冒名场之罝网;科举之坏人心兮,竞区区于得丧。厉夜生子而取火兮,幼常视于无诳。以干禄为始教兮,将

————————————

① 《臞轩集》卷一一。

终身其奚仕？无所为而为学兮，真儒庶其可访。'数语真切中病根之言，为父兄教子弟者，不可不以为戒。"但若已置身于名利场中，则欲罢不能，"以干禄为始教"，宋人视之为正常，父兄也正是这样"教"的，"干禄"成了读书人的最低目标。应当说明，"功利"并非有什么原罪，考试的组织者是按他们的思维方式和标准遴选人才，本身就是功利的；而应试者虽有以天下为己任的崇高志向，也必须通过这种充满功利的选拔，才可能拥有"兼济"所需的资源配置，如宋末人孙梦观（1200—1257）所说："科举不足以得士，而士不得不由科举以进，不然大名难居，而人心未易厌服也。"①这在当时的社会环境中无可厚非——这就是"科举"，但却与"文学"无关。

在文学精神丧失的同时，是对时文技巧的不倦追求。上面说过，实行封弥、誊录后，取士变成了唯卷面的"较艺"，而事实上，举子科场时文只能算作"技"，最多也只是"工艺品"，谈不上真正意义上的"艺术"。吕公著在熙宁二年（1069）五月所上《答诏论学校贡举之法》中说：

> 进士之科，始于隋而盛于唐。初犹专以策试，至唐中宗乃加以诗赋，后世遂不能易。取人以言，固未足见其实；至于诗赋，又不足以观言。是以昔人以鸿都篇赋比之尚方技巧之作，此有识者皆知其无用于世也。②

①《真宗皇帝戒举人它途进取》，《雪窗集》卷二。
②《诸臣奏议》卷七八。

如前文所述,是否有技术性的"硬伤",成为考官们的关注点,故将场屋篇什称为"尚方技巧之作",就再恰当不过了。有的学者赞扬科场格律诗赋严格的声律对偶程式,认为与走钢丝、带着枷锁跳舞或体操比赛相似,限制越严越美,也是将这类文字看作"技"。成为"技"之后的科场时文的评价标准,与"文学"已全然不同,俨然形成两个价值体系。于是,在"技"与"艺"之间,又再次出现了评价的裂变:科场"佳作"主要佳在"技",如声律谐和,体贴贯穿合乎程式,没有掉入"不考式"的陷阱等等,虽其思想内容贫弱庸下到歌功颂德,阿谀迎合,但并不在乎。这就出现了一个奇特的现象:向来诗文革新所极力反对的"末",亦即今人所谓的"形式主义",在科场却大行其道,并由它左右着举子们的命运,而诟病和反对的声音却很少。南宋学者虽为举子编选评点了许多古文读本,试图"以古文为时文",但所强调的仍是技法。如吕祖谦《古文关键》的《总论看文法》曰:"学文须熟看韩、柳、欧、苏,见文字体式,然后遍考古人用意下句处。……第一看大概主张。第二看文势规模。第三看纲目关键,如何是主意首尾相应,如何是一篇铺叙次第,如何是抑扬开阖处。第四看警策句法,如何是一篇警策,如何是下句下字有力处,如何是起头换头佳处,如何是缴结有力处,如何是融化屈折剪截有力,如何是实体贴题目处。"显然,如此"以古文为时文",只能使时文技法更高超、文字更精妙而已,仍是以"末"教人,而韩、柳、欧、苏古文作品中的思想光辉已从学者们的视野中黯然淡出。

在失去文学精神之后,如果说场屋经义策论多"预制板"的话,那么格律诗赋则是"木乃伊"——它们都是用场屋之"技"巧妙拼凑成的、专给考官看的"产品"。叶适在《习学记言序目》卷四七评《皇朝文鉴》所收律赋时，认为"诸律赋皆场屋之伎，于理道材品，非有所关"（详见本书第九章第六节引）。考试既将鲜活的"艺"变成了死板的"技"，则场屋时文与文学创作甚至"理道材品"失去关系，就势在必然。元人袁桷说："科举足以取士，而文不足以行世：二歧孔分，厥害实深。"①何以时文不能行世？元末明初学者杨维桢在《聚桂文集序》中分析道："秦汉之士无时文，以其所陈说于上者，皆近乎古，而未有立体制、定格律以为去取，如唐宋以来号为举业者也。韩愈氏病之，以为'大惭者大好'，则时文不可以传世也谂矣。"②"立体制、定格律以为去取"，即时文写作的高度程式化、技巧化，决定了它只是个"足以取士"的工具。若纯粹从考试论，这个"工具"也许是精密灵便的，它可以做到分寸不爽，锱铢立较，将那些聪慧巧智之士选拔出来；但若从写作论，则全然是一场文字游戏。失去灵魂的"作品"是苍白而无生气的，当然也就很少有传世的价值。

唐代"采誉望"的科举模式，造成"天下之士，什什伍伍，戴破帽，骑蹇驴"而为"行卷"奔忙的风景线③，这固然不是科学而完善的选举制度；但就"采誉望"这一点论，似乎多少带有重文学、重能力和素质的因素，因为"名"毕竟不可浪得，若在文学创作上没有一点真本事，是不可能获取的，就算得到有力者的吹拂，也未必能

---

① 《祭戴先生》，《清容居士集》卷四三。
② 《东维子集》卷六。
③ 《文献通考》卷二九《选举二》引南宋项安世语。

被社会接受。宋代自景德科举条制之后，既然"卷面"决定一切，于是"应试"便成为举子生活中的头等大事，他们（乃至整个社会）都在为对付考题而竭思尽虑，剽窃模拟、怀挟代笔在所不惜。说人心不古也罢，斯文扫地也罢，金榜题名才是读书人的第一要务，现实功利已彻底取代了道德廉耻，这里本来就没有文学的位置。很难想象如此急功近利、投机取巧的偷薄风气，能"促进"文学的发展；即便举子有志于创作，也得待获得"科名"之后。于是，文学就这样被"挤"出了考场。

程千帆先生在《唐代进士行卷与文学》中写道：

> 进士科举，则又是唐代科举制度中最重要的组成部分。它主要是以文词优劣来决定举子的去取。这样，就不能不直接对文学发生作用。这种作用，应当一分为二，如果就它以甲赋、律诗为正式的考试内容来考察，那基本上只能算是促退的；而如果就进士科举以文词为主要考试内容因而派生的行卷这种特殊风尚来考察，就无可否认，无论是从整个唐代文学发展的契机来说，或者是从诗歌、古文、传奇任何一种文学样式来说，都起过一定的促进作用。①

傅璇琮先生在《唐代科举与文学》一书中，也认为唐代进士考试中，"按照对省题诗的要求，以及省题诗的具体创作实践，来比较唐代现实主义和积极浪漫主义的发展道路，可以说二者正好是背

①上海古籍出版社，1980年，第88页。

道而驰的。"①程先生的论点是中肯的。唐代科举促进文学发展的,并非举子在考场中所作诗赋,而是在考场外的"行卷",也就是他们为求得"誉望"而向社会"展示"的文学创作成果。"行卷"之所以能促进文学发展,是因为它不受"程试"的限制,举子可以用各种文体充分发挥自己之所长。除行卷外,还有"省卷"(公卷),也能收到类似的效果。苏颂在《议贡举法》说了"旧制"纳公卷后,接着道:"是举人先纳公卷,所以预见其学业趋向如何,亦有助于选择也。景祐以前,学者平居必课试杂文、古律诗、赋,以备秋卷,颇有用心于著述者。自庆历初罢去公卷,举人惟习举业外,以杂文、古律诗、赋为无用之言,而不留心者多矣。此岂所以激劝士人笃学业文之意邪?"②苏颂提出恢复纳公卷,是没有意识到举子虽仍是"业文",但所业之"文"已发生了质的变化:在科举考试中,作为传统文学的散文及古律诗、赋,已被技术化了的"举业"所取代,对于博名利者来说,的确成了"无用之言"。

如果说唐代科举考试对文学是"促退"的,但"派生"出的行卷及省卷还对文学发展起过一定促进作用的话,那么景德条制则正好在这个关捩上切断了科举与文学相联系的纽带,它对文学发展"促退"的力度,必然更大于唐。我们还可再退一步,如果说像有的论者所说,唐代科举试诗赋对诗歌创作尚能起到某些好的促进作用的话③,那么从经子史书中出题、高度礼乐刑政化和程式

①《唐代科举与文学》,第410页。
②《苏魏公文集》卷一五。
③参见刘海峰《科举学导论》第十章第一节引吴在庆论文。

化、技艺化的宋代场屋诗赋，就与诗歌创作没有什么关系了。至此，我们可以得出这样的结论:将唐代进士科考试对文学发展是"促退的"、两者是"背道而驰"的结论引申到宋代，不仅完全正确，而且还可加上"较唐代更甚"这类的推进语。如果要对宋代科举考试与文学之关系作一简明的定性的话，我们完全有理由选择"悖反"这个词。无论是黄庭坚的"举子事业"与"君子事业"之分，刘克庄的"本经"与"外学"之别，还是袁桷所说的"二歧孔分"，都是这个意思。本书前章说过，我们承认科举时文是传统文学的一部分，但它是其中的"另类"，可径称为"时文类"，以与优秀的文学传统相区别。

第三节　从进士改习与元初废举看"悖反"

宋代举子视场屋诗赋为"敲门砖"，得则弃之，如余靖所说:"近世以诗赋取士，士亦习尚声律，以中其选。署第之后，各图进取，或以吏才成绩，或以民政疚怀，或因簿领之烦，或耽燕私之乐，回顾笔砚，如长物耳。"①稍后被统治者重视的策论、经义，在举子眼里与诗赋没有两样，不过是新的"敲门砖"罢了;而有志于文学或其他学问者，登第后往往要再学习，去追求"君子事业"，转攻原来的"外学"或重新问学，如强至所说:

---

① 《宋太博尤川杂撰序》，《武溪集》卷三。

予之于赋,岂好为而求其能且工哉? 偶作而偶能尔。始用此进取,既得之,方舍而专六经之微,钩圣言之深,发而为文章,行而为事业,所谓赋者,乌复置吾齿牙哉!①

又吴子良《荆溪林下偶谈》卷四载:

止斋(陈傅良)……既登第后,尽焚其旧稿,独从郑景望讲义理之学,从薛常州(季宣)讲经制之学。其后止斋文学日进,大与曩时异。尝言太祖肇基,纪纲法度甚正,可以继三代,所著《建隆编》是也。于成周制度讲究甚详,有《周礼说》,尝以进光庙。绍熙间,光庙以疾不过重华官,止斋力谏,至牵御衣,衣为之裂。除中书舍人,不拜命而去。

宋孝宗曾说:"科第者,假人仕耳,其高才硕学,皆及第后读书之功。"②这算得上是"实话实说":真正的学问,是在扔掉"举业"这个包袱后学到的。文天祥为朱时叟所著《八韵关键》作序,要他"执此以往,一日先取场屋,然后舍而弃之,肆力于为文"。③ 戴表元曾在咸淳七年(1271)登进士第,后入元,袁桷在《戴先生墓志铭》中记其语曰:"科举取士,弊不复可改,幸得仕矣,宜濯然自异,斯可也。"④元人吴澄《遗安集序》也说:"欧阳文忠公、王丞相(安

---

① 《送邵秀才序》,《祠部集》卷三三。
② 《庶斋老学丛谈》卷下。
③ 《八韵关键序》,《文山全集》卷九。
④ 《清容居士集》卷二八。

石)、曾舍人（巩）、苏学士（轼），皆由时文转为古文者也。……老苏（苏洵）亦于中年弃其少作而趋古。"①总之，有成就的作家、学者，登第前后在治学方面判若两人：登第前以"举业"为中心，登第后则"舍而弃之"，"濯然自异"，如果没有这个转变，就将一事无成。这再好不过地证明了科举与文学（以至其他学问）二元悖反的关系。这里以欧阳修为例。他在《记旧本韩文后》中写道：

> 是时（指其为儿童时）天下学者杨、刘之作，号为时文。能者取科第，擅名声，以夸荣当世，未尝有道韩文者。予亦方举进士，以礼部诗赋为事。年十有七，试于州，为有司所黜。因取所藏韩氏之文复阅之，则喟然叹曰：学者当至于是而止尔。因怪时人之不道，而顾己亦未暇学，徒时时独念于予心。以谓方从进士干禄以养亲，苟得禄矣，当尽力于斯文，以偿其素志。后七年，举进士及第，官于洛阳，而尹师鲁之徒皆在，遂相与作为古文。②

意思相同的话，欧阳修曾反复说过，又如《与荆南乐秀才书》：

> 仆少孤贫，贪禄仕以养亲……姑随世俗作所谓时文者，皆穿蠹经传，移此俪彼，以为浮薄，惟恐不悦于时人。……及得第以来，自以前所为不足以称有司之举而当长者之知，始

---

① 《吴文正集》卷二二。
② 《欧阳文忠公集》卷七三。

大改其为，庶几有立。①

  如果考察宋代进士出身的重要作家的成长历程，就会发现，他们大都经历了这种痛苦的转变。若得第前学习传统的古文、诗歌，必然要妨"举业"，永无仕禄之望；而得第后若不重新学习，弃旧图新，便永远难以进入"高明之境"，有所谓"君子事业"：他们就生活在这种价值裂变后的矛盾和无奈之中，正如前引袁桷所说的科举文可以取士、但不足以行世的"二歧孔分"。学问家亦如此，据统计，朱熹门人中有二十四人是进士及第前入门的，而及第后方才师从朱子的，竟有三十一人之多②。这种状况，下延至元、明、清三代，成为年轻学者们的普遍悲哀。

  但得第后想要彻底转变，又谈何容易，不少人因场屋蹭蹬，岁月蹉跎，只得拖着"举子事业"的"尾巴"，不时露出"丑"来。由南宋入元的刘壎，在所著《隐居通议》卷一八中批评宋代词科，同时也抨击了"举业"时文之流弊，他写道：

  工举业者力学古文，未尝不欲脱去举文畦径也，若且淘汰未尽，自然一言半语不免暗犯。故作古文而有举子语在其中者，谓之金盘盛狗矢。

---

①《欧阳文忠公集》卷四七。
②见李兵、袁建辉《南宋前期新儒学对书院发展的影响探析》，《湖南大学学报》（社会科学版）2005 年第六期。

习性之难改,还可从元初"月泉吟社"以《春日田园杂兴》为题征诗看出。吴渭《春日田园题意》要求:"此题要就春日田园上做出杂兴,却不是要将杂兴二字体贴,只为时文气习未除,故多不体认得此题之趣。识者当自知之。"①征诗者要求写出春日田园间的"杂兴"来,而应征者却按省题诗的作法,在题目上下功夫,去体贴"杂兴"二字。这就是所谓"时文气习"。这种体贴题目的诗篇可以迎合考官,若付之诗人吟咏,的确是"金盘盛狗矢",令人作呕。科举考试强调的是程式,而诗人欣赏的则是"题趣",这就是二者的悖反。《儒林外史》卷一九写景兰江、匡超人等一邦文人"西湖宴集,分韵赋诗",而卫体善、随岑庵二人所赋之诗,将"'且夫'、'尝谓'都写在内,其余也就是文章(指八股文)批语上采下来的几个字眼",真连"狗屎"都不如。

就是不做作家,也是如此,如南宋人邵浩曾编《苏门酬唱集》,在所作《苏门酬唱引》中自述道:"绍兴戊寅(二十八年,1158),浩年未冠,乃何幸得肄业于成均,朝齑暮盐,知有科举计耳,古文、诗章未暇也。隆兴癸未,始得第以归,有以诗篇来求和者,则藐不知所向。于是取两苏公之诗读之。"虽不详邵浩所举是诗赋进士还是经义进士,从他的窘状,可知为"科举计"之害人:他不得不从二苏诗入手改习之,进行专业"补课"。

"改习"的另一种表现形式,是不等中第,就放弃举业而别务他学。这类例子不少,如叶适《钱君(敬直)墓志铭》载:

---

① 《月泉吟社》卷首。

君十岁，能通记《春秋》三传，以其意作场屋文字，机榫开阖，腴泽粹好，长老之有科目、立声价者反愧之。……稍长，学知古人统绪，广大高远，则遂慨然叹曰："时文不足为矣。"……必以己所自到者为是。①

又如楼钥《周伯济（楫）墓志铭》载：

既冠，一举不售，即弃举子业，而耽玩书史，以诗自娱，好读杜工部、韦苏州诗，以忘寝食，故下笔有二公之风。②

再如黄仲元《隐君子林君亨之墓铭》：

年十六，即弃举子业，曰"三场焉能名世"！千里求师，授六经，学不肯为章句。③

这些人"转"得早，但代价也很高：放弃举业就意味着放弃仕途，在以科名为中心的社会里，他们只能被边缘化，做着以诗文或学问"自娱"的"隐君子"。因此不少人虽鄙视举业，却热心科名，落得言行不一；也有迫于利害和生计，欲"转"而不能的，如程疃《程克庵传》载："先生名洵……晦庵先生文公（朱熹）之内弟也。……

①《水心文集》卷一八。
②《攻媿集》卷一○三。
③《黄仲元四如先生文稿》卷四。

先生少有意禄仕，因攻进士业，授经之暇，则取时文诵习而学焉，然非所嗜也。间独取河南程氏、眉山苏氏之书读之，自谓心开目明，恍然若与数先明者对坐於卷中而亲闻謦欬也。久之，文公自闽还，一见爱之甚笃，而所以启迪之者亦甚力。先生每欲弃去进士业，一意学问，以求进於圣贤之域，贫不果也。屡荐不第，后以特恩授信州文学，识者恨之。"①

当然，有一点也必须说明："改习"并非抛弃。治"举业"时所学得的文字、音韵、文献知识，程文训练出来的写作基本功，仍是"改习"后或创作或问学的良好基础，只是这时目的已全然不同，价值观也发生了质的变化。

公元 1279 年，元兵的铁骑结束了赵宋王朝的"气数"，也最终踩碎了无数士子的进士梦：科举被废三十多年。宋末的读书人，无论情愿与否，这时都被迫集体"改习"——不少人将先前对举业的热情，投入到诗歌创作，而诗坛反而呈现出很久没有过的兴盛局面。廓清功利的迷雾后，我们也许更能看清科举与文学发展的悖反。

由宋入元的作家舒岳祥在《跋王榘孙诗》中说：

> 噫！方科举盛行之时，士之资质秀敏者，皆自力于时文，幸取第一，则为身荣，为时用，自负远甚。惟窘于笔下，无以争万人之长者，乃自附于诗人之列，举子盖鄙之也。②

---

①程洵《尊德性斋小集·补遗》（知不足斋丛书本）。
②《阆风集》卷一二。

元初林永年在《覆瓿集引》中也说：

> 唐、宋以科目取士，凡习举子业者，率多留意于场屋之文，间有能兼吟事之长者，吾见亦罕矣。

元人戴表元在大德十年（1306）十月所作《陈晦父诗序》中写道：

> 近世汴梁（指北宋）、江浙（指南宋）诸公，既不以名取人，诗事几非。人不攻诗，不害为通儒。余犹记与陈晦父昆弟为儿童时，持笔囊出里门，所见名卿大夫，十有八九出于场屋科举，其得之之道，非明经则词赋（引者按：分别指经义科、诗赋科），固无有以诗进者。间有一二以诗进，谓之杂流，人不齿录。①

应当说明：上述诸人所说的"诗"、"咏事"或"以诗进"之"诗"，皆不指诗赋科进士所习之"诗"（省题诗），而是指传统意义上的诗歌，故他们都将"诗"与"科举"对立起来。戴表元《张仲实诗序》中写宋元鼎革之际，原先以义理自傲的"缙绅先生"（指治经义及以举业起家者）对吟咏性情的"为唐诗者"（宋末晚唐体诗人）由不屑到争正统的转变，颇为可笑：

> 异时缙绅先生无所事诗，见有攒眉拥鼻而吟者，辄靳之

---

① 《剡源集》卷九。

曰:"是唐声也,是不足为吾学也。吾学大出之可以咏歌唐虞,小出之不失为孔氏之徒,而何用是唧唧为哉!其为唐诗者泓然无所与于世则已耳,吾不屑往与之议也。"诠改举废,诗事渐出,而昔之所靳者,骤而精焉则不能,因亦浸为之。为之异于唐,则又曰:"是终唐声,不足为吾诗也。吾诗惧不达于古,不惧不达于唐。"其为唐诗者方起而抗曰:"古固在我,而君安得古?"于是性情、义理之具,哗为讼媒,而人始骇矣。①

"哗为讼媒"的背景,是"诠改举废,诗事渐出"。科举既废,"二歧孔分"便失去了一"歧",先前被鄙视为"外学"的诗文,重新进入士子的视野;原先治举业的,都改行当起了"精焉则不能"的蹩足诗人——诗歌创作一下又成了"香馍馍"。戴表元曰:"科举场屋之弊俱革,诗始大出。"②赵文说:"近世士无四六时文之可为,而为诗者益众。"③龚璛《静春堂诗集序》:"一自士去科举之业,例无不为诗,北音伤于壮,南音失之浮。"④又张纯愚《与定宇陈先生书》:"爰自科举废,士以诗为习。"⑤又邓光荐《寒翠集序》:"(宋)子虚生景定间,未弱冠时已废科举,故惟诗是学。"⑥又谢升

---

① 《郯源集》卷八。
② 《陈晦父诗序》,《郯源集》卷九。
③ 《诗人堂记》,《青山集》卷四。
④ 袁易《静春堂诗集》卷首。
⑤ 陈栎《定宇集》卷一七附。
⑥ 《吴都文粹续集》卷五五。

孙《元风雅序》："我朝混一海宇,方科举未兴,时天下能言之士,一寄其情性于诗。"①如此等等,不胜枚举,而尤以李祁《王子嘉诗序》论之最详,他说:

> 向时国家以科举取士,士亦唯务业科举,罕有能用力于诗者。夫岂其不欲哉? 志有所欲专,而力有所不逮,故致然耳。自江南被兵,科举废,士虽欲出而为诗,流离颠顿,困厄已甚,又何暇及此? 二三年来,士稍稍得复田亩,理其故业,故亦稍稍出而为诗,此可为诗道幸也。②

真所谓"国家不幸诗家幸"。其实不仅是诗,元初古文创作也以同样的理由得到复兴。我们之所以引了这么多人的言论,是想说明,若有人怀疑科举与文学的关系是"二歧孔分"、两相悖反的话,那么现在有了"元初"这个没有了科举的对照体,它再清楚不过地告诉我们,习举业、攻时文直至科举考试,与文学发展是如何矛盾和悖反的;倒是科举既废之后,习举业者加入到文学创作队伍,这才促进了文学的相对繁荣。正如方回所说:"近世又有所谓科举穿凿之学,笺注偶俪之学,叛义理而逐时好,岂不痛哉。物极而返,今之为士者,一切不讲,惟诗辞之学仅存。予朱子之乡晚出者也,仕而归老,去朱子之没未百年,求所谓义理之学者不一见

---

① 《元风雅》卷首。
② 《云阳集》卷四。

焉,而以诗歌之学求予讲画者,则不胜其众。"①兴许有人会问:两宋三百多年实行科举制,文学岂无发展、岂不繁荣? 答曰:这与我们讨论的"科举考试"是两个概念。文学自有其发展的原因和动力,但不是科举考试;两宋文学十分繁荣,但其繁荣的原因不在科举考试。宋代文学的发展和繁荣,在相当程度上应归功于进士的"改习"。

值得深思的是,待元统治者重开科场,并没有接受前宋的教训,科举时文又恢复故态,与文学创作分道扬镳。许有壬《林春野文集序》曰:

> 贡举未行,士之力学者积厚资深,发而为文章,决江河,泾沟池,至即盈溢。利禄一启,人重得失,始有欲速而求捷者。假步蹈律,寸跬模仿,爨而始籴,规规乎其不裕也。今试格,一日之目有古赋,有诏诰、章表。近循习多用赋,则赋当日盛,上不追骚,下亦不失为汉魏矣;而失反有今不逮昔之叹,何哉? 盖昔之人有式不拟,直以所学充之;后之人无学可充,而惟式是拟也。②

由此看来,只要启之以利禄,按科场条制"惟式是拟",时文就立刻与文学悖反,走上"二歧孔分"之路。

---

① 《吴云龙诗集序》,《桐江续集》卷三二。
② 《至正集》卷三三。

第四节　宋代科举考试与文学悖反的影响

景德条制虽然达到了"防闲主司"、杜绝请托的目的,"一切以程文为去留"的理念也最大限度地保证了科举考试的公正,但也为社会带来许多负面影响,主要表现在如下几个方面:

一、"智力测验"泯灭了民族精神

笔者基本上同意学界的一种说法,即科举考试其实是智力测验①,它考核的主要不是学识与智慧,而是智力,即能在极其严格而划一的形式下,作出与众不同的文字,故记诵、程式和格法占有绝对重要的位置。最精于时文程式的陈傅良,就曾一针见血地指出:"粤自一切任法,而概以绳尺之文,虽有茂材异等,语不中程,辄弗第录。由是场屋始以缀辑揉熟淫靡之文相师,而士气日卑,议者病之。逮以时务发策,以求实学,要之不离于文词,胡能相远。"②智力测试是考试的方法之一,应该说不必深责;问题是只测验智力,且订立一套难度极大的时文程式作为工具,让一代代学子置一切于不顾,前赴后继地去研习程式格法,背诵典章制度,最后精熟的只是别无用处的"敲门砖",而成就的仅是极少数人的

---

①关于智力测验论,参见刘海峰《科举学导论》第九章第四节。但前人论此问题时过多地掺入智力遗传说,则有失科学。
②《策问十四首》其一,《止斋先生文集》卷四三。

"科名",绝大多数人则"往往困于一日之程文,甚至于老死而或不遇"①,这样的"智力测验",无异于浪费人的一生甚至全民族的智力,磨灭、戕杀创造性和活力,不能不说是全社会的莫大悲哀。宋末人王柏有《举业有感》诗道:

> 后世求才术太疏,三年三日判荣枯。消磨岁月莫知老,奔走英雄不觉愚。与死为邻犹未已,虽生在世却如无。圣门反在揶揄内,何敢忠言请改图。②

由宋入元的刘壎在《答友人论时文书》中,对其友人在国亡科废后还孜孜不倦地写作"时文"深为悲哀,说:"文固文,而时非时,君何情而犹工之不置,愚又何说为君赠邪?念君意厚不可负,亟细读尽卷,赡丽如云敷空,圆熟如丸应手,俨然景定、咸淳程度。倘国不亡,科目不废,挟此鼓行,芥拾青紫。惜也贾用不售,盖特可曰举业,而不可曰时文矣。"他接着指出,宋末举国上下"爱文而不爱国",时文"在今日(指元)为背时之文,在当日(宋季)为亡国之具,夫安忍言之"③。虞集也说:"故宋之将亡,士习卑陋,以时文相尚,病其陈腐,则以奇险为高。江西尤甚,识者病之。"④但有宋亡国的血的教训,到明、清鼎新后又淡忘了,不但没有"改图",反

---

① 陈亮《送三七叔祖主筠州高要簿序》,《陈亮集》卷二四。
② 《鲁斋王文宪公文集》卷二。
③ 《水云村稿》卷一一。
④ 《跋程文宪公遗墨诗集》,《道园学古录》卷四〇。

而用更加形式化的八股文去浪费人们的智力,窒息社会的活力,泯灭民族精神,这就不仅仅是科举与文学悖反的问题了,中国封建社会后期的长期停滞,也不难从这里找到原因。王凯符先生在所著《八股文概说·后记(一)》的开头写道:"一些朋友知道我写《八股文概说》这本小书,要我为八股文说几句好话。综观全书,我对八股文几乎没说几句好话。八股文在中国历史上横行五百余年,其消极影响极大,并且受到过许多文人的批判与猛烈攻击,要为它说好话,似乎有些无从说起。"①程式化后的宋代时文,或者比八股文要强一些(毕竟程式还没有发展到"八股"那么死板),但它不过是未化"蝶"之前的"蛹"而已,本质上差不多。但这些年,学界为宋人深恶痛绝的时文、明清人屡加挞伐的八股文说"好话"、唱赞歌者不乏其人,仿佛要诉旷代之委屈、平千年之冤案似的,这就很难令人理解了。

二、科举与文学的悖反造成文学的衰落

再回到"文学"的话题。因"举子事业"与"君子事业"相对立,故有志文学的青年在中第后纷纷"改习",这已在前面论及。如果说长期以来士大夫还有追求"君子事业"的理想,勇于刮垢磨光,濯然自异,再利用深厚的时文功底,推动着文学的发展和繁荣的话,那么到南宋特别是南宋后期,"君子事业"已不再为举子所向往,传统文学(诗歌、古文)因而无可挽回地全面衰落。吴澄说:"宋迁而南,气日以耗,而科举又重坏之。中人以下,沉溺不返,上

---

① 《八股文概说》,中华书局,2002年。

下交际之文,往往沽名钓利而作,文之日以卑陋也无怪。"①由宋
入元的诗人黄庚在《月屋漫稿序》中也说:"诗盛於唐,唐之诗脉自
杜少陵而降,诗以科目而弊,极於五代之陋。文盛於宋,宋之文脉
自欧阳诸公而降,文以科目而弊,极於南渡之末年。以科目而为
诗,则穷於诗;以科目而为文,则穷於文矣。良可叹哉!②"虞集
《庐陵刘桂隐存稿序》曰:"宋之末年,说理者鄙薄文辞之丧志,而
经学、文艺判为专门,士风颓弊于科举之业。岂无豪杰之出,其能
不浸淫汩没于其间,而驰骋凌厉以自表者,已为难得,而宋遂亡
矣。"③宋末以理学(即所谓"经学")为官学,科举一以义理为
"学",而理学家一贯鄙视文学,故科举更彻底地与"文艺"分道扬
镳,各为专门。当时"资质秀敏"的都走科举从仕之路,"惟窘于笔
下"、不喜或不能治举业的才做"诗人",而诗人已被社会边缘化,
为了求生,他们只好流荡江湖,成为"谒客"。江万里《懒真小集
序》曰:"诗本高人逸士为之,使王公大人见为屈膝者。而近所见
类猥甚,不能于科举者必曰诗,往往持以走谒门户,是反屈膝于王
公大人不暇,曾不若佺焉,科举之文犹是出其上远甚。至以科举
之文出其上,是有甚出于所谓高者之下矣。"④为利禄奔竞不已的
举子,居然讥笑诗人不做"高人逸士"而"走谒门户",未免滑稽可
笑;但也说明,他们已不知道还有"君子事业";或者说,这时已无

---

① 《别赵子昂序》,《吴文正集》卷二五。
② 《月屋漫稿》卷首。
③ 《道园学古录》卷三三。
④ 《四库全书》本《江湖后集》卷一五高吉《嫩真小集》之首。

所谓"君子事业",无论是举场还是江湖,趋利成为时尚,"君子"已稀若晨星,更何谈"事业"。元人张之翰在《跋草窗诗稿》中说:"宋渡江后,诗学日衰,求其鸣世者不过如杨诚斋、陆放翁及刘后村而已。固士大夫例堕科举传注之累,亦由南北分裂,元气间断,大音不全故也。"①他将科举和国家分裂作为南宋"诗学日衰"的两大原因。如果将南北分裂理解为小朝廷的没落使士大夫颓靡丧志,所以再没有"君子事业"的追求的话,那么他的看法应该说是深刻的。

三、科举考试的弊端必将把科举制度送入坟墓

中外许多研究科举的学者,都已指出中国科举制度在历史上的先进性,并与 19 世纪西方国家建立的文官考试制度相联系。笔者赞同这些说法,认为怀牒自试、以文章取士所确立的价值观,至今仍闪烁着思想光辉。不过,一些学者认为科举的失误仅在于考试的操作,"科举的弊端不是制度问题,而是内容问题",而"考试科目的问题不过是细枝末节而已"②,甚至有学者怀疑清末废科举的正确性,呼吁为科举制度"平反"。笔者以为这些论点不无可商之处,"平反"云云更应持审慎态度,倘若不充分估计到科举考试弊端带给社会的危害,恐怕会成为新的悖论。

科举考试是科举制度的核心,"内容问题"岂能与"制度"无

---

①《西岩集》卷一八。
②参见刘海峰《科举学导论》第六章第三节,以及该节引述梁启超《官制与官规》语。

关？难道"内容"不正是"制度"的基础么？考试科目及试卷评阅差不多是科举考试的全部，又岂能是"细枝末节"？科举考试在科举制度中的地位，有如人的心脏，一旦心脏或其他重要器官出事，必然直接危及人的生命。科目设置或操作不当，正说明运行了一千三百年的科举制度本身尚不健全：它虽然确立了以考试遴选人才的正确方向，却未能解决或较好地解决通向这个方向的道路。要知道，仅大方向正确而操作不当，照样是要翻车的。假如重新设置考试科目、改变操作方法，科举制度是不是就可以保留并延续至今呢？恐怕未必。事实上，科举制度的严重弊端，已不能用改良的方法解决，这是因为它与整个封建社会的肌体血肉相联，"制度"与"内容"相辅相成，而千余年的积弊已没有自我清除和修正的能力。因此，科举考试最终必然要将科举制度自身送入坟墓。其实后人没必要为废科举惋惜，怀牒自试、以文章取士的价值观并没有被抛弃，而是以别的形式被继承下来，尽管中间经历了不少曲折。

早在南宋时，就已出现了与应试教育、科举考试相异动的现象，那就是书院及私塾教育的兴盛。年将六十方登宝祐元年（1253）进士的时少章认为，"学校为名利之途"，"上之设教造士，岂以为利也？而利则在焉，势之所必趋，谁得而正之？滔滔汩汩，相缘而不已，则一世所赖，尽委于私讲之师"①。在他看来，书院、私塾的"私讲之师"实在是对官办教育的救赎。元人程端礼说，州县学之设，"有司所以劝勉督程者，不过趋其文词之工，

—————————

① 《严州二先生祠堂记》，《敬乡录》卷一一。

以要人爵。……故前代（指宋）志道之士，宁弃举业，确守师说，与其同志讲学于宴闲之地，以自脱于有司督程之外，此书院之所由建也。"①书院、私塾的兴盛，固有因理学长期被官方排斥、理学家用它作为自己研究和讲学阵地的动因，但同时也有与为应试服务的官办学校体系及高度功利化的科举制度疏离的倾向，甚至出现某种价值观的对抗，而蕴含着"崇尚学术"的因素。

唐宋以降历代学者对科举的批评，大多集中在考试上，而由考试的弊端追怀理想中的"乡举里选"，其实是对科举制度本身的合理性、科学性表示怀疑。王柏还有《科举》诗道：

> 纷纷衿佩止时文，竞巧趋新做日程。一试奔驰天下士，三年冷暖世间情。清朝不许人心坏，举子安知天爵荣。所用是人行是学，不知何日可升平。②

由士子"竞巧趋新做日程"推及"不知何日可升平"，正是由"弊病"延伸到对"制度"的拷问，彰显出深深的文化焦虑。

总之，由于统治集团通过科举考试选拔的是官僚而不是文学家，较之以往的选举方法，用专设的文体考试抢才，特别是封弥誊录、锁院较艺，不失为有效和公正之举，因此从历史发展看，景德条制在当时是进步的，对后世的影响也有其积极面（当然它也开

---

① 《弋阳县新修蓝山书院记》，《畏斋集》卷五。不过南宋末的书院已向官学靠拢，甚至官办学校反以书院的教学方式为法，参见前章第一节。
② 《永乐大典》卷二三四六，见《全宋诗》第60册第38067页。

了应试教育的头),我们不能因为它与文学发展(那时也没有这个概念)相悖反而责难它。不少学者在论及宋代文学繁荣的原因时,往往有科举一项,虽失之笼统,大体尚不误(这如前章所论);但若将科举考试也列于其中①,那就不恰当了。我们反复论证的只有一点:宋代文学的发展与繁荣,不能到程式化后的科举考试中去寻找原因,因为科举程式化后的时文写作和考试,虽然有的还保留了某些文学构成要素②,但基本上已与文学创作无关。"举子艺业"不是文学。

---

① 如章培恒、骆玉明主编《中国文学史》第五编《宋代文学·概说》,在论述"对促进文学的繁盛起着积极的作用"的因素时,第二项就是"宋代科举制度的完备",且特别提到考试"实行了弥封制度"(复旦大学出版社,1996年,中册,第293页)。余不烦举。

② 这主要指省题诗、律赋的格律、音韵等文体形式。作为杂文学的策、论、经义等论体文,在没有完全程式化之前,尚有可取。详参本书第九、第十章末段所论。

后　记

　　从 1999 年我在《文史》上发表第一篇关于宋代科举与文学的论文算起,到现在已经八年了。八年来,我共在此主题下写了二十多篇论文。去年夏天,将其中的二十二篇编为专题论文集《宋代科举与文学考论》,于今年 3 月由大象出版社出版,谬得学界和读者的好评,半年后又重印一次。但研究工作还远没有结束,正如我在《考论》的后记中所说:"这只能算是研究进程中的初步成果……将继续努力,以期撰成一部更为满意的专著《宋代科举与文学》来。"又经过一年半的努力,目前奉献给读者的这本书,就是那时所谓"更满意"的专著了。

　　应当说明,本书以系列论文为基础,也就是说,书中所讨论的问题,有相当部分已见于《考论》;但也更需说明,本书并不是《考论》的简单重编或改写,这表现在:《考论》有的论题,这里在内容上作了许多补充,对某些论点也有所修正;《考论》中有些篇章,这里或压缩或节取,有的干脆删去,并非悉数照搬;而本书中的大量内容,却并不为《考论》所有。换言之,《考论》与本书研究的虽是同一个课题,但前者只是部分前期和阶段性成果,本书方是完整的最终成果，它们是既有联系又各不相同的两本书。

在本书脱稿之际，环顾书屋，心里喜惧交并；或者像我在另一本书的后记中所说，惶恐多于欣喜。应当实事求是地说，对"宋代科举与文学"这个课题的研究，我已经尽了最大的努力，结果如何，虽然有着基本的自信，但限于才、学、识，又决不敢自是，尤其是那浩如烟海的宋代文献，根本不敢说已经阅读穷尽，即使读过的，也可能与一些重要史料失之交臂，说不定哪天冷不丁地冒出来，足以修正某些结论。所有这一切，都还得靠读者和时间去评判、验证。而先前自诩的所谓"更满意"的专著，怕是像有的导演所说："更满意"的是"下一部"。不过，这个研究领域，我也许还会撰写论文，但已经没有"下一部"了，下一部该是别的学者的大著，到那时，本书就作为引玉之"砖"吧！

2004 年，本课题获国家社科基金立项和经费资助。这既给了我不小的动力，也平添了巨大的压力，使我丝毫不敢懈怠。在此，对相关领导部门特别是纳税人深表感谢。

楼外细雨霏霏，冬寒料峭，疏梅横斜在目，江中涛声已微，又是年轮一周了。陆游有诗道："独酌三杯愁对影，例添一岁老催人。"（《立春》,《剑南诗稿》卷二六）送岁之际，敝帚自珍，持此拙稿做独酌时的"下酒"，或聊可化"愁"为乐，但"老催人"却无可奈何；好在明天又是"新年"，陆游不是还有句云"饯岁愁虽剧，迎年喜亦深"（《己未新岁》,同上卷三八）么！

2006 年 12 月 31 日于川大江安花园寓庐

【附记】

本书于前年（2006）岁末脱稿，然后校读打磨三个月（每章写成后，已作过多次校改），于去年4月按规定送审。约一年后，即今年3月，全国社科规划办网站公布评审结果，敝稿有幸被定为"优秀"。这对我当然是个鼓励。随后得到中华书局领导的支持，接受出版。放了一年，像是见到久别的孩子，虽谬获时贤夸奖，反而感到有些不放心，于是在正式交付出版社之前，吸收了专家的部分意见，再校读修润一过。

难忘的是，此次修订是在"5·12"汶川大地震之后。灾区的惨烈悲壮时时浮现脑际，哀伤，震撼，激动，感慨，不由得据案潸然，展卷怃然，神情恍惚，心不在焉。成都城域虽不属主震区，但距昔日风景绝佳、而今却一下子变得凶险异常的龙门山脉不远（近处只有数十公里），让人心生恐惧。经过剧震的刺激，我常常发生幻觉，无论有无余震，思绪、身体似乎老是摇摇晃晃，真像"乾坤日夜浮"，而看桌上瓶口倒置的矿泉水（戏称"土地震仪"），大多时候又纹丝不动。每叹人生脆弱，深感心力交瘁。但灾区人民的坚强、乐观也深深感染和激励着我：活着就得加油！未料两月之后，校改居然讫工。虽限于时间，不可能字斟句酌，但心里总算踏实些了。像是棘围中的举子，惴惴然向考官交卷，——"考官"就是专家和广大读者，最终得由他们"衡鉴"，我企盼着不吝赐教。

中华书局刘尚荣先生、徐俊先生、俞国林先生为本书出版尽心竭力,扶持学术之高情厚谊令人感动,在此谨致谢忱。

祝尚书

2008 年 7 月 10 日于成都

再版后记

拙著初版校定时，正值"5·12"汶川大地震后，距此次再版快十五年了。那页悲壮的历史早已翻了过去，成都及周边地区变得更美，而笔者却老了许多，对宋代科举与文学的研究也早已结束。蒙中华书局不弃，有幸将这部旧著再版，十分高兴。本次除改正了一些明显的错误外，只对个别地方作了修润，大体没有变动，基本保持了原貌。初版时责编为俞国林先生，此次则是樊玉兰女史。由于论题涉及面宽，字数较多，两位都认真负责，非常辛苦，在此表示由衷的感谢！

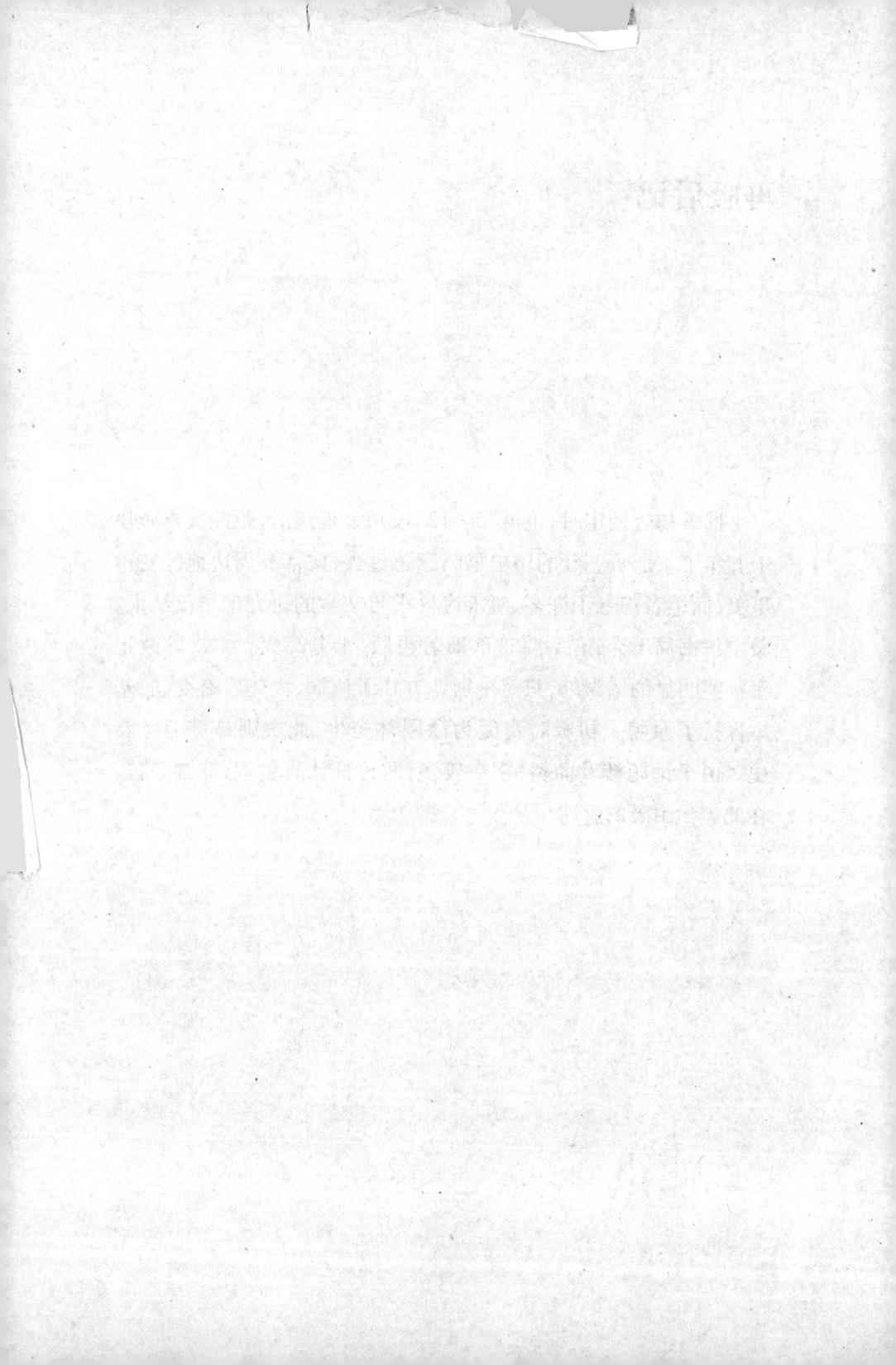